KB064119

2015년 변호사 시험 대비

bar examination bar examination bar examination bar examination

사례형 변호사시험 기출문제집

공법 / 민사법 / 형사법

고시계 편집국 편저

고시계사 www.Gosi-law.com www.Eduall.kr

Preface

지난 2012년도에 역사적인 제1회 변호사시험이 치러졌고, 2014년 현재 제3회 변호사시험까지 시행되었습니다.

기존의 사법시험이 객관식 시험과 주관식 시험을 각각 1차시험과 2차시험으로 구분하여 시행되는 것과 달리, 현재의 변호사시험의 경우는 이 모두를 한번의 시험으로 치르게 됨으로써 가지게 되는 원생들의 부담은 배가 되었다고 볼 수 있습니다.

이러한 부담스런 시험유형에다 기록형 문제까지 소화하여야 하니, 그 어려움은 두말할 필요가 없습니다. 이러한 현실임에도 수험가에는 실제로 변호사시험을 제대로 준비하기 위한 수험서가 그리 많지 않는 형편입니다.

특히나 사례형에서 기출문제의 중요성은 문제형태와 중요논점 등을 파악하고 목차를 잡는 요령등을 숙지하기 위해서는 철저한 기출문제의 분석은 반드시 필요합니다.

이러한 이유로, 지난 60년간 법조인 양성을 위한 양질의 정보제공을 해 오고 있는 월간 고시계와 고시계사에서 2015년도 제4회 변호사시험 대비를 위하여 2015년 대비 변호사시험 사례형 기출문제집(공법/민사법/형사법)을 이번에 출간하게 되었습니다.

이 책의 전체적인 구성은 고시계에 게재된 (1) 변호사시험 총 3회(제1회-2012년도, 제2회-2013년도, 제3회-2014년도)의 기출문제와 (2) 법학전문대학원협의회 주관 모의시험(2013년도의 3회와 2012년도의 1회)을 기본으로 하여 저명 교수님의 상세한 해설로 되어 있습니다.

이 책의 특징은 다음과 같습니다.

첫째, 각 과목의 상세한 해설은 저명 교수님들의 풍부하고 정확한 해설을 게재하여 수험가에 출간되어 있는 여타의 다른 기출문제집과 차별화를 꾀하였습니다.

둘째, 각 문제마다 목차를 수록하여 각 설문의 논점파악 및 내용검토와 입체적 학습이 가능하도록 하였습니다.

셋째, 수험생들이 휴대하기 편리하게 공법, 민사법, 형사법을 한권으로 묶어 편제하였습니다. 차후에 분량이 많아지면 각 권으로도 출간할 예정입니다.

이 책을 이용하는 원생들에게 두 가지 당부의 말씀이 있습니다.

첫째로, 단순히 교수님 해설만 보지 말고, 설문 하나하나를 면밀하게 검토하면서 학습하기를 바랍니다.

둘째로, 만일에 다음번 출제에 기출문제가 어떻게 변형되어 출제될 것인가를 항상 머리속에 염두에 두면서 학습하기를 바랍니다.

이 책은 여러 저명 교수님들의 혜안이 모여 이루어진 결정체입니다. 이 자리를 빌어 설문마다 일일이 자세하게 해설을 해 주신 여러 교수님들께 감사의 말씀을 드립니다.

부디 이 책이 변호사시험 합격에 일조하기를 바라며, 내용검토에 많은 도움을 주신 제3회 변호사시험 합격자분들께 감사를 드립니다.

2014년 5월

고시계 편집국

고시계 기획위원

Contents

공법

변호사 기출

법학전문대학원협의회 주관 모의시험

민사법

▎변호사 기출▎

▎법학전문대학원협의회 주관 모의시험▎

Contents

Contents

❙ 변호사 기출 ❙

❙ 법학전문대학원협의회 주관 모의시험 ❙

변호사시험

공 법

민사법

형사법

변호사시험

변호사시험 기출문제

공법 사례형

- 2014년 제3회 변호사시험
- 2013년 제2회 변호사시험
- 2012년 제1회 변호사시험

2014년 제3회 변호사시험

공 법 제1문

제 1 문

甲은 2013. 3. 15. 전 영업주인 乙로부터 등록 대상 석유판매업인 주유소의 사업 일체를 양수받고 잔금지급액에 다소 이견이 있는 상태에서, 2013. 3. 28. 석유 및 석유대체연료 사업법(이하 '법' 이라 함)제10조 제3항에 따라 관할 행정청인 A시장에게 성명, 주소 및 대표자 등의 변경등록을 한 후 2013. 4. 5.부터 '유정주유소' 라는 상호로 석유판매업을 영위하고 있다.

그런데 A시장이 2013. 5. 7. 관할구역 내 주유소의 휘발유 시료를 채취하여 한국석유관리원에 위탁하여 검사한 결과 '유정주유소' 와 인근 '상원주유소' 에서 취급하는 휘발유에 경유가 1%정도 혼합된 것으로 밝혀졌다.

한편, A시장은 취임과 동시에 "A시 관할구역 내에서 유사석유를 판매하다가 단속되는 주유소는 예외 없이 등록을 취소하여 주민들이 믿고 주유소를 이용하도록 만들겠다." 라고 공개적으로 밝힌 바 있다. 이에 A시장은 2013. 6. 7. 甲에 대하여 청문절차를 거치지 아니한 채 법 제13조 제3항 제12호에 따라 석유판매업등록을 취소하는 처분(이하 '당초처분' 이라 함)을 하였고, 甲은 그 다음 날 처분이 있음을 알게 되었다.

甲은 당초처분에 불복하여 2013. 8. 23. 행정심판을 청구하였으며, 행정심판위원회는 2013. 10.4. 당초처분이 재량권의 범위를 일탈하거나 남용한 것이라는 이유로 당초처분을 사업정지 3개월로 변경하라는 내용의 변경명령재결을 하였고, 그 재결서는 그날 甲에게 송달되었다. 그렇게 되자, A시장은 청문절차를 실시한 후 2013. 10. 25. 당초처분을 사업정지 3개월로 변경한다는 내용의 처분(이하 '변경처분' 이라 함)을 하였고, 그 처분서는 다음날 甲에게 직접 송달되었다.

그런데 甲은 "<u>유정주유소는 X정유사로부터 직접 석유제품을 공급받고, 공급받은 석유제품을 그대로 판매하였으며, 상원주유소도 자신과 마찬가지로 X정유사로부터 직접 석유제품을 구입하여 판매하였는데 그 규모와 판매량이 유사한데다가 甲과 동일하게 1회 위반임에도 상원주유소에 대하여는 사업정지 15일에 그치는 처분을 내렸다. 또한 2013. 5. 초순경에 주유소 지하에 있는 휘발유 저장탱크를 청소하면서 휘발유보다 값이 싼 경유를 사용하여 청소를 하였는데 그때 부주의하여 경유를 모두 제거하지 못하였고, 그러한 상태에서 휘발유를 공급받다 보니 휘발유</u>

에 경유가 조금 섞이게 된 것으로, 개업한 후 처음 겪는 일이고 위반의 정도가 경미하다." 라고 주장하면서 행정소송을 제기하여 다투려고 한다.

한편, 법 제13조 제4항은 "위반행위별 처분기준은 산업통상자원부령으로 정한다." 라고 되어 있고, 법 시행규칙 〔별표 1〕 행정처분의 기준 중 개별기준 2. 다목은 '제29조 제1항 제1호를 위반하여 가짜석유제품을 제조·수입·저장·운송·보관 또는 판매한 경우'에 해당하면 '1회 위반 시 사업정지 1개월, 2회 위반시 사업정지 3개월, 3회 위반시 등록취소 또는 영업장 폐쇄'로 규정되어 있다고 가정한다.

1. 위 산업통상자원부령 〔별표 1〕 행정처분의 기준에 대한 법원의 사법적 통제방법은?(25점)
2. 위 사안에서 청문 절차의 하자가 치유되었는가?(10점)
3. 甲은 변경처분에도 불구하고 취소소송을 제기하여 다투려고 한다. 이 경우 취소소송의 대상과 제소기간에 대하여 검토하시오. (25점)
4. 위 사안에서 밑줄 친 甲의 주장이 사실이라고 전제할 때, 甲이 본안에서 승소할 수 있는지 여부를 검토하시오. (다만, 위 산업통상자원부령 〔별표 1〕 행정처분의 기준의 법적 성실에 관하여는 대법원 판례의 입장을 따르되, 절차적 위법성 및 소송요건의 구비 여부의 검토는 생략한다.) (30점)
5. 乙은 甲에 대한 변경등록처분의 효력을 다투면서 "석유판매업자의 지위 승계에 따른 변경등록처분을 하기에 앞서 A시장이 乙에게 사전에 통지를 하지 않았으며 의견제출의 기회를 주지 않았다." 라고 주장한다. 이러한 乙의 주장은 타당한가?(10점)

〔참조조문〕

「석유 및 석유대체연료 사업법」

제7조(석유정제업자의 지위 승계) ① 다음 각 호의 어느 하나에 해당하는 자는 석유정제업자의 지위를 승계한다.
1. 석유정제업자가 그 사업의 전부를 양도한 경우 그 양수인
2. 석유정제업자가 사망한 경우 그 상속인
3. 법인인 석유정제업자가 합병한 경우 합병 후 존속하는 법인이나 합병으로 설립되는 법인

② 〈생략〉

제10조(석유판매업의 등록 등) ① 석유판매업을 하려는 자는 산업통상자원부령으로 정하는 바에 따라 특별시장·광역시장·도지사·특별자치도지사(이하 "시·도지사"라 한다) 또는 시장·군수·구청장(자치구의 구청장을 말한다. 이하 '시장·군수·구청장'이라 한다)에게 등록하여야 한다. 다만, 부산물인 석유제품을 생산하여 석유판매업을 하려는 자는 산업통상자원부장관에게 등록하여야 한다.

② 〈생략〉

③ 제1항 및 제2항에 따른 등록 또는 신고를 한 자가 등록 또는 신고한 사항 중 시설 소재지 등 대통령령으로 정하는 사항을 변경하려는 경우에는 산업통상자원부령으로 정하는 바에 따라 등록 또는 신고를 한 산업통상자원부장관이나 시·도지사 또는 시장·군수·구청장에게 변경등록 또는 변

경신고를 하여야 한다.
④ 제1항 및 제2항에 따라 시·도지사 또는 시장·군수·구청장에게 등록하거나 신고하여야 하는 석유판매업의 종류와 그 취급 석유제품 및 제1항에 따른 석유판매업의 시설기준 등 등록 요건은 대통령령으로 정한다.
⑤ 석유판매업자의 결격사유, 지위 승계 및 처분 효과의 승계에 관하여는 제6조부터 제8조까지의 규정을 준용한다. 이 경우 제6조 각 호 외의 부분 중 '석유정제업'은 '석유판매업'으로 보고, 같은 조 제6호 중 '제13조제1항'은 '제13조제3항'으로, '석유정제업'은 '석유판매업'으로 보며, 제7조 중 '석유정제업자'는 '석유판매업자'로, '석유정제시설'은 '석유판매시설'로 보고, 제8조 중 '석유정제업자'는 '석유판매업자'로, '제13조제1항'은 '제13조제3항'으로 본다.
제13조(등록의 취소 등) ①-②〈생략〉
③ 산업통상자원부장관, 시·도지사 또는 시장·군수·구청장은 석유판매업자가 다음 각 호의 어느 하나에 해당하면 그 석유판매업의 등록을 취소하거나 그 석유판매업자에게 영업장 폐쇄 또는 6개월 이내의 기간을 정하여 그 사업의 전부 또는 일부의 정지를 명할 수 있다. 다만, 제1호, 제4호부터 제6호까지 및 제9호의 어느 하나에 해당하는 경우에는 그 등록을 취소하거나 영업장 폐쇄를 명하여야 한다.
1. -11. 〈생략 〉
12. 제29조 제1항 제1호를 위반하여 가짜석유제품을 제조・수입・저장・운송・보관 또는 판매한 경우
④ 제1항부터 제3항까지의 규정에 따른 위반행위별 처분기준은 산업통상자원부령으로 정한다.
제29조(가짜석유제품 제조 등의 금지) ① 누구든지 다음 각 호의 가짜석유제품 제조 등의 행위를 하여서는 아니 된다.
1. 가짜석유제품을 제조·수입·저장·운송·보관 또는 판매하는 행위
2. -3. 〈생략〉
제40조(청문) 산업통상자원부장관, 시·도지사 또는 시장·군수·구청장은 다음 각 호의 어느 하나에 해당하는 처분을 하려는 경우에는 청문을 하여야 한다.
1. 제13조 제1항부터 제3항까지, 같은 조 제5항 또는 제34조에 따른 등록 취소 또는 영업장 폐쇄
2. 〈생략〉

「석유 및 석유대체연료 사업법시행령」

제13조(등록 또는 신고 대상 석유판매업의 종류) 법 제10조 제1항·제2항 및 제4항에 따라 등록하거나 신고하여야 할 석유판매업의 종류와 그 취급 석유제품은 별표 1과 같다.

［별표1］ 석유판매업 및 석유대체연료판매업의종류 등

등록대상	주유소	휘발유・ 등유 ・경유

제14조(석유판매업의 변경등록 및 변경신고 대상) 법 제10조제3항에서 "시설 소재지 등 대통령령으로 정하는 사항"이란 다음 각 호의 사항을 말한다.

1. 성명 또는 상호
2. 대표자(법인인 경우만 해당한다)
3. 주된 영업소의 소재지
4. 등록하거나 신고한 시설의 소재지 또는 규모

※ 일부조항은 현행법과 불일치 할 수 있으며 현재 시행중임을 전제로 할 것

제1문 김 래 영

〔단국대학교 법대 교수·변호사〕

C/O/N/T/E/N/T/S

Ⅰ. 설문 1

1. 쟁점의 정리

설문은 법규명령의 형식이지만, 행정청 내부의 사무처리기준을 내용으로 하는 산업통상자원부령 〔별표1〕 행정처분의 기준에 대한 법원의 사법적 통제방법을 묻고 있다.

이 문제를 해결하기 위하여는, 그 전제로 위 행정처분의 기준의 법적 성격이 규정되어야 한다는 견해도 있고, 이와 무방하게 대외적 구속력을 가지는 것이면 사법통제가 가능하다는 견해도 있다. 이에 관하여는 학설과 판례의 대립이 있으므로 아래에서 상세히 살펴보기로 한다.

2. 산업통상자원부령 〔별표1〕 행정처분의 기준의 법적 성격

(1) 학설

행정입법은 법규명령과 행정규칙으로 나뉘는데 양자의 차이는 법규성 유무에 있으며 법규성이란 행정주체와 국민에 대하여 직접 효력(구속력)을 가지며 재판규범이 되는 성질을 말한다는 것이 학자들의 일반적 견해이다.

행정입법을 법규명령과 행정규칙으로 구분하는 기준에 관하여는 실질설, 형식설, 위임설이 주장되고 있다. 실질설은 규정 자체의 내용과 성질에 의하여 법규성이 있는지에 따라 양자를 구분하고, 형식설은 규정의 형식에 따라 헌법상 인정되고 있는 형식인 대통령의 긴급명령과 긴급재정 · 경제명령, 대통령령, 총리령, 부령, 중앙선거관리위원회규칙은 법규명령에, 그 밖의 형식(훈령, 예규, 통첩, 고시, 지침 등)으로 제정되는 행정입법은 행정규칙에 해당한다고 하며, 위임설은 법령에 행정입법의 위임 근거가 있는지 여부에 따라 양자를 구분한다.[1)]

(2) 판례

우리 대법원 판례는 제재적 행정처분 기준이 대통령령으로 규정되어 있으면 법규성을 인정하는 반면, 부령으로 규정된 경우 그 처분 기준은 행정기관 내부의 사무처리준칙을 규정한 것에 불과하므로 대외적 구속력이 없어 재판규범이 되지 못하고 법원은 이에 구속될 필요가 없다고 한다.

그리고 도로교통법 시행규칙의 운전면허 행정처분 기준, 산업재해보상보험법 시행 규칙의 업무상 재해 인정 기준, 의료법 시행규칙의 의사면허자격 정지처분 기준 등에 관한 판례에서 규범 자체의 내용과 성질상 행정기관 내부의 사무처리준칙을 정한 것에 불과하여 법규명령이 아닌 행정규칙이라고 판시하여 일응 실질설에 입각한 것으로 보인다.[2)]

---

1) 조정웅, “제재적 행정처분의 기준을 정한 행정입법의 성질”, 법원도서관, 재판자료 제120집, 행정재판실무연구 Ⅲ, 2010, 38면

2) 대판 1997. 5. 30. 96누5773; 대판 2007 .9. 20. 2007두6946 등 다수 판결; 조정웅, 위의 글, 38-39면

다만 대법원은 다른 전원합의체 판결에서는 "행정처분의 가중사유나 전제요건에 관한 규정이 법령이 아니라 규칙의 형식으로 되어 있다고 하더라도, 그러한 규칙[3]이 법령에 근거를 두고 있는 이상 그 법적 성질이 대외적 · 일반적 구속력을 갖는 법규명령인지 여부와는 상관없이, 관할 행정청이나 담당공무원은 이를 준수할 의무가 있으므로 이들이 그 규칙에 정해진 바에 따라 행정작용을 할 것이 당연히 예견되고, 그 결과 행정작용의 상대방인 국민으로서는 그 규칙의 영향을 받을 수밖에 없기 때문에 그러한 규칙이 정한 바에 따라 선행처분을 받은 상대방이 그 처분의 존재로 인하여 장래에 받을 불이익, 즉 후행처분의 위험은 구체적이고 현실적인 것이므로, 상대방에게는 선행처분의 취소소송을 통하여 그 불이익을 제거할 필요가 있다" 고 판시하여[4] 묘한 변화를 보여 주고 있다.[5]

(3) 소결(사안의 경우)

위에서 살펴본 바와 같이 영업정지처분의 기준을 정하고 있는 '산업통상자원부령 〔별표1〕 행정처분의 기준' 의 법적 성격은 학설과 판례에 따라 달리 규정될 수 있다.

위 행정처분의 기준은 법규명령인 부령의 형식으로 규정되어 있기는 하나, 내용적으로는 행정기관 내부의 사무처리준칙을 규정한 것에 불과하므로 대외적 구속력이 없는 행정규칙에 불과하다고 보아야 할 것이다.

다만 이러한 법규명령 형식의 행정규칙에 대하여 사법통제가 가능한지는 별개의 문제이다.

3. 산업통상자원부령 〔별표1〕 행정처분의 기준에 대한 사법적 통제방안

(1) 위 행정처분의 기준을 법규명령으로 보는 경우

법규명령은 행정기관 내부에서의 사무처리준칙으로 기능함은 물론 대의적으로 국민과 법원을 구속하는 힘을 가지며 재판규범이 된다. 따라서 법규명령에 위반한 처분은 그 자체로 위법하여 취소되어야 하고 법규명령을 준수하여 한 처분은 적법하다. 만일 법규명령을 준수하여 한 처분이 지나치게 과중하여 재량권의 일탈 · 남용에 이른다면 그러한 처분을 할 수밖에 없게 만든 법규명령 자체의 효력을 부인하여 당해 사건에 적용하지 않는 이른바 구체적 규범통제형식으로 처분의 상대방을 구제할 수 있다.

(2) 위 행정처분의 기준을 행정규칙으로 보는 경우

판례에 의하면 부령으로 정한 처분 기준은 법규명령이 아니므로 그 위헌 · 위법 여부가 사법심사의 대상이 되지 않는 것이 원칙이다. 그러나 위 대법원 전원합의체 및 이후의 판

3) 판결문을 잘 읽어보면 위 규칙은 행정규칙이 아니고 시행규칙을 지칭하고, 앞의 법규명령도 시행령을 의미함을 알 수 있다.

4) 대판(전합) 2006. 6. 22. 2003두1684

5) 이에 대하여는 이강국 대법관의 반대의견이 있는데 이를 유력한 것으로 보는 견해도 제법 발견되는 바, 수험생들에게 위 판결문 및 관련 문헌을 일독하기를 권하는 바이다.

결을 살펴보면 다음과 같이 그 입장을 정리할 수 있다.

제재적 행정처분의 기준이 부령의 형식으로 규정되어 있더라도 그것은 행정청 내부의 사무처리준칙을 규정한 것에 지나지 아니하여 대외적으로 국민이나 법원을 기속하는 효력이 없고, 당해 처분의 적법 여부는 위 처분 기준만이 아니라 관계 법령의 규정 내용과 취지에 따라 판단되어야 하므로, 위 처분 기준에 적합하다 하여 곧바로 당해 처분이 적법한 것이라고 할 수는 없는 것이지만, 위 처분 기준이 그 자체로 헌법 또는 법률에 합치되지 아니하거나 위 처분 기준에 따른 제재적 행정처분이 그 처분사유가 된 위반행위의 내용 및 관계 법령의 규정 내용과 취지에 비추어 현저히 부당하다고 인정할 만한 합리적인 이유가 없는 한 섣불리 그 처분이 재량권의 범위를 일탈하였거나 재량권을 남용한 것이라고 판단해서는 안된다.[6]

4. 결 어

위 행정처분의 기준의 법적 성격이 법규명령으로 보는 경우 당연히 헌법 제107조 제2항에 의하여 법원이 이에 대한 사법통제를 할 수 있고, 행정규칙으로 보는 경우, 원칙적으로는 위 기준에 대하여는 사법통제를 할 수 없다. 위 처분 기준이 그 자체로 헌법 또는 법률에 합치되지 않는다는 점은 발견되지 않기 때문이다.

그러나 위 행정처분의 기준에 근거한 3개월의 영업정지처분이 재량권의 한계를 일탈한 것인지를 심사하는 것은 무방하다.

Ⅱ. 설문 2

1. 서 언

설문은 사안에서 행정청이 청문절차 없이 甲에게 영업취소처분을 한 하자가 치유되었는지를 묻고 있다. 우리 행정절차법은 침익적 행정행위시 청문을 하여야 한다는 원칙적 규정만을 두고 있을 뿐, 아래의 쟁점 사항들에 관하여는 아무런 규정을 두고 있지 아니하여 이에 관하여는 해석론에 맡겨져 있다.

우선, 절차적 하자의 법적 성격이다. 절차적 하자가 독자적인 위법사유인지를 가려야 한다. 다음으로 행정행위의 무효사유인지 취소사유인지를 가려야 한다. 소송형태 및 제소기간의 차이가 있기 때문이다.

둘째, 절차적 하자가 치유가능한지, 가능하다면 그 하자를 언제까지 치유하여야 하는가 하는 시간적 한계의 문제이다.

위 쟁점을 논하기에 앞서 우선 법률규정을 살펴보도록 한다.

---

6) 대판 2007. 9. 20. 2007두6946

2. 법률규정

행정절차법 제21조 제1항, 제4항, 제22조 제1항 내지 제4항에 의하면, 행정청이 당사자에게 의무를 과하거나 권익을 제한하는 처분을 하는 경우에는 미리 처분하고자 하는 원인이 되는 사실과 처분의 내용 및 법적 근거, 이에 대하여 의견을 제출할 수 있다는 뜻과 의견을 제출하지 아니하는 경우의 처리방법 등의 사항을 당사자 등에게 통지하여야 하고, 다른 법령 등에서 필요적으로 청문을 실시하거나 공청회를 개최하도록 규정하고 있지 아니한 경우에도 당사자 등에게 의견제출의 기회를 주어야 하되, 당해 처분의 성질상 의견청취가 현저히 곤란하거나 명백히 불필요하다고 인정될 만한 상당한 이유가 있는 경우 등에는 처분의 사전통지나 의견청취를 하지 아니할 수 있도록 규정하고 있다.

사안과 관련한 석유 및 석유대체연료 사업법 제40조 제1호도 석유판매업의 등록취소를 할 때에는 청문을 하여야 한다고 규정하고 있다. 이 조항은 강행규정으로 해석되어야 한다.

3. 절차적 하자의 법적 성격

(1) 절차적 하자가 독자적 위법사유인지 여부

절차적 하자가 독자적인 위법사유인지에 대하여 학설은 행정행위가 기속행위냐 재량행위이냐에 따라 구별하는 학설과 구별하지 않는 학설로 나뉘어 있지만, 우리 대법원 판례는 기속행위인지 재량행위인지를 구별하지 아니하고 절차적 하자를 독자적인 위법사유로 보는 적극설의 입장을 취하고 있다.

대법원은 재량행위인 식품위생법에 의한 영업정지처분에 대한 취소소송에서 "식품위생법 제64조, 같은 법 시행령 제37조 제1항 소정의 청문절차를 전혀 거치지 아니하거나 거쳤다고 하여도 그 절차적 요건을 제대로 준수하지 아니한 경우에는 가사 영업정지사유 등 위 법 제58조 등 소정 사유가 인정된다고 하더라도 그 처분은 위법하여 취소를 면할 수 없다"고 판시한 바 있다[7].

기속행위인 과세처분의 취소소송에서도 "국세징수법 제9조 제1항에 의하면, 세무서장…. 이 국세를 징수하고자 할 때에는 납세자에게 그 국세의 과세연도, 세목, 세액 및 산출 근거, 납부기한과 납부장소를 명시한 고지서를 발부하여야 한다고 규정하고 있는 바, 위 규정의 취지는 단순히 세무행정상의 편의를 위한 훈시규정이 아니라 조세행정에 있어 자의를 배제하고 신중하고 합리적인 처분을 행하게 함으로써 공정을 기함과 동시에 납세의무자에게 부과처분의 내용을 상세히 알려 불복여부의 결정과 불복신청에 편의를 제공하려는 데서 나온 강행규정으로서 납세고지서에 그와 같은 기재가 누락되면 그 과세처분 자체가 위법한 처분이 되어 취소의 대상이 된다고 해석함이 상당하다"고 판시하였다.[8]

---

7) 대판 1991. 7. 9. 91누971; 대판 2013. 1. 16. 2011두30687
8) 대판 1984. 5. 9. 84누116

(2) 절차적 하자가 취소사유인지 무효사유인지 여부

절차적 하자가 취소사유인지 무효사유인지에 관하여 학설은 무효사유로 보는 것이 다수설인 것으로 판단된다. 그러나 판례의 원칙적 입장은, 행정청이 침해적 처분을 함에 있어서 당사자에게 위와 같은 사전통지를 하거나 의견제출의 기회를 주지 아니하였다면 그 처분은 위법하여 취소를 면할 수 없으나, 다만 사전통지를 하지 않거나 의견제출의 기회를 주지 아니하여도 되는 예외적인 경우에 해당하면, 그러한 절차를 거치지 아니하여도 그 처분이 위법하다고 보지는 않는다.[9]

(3) 사안의 경우

사안에서 A시장이 甲에 대하여 영업정지처분을 하면서 청문절차를 거치지 않은 것은 판례에 따라 청문절차를 하지 않아도 되는 예외적인 규정이나 사정도 발견되지 않으므로 일단 위법하다. 또한 위 처분이 기속행위인지 재량인지를 불문하고 독자적 위법사유가 되고, 다만 취소사유에 해당할 뿐이라고 할 것이다.

4. 절차적 하자의 치유 문제[10]

(1) 절차적 하자의 치유가 인정되는지 여부

하자 있는 행정행위에 있어서 하자의 치유는 행정행위의 성질이나 법치주의의 관점에서 볼 때, 원칙적으로는 허용될 수 없으나 행정행위의 무용한 반복을 피하고 당사자의 법적 안정성을 보호하기 위하여 국민의 권리와 이익을 침해하지 아니하는 범위 내에서 구체적인 사정에 따라 예외적으로 허용될 수 있다는 것이 판례이다.[11]그러므로 하자의 치유를 인정하면 당사자에게 불이익하게 되는 경우 하자의 치유는 인정되지 않는다. 대법원도 '선행처분인 개별공시지가결정이 위법하여 그에 기초한 개발부담금 부과처분도 위법하게 된 경우 그 하자의 치유를 인정하면 개발부합금 납부의무자로서는 위법한 처분에 대한 가산금 납부의무를 부담하게 되는 등 불이익이 있을 수 있으므로, 그 후 적법한 절차를 거쳐 공시된 개별공시지가결정이 종전의 위법한 공시지가결정과 그 내용이 동일하다는 사정만으로는 위법한 개별공시지가결정에 기초한 개발부담금 부과처분이 적법하게 된다고 볼 수 없다'고 판시하였다.[12]

---

9) 대판 2000. 11. 14. 99두5870

10) 사안이 절차적 하자이므로 논의는 하지 않으나, 하자의 치유가 절차적 하자의 경우에 인정되고, 내용의 하자의 경우에는 인정되지 않는다는 것에 판례와 학설이 일치한다.

11) 대판 2002.7.9. 2001두10684; 대판 1998.10.27. 98두4535; 징계처분에 있어서도 대법원은 "징계처분에 대한 재심절차는 원래의 징계절차와 함께 전부가 하나의 징계처분절차를 이루는 것으로서 그 절차의 정당성도 징계과정 전부에 관하여 판단되어야 할 것이므로 원래의 징계과정에 절차 위반의 하자가 있더라도 재심과정에서 보완되었다면 그 절차 위반의 하자는 치유된다"고 판시하였다(대판 2002. 12. 26. 2002다57201). 다만 그 재심절차를 전혀 이행하지 않거나 재심절차에 중대한 하자가 있어 재심의 효력을 인정할 수 없는 경우에는 그 징계처분이 무효가 된다고 하였다.

12) 대판 2001. 6. 26. 99두11592

(2) 절차적 하자의 치유가 인정되는 범위

판례와 다수설은 하자의 치유는 취소사유에 한하여 인정하고 당연무효의 경우에는 인정하지 않는다고 한다. 헌법상의 적법절차원칙과 행정절차법의 전체 취지에 비추어 보면 판례와 다수설의 입장이 타당하다고 판단된다.

(3) 절차적 하자의 치유가 인정되는 시간적 한계

하자의 치유가 어느 시점까지 가능한가에 대하여 학설은 행정쟁송의 제기 이전에만 가능하다는 견해,[13] 그 이후에도 가능하다는 견해 및 행정쟁송 제기 이후에는 하자의 치유를 인정하더라도 처분의 상대방에게 권리구제의 장애를 초래하지 않는 경우에 한하여 허용된다는 견해로 나뉘고 있다.[14]

판례는 절차적 하자의 치유는 늦어도 과세처분에 대한 불복여부의 결정 및 불복신청에 편의를 줄 수 있는 상당한 기간 내에 하여야 한다고 하여 원칙적으로 행정쟁송의 제기 이전에만 가능하다는 입장이다.[15]

5. 결 어

A시장이 甲에 대하여 청문절차 없이 영업취소처분을 한 하자는 독자적 위법사유이고, 행정행위의 취소사유에 해당하지만 그 하자는 甲이 행정쟁송을 제기하기 이전까지는 치유될 수 있다.

그러나 A시장은 甲이 행정심판을 청구한 2013. 8. 23.이 경과한 후인 2013. 10. 4.과 같은 달 25. 사이에 청문절차를 실시하였으므로,[16] A시장이 甲에 대하여 청문절차 없이 영업취소처분을 한 하자는 치유되지 않는다.

Ⅲ. 설문 3

1. 쟁점의 정리

행정소송법 제12조는 취소소송의 대상을 '처분등'이라고 규정하고 있고, 제20조는 취소소송의 제소기간을 처분 등이 있음을 안 날로부터 90일, 있은 날로부터 1년 이내로 규정하고 있다.

---

13) 따라서 행정심판을 청구한 경우에는 행정심판청구일이 기준이 된다.
14) 하명호, 처분에 있어서 절차적 하자의 효과와 치유, 한국사법행정학회, 행정소송(II), 2008, 147면
15) 대판 1984. 4. 10. 83누393; 하명호 교수는 판례가 위와 같은 태도를 취하는 이유는 쟁송제기 이후에도 하자의 치유를 인정한다면 당사자의 법적 안정성과 예측가능성을 침해하는 것으로서 불변기간의 준수에도 지장을 준다는 인식에 기초한 것으로 보인다고 한다. 위의 글 참조
16) 설문에 청문 절차를 실시한 일자는 나타나 있지 않다.

한편, 행정청이 일정한 처분을 한 뒤 그 처분을 감축 또는 확장(증액)하는 경우가 있다. 과세처분 등 각종 부담금 부과처분, 징계처분이나 영업정지처분 등의 제재처분에서 찾아볼 수 있다. 이러한 경우 처음의 처분을 '당초처분', 뒤의 처분을 경정처분이라고 하는데 어느 것을 항고소송의 대상으로 하여야 하는지, 제소기간은 어느 것을 기준으로 하여야 하는지가 문제된다.

2. 경정처분과의 구별개념

경정처분은 당초처분을 유지한 채 이를 수정하는 것에 불과하기 때문에, 당초 처분을 취소하거나 철회하고 새로운 처분을 하는 경우와 구별된다. 따라서 절차 위반 등을 이유로 당초처분을 취소한 후 절차를 갖추어 다시 처분을 하는 경우 이는 별개의 처분이고 경정처분이 아니다.

그러나 후행처분이 당초처분을 전부 취소하고 새로운 처분을 하는 형식을 취하였다고 하더라도, 실질적으로는 처분의 확장이나 감축으로 볼 수 있다면 이는 경정처분의 법리가 그대로 적용된다.[17]

3. 소송대상의 확정과 제소기간

(1) 학설

사안과 관련하여 학설을 살펴보면 다음과 같다.

① 당초처분과 경정처분은 상호 독립된 별개의 처분으로 모두 소송대상이 된다는 견해(소위 병존설), ② 당초처분은 경정처분에 흡수되어 소멸하고, 경정처분만이 효력을 가지며 소송의 대상이 되고, 제소기간도 경정처분을 기준으로 한다는 견해(흡수설), ③ 당초처분은 경정처분에 흡수·소멸되지만, 그 효력은 그대로 존속하며 경정처분의 효력은 이에 의하여 확장 도는 감축된 부분에만 미친다는 견해(병존적 흡수설), 이에 의하면 경정처분만이 소송의 대상이 되나 당초처분의 효력은 그대로 남아있으므로 제소기간도 당초처분을 기준으로 하여야 한다. ④ 경정처분은 당초처분에 흡수되어 경정처분에 의하여 수정된 당초의 처분이 소송의 대상이 된다는 견해(역흡수설), ⑤ 당초처분과 경정처분은 결합하여 일체로서 존재하면서 당초처분에 의하여 확정된 처분을 확장 또는 감축하게 되나, 소송대상은 경정처분으로 수정된 당초의 처분이라는 견해(역흡수병존설). 다만 이 견해는 확장된 부분에 대하여는 경정처분을 소송의 대상으로 삼을 수 있다고 한다.

(2) 판례

판례는 증액(확장)경정처분과 감액(감축)경정처분으로 나누어 그 성격을 달리 보고 있다.

---

17) 대판 1987. 4. 14. 85누740

증액(확장)경정처분은 당초처분을 그대로 둔 채 당초처분에서의 제재를 추가 또는 확장하는 것이 아니고, 당초처분에서의 제재를 포함시켜 전체로서의 제재를 결정하는 것이므로, 확장경정처분이 있게 되면 당초처분은 확장경정처분에 흡수되어 독립한 존재가치를 상실하여 당연히 소멸하고, 확장경정처분만이 소송의 대상이 된다고 한다. 제소기간은 당연히 확장경정처분을 기준으로 하고, 이 기간이 경과하지 않았으면 당초의 제재처분에 대하여도 다툴 수 있다고 한다.18)

감액(감축)경정처분은 증액경정처분의 경우와는 달리, 당초의 처분 전부를 취소하고 새로이 처분을 한 것이 아니라, 당초처분의 일부 효력을 취소하는 처분으로 소송의 대상은 경정처분으로 인하여 감축되고 남아있는 당초의 처분이다. 따라서 감축경정처분 자체는 소송의 대상이 아니므로 제소기간의 준수여부도 경정처분이 아니라 당초처분을 기준으로 결정하여야 한다.19)

다만 재결청의 이행재결에 따라 행정청이 감액경정처분을 하여야 하는 경우에, 행정청이 행정심판 재결청의 취지에 어긋나게 결정하거나 그 결정자체에 고유한 위법사유가 존재하는 때에는 예외적으로 그 경정처분이 소송의 대상이 되고, 그 처분시를 기준으로 제소기간의 준수 등을 심사한다.20)

(3) 사안의 경우

사안의 경우는 당초처분을 전부 취소하고 새로운 처분을 한 것은 아니다. 따라서 학설과 판례상의 당초처분과 감액(감축)경정처분이 있을 뿐이다. 사안의 경우는 이러한 감축경정처분이 있고, 또한 이 경정처분에 재결청의 취지에 어긋난다거나 고유한 위법이 있는 것으로 보이지는 아니한다. 결국 당초처분을 취소소송의 대상으로 삼아야 하고, 제소기간도 당초처분을 기준으로 살펴보아야 한다.

4. 사례의 해결

위에서 살펴본 바와 같이 취소소송의 대상은 甲에게 영업취소처분을 내린 당초처분이고, 甲이 제소기간의 준수여부도 당초 처분이 있었음을 안 날로부터 기준으로 살펴야 한다.

사안의 경우, 甲은 자신에 대하여 영업취소처분을 내린 A시장의 2013. 6. 7. 자 당초처분을 대상으로 취소소송을 제기하여야 한다. 그러나 A시장의 甲에 대한 당초처분은 2013. 6. 7. 있었고, 그 다음날 甲이 이러한 처분이 있었음을 알았으므로 제소기간도 2013. 6. 8.부터 기산된다.

그러나 甲은 당초처분에 불복하고 행정심판을 제기하였으므로, 제소기간은 갑이 행정심판 재결서의 정본을 송달받은 2013. 10. 4.부터 기산한다.

---

18) 대판 1993. 12. 21. 92누14441; 대판 1992. 5. 26. 91누9596, 대판 1999. 5. 28. 97누16329 등 참조
19) 대판 1986. 7. 8. 84누50; 대판 1998. 5. 26. 98두3211; 대판 2008. 2. 15. 2006두3957 등 참조
20) 대판 1996. 7. 30. 95누6328

따라서 甲은 취소소송의 제소기간의 기산점인 2013. 10. 4.로부터 90일 내에 당초처분을 대상으로 취소소송을 제기할 수 있다.

Ⅳ. 설문 4

1. 서 언

설문은 '산업통상자원부령 〔별표1〕 행정처분의 기준' 의 법적 성격을 판례의 입장에 따라 甲이 본안에서 승소할 수 있는지를 묻고 있다. 위 기준이 형식은 법규명령인 부령이지만 판례는 위와 같은 행정처분의 기준을 재량권 행사의 준칙인 행정규칙으로 보고 있음은 이미 살펴보았다. 따라서 쟁점은 다음과 같다.

첫째, 행정청의 재량행위이 사법심사의 방식은 무엇인지 여부,

둘째, A시장의 甲에 대한 3개월의 영업정지처분이 위 심사방식에서 나타난 비례의 원칙, 평등의 원칙에 위반되는지 여부이다.[21] A시장의 처분이 이러한 원칙에 위반하는 것이라면 甲이 승소한다는 것은 특별히 다언을 요하지 않는다. A시장의 처분이 위법함에도 불구하고 甲의 청구를 기각하는 사정판결(事情判決)을 할 특별한 사정이 발견되는 것은 아니기 때문이다.

셋째, 승소의 범위, 즉 A시장의 甲에 대한 3개월의 영업정지처분이 위법하다면, 법원이 甲의 청구를 전부 인용할 수 있는 것인지, 아니면 적정하다고 생각되는 영업정지기간에대하여는 일부 패소판결을 하는 것인지에 대하여 간단히 살펴보아야 한다.[22]

이하에서 위 논점을 살펴보기로 한다.

2. 행정청의 재량행위에 대한 사법심사 방식

"상급행정기관이 하급행정기관에 대하여 업무처리지침이나 법령의 해석적용에 관한 기준을 정하여 발하는 이른바 행정규칙이나 내부지침은 일반적으로 행정조직 내부에서만 효력을 가질 뿐 대외적인 구속력을 갖는 것은 아니므로 행정처분이 그에 위반하였다고 하여 그러한 사정만으로 곧바로 위법하게 되는 것은 아니고, 다만 재량권 행사의 준칙인 행정규칙이 그 정한 바에 따라 되풀이 시행되어 행정관행이 이루어지게 되면 평등의 원칙이나 신뢰보호의 원칙에 따라 행정기관은 그 상대방에 대한 관계에서 그 규칙에 따라야 할 자기구속을 받게 되므로, 이러한 경우에는 특별한 사정이 없는 한 그에 위반하는 처분은 평등의 원칙이나 신뢰보호의 원칙에 위배되어 재량권을 일탈·남용한 위법한 처분이 된다"는 것이

---

21) 자기구속의 법리를 설명하여야 하는 질문이 있었다. 그러나 사안은 자기구속법리로 처분을 취소할 만한 관행 혹은 이전의 처분에 대한 언급이 전혀 없었으므로 이에 대한 논의는 불필요한 것으로 생각된다.

22) 제2문에 일부취소 논점이 크게 부각된다고 하여 제1문의 문5.의 논점에서 일부취소의 문제가 논점이 안 되는 것은 아니다. 설문은 승소여부를 묻고 있는데, 일부승소는 당연히 일부패소를 포함하기 때문에 이 문제를 다루지 않을 수 없다. 다만 제2문에서 상세히 살펴볼 것이기 때문에 간단히 언급하기로만 한다.

판례의 입장이다.[23]

사안에서는 A시장의 처분이 평등원칙 및 비례의 원칙에 위반되는지 여부를 살펴보기로 한다.

3. 평등원칙 위반여부

평등원칙은 헌법에서 유래하는 법의 일반원칙으로서, 특별한 사정이 없는 한 행정청이 제재처분을 함에 있어서도 같은 위반자에 대하여는 같은 범위의 처분을 할 것을 요구한다.

사안을 살펴보건대, 甲 운영의 유정주유소와 인근의 상원주유소는 ① X정유사로부터 직접 석유제품을 공급받고, 공급받은 석유제품을 그대로 판매한 점, ② 모두 유사석유제품 판매 1회 위반인 점이 동일하고, ③ 주유소 규모 및 판매량이 유사함에도 불구하고, 상원주유소에 대하여는 사업정지 15일에 그치는 처분을 내렸음에도 불구하고 甲에 대하여는 3개월의 영업정지 처분을 한 것은 평등의 원칙에 위반되는 것으로서 재량권의 일탈이나 남용의 위법이 있다고 할 것이다.

4. 비례원칙 위반여부

행정청이 법규위반 사항에 대하여 제재적 행정행위를 함에 있어서는 헌법 제37조에 의한 비례의 원칙을 준수하여야 한다.

비례의 원칙은 같은 유형의 위반행위라 하더라도 그 규모나 기간·사회적 비난 정도·위반행위로 인하여 다른 법률에 의하여 처벌받은 다른 사정·행위자의 개인적 사정 및 위반행위로 얻은 불법이익의 규모 등 여러 요소를 종합적으로 고려하여 사안에 따라 적정한 정도의 제재를 하여야 하고(필요성), 또한 처분사유로 된 위반행위의 내용과 당해 처분행위에 의하여 달성하려는 공익목적 및 이에 따르는 제반 사정 등을 객관적으로 심리하여 공익침해의 정도와 그 처분으로 인하여 개인이 입게 될 불이익을 비교 교량하여 판단하여야 한다(상당성).

사안을 살펴보건대, 甲의 위반행위는 ① 1회에 불과하고, ② 甲 운영의 유정주유소는 X정유사로부터 직접 석유제품을 공급받고, 공급받은 석유제품을 그대로 판매하였다는 사정이 있으며, ③ 최근 경유를 사용하여 휘발유 저장탱크를 청소한 사실이 인정되는 점, ④ 인근의 상원주유소와 동일한 15일의 영업정지 처분을 통해서도 갑에게 충분한 경고가 되어 행정목적을 달성할 수 있는 것으로 판단되는 점 등을 고려하면, 甲의 위반행위에 대한 3개월의 영업정지 처분은 이를 통하여 달성하려는 공익보다 침해되는 사익이 훨씬 큰 것으로 판단되어 비례의 원칙에 위반하여 재량권을 일탈 또는 남용한 위법이 있다고 하지 않을 수 없다.

---

23) 대판 2009. 12. 24. 2009두7967; 대판 2012. 12. 13. 2011두29205 등 다수 판결

5. 승소의 범위

영업정지처분이 적정한 영업정지기간을 초과하여서 위법한 경우 법원은 위 처분 전부를 취소하여야 하는지, 아니면 그 초과부분만을 취소할 수 있는지가 문제된다.

대법원은 '법원으로서는 영업정지처분이 재량권남용이라고 판단될 때에는 위법한 처분으로서 그 처분의 취소를 명할 수 있을 뿐이고, 재량권의 한계내에서 어느 정도가 적정한 영업정지 기간인지를 가리는 일은 사법심사의 범위를 벗어나는 것이며, 그 권한 밖의 일이라고 할 것' 이라고 하여 위법한 영업정지처분 전부를 취소하여야 한다고 판시하고 있다.[24)]

사안의 경우, 甲에 대한 3개월의 영업정지처분은 전부 취소되고, 따라서 갑은 전부 승소하게 된다.

6. 결 어

이상에서 살펴본 바와 같이 산업통상자원부령 〔별표 1〕 행정처분의 기준이 행정규칙에 해당하여, A시장의 甲에 대한 3개월의 영업정지처분이 재량행위라고 하더라도, 이러한 재량행위도 그 재량권의 범위 내에서 행하여져야 한다.

위 제재처분은 재량권의 남용 또는 일탈의 심사기준인 평등원칙과 비례원칙 모두에 위반되는 것으로 판단되어 위법한 것으로서 취소될 수 밖에 없다. 취소의 범위는 위 제재처분 전부이고, 결국 甲은 전부승소판결을 받게 된다.

Ⅴ. 설문 5

1. 쟁점의 정리

사안에서의 쟁점은 행정청이 영업허가자의 지위승계신고를 수리하는 행위의 법적 성질 및 이에 대한 항고소송이 허용되는지 여부와 위와 같은 수리행위시에 행정청에게 종전 영업허가자에 대한 사전통지의무가 있는가 하는 점이다.

2. 변경등록처분의 법적 성질

판례에 의하면, 석유 및 석유대체연료 사업법 제7조에 규정된 영업허가자의 지위승계신고를 수리하고 변경등록하는 허가관청의 행위는 단순히 양도·양수인 사이에 이미 발생한 사법상의 사업양도의 법률효과에 의하여 양수인이 그 영업을 승계하였다는 사실의 신고를 접수하는 행위에 그치는 것이 아니라, 영업허가자의 변경이라는 법률효과를 발생시키는 행위이다.[25)]

---

24) 자동차운수사업면허조건 등을 위반한 사업자에 대한 과징금부과처분이 법정 최고한도액을 초과하여 위법한 경우, 위 부과처분 전부를 취소하여야 한다고 판시하였다(대판 2007. 10. 26. 2005두3172).

3. 변경등록처분이 항고소송의 대상이 되는지 여부

석유 및 석유대체연료 사업법 제7조, 제10조, 제13조, 제29조 및 동법시행령 제13조, 제14조 등에 의하면 종전 석유판매업자로부터 영업을 양수하거나 산업통상자원부령으로 정하는 '시설 소재지 등 대통령령으로 정하는 사항' 등 석유판매업의 시설 기준에 따른 필수시설을 인수한 자가 관계 행정청에 이를 신고하여 행정청이 이를 수리하는 경우에는 종전의 석유판매업자는 적법한 신고를 마친 석유판매업자로서의 지위를 부인당할 불안정한 상태에 놓이게 되므로, 그로 하여금 이러한 수리행위의 적법성을 다투어 그 법적 불안을 해소할 수 있도록 하는 것이 법치행정의 원리에 부합한다는 것이 판례의 입장이다.

4. 변경등록처분시 종전 영업허가자에게 사전통지를 해 줄 의무가 있는지 여부

판례에 따라 본 항목의 쟁점에 관하여 살펴보도록 한다.

행정절차법 제21조 제1항, 제22조 제3항 및 제2조 제4호의 각 규정에 의하면, 행정청이 당사자에게 의무를 과하거나 권익을 제한하는 처분을 함에 있어서는 당사자 등에게 처분의 사전통지를 하고 의견제출의 기회를 주어야 하며, 여기서 당사자라 함은 행정청의 처분에 대하여 직접 그 상대가 되는 자를 의미한다.

한편 석유 및 석유대체연료 사업법 제7조, 제10조, 제13조, 제29조 및 동법시행령 제13조, 제14조 등에 의하면 석유판매업 전부를 인수함으로써 석유판매업자의 지위를 승계한 자가 관계 행정청에 이를 신고하여 행정청이 이를 수리하는 경우에는 종전의 석유판매업자에 대한 허가는 그 효력을 잃고, 종전의 석유판매업자는 적법한 신고를 마친 석유판매업자로서의 지위를 부인당할 불안정한 상태에 놓이게 된다.

따라서 행정청이 석유 및 석유대체연료 사업법 규정에 의하여 석유판매업자 지위승계신고를 수리하고 변경등록하는 처분은 종전의 석유판매업자의 권익을 제한하는 처분이라 할 것이고, 종전의 석유판매업자는 그 처분에 대하여 직접 그 상대가 되는 자에 해당한다고 봄이 상당하므로, 행정청으로서는 그 신고를 수리하는 처분을 함에 있어서 행정절차법 규정 소정의 당사자에 해당하는 종전의 유원시설업자 또는 체육시설업자에 대하여 위 규정 소정의 행정절차를 실시하고 처분을 하여야 한다.

5. 결 어

설문상의 변경등록처분은 종전 영업허가자의 권익을 제한하는 것으로 항고소송의 대상이 되는 행정처분에 해당하고, 乙은 종전 영업허가자로서 위 변경등록처분의 당사자에 해당하므로, A시장은 을에게 위 변경등록처분시 사전통지의무를 해 주어야 할 의무가 있다.

사안에서 A시장은 乙에게 위와 같은 사전통지의무를 하지 않았으므로 乙의 주장은 타당하다.

---

25) 본 사안은 대판 2012. 12. 13. 2011두29144 내용을 그대로 문제화한 것이다. 나머지 쟁점에 대한 설명도 위 판례의 내용을 옮긴 것이므로 판례인용을 생략한다.

2014년 제3회 변호사시험
공 법 제2문

제 2 문

20년 무사고 운전 경력의 레커 차량 기사인 甲은 2013. 3. 2. 혈중알코올농도 0.05%의 주취 상태로 레커 차량을 운전하다가 신호대기 중이던 乙의 승용차를 추돌하여 3중 연쇄추돌 교통사고를 일으켰다. 위 교통사고로 乙이 운전하던 승용차 등 3대의 승용차가 손괴되고, 승용차 운전자 2명이 약 10주의 치료가 필요한 상해를 입게 되었다.
서울지방경찰청장은 위 교통사고와 관련하여 甲이 음주운전 중에 자동차 등을 이용하여 범죄행위를 하였다는 이유로 1개의 운전면허 취소통지서로 도로교통법 제93조 제1항 제3호에 의하여 甲의 운전면허인 제1종 보통 · 대형 · 특수면허를 모두 취소하였다.
한편, 결찰조사 과정에서 乙이 위 교통사고가 발생한지 6년 전에 음주운전으로 이미 2회 운전면허 정지처분을 받았던 전력이 있는 사실과 乙이 위 교통사고 당시 혈중알코올농도 0.07% 주취 상태에서 운전한 사실이 밝혀지자, 서울지방경찰청장은 도로교통법 제93조 제1항 제2호에 의하여 乙의 운전면허인 제2종 보통면허를 취소하였다.

※ 참고자료로 제시된 법규의 일부조항은 가상의 것으로, 이에 근거하여 답안을 작성할 것. 이와 다른 내용의 현행법령이 있다면 제시된 법령이 현행 법령에 우선하는 것으로 할 것.

1. 甲은 자신의 무사고 운전 경력 및 위 교통사고 당시의 혈중알코올농도 등에 비추어 보면 서울지방경찰청장의 甲에 대한 위 운전면허 취소처분은 너무 가혹하다고 변호사 A에게 하소연하며 서울지방경찰청장의 甲에 대한 위 운전면허 취소처분의 취소소송을 의뢰하였다.

(1) 甲 이 서울지방경찰청장을 상대로 甲에 대한 위 운전면허 취소처분의 일부 취소를 구하는 행정소송을 제기하는 경우, 甲이 승소판결을 받을 가능성이 있는지 여부 및 그 이유를 검토하시오(다만, 제소요건을 다투는 내용을 제외할 것).(20점)

(2) 甲이 서울지방경찰청장을 상대로 甲에 대한 위 운전면허 취소처분의 전부 취소를 구하는 행정소송을 제기하는 경우, 제1종 특수면허 취소부분의 위법성을 주장할 수 있는 사유에 관하여 간략하게 검토하시오(다만, 처분의 근거가 된 법령의 위헌성 ·위법성을 다투는 내용을 제외할 것).(10점)

2. 甲이 서울지방경찰청장의 甲에 대한 위 운전면허 취소처분의 취소를 구하는 행정소송을 제기하자, 당해 사건을 담당하는 법원은 운전면허 취소처분의 근거규정인 도로교통법 제93조 제1항 제3호 규정이 위헌적이라고 판단하고 헌법재판소에 위헌법률심판을 제청하였다. 도로교통법 제93조 제1항 제3호의 위헌성에 대해서 판단하시오. (30점)

3. 乙은 본인에게 책임이 없는 위 교통사고로 인하여 서울지방경찰청장이 乙에 대하여 한 운전면허 취소처분의 취소를 구하는 행정소송을 제기함과 동시에 처분의 근거가 된 도로교통법 제93조 제1항 제2호가 헌법에 위반된다는 이유로위헌법률심판 제정신청을 하였으나, 당해 사건을 담당한 법원은 위헌의 여지를 의심했음에도 불구하고 기각결정을 내렸다. 乙은 이 기각결정 통지를 받은 후, 도로교통법 제93조 제1호 제2호, 제148조의2 제1항 제1호가 이중처벌금지원칙, 일반적 행동의 자유, 평등의 원칙에 위반된다며 헌법소원심판을 청구하였다.

(1) 위 사례에서 법원의 위헌법률심판제청 기각결정에 대하여 헌법적으로 판단하시오. (10점)
(2) 乙의 헌법소원심판청구 사건에서 위헌심판의 대상을 확정하시오. (10점)
(3) 심판대상 규정이 乙의 기본권을 침해하여 위헌인지에 대하여 판단하시오. (20점)

〔참조조문〕

「도로교통법」

제1조(목적) 이 법은 도로에서 일어나는 교통상의 모든 위험과 장해를 방지하고 제거하여 안전하고 원활한 교통을 확보함을 목적으로 한다.

제80조(운전면허) ① 자동차등을 운전하려는 사람은 지방경찰청장으로부터 운전면허를 받아야 한다.
② 지방경찰청장은 운전을 할 수 있는 차의 종류를 기준으로 다음 각 호와 같이 운전면허의 범위를 구분하고 관리하여야 한다. 이 경우 운전면허의 범위에 따라 운전할 수 있는 차의 종류는 안전행정부령으로 정한다.

1. 제1종 운전면허
가. 대형면허 나. 보통면허
다. 소형면허 라. 특수면허
2. 제2종 운전면허
가. 보통면허 나. 소형면허
다. 원동기장치자전거면허

(이하 생략)

제44조(술에 취한 상태에서의 운전 금지) ① 누구든지 술에 취한 상태에서 자동차등(「건설기계관리법」 제26조제1항 단서에 따른 건설기계 외의 건설기계를 포함한다.)을 운전하여서는 아니 된다.

제93조(운전면허의 취소·정지) ① 지방경찰청장은 운전면허(연습운전면허는 제외한다.)를 받은 사람이 다음 각 호의 어느 하나에 해당하면 안전행정부령으로 정하는 기준에 따라 운전면허를 취소하거나 1년 이내의 범위에서 운전면허의 효력을 정지시킬 수 있다. 다만, 제2호, 제3호, 제7호부터 제9호까지(정기 적성검사 기간이 지난 경우는 제외한다), 제12호, 제14호, 제16호부터 제18호까지의 규정에 해당하는 경우에는 운전면허를 취소하여야 한다.

1. 제44조제1항을 위반하여 술에 취한 상태에서 자동차등을 운전한 경우
2. 제44조제1항 또는 제2항 후단을 2회 이상 위반한 사람이 다시 같은 조 제1항을 위반하여 운전면허 정지 사유에 해당된 경우
3. 운전면허를 받은 사람이 자동차등을 이용하여 범죄행위를 한 경우

(이하 생략)

제148조의2(벌칙) ① 다음 각 호의 어느 하나에 해당하는 사람은 1년 이상 3년 이하의 징역이나 500만원 이상 1천만원 이하의 벌금에 처한다.

1. 제44조제1항을 2회 이상 위반한 사람으로서 다시 같은 조 제1항을 위반하여 술에 취한 상태에서 자동차등을 운전한 사람(이하 생략)

「도로교통법 시행규칙」

제53조(운전면허에 따라 운전할 수 있는 자동차 등의 종류) 법 제80조 제2항에 따라 운전면허를 받은 사람이 운전할 수 있는 자동차등의 종류는 별표 18과 같다.

제91조(운전면허의 취소·정지처분 기준 등) ① 법 제93조에 따라 운전면허를 취소 또는 정지시킬 수 있는 기준(교통법규를 위반하거나 교통사고를 일으킨 경우 그 위반 및 피해의 정도 등에 따라 부과하는 벌점의 기준을 포함한다)과 법 제97조 제1항에 따라 자동차등의 운전을 금지시킬 수 있는 기준은 별표 28과 같다.

[별표 18] 운전할 수 있는 차의 종류 (제53조 관련)

운전면허		운전할 수 있는 차량
종류	구 분	
제1종	대형 면허	O 승용자동차O 승합자동차 O 화물자동차 O 긴급자동차 O 건설기계 -덤프트럭, 아스팔트살포기, 노상안정기 -콘크리트믹서트럭, 콘트리트펌프, 천공기(트럭 적재식) -콘크리트믹서트레일러, 아스팔트콘트리트재생기 -도로보수트럭, 3톤 미만의 지게차 O 특수자동차(트레일러 및 레커는 제외한다) O 원동기장치자전거
	보통 면허	O 승용자동차 O 승차정원 15인 이하의 승합자동차 O 승차정원 12인 이하의 긴급자동차(승용 및 승합자동차에 한정한다) O 적재중량 12톤 미만의 화물자동차 O 건설기계(도로를 운행하는 3톤미만의 지게차에 한정된다) O 총중량 10톤 미만의 특수자동차(트레일러 및 레커는 제외한다) 원동기장치자전거
	소형면허	O 3륜 화물자동차 O 3륜 승용자동차 O 원동기장치자전거
	특수면허	O 트레일러O 레커O 제2종보통면허로 운전할 수 있는 차량

〔별표 28〕 운전면허 취소·정지처분 기준(제91조 제1항 관련)

2. 취소처분 개별기준

일련 번호	위반사항	적용법조 (도로교통법)	내용
2	술에 취한 상태에서 운전한 때	제93조	O 술에 만취한 상태(혈중알콜농도 0.1퍼센트 이상)에서 운전한 때 O 2회 이상 술에 취한 상태의 기준을 넘어 운전하거나 술에 취한 상태의 측정에 불응한 사람이 다시 술에 취한 상태(혈중알콜농도 0.05퍼센트 이상)에서 운전한 때

C/O/N/T/E/N/T/S

제2문 김 래 영

〔단국대학교 법대 교수 · 변호사〕

Ⅰ. 설문 1의 (1)

본 사례는 대판(전합) 1995.11.16. 95누8850 사안과 동일하다. 따라서 판례를 중심으로 서술한다.

1. 쟁점의 정리

설문은 甲이 운전면허 취소처분이 일부 취소를 구하는 행정소송을 제기하는 경우, 甲이 승소판결을 받을 가능성이 있는지 여부 및 그 여부를 검토하라는 것으로서, 이를 위하여는 아래의 쟁점이 우선 검토되어야 한다.

첫째, 한 사람이 여러 종류의 자동차 운전면허를 취득한 경우, 이를 취소·정지함에 있어서 서로 별개의 것으로 취급하여야 하는지 여부,

둘째, 외형상 하나의 행정처분이라 하더라도 가분성이 있거나 그 처분대상의 일부가 특정될 수 있는 경우, 일부 취소를 할 수 있는지 여부,

셋째, 제1종 보통, 대형 및 특수면허를 가지고 있는 甲이 레카크레인을 음주운전한 행위가 위 특수면허의 취소사유에 해당될 뿐인지 보통 및 대형 면허까지 포함하여 3종의 면허를 모두 취소하여야 하는지(혹은 할 수 있는지) 여부이다.

사안은 대법원 1995. 11. 16. 선고 95누8850 전원합의체 판결에서의 사안으로 판단되는 바, 판례를 중심으로 이를 해설하기로 한다. 위 쟁점의 결론에 따라 갑이 승소할 수 있는지가 좌우된다.

2. 한 사람이 여러 종류의 자동차 운전면허를 취득한 경우, 이를 취소·정지함에 있어서 서로 별개의 것으로 취급하여야 하는지 여부

도로교통법 및 그 시행령, 시행규칙은 자동차의 운전면허 세분하고, 각각의 면허의 종류에 따라 운전 가능한 차종, 면허의 취득자격이나 요건, 시험의 내용 등을 다르게 규정하고 있고, 또 한 사람이 여러 종류의 면허를 취득하는 것도 가능하게 규정하고 있으나, 일정한 사유가 있는 경우 운전면허를 취소하거나 면허의 효력을 정지시킬 수 있다고 규정할 뿐, 반드시 그 면허의 종류에 따라 별도로 구별하여 할 것을 규정하고 있지는 아니하다. 따라서, 한 사람이 여러 종류의 자동차 운전면허를 취득하는 경우뿐 아니라 이를 취소 또는 정지함에 있어서도 서로 별개의 것으로 취급하는 것이 원칙이다.

한 사람이 여러 종류의 자동차 운전면허를 취득하는 경우 1개의 운전면허증을 발급하고 그 운전면허증의 면허번호는 최초로 부여한 면허번호로 하여 이를 통합관리하고 있다고 하더라도, 이는 자동차 운전면허증 및 그 면허번호 관리상의 편의를 위한 것에 불과할 뿐, 여

러 종류의 면허를 서로 별개의 것으로 취급할 수 없다거나 각 면허의 개별적인 취소 또는 정지를 분리하여 집행할 수 없는 것은 아니다.

따라서 각 면허에 대하여 개별적 취소, 혹은 일부취소가 가능하다.

3. 외형상 하나의 행정처분이라 하더라도 가분성이 있거나 그 처분대상의 일부가 특정될 수 있는 경우, 일부취소를 할 수 있는지 여부

외형상 하나의 행정처분이라 하더라도 가분성이 있거나 그 처분대상의 일부가 특정될 수 있다면 그 일부만의 취소도 가능하고 그 일부의 취소는 당해 취소부분에 관하여 효력이 생긴다고 할 것인바, 이는 한 사람이 여러 종류의 자동차 운전면허를 취득한 경우 그 각 운전면허를 취소하거나 그 운전면허의 효력을 정지함에 있어서도 마찬가지이다.

참고로 우리 대법원은 법원이 행정기관의 정보공개거부처분의 위법 여부를 심리한 결과 공개를 거부한 정보에 비공개사유에 해당하는 부분과 그렇지 않은 부분이 혼합되어 있고, 공개청구의 취지에 어긋나지 않는 범위 안에서 두 부분을 분리할 수 있는 경우, 공개가 가능한 정보에 한하여 일부취소를 명할 수 있다고 판시한 바 있다.1)

4. 甲에 대하여 3종의 운전면허를 모두 취소하여야 하는지 여부

제1종 보통, 대형 및 특수 면허를 가지고 있는 자가 레카크레인(제1종 특수면허)을 음주운전한 행위는 제1종 특수면허의 취소사유에 해당될 뿐 제1종 보통 및 대형 면허의 취소사유는 아니므로, 3종의 면허를 모두 취소한 처분 중 제1종 보통 및 대형 면허에 대한 부분은 서울지방경찰청장이 재량권을 일탈·남용하여 취소처분한 것으로서 위법하다.

이 경우 법원으로서는 행정청이 재량권을 일탈·남용한 부분인 제1종 보통 및 대형 면허 취소부분만 취소하면 될 것이다.

5. 참 고 : 반대의 경우2)

위 설문의 경우와 달리 그 취소나 정지의 사유가 특정의 면허에 관한 것이 아니고 다른 면허와 공통된 것이거나 운전면허를 받은 사람에 관한 경우에는 여러 운전면허 전부를 취소 또는 정지할 수도 있다.

가령, 도로교통법시행규칙 제26조 〔별표 14〕에 제1종 특수면허로 운전할 수 있는 차량의 한 종류로 규정된 '제2종 보통면허로 운전할 수 있는 차량'이라 함은 같은 별표에 제2종 보통면허로 운전할 수 있는 차량으로 규정된 '승용자동차, 승차정원 9인 이하 승합자동차, 적재중량 4톤 이하 화물자동차, 원동기장치자전거' 등을 의미하는 것일 뿐 비사업용 자동차를 의미하는 것은 아니라는 것이 판례의 입장이다.

따라서 특수면허가 제1종 운전면허의 하나인 이상 특수면허 소지자는 승용자동차로서

1) 대판 2009. 12. 10. 2009두12785
2) 이는 실제 답안과는 무관하고, 수험생들의 이해를 돕기 위한 것이다.

자동차운수사업법, 같은법 시행령, 사업용자동차구조등의기준에관한규칙 등에 규정된 사업용자동차인 택시를 운전할 수 있고, 따라서 택시의 운전은 제1종 보통면허 및 특수면허 모두로 운전한 것이 되므로 택시의 음주운전을 이유로 위 두 가지 운전면허 모두를 취소할 수 있다는 것이 판례이다.[3)]

Ⅱ. 설문 1의 (2)

1. 쟁점의 정리

설문은 서울지방경찰청장이 甲의 행위가 자동차등을 이용한 범죄행위에 해당한다는 이유로 甲의 운전면허를 모두 취소하였고, 甲은 전부취소처분 취소소송에서 제1종 특수면허 취소 부분의 위법성을 주장할 수 있는 사유를 묻고 있다. 그러므로 쟁점은 다음과 같다.

첫째, 음주운전 호흡측정기의 오차가능성을 주장하는 것이다.

둘째, (첫째 주장이 받아들여지지 않는 경우, 즉 최소한 정지사유에는 해당한다고 법원이 판단함을 전제로) 법원이 처분의 근거가 된 도로교통법 제91조 제1항 제3호를 합헌적으로 해석하여 음주운전을 한 경우는 범죄행위에 해당하지 않는다고 주장하는 것이다.

셋째, 행정청의 재량권의 일탈·남용을 주장하는 것이다.

2. 음주운전 호흡측정기의 오차가능성 주장[4)]

음주측정 결과는 그 결과에 따라서는 운전면허를 취소하거나 정지하는 등 당해 운전자에게 불이익한 처분을 내리게 되는 근거가 될 수 있고 향후 수사와 재판에 있어 중요한 증거로 사용될 수 있는 것이므로, 음주측정을 함에 있어서는 음주측정 기계나 운전자의 구강 내에 남아 있는 잔류 알코올로 인하여 잘못된 결과가 나오지 않도록 미리 필요한 조치를 취하는 등 음주측정은 그 측정결과의 정확성과 객관성이 담보될 수 있는 공정한 방법과 절차에 따라 이루어져야 하고, 만약 당해 음주측정 결과가 이러한 방법과 절차에 의하여 얻어진 것이 아니라면 이를 쉽사리 유죄의 증거로 삼아서는 안된다.[5)]

음주측정기는 음주자로 하여금 측정기의 불대를 불게 하여 이 때 나오는 호흡중에 포함된 알코올의 농도에 의하여 혈중 알코올의 정도를 측정하는 것이어서 만약 피측정자의 입 속에 알코올이 잔류한 상태에서 측정할 경우에는 그 잔류 알코올의 영향으로 인하여 실제의 혈중 알코올농도보다 훨씬 높은 측정수치가 나타나도록 되어 있다는 이유로, 최종 음주시간을 확인하여 20분이 경과된 후에 측정하거나 피측정자의 입을 물로 헹구게 한 다음 측

3) 대판 1996. 6. 28. 96누4992

4) 설문상 음주운전 호흡측정을 한 것인지, 혈액채취 측정을 한 것인지가 명백하지 않다. 법규정과 수사실무상 호흡측정 후 그 수치에 이의를 제기하는 경우 혈액채취 측정을 하므로, 甲이 이의를 제기하였다거나 혈액채취를 한 상황은 나타나 있지 않기 때문에, 설문에서는 호흡측정만 한 것으로 보아야 할 것이다.

5) 대판 2006. 5. 26. 2005도7528

정하지 아니한 음주측정수치를 근거로 한 운전면허취소처분이 위법하다.[6]

실제 수치와 관련한 판례를 살펴보더라도, 처벌기준치를 겨우 0.003% 넘는 0.053%의 호흡측정결과 수치만으로는 합리적 의심을 넘는 충분한 정도로 음주운전의 증명이 있다고 볼 수 없고,[7] 혈중알코올농도 측정치가 0.058%로 나왔다는 사실만으로는 음주운전의 법정 최저 기준치인 혈중알코올농도 0.05% 이상의 상태에서 자동차를 운전하였다고 단정할 수 없다고 한 사례도 있다.[8]

사안에 있어서 甲이 위와 같이 공정한 방법과 절차에 의하여 음주측정이 이루어지지 않았다는 주장하면 이러한 절차가 의하였다는 사정은 행정청이 입증하여야 하므로 피고가 이를 입증하는 것은 쉽지 않아 보인다. 더욱이 甲의 수치도 0.05%로 판례가 오차범위 내라고 인정한 0.058%나 0.053%보다도 낮은 수치이기 때문에 이러한 점을 주장하면 甲은 음주운전 취소 뿐 만이 아니라 정지사유에도 해당하지 않고, 운전면허 취소처분의 근거가 된 도로교통법 제93조 제1항 제3호의 범죄행위에도 해당하지 않게 된다.

甲의 혈중알코올농도가 일응 정지사유(0.05%) 이상이기만 하면, 甲은 음주운전추돌사고로 운전자 2명에 대하여 각 전치 10주의 상해를 가한 것이므로 교통사고처리특례법 제3조 제2항 단서 제8호에 해당하여, 범죄행위에 해당함은 틀림없다. 반면 갑의 혈중알코올농도가 일응 정지사유(0.05%) 이하이면 위 특례법 제3조 제2항 본문의 적용을 받아 검찰에서 '공소권 없음' 처분을 받게 되기 때문에 본 항목의 사유를 강력히 주장하여야 할 것이다.[9]

3. 합헌적 법률해석을 하여야 한다는 주장[10]

도로교통법 제93조 제1항 제3호의 위헌성을 주장하지 않고, 동 조항의 해석을 합헌적으로 하여 음주운전을 한 것은 동 조항의 '자동차등을 이용한 범죄행위'에 해당하지 않는다고 주장하는 것이다. 이 주장이 받아들여지면 갑은 단순한 운전면허 정지사유에 해당할 따름이다.

위 조항은 통상적인 자동차이용범죄(강도, 강간 등)는 당연하고 특히 고속도로에서의 자동차를 이용한 위협운전 등을 한 경우에만 적용되어야 하기 때문이라고 강력하게 주장하는 것이다. 국가보안법상의 찬양·고무 등의 죄를 적용함에 있어서 법문은 명확히 규정되어 있

---

6) 서울행판 1999. 1. 27. 98구19222 : 확정
7) 대판 2006. 10. 26. 2006도5683
8) 대판 2006. 5.26. 2005도7528
9) 다만 범지의 성립은 구성요건해당성과 위법성조삭사유의 불존재, 책임능력이 갖추어지면 범죄는 성립하고, 본문과 같은 소추요건은 범죄의 성립과 무관하다는 것이 당연한 법이론이다. 그러나 행정법 시험에서 위와 같은 형법이론을 바탕으로 '범죄행위'라는 침익적 조항을 해석할 수는 없기 때문에 본문과 같이 논하면 충분하다고 판단된다.
10) 이 부분은 설문에서 요구하는 처분근거법령의 위헌성이나 위법성을 다투는 내용을 생략하라는 것과 상충하지 않는다. 단지 법원에 법률의 해석방향을 제시하고 원고에게 유리하게 주장하는 것이기 때문이다. 실무에서도 재판장이 "위헌성 주장 취지입니까?"라고 석명하면 "그건 아니고 해석의 방향을 주장하는 것입니다"라고 대답하는 경우가 자주 있다.

었으나, 판례를 통하여 자유민주적 기본질서를 해할 실질적 해악이 있는 경우에만 처벌하는 것으로 합헌적으로 해석하여 무죄를 선고하는 예를 들면 되겠다.

甲의 주장에 따라 법원이 음주운전을 한 경우에는 위 조항의 범죄행위에 해당하지 않는다고 해석하게 되면 甲에게는 제1종 특수면허의 취소사유가 없게 된다.

4. 재량권의 일탈 · 남용의 문제

甲의 제1종 특수면허 취소처분의 근거가 된 도로교통법 제93조 제1항 제3호는 기속행위로 규정되어 있기 때문에 재량권의 남용이나 일탈을 주장하더라도 법원은 이에 대하여 본격적 판단을 하지 않을 수도 있다. 음주운전을 범죄행위로 보는 것이 아니라 음주운전으로 인하여 전치 10주의 상해를 가한 것을 범죄행위로 봄을 명심하여야 한다.[11)]

그러나 변호사는 서면이나 구두로 모든 법리를 주장할 수 있기 때문에 가령, 음주측정수치가 0.05% 나온 경우까지 '범죄행위'로 의율하는 것은 재량권을 일탈하거나 남용한 위법이 있다고 한 번 쯤 주장할 수 있다.

5. 결 어

甲이 승소하기 위하여는 첫째, 음주운전 호흡측정기의 오차가능성을 주장하여야 할 것이다. 둘째, 합헌적 법률해석을 주장하여 도로교통법 제91조 제1항 제3호의 범죄행위에 음주운전을 한 경우는 포함되지 않는다고 주장하여야 한다.

기타 법률적 주장은 언제든지 할 수 있으므로 재량권의 일탈이나 남용도 일응 주장은 할 수도 있다.

Ⅲ. 설문 2

1. 서 언

甲이 제기한 운전면허취소처분취소소송의 결과는 도로교통법 제93조 제1항 제3호(이하 '위 법조항' 이라고만 한다)가 위헌으로 결정되는 경우, 주문이 달라지므로 재판의 전제성이라는 요건은 갖추었다.

아래에서는 위 법조항의 위헌성에 관하여 살펴볼 것이다. 논의의 순서는 우선 제한되는 甲의 기본권은 무엇인지를 살펴보고, 다음으로 위 조항은 어떤 심사기준 혹은 어떤 헌법규정에 의하여 위헌으로 판단되는가를 살펴보기로 한다. 마지막으로 외국의 입법례를 참고로

---

11) 이와 관련하여 필자에게 어느 학생의 질문이 있었다. 재량권의 일탈·남용이 쟁점인지 여부와 여기서는 어떻게 써야 하느냐고. 필자는 그건 이 문제와 거의 무관하다고 설명해 주었다. 대판 2004. 11. 12. 2003두12042 외 많은 사건에서 도로교통법 제78조 제1항 단서 제8호의 규정과 관련하여, 술에 취한 상태에 있다고 인정할 만한 상당한 이유가 있음에도 불구하고 경찰공무원의 측정에 응하지 아니한 때에는 필요적으로 운전면허를 취소하도록 되어 있어 처분청이 그 취소 여부를 선택할 수 있는 재량의 여지가 없음이 그 법문상 명백하다고 판시한 바 있다.

살펴보기로 한다. 다만 설문에 정확히 해당하는 헌법재판소 판례가 있으므로 이를 중심으로 서술하기로 한다.

2. 제한되는 기본권

위 법조항은 자동차등을 이용하여 범죄행위를 한 경우에 그 운전면허를 취소하여 운전을 할 수 없도록 하고 있어 운전을 생업으로 하는 자에 대해서는 헌법 제15조가 명시적으로 규정하고 있는 직업의 자유를 제한하게 되고, 운전을 업으로 하지 않는 자에 대해서는 헌법 제10조의 행복추구권으로부터 도출되는 일반적 행동자유권을 제한하게 된다.

이러한 경우에는 직업의 자유와 일반적 행동자유권은 특별법과 일반법의 관계에 있는 것이 아니므로 양자를 같이 심사하여야 한다.

헌법재판소가 위헌법률심사시에 모든 관점에서 심사할 수 있으므로 제한되는 기본권으로 甲의 직업의 자유(甲은 차량기사임)로 한정하여서는 안된다. 헌법재판소는 자도소주구입명령제에서 소주업자의 영업의 자유보다는 소비자의 선택권, 당구장 사건에서는 업주의 영업의 자유보다는 학생들의 행복추구권의 관점에서 심사하였기 때문이다.[12)]

3. 과도한 광범성의 원칙 혹은 명확성의 위반여부[13)]

(1) 의의

과도한 광범성의 원칙(overbreadth doctrine)이란 표현의 자유와 관련하여 미국에서 발전한 이론으로 헌법상 보호받지 못하는 표현 뿐 만 아니라 헌법상 보호받는 표현가지 과도하게 광범한 제한을 가하면 위헌이라는 원칙이다.

명확성의 원칙이란 표현의 자유를 제한하는 입법이 명확하지 않으면 위헌이라는 원칙이다.

양자가 동일한 것은 아니나, 아래에서 살펴보는 바와 같이 우리 헌법재판소 판례는 양자를 동일한 것으로 보는 듯 하다.

(2) 명확성원칙 위반여부

1) 판례의 입장

위 법조항은 '운전면허를 받은 사람이 자동차등을 이용하여 범죄행위를 한 때'를 필요적 운전면허 취소사유로 규정하고 있는바, 이러한 범죄행위에는 예비나 음모는 물론이고 과실범죄도 모두 포함된다 할 것이고, 이러한 범죄에 자동차등을 이용하면 운전면허를 취소당

12) 「설문2」는 법규정의 위헌성에 대해서 판단하라고 한 반면, 「설문3의 (3)」은 "乙의 기본권을 침해하여 위헌인지"를 묻고 있으므로 양자의 제한되는 기본권은 달라져야 한다.

13) 상세한 내용은 양건, 헌법강의 제4판, 법문사, 2013, 506-509면 참조. 다만 수험생들로서는 목차를 명확성 원칙 위반만 쓰거나 명확성부터 쓰고 뒤에 과도한 광범성 원칙을 쓰는 것이 편할 것이다. 이 글이 시험문제 해설이기는 하나, 필자의 견해가 들어가 있기 때문에 나름대로 목차를 작성하는 것이다.

하게 될 것이다.

예컨대, 자동차를 살인죄의 범행 도구나 감금죄의 범행장소 등으로 이용하는 경우는 물론이고, 범행의 모의 장소나 범행에 필요한 도구를 보관하는 장소로 이용하는 경우나 목적한 범죄행위가 끝난 후 도주하는 행위에 이용하는 경우와 같이 주된 범죄의 전후에 행해지는 범죄에 이용하는 경우에도 운전면허를 취소당하게 될 것이며, 자동차를 이용하여 과실범죄를 범하는 경우에도 역시 운전면허를 취소당하게 될 것이다.

그런데 입법자가 위 법조항에서이 사건 규정에서 과실범죄와 같은 사소한 범죄에 자동차 등을 이용하는 경우까지 운전면허를 취소하도록 하려는 의도를 가지고 있었다고 보기는 어렵다. 자동차의 운행으로 타인의 신체와 재산에 피해를 주는 것은 틀림없는 범죄행위지만, 이러한 범죄행위는 약간의 부주의만으로도 발생할 수 있어 그 처벌에 중점을 두게 되면 많은 문제가 발생할 수 있으므로 이에 대한 형사정책적 고려로서 특례제도를 두고 있다. 대표적인 것이 도로교통법상의 업무상과실손괴죄 또는 중과실손괴죄를 범한 경우에는 운전자에 대해 피해자의 명시한 의사에 반하여 공소를 제기할 수 없도록 하고 있고, 또한 가해운전차량이 보험 등에 가입한 경우에도 공소를 제기할 수 없도록 하고 있다.

이러한 특례 규정은 피해 보상에 아무런 문제가 없다면 형사처벌을 면하게 하여 자동차의 운행에 지장이 없도록 함으로써 일상생활이 지속적으로 영위될 수 있도록 하기 위한 것이다. 그럼에도 불구하고 이 사건 규정이 범죄의 중함 정도나 고의성 여부 측면을 전혀 고려하지 않고 자동차등을 범죄행위에 이용하기만 하면 운전면허를 취소하도록 하고 있는 것은 그 포섭범위가 지나치게 광범위한 것으로서 위헌이라고 할 것이다.

다만 헌법재판소는 지나치게 광범위하여 명확성원칙에 위반된다고 한다.

2) 비판

범죄의 경중을 가리지 않고, 모든 범죄행위에 차량을 이용하는 경우에 운전면허를 취소하도록 규정하는 것은 위헌임을 면치 못한다고 할 것이다. 그러나 위 사건의 다수의견이 설시한 것 처럼, 고의, 과실, 예비단계에서 차량을 이용한 경우도 포함한다고 해석되는 것은 애매모호한 것이 아니라, 즉 명확하지 않은 것이 아니라, 지나치게 광범위한 것일 따름이다. 모든 옥회집회를 금지할 경우에도 명확성의 원칙에 위반된다고 할 것인지 의문이다.14)

4. 직업의 자유 및 일반적 행동자유권 침해여부 : 과잉금지원칙 위반여부

(1) 목적의 정당성

위 법조항이 자동차등을 교통이라는 그 고유의 목적에 이용하지 않고 범죄를 위한 수단으로 이용하여 교통상의 위험과 장해를 유발하고 국민의 생명과 재산에 심각한 위협을 초래하는 것을 방지하여 안전하고 원활한 교통을 확보함과 동시에 차량을 이용한 범죄의 발

14) 이 사건에서 반대의견(합헌)은 위 법조항이 명확하다고 하였다.

생을 막고자 운전면허를 취소하도록 한 것은 그 목적이 정당하다.

(2) 수단의 적절성

또한 자동차등을 이용하여 범죄행위를 하였다는 이유로 운전면허를 취소당하게 되면 일정 기간 동안 운전면허의 취득이 금지되기 때문에 자동차등을 이용한 범죄 행위의 재발을 방지하는데 효과가 있을 것으로 예상되고, 이러한 면허의 취소는 자동차등을 운전하는 일반 국민에게도 그 불이익을 사전에 경고하는 효과가 있을 것이므로 자동차등의 이용 범죄를 어느 정도 억제할 수 있을 것이어서 입법목적을 달성하기 위한 수단으로서도 적절하다.

(3) 피해의 최소성

그러나 위 법조항은 자동차등을 이용하여 범죄행위를 하기만 하면 그 범죄행위가 얼마나 중한 것인지, 그러한 범죄행위를 행함에 있어 자동차등이 당해 범죄 행위에 어느 정도로 기여했는지 등에 대한 아무런 고려 없이 무조건 운전면허를 취소하도록 하고 있으므로 이는 구체적 사안의 개별성과 특수성을 고려할 수 있는 여지를 일체 배제하고 그 위법의 정도나 비난의 정도가 극히 미약한 경우까지도 운전면허를 취소할 수밖에 없도록 하는 것으로 최소침해성의 원칙에 위반된다.

(4) 법익의 균형성

위와 같이 운전면허를 취소하는 것은 자동차등의 운행을 직업으로 삼고 있는 자에게는 생계에 지장을 초래할 만큼 중대한 제약이 되고, 일반인의 입장에서 보더라도 자동차가 대중교통의 필수적인 수단인 현실에서 심대한 불편을 주게 되어, 이는 위 법조항을 통해 보호하고자 하는 공익에 비해 지나치게 기본권을 제한하는 것으로 법익의 균형성 원칙에 위반된다.

(5) 소결

위에서 살펴본 바와 같이 위 법조항은 과잉금지의 원칙에 위반하여 직업의 자유(운전이 업인 자)나 일반적 행동자유권(일반운전자)를 침해하는 것으로 위헌이다.

5. 외국의 입법례[15)]

미국 각주의 경우에는 자동차를 이용하여 중죄를 저지른 경우 일정기간 이상의 기간 동안 면허를 취소하도록 하고 있고, 독일의 경우에는 형법에서 규정한 일정한 범죄를 범한 경우에 판사가 운전자의 운전면허를 판결로써 박탈할 수 있도록 하고 있으며, 일본의 경우에는 자동차를 이용하여 범죄를 저지른 경우를 운전면허 취소 사유로 규정하고 있지 않다.[16)]

15) 본 항목은 생략하여도 무방하다. 다만 앞서 언급한 바와 같이 이 글이 해설이기 때문에 간단히 소개하였다.
16) 지성수, '도로교통법 제78조 제1항 단서 제5호 위헌제청', 결정해설집 4집, 헌법재판소, 2005, 635면

6. 결 어

위에서 살펴본 바와 같이 위 법조항은 범죄의 유형을 가리지 않고 모든 범죄에 차동차등을 이용하기만 하면 필요적으로 운전면허를 취소한다고 규정하고 있어, 그 포섭범위가 너무 광범위하여 과도한 광범성의 원칙에 반한다.

또한 피해의 최소성 원칙에도 반하여, 직업의 자유나 일반적 행동자유권을 침해하고 있으므로 위헌이다.

다만, 위 법조항이 모호한 것인지, 즉 명확성의 원칙에 반하는지는 의문이다.

Ⅳ. 설문 3의 (1)

1. 쟁 점

설문의 쟁점은 법원이 헌법재판소에 법률에 대한 위헌심판제청을 할 경우, 위헌에 대한 확신이 있어야 하는지 여부 및 이 경우 법원으로서는 위헌법률심판제청을 반드시 하여야 하는지 여부이다.

2. 판례의 입장

헌법재판소법 제43조는 법원이 헌법재판소에 위헌법률심판제청신청을 할 때, '위헌이라고 해석되는 법률 또는 법률의 조항'뿐만 아니라, '위헌이라고 해석되는 이유'까지도 적어야 한다고 명시하고 있다.

위 규정의 취지는 법원은 문제되는 법률조항이 담당법관 스스로의 법적 견해에 의하여 단순한 의심을 넘어선 합리적인 위헌의 의심이 있으면 위헌여부심판을 제청을 하라는 것이고, 헌법재판소로서도 제청법원의 이러한 고유판단을 될 수 있는 대로 존중하여 제청신청을 받아들여 헌법판단을 하라는 것이다.[17]

여기서 '합리적 의심'이란 위헌의 '확신'과 '단순한 의심' 사이의 중간수준이라 할 수 있다.[18]

법원으로서는 위헌법률심판제청을 반드시 하여야 하는지 여부에 관하여는 판례는 확립되어 있지 않으나, 법관의 독립을 규정한 헌법 제103조에 따라 법원이 반드시 위헌법률심판제청신청을 하여야 하는 것은 아니라고 보아야 한다. 이렇게 해석하는 것이 위헌법률심판제청신청 기각결정에 대하여 항고를 불허하고, 당사자로서는 헌법재판소법 제68조 제2항에 의한 헌법소원(위헌소원)을 할 수 있도록 한 취지에도 부합한다.

---

17) 헌재 1993. 12. 23. 93헌가2, 판례집 5-2, 578, 592
18) 양 건, 앞의 책, 1154면

3. 사안의 경우

설문에는 당해 사건을 담당한 법원은 '위헌의 여지를 의심했음'에도 불구하고 위헌법률심판 제청신청을 기각하였다고만 서술되어 있다. 따라서 단순한 의심인지, 합리적 의심인지가 명확하지 않은 이상, 헌법재판소법 제41조의 위헌심판제청이 법원(법관)의 재량인지 여부를 차지하고 위 제청신청을 기각한 법원의 결정을 탓할 수는 없다고 하겠다. 법관의 독립을 규정한 헌법 제103조가 우선하기 때문이다. 오히려 문언적, 논리적 해석방법에 의하면 설문은 단순한 위헌의 의심으로 해석될 따름이다.

Ⅴ. 설문 3의 (2)

1. 일반론

헌법재판소법 제68조 제2항에 의한 헌법소원(위헌소원)은 법 제41조 제1항의 규정에 의한 위헌여부심판의 제청신청을 법원이 각하 또는 기각한 경우에만 당사자가 직접 헌법재판소에 헌법소원의 형태로 심판청구를 할 수 있다. 따라서 법원의 위헌제청신청기각결정의 대상이 되지 아니한 규정들에 대한 심판청구는 법 제68조 제2항에 따른 헌법소원심판의 대상이 될 수 없는 사항에 대한 것으로서 부적법하다.[19)]

다만 예외적으로 위헌제청신청을 기각 또는 각하한 법원이 당해 조항을 실질적으로 판단하였거나 당해 조항이 명시적으로 위헌제청신청을 한 조항과 필연적 관계를 맺고 있어서 법원이 위 조항을 묵시적으로 위헌제청신청으로 판단한 것으로 볼 수 있는 경우에는 이러한 법률조항에 대한 심판청구도 적법하다.[20)]

결국 법 제68조 제2항에 의한 헌법소원의 심판대상은 법원이 위헌제청신청을 기각 또는 각하한 법률(조항)의 위헌여부이다.

그러나 법률에 대한 헌법소원, 위헌소원, 위헌법률심판절차에서 헌법재판소는 심판대상을 확장할 수도 있고, 법률(규정)이 가분적인 경우 당사자에게 적용되는 법조항 혹은 문구로 심판대상을 한정할 수도 있다.

2. 사안의 경우

사안의 경우, 위헌심판대상은 乙이 법원에 위헌법률심판제청신청을 하였던 도로교통법 제93조 제1항 제2호일 따름이다. 또한 위 1. 일반론에서 거론하였던 예외적 사정도 보이지 아니한다. 따라서 乙이 법원에 위헌제청신청을 하지 아니한 도로교통법 제148조의2 제1항 제1호의 위헌여부는 심판의 대상이 아니다.

乙은 도로교통법 제44조 제1항(술에 취한 상태에서의 운전금지)을 2회 이상 위반한 후

---

19) 헌재 2011. 6. 30. 2010헌바395
20) 헌재 2005. 2. 24. 2004헌바24

다시 이를 위반하여 음주운전을 하였다는 이유로 운전면허 취소처분을 받았을 따름이고, 乙이 경찰관의 음주(호흡)측정요구에 불응하였던 이유로 2회 이상 처벌받았던 것은 아니므로[21] 乙에게는 "도로교통법 제93조 제1항 단서 제2호 중 '제44조 제1항' 부분"만 적용될 따름이다.

결국, 설문에서의 위헌심판대상은 도로교통법 제93조 제1항 단서 제2호 중 '제44조 제1항을 2회 이상 위반한 사람이 다시 동 조 제1항의 규정을 위반하여 운전면허 정지사유에 해당된 때' 부분이 헌법에 위반되는지 여부로 한정된다.

3. 보 론

한편 도로교통법 제148조의2 제1항 제1호는 乙의 형사재판에서 위헌법률심판제청신청을 하고, 기각되는 경우 헌법재판소법 제68조 제2항의 헌법소원심판을 청구할 수 있을 따름이다.

Ⅵ. 설문 3의 (3)

1. 서 언

설문의 쟁점은 소위 '음주운전 삼진아웃제'가 헌법상 이중처벌에 해당하는지, 평등원칙이나 과잉금지원칙에 위반하는 것은 아닌지 여부이다.

乙은 차량 운전을 업으로 하는 자가 아니기 때문에 제한되는 기본권은 일반적 행동자유권이다.

2. 이중처벌금지원칙 위반여부

헌법 제13조 제1항이 금지하는 이중처벌금지 혹은 일사부재리 원칙에서 거듭 처벌받지 않는다고 할 때의 처벌은 원칙적으로 범죄에 대한 국가형벌권 실행으로서의 과벌을 의미하는 것이고, 국가가 행하는 일체의 제재나 불이익처분을 모두 포함하는 것은 아니다.

운전면허 취소처분은 형사상의 형벌이 아니고, 주취 중 운전금지라는 행정상 의무의 존재를 전제하면서 그 이행을 확보하기 위해 마련된 수단이라는 점에서 형벌과는 다른 목적과 기능을 가지고 있다고 할 것이므로, 운전면허 취소처분을 이중처벌금지원칙에서 말하는 처벌로 보기 어렵다. 따라서 위 법조항은 이중처벌금지원칙에 위반되지 아니한다.

3. 과잉금지원칙 위반여부

심판대상조항의 목적의 정당성은 위 「설문 2」와 동일하다.

---

21) 시험문제지의 참조조문에 도로교통법 제44조 제2항이 생략되어 있는데, 제2항의 후단은 음주(호흡)측정거부를 규정하고 있다. 제3항이 혈액측정이다.

수단의 적절성 및 피해의 최소성에 관하여 살펴보면, 음주운전으로 3회 이상 단속되었을 경우에는 음주운전행위 사이의 기간에 관계없이 운전자에게 교통법규에 대한 준법정신이나 안전의식이 현저히 결여되어 있음을 충분히 인정할 수 있는 점 등에 비추어 보면, 이 사건 법률조항은 직업의 자유를 제한함에 있어 필요 최소한의 범위를 넘었다고 볼 수는 없다.

나아가 음주운전으로 인하여 발생할 국민의 생명, 신체에 대한 위험을 예방하고 교통질서를 확립하려는 공익과 자동차 등을 운전하고자 하는 사람의 기본권이라는 사익 간의 균형성을 도외시한 것이라고 보기 어려우므로 법익균형성의 원칙에 반하지 아니한다.

결국 심판대상조항은 과잉금지원칙을 위반하여 직업의 자유 내지 일반적 행동자유권을 침해하지 아니한다.

4. 평등원칙 위반여부

심판대상조항의 경우, 헌법이 특별히 평등을 요구하고 있거나, 관련 기본권에 중대한 제한을 초래하는 경우도 아니기 때문에 차별에 합리적인 이유가 있는지, 혹은 차별이 자의적인지를 심사하면 충분하다. 차별이 자의적인지를 판단하기 위하여는 우선 동질적인 비교집단이 존재해야 하고, 그 비교집단에 대한 차별취급이 존재해야 한다.

그러나 형법 제35조의 누범가중 조항은 형벌에만 적용되는 것이고, 형벌은 운전면허취소처분과 같은 행정처분과는 목적과 성질이 다르므로 본질적으로 동일한 집단이라고 볼 수 없고, 음주운전의 경우에도 도로교통법 제148조의2 제1호의 형사처벌을 받는 경우에는 형법 제35조의 누범조항의 적용이 배제된다고 볼 수 없으므로, 형사처벌상 누범기간 제한의 측면에 있어서는 음주운전 외의 범죄행위자와 달리 취급된다고 볼 수 없어 평등원칙에 위배되지 아니한다.

5. 결 어

위에서 살펴본 바와 같이 심판대상조항(소위 음주운전 삼진아웃제)은 이중처벌금지의 원칙이나 평등의 원칙에 반하지 않고, 과잉금지원칙에 위반하여 乙의 일반적 행동자유권을 침해한다고 볼 수 없다.

2013년 제2회 변호사시험

공 법 제1문

A광역시의 시장 乙은 세수증대, 고용창출 등 지역발전을 위해 폐기물처리업의 관내 유치를 결심하고 甲이 제출한 폐기물처리사업계획서를 검토하여 그에 대한 적합통보를 하였다. 이에 따라 甲은 폐기물처리업 허가를 받기 위해 먼저 도시·군관리계획변경을 신청하였고, 乙은 관계 법령이 정하는 바에 따라 해당 폐기물처리업체가 입지할 토지에 대한 용도지역을 폐기물처리업의 운영이 가능한 용도지역으로 변경하는 것을 내용으로 하는 도시·군관리계획변경안을 입안하여 열람을 위한 공고를 하였다. 그러나 乙의 임기 만료 후 새로 취임한 시장 丙은 폐기물처리업에 대한 인근 주민의 반대가 극심하여 실질적으로 폐기물사업 유치가 어려울 뿐만 아니라, 자신의 선거공약인 '생태중심, 자연친화적 A광역시 건설'의 실현 차원에서 용도지역 변경을 승인할 수 없다는 계획변경승인거부처분을 함과 동시에 해당 지역을 생태학습체험장 조성지역으로 결정하였다. 폐기물처리사업계획 적합통보에 따라 사업 착수를 위한 제반 준비를 거의 마친 甲은 丙을 피고로 하여 관할 법원에 계획변경승인거부처분 취소소송을 제기하였다.

1. 甲이 제기한 취소소송은 적법한가? (단, 제소기간은 준수하였음) (35점)
2. 폐기물처리사업계획 적합통보에 따라 이미 상당한 투자를 한 甲이 위 취소소송의 본안판결 이전에 잠정적인 권리구제를 도모할 수 있는 행정소송 수단에 관하여 검토하시오. (20점)
3. 甲은 위 취소소송의 청구이유로서 계획변경승인거부처분에 앞서 丙이 처분의 내용, 처분의 법적 근거와 사실상의 이유, 의견청취절차 관련 사항 등을 미리 알려주지 않았으므로 위 거부처분이 위법하여 취소되어야 한다고 주장하였다. 甲의 주장은 타당한가? (15점)
4. 법원은 위 취소소송에서 甲의 소송상 청구를 인용하였고, 그 인용판결은 丙의 항소 포기로 확정되었다. 그럼에도 불구하고 丙은 재차 계획변경승인거부처분을 발령하였는데, 그 사유는 취소소송의 계속 중 A광역시의 관련 조례가 개정되어 계획변경을 승인할 수 없는 새로운 사유가 추가되었다는 것이었다. 丙의 재거부처분은 적법한가? (단, 개정된 조례의 합헌·적법을 전제로 함) (20점)

5. 위 취소소송의 인용판결이 확정되었음에도 불구하고 丙이 아무런 조치를 취하지 않을 경우 甲이 행정소송법상 취할 수 있는 효율적인 권리구제 수단을 설명하시오. (10점)

【참조조문】

「폐기물관리법」

제25조(폐기물처리업) ① 폐기물의 수집·운반, 재활용 또는 처분을 업(이하 "폐 기물처리업"이라 한다)으로 하려는 자(음식물류 폐기물을 제외한 생활폐기물을 재활용하려는 자와 폐기물처리 신고자는 제외한다)는 환경부령으로 정하는 바에 따라 지정폐기물을 대상으로 하는 경우에는 폐기물처리사업계획서를 환경부장관에게 제출하고, 그 밖의 폐기물을 대상으로 하는 경우에는 시·도지사에게 제출하여야 한다. 환경부령으로 정하는 중요 사항을 변경하려는 때에도 또한 같다.

② 환경부장관이나 시·도지사는 제1항에 따라 제출된 폐기물처리사업계획서를 다음 각 호의 사항에 관하여 검토한 후 그 적합 여부를 폐기물처리사업계획서를 제출한 자에게 통보하여야 한다.

1.~4. 〈생략〉

③ 제2항에 따라 적합통보를 받은 자는 그 통보를 받은 날부터 2년(제5항 제1호에 따른 폐기물 수집·운반업의 경우에는 6개월, 폐기물처리업 중 소각시설과 매립시설의 설치가 필요한 경우에는 3년) 이내에 환경부령으로 정하는 기준에 따른 시설·장비 및 기술능력을 갖추어 업종, 영업대상 폐기물 및 처리분야별로 지정폐기물을 대상으로 하는 경우에는 환경부장관의, 그 밖의 폐기물을 대상으로 하는 경우에는 시·도지사의 허가를 받아야 한다. 이 경우 환경부장관 또는 시·도지사는 제2항에 따라 적합통보를 받은 자가 그 적합통보를 받은 사업계획에 따라 시설·장비 및 기술인력 등의 요건을 갖추어 허가신청을 한 때에는 지체 없이 허가하여야 한다.

「국토의 계획 및 이용에 관한 법률」

제2조(정의) 이 법에서 사용하는 용어의 뜻은 다음과 같다.

15. "용도지역"이란 토지의 이용 및 건축물의 용도, 건폐율(「건축법」 제55조의 건폐율을 말한다. 이하 같다), 용적률(「건축법」 제56조의 용적률을 말한다. 이하 같다), 높이 등을 제한함으로써 토지를 경제적·효율적으로 이용하고 공공복리의 증진을 도모하기 위하여 서로 중복되지 아니하게 도시·군관리계획으로 결정하는 지역을 말한다.

제36조(용도지역의 지정) ① 국토해양부장관, 시·도지사 또는 대도시 시장은 다음 각 호의 어 느 하나에 해당하는 용도지역의 지정 또는 변경을 도시·군관리계획으로 결정한다.

1.~4. 〈생략〉

「국토의 계획 및 이용에 관한 법률 시행령」

제22조(주민 및 지방의회의 의견청취)

① 〈생략〉

② 특별시장·광역시장·특별자치시장·특별자치도지사·시장 또는 군수는 법 제28조 제4항에 따라 도시·군관리계획의 입안에 관하여 주민의 의견을 청취하고자 하는 때〔법 제28조 제2항에 따라 국토해양부장관(법 제40조에 따른 수산자원보호구역의 경우 농림수산식품부장관을 말한다. 이하 이 조에서 같다) 또는 도지사로부터 송부받은 도시·군관리계획안에 대하여 주민의 의견을 청취하고자 하는 때를 포함한다〕에는 도시·군관리계획안의 주요내용을 전국 또는 해당 특별시·광역시·특별자치시·특

별자치도·시 또는 군의 지역을 주된 보급지역으로 하는 2 이상의 일간신문과 해당 특별시·광역시·특별자치시·특별자치도·시 또는 군의 인터넷 홈페이지 등에 공고하고 도시·군관리계획안을 14일 이상 일반이 열람할 수 있도록 하여야 한다.

C/O/N/T/E/N/T/S

제1문

김 향 기 〔성신여자대학교 법대 교수〕

Ⅰ. 설문 1의 검토

1. 문제의 소재

취소소송 제기의 적법여부는 취소소송의 제기요건의 충족여부인바, 취소소송의 제기는 당사자적격, 대상적격, 출소기간 및 전심절차 등의 요건을 갖추어야 한다. 甲은 폐기물관리법 제25조 제1항과 제2항에 따라 사업착수를 위한 제반준비를 거의 마쳤지만 계획변경

승인을 받지 못하면 같은조 제3항에 따른 허가를 받을 수 없기 때문에 계획변경승인거부처분의 취소소송을 다툴 원고적격이 인정된다. 또한 甲은 거부처분을 한 丙을 피고로 하였고 제소기간은 준수하였으며 관련법상 전심절차에 관한 규정은 없다. 따라서 소제기요건 중 丙의 계획변경승인 거부처분이 취소소송의 대상인지가 문제될 수 있다. 사안은 대법원 2003.9.23. 2001두10936(국토이용계획변경승인거부처분취소)을 참조한 것으로 볼 수 있다.

2. 취소소송의 대상인 거부처분의 의의

취소소송의 대상은 처분등인데(행정소송법 제19조), 여기서 '처분등'이란 행정청이 행하는 구체적 사실에 관한 법집행으로서의 공권력의 행사 또는 그 거부와 그밖에 이에 준하는 행정작용 및 행정심판에 대한 재결을 말한다(같은법 제2조 제1항 제1호). 여기서 거부처분이란 개인의 행정청에 대하여 공권력을 행사해 줄 것을 신청한 경우에 그 신청에 따르는 공권력행사를 거부하는 것을 내용으로 하는 행정행위를 말한다.

3. 거부처분의 성립요건

(1) 신청한 행위가 공권력의 행사에 해당할 것

거부처분이 성립하려면 우선 신청한 행위가 행정청이 행하는 구체적 사실에 관한 법집행행위로서의 공권력행사 또는 이에 준하는 행정작용이어야 한다. 따라서 행정청이 일방적으로 의사를 결정하고 상대방의 수인을 강제하는 법적 효과를 가진 권력적 작용을 신청하였는데 이를 거부한 것이어야 하며, 상대방과 대등한 입장에서 행사는 사경제적 행위의 요청을 거부하는 것은 거부처분이 아니다.

(2) 거부행위가 신청인의 법률관계에 영향을 미치는 것일 것

거부행위는 신청인의 실체상의 권리관계에 직접적인 변동을 일으키는 것은 물론, 신청인이 실체상의 권리자로서 권리를 행사함에 중대한 지장을 초래하는 것도 포함한다(대법원 2007.10.11. 2007두1316). 따라서 각종 지적공부 등 법적 효력이 없는 장부에의 기재요청거부 등은 신청인의 권리의무에 직접 관계되는 것이 아니므로 거부처분이 아니다(대법원 1995.12.5. 94누4295).

(3) 신청권의 존재여부

행정청의 행위발동을 요구할 수 있는 신청권이 있어야 하는지에 대하여 견해가 나뉜다. 즉, ① 신청권을 형식적 의미로 이해하고 처분성 인정의 문제로 보는 대상적격설, ② 거부처분의 대상적격여부는 행정소송법 제2조 제1항 제1호의 처분에의 해당여부에 의해 판단해야하고 신청권의 여부는 원고적격의 문제로 보아야 한다는 원고적격설, ③ 신청권의 문제는 행정행위를 요구할 수 있느냐의 문제로서 소송요건의 문제가 아니라 본안에서 판단해야 한다는 본안요건설 등이 그것이다.

판례는 "거부처분이 행정소송의 대상인 행정처분에 해당하려면 국민에게 그 행위발동을 요구할 법규상 또는 조리상의 신청권이 있어야 한다"고 판시하여(대법원 2003.9.26. 2003두5075 등) 대상적격설을 취하고 있다.

생각건대, 신청권의 문제는 신청을 할 법률상 이익이 있는가의 문제로서 원고적격의 문제로 봄이 타당하다. 따라서 거부처분은 신청한 내용이 "행정청이 행하는 구체적 사실에 관한 법집행으로서의 공권력의 행사"(행정소송법 제2조 제1항 제1호)에 해당하는지의 여부에 따라 판단하면 될 것이다.

4. 설문의 해결

A광역시장은 甲이 신청한 도시・군관리계획변경승인을 거부한 것인바, 이 계획의 변경은 국토의 계획 및 이용에 관한 법률 제36조 제1항에 따라 행정청이 일방적으로 결정하고 상대방은 이를 수인해야 하는 공권력행사라 할 수 있다. 그리고 이러한 변경결정 또는 그 거부처분에 따라 상대방은 같은법 제2조 제15호에 따른 토지의 이용 및 건축물의 제한을 받음으로써 신청인의 법률관계에 변동을 가져오게 된다. 따라서 신청권에 관한 원고적격설에 따르면 계획변경승인거부처분의 대상적격이 인정된다. 다만, 신청권을 대상적격의 문제로 보는 입장에 따르면 어떠한지 살펴본다. 일반적으로 이해관계인에게 일일이 행정계획의 변경을 신청할 권리를 인정하여 줄 수는 없다고 할 것이다(대법원 1995.4.28. 95누627 등). 그러나 사안의 경우처럼 폐기물관리법 제25조 제3항에 따르면 폐기물처리사업계획의 적정통보를 받은 자는 장래 일정한 기간 내에 관계법령이 규정하는 시설 등을 갖추어 폐기물처리업 허가신청을 할 수 있는 법률상 지위가 있다고 할 수 있다. 따라서 丙으로부터 폐기물처리사업계획의 적정통보를 받은 甲이 폐기물처리업 허가를 받기 위하여 해당 토지에 폐기물처리업이 가능한 용도지역으로 변경하는 도시・군관리계획변경이 선행되어야 하고, 甲의 위 계획변경신청을 丙이 거부한다면 이는 실질적으로 甲에 대한 폐기물처리업 허가신청을 불허하는 결과가 되므로, 甲은 도시・군관리계획의 입안 및 결정권자인 丙에 대하여 그 계획변경을 신청할 법규상 또는 조리상 권리를 가진다고 할 것이다(대법원 2003.9.26. 2003두5075 참조). 따라서 위 계획변경승인 거부처분은 신청권에 관한 대상적격설에 의하더라도 甲의 신청권이 인정되므로 취소소송의 대상이 된다. 결국 甲은 취소소송의 모든 제기요건을 충족하였다고 할 것이어서 위 甲이 제기한 취소소송은 적법하다.

Ⅱ. 설문 2의 검토

1. 문제의 소재

취소소송의 본안판결 이전에 잠정적인 권리구제를 도모할 수 있는 수단으로 행정소송법

제23조 제2항에서 규정한 집행정지를 들 수 있고, 그밖에 가처분이 가능한지 문제된다. 집행정지의 경우 집행정지의 요건으로서 거부처분이 집행정지대상인 처분에 해당하는지, 회복하기 어려운 손해발생의 우려와 긴급한 필요가 있는지 문제된다.

2. 집행정지의 가능여부

(1) 집행정지의 의의 및 요건

집행정지란 본안소송제기를 전제로 청구인용에 대비하여 임시적으로 행정처분 등의 효력이나 그 집행 또는 절차의 속행의 전부 또는 일부를 정지하는 것을 말한다.

법원이 집행정지결정을 하기 위해서는 적극적으로 갖추어야 할 요건과 소극적으로 존재하여서는 아니 될 요건이 있다. 먼저 적극적 요건으로, ① 신청인적격 및 집행정지 이익이 존재해야 하고, ② 정지대상인 처분 등이 존재해야 하며, ③ 본안소송이 계속되어 있어야 한다. 또한 ④ 회복하기 어려운 손해발생의 우려가 있어야 하고, ⑤ 긴급한 필요가 존재해야 한다. 여기서 '회복하기 어려운 손해'란 일반적으로 사회통념상 금전배상이나 원상회복이 불가능하거나 금전보상으로는 사회통념상 당사자가 참고 견디기가 현저히 곤란한 경우의 유형・무형의 손해를 말한다(대법원 2008.5.6. 2007무147 등). 또한 '긴급한 필요의 존재'란 회복곤란한 손해가 발생할 가능성이 시간적으로 절박하여 손해를 피하기 위하여 본안판결을 기다릴 여유가 없는 것을 말한다.

다음, 소극적 요건으로는 집행정지가 공공복리에 중대한 영향을 미칠 우려가 없어야 한다(같은조 제3항). 또한 본안청구가 이유 없음이 명백하지 아니할 것인지에 대해서는 견해가 나뉜다.

(2) 거부처분의 집행정지대상 여부

이에 관해 견해가 나뉘는바, ① 거부처분의 효력을 정지하여도 신청인의 법적 지위는 거부처분이 없었던 신청시의 상태로 돌아가는데 그치고 회복되는 원상이 없으므로 신청의 이익이 없다는 부정설(다수설), ② 거부처분도 행정청의 적극적인 의사표시이고 집행정지결정으로 행정청이 사실상 구속력을 갖게 된다는 점에서 집행정지의 대상이 될 수 있다는 긍정설, ③ 집행정지에 의해 거부처분이 행해지지 아니한 상태로 복귀됨에 따라 신청인에게 어떠한 법적 이익이 있다고 인정되는 경우에는 예외적으로 집행정지의 이익이 있다는 제한적 긍정설 등이 그것이다.

판례는 "신청에 대한 거부처분의 효력을 정지하더라도 거부처분이 없었던 상태로 되돌아가는 데에 불과하고 행정청에게 신청에 따른 처분을 하여야 할 의무가 생기는 것은 아니므로, 거부처분의 효력정지는 그 거부처분으로 인하여 신청인에게 생길 손해를 방지하는데 아무런 보탬이 되지 아니하여 그 효력정지를 구할 이익이 없다"고 판시하여(대법원 1995.6.21. 95두26 등), 부정설의 입장을 취하고 있다.

생각건대, 갱신허가의 거부처분에 의해 허가효과의 소멸이나 외국인 국내체류기간연장

신청 거부처분에 의해 강제퇴거 등의 효과에서 볼 수 있는 바와 같이, 거부처분이 행해지지 아니한 상태로 복귀됨에 따라 신청인에게 집행정지의 이익이 있다고 할 수 있는 경우가 있으므로 제한적 긍정설이 타당하다.

(3) 사안의 경우

① 甲은 본안소송의 원고적격이 인정되므로 집행정지의 신청인적격에 문제가 없다고 본다. 다만, ② 위 계획변경승인거부처분의 집행정지대상여부의 경우, 집행정지에 의하여 위 계획변경승인거부처분이 행해지지 아니한 상태로 복귀됨에 따라 甲에게 어떠한 법적 이익이 있다고 인정할 수 없으므로 제한적 긍정설에 따르더라도 정지대상인 처분의 존재를 인정할 수 없고, 다수설과 판례의 입장인 부정설에 따르면 당연히 정지대상인 처분의 존재가 부정된다. 혹시 긍정설에 따른다 하더라도 상당한 투자를 한 甲은 본안판결 때까지 사업착수가 지연됨으로써 투자금액의 이자분이나 사업비 증가의 우려가 있다 하더라도 이는 재산적인 문제로서 금전배상으로 목적을 달성할 수 있는 성질의 것이므로 '회복하기 어려운 손해발생의 우려'에 해당한다고 볼 수 없을 뿐만 아니라 '긴급한 필요의 존재'라는 요건도 충족된다고 볼 수 없다. 따라서 집행정지제도는 甲의 잠정적인 권리구제수단이 될 수 없다.

3. 가처분의 가능여부

(1) 가처분의 의의 및 가능성

가처분이란 금전 이외의 특정한 급부를 목적으로 하는 청구권의 집행보전을 도모하거나 쟁의 있는 권리관계에 관하여 임시의 지위를 정함을 목적으로 하는 보전처분을 말한다. 행정심판법 제31조에서는 임시처분제도를 규정하고 있으나 행정소송법에서는 규정하고 있지 아니한바, 같은법 제8조 제2항에 의거하여 민사소송법상의 가처분의 준용 가능여부에 대하여 견해가 나뉜다. 즉, ① 법원이 행정처분의 위법여부의 판단에 앞서 가처분을 하는 것은 사법권의 한계를 벗어난 것이고, 집행정지에 관한 행정소송법의 규정은 민사소송법상의 가처분에 대한 특별규정이므로 민사소송법상의 규정을 준용할 수 없다는 소극설, ② 가처분 등의 가구제는 본안판결의 실효성을 확보하기 위한 것이므로 사법권의 내용에 속하는 것이며 헌법상 재판청구권에 포함되는 것이며, 가처분을 배제하는 특별한 규정이 없으므로 민사소송법의 규정을 준용할 수 있다는 적극설, ③ 집행정지에 의하여 실효적인 권리구제가 되지 않는 경우에 한하여 민사집행법상의 가처분에 관한 규정을 준용할 수 있다고 하는 절충설 등이 그것이다. 판례는 소극설을 취하고 있다(대법원 2009.11.2. 2009마596 등). 입법론으로는 적극설이 타당하나 현행법의 해석론으로는 절충설이 타당하다고 본다.

(2) 가처분의 요건

가처분의 가능성을 인정하는 적극설이나 절충설에 따르는 경우, 가처분의 요건은 행정심판법상의 임시처분에 관한 규정에 비추어 집행정지의 요건과 동일하다고 볼 것이다. 즉, 거부처분이나 부작위의 경우에 의의가 있으며, 회복할 수 없는 손해를 예방하기 위하여 임시의 지위를 정하여야 할 긴급한 필요가 있고, 공공복리에 중대한 영향을 미칠 우려가 없는 경우라고 할 수 있다.

(3) 사안의 경우

거부처분의 경우에는 집행정지의 대상이 아니어서 집행정지로 가구제가 불가하다고 보면 가처분에 관한 적극설이나 절충설에 따라 가처분의 가능성을 검토할 여지가 있다. 이 경우 가처분의 요건으로서 집행정지의 가능여부에서 검토한 바와 같이 甲에게 '회복할 수 없는 손해를 예방하기 위하여 임시의 지위를 정하여야 할 긴급할 필요가 있다'고 볼만한 사정이 있어 보이지 아니하므로 가처분도 불가하다.

4. 설문의 해결

甲은 집행정지에 의하여 계획변경승인거부처분이 행해지지 아니한 상태로 복귀됨에 따라 어떠한 법적 이익이 있다고 인정할 수 없으므로 정지대상인 처분의 존재를 인정할 수 없다. 나아가 甲은 본안판결이 날 때까지 사업착수가 지연됨으로써 투자금액의 이자분이나 사업비 증가의 우려가 있다 하더라도 이는 재산적인 문제로서 금전배상으로 목적을 달성할 수 있으므로 '회복하기 어려운 손해발생의 우려' 및 '긴급한 필요의 존재'라는 요건도 충족된다고 볼 수 없다. 따라서 집행정지제도는 甲의 잠정적인 권리구제수단이 될 수 없다.

또한 가처분은 현행법상 규정되어 있지 아니하여 다수설이나 판례에 따를 때 불가하나, 보충적 가구제수단으로서 가처분을 허용한다 하더라도 가처분의 요건으로서 甲에게 '회복할 수 없는 손해를 예방하기 위하여 임시의 지위를 정하여야 할 긴급할 필요가 있다'고 볼만한 사정이 있어 보이지 아니하므로 가처분도 불가하다. 따라서 甲은 취소소송의 본안판결 이전에 잠정적인 권리구제를 도모할 수 있는 행정소송 수단은 없다.

Ⅲ. 설문 3의 검토

1. 문제의 소재

甲이 계획변경승인거부처분에 앞서 알려주지 아니한 처분의 내용 등 일정한 사항이 행정절차법상의 처분의 사전통지사항에 해당하는지 문제되며, 사전통지사항을 흠결한 경우에는 위법으로 취소사유가 되는지 문제된다.

2. 처분의 사전통지의 대상

(1) 사전통지의 대상인 처분

행정청은 당사자에게 의무를 과하거나 권익을 제한하는 처분을 하는 경우에는 미리 일정한 사항을 당사자 등에게 통지하여야 한다(행정절차법 제21조 제1항). 사전통지의 취지는 당사자에게 불이익처분을 하기 전에 의견제출의 기회를 주려는 것이라 할 수 있다. 따라서 사전통지의 대상인 처분은 불이익처분이라 할 수 있는 당사자 등에게 의무를 과하거나 권익을 제한하는 처분이다.

(2) 사전통지의 사항 및 예외

미리 통지할 사항은 처분의 내용・법적 근거・ 사유 및 기타 필요한 사항 등이다(같은조 제1항 각호). 다만, 사전통지를 아니할 수 있는 경우는, ① 공공의 안전 또는 복리를 위하여 긴급히 처분을 할 필요가 있는 경우, ② 법령 등에서 요구된 자격이 없거나 없어지게 된 사실이 법원의 재판등에 의하여 객관적으로 증명된 때, ③ 당해 처분의 성질상 의견청취가 현저히 곤란하거나 명백히 불필요하다고 인정될 만한 상당한 이유가 있는 경우 등이다(같은조 제4항).

(3) 거부처분의 사전통지대상 여부

거부처분이 사전통지의 대상이 되는지의 여부에 관해서는 견해가 나뉜다. 즉, ① 신청거부는 직접 당사자의 권익을 제한하는 것이 아니며, 신청자체가 의견진술의 기회를 준 것으로 볼 수 있다는 점에서 사전통지대상이 아니라는 부정설 및 ② 당사자는 신청에 따른 처분을 기대한 것이므로 거부처분은 당사자의 권익을 제한하는 처분에 해당하여 사전통지대상이라는 긍정설이 그것이다. 판례는 "특별한 사정이 없는 한 신청에 대한 거부처분이라 하더라도 직접 당사자의 권익을 제한하는 것은 아니므로 처분의 사전통지대상이 된다고 할 수 없다"고 하여(대법원 2003.11.28. 2003두674 등) 부정설의 입장을 취하고 있다.

생각건대, 거부처분의 경우 신청 자체가 의견진술의 기회를 준 것으로 볼 수 있다는 점에서 원칙적으로 부정설이 타당하다. 다만, 외국인 국내체류기간이나 광고물표시기간 등의 갱신허가신청이 거부되면 일정한 제재처분 및 처벌 등이 발생할 수 있다는 점에서, 신청에 따른 기대하였던 처분이 거부됨으로써 권익제한의 결과를 가져오고 당사자의 신청의견과 관련 없는 상황에 기초하여 거부하는 경우에는 예외적으로 사전통지를 함이 타당하다(제한적 긍정설).

3. 처분의 사전통지의 흠결의 효과

처분의 사전통지의 흠결 등 절차하자의 효과에 대하여 행정절차법에 명문규정을 두고 있지 아니하여 견해가 나뉘고 있다. 즉, 절차하자가 해당 행정행위의 독자적 위법사유로 되는지에 대하여, ① 처분에 실체적 하자가 존재하지 아니하는 한 절차적 하자의 존재만으로 해당 처분이 위법하게 되는 것이 아니라는 소극설과, ② 실체적 하자여부와 관계없이 절차적 하자가 존재하면 해당 처분이 위법하게 된다는 적극설 및, ③ 구체적 사안의 상황이나 절차하자의 정도 등 그 절차하자의 효과를 개별적으로 검토하여야 한다는 개별적 검토설

등으로 나뉜다. 또한 절차하자의 위법성을 인정하는 경우에 그 위법의 정도에 관해서도, 무효설과 취소설로 나뉜다. 판례와 통설은 절차하자만으로 해당처분의 위법사유가 되며, 그 위법의 정도는 중대하고 명백한 절차하자가 아닌 한 원칙적으로 취소사유로 본다.

4. 설문의 해결

사안의 경우 해당처분은 계획변경승인거부처분이어서 거부처분의 사전통지대상여부가 문제된다. 이에 관한 긍정설의 입장에 따르면 행정절차법 제21조 제4항의 각호에 해당한다고 볼 수 없어 사전통지의 대상이 된다고 볼 것이지만, 판례 및 통설인 부정설에 따르면 사전통지의 대상이 아니다. 그런데 甲은 폐기물관리법 제25조 제1항에 따라 폐기물처리사업계획서를 제출하여 이미 적정통보를 받은 상태이므로 같은조 제3항에 따라 계획변경승인처분이 가능할 것으로 기대하였다고 볼 것이다. 또한 A광역시장 乙에 의하여 폐기물처리업이 가능한 용도지역으로 변경하는 도시·군관리계획변경안이 입안되어 공고되었음에도 불구하고 후임시장인 병이 甲의 신청의견과 관련 없는 상황에 기초하여 계획변경승인거부처분을 하였고, 이에 따라 甲은 폐기물처리업의 허가를 받을 수 없게 됨으로써 권익제한의 결과를 가져왔다고 할 수 있다. 따라서 제한적 긍정설에 따르는 한 계회변경승인거부처분도 사전통지의 대상이라 할 수 있다. 그런데 병은 사전통지 없이 계획변경승인거부처분을 하였으므로, 이 거부처분은 절차하자로 인해 위법하여 취소할 수 있다고 할 수 있으므로 위 甲의 주장은 타당하다.

Ⅳ. 설문 4의 검토

1. 문제의 소재

인용판결이 확정되었음에도 불구하고 재차 계획변경승인거부처분을 한 것이므로 판결의 기속력의 위반여부가 문제된다. 즉, 취소소송계속 중 계획변경을 승인할 수 없도록 조례가 개정되었다는 사유가 판결의 기속력의 내용과 범위에서 가능한 것인지 문제된다.

2. 기속력의 의의

기속력이란 소송당사자와 관계행정청이 판결의 취지에 따라 행동할 실체법적 의무를 발생시키는 효력을 말한다. 기속력은 행정소송법 제30조 제1항 "처분 등을 취소하는 확정판결은 그 사건에 관하여 당사자인 행정청과 그 밖의 관계행정청을 기속한다"는 규정에 근거하고 있다. 기속력은 인용판결에서 인정되는 효력이며, 기속력에 위반하여 행한 동일한 내용의 처분은 그 하자가 중대·명백하여 당연무효이다(대법원 1990.12.11. 90누3560 등).

3. 기속력의 내용

(1) 반복금지효

인용판결이 확정되면 행정청은 동일한 사실관계에서 동일한 당사자에 대하여 동일한 내용의 처분 등을 반복할 수 없다(같은법 제30조 제1항). 다만, ① 기속력은 판결에 적시된 위법사유에 미치는 것이므로 다른 사유로 동일한 처분을 하는 것은 기속력에 반하지 않는다. ② 처분의 형식・절차상의 위법을 이유로 취소된 경우에 그 형식・절차상의 위법을 시정하여 동일한 처분을 할 수 있다.

(2) 재처분의무

거부처분의 취소판결이 확정되면 당해 행정청은 판결의 취지에 따라 원래의 신청에 대한 처분을 하여야 한다(같은조 제2항). 이는 거부처분취소판결의 실효성을 간접강제하기 위한 것으로 절차위법을 이유로 취소되는 경우에 준용한다(같은조 제3항). 행정청은 취소된 거부처분과 같은 이유로 또다시 거부처분을 할 수 없으나, 다른 이유로 거부처분을 할 수는 있다.

4. 기속력의 범위

주관적 범위로서, 취소판결은 당사자인 행정청 기타의 관계 행정청을 기속한다.

객관적 범위로서, 기속력은 취소판결 등의 실효성을 도모하기 위하여 인정된 효력이므로 판결 주문뿐만 아니라 그 전제로 된 요건사실의 인정과 효력의 판단에도 미친다. 즉, 기속력은 처분 등의 구체적 위법사유에 관한 판단에만 미친다고 할 것이므로, 기속력은 법원이 위법하다고 판단한 동일한 사유에 기하여 동일한 내용의 처분을 금할 뿐, 별도의 사유에 기하여 동일한 내용의 처분을 하는 것까지 금하는 것은 아니다(대법원 2005.12.9. 2003두7705). 동일사유인지 다른 사유인지는 종전 처분에 관하여 위법한 것으로 판결하여 판단된 사유와 기본적 사실관계에 있어 동일성이 인정되는 사유인지 여부에 따라 판단되어야 한다(위 판례).

시간적 범위로서, 기속력은 처분 당시까지의 위법사유에 대해서만 미친다. 따라서 처분 이후에 발생한 새로운 법령 및 사실상태의 변동을 이유로 동일한 내용의 처분을 다시 하는 것은 기속력에 반하지 않는다.

5. 설문의 해결

丙은 판결에 적시된 위법사유가 아니라 다른 사유인 소송계속 중 개정된 조례에 근거하여 재거부처분을 한 것이므로 판결의 기속력에 따른 반복금지효나 거부처분취소판결의 재처분의무에 반하여 기속력의 객관적 범위를 벗어난 것이라 할 수 없다. 또한 기속력은 처분 당시까지의 위법사유에 대해서만 미치는 것인데 병은 처분 이후인 소송계속 중에 개정

된 조례에 따른 것이므로 기속력의 시간적 범위를 벗어난 것도 아니다. 따라서 병의 재거부처분은 적법하다.

V. 설문 5의 검토

1. 문제의 소재

거부처분취소소송의 인용판결이 확정되었음에도 불구하고 丙이 아무런 조치를 취하지 않는 것은 판결의 기속력에 반하는 것이다. 이러한 경우에 구제수단으로 행정소송법 제34조 제1항에 따른 간접강제제도의 가능성이 문제된다.

2. 간접강제의 의의

간접강제는 행정청이 인용판결에 따라 당사자의 신청에 따른 의무를 이행하도록 배상금부과의 방법으로 심리적 압박을 가하는 법원의 간접적 의무이행강제수단이다. 행정소송법 제34조 제1항은 거부처분취소판결의 실효성을 더욱 확보하기 위한 수단으로 간접강제제도를 두고 있다.

3. 간접강제의 요건

간접강제를 신청하기 위한 요건은, 첫째 간접강제는 취소판결에 의하여 취소된 행정처분이 거부처분인 경우라야 한다(같은법 제34조 제1항). 둘째 행정청이 판결의 취지에 따라 다시 이전의 신청에 대한 처분을 하지 아니하거나, 재처분을 하였더라도 그것이 종전의 거부처분에 대한 취소의 확정판결의 기속력에 반하는 등으로 당연무효인 경우여야 한다(대법원 2002.12.11. 2002무22 등). 따라서 사정변경이 있거나 원거부처분사유와 다른 사유로 재차 거부처분을 하는 것은 새로운 처분이라 할 것이므로 기속력에 반하지 아니하여 간접강제를 신청할 수 없다.

4. 간접강제의 절차

우선, 당사자가 제1심수소법원에 간접강제를 신청하여야 한다. 다음, 법원은 결정으로써 상당한 기간을 정하고 행정청이 그 기간 내에 이행하지 아니하는 때에는 그 지연기간에 따라 일정한 배상을 할 것을 명하거나 즉시 손해배상을 할 것을 명할 수 있다(같은조항).

5. 설문의 해결

丙은 계획변경승인거부처분 취소소송의 인용판결에도 불구하고 아무런 조치를 취하지 않고 있으므로 판결의 기속력에 위반하고 있다. 그런데 이러한 병의 기속력위반은 거부처분취소판결의 확정에도 불구하고 재처분의무를 불이행하고 있는 것이므로 간접강제의 신청요건을 충족하고 있다. 따라서 甲은 제1심수소법원에 간접강제를 신청할 수 있다.

2013년 제2회 변호사시험

공 법 제2문

제 2 문

甲은 1992년 3월부터 공무원으로 재직하면서 공무원연금법상 보수월액의 65/1000에 해당하는 기여금을 매달 납부하여 오다가 2012년 3월 31일자로 퇴직을 하여 최종보수월액의 70%에 해당하는 퇴직연금을 지급받아 오던 자이다.

그런데 국회는 2012년 8월 6일 공무원연금의 재정상황이 날로 악화되어 2030년부터는 공무원연금의 재정이 고갈될 것이라고 하는 KDI의 보고서를 근거로 공무원연금 재정의 안정성을 도모하기 위한 조치로 공무원연금법 개혁을 단행하기로 하였다. 이에 따라 같은 날 공무원연금법을 개정하여, (1) 공무원연금법상 재직 공무원들이 납부해야 할 기여금의 납부율을 보수월액의 85/1000로 인상하고, (2) 퇴직자들에게 지급할 퇴직연금의 액수도 종전 최종보수월액의 70%에서 일률적으로 최종보수월액의 50%만 지급하며, (3) 공무원의 보수인상률에 맞추어 연금액을 인상하던 것을 공무원의 보수인상률과 전국소비자물가변동률의 차이가 3% 이상을 넘지 않도록 재조정하였다. (4) 그리고 경과규정으로, 재직기간과 상관없이 개정 당시 재직 중인 모든 공무원들에게 개정법률을 적용하는 부칙 조항(이 사건 부칙 제1조)과, 퇴직연금 삭감조항은 2012년 1월 1일 이후에 퇴직하는 모든 공무원에게 소급하여 적용하는 부칙 조항(이 사건 부칙 제2조)을 두었으며 동 법률은 2012년 8월 16일 공포되어 같은 날부터 시행되었다.

공무원연금관리공단은 개정법률의 시행에 따라 2012년 8월부터 甲에게 최종보수월액의 70%를 50%로 삭감하여 퇴직연금을 지급하였다.

甲은 공무원연금관리공단을 상대로 2012년 8월 26일 자신에게 종전대로 최종보수월액의 70%의 연금을 지급해 줄 것을 신청하였으나, 공무원연금관리공단은 2012년 9월 5일 50%를 넘는 부분에 대하여는 개정법률에 따라 그 지급을 거부하였다. 이에 甲은 감액된 연금액을 지급받기 위하여 위 거부행위를 대상으로 하여 서울행정법원에 그 취소를 구하는 행정소송을 제기하였다.

한편, 乙은 1992년 3월부터 20년 넘게 공무원으로 재직하여 오던 중 임용당시 공무원 결격사유가 있었던 사실이 발견되었고, 乙은 이를 이유로 2012년 3월 31

일 당연퇴직의 통보를 받게 되었다. (이상 공무원연금법의 내용은 가상의 것임을 전제로 함)

1. 甲이 제기한 행정소송은 적법한가? 만약 적법하지 않다면 甲이 취할 조치는? (10점)
2. 乙에 대한 공무원 임용행위에 관하여,
(1) 만약 乙에 대한 공무원 임용행위가 당연무효가 아니라면, 乙은 퇴직연금 등의 지급을 청구할 수 있는가? (5점)
(2) 만약 乙에 대한 공무원 임용행위가 당연무효라면, 乙은 퇴직연금 등의 지급을 청구할 수 있는가? (15점)

【참고자료】 달력

■ 2012년 8월 ~ 2012년 11월

2012년 8월

일	월	화	수	목	금	토
			1	2	3	4
5	6	7	8	9	10	11
12	13	14	15	16	17	18
19	20	21	22	23	24	25
26	27	28	29	30	31	

2012년 9월

일	월	화	수	목	금	토
						1
2	3	4	5	6	7	8
9	10	11	12	13	14	15
16	17	18	19	20	21	22
23/30	24	25	26	27	28	29

2012년 10월

일	월	화	수	목	금	토
	1	2	3	4	5	6
7	8	9	10	11	12	13
14	15	16	17	18	19	20
21	22	23	24	25	26	27
28	29	30	31			

2012년 11월

일	월	화	수	목	금	토
				1	2	3
4	5	6	7	8	9	10
11	12	13	14	15	16	17
18	19	20	21	22	23	24
25	26	27	28	29	30	

▌C/O/N/T/E/N/T/S

제2문 김 향 기 〔성신여자대학교 법대 교수〕

Ⅰ. 설문 1의 검토

1. 문제의 소재

감액된 연금액의 지급청구 거부처분의 취소소송의 적법여부는 소송제기요건의 충족여부이다. 甲은 피해당사자이고 공무원연금관리공단은 처분권자이므로 각각 원고와 피고가 될 수 있다. 따라서 대상적격이 문제될 수 있으며, 이 요건이 충족되면 제기기간도 검토할 필요가 있다. 만일 취소소송의 요건을 갖추지 못하였다면 소변경을 통해 공법상 당사자소송이 가능한지 문제된다.

2. 취소소송의 적법여부

(1) 대상적격

취소소송의 대상은 처분등이며(행정소송법 제19조), 여기서 처분이란 행정청이 행하는 구체적 사실에 관한 법집행으로서의 공권력의 행사 또는 그 거부와 그밖에 이에 준하는 행정작용을 말한다(같은법 제2조 제1항 제1호). 행정청에는 국가와 지방자치단체뿐만 아니라 권한의 위임이나 위탁을 받은 행정기관 및 공공단체와 사인도 포함된다. 또한 처분은 국민의 구체적 권리의무에 직접적인 변동을 초래하는 행위이므로, 국민의 권리의무에 영향이 없는 단순한 행정청의 내부에서의 행위나 알선·권유·사실의 통지 등 비권력적 사실행위 등은 처분이 아니다.

(2) 사안의 경우

퇴직연금을 지급받아 오던 중 공무원연금법의 개정으로 퇴직연금 중 일부 금액의 지급이 정지된 경우에는 당연히 개정된 법령에 따라 퇴직연금이 확정되는 것이지 공무원연금관리공단의 퇴직연금 결정과 통지에 의하여 비로소 그 금액이 확정되는 것이 아니다. 따라서 공무원연금관리공단이 퇴직연금 중 일부 금액에 대하여 지급거부의 의사표시를 하였다고 하더라도 이는 단지 개정법률에서 정한 사유의 발생으로 퇴직연금 중 일부 금액의 지급이 정지된다는 점을 알려주는 관념의 통지에 불과하고, 그로 인해 비로소 지급이 정지되는 것은 아니므로 항고소송의 대상이 되는 행정처분으로 볼 수 없다(대법원 2004.12.24. 2003두15195 등).

따라서 甲의 위 취소소송의 제기는 대상적격을 결여하여 제기기간의 충족여부를 살필 필요도 없이 부적법한 소제기라 할 것이다.

3. 당사자소송의 가능성

(1) 소의 종류의 변경과 그 요건

취소소송의 원고는 해당 소송의 사실심의 변론종결시까지 청구의 기초에 변경이 없는 한 법원의 허가를 받아 당사자소송 또는 취소소송 외의 항고소송으로 소의 종류를 변경할 수 있다(행정소송법 제21조 제1항).

소의 종류의 변경을 위한 요건으로는, ① 취소소송이 계속되고 있을 것, ② 원고의 신청은 사실심의 변론종결전일 것, ③ 청구의 기초에 변경이 없을 것, ④ 소의 변경이 상당하다고 인정될 것, ⑤ 변경되는 새로운 소는 적법요건을 갖출 것 등이다.

(2) 당사자소송의 의의 및 제기요건

당사자소송이란 행정청의 처분 등을 원인으로 하는 법률관계에 관한 소송 그밖에 공법상의 법률관계에 관한 소송으로서 그 법률관계의 한쪽 당사자를 피고로 하는 소송을 말한다(같은법 제3조 제2호).

당사자소송은 대등당사자 사이의 소송이므로 민사소송의 원고적격에 관한 규정이 준용되고(같은법 제8조 제2항), 피고는 국가 또는 공공단체 등 권리주체가 된다(같은법 제39조).

당사자소송의 대상은 행정청의 처분 등을 원인으로 하는 법률관계와 그밖에 공법상의 법률관계이다. '행정청의 처분 등을 원인으로 하는 법률관계'란 처분 등에 의하여 발생·변경·소멸된 법률관계를 말하며, '그밖에 공법상의 법률관계'란 처분 등을 원인으로 하지 않은 법률자체에 의하여 인정되는 공법상의 지위의 취득·상실에 관한 다툼 등을 말한다.

당사자소송의 제기기간은 취소소송에 관한 규정을 준용하지 아니하며, 다만 제소기간이 법령에 정해져 있는 경우에는 그 기간은 불변기간으로 한다(같은법 제41조).

(3) 사안의 경우

甲이 제기한 취소소송의 사실심변론이 종결되었다고 볼 만한 사정이 없고, 청구의 기초인 감액된 퇴직연금에 대해 다투고자 하는 것이므로 변경하고자 하는 당사자소송의 요건만 갖추면 소변경이 가능하다. 그런데 미지급된 퇴직연금을 청구하는 지급청구권은 공법상 권리로서 그 지급을 구하는 소송은 공법상 법률관계에 관한 소송인 공법상 당사자소송에 해당한다(위 판례). 甲은 개정법률에 의하여 감액된 연금액을 지급받고자 하는 것이므로 지급청구권의 문제로서 공법상 당사자소송의 문제이다. 甲은 공법상 법률관계의 한쪽 당사자이고 공무원연금관리공단은 공공단체로서 공무원연금 등의 지급주체인 권리주체이므로 각각 원고적격과 피고적격을 갖추고 있다. 또한 甲은 연금지급청구권이 공무원연금법상 행정청의 제1차적 판단 없이 곧바로 발생하는 것으로 해석된다. 따라서 甲은 처분 등을 원인으로 하지 않은 공무원연금법이라는 법률자체에 의하여 인정되는 공법상의 지위의 득실에 관한 것이라 할 것이므로 공법상 당사자소송의 대상에 해당한다. 그러므로 甲은 감액된 연금액의 지급을 받기 위해 소변경을 통해 공법상 당사자소송으로 다툴 수 있다.

4. 설문의 해결

공무원연금관리공단의 개정법률에 따른 감액된 연금액 지급거부는 개정법률에서 정한 사유발생으로 퇴직연금 중 일부 지급이 정지된다는 의사표시에 불과하고 그로인하여 지급이 정지되는 것이 아니므로 취소소송의 대상인 행정처분이 아니다. 따라서 甲의 취소소송 제기는 대상적격을 결하여 부적법하다. 그러나 이러한 미지급 퇴직연금에 대한 지급청구권은 공법상 권리로서 그 지급을 구하는 소송은 공법상 법률관계에 관한 소송이 될 수 있으므로 소변경을 통해 공법상 당사자소송으로 다툴 수 있다.

Ⅱ. 설문 2의 검토

1. 공무원 임용요건 결여의 효과

공무원으로 임명되기 위해서는 일정한 결격사유가 없어야 하고(국가공무원법 제33조), 또한 성적요건 등 일정한 자격을 갖추어야 한다(국가공무원법 제26조). 결격사유 있는 자를 공무원으로 임명하는 행위는 무효이고, 성적요건을 결한 자의 임명은 취소할 수 있는 행위로 된다(통설・판례).

2. 임용요건결여 공무원의 퇴직연금신청 가능여부

공무원임용요건결여한 자가 공무원으로 근무한 경우에 급여청구 가능여부에 관하여 견해가 나뉜다. 즉, ① 임용결여에도 불구하고 장기간 근무에 종사시킨 후 급여지급을 거부하는 것은 신뢰보호원칙 및 법적 안정성에 반하므로 지급해야 한다는 긍정설, ② 급여는

적법한 근무를 전제로 하며 임용요건결여의 위법한 임용행위에 의한 근무에 대해서는 지급이 불가하다는 부정설, ③ 공무원이 납부한 기여금에 해당하는 부분은 후불임금적인 성격이므로 지급해야 한다는 제한적 긍정설 등이 그것이다. 판례는 "공무원연금법에 의한 퇴직급여 등은 적법한 공무원으로서의 신분을 취득하여 근무하다가 퇴직하는 경우에 지급되는 것이고, 당연 무효인 임용행위에 의하여 공무원의 신분을 취득할 수는 없으므로 임용결격자가 공무원으로 임용되어 사실상 근무하여 왔다고 하더라도 적법한 공무원으로서 신분을 취득하지 못한 자로서는 공무원연금법 소정의 퇴직급여 등을 청구할 수 없다"고 판시하여(대법원 2003.5.16. 2001다61012 등). 부정설의 입장을 취하고 있다.

3. 설문 (1)의 해결

결격사유 있는 乙의 공무원 임용행위가 당연무효가 아니라면 취소사유에 불과하다고 볼 수 있다. 이 경우 취소되지 아니한 상태에서 실제로 공무를 수행하고 지급받은 급여는 노무에 대한 대가로 볼 수 있다. 따라서 퇴직연금의 경우에도 공무원으로 근무하다가 이를 이유로 임용취소된 경우에는 상대방의 신뢰보호와 법적 안정성의 관점에서 그 동안 납부한 기여금에 해당하는 부분은 후불임금적인 성격이므로 그 지급을 청구할 수 있다(제한적 긍정설).

4. 설문 (2)의 해결

결격사유 있는 자의 공무원임명의 효과는 무효이므로 이 요건을 결여한 경우에는 급여청구가 불가하다고 본다(부정설). 따라서 위 판례에서 보는 바와 같이 결격사유 있는 자가 사실상 공무원으로 근무한 경우에 퇴직연금도 청구할 수 없다.

2013년 제2회 변호사시험
공 법 제2문

공 법

제 2 문

甲은 1992년 3월부터 공무원으로 재직하면서 공무원연금법상 보수월액의 65/1000에 해당하는 기여금을 매달 납부하여 오다가 2012년 3월 31일자로 퇴직을 하여 최종보수월액의 70%에 해당하는 퇴직연금을 지급받아 오던 자이다.

그런데 국회는 2012년 8월 6일 공무원연금의 재정상황이 날로 악화되어 2030년부터는 공무원연금의 재정이 고갈될 것이라고 하는 KDI의 보고서를 근거로 공무원연금 재정의 안정성을 도모하기 위한 조치로 공무원연금법 개혁을 단행하기로 하였다. 이에 따라 같은 날 공무원연금법을 개정하여, (1) 공무원연금법상 재직 공무원들이 납부해야 할 기여금의 납부율을 보수월액의 85/1000로 인상하고, (2) 퇴직자들에게 지급할 퇴직연금의 액수도 종전 최종보수월액의 70%에서 일률적으로 최종보수월액의 50%만 지급하며, (3) 공무원의 보수인상률에 맞추어 연금액을 인상하던 것을 공무원의 보수인상률과 전국소비자물가변동률의 차이가 3% 이상을 넘지 않도록 재조정하였다. (4) 그리고 경과규정으로, 재직기간과 상관없이 개정 당시 재직 중인 모든 공무원들에게 개정법률을 적용하는 부칙 조항(이 사건 부칙 제1조)과, 퇴직연금 삭감조항은 2012년 1월 1일 이후에 퇴직하는 모든 공무원에게 소급하여 적용하는 부칙 조항(이 사건 부칙 제2조)을 두었으며 동 법률은 2012년 8월 16일 공포되어 같은 날부터 시행되었다.

공무원연금관리공단은 개정법률의 시행에 따라 2012년 8월부터 甲에게 최종보수월액의 70%를 50%로 삭감하여 퇴직연금을 지급하였다.

甲은 공무원연금관리공단을 상대로 2012년 8월 26일 자신에게 종전대로 최종보수월액의 70%의 연금을 지급해 줄 것을 신청하였으나, 공무원연금관리공단은 2012년 9월 5일 50%를 넘는 부분에 대하여는 개정법률에 따라 그 지급을 거부하였다. 이에 甲은 감액된 연금액을 지급받기 위하여 위 거부행위를 대상으로 하여 서울행정법원에 그 취소를 구하는 행정소송을 제기하였다.

한편, 乙은 1992년 3월부터 20년 넘게 공무원으로 재직하여 오던 중 임용당시 공무원 결격사유가 있었던 사실이 발견되었고, 乙은 이를 이유로 2012년 3월 31일 당연퇴직의 통보를 받게 되었다. (이상 공무원연금법의 내용은 가상의 것임을

전제로 함)

3. 甲은 위 행정소송 계속 중 이 사건 퇴직연금 삭감조항 및 부칙 제1조와 제2조는 위헌이라고 주장하면서 2012년 10월 5일 서울행정법원에 위헌법률심판제청 신청을 하였으나 동 법원은 같은 해 10월 19일 이를 기각하였고 그 기각결정의 정본은 10월 22일 甲에게 송달되었다. 대리인으로 선임된 변호사 丙은 그로부터 한 달 뒤인 11월 22일 이 사건 퇴직연금 삭감조항 및 부칙 제1조와 제2조가 청구인의 행복추구권, 재산권, 공무담임권과 평등권을 과잉하게 침해할 뿐만 아니라, 법치국가원리에서 나오는 신뢰보호의 원칙에도 위반된다고 주장을 하면서 헌법재판소법 제68조 제2항에 따른 헌법소원심판을 청구하였다.

(1) 甲이 제기한 헌법소원심판이 적법하기 위한 요건들을 검토한 다음, 적법 여부에 대한 결론을 제시하라. (20점)

(2) 이 사건 퇴직연금 삭감조항 및 부칙 제2조가 청구인의 기본권을 침해하여 위헌인지 여부에 대하여 판단하라. (50점)

【참고자료】 달력

■ 2012년 8월 ~ 2012년 11월

2012년 8월

일	월	화	수	목	금	토
			1	2	3	4
5	6	7	8	9	10	11
12	13	14	15	16	17	18
19	20	21	22	23	24	25
26	27	28	29	30	31	

2012년 9월

일	월	화	수	목	금	토
						1
2	3	4	5	6	7	8
9	10	11	12	13	14	15
16	17	18	19	20	21	22
23/30	24	25	26	27	28	29

2012년 10월

일	월	화	수	목	금	토
	1	2	3	4	5	6
7	8	9	10	11	12	13
14	15	16	17	18	19	20
21	22	23	24	25	26	27
28	29	30	31			

2012년 11월

일	월	화	수	목	금	토
				1	2	3
4	5	6	7	8	9	10
11	12	13	14	15	16	17
18	19	20	21	22	23	24
25	26	27	28	29	30	

C/O/N/T/E/N/T/S

제2문

김 병 록 〔조선대학교 법대 교수〕

Ⅰ. 문제의 소재와 기본적 쟁점

제2회 변호사시험 공법 제2문의 설문 3은 공무원연금법상 퇴직연금 삭감조항 및 부칙 제1조와 제2조가 청구인의 행복추구권, 재산권, 공무담임권과 평등권을 과잉하게 침해하는지, 법치국가원리에서 나오는 신뢰보호의 원칙에 위반되는지 여부에 대하여 헌법재판소법 제68조 제2항의 헌법소원심판을 청구한 사건이다. 따라서 (1) 甲이 제기한 헌법소원심판이 적법하기 위한 요건들을 검토한 다음, 적법 여부에 대한 결론을 제시하고, (2) 이 사건 퇴직연금 삭감조항 및 부칙 제2조가 청구인의 기본권을 침해하여 위헌인지 여부에 대하여 판단해야 한다.

기본적 쟁점은 헌법소원의 적법성(허용성) 검토와 기본권 침해여부(인용성) 검토를 하는 것이지만, 설문이 침해된 기본권과 위헌논증의 기준을 어느 정도 제시하고 있어 무난한 문제라고 생각될 수도 있다. 그러나 자세히 들여다보면, 헌법재판소 결정의 축적에 따라 판례의 경향성과 변화여부에 대한 정리가 필요한 부분도 있어 생각보다 단순하지 않을 수도 있다. 올해는 작년과 달리 행정법 문제와 병합 출제되고 점수가 70점으로 줄어들어 헌법문제의 비중이 축소된 듯한 느낌이다.

Ⅱ. 헌법소원심판의 적법성(허용성) 검토

1. 위헌심사형 헌법소원의 구조 및 성격

헌법재판소법 제68조 제2항에 따른 이른바 위헌심사형 헌법소원은 형식은 헌법소원심판이지만 그 실질은 위헌법률심판이라고 인정된다. 과거 제4공화국과 제5공화국 당시 법원의 위헌법률심판제청이 단 한 건도 없었던 경험이 있다. 그로 인하여 위헌법률심판제청권을 갖고 있는 법원이 소극적인 태도를 보일 경우에는 위헌법률심판제도가 유명무실해질 수 있다는 우려가 생겼고, 이에 따라 당사자가 직접 헌법재판소에 제소할 수 있는 길을 열어 놓은 것이 위헌심사형 헌법소원인 것이다.

그렇기 때문에 위헌심사형 헌법소원의 구조와 성격은 헌법재판소법 제68조 제1항에 따른 권리구제형 헌법소원과는 큰 차이를 보이며, 이는 적법요건에서도 나타난다. 위헌심사형 헌법소원의 전제는 당사자가 위헌법률심판의 제청을 법원에 신청하였음에도 불구하고 법원에서 이를 기각하여 위헌법률심판제청을 하지 않은 경우이다. 따라서 위헌심사형 헌법소원이 정당한 요건을 갖춘 것으로 인정되기 위해서는 위헌법률심판의 핵심적 적법요건인 재판의 전제성이 갖추어져야 하며, 그럼에도 불구하고 법원에서 위헌법률심판의 제청을 기각하였어야 한다. 그밖에 제소기간 등에서도 위헌소원은 권리구제형 헌법소원과는 다른 요건을 갖추어야 한다.

2. 재판의 전제성

위헌심사형 헌법소원에서 요구되는 재판의 전제성 요건은 위헌법률심판의 경우와 다르지 않다. 즉, 재판의 전제성이 인정되기 위해서는 우선 심판대상 법률조항이 당해 소송사건에 적용될 법률이어야 하며, 그 법률조항의 위헌 여부에 따라 재판의 주문이 달라지거나 재판의 내용과 효력이 갖는 법률적 의미가 달라져야 한다. 따라서 심판대상조항은 당해 사건에 직접 적용되는 법률로서 재판의 결과에 직접 영향을 미칠 수 있는 것으로 재판의 전제성을 갖추고 있다고 본다.

3. 위헌법률심판제청의 신청과 법원의 기각결정

甲은 위 행정소송 계속 중 이 사건 퇴직연금 삭감조항 및 부칙 제1조와 제2조는 위헌이라고 주장하면서 2012년 10월 5일 서울행정법원에 위헌법률심판제청신청을 하였으나 동법원은 같은 해 10월 19일 이를 기각하였고 그 기각결정의 정본은 10월 22일 甲에게 송달되었다. 대리인으로 선임된 변호사 丙은 그로부터 한 달 뒤인 11월 22일 이 사건 퇴직연금 삭감조항 및 부칙 제1조와 제2조가 청구인의 행복추구권, 재산권, 공무담임권과 평등권을 과잉하게 침해할 뿐만 아니라, 법치국가원리에서 나오는 신뢰보호의 원칙에도 위반된다고 주장을 하면서 헌법재판소법 제68조 제2항에 따른 헌법소원심판을 청구하였다. 사안의 경우 甲은 행정소송이 계속 중인 상태에서 위헌법률심판의 제청을 당해 법원에 신청하였으나 기각당한 것으로 설정되어 있다. 이로써 헌법재판소법 제68조 제2항의 위헌소원을 제청할 수 있는 요건이 또 한 가지 갖추어진 것으로 볼 수 있다.

4. 기타의 형식적 요건

그 밖에 위헌소원에 요구되는 형식적 적법요건으로서 헌법재판소법 제69조 제2항에 따른 청구기간의 제한과 제25조 제3항에 따른 변호사 강제주의를 들 수 있다. 사안의 경우 甲은 기각결정을 통지받은 후 30일 이내에 위헌소원을 청구하였어야 하는데, 11월 22일 헌법소원심판을 청구하였으므로 청구기간을 도과하여 부적법 각하되어야 할 것이다. 그러나 변호사의 선임에 관한 사항은 갖추어진 것으로 볼 수 있어 적법요건을 갖춘 것으로 판단된다.

Ⅲ. 공무원연금법의 기본권 침해여부(인용성) 검토

1. 행복추구권 침해여부

헌법 제10조 제1문은 "모든 국민은 … 행복을 추구할 권리를 가진다" 라고 규정하여 국민의 행복추구권을 명문화하고 있다. 제5공화국 헌법에서 신설된 이 규정의 법적 성격에 대하여는 다음 세 가지가 검토되어야 할 것이다. 첫째 행복추구권의 주관적 공권성 여부, 둘째 행복추구권의 적극적 권리성 여부, 셋째 행복추구권과 그 밖의 기본권과의 경합적 보장의 여부이다.

(1) 행복추구권의 주관적 공권성 여부

학설은 이를 긍정하는 입장과 부정하는 입장으로 갈리고 있다. 기본권성 부정설에 의하면 국민의 행복추구권조항은 그 밖의 기본권과는 달리 독자적인 내용을 가진 구체적인 권리를 보장한 조항이 아니라 다른 모든 기본권의 전제가 되는 기본원리를 선언한 조항에 불과하다고 본다. 반면, 기본권성 긍정설에 의하면 헌법이 행복을 추구할 '권리' 라고 명시한 이상 행복추구권의 기본권성을 긍정할 수밖에 없는 것이며, 이는 헌법에 규정된 기본권들은 물론이고 그 외에도 행복을 추구하는데 필요한 것이면 헌법에 열거되지 아니한 자유와 권리까지도 그 내용으로 하는 포괄적 기본권이라고 한다.

우리 헌법재판소도 행복추구권을 하나의 구체적이고 독자적인 기본권으로 인정하는 입장을 취하면서 행복추구권 속에 '일반적 행동자유권' 과 '개성의 자유로운 발현권' 등이 함축되어 있다고 이해한다. 또 사적자치권과 계약의 자유도 일반적 행동자유권에서 파생된다고 설명하는 등 행복추구권이 하나의 포괄적 기본권으로서의 성질을 가진 것으로 판시하고 있다. 소비자의 자기결정권은 행복추구권에서 파생된다고 설명하는 것도 그 때문이다.

(2) 행복추구권의 적극적 권리성 여부

국민의 행복추구권을 주관적 기본권으로 인정하는 경우에도 그것이 자유권적 기본권과 같이 소극적·방어적 권리만을 의미하는 것인지, 아니면 사회적 기본권이나 청구권적 기본권처럼 적극적인 권리까지도 포괄하는 의미의 것인지 여부에 대하여는 견해가 갈리고 있다.

우리 헌법재판소는 행복추구권의 적극적 권리성 여부에 관하여 이를 부정하는 입장(헌재결 1995. 7. 21. 93헌가14: 국가유공자 예우 등에 관한 법률 제9조 본문에 대한 위헌심판사건에서 헌법 제10조의 행복추구권은 국민이 행복을 추구하기 위하여 필요한 급부를 국가에게 적극적으로 요구할 수 있는 것을 내용으로 하는 것이 아니라, 국민이 행복을 추구하기 위한 활동을 국가권력의 간섭 없이 자유롭게 할 수 있다는 의미의 자유권으로서의 성격을 가진다고 판시)을 취하고 있지만, 학설의 다수는 그 적극적 권리성을 인정하고 있다.

(3) 그 밖의 기본권과의 경합적 보장 여부

어떤 자유와 권리에 대하여 그 보장의 헌법적 근거가 문제될 경우, 행복추구권조항을 적용할 것이냐 아니면 당해 기본권조항을 적용할 것이냐 하는 문제가 제기될 수 있는데, 이에 대해서는 다음과 같이 학설이 갈리고 있다. 첫째 행복추구권조항을 우선적으로 적용하여야 한다는 우선적 보장설, 둘째 두 조항을 동시에 적용하여야 하므로 행복추구권조항도 적용할 수 있다는 보장경합설, 셋째 직접 적용해야 할 기본권조항이 없는 경우에 한하여 행복추구권조항을 적용해야 한다는 보충적 보장설 등이 그것이다.

학설상으로는 기본권조항의 공동화를 방지하고 행복추구권조항에의 안일한 도피를 방지하기 위해서는 개별적 기본권조항이 최대한으로 적용되어야 할 것이므로 보충적 보장설이 타당할 것으로 생각되지만, 헌법재판소의 결정례들은 그 대부분이 행복추구권조항과 여타 기본권조항의 경합적 보장을 인정해 왔다.

(4) 소결론

행복추구권의 포괄적 기본권성과 적극적 권리성에 대한 이견이 있지만, 이를 인정하더라도 다른 기본권과 행복추구권을 동시에 적용하는 것은 '일반조항으로의 도피'라는 문제점이 있다고 판단된다. 그러나 헌재가 최근에 다른 기본권과 행복추구권을 동시에 적용하려던 종래의 태도(헌재결 1997. 10. 30. 96헌마109)를 지양하고 행복추구권을 다른 기본권에 대한 보충적 기본권으로 적용하려는 방향으로 입장을 변경하는 듯한 판시(헌재결 2000. 12. 14. 99헌마112 등; 2003. 4. 24. 2002헌마611)를 하고 있어 다행이라고 생각된다. 사안의 경우 공무원의 신분유지권이 공무담임권의 제한의 문제이고, 국민연금법상의 사업장가입자 및 근로기준법상의 근로자와 공무원과의 불합리한 차별(평등권)이 문제가 되며, 퇴직공무원의 연금청구권이라는 재산권적 측면이 있음을 전제로 재산권이 논의될 수 있으므로 행복추구권과도 연관된다는 점에서 여러 헌법상의 기본권과의 경쟁관계에서 침해 여부가 검토되어야 할 것이다.

2. 재산권 침해여부

헌법 제23조 제1항 전문은 "모든 국민의 재산권은 보장된다" 라고 규정하고, 제119조 제1항은 "대한민국의 경제질서는 개인과 기업의 경제상의 자유와 창의를 존중함을 기본으로 한다"고 규정함으로써, 우리 헌법이 사유재산제도와 경제활동에 관한 사적자치의 원칙을 기초로 하는 자본주의 시장경제질서를 기본으로 하고 있음을 선언하고 있다. 또한 헌법 제13조 제2항은 "모든 국민은 소급입법에 의하여 참정권의 제한을 받거나 재산권을 박탈당하지 아니한다" 고 하여 소급입법에 의한 참정권의 제한과 재산권의 박탈을 금지하는 규정을 두고 있다. 일반적으로 재산권은 헌법 제23조에서 보장하는 재산권과 마찬가지로 공·사법상 모든 재산적 가치가 있는 권리라고 설명된다. 따라서 사법상의 권리 외에 공법상의 청구권도 일정한 경우 재산권성이 인정되므로 퇴직연금수령권도 재산권으로 보호받아야 한다.

(1) 퇴직급여의 법적 성격

공무원연금법에 의한 퇴직급여는 공무원의 퇴직에 대하여 적절한 급여를 실시함으로써 공무원 및 그 유족의 생활안정과 복리향상에 기여하기 위한 것으로서 사회보장적 급여로서의 성격을 가짐과 동시에 후불임금으로서의 성격 및 공로보상 내지 은혜적 급여로서의 성격을 아울러 가진다. 퇴직급여의 재원은 공무원 자신의 기여금과 이와 동액의 국가 또는 지방자치단체의 부담금으로 형성되는 것이라는 점에서, 퇴직급여 중 공무원 본인의 기여금에 해당하는 부분은 재직 중 근무의 대가로서 지급하였어야 할 임금의 후불로서의 성격이 강하고 그 나머지 부분은 재직 중의 성실한 복무에 대한 공로보상 또는 사회보장적 급여로서의 성격이 강하다(헌재결 1995. 7. 21. 94헌바27등, 판례집 7-2, 82, 89, 90).

공무원연금법상의 각종 급여는 퇴직수당과 같이 후불임금의 성격이 강한 것도 있고 그렇지 아니한 것도 있지만, 기본적으로는 모두 사회보장적 급여로서의 성격을 가짐과 동시에 공로보상 내지 후불임금으로서의 성격도 함께 가진다고 할 것이다(헌재결 1998. 12. 24. 96헌바73, 판례집 10-2, 856, 866 ; 헌재결 2000. 3. 30. 99헌바53 등 판례집 12-1, 344, 352).

(2) 재산권제한과 과잉침해금지 원칙

1) 헌법 제23조 제1항

헌법 제23조 제1항은 "모든 국민의 재산권은 보장된다" 고 규정하여 국민의 재산권을 보장하고 있고, 헌법 제37조 제2항은 "국민의 모든 자유와 권리는 국가안전보장·질서유지 또는 공공복리를 위하여 필요한 경우에 한하여 법률로써 제한할 수 있으며, 제한하는 경우에도 자유와 권리의 본질적인 내용을 침해할 수 없다"고 규정하여 국가가 국민의 기본권을 제한하는 내용의 입법을 함에 있어서 준수하여야 할 기본원칙을 천명하고 있다. 따라서 법률에 의하여 국민의 기본권을 제한할 때에도 어디까지나 국민의 자유와 권리의 본질적인

내용을 침해하지 않는 한도 내에서 행하여져야 할 것이고, 기본권을 제한하는 입법을 함에 있어서는 입법목적의 정당성과 그 목적달성을 위한 방법의 적정성, 피해의 최소성, 그리고 그 입법에 의해 보호하려는 공공의 필요와 침해되는 기본권 사이의 균형성을 모두 갖추어야 하며, 이를 준수하지 않은 법률 내지 법률조항은 기본권제한의 입법적 한계를 벗어난 것으로 헌법에 위반된다. 공무원연금제도는 공무원을 대상으로 퇴직 또는 사망과 공무로 인한 부상·질병·폐질에 대하여 적절한 급여를 실시함으로써 공무원 및 그 유족의 생활안정과 복리향상에 기여하는 데에 그 목적이 있으며, 공무원연금법상의 퇴직급여 등 급여수급권은 재산권의 성격을 갖고 있으므로, 이 사건 법률조항에 의하여 재산권으로서의 급여수급권이 제한된다고 볼 수 있다(헌재 2002. 7. 18. 2000헌바57, 판례집 14-2, 1, 13).

2) 입법목적의 정당성 및 방법의 적정성

이 사건 법률조항이 공무원연금의 재정악화를 이유로 퇴직급여 등을 감액하는 것은 공무원연금 재정의 안정성을 도모하기 위한 것이라는 점에서 개정 법률의 입법목적은 정당하다고 볼 수도 있다. 그러나 퇴직급여 등의 감액제도가 과연 모든 경우에 있어 그 입법목적을 달성하기 위한 적절하고 효과적인 수단으로서 기능할지는 의문이다. 공무원연금법 제1조에서 "이 법은 공무원의 퇴직 또는 사망과 공무로 인한 부상·질병·폐질에 대하여 적절한 급여를 실시함으로써, 공무원 및 그 유족의 생활안정과 복리향상에 기여함을 목적으로 한다" 고 규정하고 있다. 즉 공무원의 퇴직 후의 생활보장이라는 사회보장적인 목적이 주목적이고, 반면에 이를 통하여 직업공무원제도가 실현되게 하려는 목적을 갖게 하더라도 이는 부수적으로 기능하는 것에 불과하다. 따라서 재정건전성 확보를 위한 정부의 노력 없이 공무원연금 재정고갈을 우려하여 퇴직연금의 액수를 50%로 줄이는 수단은 적절하다고 볼 수 없다.

3) 피해의 최소성과 법익의 균형성

입법자는 공익실현을 위하여 기본권을 제한하는 경우에도 입법목적을 실현하기에 적합한 여러 수단 중에서 되도록 국민의 기본권을 가장 존중하고 기본권을 최소로 침해하는 수단을 선택하여야 한다(헌재결 1998. 5. 28. 96헌가5, 판례집 10-1, 541, 556). 따라서 퇴직과 동시에 생활안정을 위해 당연히 지급될 것으로 기대되는 퇴직급여 등까지도 감액해야 한다면 거기에는 다른 수단으로는 입법목적을 달성할 수 없다는 특별한 사정이 있어야 할 것이다. 또한 공무원이 국민에 대한 봉사자로서의 지위를 지니는 것이고 공정한 공직수행을 위한 직무상의 높은 수준의 염결성이 여전히 강조됨으로 인해 퇴직급여 등의 제한을 통해 달성코자 하는 공익도 적지는 않다. 그러나 공직의 구조 및 사회인식의 변화로 일반 직장인과 공직자는 같은 직업인이라는 인식이 보편화 되는 추세이고 특히 오늘날 급여에 관한 한, 공익과 사익의 질적 구분은 어려워졌다. 이러한 상황 속에서 이미 공직에서 퇴직한 공무원에게 더 나아가 일률적으로 그 생존의 기초가 될 퇴직급여 등까지 반드시 감액하도록 규정한다면 그 법률조항은 침해되는 사익에 비해 지나치게 공익만을 강조한 입법이라고 아니할 수 없다.

4) 소결론

공무원연금의 재정상황이 날로 악화되어 2030년부터는 공무원연금의 재정이 고갈될 것이라고 하는 KDI의 보고서를 근거로 공무원연금 재정의 안정성을 도모하기 위한 조치로 퇴직자들에게 지급할 퇴직연금의 액수를 종전 최종보수월액의 70%에서 일률적으로 최종보수월액의 50%만 지급하는 것은 과도한 재산권의 제한으로서 심히 부당하며 공무원의 퇴직 후 노후생활보장이라는 공무원연금제도의 기본적인 입법목적에도 부합하지 않는다. 또 이 사건 법률조항이 입법 목적 달성을 위하여 필요한 수단이라고 볼 수도 없고, 당해 공무원에게 지나치게 가혹한 불이익을 주는 것으로서 그로 인하여 달성되는 공익과 당해 공무원이 입는 불이익 사이에 현저한 불균형을 초래하여 법익의 최소침해성의 요건 및 법익균형성의 요건을 충족시키지 못한다.

(3) 신뢰보호의 원칙과 소급입법금지의 원칙

1) 신뢰보호의 원칙

법치국가에서 국가작용의 행위지침으로 요구되는 것 중의 하나가 신뢰보호의 원칙인데, 이러한 신뢰보호의 원칙을 국민과 입법자 사이의 관계에 적용한 것이 바로 소급입법금지의 원칙이다. 이미 행해진 국민의 행위에 대하여 사후에 새로운 법적 의무를 부과하거나 과거보다 가중된 의무를 부과하도록 규정하는 법률은 현존 법질서에 대한 국민의 신뢰를 파괴하고 현재의 행위에 대한 장래의 법적 효과를 예견할 수 없게 하여 법적 안정성과 예견가능성을 저해하게 되므로 그와 같이 국민의 신뢰를 침해하고 법적 지위에 불안을 초래하는 소급입법은 금지되어야 한다는 것이다. 그리고 실질적 법치주의가 확립된 국가에서는 '정당한 법'에 의한 통치가 요구되는데 소급입법은 '정당한 법'이 아니어서 법치주의에 위배되는 것인 바, 소급입법이 정당하지 않은 이유는 바로 그러한 법률은 권리보장의 기능을 수행하지 못하고 예측가능성을 해하여 법적 안정성이라는 법이념의 달성에 적합하지 않기 때문이다. 즉 국민은 현존하는 법질서에 기초한 행위에 대하여 그 법에 따른 법률효과를 당연히 기대할 뿐 아니라 그 법질서의 존속에 대하여도 신뢰를 가지는 것인데 소급입법은 그러한 신뢰를 파괴하는 것이어서 정당하지 못한 것이다.

2) 소급입법금지의 원칙

소급입법금지는 입법에 있어서 신뢰보호의 다른 표현이라고도 할 수 있으나, 우리 헌법이 명시적으로 형벌불소급과 소급입법에 의한 재산권의 박탈 및 참정권의 제한을 금지하고 있으므로, 이러한 사정이 우리 헌법에서 소급입법금지의 원칙을 해석, 적용함에 있어서 고려되어야 한다. 입헌주의에서 가장 중요한 것은 헌법의 문언에 반하는 해석을 하지 않아야 하고 모든 헌법운용의 기준은 우선 헌법 자체에서 찾아야 하기 때문이다. 그리고 소급입법금지가 우리 헌법상의 원칙으로 채택된 것이라고 보는 한 이는 구체적인 입법의 위헌 여부를 가리는데 있어서 항상 심사의 기준으로 된다. 따라서 과거의 사태에 관련된 사항이 있을 때에는 그것이 소급입법금지에 반하지 않는가 하는 것을 일단 의심해 보고 그에는 해당

하지 않고 다른 원칙이 더욱 중요하게 관련된 것일 때 그 원칙을 주된 심사기준으로 삼아야 하는 것이다.

3) 소급입법금지의 예외

소급입법금지는 주로 신뢰보호를 근거로 하는 것이므로 그 신뢰를 압도하는 공익이 있는 경우에는 소급입법이라도 허용되는 경우가 있을 수 있다. 독일에서는 연방헌법재판소의 판례에 의하여 다음과 같은 기준이 제시되어 있다. 즉 법률의 소급 효력은 원칙으로 금지되나 특정한 법률효과에 대한 신뢰가 정당화될 수 없기 때문에 그 신뢰를 보호할 가치가 없는 경우에는 소급효가 허용되어야 하는 바, ① 현행 법질서가 잠정적인 것이어서 개정 법률에 의하여 법적 효과가 소급하는 시점에서 그러한 개정이 예측 가능하였을 때, ② 현행 법질서가 불명료하여 보충을 요하는 결함을 가지고 있거나 또는 체계성을 결하고 있어 그 법적 상태의 헌법합치 여부에 대하여 의심할 사유가 있을 때, ③ 법률의 소급적용에 의하여 전혀 손해가 없거나 또는 그 손해의 정도가 극히 경미한 때, ④ 개인의 신뢰보호보다 공익상의 필요성이 훨씬 더 클 때 등이 이에 해당한다는 것이다.

일본에서도 소급과세금지의 원칙과 관련하여, 조세의 성질 및 그것을 부과할 당시의 상황을 고려하여 개정에 대한 예측가능성이 존재하고 법적 안정성에 대한 신뢰를 현저히 해하는 것이 아니라면, 경미한 사항으로서 납세자에게 현저한 불이익을 주지 아니하는 범위 내에 있어서는 소급적용이 허용된다는 판례가 있고, 학설도 대체로 위 판례이론을 지지하면서 다만 법적 안정성과 법치국가의 원리에 비추어 예외를 허용할 경우에도 그 요건은 한정적인 것으로 하지 않으면 안 된다고 주장하고 있다. 다만 유의하여야 할 것은 헌법이 명시적으로 규정하고 있는 소급입법에 의한 형벌이나 재산권의 박탈 및 참정권의 제한의 경우에는 예외가 허용될 수 없다는 것이다. 즉 헌법 자체가 그 예외를 허용하고 있는 경우가 아닌데도 헌법의 금지규정에 대한 예외가 허용된다고 보는 것은 헌법해석의 한계를 벗어난다고 아니할 수 없다. 그러므로 이 사건 부칙 제2조는 퇴직연금 삭감조항을 2012년 1월 1일 이후에 퇴직하는 모든 공무원에 소급하여 적용하는 것으로써 위헌이라고 보아야 한다.

3. 공무담임권 침해여부

(1) 공무담임권의 법적 성격에 관한 논의

전통적으로 공무담임권의 법적 성격에 관해서는 자연권성이 인정될 수 없는 기본권에 해당한다고 보는 것 이상의 논의가 거의 없었다. 즉 국민주권이념이 확고하게 자리 잡은 이후에도 공무담임권은 참정권의 하나이며 천부인권인 자유권과 달리 실정권으로서의 성격을 가지고 있다는 주장 이상의 논의가 없었다. 이처럼 공무담임권은 헌법재판소가 활동을 시작하기 전까지 우리 헌법학계에서 주목을 받지 못했다. 대부분의 관련 내용이 공무담임권의 내용으로서가 아니라 법원의 판례를 통하여 나타난 것처럼 직업공무원제도의 내용으로 다루어졌기 때문이다. 특히 당시의 헌법학계에서는 공무담임권을 '공직취임권' 으로 이해하고 '공직유지권' 등은 직업공무원제도의 문제로 이해했기 때문이다. 즉 우리 헌법학계가 독일의 이론을 토대로 형성되고 있었고, 독일 기본법 제33조 제2항의 내용에 따라 공무담임권을 '피선거권'과 '공직취임권'을 그 내용으로 하는 것으로 설명하려고 했기 때문이다.

(2) 공무담임권의 보호범위

공무담임권의 보호범위에 공직취임권 이외에 공직유지권과 공직수행권을 포함시킬 것인가에 대하여 헌법재판소의 구성에 따라 다르게 나타나고 있다. 제1기 헌법재판소의 경우 헌법 제7조 제2항의 직업공무원제도에 근거하여 문제해결을 시도하였다. 제2기 헌법재판소의 경우 위헌심사의 기준을 헌법 제7조 제2항의 직업공무원제도와 헌법 제25조의 공무담임권의 시각에서 찾고 있다. 이에 비하여 제3기 헌법재판소는 유일한 예외적 사건을 제외하고 모든 사건을 헌법 제25조 공무담임권의 문제로 평가하고 그에 근거하여 문제해결을 시도하였다. 그리고 위헌심사기준도 제1기와 제2기의 경우 주로 입법권자의 입법재량권의 남용여부에 대한 평가로 일관하였으나, 제3기 이후로는 기본권제한의 한계조항에 따른 심사로 변하고 있다.

제3기 헌법재판소는 2000년 후반기에 구성되었다. 제3기 헌법재판소의 경우 2가지 관점에서 그 경향을 살펴볼 필요가 있다. 하나는 공직유지권을 중심으로 하는 공무원의 신분보장의 문제가 헌법 제7조 직업공무원제도보장의 보호영역에 해당하는가 아니면 제25조의 공무담임권의 보호영역에 해당하는가의 문제이다. 다른 하나는 공무담임권의 보호영역에 공직유지권과 공직수행권이 포함되는가의 문제이다. 먼저 헌법적 근거에 관하여 제3기 헌법재판소는 중대한 변화를 보이고 있다. 출범 이후 처음 맡게 된 2000년의 교육공무원 정년단축사건에서 헌법재판소는 공무원의 신분유지권이 헌법 제7조 제2항의 직업공무원제도의 보호영역이 아니라 헌법 제25조의 공무담임권 보호영역에 해당한다는 논리를 구성하기 시작함으로써 매우 중요한 변화를 보이고 있다.

다음으로 제3기 헌법재판소는 공무원의 신분보장과 관련된 공직유지권을 공무담임권의 보호영역에 포함되는 것으로 보기 시작하면서 공무담임권의 보호영역에 대한 논의에 봉착하게 된다. 전통적으로 공무담임권의 보호영역을 공직취임권에 국한하여 보려는 경향이 강했기 때문에 그것을 탈피하는 것이 필요했고, 공직유지권이 그 보호영역에 포함된다고 결정한 이후(헌재결 2002. 8. 29, 2001헌마788 병합, 14-2, 219(224)), 공직수행권도 포함되는지가 문제로 제기되었기 때문이다. 결국 헌법재판소는 2005년의 권한대행사건에서 공무담임권의 보호영역에는 공직취임권과 공직유지권은 물론이고 공직수행권이 포함된다는 결정을 하게 되었다(헌재결 2005. 5. 26, 2002헌마699등 병합, 17-1, 734).

(3) 헌법재판소의 위헌심사기준

아무튼 제3기 헌법재판소는 최초의 결정에서 공무원의 신분보장의 문제를 공무담임권의 침해여부의 문제로 판단하면서도 공무담임권이 무엇인가에 대하여 구체적으로 논술하고

있지 않다. 그 결과 정년단축조항이 가지는 교육공무원의 신분보장과 관련된 문제에 대해서도 과거 직업공무원제도의 내용으로 평가할 때와 같이 입법권자의 입법형성권의 문제로 평가할 뿐이었다. 그러면서도 헌법재판소는 기본권제한의 방법상의 한계에 해당하는 과잉금지의 원칙과 관련하여 신뢰보호의 원칙이 지켜져야 함을 전제하였고, 신뢰이익의 보호가치·침해의 정도·보호를 위한 경과조치의 존재 등을 정년단축을 통해 실현코자 하는 공익목적의 중요성과 종합적으로 고려할 때, 정년단축조항은 헌법상의 신뢰보호원칙에 위배되는 것이라고 할 수 없다고 하였다(헌재결 2000. 12. 14, 99헌마112병합, 12-2, 399(414)). 따라서 제3기 헌법재판소는 최초의 결정에서는 완전하게 공무담임권의 시각에서 심사하지 못했다.

그런데 제3기 헌법재판소는 둘째 사건에서부터 입법권자에게 넓은 입법형성권이 인정된다는 점을 고려하면서도, 당연퇴직조항이 헌법 제37조 제2항에 비추어 기본권제한의 입법적 한계를 넘은 것은 아닌가를 평가하고 있다(헌재결 2002. 8. 29, 2001헌마788 병합, 14-2, 219(224)). 그리하여 헌법재판소는 당연퇴직조항에 대하여 기본권제한의 요건과 한계의 입장에서 입법목적의 정당성은 인정되나 방법상의 요건과 한계를 평가하는 과잉금지원칙의 입장에서 문제가 있음을 지적하고 있다. 즉 입법권자는 당연퇴직조항을 통하여 달성하고자 하는 입법목적에 비추어 범죄의 유형, 내용 등 그 범위를 가급적 한정하여 규정함으로써 입법목적을 달성할 수 있음에도 불구하고 모든 범죄를 포괄하여 규정함으로써 최소침해성을 위반한 것으로 판단하였고, 또한 변화된 사회구조에 비추어 공직취임 이전의 임용결격사유와 이후의 당연퇴직사유를 동일하게 규율함으로써 공직취임 이후의 퇴직자의 사익에 비하여 지나치게 공익을 우선한 입법으로서 법익의 균형성에 문제가 있다고 판단하였다(헌재결 2002. 8. 29, 2001헌마788 병합, 14-2, 219(225)). 전형적인 기본권침해사례를 검토하는 심사방식을 동원함은 물론이고 과잉금지원칙에 대해서도 엄격한 비례성심사를 한 것으로 평가된다.

(4) 소결론

공무담임권은 '주관적 공권'의 측면에서 공직취임권·공직수행권·공직유지권이 그 내용으로 설명되고, '객관적 가치질서'의 측면에서 직업공무원제도보장으로 나타나며, 그 직업공무원제도의 내용으로는 공무원의 임명·보직·승진에 있어서의 능력주의, 공무원의 정치적 중립성보장, 공무원의 신분보장과 원칙적 종신주의 보장, 공무원의 민주적 직무지시계통과 책임의 엄격성보장, 공무원에 대한 국가의 부양의무 등이 요구된다. 따라서 공무담임권의 주관적 공권의 내용과 직업공무원제도의 내용을 위와 같은 것으로 보고 양면성이론에 따라 평가하는 경우, 직업공무원제도의 내용들은 주관적 공권으로서의 공직취임권·공직수행권·공직유지권을 구체화하여 보장하기 위한 수단적 의미를 가지는 것으로 볼 수 있고, 만약 공무담임권의 주관적 공권의 실현에 위배되는 직업공무원제도보장의 내용들이 있을 경우 위헌성을 면할 수 없게 된다고 본다.

헌재의 결정 추이로 보아 공무원연금 재정의 안정성을 도모하기 위한 조치로 퇴직자들에게 지급할 퇴직연금의 액수를 종전 최종보수월액의 70%에서 일률적으로 최종보수월액의 50%만 지급하는 것은 헌법 제25조 공무담임권의 제한의 문제이고, 공무담임권의 보호영역에는 공직취임권과 공직유지권이 포함되며, 과잉금지원칙에 비추어 볼 때 퇴직연금 삭감조항은 공직유지권을 중심으로 하는 퇴직공무원의 신분보장과 관련하여 입법목적을 달성함에 있어서 반드시 필요한 수단으로 볼 수 없고, 최소침해의 원칙과 법익균형의 원칙을 위반하여 공무담임권을 침해한 것으로 판단된다.

4. 평등권 침해여부

(1) 차별대우의 유형

평등권침해의 분쟁은 다른 사람에 비해서 자기만이 불리한 부담을 지고 있거나(A: 부담적 차별대우) 다른 사람에게 주어지는 이익을 자기만이 누릴 수 없을 때(B: 배제적 차별대우) 제기되는 것이 보통이다. 그런데 A의 경우에는 그 부담이 평등권을 침해하는 것으로 확인되면 그 부담을 규정하는 법규범을 무효화시킴으로써 쉽게 해소될 수 있다. 그러나 B의 경우에는 사정이 다르다. 왜냐하면 이 경우에는 그 근거가 되는 법규범을 무효화시킨다고 해서 자동적으로 수익자의 범위가 확대되는 것은 아니기 때문이다. 본 사례는 배제적 차별대우의 경우에 해당된다. 이 사건 법률조항은 비례의 원칙에 위배될 뿐만 아니라, 공무원을 국민연금법상의 사업장가입자 및 근로기준법상의 근로자에 비해 불평등하게 대우하는 불합리한 점이 있다.

(2) 차별대우의 정당성문제

1) 입법목적의 정당성과 방법의 적정성

공무원연금제도는 공무원을 대상으로 퇴직 또는 사망과 공무로 인한 부상·질병·폐질에 대하여 적절한 급여를 실시함으로써, 공무원 및 그 유족의 생활안정과 복리향상에 기여하는 데에 그 목적이 있는 것으로서(법 제1조), 위의 사유와 같은 사회적 위험이 발생한 때에 국가의 책임아래 보험기술을 통하여 공무원의 구제를 도모하는 사회보험제도의 일종이다. 또한 공무원연금제도는 연금제도 본래의 기능인 퇴직연금 외에도 기업의 퇴직금에 해당하는 일시금 및 퇴직수당, 민간의 산재보험에 해당하는 공무상 재해보상급여 기타 일반재해에 대한 각종 부조급여를 실시하는 등의 폭넓은 보장기능이 있으며, 아울러 전·현직 공무원을 위한 다양한 후생복지 프로그램도 마련하고 있다. 즉, 공무원연금제도는 공무원이라는 특수직역을 대상으로 한 노후소득보장, 근로보상, 재해보상, 부조 및 후생복지 등을 포괄적으로 실시하는 종합적인 사회보장제도이다. 그러므로 개정된 국민연금법상의 퇴직연금 삭감조항의 입법목적은 국민연금 재정 건전성 확보라는 면에서 일견 정당하다고 볼 수도 있다. 그러나 이는 국민연금법상의 사업장가입자 및 근로기준법상의 근로자에 비해 불평등하게 대우하는 것으로서, 공무원연금의 재정건전성을 위한 아무런 노력 없이 퇴직연금을 소급적으로 삭감하는 것은 적절한 수단이라고 볼 수 없다.

2) 법익의 균형성과 피해의 최소성

공무원연금제도가 국민연금이나 법정퇴직금과 비교하여 기본적인 차이가 있는 점, 공무원은 일정한 법령준수 및 충실의무 등을 지고 있는 점을 인정하더라도, 퇴직급여에 있어서는 국민연금법상의 사업장가입자에 비하여, 퇴직수당에 있어서는 근로기준법상의 근로자에 비하여 각각 차별대우를 하고 있다. 또한 이러한 차별은 공무원의 국민 전체에 대한 봉사자로서의 성실근무의 유도라는 입법목적 및 공무원연금제도의 공무원의 성실한 복무에 대한 보상이라는 부수적 성격을 감안한다고 하더라도 일반국민이나 근로자에 대한 지나친 차별을 했다고 판단되고, 사회보장적 차원에서도 퇴직 이후 공무원의 연금생활에 대한 불안정을 초래할 뿐 만 아니라, 대국민 서비스를 맡는 일선 공무원들에 대한 인사운용시스템에도 전반적인 혼란을 초래할 가능성도 제기되므로 피해의 최소성의 측면에서도 문제가 있다.

(3) 소결론

공무원연금의 재정상황이 날로 악화되어 2030년부터는 공무원연금의 재정이 고갈될 것이라고 하는 KDI의 보고서를 근거로 공무원연금 재정의 안정성을 도모하기 위한 조치로 퇴직자들에게 지급할 퇴직연금의 액수를 종전 최종보수월액의 70%에서 일률적으로 최종보수월액의 50%만 지급하는 것은 퇴직급여에 있어서는 국민연금법상의 사업장가입자에 비하여, 퇴직수당에 있어서는 근로기준법상의 근로자에 비하여 각각 차별대우를 하고 있다. 이러한 차별은 공무원의 국민 전체에 대한 봉사자로서의 성실근무의 유도라는 입법목적 및 공무원연금제도의 공무원의 성실한 복무에 대한 보상이라는 부수적 성격을 감안한다고 하더라도 일반국민이나 근로자에 대한 지나친 차별을 했다고 판단되고, 그 차별에는 합리적인 근거를 인정하기 어려워 결국 자의적인 차별에 해당한다.

Ⅳ. 마치면서

이 사건 법률조항은 행복추구권과 재산권 제한의 한계를 일부 일탈하여 방법의 적정성, 피해의 최소성 및 법익의 균형성에 어긋나고 신뢰보호의 원칙과 소급입법금지의 원칙에 위배되며, 공무담임권과 평등권에 위배되는 부분을 포함하고 있으므로 헌법에 위반된다. 그러므로 이 사건 법률조항에 대해서는 단순위헌결정을 하여 바로 그 효력을 상실시키는 것이 원칙이나, 이미 공무원연금과 관련된 연간 국가예산 및 기금운용계획이 확정된 상태에서 이 사건 법률조항에 대한 단순위헌선언으로 그 효력을 즉시 상실시킬 경우에는 여러 가지 혼란과 부작용이 발생할 우려가 있다. 따라서 이 사건 법률조항에 대하여 헌법불합치를 선고함으로써 입법자는 합헌적인 방향으로 법률을 개선하여야 하고 그 때까지 일정기간 동안은 위헌적인 법 규정을 존속케 하고 또한 잠정적으로 적용하게 할 필요가 있다.

2012년 제1회 변호사시험

공 법 제1문

제 1 문

고용노동부 일반직 7급 공무원인 甲은, 평소 비정규직 정책을 고수하는 A정당에 대하여 비판적인 입장을 가지고 있었다. 甲은 2011. 9. 22. 23:00경 자신의 집에서 Y인터넷포털 사이트에 있는, 자신의 블로그에 "수백만 비정규직 방치, 이대로 좋은가"라는 제목으로 "비정규직 노동자의 생존권을 외면하는 A정당을 반대한다. 비정규직 전면 철폐를 추진하는 B정당만이 비정규직 노동자의 생존권을 보장하는, 국민을 위한 참된 정당으로서 강추!!! 비정규직 철폐를 결사반대하는, A정당 소속 국회의원 乙은, 있는 자만을 대변하고 부동산투기로 축재한 부패한 정치인이다. 그런 乙이 다음 총선에 또 나오기 위해 후보자로 등록한 것은 민주주의의 수치다."라는 글을 게시하였다.

甲의 위 글이 네티즌의 폭발적인 관심과 지지를 받았고, 고용노동부장관은 甲이 특정 정당을 지지, 반대하는 행위를 함으로써 공무원에게 금지된 정치적 행위를 하였다는 이유로 甲에게 감봉 2개월의 징계처분을 하였다. 이에 甲은 징계처분에 대하여 법령에 따른 소청심사를 거쳐 취소를 구하는 행정소송을 제기하였다. 甲은 위 소송 계속 중, 국가공무원법 제78조 제1항 제1호, 제65조 제4항 및 동법 시행령 제27조 제1항 제2호, 제2항 제3호가 헌법상 표현의 자유를 침해한다고 주장하면서, 위헌법률심판제청을 신청하였으나, 2011. 11. 4. 기각당하였다. 이에 甲은 같은 달 22. 위 기각결정문을 송달받고 2011. 12. 16. 위 법령조항들에 대하여 헌법소원심판을 제기하였다.

1. 甲의 위 법령조항들에 대한 헌법소원심판청구는 적법한가?(30점)
2. 국가공무원법 제65조 제4항 및 동법 시행령 제27조 제1항 제2호, 제2항 제3호는 과잉금지의 원칙에 위배되어 甲의 헌법상 정치적 표현의 자유를 침해하는가?(45점)
3. C선거관리위원회는 甲의 위 게시글이 공직선거법 제82조의4 제2항에 위반되는 정보라는 이유로 동법 제82조의4 제3항, 제4항에 따라 Y인터넷포털 사이트 운영자에게 삭제를 요청하여 글은 삭제되었다. 甲은 동법 제82조의4 제3항, 제4항이 검열금지원칙에 위배된다고 주장한다. 甲의 주장의 정당성을 판단하시오.(25점)

【참조조문】

「국가공무원법 시행령」

제27조(정치적 행위)

① 법 제65조의 정치적 행위는 다음 각 호의 어느 하나에 해당하는 정치적 목적을 가진 것을 말한다.

1. 정당의 조직, 조직의 확장, 그 밖에 그 목적 달성을 위한 것
2. 특정 정당 또는 정치단체를 지지하거나 반대하는 것
3. 법률에 따른 공직선거에서 특정 후보자를 당선하게 하거나 낙선하게 하기 위한 것

② 제1항에 규정된 정치적 행위의 한계는 제1항에 따른 정치적 목적을 가지고 다음 각 호의 어느 하나에 해당하는 행위를 하는 것을 말한다.

1. 시위운동을 기획·조직·지휘하거나 이에 참가하거나 원조하는 행위
2. 정당이나 그 밖의 정치단체의 기관지인 신문과 간행물을 발행·편집·배부하거나 이와 같은 행위를 원조하거나 방해하는 행위
3. 특정 정당 또는 정치단체를 지지 또는 반대하거나 공직선거에서 특정 후보자를 지지 또는 반대하는 의견을 집회나 그 밖에 여럿이 모인 장소에서 발표하거나 문서·도서·신문 또는 그 밖의 간행물에 싣거나 인터넷포털 사이트의 게시판, 대화방, 블로그 등에 게시하는 행위

※ 위 국가공무원법 시행령 일부 조항은 가상의 것이며 현재 시행 중임을 전제로 할 것

C/O/N/T/E/N/T/S

제1문 장 영 수

〔고려대학교 법학전문대학원 교수〕

Ⅰ. 서: 변호사시험의 성격과 사례형 문제의 역할

지난 1월 3일부터 7일 사이에 제1회 변호사시험이 치러졌다. 그동안 몇 차례의 모의시험을 통해서 변호사시험의 윤곽은 짐작할 수 있었지만, 이번 변호사시험은 법학전문대학원의 첫 졸업생들이 법조인으로 탄생하게 되는 관문이었기에 관심이 집중되었다.

각 과목마다 적지 않은 출제방식 및 난이도의 차이를 보였지만, 헌법 사례형 문제의 경우는 비교적 무난한 문제가 출제된 것으로 평가될 수 있다. 그동안 변호사시험의 패턴에 대해 논란이 많이 있었지만, 사법시험 1차와 유사한 선택형 문제, 사법시험 2차와 유사한 사례형 문제, 그리고 사법연수원시험과 유사한 기록형 문제들을 동시에 치르도록 함으로써 사례형 문제는 과거의 사법시험과 크게 다르지 않은 구조 내지 난이도를 가질 것으로 예상되었으며, 이러한 예상에서 벗어나지 않은 문제라고 할 수 있는 것이다.

사례형 문제는 헌법의 기본지식에 대한 숙지뿐만 아니라 이를 적절한 사안에 활용하는 능력까지 검토할 수 있다는 점에서 매우 중요시되며, 배점 또한 선택형이나 기록형보다 높다. 그러나 선택형과 사례형, 기록형에 출제되는 문제들은 각기 강조점의 차이는 있을지라도 중복되는 측면도 적지 않다. 따라서 사례형 문제만 따로 준비하는 것보다는 헌법 전체에 대한 충실한 이해와 활용을 전제로 통합적으로 준비하는 것이 더 효율적인 공부방법이 될 수 있을 것이다.

Ⅱ. 사안의 소재와 기본적 쟁점

1. 사안의 분석과 쟁점의 정리

제1회 변호사시험 공법 제1문은 「직업공무원의 정치활동」을 소재로 한 전형적인 사례의 하나라고 할 수 있다. 이 사안의 해결을 위해 전제되어야 할 쟁점들은 크게 세 가지로 정리될 수 있다.

첫째, 직업공무원의 특수한 신분 내지 그와 관련된 권리·의무에 관한 쟁점이 먼저 정리되어야 할 것이다.

둘째, 정치적 표현의 자유, 특히 공무원의 정치적 표현의 자유가 어디까지 인정되어야 하는지도 중요한 쟁점이 된다.

셋째, 사안에서는 위헌법률심판제청신청이 기각됨에 따라 위헌소원을 제기한 것으로 설정되어 있으므로 위헌소원의 제청 및 그에 대한 판단기준이 문제된다.

2. (직업)공무원의 헌법상 지위와 정치적 중립의무

사안에서 공무원의 헌법상 지위, 특히 헌법 제7조 제1항 및 제2항의 해석과 관련한 직업공무원의 신분보장 및 정치적 중립은 매우 중요한 의미를 갖는다.

직업공무원은 일반국민과는 달리 공직을 담당하는 자이며, 이는 공직수행과 관련하여 객관성과 공정성, 계속성, 안정성 등의 특별한 과제를 지는 것이다. 이러한 과제 수행을 뒷받침하기 위하여 직업공무원에 대해서 한편으로는 신분보장이 인정되고 있으며, 다른 한편으로는 정치적 중립성이 요청되고 있는 것이다.

물론 모든 공무원에 대해 동일한 신분보장, 같은 정도의 정치적 중립성이 요청되는 것은 아니며, 대통령이나 장관, 국회의원 등 정무직 공무원에 대해서는 정치적 중립성이 요구되기 어려울 뿐만 아니라 신분보장 또한 상이하다. 그러나 사안의 경우처럼 직업공무원이 문제될 경우에는 신분보장 및 정치적 중립성이 매우 강력하게 요청된다.

3. 공무원에 대한 정치적 표현의 자유의 인정 범위

헌법 제21조에 의해 모든 국민의 기본권으로 인정되는 언론의 자유는 공무원에게도 인정된다. 고전적 특별권력관계가 부인되고 있는 오늘날에는 공무원 또한 국민의 한 사람으로서 기본권의 주체로 인정되기 때문이다.

그러나 공무원에 대해서는 이른바 특수신분관계의 이론에 따르더라도 공직수행의 특성에 따른 특별한 기본권의 제한이 인정되고 있으며, 이에 기초하여 공무원의 정치적 활동에 대해서는 일반국민과는 달리 가중된 제한이 정당화되고 있다. 공무원의 정당가입이나 선거운동 등이 금지되고 있는 것도 이러한 맥락에서 이해될 수 있다.

하지만 사안에서 문제되는 공무원의 정치적 표현의 자유에 대해서는 논란이 적지 않다. 정당가입이나 선거운동과는 달리 정치적 활동의 정도가 약하다고 평가될 수 있을 뿐만 아니라, 공적인 자리에서의 정치적 의사표현과 사적 자리에서의 정치적 의사표현은 달리 평가될 필요가 있기 때문이다.

사안의 경우 甲은 자신의 블로그에 乙의 국회의원 선거출마를 비판하는 글을 실었으며, 이는 명백한 정치적 의사표현이라고 할 수 있다. 그러나 이러한 행위가 금지되는 것인지의 여부는 블로그에 글을 올리는 것이 공적인 의사표현인지 아니면 사적인 의사표현인지에 대한 평가에 따라 달라질 수 있는 것이다.

4. 위헌소원의 제청과 그에 대한 판단의 기준

사안에서 甲은 징계처분을 받고 행정소송을 제기하여 진행 중인 상태에서 국가공무원법 제78조 제1항 제1호 등에 대하여 위헌법률심판제청을 신청하였으나 기각되었고, 이에 헌법재판소에 위 법률조항들에 대한 헌법소원심판을 제청하였다.

이를 통해 甲은 헌법재판소법 제68조 제1항의 헌법소원이 아니라 제68조 제2항의 헌법소원을 제기하였다는 점이 확인된다. 따라서 본 사안에서는 위헌소원의 성격 및 판단의 기준 내지 방법에 대한 것도 중요한 쟁점이 된다.

즉, 형식은 헌법소원심판이지만 그 실질은 위헌법률심판이라고 인정되고 있는 위헌소원심판은 적법요건에 있어서도 헌법 제68조 제1항에 의한 권리구제형 헌법소원과 크게 다르며, 위헌법률심판에 가깝다고 할 수 있다. 또한 합헌성 여부에 대한 판단에 있어서도 위헌법률심판과 거의 유사하며, 이는 법령소원의 경우와도 크게 다르지 않다는 점에 유의할 필요가 있다.

Ⅲ. 설문 1: 헌법소원심판의 적법성에 대한 판단 (30점)

1. 위헌소원의 구조 및 성격

헌법 제68조 제2항에 따른 이른바 위헌소원은 형식은 헌법소원심판이지만 그 실질은 위헌법률심판이라고 인정된다.

과거 제4공화국과 제5공화국 당시 법원의 위헌법률심판제청이 단 한 건도 없었던 경험이 있다. 그로 인하여 위헌법률심판제청권을 갖고 있는 법원이 소극적인 태도를 보일 경우에는 위헌법률심판제도가 유명무실해질 수 있다는 우려가 생겼고, 이에 따라 당사자가 직접 헌법재판소에 제소할 수 있는 길을 열어 놓은 것이 위헌소원인 것이다.

그렇기 때문에 위헌소원의 구조와 성격은 헌법재판소법 제68조 제1항에 따른 권리구제형 헌법소원과는 큰 차이를 보이며, 이는 적법요건에서도 나타난다. 위헌소원의 전제는 당사자가 위헌법률심판의 제청을 법원에 신청하였음에도 불구하고 법원에서 이를 기각하여 위헌법률심판제청을 하지 않은 경우이다.

따라서 위헌소원이 정당한 요건을 갖춘 것으로 인정되기 위해서는 위헌법률심판의 핵심적 적법요건인 재판의 전제성이 갖추어져야 하며, 그럼에도 불구하고 법원에서 위헌법률심판의 제청을 기각하였어야 한다. 그밖에 제소기간 등에서도 위헌소원은 권리구제형 헌법소원과는 다른 요건을 갖추어야 한다.

2. 재판의 전제성

위헌소원에서 요구되는 재판의 전제성 요건은 위헌법률심판의 경우와 다르지 않다. 즉, 재판의 전제성이 인정되기 위해서는 우선 심판대상 법률조항이 당해 소송사건에 적용될 법률이어야 하며, 그 법률조항의 위헌 여부에 따라 재판의 주문이 달라지거나 재판의 내용과 효력이 갖는 법률적 의미가 달라져야 한다.

사안의 경우 甲은 징계처분에 대한 행정소송이 계속 중인 상태에서 국가공무원법 제78조 제1항 제1호 등에 대한 위헌법률심판을 제청하였다. 그런데 심판대상조항 중의 국가공무원법 제78조 제1항 제1호는 징계사유에 관한 것으로서 재판의 결과에 직접 영향을 미칠 수 있는 것이며, 제65조 제4항은 정치행위의 금지에 관한 구체적 사항을 대통령령 등에 위

임하는 규정으로서 동법 시행령 제27조 제1항 제2호, 제2항 제3호와 결부되어 재판의 결과에 영향을 미칠 수 있는 것으로 볼 수 있다.

문제는 위헌소원(위헌법률심판)의 대상에 시행령이 포함될 수 있는가 인데, 헌법재판소의 판례에 따르면 권리구제형 헌법소원의 경우와는 달리 위헌소원(또는 위헌법률심판)의 대상이 되는 것은 법률이기 때문에 원칙적으로 시행령은 독자적인 심판대상이 되지 않는다. 다만, 심판대상인 법률조항의 합헌여부를 판단하는데 있어 참고가 된다는 점에서 함께 검토될 수 있다.

3. 위헌법률심판제청의 신청과 법원의 기각결정

사안의 경우 甲은 행정소송이 계속 중인 상태에서 위헌법률심판의 제청을 당해 법원에 신청하였으나 기각당한 것으로 설정되어 있다. 이로써 헌법재판소법 제68조 제2항의 위헌소원을 제청할 수 있는 요건이 또 한 가지 갖추어진 것으로 볼 수 있다.

4. 기타의 형식적 요건

그밖에 위헌소원에 요구되는 형식적 적법요건으로서 헌법재판소법 제69조 제2항에 따른 청구기간의 제한과 제25조 제3항에 따른 변호사 강제주의를 들 수 있다.

사안의 경우 甲은 기각결정을 통지받은 후 30일 이내에 위헌소원을 제청하였으므로 청구기간을 준수하였으며, 변호사의 선임에 관한 사항은 사안에 드러나지 않고 있으나 일단 갖추어진 것으로 전제할 때, 甲의 위헌소원 제청은 적법요건을 모두 갖춘 것으로 판단된다.

Ⅳ. 설문 2: 기본권제한의 과잉금지원칙 위배여부에 대한 판단 (45점)

1. 법률에 의한 기본권제한의 정당성 판단과 과잉금지원칙

비례성 원칙으로 일컬어지기도 하는 과잉금지 원칙은 헌법상 국가권력 행사의 정당성 여부를 판단하는 중요한 기준으로 활용되고 있으며, 특히 기본권의 제한의 정당성 판단과 관련하여 가장 핵심적인 기준으로 인정되고 있다.

과잉금지원칙은 국가작용의 목적이 정당하다 하더라도, 이를 위해 투입하는 수단이 적절하지 않으면 그 정당성을 인정할 수 없도록 하는 것이며, 우리 헌법재판소는 이를 독일의 헌법이론과 판례의 영향 하에 방법의 적합성, 피해의 최소성, 법익의 균형성으로 정리하고 있다.

사안에서는 국가공무원법 제78조 제1항 제1호 등이 헌법상 보장되는 표현의 자유를 침해하고 있음을 다투고 있는 바, 동 조항들의 입법목적은 공직수행의 객관성과 공정성을 확보하려는 것으로서 정당하다고 인정될 수 있을 것이지만, 동 조항들에 의한 기본권의 제한이 정당한 것으로 인정되기 위해서는 과잉금지원칙에 따른 정밀한 분석과 검토가 필요할 것이다.

2. 방법의 적합성

방법의 적합성은 목적 달성에 적합한(즉, 도움이 되는) 방법인지의 여부를 확인하는 것이다. 아무리 입법목적이 정당하다 하더라도 이를 위해 투입되는 국가작용이 목적 달성에 전혀 도움이 되지 않는다면 정당한 수단이라고 볼 수 없는 것이다.

사안의 경우 공직수행의 객관성과 공정성을 확보하기 위하여 공무원의 정치적 활동의 제한이라는 수단을 투입한 것이 문제된다. 즉, 정치적 활동의 제한이 공직수행의 객관성과 공정성의 확보에 도움이 되는지의 여부가 판단의 대상인 것이다.

이와 관련하여 공무원의 정치활동을 제한한다 하더라도 공무원의 내심을 바꿀 수 있는 것은 아니기 때문에 이러한 제한이 무의미하다는 주장도 가능하다. 이렇게 볼 경우 과잉금지 원칙과 관련한 방법의 적합성을 갖추지 못한 것으로 판단할 수 있다.

그러나 공무원의 정치활동을 제한하는 것이 공직수행의 객관성과 공정성을 확보하는데 도움이 되는 것으로 보는 견해가 다수이다. 공무원들의 정치활동을 금지하는 것은 한편으로는 공무원들에 대한 교육적 내지 경고적 의미를 가질 수 있고, 다른 한편으로는 공무원들의 정치활동이 다른 국민들에게 미치는 영향력을 억제할 수 있기 때문이다.

이렇게 볼 때, 본 사안의 경우는 방법의 적절성 요건을 갖춘 것으로 판단된다.

3. 피해의 최소성

피해의 최소성은 투입되는 수단보다 덜 제한적인(즉, 기본권 제한 등의 피해가 적은) 다른 수단이 있을 경우에는 이를 선택해야 한다는 것이다. 입법목적의 달성을 위해 활용될 수 있는 수단이 다양할 경우에는 아무 수단이나 선택해도 상관없는 것이 아니라 그 중에서 가장 피해가 적은 수단을 선택해야만 하는 것이다.

사안의 경우 공직수행의 객관성과 공정성을 확보하기 위하여 공무원의 정치적 활동의 제한이라는 수단을 투입하였다. 만일 공무원의 정치적 활동을 제한하지 않고 동일한 효과를 거둘 수 있는 또 다른 방법이 있을 경우에는, 그리고 그 방법에 따르는 제한적 효과가 공무원의 정치활동의 제한보다 적을 경우에는 피해의 최소성 요건을 갖추지 못한 것으로 판단할 수 있다.

이와 관련하여 공무원의 정치적 활동을 직접 제한하지 않고 공무원들의 중립성 내지 객관성과 공정성을 담보할 수 있는 효과적인 방법은 -적어도 아직까지는- 없는 것으로 보인다. 국가공무원법 시행령 제27조에 따른 조항들이 지나치게 규제적인 조항들이고, 덜 규제적인 조항들을 두지 않은 것이 피해의 최소성에 위배되는 것으로 주장할 여지도 있지만, 사적 공간이 아닌 공적 공간에서 적극적으로 특정 정당이나 정치단체, 후보자에 대한 찬반을 표하는 것만을 규제의 대상으로 삼고 있다는 점에서 (입법목적과 관련하여) 지나치게 규제적인 조항들이라고 보기는 어려울 것이다.

따라서 본 사안의 경우 피해의 최소성 요건도 충족한 것으로 판단된다.

4. 법익의 균형성

법익의 균형성은 목적의 달성을 통해 얻는 이익과 수단의 투입을 통해 잃는 손해(또는 기회비용)을 비교형량하는 것이다. 이 과정을 통해 얻는 것이 잃는 것보다 클 경우에는 수단 투입의 정당성이 인정되지만, 그렇지 않은 경우에는 제한의 정당성이 부인되는 것이다.

사안의 경우 공직수행의 객관성과 공정성을 확보함으로써 얻는 것에 대한 평가와 공무원들의 기본권을 제한함으로써 잃는 것이 비교형량의 대상이 된다. 즉, 객관적이고 공정한 공직수행을 통하여 국가작용의 투명성 내지 효율성, 공정성이 개선됨으로써 얻는 이익과 공무원의 기본권이 제한된다는 불이익을 신중하게 비교검토하여야 하는 것이다.

물론 이러한 비교형량의 결과는 어느 쪽에 더 큰 가치를 두느냐에 따라 상당히 달라질 수 있는 것이기 때문에 주관이 개입될 소지도 있다. 그러나 오랜 세월 축적된 법적 가치판단의 틀 안에서 양자의 비중을 신중히 비교할 수밖에 없을 것이다. 이와 관련하여 사견으로는 -입법자의 판단에 의해- 공무원의 정당가입을 허용하는 것까지는 고려해볼 수 있지만, 적극적인 선거운동까지 허용하는 것은 적절치 않다는 점에서 공무원의 정치적 기본권의 보장 범위를 합리적으로 제한하는 것이 필요할 것으로 보인다.

그런 맥락에서 본 사안의 경우 법익의 균형성 요건도 갖춘 것으로 판단된다.

Ⅴ. 설문 3: 검열금지원칙 위배여부에 대한 판단 (25점)

1. 헌법 제21조 제2항과 사전검열 금지의 원칙

현행헌법 제21조 제2항은 언론・출판에 대한 허가와 검열을 명시적으로 금지하고 있다. 이는 언론자유의 실질적이고 효과적인 보장을 위해 사전적 제한을 금지하는 것이며, 그 배경에는 사상의 자유시장론이 있다고 할 수 있다. 즉, 다양한 생각이나 주장들이 제한 없이 사상의 자유시장에 뛰어들어 각기 경쟁하는 가운데 정말로 진리에 가까운 것이 살아남을 수 있도록 하여야 한다는 것이다.

물론 언론의 자유라 하여 오남용이 없는 것은 아니며, 절대적 기본권으로 제한 없이 보장되는 것도 아니다. 다만, 사전적 제한을 허용할 경우에는 기본권 제한의 주체인 국가권력에 의해 기존의 체제에 대해 비판적인 새로운 생각이나 주장이 등장할 수 있는 기회조차 막혀버릴 수 있다는 점 때문에 사후적 제한만을 허용하는 것이다.

다양한 형태의 전파매체들이 등장하고, 뉴미디어의 영향력이 확대됨에 따라 사전적 제한을 일부 도입하려는 시도도 있었지만, 적어도 국가에 의한 사전적 제한은 금지되어야 한다는 것이 헌법 제21조 제2항의 취지이며, 헌법재판소도 그렇게 해석하고 있다.

2. 검열로 인정되기 위한 요건

헌법재판소의 판례에 따르면 헌법 제21조 제2항에 의해 금지되는 사전적 검열인지의 여부를 판단하는 데 있어서는 다음의 세 가지가 중요한 기준이 된다.

첫째, 허가를 받기 위한 표현물의 제출의무가 있어야 한다. 즉, 대외적으로 표현하기 이전에 표현물을 제출하여 허가를 받도록 할 경우에 비로소 검열이 될 수 있으며, 이러한 제한이 없는 경우에는 검열이 될 수 없다.

둘째, 행정권이 주체가 되는 사전적 형태의 규제가 문제된다. 즉, 행정권의 허가 여부에 따라 의사표현의 발표 여부가 달려 있는 경우가 사전적 검열에 해당되는 것이다. 반면에 민간기구의 자율적 규제는 검열에 해당되지 않는다.

셋째, 허가를 받지 아니한 의사표현의 금지 및 심사절차를 관철할 수 있는 강제수단 등이 있어야 한다. 실질적인 강제가 없는 상태에서 검열에 의한 제한을 말하기는 어렵기 때문이다.

반면에 일단 의사표현이 된 이후에 명예훼손 등을 이유로 한 방송금지 또는 판매금지 가처분 등 사후적 제한은 검열금지와는 무관한 것이라 할 수 있다.

3. 사안에 대한 판단

사안에서 甲이 자신의 블로그에 게시한 글은 C선거관리위원회의 삭제요청에 의해 삭제되었다. 이러한 경우 甲의 글은 사전적으로 제한된 것이 아니라 사후적으로 제한된 것이라 할 수 있다.

甲의 글은 블로그에 올리기 이전에 행정기관에서 이를 미리 제출토록 한 이후에 내용을 문제삼아 게시하지 못하도록 했다면 사전적 제한으로서 검열에 해당하는 것을 볼 수 있을 것이다. 그러나 甲의 글은 일단 제한 없이 게시되었으나, 그 내용이 문제되어 사후적으로 삭제된 것이므로 -그 삭제의 정당성 여부는 별론으로 하고- 사전적 제한인 검열에 해당된다고 보기는 어려운 것이다.

甲이 문제삼고 있는 공직선거법 제82조의4 제3항과 제4항의 규정도 인터넷 홈페이지 등에 게시된 이후에 이를 삭제할 수 있도록 한 것이지, 게시 이전에 검열을 받도록 한 것은 아니므로 사전검열의 금지에 관한 헌법 제21조 제2항에 위배되는 것으로 볼 수 없으며, 甲의 주장은 정당하지 않다.

Ⅵ. 맺음: 기본적 사항에 대한 이해의 중요성과 균형 잡힌 답안작성의 필요성

이번 제1회 변호사시험 공법 사례형 문제 제1문은 첫인상보다는 쟁점이 비교적 단순한 문제라고 할 수 있다. 물론 공무원의 정치활동의 유형과 그에 따라 제한의 정도를 달리 해야 할 필요성 등의 문제로 깊이 들어갈 경우에는 생각보다 복잡해질 수도 있다. 그러나 설문 자체가 비교적 난이도를 낮추었기 때문에 수험생들이 큰 어려움 없이 쟁점을 추출할 수 있었을 것으로 보인다.

그러나 쟁점을 쉽게 추출했다고 정확한 답변을 할 수 있는 것은 아니다. 예컨대 과잉금

지원칙과 관련하여 세 가지 하위원칙들은 기억하고 있지만, 그에 대한 설명이 부실한 경우도 있을 수 있고, 검열금지에 관한 구체적 기준들이 가물가물하는 경우도 있을 것이다. 이러한 경우는 대부분 쟁점에 대한 이해가 부족한 것이다. 사실 헌법이 보기보다 방대하기 때문에 수많은 쟁점 내지 주제들에 대한 사항들을 모두 암기하는 것은 매우 어렵다. 그러나 기본적 사항들에 대해 올바르게 이해하고 있을 경우에는 결코 실수하지 않을 것이다.

이와 더불어 또 한 가지 강조할 점은 균형 잡힌 답안작성의 중요성이다. 아무리 잘 아는 내용이라 하더라도 주어진 배점 이상으로 과도한 비중을 두어서는 안 된다. 자칫 그로 인하여 다른 부분에 대한 답안이 부실해질 경우에는 오히려 전체적 인상이 더 나빠질 것이기 때문이다. 만일 답안이 미완성인 상태로 제출될 경우에는 -앞부분의 내용이 상당히 우수하다 할지라도- 과락까지도 우려될 수 있다는 점에서 답안의 균형성 내지 안정성은 결코 간과되지 말아야 할 것이다.

2012년 제1회 변호사시험
공 법 제2문

A주식회사는 2000. 3.경 안동시장으로부터 분뇨수집·운반업 허가를 받은 다음 그 무렵 안동시장과 사이에 분뇨수집·운반 대행계약을 맺은 후 통상 3년 단위로 계약을 연장해 왔는데 2009. 3. 18. 계약기간을 그 다음 날부터 2012. 3. 18.까지로 다시 연장하였다.

B주식회사는 안동시에서 분뇨수집·운반업을 영위하기 위하여 하수도법 및 같은 법 시행령 소정의 시설, 장비 등을 구비하고 2011. 11. 10. 안동시장에게 분뇨수집·운반업 허가를 신청하여 같은 해 12. 1. 허가처분(이하 '이 사건 처분'이라 한다)을 받았다.

안동시장은 이 사건 처분 후 안동시 전역을 2개 구역으로 나누어 A, B주식회사에 한 구역씩을 책임구역으로 배정하고 각각 2014. 12. 31.까지를 대행기간으로 하는 새로운 대행계약을 체결하였다.

A주식회사는 과거 안동시 전역에서 단독으로 분뇨 관련 영업을 하던 기득권이 전혀 인정되지 않은데다가 수익성이 낮은 구역을 배정받은 데 불만을 품고, B주식회사에 대한 이 사건 처분은 허가기준에 위배되는 위법한 처분이라고 주장하면서 안동시장을 상대로 2011. 12. 20. 관할 법원에 그 취소를 구하는 행정소송을 제기하였다.

1. 위 소송에서 A주식회사에게 원고적격이 인정되는가?(30점)
2. 만약, 이 사건 처분의 절차가 진행 중인 상태에서 A주식회사가 안동시장을 상대로 "안동시장은 B주식회사에게 분뇨수집·운반업을 허가하여서는 아니 된다."라는 판결을 구하는 행정소송을 관할 법원에 제기하였다면 이러한 소송이 현행 행정소송법상 허용될 수 있는가?(10점)
3. 안동시장은 이 사건 처분을 함에 있어 분뇨수집·운반업 허가에 필요한 조건을 붙일 수 있다는 하수도법 제45조 제5항에 따라 B주식회사에게 안동시립박물관 건립기금 5억 원의 납부를 조건으로 부가하였다.
   (1) 위 조건의 법적 성질은?(7점)
   (2) 위 조건은 위법한가?(15점)
   (3) B주식회사는 위 조건만의 취소 또는 무효확인을 구하는 행정소송을 제기할 수 있는가?(8점)

【참조조문】

「하수도법」

제1조(목적) 이 법은 하수도의 설치 및 관리의 기준 등을 정함으로써 하수와 분뇨를 적정하게 처리하여 지역사회의 건전한 발전과 공중위생의 향상에 기여하고 공공수역의 수질을 보전함을 목적으로 한다.

제2조(정의) 이 법에서 사용하는 용어의 정의는 다음과 같다.

2. "분뇨"라 함은 수거식 화장실에서 수거되는 액체성 또는 고체성의 오염물질(개인하수처리시설의 청소과정에서 발생하는 찌꺼기를 포함한다)을 말한다.

10. "분뇨처리시설"이라 함은 분뇨를 침전 · 분해 등의 방법으로 처리하는 시설을 말한다.

제3조(국가 및 지방자치단체의 책무)

① 국가는 하수도의 설치 · 관리 및 관련 기술개발 등에 관한 기본정책을 수립하고, 지방자치단체가 제2항의 규정에 따른 책무를 성실하게 수행할 수 있도록 필요한 기술적 · 재정적 지원을 할 책무를 진다.

② 지방자치단체의 장은 공공하수도의 설치 · 관리를 통하여 관할구역 안에서 발생하는 하수 및 분뇨를 적정하게 처리하여야 할 책무를 진다.

제41조(분뇨처리 의무)

① 특별자치도지사 · 시장 · 군수 · 구청장은 관할구역 안에서 발생하는 분뇨를 수집 · 운반 및 처리하여야 한다. 이 경우 특별자치도지사 · 시장 · 군수 · 구청장은 당해 지방자치단체의 조례가 정하는 바에 따라 제45조의 규정에 따른 분뇨수집 · 운반업자로 하여금 그 수집 · 운반을 대행하게 할 수 있다.

제45조(분뇨수집 · 운반업)

① 분뇨를 수집(개인하수처리시설의 내부청소를 포함한다) · 운반하는 영업(이하 "분뇨수집 · 운반업"이라 한다)을 하고자 하는 자는 대통령령이 정하는 기준에 따른 시설 · 장비 및 기술인력 등의 요건을 갖추어 특별자치도지사 · 시장 · 군수 · 구청장의 허가를 받아야 하며, 허가받은 사항 중 환경부령이 정하는 중요한 사항을 변경하고자 하는 때에는 특별자치도지사 · 시장 · 군수 · 구청장에게 변경신고를 하여야 한다.

⑤ 특별자치도지사 · 시장 · 군수 · 구청장은 관할구역 안에서 발생하는 분뇨를 효율적으로 수집 · 운반하기 위하여 필요한 때에는 제1항에 따른 허가를 함에 있어 관할 구역의 분뇨 발생량, 분뇨처리시설의 처리용량, 분뇨수집 · 운반업자의 지역적 분포 및 장비보유 현황, 분뇨를 발생시키는 발생원의 지역적 분포 및 수집 · 운반의 난이도 등을 고려하여 영업구역을 정하거나 필요한 조건을 붙일 수 있다.

부칙

이 법은 2000. 1. 1.부터 시행한다.

※ 위 하수도법의 일부 조항은 가상의 것이며 현재 시행 중임을 전제로 할 것

C/O/N/T/E/N/T/S

제2문 최 우 용 〔동아대학교 법학전문대학원 교수〕

Ⅰ. 문제의 소재

본 사안은 안동시가 시의 전역을 2개로 나누어 A와 B주식회사에 각각 한 구역씩을 책임구역으로 배정하는 새로운 대행계약을 체결하자, 과거에 안동시 전역에서 동종의 영업을 해 오던 A주식회사가 신 대행계약은 자신의 기득권이 전혀 인정되지 않았고, 배정받은 구역 또한수익성이 낮은 구역이라고 하여, 안동시가 B주식회사에 대해서 한 영업허가처분의 취소를 구한 사건(이하, '본건')이다.

(1) 〔설문1〕은 A주식회사가 안동시를 상대로 시의 B주식회사에 대한 처분취소소송을 제기할 경우, 취소소송의 적법요건으로서의 원고적격을 묻는 문제이다. A주식회사와 B주식회사는 동종업을 하는 경쟁적인 관계인바, 설문1은 소위 '경업자소송'에서의 처분 당사자 외의 제3자의 원고적격에 관하여 묻는 문제이다.

(2) 〔설문2〕는 처분절차가 진행 중이라는 가정 하에, A주식회사가 안동시장을 상대로 하여 안동시가 B주식회사에 대해 영업허가처분을 해서는 안 된다는 판결을 구하는 행정소송이 현행 행정소송법상 가능한가의 문제이다. 이는 무명항고소송의 한 유형으로서의 '예방적 금지소송'에 관한 인정여부를 묻는 문제이다.

(3) 〔설문3〕은 안동시가 분뇨수집·운반업 영업허가에 안동시립박물관 건립기금 5억 원의 납부를 조건으로 한 경우, 이 조건의 법적 성질과 그 가능성, 그리고 이 조건 만의 취소 또는 무효확인을 구하는 행정소송을 제기할 수 있는가의 문제이다. 이는 전형적인 부관에 관한 문제로 특히 그 부관이 부담인 경우에 부관의 부가가능성과 부관부행정행위의 쟁송방법에 관하여 묻고 있는 문제이다.

Ⅱ. 설문1의 검토(30점)

1. 경업자의 원고적격(법률상 이익의 의미)

처분 등의 취소·변경에 대하여 법률상 이익을 가진 자이면 제3자라도 취소소송의 원고적격을 가지는바, 주로 문제가 되는 것은 인근주민, 경업자, 경원자 등의 경우이다. 본건은 경쟁업체(B주식회사)에 대한 행정청(안동시)의 영업허가처분의 취소를 구할 자격이 동종업체인 A주식회사에 있는가의 문제인바, 서로 경쟁적 관계에 있는 자들 사이에 있어서 그 중 어느 한쪽에 대한 수익적 행정행위가 타인에게는 법률상 불이익을 초래하는 경우에 그

타인이 제기하는 소송을 일반적으로 '경업자소송'이라고 한다. 본건은 이 경업자소송에서의 경업자인 A주식회사의 원고적격을 묻고 있는 문제이다.

행정소송법 제12조 제1문은 '취소소송은 처분등의 취소를 구할 법률상 이익이 있는 자가 제기할 수 있다'고 하여 원고적격의 중요한 판단근거로 '법률상 이익'을 들고 있고, 이에 관하여 행정소송법이 '법률상 이익'의 의미를 명확하게 서술하고 있지 않으므로 '법률상 이익'이 무엇을 의미하는 것인지가 문제되며 이에 관해서는 학설이 대립하고 있다.

'법률상 이익'의 의미에 관해서는 ① 위법한 처분으로 인해 권리가 침해된 자만이 소송을 제기할 수 있다는 권리구제설, ② 위법한 처분으로 권리뿐 아니라 법에 의해 보호되는 이익을 침해당한 자도 처분을 다툴 수 있다는 법률상 보호이익설, ③ 재판상 보호할 가치가 있는 이익이라고 판단되는 경우에는 그러한 이익이 침해된 자도 소송을 제기할 수 있다는 보호가치 있는 이익설, ④ 처분의 적법성 확보에 가장 이해관계가 있는 자는 원고적격을 가진다는 적법성보장설, 등의 견해가 대립하고 있지만, 학설의 통설적 견해와 판례의 입장은 '법률상 보호되는 이익'으로 보고 있다.

2. 법률상 이익에 관한 판례의 경향

행정처분의 직접 상대방이 아닌 제3자라 하더라도 당해 행정처분으로 인하여 법률상 보호되는 이익을 침해당한 경우에는 그 처분의 취소나 무효확인을 구하는 행정소송을 제기하여 그 당부의 판단을 받을 자격이 있다 할 것이며, 여기에서 말하는 법률상 보호되는 이익이라 함은 당해 처분의 근거 법규 및 관련 법규에 의하여 보호되는 개별적·직접적·구체적 이익이 있는 경우를 말하고(대판 2006.3.16, 2006두330 전원합의체 판결 참조), 일반적으로 면허나 인·허가 등의 수익적 행정처분의 근거가 되는 법률이 해당 업자들 사이의 과당경쟁으로 인한 경영의 불합리를 방지하는 것도 그 목적으로 하고 있는 경우, 다른 업자에 대한 면허나 인·허가 등의 수익적 행정처분에 대하여 미리 같은 종류의 면허나 인·허가 등의 수익적 행정처분을 받아 영업을 하고 있는 기존의 업자는 경업자에 대하여 이루어진 면허나 인·허가 등 행정처분의 상대방이 아니라 하더라도 당해 행정처분의 취소를 구할 원고적격이 있다(대판 2002.10.25, 2001두4450 참조).

또한 여기서 말하는 당해 처분의 근거법규 및 관련법규에 의하여 보호되는 법률상 이익이라 함은 당해 처분의 근거법규의 명문규정에 의하여 보호되는 법률상 이익, 당해 처분의 근거법규에 의하여 보호되지 아니하나 당해 처분의 행정목적을 달성하기 위한 일련의 단계적인 관련처분들의 근거법규에 의하여 명시적으로 보호받는 법률상 이익, 당해 처분의 근거법규 또는 관련법규에서 명시적으로 당해 이익을 보호하는 명문의 규정이 없더라도 근거법규 및 관련법규의 합리적 해석상 그 법규에서 행정청을 제약하는 이유가 순수한 공익의 보호만이 아닌 개별적·직접적·구체적 이익을 보호하는 취지가 포함되어 있다고 해석하는 경우까지를 말한다(대판 2004.8.16, 2003두2175, 대판 2006.7.28, 2004두6716【분뇨등관련영업허가처분취소】)[1])고 하여, 우리 판례는 제3자의 원고적격의 범위를 비교적 광범위하게 인정해주는 경향이다. 그 외, 선박운항 사업면허 사건(대판 1969.12.30, 69누106), 자동차운수사업면허 사건(대판 1974.4.9, 73누173), 직행버스 정류장설치인가 사건(대판 1975.7.22, 75누12), 버스운수사업계획 변경인가 사건(대판 1987.9.22, 85누985) 등에서도 제3자의 원고적격을 인정하고 있다.

헌법재판소도 헌법상의 기본권만으로도 법률상 이익을 가진다고 인정한 병마개 제조업자 사건(국세청장의 지정행위의 근거규범인 이 사건 조항들이 단지 공익만을 추구할 뿐 청구인 개인의 이익을 보호하려는 것이 아니라는 이유로 청구인에게 취소소송을 제기할 법률상 이익을 부정한다고 하더라도, 청구인의 기본권인 경쟁의 자유가 바로 행정청의 지정행위의 취소를 구할 법률상 이익이 된다. 헌재 1998.4.30, 97헌마141)을 통하여 법률상 이익의 범위를 넓게 인정하고 있다.

3. 소 결

본건의 경우, 하수도법 제1조는 하수도의 설치 및 관리의 기준 등을 정함으로써 하수와 분뇨를 적정하게 처리하여 지역사회의 건전한 발전과 공중위생의 향상에 기여하고 공공수역의 수질을 보전함을 목적으로 하고 있고, 동법 제3조 제2항에서 지방자치단체의 장에게 공공하수도의 설치·관리를 통하여 관할구역 안에서 발생하는 하수 및 분뇨를 적정하게 처리하도록 요구하고 있다. 또한 동법 제45조 제5항에서 허가권자는 관할 구역 안에서 발생하는 분뇨를 효율적으로 수집·운반하기 위하여 필요한 때에는 제1항에 따른 허가를 함에 있어 영업구역을 정하고 필요한 조건을 붙일 수 있도록 하고 있다.

이처럼 분뇨 등을 적정하게 처리하여 자연환경과 생활환경을 청결히 하고 수질오염을 감소시킴으로써 국민보건의 향상과 환경보전에 이바지한다는 공익목적을 달성하고자 함과 동시에 업자 간의 과당경쟁으로 인한 경영의 불합리를 미리 방지하자는 데 법의 목적이 있는 점 등 제반 사정에 비추어 보면, 영업허가를 받아 영업을 하고 있는 기존업자의 이익은 단순한 사실상의 반사적 이익이 아니고 하수도법에 의하여 보호되는 이익이라고 할 수 있다. 따라서 A주식회사는 본건 취소소송에 있어서 원고적격을 가진다고 할 것이다.

또한 본건과 같이, 일반적으로 면허나 인·허가 등의 수익적 행정처분의 근거가 되는 법률이 해당 업자들 사이의 과당경쟁으로 인한 경영의 불합리를 방지하는 것도 그 목적으로 하고 있는 경우, 다른 업자에 대한 면허나 인·허가 등의 수익적 행정처분에 대하여 이미 같은 종류의 면허나 인·허가 등의 수익적 행정처분을 받아 영업을 하고 있는 기존의 업자는 경업자에 대하여 이루어진 면허나 인·허가 등 행정처분의 상대방이 아니라 하더라도 당해 행정처분의 취소를 구할 원고적격이 있다는 것이 판례의 입장이기도 한바, A주식회사는 본건 소송에 있어서 원고적격을 가진다고 할 것이다.

---

1) 동 판결은 이번 제1회 변호사시험 공법계 사례형 〔제2문〕의 참고가 된 판례라고 추측된다.

Ⅲ. 설문2의 검토(10점)

1. 문제의 소재

설문2는 소위 무명항고소송의 일종인 '예방적 금지소송'2)이 가능한가의 문제이다. 우리 행정소송법에는 이에 관한 명문의 규정을 두고 있지 않아, 국민의 권리구제를 위해 이러한 소송의 유형이 필요한가에 대해서는 학설의 대립이 있다. 예방적 금지소송(예방적 부작위청구소송)이란 행정청의 공권력의 행사에 의해 국민의 권익이 침해될 것이 예상되는 경우에 미리 그 예상되는 침익적 처분을 저지하는 것을 목적으로 하여 제기되는 소송을 말한다. 예방적 금지소송의 인정여부에 관해서는 학설의 대립이 있는바, 이를 검토하면 다음과 같다.

2. 예방적 금지소송에 관한 학설의 대립

(1) 긍정설

긍정설은 다음과 같은 이유에서 예방적 금지소송을 인정하여야 한다고 한다.

① 권익을 침해하는 공권력의 행사가 이미 행하여진 이후에는 취소소송을 제기할 수 없게 되는 경우가 있다.

② 특정의 권익침해가 예상되고 임박한 경우에는 이미 분쟁이 현실화되고 있다고 보아 사건의 성숙성도 이루어지고 있다고 볼 수 있다.

③ 현행 행정소송법 제4조의 항고소송의 종류에 관한 규정은 항고소송의 종류를 제한적으로 열거한 것이 아니다.

④ 예방적 금지소송의 허용요건을 엄격히 하고, 예방적 금지소송을 보충적으로 인정하면 남소의 우려가 없다.

(2) 부정설

위와 같은 긍정설에 대하여 부정설은 다음과 같은 이유로 예방적 금지소송을 부정하고 있다.

① 현행법상 법정된 소송에 의해서도 침해된 권익의 구제는 가능하다. 즉 공권력 행사가 있은 후 그 공권력 행사에 대한 취소를 구하는 소를 구하고 동시에 집행정지를 신청하면 침해된 권익을 구제할 수 있다.

② 예방적 금지소송은 침익적인 공권력의 행사가 있기 전에 공권력 행사를 막는 소송으로서 행정청의 제1차적 판단권이 행하여지지 않은 상태에서의 사전적 제도이기 때문에 권력분립 내지 사법권의 본질에 반한다고 한다.

③ 현행 행정소송법은 항고소송의 종류를 한정 열거하고 있다고 보아야 한다. 따라서 법정된 항고소송 이외의 소송은 인정할 수 없다.

④ 예방적 금지소송을 인정하면 남소가 우려되고 이로 인하여 행정권의 행사가 제약 될 수 있다.

---

2) 박균성, 행정법강의〔제8판〕, 박영사, 16면 이하 참조.

(3) 판례

우리 판례는 건강보험요양급여 행위 등 처분취소 사건(대판 2006.5.25, 2003두11988)에서 '행정소송법상 행정청이 일정한 처분을 하지 못하도록 그 부작위를 구하는 청구는 허용되지 않는 부적법한 소송'이라고 하여 예방적 금지소송을 부정하고 있다.

(4) 검토

보다 적극적인 국민의 권리구제를 위해서는 긍정설의 주장이 타당하다고 본다. 그러나 무한정으로 인정하기는 어려울 것이다. 따라서 그 범위와 한계에 대해서는 따로 논의가 필요하다고 본다. 이하, 예방적 금지소송을 긍정할 경우의 그 허용범위와 허용요건에 관하여 살펴본다.

3. 예방적 금지소송의 허용범위 및 허용요건

예방적 금지소송을 인정한다고 하더라도 다음의 요건은 충족할 필요가 있다.

① 먼저 보충성의 요건이다. 예방적 금지소송은 취소소송과 집행정지에 의해서는 권리구제가 불가능하거나 회복하기 어려운 손해를 입을 우려가 있어야 한다는 것이다.

② 사건의 성숙성이다. 행정청에게 1차적 판단권을 행사하게 할 것도 없을 정도로 일정한 내용의 처분이 예상되고 그 처분이 임박하여야 한다.

따라서 위의 두 요건을 충족하는 범위에서 보충적으로 예방적 금지소송은 인정될 필요가 있다고 본다.

4. 보 론- 예방적 금지소송 개정안

행정소송법 개정안(정부안, 대법원안)은 예방적 금지소송을 인정하고 있었다. 대법원안(제55조)은 예방적 금지소송은 행정청이 장래에 일정한 처분이나 명령 등을 할 것이 임박하였고(사건의 성숙성), 사후에 그 처분이나 명령 등의 효력을 다투는 방법으로는 회복하기 어려운 손해를 입을 우려가 있는 때(보충성)에 한하여 인정한다고 하였다. 또한 대법원안 제57조에는 '행정청의 장래의 처분이나 명령 등이 위법하고, 그 처분이나 명령 등을 하지 않도록 하는 것이 상당하다고 인정하는 때에는 행정청에게 그 처분이나 명령 등을 하지 않도록 선고하는 금지판결을 내린다고 하였다.

행정소송법 정부개정안은 제4조에서 항고소송의 종류를 취소소송, 무효등확인소송, 의무이행소송, 예방적 금지소송으로 나누고, 예방적 금지소송의 정의를 '행정청이 장래에 위법한 처분을 할 것이 임박한 경우에 그 처분을 금지하는 소송'으로 정의하고 있었다.

5. 소 결

위에서 검토한 바와 같이 우리 판례는 행정소송법상 명문의 규정이 없다는 이유로 예방적 금지소송을 인정하지 않는다. 그러나 침익적 처분에 대한 권익구제의 측면에서 보충성의 원칙과 사건의 성숙성이 인정될 때에는 예방적 금지소송을 인정하여 그 권리구제의 길을 열어두는 것이 옳다고 본다. 조속한 입법적인 해결이 필요하다.

Ⅳ. 설문3의 검토(30점)

1. 본건 조건의 법적 성질(7점)

(1) 문제의 소재

본건에서 안동시장은 하수도법 제45조 제5항에 근거하여 분뇨수집·운반업 허가의 조건으로 B주식회사에게 시립박물관 건립비용으로 5억 원의 납부를 부가하였다. 여기서 문제가 되는 것은, 첫째, 그 조건의 법적 부가가능성과 둘째, 그 조건의 적법성 여부이다. 먼저 본건 허가의 조건으로 허가와 직접적인 연관성이 없는 박물관 건립비용이라는 금전적 요구를 한 것은 행정법상의 일반원칙인 '부당결부금지의 원칙'에 반하는 것이다.

본 설문에서는 당해 조건의 법적성질과 그 위법성에 관한 검토 그리고 부관의 쟁송방법에 관하여 묻고 있으므로, '부당결부금지의 원칙'에 대해서는 구체적인 언급을 생략한다.

(2) 본건 조건의 법적 성질

설문의 조건은 행정행위의 부관이다. 행정행위의 부관이란 행정청에 의하여 주된 행정행위에 부가된 종된 규율을 의미한다. 사안의 조건은 안동시장에 의하여 분뇨수집·운반업 영업허가라는 주된 행정행위에 부가된 종된 규율로서 부관에 해당한다. 사안의 조건이 부관의 종류 중 강학상 '부담'인지 아니면 '조건'인지가 문제 된다.

부담과 조건의 판단기준은 용이하지 않으나, 부관의 준수가 매우 중요하여 행정행위의 효력 자체를 그 조건에 의존시키는 것이 타당하다고 인정되는 경우에는 당해 부관은 조건으로 보아야 하고, 그렇지 않은 경우에는 부담으로 보아야 한다는 것이 일반적인 설명이다. 또한 부관이 주된 행정행위의 요건과 밀접하게 관련되어 있는 경우에는 조건으로 보아야 하고 그렇지 않은 경우에는 부담으로 보아야 한다는 견해도 있다. 본건의 경우, 영업허가와 시립박물관건립비용과는 직접적인 연관성은 없어 보이며, 또한 주된 행정행위인 영업허가와 시립박물관건립비용과는 밀접한 관련성도 없어 보인다. 설사 그 구별이 모호하다고 하더라도 그러한 경우에는 상대방에게 유리한 부담으로 보아야 할 것이므로, 사안의 조건은 행정행위의 주된 내용(영업허가처분)에 부가하여 그 상대방(B주식회사)에게 작위(5억원의 납부)를 명하는 부담이라고 보아야 한다.

2. 본건 조건의 위법성 여부(15점)

(1) 부관의 가능성

일반적으로 재량행위에는 법적 근거가 없더라도 부관을 붙일 수 있다. 그러나 기속행위의 경우에는 행정행위의 요건이 충족된 경우에는 일정한 효과를 갖는 행정행위를 하도록 법에 규정되어 있으므로 행정행위의 효과를 제한하는 부관을 붙일 수는 없다. 만일 기속행위에 그 효과를 제한하는 부관을 붙이면 그 부관은 무효라는 것이 판례의 입장이다(대판 1995.6.13, 94다56883).

하수도법 제45조 제5항에 의하면, 안동시장은 안동시에서 발생하는 분뇨를 '효율적'으로 수집·운반하기 위하여 '필요한' 때에는 안동시에 발생하는 분뇨의 양, 분뇨처리시설의 처리용량, 분뇨수집·운반업자의 지역적 분포 및 장비보유 현황, 분뇨를 발생시키는 발생원의 지역적 분포 등 객관적인 정보와, 수집·운반의 '난이도' 등을 고려하여 영업구역을 정하거나 필요한 조건을 붙일 수 있도록 하고 있다. 이처럼 본건 처분의 직접적인 근거규정인 하수도법 제45조 제5항은 안동시장이 분뇨처리와 관련된 제반사정(정량적 평가와 정성적 평가)을 고려하여, 영업허가를 할 수 있도록 안동시장에게 재량권을 주고 있다. 즉 본건 영업허가처분은 재량행위에 해당한다. 따라서 본건 처분의 성격이 재량행위이고 근거법규에도 조건을 붙일 수 있음이 명기되어 있으므로 안동시장이 본건 처분을 함에 있어 처분에 조건을 붙이는 행위 그 자체는 가능하다고 하겠다.

(2) 부관의 한계

그러나 처분의 성격이 재량행위이고 그 근거법규에 조건을 부가할 수 있다는 명문규정이 있다고 하여, 내용상 어떠한 제한도 받지 않고 부관을 붙일 수 있는 것은 아니다. 우리 판례는 재량행위에 있어서는 법령상의 근거가 없다고 하더라도 부관을 붙일 수 있는데, 그 부관의 내용은 적법하고, 이행 가능하여야 하며 비례의 원칙 및 평등의 원칙에 적합하고 행정처분의 본질적 효력을 해하지 아니하는 한도의 것이어야 한다고 한다(대판 1997.3.14, 96누16698). 이를 좀 더 구체적으로 살펴보면 다음과 같다.

① 부관은 법령에 위반되어서는 안 된다.

② 부관은 주된 행정행위의 목적에 반해서는 안 된다.

③ 부관은 주된 행정행위와 실질적 관련성이 있어야 하며, 그렇지 못한 것은 부당결부금지의 원칙에 반하여 위법한 부관이 된다(대판 2009.2.12, 2005다65500).

④ 부관은 평등원칙, 비례의 원칙 등 법의 일반원칙에 반하여서는 안 된다.

⑤ 부관은 이행가능 하여야 한다.

⑥ 주된 행정행위의 본질적 효력을 해하지 아니하는 한도의 것이어야 한다.

(3) 소결

위와 같은 부관의 내용적 한계를 본건에 적용해 보자. 본건의 경우에는, 주된 행정행위인 분뇨수집·운반업 허가와 부관인 안동시립박물관 건립기금 5억 원과의 '실질적 관련성'이 문제된다. 본건 부관은 주된 행정행위의 목적이 공중위생의 향상과 공공수역의 수질을 보호함에 있는데 반해(하수도법 제1조), 당해 부관의 목적은 '안동시립박물관 건립기금'이어서 상호간의 실질적 관련성을 찾기는 어렵다. 따라서 당해 부관은 주된 행정행위에 부가된 위법한 부관이며, 부당결부금지의 원칙에도 반한다 하겠다. 위에서 고찰한 바와 같이, 본건의 조건은, 부관으로서의 조건 그 자체의 설정은 가능하다고 할 수 있으나, 그 조건의 내용이 주된 행정행위와 실질적 관련성이 없어 위법한 부관이며, 이러한 처분은 행정청의 재량의 범위를 넘는 것으로 위법하다 하겠다.

3. 부담의 쟁송가능성(8점)

(1) 학설

① 부담만의 독립쟁송가능성설

이 견해는 부담만은 독립하여 행정쟁송의 대상이 될 수 있지만, 부담 이외의 부관에 있어서는 그것만의 취소를 구하는 소송(진정일부취소소송 및 부진정일부취소소송)은 인정되지 않는다고 본다. 판례도 이 입장을 취하고 있다.

② 분리가능성설

분리가능성을 기준으로 하는 견해는 주된 행정행위로부터 분리가능성이 없는 것은 전체 행정행위를 대상으로 쟁송을 제기해야 하고, 분리가능성이 인정되는 부관에서 처분성을 갖는 것은 진정일부취소소송으로, 처분성이 인정되지 않는 부관의 경우에는 부진정일부취소소송을 제기해야 한다고 한다.

③ 전면긍정설

이 견해는 부관의 분리가능성은 독립취소가능성의 문제, 즉 본안의 문제이며 쟁송의 허용성의 문제(소송요건의 문제)는 아니기 때문에 모든 부관은 독립하여 취소쟁송의 대상이 된다고 한다. 이 견해에 의하면 부담의 경우에는 진정일부취소소송과 부진정일부취소소송이 가능하고 부담 이외의 부관에 대하여는 부진정일부취소소송만이 가능하다고 본다.

(2) 판례

판례는 부담의 경우에는 다른 부관과 달리 행정행위의 불가분적인 요소가 아니고 그 존속이 본체인 행정행위의 존재를 전제로 하는 것일 뿐이므로 부담 그 자체로서 행정소송의 대상이 될 수 있다고 한다(대판 1992.1.21, 91누1264).

(3) 소결

위에서 검토한 학설과 판례에 근거하여 결론을 도출하면 다음과 같다.

①설과 판례에 따르면 사안의 조건은 전술한 바와 같이 부담이므로 독립쟁송이 가능하다. ②설에 따르면, 사안의 조건은 주된 행정행위와 분리가능하며, 5억 원의 기금 부가라는 그 자체로서 처분성이 인정됨으로 진정일부취소소송으로 다툴 수 있을 것이다. ③설의 경우는 모든 부관의 독립쟁송가능성을 인정하고 있으므로, 5억 원 기금 납부의 취소를 구하는 진정일부취소소송이나 부담부 행정행위 전체를 대상으로 하여 그 일부의 취소를 구하는 부진정일부취소소송도 가능하다고 하겠다.[3)]

---

3) 부관의 쟁송방법에 대해서는 각 학설의 이론구성이 어려운 점이 있으므로, 학설에 대한 자신의 주관적 견해를 도출하고 그 결론에 근거하여 문제해결을 하기 보다는, 수험자의 입장에서는 각 학설의 내용을 소개하고, 각각의 학설에 따라 결론을 도출해 내는 것이 무난한 기술방법이라는 지적도 있다. 김철용, 고시계 2011/12, 258면(사법시험 제2차 예상답안 강평 중에서). 본 해설도 이러한 조언에 힘입어 수험생의 입장에서 서술하였다.

변호사시험

법학전문대학원협의회 주관 모의시험

공법
사례형

- 2013년도 제3차 법전협주관 모의시험
- 2013년도 제2차 법전협주관 모의시험
- 2012년도 제2회 법전협주관 모의시험

2013년도 제3차 법전협주관 모의시험

공 법 제1문

제 1 문

A당 소속 정치인 甲은 2017. 12. 20 실시된 대통령선거에서 당선되어 2018. 2. 25 제19대 대통령에 취임하였다. 2018. 6. 1 국회최대교섭단체이자 야당인 B당 소속 국회의원 167명은 각종 국정혼란에 대한 책임을 물어 甲정부 초대 국무총리 丁에 대한 해임건의안을 통과시켰다. 이에 甲은 오랜 정치적 동지인 丁에 대한 신임을 거듭 표명하면서 그에 대한 국회의 해임건의에 응할 수 없다는 의사를 강력히 표명하였다. 그러나 정국의 불안정을 염려한 丁이 2018. 6. 29 전격적으로 사표를 제출하자 甲은 丁의 충정을 받아들여 2018. 7. 2 그의 사표를 수리하는 한편, 2017. 9. 20 위 대통령선거 예비후보자로 등록하여 활발히 선거운동을 벌이던 중 2017. 11. 24 甲을 지지하며 사퇴한 무소속 정치인 乙을 국무총리후보자로 지명하여 국회에 국무총리임명동의요구서를 제출하였다. 같은 날 甲과 乙은 그들의 지지자들이 모인 가운데 진행된 사적인 기자회견장에서 乙의 대통령후보사퇴시 국무총리후보자 지명과 관련한 어떠한 약속도 한 바 없으며, 乙을 후보로 지명한 것은 대통령선거후 지속된 乙 지지자들의 요청을 전향적으로 수용한 것이라고 주장하였다. 같은 기자회견에서 甲과 乙은 향후 각종 선거에서 양쪽 지지자들의 연합으로 '경제민주화와 복지사회건설을 위한 국민연대'(이하 '국민연대'라 한다)를 결성하여 국회의 다수파를 형성하고 있는 B당을 견제하고 안정된 정국을 꾸리는 것이 선진정치구현의 지름길이라는 점을 강조하는 한편, 2018. 8. 10로 예정된 국회의원보궐선거등 향후 각종 선거에서 '국민연대'를 지지하여 줄 것을 호소하였다. 甲과 乙의 후보단일화 결과 지난 대선에서 아깝게 패배한 丙과 그가 소속된 B당 소속 국회의원 171명은 甲의 乙에 대한 국무총리후보자 지명이 공직선거법 제232조 제1항 제2호 소정의 후보자사후매수죄에 해당한다는 이유로 乙을 검찰에 고발하는 한편, 대통령 甲이 기자회견을 통해 (1) 반(反)B당 선거연합 성격의 '국민연대'를 결성할 것을 선언하고 (2) 향후 선거에서 '국민연대'에 대한 지지를 호소하는 것은 각각 공무원의 선거중립의무를 규정한 공직선거법 제9조 제1항을 위반한 것이라고 중앙선거관리위원회에 고발하였다. 중앙선거관리위원회는 위원장인 현직 대법관 戊의 반대에도 불구하고 다수결에 따라 丙등의 주장을 인용하여 '대통령의 선거중립의무 준수촉구' 조치를 취한 후 이를 甲에게 통고하면서 언론사를 통하여 공표하였다.

다음 설문에 답하시오.

1. 丁의 퇴임과 관련하여,

가. 甲은 丁에 대한 국회의 해임건의에 법적으로 기속되는가? (15점)

나. 만일 丁이 사표를 제출하지 않았음에도 국회의 해임건의를 甲이 수용하여 해임할 경우, 甲은 丁이 제청한 국무위원도 함께 해임하여야 하는가? (15점)

2. 대법관 戊가 중앙선거관리위원회 위원장을 겸직하는 것은 헌법상 타당한가? (15점)

3. 丙등이 乙을 후보자사후매수죄로 고발한 사건과 관련하여, 공직선거법 제232조 제1항 제2호가 선거과정에서 사퇴한 후보자에게 선거 후 공직을 제공하거나 이를 수락하는 행위를 처벌하도록 하는 부분은 헌법에 합치하는가? 〔논의대상범위를 형사처벌 자체의 헌법위반여부로 한정함〕 (30점)

4. 甲은 공직선거법 제9조 제1항이 자신의 정치적 표현의 자유를 침해하고 있다고 주장하고 있다.

가. 甲은 위 사안에 있어서 정치적 표현의 자유를 누릴 수 있는 지위를 가지는지 여부를 논하라. (5점)

나. 공직선거법 제9조 제1항이 명확성의 원칙을 위배하는지 여부를 검토하라. (10점)

다. 甲의 위 주장의 당부를 논하라. (10점)

[참조조문]

※ 공직선거법상 관련 조문

제9조(공무원의 중립의무 등) ① 공무원 기타 정치적 중립을 지켜야 하는 자(기관・단체를 포함한다)는 선거에 대한 부당한 영향력의 행사 기타 선거결과에 영향을 미치는 행위를 하여서는 아니된다.

제230조(매수 및 이해유도죄) ① 다음 각 호의 어느 하나에 해당하는 자는 5년 이하의 징역 또는 1천만원 이하의 벌금에 처한다.

1. 투표를 하게 하거나 하지 아니하게 하거나 당선되게 하거나 되지 못하게 할 목적으로 선거인(선거인명부 또는 재외선거인명부등을 작성하기 전에는 그 선거인명부 또는 재외선거인명부등에 오를 자격이 있는 사람을 포함한다. 이하 이 장에서 같다) 또는 다른 정당이나 후보자(예비후보자를 포함한다)의 선거사무장・선거연락소장・선거사무원・회계책임자・연설원(제79조 제1항・제2항에 따라 연설・대담을 하는 사람과 제81조 제1항・제82조 제1항 또는 제82조의2 제1항・제2항에 따라 대담・토론을 하는 사람을 포함한다. 이하 이 장에서 같다) 또는 참관인(투표참관인・부재자투표참관인과 개표참관인을 말한다. 이하 이 장에서 같다)・선장・입회인에게 금전・물품・차마・향응 그 밖에 재산상의 이익이나 공사의 직을 제공하거나 그 제공의 의사를 표시하거나 그 제공을 약속한 자

제232조(후보자에 대한 매수 및 이해유도죄) ① 다음 각호의 1에 해당하는 자는 7년 이하의 징역 또는 500만원 이상 3천만원 이하의 벌금에 처한다.

1. 후보자가 되지 아니하게 하거나 후보자가 된 것을 사퇴하게 할 목적으로 후보자가 되고자 하는 자나 후보자에게 제230조(매수 및 이해유도죄) 제1항 제1호에 규정된 행위를 한 자 또는 그 이익이나 직의 제공을 받거나 제공의 의사표시를 승낙한 자
2. 후보자가 되고자 하는 것을 중지하거나 후보자를 사퇴한 데 대한 대가를 목적으로 후보자가 되고자 하였던 자나 후보자이었던 자에게 제230조 제1항 제1호에 규정된 행위를 한 자 또는 그 이익이나 직의 제공을 받거나 제공의 의사표시를 승낙한 자

※선거관리위원회법상 관련조문

제14조의2(선거법위반행위에 대한 중지·경고등) 각급선거관리위원회의 위원·직원은 직무수행중에 선거법위반행위를 발견한 때에는 중지·경고 또는 시정명령을 하여야 하며, 그 위반행위가 선거의 공정을 현저하게 해치는 것으로 인정되거나 중지·경고 또는 시정명령을 불이행하는 때에는 관할수사기관에 수사의뢰 또는 고발할 수 있다. 〔본조신설 1992. 11. 11〕

▮ C/O/N/T/E/N/T/S

제1문 김 주 환 (홍익대학교 법대 교수)

Ⅰ. 丁의 퇴임과 관련하여

1. 甲이 丁에 대한 국회의 해임건의에 법적으로 기속되는지 여부

(1) 해임건의의 정당성 여부

사례에서 甲이 丁에 대한 국회의 해임건의에 법적으로 기속되는지 여부를 판단하기 위해서는 우선 국회의 해임건의권이 적법하게 행사되었는지 여부를 검토하여야 한다. 국회의 국무총리해임건의는 헌법 제63조 제2항[1], 국회법 제112조 제7항[2] 등의 절차적 요건들을 준수하여야 하는바, 사례에서 국회가 의원 167명의 찬성으로 丁에 대한 해임건의를 의결한 것은 이와 같은 절차적 요건들을 모두 충족한 것으로 간주한다.

헌법 제63조 제1항은 "국회는 국무총리 또는 국무위원의 해임을 대통령에게 건의할 수 있다"고 규정하여 국회의 국무총리·국무위원해임건의권을 보장하고 있다. 국회는 해임건의권을 통하여 "임기 중 아무런 정치적 책임을 물을 수 없는 대통령 대신에 그를 보좌하는 국무총리·국무위원에 대하여 정치적 책임을 추궁함으로써 대통령을 간접적이나마 견제"[3]하는 기능을 수행하는바, 해임건의권은 대통령제에서는 이례적인 제도이지만 국회가 행정부를 감시·비판하고 행정부의 구성을 견제하기 위하여 행사할 수 있는 유력한 국정통제수단이다.

이와 관련, 사례에서 문제가 되는 것은 우선 국회가 각종 국정혼란에 대한 책임을 이유로 국무총리 丁의 해임을 대통령 甲에게 건의할 수 있는지 여부이다. 생각건대, 헌법 제65조 제1항은 국무총리가 그 직무집행에 있어서 헌법이나 법률을 위배한 때에만 국회가 국무총리에 대한 탄핵소추를 의결할 수 있음을 명시하고 있지만, 헌법 제63조 제1항은 그와 같은 사유를 명시하지 않고 있다. 따라서 해임건의사유는 탄핵소추사유보다 더 광범위하고 포괄적이라고 보아야 한다. 즉, 국회는 국무총리가 그 직무집행에 있어서 헌법이나 법률을 위배한 때에는 물론 정책의 수립과 집행에 있어 중대한 과오를 범한 때, 대통령보좌기관으로서 대통령을 잘못 보좌한 때, 부하직원의 과오나 범법행위에 대하여 정치적 책임을 져야 하는 때에도 국무총리의 해임을 대통령에게 건의할 수 있다고 보아야 한다.[4]

---

1) 헌법 제63조 제2항: 제1항의 해임건의는 국회재적의원 3분의 1 이상의 발의에 의하여 국회재적의원 과반수의 찬성이 있어야 한다.
2) 국회법 제112조 제7항: 국무총리 또는 국무위원의 해임건의안이 발의된 때에는 의장은 그 해임건의안이 발의된 후 처음 개의하는 본회의에 이를 보고하고, 본회의에 보고된 때로부터 24시간이후 72시간이내에 무기명투표로 표결한다. 이 기간내에 표결하지 아니한 때에는 그 해임건의안은 폐기된 것으로 본다.
3) 헌재 2004. 5. 14. 2004헌나1, 판례집 16-1, 609 (650).
4) 이에 대해서는 예컨대 홍성방, 헌법학, 현암사 2009, 829쪽 참조.

그렇다면 사례에서 국회가 각종 국정혼란에 대한 책임을 이유로 丁의 해임을 甲에게 건의한 것은 헌법적으로 정당하다고 할 것이다.

(2) 해임건의의 기속력 여부

문제는 이제 국회가 丁의 해임을 건의하였을 때 甲이 이에 기속되어 丁을 해임하여야 하는지 여부이다. 이에 대해서는 긍정설과 부정설이 대립하고 있다.[5)]

생각건대, 헌법 제63조는 대통령에게 국무총리해임의견을 제시하는 해임건의권을 규정하고 있을 뿐이지, 대통령에게 국무총리해임의무를 부과하는 해임의결권(예: 제5공화국 헌법 제99조)[6)]을 규정하고 있는 것도 아니고, 해임건의가 있을 때 특별한 사유가 없는 한 이에 응하여야 할 의무(예: 제3공화국 헌법 제59조)[7)]를 대통령에게 부과하고 있는 것도 아니다.

따라서 "국회의 해임건의는 대통령을 기속하는 해임결의권이 아니라, 아무런 법적 구속력이 없는 단순한 해임건의에 불과하다. (...) 헌법 제63조의 해임건의권을 법적 구속력 있는 해임결의권으로 해석하는 것은 법문과 부합할 수 없을 뿐만 아니라, 대통령에게 국회해산권을 부여하고 있지 않는 현행 헌법상의 권력분립질서와도 조화될 수 없다"[8)]. 그렇다면, "대통령이 (...) 국회의 해임건의를 수용할 것인지의 문제는 대의기관인 국회의 결정을 정치적으로 존중할 것인지의 문제이지 법적인 문제가 아니다. 따라서 대통령의 이러한 행위는 헌법이 규정하는 권력분립구조 내에서의 대통령의 정당한 권한행사에 해당하거나 또는 헌법규범에 부합하는 것으로서 헌법이나 법률에 위반되지 아니한다."[9)]

결국 사례에서 甲이 丁에 대한 신임을 거듭 표명하면서 그에 대한 국회의 해임건의에 응하지 않은 행위는 헌법 제63조에 부합하는 것으로서 대통령의 정당한 권한행사에 해당한다 할 것이다.

(3) 결론

甲은 丁에 대한 국회의 해임건의에 법적으로 기속되지 않는다.

---

5) 이에 대해서는 홍성방, 전게서, 829쪽 이하 참조.

6) 제5공화국 헌법(1980) 제99조 ①국회는 국무총리 또는 국무위원에 대하여 개별적으로 그 해임을 의결할 수 있다. 다만, 국무총리에 대한 해임의결은 국회가 임명동의를 한 후 1년이내에는 할 수 없다.
②제1항의 해임의결은 국회재적의원 3분의 1이상의 발의에 의하여 국회재적의원 과반수의 찬성이 있어야 한다.
③제2항의 의결이 있을 때에는 대통령은 국무총리 또는 당해 국무위원을 해임하여야 한다. 다만, 국무총리에 대한 해임의결이 있을 때에는 대통령은 국무총리와 국무위원 전원을 해임하여야 한다.

7) 제3공화국 헌법(1962) 제59조 ① 국회는 국무총리 또는 국무위원의 해임을 대통령에게 건의할 수 있다.
② 전항의 건의는 재적의원 과반수의 찬성이 있어야 한다.
③ 제1항과 제2항에 의한 건의가 있을 때에는 대통령은 특별한 사유가 없는 한 이에 응하여야 한다.

8) 헌재 2004. 5. 14. 2004헌나1, 판례집 16-1, 609 (650 이하).

9) 헌재 2004. 5. 14. 2004헌나1, 판례집 16-1, 609 (651).

2. 만일 丁이 사표를 제출하지 않았음에도 국회의 해임건의를 甲이 수용하여 해임할 경우, 甲은 丁이 제청한 국무위원도 함께 해임하여야 하는지 여부

(1) 국무총리와 국무위원의 연대책임?

국무위원은 국무총리의 제청으로 대통령이 임명하는바 (헌법 제87조 제1항), 사례에서 丁은 甲정부의 초대 국무총리이기 때문에 특별한 사유가 없는 한 국무위원 전원이 丁의 제청으로 임명되었다고 보아야 한다. 따라서 여기에서 문제가 되는 것은 丁에 대한 국회의 해임건의를 대통령이 수용하여 丁을 해임할 경우에 국무위원 전원을 함께 해임하여야 하는지, 즉 연대책임을 물어야 하는지 여부이다.

생각건대, 대통령은 국무총리에 대한 국회의 해임건의에 법적으로 기속되지 않으며, 국무총리에 대한 해임건의를 대통령이 수용할 때에는 국무총리와 국무위원 전원을 해임하여야 한다는 헌법규정이 존재하는 것도 아니다. 또한 국무총리는 대통령의 보좌기관으로서 행정에 관하여 "대통령의 명을 받아" 행정각부를 통할하기 때문에 (제86조 제2항), 국무위원에 대하여 국무총리가 가지는 권한도 의원내각제에서 수상 내지 국무총리가 가지는 권한보다 훨씬 더 약하다. 이와 같은 점들을 고려해 볼 때 해임건의권의 효력으로서 의원내각제에서 의회의 내각불신임권이 가지는 연대책임의 효력을 인정하는 것은 현행 헌법상의 권력분립질서와 조화될 수 없다고 할 것이다.[10] 따라서 대통령은 국무총리에 대한 국회의 해임건의를 수용하여 국무총리를 해임하는 경우에 관계 국무위원을 함께 해임할 수는 있지만, 연대책임을 물어 국무위원 전원을 해임하거나 국무총리가 제청한 국무위원까지 함께 해임하여야 할 의무를 지는 것은 아니라고 할 것이다.

(2) 결론

甲이 국회의 해임건의를 수용하여 丁을 해임할 경우, 甲은 丁이 제청한 국무위원까지 함께 해임하여야 할 의무를 지지 않는다.

Ⅱ. 대법관 戊가 중앙선거관리위원회 위원장을 겸직하는 것이 헌법상 타당한지 여부

중앙선거관리위원회는 대통령이 임명하는 3인, 국회에서 선출하는 3인과 대법원장이 지명하는 3인의 위원으로 구성한다 (헌법 제114조 제2항 제1문). 위원장은 위원 중에서 호선하는데 (헌법 제114조 제2항 제2문), 대법관을 위원장으로 선출하는 것이 관례로 되어 있다. 여기에서 제기되는 문제가 바로 대법관이 중앙선거관리위원회 위원장을 겸직하는 것이 헌법상 타당한지 여부이다.

10) 이에 대해서는 정재황, 신헌법입문, 박영사 2012, 603쪽 참조.

1. 중앙선거관리위원회 위원장의 법적 지위

중앙선거관리위원회 위원장은 중앙선거관리위원회를 대표하고, 중앙선거관리위원회의 사무를 통할하며, 소속공무원을 지휘・감독하는 중앙선거관리위원회의 장이다. 위원장은 각종 중앙선거관리위원회의 결정에 있어 위원과 동일한 표결권을 가지고 있지만, 가부동수인 때에는 결정권을 가지고 있기 때문에 위원들에 비해 상대적 우위를 점하고 있다 (선거관리위원회법 제10조 제2항). 중앙선거관리위원회가 선거・국민투표관리권, 정당사무관리권, 규칙제정권 및 정치자금배분권을 가지고 있음을 고려해 볼 때, 위원장의 이와 같은 법적 지위는 매우 중요한 의미를 가진다.

또한 중앙선거관리위원회 위원장은 선거관리위원회법 제14조의2에 근거하여 국민, 심지어 개인으로서의 대통령의 행위가 선거법에 위반하였음을 유권적으로 확인하고 재발방지를 촉구할 수 있는바, 이는 위 조항에 열거된 행위유형 중 '경고'에 해당한다고 봄이 상당하다. 선거관리위원회법 제14조의2는 처분의 주체로서 선거관리위원회의 위원 및 직원만을 열거하고 있는데, 비록 중앙선거관리위원회 위원들의 회의를 거쳤다고 하더라도 그와 같은 조치의 명의가 '중앙선거관리위원회'가 아닌 '중앙선거관리위원회 위원장'으로 되어 있는 이상 위원장이 위원 중 1인의 지위에서 그와 같은 조치를 하였다고 볼 것이다.11)

위원장의 '경고'는 선거법 위반행위에 대한 제재적 조치의 하나로서 법률에 규정된 것이므로 피경고자는 이러한 경고를 준수하여야 할 의무를 진다. 또한 비록 피경고자가 선거법을 위반하더라도 이에 대한 처벌규정이 없어 종국적으로 형사처벌을 받을 가능성이 없는 경우에도, 피경고자가 경고를 불이행하는 때에는 선거관리위원회 위원・직원에 의하여 관할수사기관에 수사의뢰 또는 고발되어 피의자 또는 피고발인의 지위에 서게 되므로, 위 '경고'가 피경고자의 법적 지위에 영향을 주지 않는다고는 할 수 없다. 피경고자가 대통령인 경우, 실제로 대통령의 특정 발언이 선거법에 위반하였다는 중앙선거관리위원회의 판단에 따라 탄핵사유(헌법 제65조 제1항, 헌법재판소법 제48조)로 인정되기도 하였다.12)

이와 같은 사정에 비추어 볼 때 위원장의 조치가 그 자체로 피경고자에게 기본권 제한의 효과, 특히 정치적 표현의 자유(헌법 제21조 제1항)에 대하여 위축효과를 줄 수 있음은 명백하다. 그렇다면 중앙선거관리위원회 위원장은 공권력의 주체로서 국민의 기본권을 침해할 수도 있는, 공권력을 행사하는 법적 지위에 있다고 할 것이다.13)

2. 중앙선거관리위원회의 민주적 정당성

이와 관련, 중앙선거관리위원회의 구성에 있어 대통령, 국회 및 대법원장이 각각 3인의 위원을 균등하게 선임하는 방식은 3권분립론을 반영하는 외양을 보이고 있지만, 이것은 형식적인 것이며 헌법정책적으로 적절하다고 보기 어렵다는 견해가 있다. 대법원장은 국민이

---

11) 헌재 2008. 1. 17. 2007헌마700, 판례집 20-1 (상), 139 (155) 참조.
12) 이에 대해서는 헌재 2004. 5. 14. 2004헌나1, 판례집 16-1, 609 이하 참조.
13) 헌재 2008. 1. 17. 2007헌마700, 판례집 20-1 (상), 139 (155 이하) 참조.

직접 선출하지 않은 점에 비추어 대법원장에게 위원 3인의 지명권을 준 것은 타당하지 않다는 것이다.[14)]

생각건대, 이는 민주적 정당성의 관점에서 중앙선거관리위원회의 구성을 비판하는 것이다. 그러나 "모든 권력은 국민으로부터 나온다"는 권출어민(權出於民)원칙(헌법 제1조 제2항)은 국민이 대법원장을 직접 선출해야 한다는 것을 의미하는 것이 아니라, 대법원장의 민주적 정당성이 간단(間斷) 없이 국민에게 귀착될 수 있어야 한다는 것을 의미하는바, 대법원장은 국회의 동의를 얻어 대통령이 임명하기 때문에 (헌법 제104조 제1항) 대법원장의 민주적 정당성은 국회와 대통령을 거쳐 국민에게 귀착된다고 보아야 한다. 따라서 국민주권원칙(헌법 제1조 제2항)의 관점에서 볼 때 대법원장은 민주적 정당성이 없는 기관이 아니라, 국회와 대통령에 비해 민주적 정당성이 약한 기관일 뿐이다. 그렇다면 대법원장이 지명하는 3인의 위원에 대하여 그 민주적 정당성을 부정하는 것은 헌법적으로 타당하다고 할 수 없다.

3. 대법관의 위원장 겸직의 문제점

생각건대, 문제는 오히려 공직선거법 제9조 제1항과 같이 금지의무만이 있을 뿐 그 위반에 대한 처벌조항이 없는 경우, 이를 위반하였다는 내용의 위원장의 조치가 법원에서 항고소송의 대상으로 인정받은 바 없을 뿐 아니라 이에 해당하는지 여부도 불투명하기 때문에, 결국 피경고자에게 항고소송에 의한 권리구제절차를 거치도록 요구하거나 기대할 수 없으므로 보충성의 예외를 인정하여 헌법소원을 허용할 수밖에 없다는 점에 있다.[15)] 그런데 앞에서 본 바와 같이 위원장은 중앙선거관리위원회의 결정에 있어 가부동수인 때에는 결정권을 행사할 수 있는바, 이 경우에 대법관인 위원장의 법적 판단에 대하여 헌법소원을 허용하는 것은 헌법재판소법 제68조 제1항이 금지하고 있는 재판소원을 실질적으로 허용하는 것과 같은 효과를 가진다고 할 것이다.

또한 대통령선거에서 선거소송과 당선소송의 관할이 대법원이라는 점을 고려해 볼 때 소송의 피고가 되는 중앙선거관리위원회 위원장을 대법원장이 지명한 대법관이 겸직하는 것은 헌법상 타당하다고 보기 어렵다.[16)] 대법관의 위원장 겸직은 중앙선거관리위원회의 독립성, 정치적 중립성 및 전문성을 강화하는 데 기여할 수 있다는 장점도 있지만, 위 소송의 경우에 위원장인 대법관은 제척・기피・회피제도로 인하여 정작 그가 선거에 관한 소송의 전문가임에도 불구하고 대법원의 재판에 참여하지 못한다는 모순이 있고, 재판에 참여하는 다른 대법관들도 위원장인 대법관과 친분관계가 있음을 부정할 수 없기 때문에 재판의 독립성과 공정성을 신뢰하기 어렵다는 단점도 있다. 이 문제를 해결하는 방법은 대법관의 중앙선거관리위원회 위원 겸직을 전적으로 금지하거나, 대법관의 위원 겸직을 허용하되 대법

---

14) 양건, 헌법강의, 법문사 2009, 1091쪽 참조.
15) 이에 대해서는 헌재 2008. 1. 17. 2007헌마700, 판례집 20-1 (상), 139 (160) 참조.
16) 이에 대해서는 정재황, 전게서, 689쪽 참조.

원이 관할하는 선거에 관한 소송을 헌법재판소가 관장하도록 하는 것이다.

따라서 대법관 戊의 위원장 겸직에 대해서는 이를 금지하는 헌법규정이 없기 때문에 그것이 헌법에 위반된다고 말할 수는 없지만, 위와 같은 이유로 그 타당성을 인정하기 어렵다고 할 것이다.

4. 결 론

戊가 중앙선거관리위원회 위원장을 겸직하는 것은 헌법상 타당하지 않다.

Ⅲ. 丙등이 乙을 후보자사후매수죄로 고발한 사건과 관련하여, 공직선거법 제232조 제1항 제2호가 선거과정에서 사퇴한 후보자에게 선거 후 공직을 제공하거나 이를 수락하는 행위를 처벌하도록 하는 부분이 헌법에 합치하는지 여부 [논의대상범위를 형사처벌 자체의 헌법위반여부로 한정함]

1. 죄형법정주의상 명확성의 원칙 위배 여부

(1) 죄형법정주의상 명확성의 원칙의 의의

죄형법정주의에서 파생되는 명확성원칙은 법률이 처벌하고자 하는 행위가 무엇이며 그에 대한 형벌이 어떠한 것인지를 누구나 예견할 수 있고, 그에 따라 자신의 행위를 결정할 수 있게끔 구성요건을 명확하게 규정할 것을 요구한다. 형벌법규의 내용이 애매모호하거나 추상적이어서 불명확하면 무엇이 금지된 행위인지를 국민이 알 수 없어 법을 지키기가 어려울 뿐만 아니라, 범죄의 성립 여부가 법관의 자의적인 해석에 맡겨져서 죄형법정주의에 의하여 국민의 자유와 권리를 보장하려는 법치주의의 이념은 실현될 수 없기 때문이다.

그러나 처벌법규의 구성요건이 명확하여야 한다고 하더라도 입법자가 모든 구성요건을 단순한 의미의 서술적인 개념에 의하여 규정하여야 한다는 것은 아니다. 처벌법규의 구성요건이 다소 광범위하여 어떤 범위에서는 법관의 보충적인 해석을 필요로 하는 개념을 사용하였다고 하더라도 그 점만으로 헌법이 요구하는 처벌법규의 명확성원칙에 반드시 배치되는 것이라고 볼 수 없다. 즉 건전한 상식과 통상적인 법감정을 가진 사람으로 하여금 그 적용대상자가 누구이며 구체적으로 어떠한 행위가 금지되고 있는지 충분히 알 수 있도록 규정되어 있다면 죄형법정주의의 명확성원칙에 위배되지 않는다고 보아야 한다. 그렇지 않으면 처벌법규의 구성요건이 지나치게 구체적이고 정형적이 되어 부단히 변화하는 다양한 생활관계를 제대로 규율할 수 없게 될 것이기 때문이다.

법규범이 명확한지 여부는 그 법규범이 수범자에게 법규의 의미내용을 알 수 있도록 공정한 고지를 하여 예측가능성을 주고 있는지 여부 및 그 법규범이 법을 해석·집행하는 기관에 충분한 의미내용을 규율하여 자의적인 법해석이나 법집행이 배제되는지 여부, 다시 말하면 예측가능성 및 자의적 법집행 배제가 확보되는지 여부에 따라 이를 판단할 수 있다.

법규범의 의미내용은 그 문언뿐만 아니라 입법목적이나 입법취지, 입법연혁, 그리고 법규범의 체계적 구조 등을 종합적으로 고려하는 해석방법에 의하여 구체화하게 되므로, 결국 법규범이 명확성원칙에 위배되는지 여부는 위와 같은 해석방법에 의하여 그 의미내용을 합리적으로 파악할 수 있는 해석기준을 얻을 수 있는지 여부에 달려 있다.17)

(2) 명확성의 원칙 위배 여부

이러한 기준에 입각하여 이 사건 법률조항의 입법연혁, 규정형식 그리고 다른 규정들과의 상호관계 등을 고려하여 볼 때 이 사건 법률조항은 법관의 보충적인 해석을 통하여 아래와 같이 그 규범내용이 확정될 수 있다.

① 이 사건 법률조항 중 "후보자를 사퇴한 데 대한 대가"라는 표현의 의미는 '사퇴행위에 대한 보수 또는 반대급부'라고 해석된다.18)

② 이 사건 법률조항은 그 범죄성립을 위한 초과주관적 위법요소로서 고의 외에 별도로 '후보자를 사퇴한 데 대한 대가를 지급할 목적'을 요구하는 이른바 목적범에 해당한다고 볼 것이다. 구체적으로 개별 사건에서 '대가를 지급할 목적'이 있었는지 여부는 공직 제공자와 사퇴한 후보자와의 관계, 후보자 사퇴가 공직 제공자에게 미친 영향, 행위자가 공직을 제공한 동기, 경위 및 과정, 그 수단과 방법, 직위 등 당해 제공행위에 관한 여러 사정을 종합하여 사회통념에 비추어 합리적으로 판단할 수 있을 것이다.19)

③ 한편 공직선거법 제232조 제1항 제1호가 후보자 사퇴 이전에 이루어진 '공직의 제공, 제공의 의사표시, 약속'을 처벌하는 규정을 두고, 같은 항 제2호인 이 사건 공직선거법 조항이 이와 별도로 후보자 사퇴 이후에 이루어진 '공직의 제공, 제공의 의사표시, 약속'을 처벌하는 규정을 두고 있는 점에 비추어 보면, 후보자 사퇴 이전에 이루어진 공직 제공에 대한 합의를 비롯한 부당한 선행행위의 존재는 이 사건 법률조항의 구성요건이 아님을 알 수 있다.20)

④ 이와 같은 이 사건 법률조항의 문언 내용, '대가'라는 개념의 통상적 의미와 용법, 입법연혁과 규정형식, 관련 규정과의 체계, 그리고 선거의 공정성을 확보하려는 공직선거법의 입법목적 등을 종합하여 보면, 이 사건 법률조항은 후보자를 사퇴한 데 대한 보수 또는 보상을 목적으로 후보자이었던 사람에게 공직을 제공하는 행위를 처벌 대상으로 규정한 것이라고 해석된다.21)

따라서 건전한 상식과 통상적인 법감정을 가진 사람이라면 위와 같은 방법을 통해 이

---

17) 헌재 2012. 12. 27. 2012헌바47, 판례집 24-2 (하), 507 (516) 참조.
18) 헌재 2012. 12. 27. 2012헌바47, 판례집 24-2 (하), 507 (517) 참조.
19) 헌재 2012. 12. 27. 2012헌바47, 판례집 24-2 (하), 507 (517 이하) 참조.
20) 헌재 2012. 12. 27. 2012헌바47, 판례집 24-2 (하), 507 (518) 참조.
21) 헌재 2012. 12. 27. 2012헌바47, 판례집 24-2 (하), 507 (518) 참조.

사건 법률조항이 금지하고 있는 행위의 내용을 충분히 파악할 수 있고, 나아가 법집행기관의 자의적인 법해석이나 법집행도 배제되어 있다고 판단된다.

(3) 소결

이 사건 법률조항은 죄형법정주의상 명확성원칙에 반하지 아니한다(반대의견 가능).[22]

2. 정치적 표현의 자유 내지 일반적 행동자유권 침해 여부

(1) 정치적 표현의 자유 내지 일반적 행동자유권의 제한

대통령은 행정부의 수반이지만(헌법 제66조 제4항), 일반적인 공무원과는 달리 정치활동이 허용되고(국가공무원법 제3조 제3항, '국가공무원법 제3조 제3항의 공무원의 범위에 관한 규정' 제2조 제1호) 정당원이 될 수도 있으므로(정당법 제22조 제1항 제1호 단서), 자신의 정치적 의사를 표현할 수 있는 자유, 즉 정치적 표현의 자유(헌법 제21조 제1항)를 가진다.[23] 표현의 자유는 개인이 언론 활동을 통하여 자기의 인격을 형성하는 개인적 가치인 자기실현의 수단임과 동시에 정치적 의사결정에 참여하는 사회적 가치인 자기통치를 실현하는 수단이다. 그러므로 선거에 있어서도 그 공정성을 해치지 않는 한도 내에서 원칙적으로 정치적 표현의 자유는 한껏 보장되어야 한다. 그런데 이 사건 법률조항은 정치적 과정인 선거에서의 후보사퇴와 관련하여 일정한 행위를 금지하고 있으므로 대통령의 정치적 표현의 자유 내지 일반적 행동자유권(헌법 제10조)을 제한하는 것이라 하겠다. 따라서 이러한 기본권들을 제한하는 입법의 위헌 여부는 엄격한 심사기준에 입각하여 판단하여야 할 것이므로, 이 사건 법률조항이 헌법상 과잉금지원칙에 위배되는지 여부를 살펴보기로 한다.[24]

(2) 과잉금지원칙 위배 여부

① 이 사건 법률조항은 후보자의 피선거권 행사의 불가매수성(구체적으로는 등록한 후보자의 사퇴여부와 관련된 의사결정의 불가매수성), 즉 후보자의 사퇴행위가 대가 지급의 대상이 되어서는 안 된다는 원칙을 확립하고, 이를 통해 후보자에 대한 금권의 영향력을 차단함으로써 궁극적으로 선거 문화가 타락하는 것을 막고 선거의 공정성을 지키는 데에 목적이 있으며, 우리의 선거 문화와 풍토, 선거부정 방지에 대한 국민의 기대 등 제반 사정을 고려할 때 이러한 목적의 정당성은 인정된다고 볼 것이다.[25]

② 이 사건 법률조항과 같이 후보자 사퇴 이후의 대가제공행위를 금지하고 처벌하는 것은 '후보자 사퇴의 대가'에 대한 기대를 차단하여 선거 문화의 타락을 막을 뿐 아니라 선거

---

22) 이에 대해서는 헌재 2012. 12. 27. 2012헌바47, 판례집 24-2 (하), 507 (523 이하) - 재판관 송두환, 재판관 이정미, 재판관 김이수의 반대의견 참조.
23) 헌재 2008. 1. 17. 2007헌마700, 판례집 20-1 (상), 139 (157).
24) 헌재 2012. 12. 27. 2012헌바47, 판례집 24-2 (하), 507 (518) 참조.
25) 헌재 2012. 12. 27. 2012헌바47, 판례집 24-2 (하), 507 (518 이하) 참조.

의 염결성 내지 공정성에 대한 국민의 신뢰를 확보하는 데 효과가 있고, 설령 공직 제공 행위가 후보자 사퇴 또는 선거일 후에 이루어져 그 사퇴행위 또는 당해 선거 결과에는 직접적인 영향을 미치지 아니한다고 하더라도, 선거제도라는 관점에서 보면 위와 같은 행위는 선거의 공정과 피선거권 행사의 불가매수성을 훼손하는 행위에 해당하므로, 이를 처벌하는 것은 위 규정의 입법 목적을 달성하는 데 적합한 수단이 된다고 볼 것이다.26)

③ 이 사건 법률조항은 사퇴한 후보자에 대하여 이루어지는 모든 공직 제공행위를 금지하는 것이 아니라 후보자를 사퇴한 데 대한 대가를 목적으로 제공되는 공직 제공행위에 한하여 처벌하여 규제의 대상을 한정하고 있고, 공직 제공과 관련된 공직선거법상 다른 규정들은 이 사건 법률조항과 그 규제의 대상 등이 달라 이 사건 법률조항을 대체하여 위와 같은 입법 목적을 달성할 수 있다고 보기도 어렵다. 한편 이른바 정책연합에 따른 후보단일화는 그러한 공직 제공이 합법적으로 형성된 정책연합의 합의사항 실행을 위하여 통상적으로 필요한 범위 내에서 이루어진 것으로 평가되고 당해 공직 제공이 선거 문화의 타락을 유발하여 선거 공정성에 대한 국민의 신뢰를 저해하는 정도에 이르지 않는 것으로 판단된다면 이 사건 법률조항의 대가성이 존재하지 아니하는 것으로 해석될 수 있을 것이다.27)

④ 이 사건 법률조항에 의하여 보호되는 피선거권의 불가매수성 및 선거의 공정성, 그리고 이에 대한 국민의 신뢰 확보라는 공공의 이익은 민주사회에서 매우 중요한 가치이고, 앞에서 본 바와 같이 이 사건 법률조항으로 인한 정치적 표현의 자유 내지 일반적 행동자유권의 제한은 이러한 공익을 실현하기 위해 필요한 범위 내에 있는 것으로 보이므로, 이 사건 법률조항으로 보호되는 공익과 제한되는 기본권 사이에 균형이 상실되었다고 보기는 어렵다.28)

(3) 소결

이 사건 법률조항은 정치적 표현의 자유 내지 일반적 행동자유권을 침해하지 아니한다. (반대의견 가능)29)

3. 결 론

이 사건 법률조항은 헌법에 위반되지 아니한다. (반대의견 가능)

---

26) 헌재 2012. 12. 27. 2012헌바47, 판례집 24-2 (하), 507 (519) 참조.
27) 헌재 2012. 12. 27. 2012헌바47, 판례집 24-2 (하), 507 (519 이하) 참조.
28) 헌재 2012. 12. 27. 2012헌바47, 판례집 24-2 (하), 507 (520) 참조.
29) 이에 대해서는 헌재 2012. 12. 27. 2012헌바47, 판례집 24-2 (하), 507 (525 이하) - 재판관 송두환, 재판관 이정미, 재판관 김이수의 반대의견 참조.

Ⅳ. 공직선거법 제9조 제1항이 자신의 정치적 표현의 자유를 침해하고 있다는 甲의 주장

1. 甲이 위 사안에 있어서 정치적 표현의 자유를 누릴 수 있는 지위를 가지는지 여부

(1) 대통령의 기본권 주체성 여부

원칙적으로 국가나 국가기관 또는 국가조직의 일부나 공법인은 공권력 행사의 주체이자 기본권의 '수범자'로서 기본권의 '소지자'인 국민의 기본권을 보호 내지 실현해야 할 책임과 의무를 지니고 있을 뿐이므로 기본권의 주체가 될 수 없다. 그러나 국가기관의 직무를 담당하는 자연인이 언제나 기본권의 주체가 될 수 없다고 단정할 수는 없다. 해당 법률조항이나 공권력 작용이 넓은 의미의 국가 조직영역 내에서 공적 과제를 수행하는 주체의 권한 내지 직무영역을 제약하는 성격이 강한 경우에는 그 기본권 주체성이 부정될 것이지만, 그것이 일반 국민으로서 국가에 대하여 가지는 헌법상의 기본권을 제약하는 성격이 강한 경우에는 기본권 주체성을 인정할 수 있기 때문이다.[30)]

따라서 개인의 지위를 겸하는 국가기관이 기본권의 주체가 될 수 있는지 여부는, 해당 법률조항이 규율하는 기본권의 성격, 국가기관으로서의 직무와 제한되는 기본권 간의 밀접성과 관련성, 직무상 행위와 사적인 행위 간의 구별가능성 등을 종합적으로 고려하여 결정되어야 할 것이다. 그러므로 대통령도 국민의 한 사람으로서 제한적으로나마 기본권의 주체가 될 수 있는바, 대통령은 소속 정당을 위하여 정당활동을 할 수 있는 사인으로서의 지위와 국민 모두에 대한 봉사자로서 공익실현의 의무가 있는 헌법기관으로서의 지위를 동시에 갖는데 최소한 전자의 지위와 관련하여는 기본권 주체성을 갖는다고 할 수 있다.[31)]

(2) 甲의 기본권 주체성 여부

이러한 기준을 전제로 하여 살펴보면, 위 사안에서 중앙선거관리위원회의 '대통령의 선거중립의무 준수촉구' 조치는 甲이 기자회견을 통해 반(反)B당 선거연합 성격의 '국민연대'를 결성할 것을 선언하고 향후 선거에서 '국민연대'에 대한 지지를 호소한 것을 그 대상으로 하고 있다. 그런데 이 기자회견은 사적인 성격이 강한 행사여서 그 곳에서의 발언이 엄밀한 의미에서 대통령의 직무와 관련하여 행해진 것으로 단정하기 어려울 뿐만 아니라, 위 조치의 대상이 된 발언내용 중 상당 부분이 甲 개인의 정치적 발언들로서 그 전부가 대통령의 권한이나 직무영역과 밀접하게 관련된 것이라고 보기도 어렵다. 또한 중앙선거관리위원회가 위 조치가 사인이 아닌 대통령에 대한 조치임을 명시적으로 표시하였다 하더라도 기본권 주체성을 판단하기 위하여는 조치의 형식이 아닌 실질을 살펴보아야 하므로 위 조치의 대상이 된 甲의 행위는 순전히 공적인 직무영역에서보다는 어느 정도 공·사가 혼재된 영역에서 나온 것이라 할 것이다. 결국 표현의 자유가 헌법상 강하게 보장되고 있는 기본

30) 헌재 2008. 1. 17. 2007헌마700, 판례집 20-1 (상), 139 (159) - 대통령의 선거중립의무 준수요청 등 조치 취소 참조.
31) 헌재 2008. 1. 17. 2007헌마700, 판례집 20-1 (상), 139 (159) 참조.

권인 점을 고려할 때, 대통령인 甲도 제한된 범위 내에서는 표현의 자유를 누릴 수 있는 기본권 주체성이 있다고 할 것이다.32)

(3) 결론

위 사안에서 甲은 대통령이 아닌 개인으로서 정치적 표현의 자유를 누릴 수 있는 지위를 가진다(반대의견 가능).33)

2. 공직선거법 제9조 제1항이 명확성의 원칙을 위배하는지 여부

공직선거법 제9조 제1항은 "공무원 기타 정치적 중립을 지켜야 하는 자(기관·단체를 포함한다)는 선거에 대한 부당한 영향력의 행사 기타 선거결과에 영향을 미치는 행위를 하여서는 아니된다"라고 규정하고 있는바, 이 규정이 명확성의 원칙에 위배되는지 여부를 검토해 보기로 한다.

(1) 명확성의 원칙의 의의

명확성의 원칙은 기본권을 제한하는 법규범의 내용은 명확하여야 한다는 헌법상의 원칙인바, 만일 법규범의 의미내용이 불확실하다면 법적안정성과 예측가능성을 확보할 수 없고 법집행 당국의 자의적인 법해석과 집행을 가능하게 할 것이기 때문이다. 다만 법규범의 문언은 어느 정도 일반적·규범적 개념을 사용하지 않을 수 없기 때문에 기본적으로 최대한이 아닌 최소한의 명확성을 요구하는 것으로서, 법문언이 법관의 보충적인 가치판단을 통해서 그 의미내용을 확인할 수 있고, 그러한 보충적 해석이 해석자의 개인적인 취향에 따라 좌우될 가능성이 없다면 명확성의 원칙에 반한다고 할 수 없다.

나아가 법규범이 표현의 자유를 규제하는 경우에는 명확성의 요구가 보다 강화된다. 즉 무엇이 금지되는 표현인지 불명확한 경우에 자신이 행하고자 하는 표현이 규제의 대상이 아니라는 확신이 없는 기본권 주체는 대체로 규제에 대한 우려 때문에 표현행위를 스스로 억제하게 될 가능성이 높으므로 표현의 자유를 규제하는 법률은 규제되는 표현의 개념을 세밀하고 명확하게 규정할 것이 요구된다.

사례에서 甲은 이 사건 법률조항으로 인하여 개인으로서의 정치적 표현의 자유를 침해받았다고 주장하고 있으므로, 위 법률조항이 명확성의 원칙에 위반되는지 여부는 엄격한 심사기준에 의하여 판단하여야 할 것이되, 다만 형벌 등 제재규정이 없는 점과 수범자의 범위가 공무원으로 제한되어 있다는 점을 고려하여 다소 완화된 심사기준을 적용하여야 할 것이다.34)

---

32) 헌재 2008. 1. 17. 2007헌마700, 판례집 20-1 (상), 139 (159 이하) 참조.

33) 이에 대해서는 헌재 2008. 1. 17. 2007헌마700, 판례집 20-1 (상), 139 (180 이하) - 재판관 이동흡의 반대의견 참조.

34) 헌재 2008. 1. 17. 2007헌마700, 판례집 20-1 (상), 139 (164) 참조.

(2) 명확성의 원칙 위배 여부

먼저 이 사건 법률조항의 입법목적과 공직선거법에 규정된 다른 조항들과의 관계를 고려하면, 이 사건 법률조항의 행위주체인 '공무원'에 좁은 의미의 직업공무원은 물론, 대통령과 같이 적극적인 정치활동을 통하여 국가에 봉사하는 정치적 공무원이 포함되는 반면, 선거에서의 중립의무를 요구할 수 없는 국회의원과 지방의회의원이 제외되는 것으로 보는 데 어려움이 없다.

나아가 '선거에 대한 부당한 영향력의 행사 기타 선거결과에 영향을 미치는 행위' 부분은 그 의미에 있어서 다소 광범위한 해석의 여지가 없는 것은 아니나, 그 입법취지를 고려한 법률의 합리적 해석에 의하면 '공직자가 공직상 부여되는 정치적 비중과 영향력을 국민 모두에 대하여 봉사하고 책임을 지는 그의 과제와 부합하지 않는 방법으로 사용하여 선거에서의 득표에 영향을 미치는 행위'라고 볼 수 있다.

더구나 이 사건 법률조항의 수범자는 법을 숙지하고 집행하여야 하는 공무원 등으로 한정되어 있고, 특히 대통령의 경우에는 행정부의 수반으로서 그리고 산하 공무원조직의 도움과 자문을 통해 이러한 내용의 파악이나 예측에 더욱 유리한 지위에 있으므로 일반 국민이 수범자인 경우와는 달리 그 명확성의 요구가 완화될 수 있다.

그렇다면 이 사건 법률조항은 앞에서 본 바와 같이 주체나 행위에 대한 제한적인 해석이 가능하여 그 범위를 한정할 수 있고, 나아가 그 입법목적과 입법경위, 수범자의 범위 및 선거과정의 특징 등을 고려할 때[35] 그 수범자가 통상의 법감정과 합리적 상식에 기하여 그 구체적 의미를 충분히 예측하고 해석할 수 있으므로 이 사건 법률조항은 명확성의 원칙에 반하지 않는다고 할 것이다.[36]

(3) 결론

공직선거법 제9조 제1항은 명확성의 원칙에 위배되지 않는다.

3. 甲의 위 주장의 당부

이 사건 법률조항은 선거와 관련하여 대통령이 부당한 영향력의 행사 등으로 선거결과에 영향을 미치는 행위를 하지 못하게 하는 내용인바, 그것이 甲의 정치적 표현의 자유(헌법 제21조 제1항)를 침해하는지 여부가 문제된다.

(1) 대통령의 정치적 표현의 자유와 선거중립의무

정당민주주의하에서 대통령후보자는 정당의 당원으로서 정당의 공천을 받아 선거운동을 거쳐 대통령으로 선출되고, 대통령으로 선출된 이후에도 정당의 당원으로 남아 정치활동을 할 수 있다.[37] 이러한 점에서 대통령은 '정치적 헌법기관' 혹은 '정치인'의 지위를 갖고 특

35) 이에 대해서는 헌재 2008. 1. 17. 2007헌마700, 판례집 20-1 (상), 139 (161 이하) 참조.
36) 헌재 2008. 1. 17. 2007헌마700, 판례집 20-1 (상), 139 (164 이하) 참조.
37) 국가공무원법 제3조 제3항, 제65조, '국가공무원법 제3조 제3항의 공무원의 범위에 관한 규정' 제2조 제1호,

정 정파의 정책이나 이익과 밀접하게 관련될 가능성이 존재하게 된다.

그러나 대의민주주의하에서 선거는 국민이 통치기관을 결정·구성하는 방법이고 선출된 대표자에게 민주적 정당성을 부여함으로써 국민주권주의 원리를 실현하는 핵심적인 역할을 하고 있으므로 선거에서의 공정성 요청은 매우 중요하고 필연적인바, 공명선거의 책무는 우선적으로 국정의 책임자인 대통령에게 있다. 왜냐하면 대통령은 기본적으로 소속 정당의 정책을 집행하는 기관에 그치는 것이 아니라 행정권을 총괄하는 행정부의 수반으로서 공익실현의 의무가 있는 헌법기관이고, 지난 선거에서 자신을 지지한 국민 일부나 정치적 세력의 대통령이 아니라 국가로서 조직된 공동체 및 국민 모두의 대통령이며, 대통령은 자신을 지지하는 국민의 범위를 초월하여 국민 전체에 대하여 봉사함으로써 사회공동체를 통합시켜야 할 책무를 지고 있기 때문이다. 또한 선거에 관한 사무는 행정부와는 독립된 헌법기관인 선거관리위원회가 주관하게 되어 있지만 (헌법 제114조 제1항), 선거를 구체적으로 실행하는 데 있어서 행정부 공무원의 지원과 협조 없이는 현실적으로 불가능하므로 행정부 수반인 대통령의 선거중립이 매우 긴요하다. 나아가 공무원들이 직업공무원제에 의하여 신분을 보장받고 있다 하여도, 최종적인 인사권과 지휘감독권을 갖고 있는 대통령의 정치적 성향을 의식하지 않을 수 없으므로 대통령의 선거개입은 선거의 공정을 해할 우려가 무척 높다. 따라서 선거활동에 관하여 대통령의 정치활동의 자유와 선거중립의무가 충돌하는 경우에는 후자가 강조되고 우선되어야 한다.[38)]

이러한 맥락에서 공직선거법 제9조 제1항은 대통령의 선거중립의무를 규정함으로써 대통령의 정치적 표현의 자유를 제한하고 있다.

(2) 과잉금지원칙 위반 여부

선거의 공정성을 위해 대통령의 정치적 표현의 자유를 제한하는 경우에도 과잉금지원칙이 준수되어야 한다.

① 이 사건 법률조항은 공무원에게 정치적 중립의무를 부과하여 선거의 공정이 이루어지도록 함으로써 궁극적으로 선거를 통하여 국민주권원리가 구현될 수 있도록 하는 데 그 목적이 있는바, 이는 선거의 공정이라는 공공복리를 위한 정당한 입법목적이라고 할 것이다.[39)]

② 선거의 공정성을 보장하는 이유는 자유선거의 원칙, 즉 유권자가 국가기관 기타 외부세력으로부터 어떠한 영향을 받음이 없이 자유롭고 공개된 과정을 거쳐 그의 의사를 결정할 수 있어야 한다는 원칙을 지키기 위한 것이다. 그런데 국가기관을 구성하는 공무원은 실질적·현실적으로 선거과정이나 결과에 영향을 미칠 수 있는 지위에 있고, 특히 행정부의 수반인 대통령의 선거 개입은 앞에서 본 바와 같이 자유선거의 원칙을 해칠 우려가 농후

정당법 제22조 제1항 제1호 단서 참조.

38) 헌재 2008. 1. 17. 2007헌마700, 판례집 20-1 (상), 139 (167) 참조.

39) 헌재 2008. 1. 17. 2007헌마700, 판례집 20-1 (상), 139 (168) 참조.

하므로, 이 사건 법률조항은 '선거의 공정성 확보'라는 입법목적에 적합한 수단이라고 할 것이다.40)

③ 공직선거법은 공무원의 선거운동을 규제하기 위하여 제85조(지위를 이용한 선거운동 금지)와 제86조(공무원 등의 선거에 영향을 미치는 행위금지)에서 금지되는 공무원의 행위를 나열하고 이에 대한 벌칙규정(제255조)을 두고 있을 뿐 아니라, 일반적 벌칙규정에서 일정한 유형의 선거관련 행위들을 처벌하면서 공무원의 경우에는 가중처벌하는 규정들을 두고 있다 (제232조, 제237조, 제238조 내지 제243조, 제247조 내지 제249조). 그러므로 이러한 금지규정 및 벌칙규정과 별도로 이 사건 법률조항을 규정한 것이 피해의 최소성 원칙에 반하는 것이 아닌가하는 의문이 있다. 그러나 우리 입법부가 관권에 의한 부정선거를 규제하고자 수차 선거법을 개정하였음에도 불구하고 공무원의 선거개입행위가 근절되지 않자, 공무원의 선거중립의무를 포괄적이고 일반적으로 금지하는 규정이 필요하다는 판단 아래, 1994년 구 '공직선거 및 선거부정방지법'(1994. 3. 16. 법률 제4739호)을 제정하면서 이 사건 법률조항을 신설한 것인바, 이러한 입법취지에 비추어 볼 때, 공직선거법이 제85조, 제86조, 제255조 및 위 공무원가중처벌 규정과 별도로 위 법률조항을 규정한 것이 피해최소성의 원칙에 반한다고 할 수 없다.41)

또한 이 사건 법률조항은 대통령의 정치적 표현의 자유를 상시적으로 모든 영역에서 규제하는 것이 아니라, 선거가 임박한 시기에 부당한 영향력을 행사하는 방법으로 선거결과에 영향을 미치는 표현행위만을 규제하는 것이다. 따라서 대통령은 소속 정당원으로서 정치적 의견을 표시할 수 있지만, 국가의 원수 및 행정부 수반으로서의 지위에서 직무를 수행하는 때에는 원칙적으로 정당정치적 의견표명을 삼가야 하며, 나아가 대통령이 국가기관의 신분에서 선거관련 발언을 하는 경우에는 선거에서의 정치적 중립의무의 구속을 받는다. 나아가 이 사건 법률조항은 대통령의 직무집행과 관련된 공적인 행위만을 규제하는 것이고 대통령의 순수한 개인적인 영역까지 규제하는 것은 아니며, 이 사건 법률조항의 위반에 대한 제재조항이 없어 위 조항을 위반한다고 하여도 형사처벌을 받을 위험성이 없다. 특히 대통령에 대하여는 징계 등 신분상의 불이익도 없이, 다만 탄핵소추의 사유만이 될 수 있을 뿐이다.42)

따라서 이 사건 법률조항으로 인하여 제한되는 대통령의 표현의 자유는 시기·방법·영역에 의하여 일부분에 한정될 뿐 아니라, 이를 위반하였을 때의 제재도 과중하지 않으므로 이 사건 법률조항은 피해의 최소성을 갖추었다고 할 것이다.

④ 이 사건 법률조항으로 이루고자 하는 공익은 '선거의 공정성'이고, 이로 인하여 공무원이 입을 불이익은 '정치적 표현의 자유의 제한'이다. 그런데 앞에서 본 바와 같이 민주주의 국가에서 공무원, 특히 대통령의 선거중립으로 인하여 얻게 될 '선거의 공정성'은 매우

---

40) 헌재 2008. 1. 17. 2007헌마700, 판례집 20-1 (상), 139 (168) 참조.
41) 헌재 2008. 1. 17. 2007헌마700, 판례집 20-1 (상), 139 (169) 참조.
42) 헌재 2008. 1. 17. 2007헌마700, 판례집 20-1 (상), 139 (169 이하) 참조.

크고 중요한 반면, 대통령이 감수하여야 할 '표현의 자유 제한'은 상당히 한정적이므로, 위 법률조항은 법익의 균형성도 갖추었다 할 것이다.[43)]

(3) 결론

공직선거법 제9조 제1항은 헌법에 위반되지 아니한다. 따라서 이 사건 법률조항이 자신의 정치적 표현의 자유를 침해하고 있다는 甲의 주장은 이유 없다(반대의견 가능).[44)]

43) 헌재 2008. 1. 17. 2007헌마700, 판례집 20-1 (상), 139 (170) 참조.

44) 이에 대해서는 헌재 2008. 1. 17. 2007헌마700, 판례집 20-1 (상), 139 (193 이하) - 재판관 조대현의 반대의견과 헌재 2008. 1. 17. 2007헌마700, 판례집 20-1 (상), 139 (198 이하) - 재판관 송두환의 반대의견 참조.

2013년도 제3차 법전협주관 모의시험

공 법 제2문

공 법

제 2 문

부산광역시장 甲은 복합환승센터 개발을 위해 도시철도 1호선 노포역 주변지역을 유통상업지역으로 지정하였는데, A백화점은 이 지역에 부산 노포점을 건축하기 위하여 수년 전에 상당한 규모의 부지를 확보하여 보유하고 있다.

부산광역시장 甲은 노포역 주변을 포함한 몇몇 역세권지역을 과밀화방지를 위하여 건폐율 제한을 강화하는 구역으로 지정하였고 부산광역시 의회는 이러한 구역의 건폐율을, 그 구역에 적용할 건폐율의 최대한도의 100분의 75 이하로 하는 규정을 도시계획조례에 마련하였다. 더 나아가 부산광역시장 甲은 위 복합환승센터 건설예정지 일대를 지구단위계획구역으로 지정 고시함과 동시에, 동 구역에 대한 지구단위계획을 도시관리계획으로 결정 고시하였는데 동 구역의 건폐율은 45%를 초과할 수 없는 것으로 더욱 강화되었다. 이에 A백화점은 건폐율제한이 과도하여 향후 부산 노포점의 건축 자체를 원점에서 재검토하여야 할 상황이 되었다고 여기고 있다.

1. (1) A백화점은 도시계획조례와(지구단위계획에 관한)도시관리계획에 의한 건폐율제한이 과도하다고 여기고 있다. A 백화점은 도시계획조례 및 (지구단위계획에 관한)도시관리계획의 취소를 구하는 행정소송을 제기할 수 있는가?(25점)

(2) A백화점이 당해 건폐율을 상향조정하는 내용으로 지구단위계획을 변경하는 도시관리계획의 입안을 부산광역시장 甲에게 제안하였으나 부산광역시장 甲은 이를 거부하였다. A 백화점은 이 거부행위에 대해 항고소송을 통해 다툴 수 있는가?(15점)

2. A백화점의 부산 노포점 예정부지는 B 소유의 밭을 매입한 것인데, A백화점은 매입 이후 2년간 회사차량의 주차장으로 사용해 왔었다. 그런데 아래의 그림이 보여주듯이 B 소유의 밭은 당초 도로법상의 도로에 인접하였고, 인도에 해당하는 부분은 수년 전부터 그 형태가 거의 멸실되어 밭과 구분이 되지 않았다. B는 국유재산인 인도부분을 매각하기 전 20년 이상 점유하여 왔다.

최근 부산광역시 금정구청장 乙이 도로의 불법 점 ·사용을 이유로 A백화점에 변상금부과처분을 하였다. 이 변상금부과처분은 적법한가?(30점)

〔참고그림〕

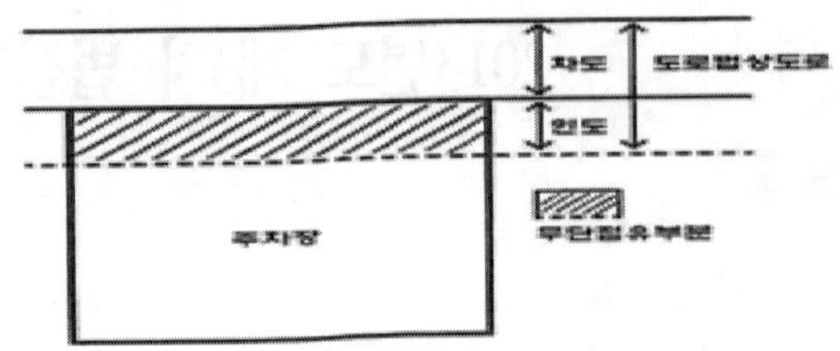

3. 한편, 부산광역시장 甲은 노포역 주변에 복합환승센터를 설치하기 위하여 수용절차를 진행하였다. 토지소유자 C가 협의에 불응함에 따라 부산광역시장 甲은 관할 지방토지수용위원회에 재결을 신청하여 수용재결을 받고 보상금을 공탁하였다. 토지소유자 C가 보상금을 증액하기 위하여 거쳐야 하는 절차를 설명하시오.(30점)

〔관련법령〕 (이하의 법령은 사례를 위해 가공하였음)

「건축법」

제55조(건축물의 건폐율) 대지면적에 대한 건축면적의 비율(이하 "건폐율"이라 한다)의 최대한도는 「국토의 계획 및 이용에 관한 법률」 제77조에 따른 건폐율의 기준에 따른다.

「국토의 계획 및 이용에 관한 법률」

제26조(도시·군관리계획 입안의 제안) ① 주민(이해관계자를 포함한다. 이하 같다)은 다음 각 호의 사항에 대하여 제24조에 따라 도시·군관리계획을 입안할 수 있는 자에게 도시·군관리계획의 입안을 제안할 수 있다. 이 경우 제안서에는 도시·군관리계획도서와 계획설명서를 첨부하여야 한다.

1. 기반시설의 설치·정비 또는 개량에 관한 사항
2. 지구단위계획구역의 지정 및 변경과 지구단위계획의 수립 및 변경에 관한 사항

② 제1항에 따라 도시·군관리계획의 입안을 제안받은 자는 그 처리 결과를 제안자에게 알려야 한다.

제50조(지구단위계획구역 및 지구단위계획의 결정) 지구단위계획구역 및 지구단위계획은 도시·군관리계획으로 결정한다.

제52조(지구단위계획의 내용) ① 지구단위계획구역의 지정목적을 이루기 위하여 지구단위계획에는 다음 각 호의 사항 중 제2호와 제4호의 사항을 포함한 둘 이상의 사항이 포함되어야 한다. 다만, 제1호의2를 내용으로 하는 지구단위계획의 경우에는 그러하지 아니하다.

1.-1의 2 생략
2. 대통령령으로 정하는 기반시설의 배치와 규모
3. 생략

4. 건축물의 용도제한, 건축물의 건폐율 또는 용적률, 건축물 높이의 최고한도 또는 최저한도
5.-8. 생략
제54조(지구단위계획구역에서의 건축 등) 지구단위계획구역에서 건축물을 건축 또는 용도변경하거나 공작물을 설치하려면 그 지구단위계획에 맞게 하여야 한다. 다만, 지구단위계획이 수립되어 있지 아니한 경우에는 그러하지 아니하다.
제77조(용도지역의 건폐율) ① 제36조에 따라 지정된 용도지역에서 건폐율의 최대한도는 관할 구역의 면적과 인구 규모, 용도지역의 특성 등을 고려하여 다음 각 호의 범위에서 대통령령으로 정하는 기준에 따라 특별시·광역시·특별자치시·특별자치도·시 또는 군의 조례로 정한다.
나. 상업지역: 90퍼센트 이하
④ 다음 각 호의 어느 하나에 해당하는 경우로서 대통령령으로 정하는 경우에는 제1항에도 불구하고 대통령령으로 정하는 기준에 따라 특별시·광역시·특별자치시·특별자치도·시 또는 군의 조례로 건폐율을 따로 정할 수 있다.
1. 토지이용의 과밀화를 방지하기 위하여 건폐율을 강화할 필요가 있는 경우

「국토의 계획 및 이용에 관한 법률 시행령」

제84조(용도지역안에서의 건폐율) ① 법 제77조제1항 및 제2항의 규정에 의한 건폐율은 다음 각호의 범위안에서 지방자치단체의 도시계획조례가 정하는 비율을 초과하여서는 아니된다.
④ 지방자치단체장이 법 제77조 제4항 제1호의 규정에 의하여 도시지역에서 토지이용의 과밀화를 방지하기 위하여 건폐율을 낮추어야 할 필요가 있다고 인정하여 당해 지방자치단체에 설치된 도시계획위원회의 심의를 거쳐 정한 구역안에서의 건축물의 경우에는 그 건폐율은 그 구역에 적용할 건폐율의 최대한도의 40퍼센트 이상의 범위안에서 지방자치단체의 도시·군계획조례가 정하는 비율을 초과하여서는 아니된다.

「도로법」

제38조(도로의 점용) ① 도로의 구역에서 공작물이나 물건, 그 밖의 시설을 신설·개축·변경 또는 제거하거나 그 밖의 목적으로 도로를 점용하려는 자는 관리청의 허가를 받아야 한다.
제94조(변상금의 징수) 제38조에 따른 도로 점용허가를 받지 아니하고 도로를 점용한 자에 대하여는 그 점용기간에 대한 점용료의 100분의 120에 상당하는 금액을 변상금으로 징수할 수 있다.

「부산광역시 도시계획조례」

제52조(건폐율의 강화) ① 법 제77조 제1항 및 영 제84조 제1항에 의한 용도지역별 건폐율의 최대한도는 다음과 같다.
10. 유통상업지역 : 80퍼센트 이하
② 법 제77조 제4항 제1호 및 영 제84조 제4항에 의하면 토지이용의 과밀화를 방지하기 위하여 건폐율을 낮추어야 할 필요가 있다고 인정되는 구역 안에서의 건폐율은 그 구역에 적용할 건폐율의 최대한도의 100분의 75이하이다.

C/O/N/T/E/N/T/S

제2문

김 향 기 〔성신여자대학교 법대 교수〕

Ⅰ. 설문 1의 (1) 검토(25점)

1. 문제의 소재(1점)

취소소송을 제기하려면 당사자적격과 대상적격 및 출소기간 등 소송요건의 충족이 필요한바, 설문은 도시계획조례 및 도시관리계획의 취소소송의 제기 가능성을 묻고 있으므로 대상적격이 문제된다. 따라서 부산광역시 도시계획조례 및 부산광역시장 甲이 결정・고시한 도시관리계획이 각각 취소소송의 대상적격에 해당하는지 문제된다.

2. 취소소송의 대상적격(3점)

취소소송의 대상적격이란 취소소송의 대상으로 될 수 있는 소송요건을 말하는바, 취소소송의 대상은 처분등이다(행정소송법 제19조). 여기서 '처분등'이란 처분과 행정심판의 재결을 말하며, 처분이란 행정청이 행하는 구체적 사실에 관한 법집행으로서의 공권력의 행사 또는 그 거부와 그 밖에 이에 준하는 행정작용을 말한다(동법 제2조 제1항 제1호). 취소소송의 대상적격에 관하여 판례는 "항고소송의 대상이 되는 행정처분은 행정청의 공법상 행위로서 특정사항에 대하여 법규에 의한 권리의 설정 또는 의무의 부담을 명하거나, 기타 법률상 효과를 발생하게 하는 등 국민의 권리의무에 직접 관계가 있는 행위를 가리키는 것이고, 상대방 또는 기타 관계자들의 법률상 지위에 직접적인 법률적 변동을 일으키지 아니하는 행위는 항고소송의 대상이 되는 행정처분이 아니다."라고 판시하고 있다(대법원 1999.10.22. 98두18435; 대법원 2011.04.21. 2010무111 등). 따라서 취소소송의 대상인 처분은 상대방 등의 권리의무 등 법률상 지위에 직접적인 법률적 변동을 일으키는 행위여야 한다. 또한 행정소송은 구체적 사건에 관한 법적 분쟁을 법에 의해 해결하기 위한 것이므로 '구체적 사실에 대한 법집행행위'만이 소송의 대상이 되며, 일반적・추상적인 법령이나 행정계획 등은 그 규율대상이 제한되어 있더라도 원칙적으로 항고소송의 대상이 아니다.

3. 도시계획조례의 취소소송의 대상적격 여부(9점)

(1) 조례의 의의 및 성질

조례는 지방자치단체가 법령의 범위 안에서 그 권한에 속하는 사무에 관하여 지방의회의 의결로서 제정하는 법이다(지방자치법 제22조). 조례는 보통 법규의 성질을 가지지만, 법규가 아닌 행정규칙적 성질을 가지는 것도 있다.

(2) 조례가 취소소송으로 다투어 질 수 있는 경우

(가) 처분적 조례

조례 등 법령에 대한 법원의 직접적 통제는 불가하나, 처분적 명령의 경우에 개인의 권리를 침해하면 직접 항고소송으로 다툴 수 있다. 판례는 "조례가 집행행위의 개입 없이도 그 자체로서 직접 국민의 구체적인 권리의무나 법적 이익에 영향을 미치는 등의 법률상 효과를 발생하는 경우 그 조례는 항고소송의 대상이 되는 행정처분에 해당한다."고 판시하고 있다(대법원 1996.09.20. 95누8003, 두밀분교 폐지에 관한 조례무효확인소송). 따라서 조례는 법령이기 때문이 아니라 처분적 명령의 처분성 인정으로 인하여 직접 항고소송이 대상이 될 수 있다.

(나) 선결문제

헌법은 명령, 규칙 또는 처분이 헌법이나 법률에 위반되는 여부가 재판의 전제가 되는 경우에 대법원이 이를 최종적으로 심사할 권한을 진다(헌법 제107조 제2항)고 하여 추상적 규범통제가 아니라 구체적 규범통제만 규정하였다. 판례 또한 "다른 집행행위의 매개 없이 그 자체로서 국민의 구체적인 권리의무나 법률관계에 직접적인 변동을 초래케 하는 것이 아닌 일반적·추상적인 법령 등은 항고소송의 대상이 될 수 없다."고 판시하고 있다(대법원 1994.09.10. 94두33 등). 따라서 조례의 위헌·위법 여부가 당해 사건의 심판을 위한 선결문제로 된 경우에만 법원의 통제가 가능하다.

(3) 사안의 경우

부산광역시 도시계획조례는 부산광역시 의회가 제정하는 자치입법인 조례이다. 위 조례는 건폐율을 상당히 제한하고 있는바, 이로 인해 향후 A백화점이 부산 노포점의 건축허가를 신청하면 원하는 건축허가를 받지 못할 것으로 예상되나, 건축허가를 신청하기 전인 현재에 건축허가처분과 상관없이 위 조례 자체가 직접 A백화점의 건축허가와 관련한 법률상 효과를 발생시키는 것은 아니다. 따라서 위 조례는 처분적 조례라고 할 수 없다. 그리고 위 조례는 유통상업지역의 건폐율은 80퍼센트 이하로, 과밀화 방지를 위한 구역은 100분의 75이하로 규정하고 있다(동조례 제52조 제1항, 제2항). 그런데 국토의 계획 및 이용에 관한 법률에 따르면 용도지역의 건폐율에 관해 조례로 정할 수 있는 범위에 대해, 상업지역은 90퍼센트 이하로 하되(동법 제77조 제1항), 과밀화 방지를 위한 지역은 건폐율의 최대한도의 40퍼센트 이상의 범위에서 조례로 정할 수 있다(동조 제4항, 동법시행령 제84조 제4항). 이와 같이 부산광역시의 도시계획조례는 국토의 계획 및 이용에 관한 법률의 범위 내에서 정하였다고 할 것이므로 적법하다고 할 것이다. 따라서 구체적으로 A백화점에 대한 행정행위는 없으나 위 도시관리계획을 위 도시계획조례에 따른 집행행위로 보더라도 선결문제로서의 위 도시계획조례가 적법하므로 구체적 규범통제도 불가하다. 결국 A 백화점은 위 도시계획조례를 직접 취소소송으로 다툴 수 없다.

4. 도시관리계획의 취소소송의 대상적격 여부(9점)

(1) 행정계획의 의의

행정계획은 일반적으로 행정주체가 일정한 행정활동을 위한 목표로 설정하고, 서로 관련되는 행정수단의 종합·조정을 통하여 목표로 제시된 장래의 일정한 시점에 있어서의 일정한 질서를 실현하기 위한 구상 또는 활동기준의 설정행위라 할 수 있다.

(2) 행정계획의 법적 성질

행정계획의 법적 성질에 관하여, 입법행위설, 행정행위설, 복수성질설 및 독자성설 등 견해가 나뉘고 있으며, 판례는 국민에 구속력을 갖는 행정계획은 처분성을 인정하나(대법원 2002.12.10. 2001두6333 등) 행정기관 내부의 행동지침에 불과한 것은 처분성을 부인한다(대법원 2011.04.21. 2010무111 등). 생각건대, 행정계획은 그 종류와 내용이 매우 다양하기 때문에 모든 종류의 계획에 하나의 법적 성격을 부여한다는 것은 사실상 불가능하므로 개별적으로 판단해야 한다. 따라서 판례에서와 같이 개별공시지가지정・용도지역지정・개발제한구역지정 등과 같이 국민에게 구속력을 갖는 행정계획의 경우에는 항고소송의 대상이 될 수 있는 처분성을 인정할 수 있다.

(3) 사안의 경우

지구단위계획은 도시군관리계획으로 결정하며(국토의 계획 및 이용에 관한 법률 제50조), 지구단위계획에는 건축물의 건폐율 등이 포함되어야 한다(동법 제52조 제1항 제4조). 또한 지구단위계획구역에서의 건축물의 건축은 지구단위계획에 맞게 하여야 하며(동법 제54조), 용도지역의 건폐율이 제한되어 있다(동법 제77조 제1항, 제4항 동법시행령 제84조 제1항, 제4항, 부산광역시 도시계획조례 제52조 제1항, 제2항). 이러한 도시관리계획 관련 법령의 내용 및 취지 등에 비추어 보면, 도시관리계획 대상 지역 내 토지의 소유자는 도시관리계획의 결정・고시에 따라 건축물의 건폐율을 비롯하여 도시계획시설의 종류・내용・범위 등이 제한됨에 따라 토지의 개발 등 이용관계가 달라질 수 있다(대법원 2012.12.26. 2012두19311 등). 그런데 부산광역시장 甲은 A백화점 소유지역에 대해 건폐율을 45%를 초과할 수 없도록 지구단위계획을 도시관리계획으로 결정・고시함으로써 이 지역 토지소유자인 A백화점으로서는 부산 노포점의 건축 자체를 원점에서 재검토해야 하는 등 직접적인 법적 효과에 변동을 가져오게 되었다. 따라서 위 도시관리계획은 A백화점의 법률상 지위에 직접적인 영향을 미치는 것으로 볼 수 있어 취소소송의 대상인 처분이라 할 것이다.

5. 결 론(3점)

부산광역시의 도시계획조례는 A백화점의 노포점 건축 등 향후의 법률상 지위에 영향을 줄 수는 있으나 현재 A백화점에게 직접적인 법률상 지위에 변동을 주는 처분적 법령이라 할 수 없어 위 조례 자체를 취소소송으로 다툴 수 없다. 나아가 국토의 계획 및 이용에 관한 법률과 그 시행령 등 상위법령의 범위에서 정한 것이므로 적법하고, 따라서 위 조례에 따른 집행행위를 다투더라도 선결문제로서 다툴 수도 없다. 그러나 이 도시계획조례에 따른 도시관리계획의 결정・고시는 이 구역의 토지소유자인 A백화점에게 그 건축행위 등 건폐율 제한에 따라 그 법률상 지위에 직접적인 영향을 준다고 할 것이므로 취소소송의 대상인 처분이라 할 것이다. 따라서 A백화점은 위 도시계획조례를 취소소송으로 다툴 수 없으나, 위 도시관리계획은 처분성이 인정되어 취소소송으로 다툴 수 있다.

Ⅱ. 설문 1의 (2) 검토(15점)

1. 문제의 소재(1점)

A백화점의 도시관리계획 입안의 제안에 대한 부산광역시장 甲의 거부행위를 A백화점이 항고소송으로 다툴 수 있는지 문제된다. 따라서 A백화점이 도시관리계획의 입안을 제안할 권리가 있는지, 그리고 항고소송의 대상적격의 성립요건을 충족하고 있는지 문제된다.

2. 도시관리계획 입안의 신청권 여부(4점)

(1) 신청권의 요건

신청권이란 사인이 공법적 효과의 발생을 목적으로 행정청에 대하여 일정한 행위를 요구할 수 있는 개인적 공권을 말한다. 따라서 개인적 공권의 성립요건인 강행법규의 존재와 사익보호성이 존재해야 한다. 즉, 행정청에게 일정한 행위의무를 발생시키는 강행법규가 존재해야 한다. 또한 신청에 관한 법규의 명문규정 또는 그 취지・목적이 공익뿐만 아니라 관계인의 이익보호도 의도하고 있어야 한다.

(2) 도시군관리계획 입안의 신청권여부

국토의 계획 및 이용에 관한 법률에 따르면 주민(이해관계자 포함)은 지구단위계획의 수립 및 변경에 관한 도시군관리계획을 입안할 수 있는 자에게 도시군관리계획의 입안을 제안할 수 있고(동법 제26조 제1항), 그 제안을 받은 자는 그 처리결과를 제안자에게 알려야 한다고 규정하고 있다(동조 제2항). 또한 도시군관리계획은 특별시장・광역시장・특별자치시장・특별자치도지사・시장 또는 군수가 입안하도록 되어 있다(동법 제24조 제1항). 따라서 도시군관리계획의 입안자인 특별시장 등은 주민 내지 이해관계자의 제안이 있으면 그 처리결과를 제안자에게 알려야 하므로 위 조항은 강행규정이라 할 수 있고, 도시군관리계획 입안의 제안에 관한 위 법조항은 공익뿐만 아니라 제안자인 주민 내지 이해관계자의 사익도 보호하는 취지의 규정이라 할 것이다. 따라서 국토의 계획 및 이용에 관한 법률 제26조 제1항과 제2항은 강행규정임과 동시에 사익보호성이 인정된다고 할 것이므로, 이 법조항에 따른 주민 내지 이해관계자는 도시군관리계획의 입안에 대한 신청권이 있고 입안권자는 신청에 따른 응답의 의무가 있다고 할 것이다(대법원 2004.04.28. 2003두1806 등).

(3) 사안의 경우

국토의 계획 및 이용에 관한 법률 제24조 제1항에 따라 부산광역시의 도시관리계획의 입안자는 부산광역시장 甲이며, 동법 제26조 제1항과 제2항에 따라 부산광역시의 도시관리계획구역 내의 토지소유자인 A백화점은 이해관계자로서 부산광역시장인 甲에게 도시관리계획의 입안을 제안할 수 있는 신청권이 인정된다.

3. 항고소송의 대상인 거부처분의 성립요건(8점)

(1) 거부처분의 의의

거부처분은 소극적 행정행위로서 개인이 행정청에 대하여 공권력을 행사해 줄 것을 신청한 경우에 그 신청에 따르는 공권력행사를 거부하는 것을 내용으로 하는 행정행위를 말한다. 이러한 거부처분은 그 처분 전의 상태가 계속되는 것이므로 신청인의 법적 지위에 어떠한 변동을 가져오는 것이라고는 할 수 없으나, 신청인에게 법규상 또는 조리상 일정한 공권력의 행사를 요구할 권리가 있음에도 행정청이 이를 받아들이지 아니함으로써 결과적으로 신청인의 권리 내지 이익을 침해하는 것이 된다.

(2) 거부처분의 성립요건

(가) 신청한 행위가 공권력의 행사에 해당할 것

거부처분이 성립하려면 우선 신청한 행위가 '행정청이 행하는 구체적 사실에 관한 법집행행위로서의 공권력행사 또는 이에 준하는 행정작용'이어야 한다(행정소송법 제2조 제1항 제1호).

(나) 거부행위가 신청인의 법률관계에 영향을 미치는 것일 것

거부행위는 신청인의 법률관계에 어떤 변동을 일으키는 것이어야 한다. 이는 신청인의 실체상의 권리관계에 직접적인 변동을 일으키는 것은 물론, 신청인이 실체상의 권리자로서 권리를 행사함에 중대한 지장을 초래하는 것도 포함한다(대법원 2007.10.11. 2007두1316).

(다) 신청권의 존재여부

국민에게 행정청의 행위발동을 요구할 신청권이 어느 소송요건에 해당하는지에 대하여 견해가 나뉘고 있다. 즉, ① 신청권을 형식적 의미로 이해하고 처분성 인정의 문제로 보는 대상적격설, ② 거부처분의 대상적격 여부는 행정소송법 제2조 제1항 제1호의 처분성 해당여부에 의해 판단해야 하고 신청권의 여부는 원고적격의 문제로 보아야 한다는 원고적격설, ③ 신청권의 문제는 행정행위를 요구할 수 있느냐의 문제로서 소송요건의 문제가 아니라 본안에서 판단해야 한다는 본안요건설 등이 그것이다. 판례는 신청권 여부를 거부처분의 성립요건으로 보아 대상적격설을 취하면서, 다만 신청권을 일반국민을 기준으로 추상적으로 결정하는 것으로 형식상의 단순한 응답요구권의 의미로 본다(대법원 2009.09.10. 2007두20638 등). 생각건대, 신청권의 문제는 신청을 할 법률상 이익이 있는가의 문제로서 원고적격의 문제로 봄이 타당하다.

(3) 사안의 경우

A백화점이 신청한 도시관리계획은 부산광역시장 甲이 결정・고시하는 것으로서, 도시관리구역 내의 토지소유자 및 이해관계자의 의사여하와 관계없이 일방적으로 수인을 강제하

는 법적 효과를 가져 오는 것이다. 따라서 A백화점이 신청한 도시관리계획은 행정청의 구체적 사실에 관한 법집행으로서 행하는 권력적 활동이라 할 것이므로, 거부처분의 첫 번째 성립요건인 공권력행사에 해당한다. 다음, A백화점이 제안한 도시관리계획에 대한 부산광역시장 甲의 거부행위로 인하여 그 도시관리계획구역 내의 토지소유자로서 부산 노포점을 건축하려는 A백화점으로서는 원점에서 재검토해야 할 상황이 되었다. 따라서 A백화점은 위 도시관리계획 구역의 토지소유자라는 권리자로서 건폐율 제한에 따른 권리행사에 중대한 지장을 초래하게 되었다고 할 것이므로 거부처분의 두 번째 성립요건도 충족하였다. 끝으로, 신청권의 존재여부에 대해서는 견해가 나뉘나 원고적격설이나 본안요건설에 따르면 거부처분의 성립요건이 아니므로 위 두 가지 요건충족으로 항고소송의 대상인 거부처분이라 할 것이며, 대상적격설로 보는 경우에는 신청권여부를 검토해야 한다.

4. 결 론(2점)

A백화점은 국토의 계획 및 이용에 관한 법률 제24조 제1항 및 제26조 제1항과 제2항에 따라 도시관리계획 입안의 신청권이 인정된다. 또한 A백화점이 신청한 도시관리계획은 관련 당사자를 일방적으로 구속할 수 있는 것으로 공권력행사에 해당하고, A백화점의 도시관리계획 입안의 신청에 대한 부산광역시장 甲의 거부행위는 이 지역 토지소유자인 A백화점의 노포점 건축 등 권리행사에 영향을 미치는 것이며, A백화점은 도시관리계획 입안의 신청권도 인정된다. 따라서 A백화점의 도시관리계획 입안의 신청에 대한 부산광역시장 甲의 거부행위는 항고소송의 대상인 거부처분의 성립요건을 모두 충족하고 있다. 그러므로 A백화점은 부산광역시장 甲의 위 거부행위에 대하여 항고소송으로 다툴 수 있다.

Ⅲ. 설문 2의 검토(30점)

1. 문제의 소재(2점)

도로법 제94조에 따라 도로의 무단점용의 경우에 변상금이 부과되므로 도로여부 및 무단점용 여부에 따라 변상금부과의 적법여부가 결정된다. 그런데 A백화점이 도로점용허가를 받았다는 사정은 보이지 아니하므로 도로인지 여부가 변상금부과의 적법여부의 판단기준이 된다고 할 것이다. 이 경우 국유재산인 인도부분의 형태가 거의 멸실되어 밭과 구분되지 아니한다는 점과, 20년 이상 B가 점유하여 왔다는 점이 국유재산으로서의 도로의 소멸을 가져오는지 문제된다. 그리하여 이 경우 A백화점이 위 인도부분을 주차장으로 사용한 것이 변상금부과처분의 대상이 되는지 문제된다.

2. 주차장의 인도부분의 법적 성질(15점)

(1) 도로의 법적 성질

도로는 행정주체가 인공을 가하여 공공의 이용에 제공한 공공용물인 인공공물이다. 국유의 도로는 국유공물로서 국유재산법 제6조에 따라 행정재산에 속한다. 행정재산인 공물은 원칙적으로 사권설정이 금지되거나 제한되며, 취득시효도 제한된다.

(2) 도로의 소멸원인

(가) 형태적 요소의 소멸

인공공물의 형태적 요소의 소멸만으로 공물로서의 성질을 상실하는지에 대하여 견해가 나뉜다. 즉, ① 인공공물은 자연적 또는 인위적으로 공물의 실체가 소멸되고 사회통념상 그 실체의 회복을 기대할 수 없게 되면 소멸한다는 긍정설과, ② 공용폐지의 의사표시 없이 형태적 요소의 소멸만으로는 공물소멸이 되지 않는다는 부정설이 그것이다. 판례는 부정설을 취한다(대법원 1994.09.13. 94다12579 등). 생각건대, 국유재산법상 행정재산은 시효취득의 부인(동법 제7조 제2항), 사권설정의 금지(동법 제11조 제2항) 및 처분금지(동법 제27조 제1항) 등을 규정하고 있어 형태적 요소만으로는 공용폐지가 되지 않고 공물폐지의 사유가 될 수 있을 뿐이라고 하겠다.

(나) 의사적 요소의 소멸

인공공물은 그 형태적 요소가 멸실되지 않아도 행정주체의 공용폐지의 의사표시가 있으면 소멸한다. 판례도 행정재산은 명시적이든 묵시적이든 공용폐지의 의사표시가 있어야 소멸한다고 판시하고 있다(대법원 1995.12.22. 95다19478 등). 생각건대, 공공용물은 일반공중의 사용에 제공되고 있는 것이므로 법률관계를 명확히 할 필요가 있고, 공용폐지는 공용개시행위를 철회하는 의미를 가진다는 점에서 명시적 또는 묵시적 의사표시를 요한다고 할 것이다.

(3) 공물의 시효취득

공물에 관하여 민법상의 취득시효에 관한 규정이 적용되는가에 관하여, ① 공용폐지가 없는 한 취득시효가 부인된다는 부정설, ② 사법상 소유권의 대상이 될 수 있는 공물에 한해 시효취득을 할 수 있다는 제한적 시효취득설, ③ 공적 목적에 공용되고 있지 않은 상태가 일정기간 계속되면 묵시적 공용폐지로 보아 할 수 있다는 완전시효취득설 등의 대립이 있다. 판례는 부정설을 취한다(대법원 1995.04.28. 42658 등). 생각건대, 국유재산법 제7조 제2항은 "행정재산은 시효취득의 대상이 되지 아니한다."고 규정하고 있으므로 시효취득이 부정된다고 할 것이다.

(4) 사안의 경우

위 주차장의 인도부분은 그 형태가 거의 멸실되어 밭과 구분되지 않았다 하더라도 공용폐지를 하였다는 명시적 또는 묵시적 의사표시가 있었다는 사정이 있어 보이지 아니하므로 공용폐지를 인정할 수 없다. 또한 인도부분을 B가 A백화점에 매각하기 전 20년 이상 점유하여 왔다 하더라도 위 인도부분은 행정재산으로서 국유재산법 제7조 제2항에 따라 취득시효가 부인되므로 여전히 행정재산인 도로라 할 것이다. 따라서 위 주차장의 인도부분은 행정재산인 공물로서 도로라 할 것이다.

3. 주차장의 인도부분의 사용관계(4점)

(1) 공물의 사용관계

공물의 사용관계란 공물주체와 사용자와의 사이에 발생하는 법률관계를 말한다. 공물 중 공공용물은 일반공중의 공용에 제공하는 것이 본래의 목적이므로 여러 가지 형태의 사용관계가 성립한다. 즉, 그 사용방법을 표준으로 하여 일반사용과 특별사용으로 나눌 수 있는바, 일반사용은 공물의 목적에 따라 자유로이 사용하는 경우이며, 특별사용은 일반사용의 범위를 넘어 사용이 허용된 경우로서 허가사용·특허사용 등으로 나눌 수 있다.

(2) 사안의 경우

도로는 일반 공중의 교통에 제공된 것이므로 자유로운 일반사용이 원칙이나, 일반 공중의 자유사용을 방해하거나 제약을 가하는 경우에는 허가나 특허를 통한 특별사용으로 한다. A백화점의 주차장의 인도부분은 그 형태가 거의 멸실되어 밭으로 사용되다가 주차장으로 되었다고 보이는바, 인도로서의 그 본래의 목적이 아닌 회사차량의 주차장으로 사용하고 있다고 볼 수 있어 도로의 특별사용관계라 할 것이다. 이와 같이 일반인에게 허용되지 아니하는 사용의 권리로 장기간 계속사용하려는 경우에는 관할청의 특허를 받아야 하는 특허사용관계라 할 것이다.

4. A백화점에 대한 변상금부과처분의 적법여부(6점)

(1) 변상금의 의의 및 성질

변상금이란 사용허가나 대부계약 없이 국유재산을 사용·수익하거나 점유한 자에게 부과하는 금액을 말한다(국유재산법 제2조 제9호). 변상금부과처분은 공물관리권에 기하여 무단으로 공물을 사용하는 등 행정법상의 의무위반에 대한 제재로서 과하여지는 급부하명이라 할 것이다.

(2) 변상금의 부과권자 및 부과대상

변상금은 공물의 관리청이 부과하며, 그 부과대상은 국유재산의 무단점유자이다. 즉, 사용허가나 대부계약 없이 국유재산을 사용·수익하거나 점유한 자, 또는 사용허가나 대부계약 기간이 끝난 후 다시 사용허가나 대부계약 없이 국유재산을 계속 사용·수익하거나 점용한 자에게 부과한다.

(3) 사안의 경우

A백화점은 주차장의 국유재산인 인도부분에 대하여 관리청인 부산광역시 금정구청장 을

로부터 사용허가를 받지 아니하고 무단으로 사용하고 있다고 할 것이므로, 을은 A백화점에 대하여 도로법 제94조에 따라 변상금을 부과할 수 있다.

5. 결 론(3점)

A백화점의 주차장의 인도부분은 그 형태가 거의 멸실되었다 하더라도 공용폐지의 의사표시가 없어 여전히 도로라 할 것이고, 20년 이상 점유하고 있다 하더라도 취득시효가 부인되므로 여전히 국유재산인 도로라 할 것이다. 국유재산인 인도부분을 A백화점이 주차장으로 사용하려면 일반공중의 도로로서의 사용을 제약하는 것으로 관리청인 부산광역시 금정구청장 乙의 허가를 받아 사용해야 하는 특별사용관계인 특허사용관계라 할 것이다. 그런데 A백화점은 그 주차장의 인도부분을 관리청인 부산광역시 금정구청장 乙의 허가를 받지 아니하고 사용하고 있으므로 도로법 제94조에 따라 변상금부과처분을 받을 수 있다. 따라서 금정구청장 乙의 A백화점에 대한 변상금부과처분은 적법하다.

Ⅳ. 설문 3의 검토(30점)

1. 문제의 소재(2점)

지방토지수용위원회의 수용재결을 받은 상태인 토지소유자 C가 보상금증액을 위해 취할 수 있는 법적 수단이 문제된다. 이 경우 C는 공익사업을 위한 토지 등의 취득 및 보상에 관한 법률에 따라 중앙토지수용위원회에 이의신청을 제기할 수 있는지, 그리고 행정소송으로 보상금증감청구소송을 제기할 수 있는지 문제된다.

2. 이의신청(10점)

(1) 의의 및 성질

이의신청이란 협의 불성립으로 인한 중앙토지수용위원회 또는 지방토지수용위원회의 재결에 대하여 이의가 있는 자가 중앙토지수용위원회에 불복을 신청하는 것을 말한다(공익사업을 위한 토지 등의 취득 및 보상에 관한 법률 제83조 제1항, 제2항). 이의신청은 임의절차로서 행정심판의 일종이라고 할 수 있다.

(2) 신청절차 및 기간 등

중앙토지수용위원회의 재결에 불복이 있는 자는 중앙토지수용위원회에 이의신청을 할 수 있고(동법 제83조 제1항), 지방토지수용위원회의 재결에 불복이 있는 자는 해당 지방토지수용위원회를 거쳐 중앙토지수용위원회에 이의를 신청할 수 있다(동법 제83조 제2항). 이 경우, 이의신청은 중앙토지수용위원회 또는 지방토지수용위원회의 재결서정본을 받은 날부터 30일 이내에 하여야 한다(동법 제83조 제3항). 이의신청을 받은 중앙토지수

용위원회는 관할 토지수용위원회의 재결이 위법·부당하다고 인정하는 때에는 그 재결의 전부 또는 일부를 취소하거나 보상액을 변경할 수 있다(동법 제84조 제1항).

(3) 처분효력의 부정지

이의신청은 사업의 진행 및 토지의 수용 또는 사용을 정지시키지 아니한다(동법 제88조).

(4) 사안의 경우

토지소유자 C는 공익사업을 위한 토지 등의 취득 및 보상에 관한 법률에 따라서 관할 지방토지수용위원회의 재결서를 받은 날부터 30일 이내에 관할 지방토지수용위원회를 거쳐 중앙토지수용위원회에 이의를 신청할 수 있다.

3. 보상금증감청구소송(13점)

(1) 의의

사업시행자, 토지소유자 또는 관계인은 관할 토지수용위원회의 재결 또는 이의신청에 대하여 불복이 있는 때에는 행정소송을 제기할 수 있다. 이 경우 수용재결취소소송과 보상액증감청구소송을 각각 제기할 수 있고, 이들을 병합하여 제기할 수도 있다. 이 중 보상금증감소송은 수용재결 중 보상금에 대해서만 불복이 있는 경우에 보상금의 증액 또는 감액을 청구하는 소송이다.

(2) 성질

보상금증감청구소송은 토지소유자 또는 관계인과 사업시행자에게 대등한 당사자로 하고 있다는 점에서 형식적 당사자소송이라 하겠다. 또한 보상금증감청구소송에 대해 형성소송설과 확인소송설이 대립하고 있다. 생각건대, 보상금증감청구소송은 법원이 정당한 보상액을 객관적으로 확인하는 것이 아니라, 토지수용위원회의 재결을 취소·변경하여 정당한 보상액을 새로 결정하는 것이므로 형성소송으로 봄이 타당하다(대법원 2010.08.19. 2008두822 등).

(3) 피고

이는 보상액결정에 불복하여 제기하는 소송으로, 당해 소송을 제기하는 자가 토지소유자 또는 관계인인 때에는 사업시행자를, 사업시행자인 때에는 토지소유자 또는 관계인을 각각 피고로 한다(동법 제85조 제2항).

(4) 제소기간

수용재결인 경우에는 재결서를 받은 날부터 60일 이내에, 이의신청을 거친 때에는 이의신청의 재결서를 받은 날부터 30일 이내에 제기할 수 있다(동법 제85조 제1항).

(5) 보상금공탁 및 집행부정지

이의신청의 재결에서 증액된 보상금은 공탁하여야 하며, 보상금을 받을 자는 공탁된 보상금을 소송종결시까지 수령할 수 없다(동법 제85조 제1항 후문). 보상금증감청구소송은 사업의 진행 및 토지의 수용 또는 사용을 정지시키지 아니한다(동법 제88조).

(6) 사안의 경우

C는 관할 지방토지수용위원회의 재결에 대하여 직접 또는 중앙토지수용위원회의 이의신청을 거쳐 사업시행자인 부산광역시장 甲을 피고로 행정법원에 당사자소송으로 보상금증감청구소송을 제기할 수 있다. 이 경우, 이의신청 없이 바로 소송을 제기하려는 경우에는 관할 지방토지수용위원회의 재결서를 받은 날부터 60일 이내에, 중앙토지수용위원회의 이의신청을 거친 경우에는 그 이의신청의 재결서를 받은 날부터 30일 이내에 각각 보상금증감청구소송을 제기할 수 있다.

4. 결 론(5점)

토지소유자 C는 관할 지방토지수용위원회의 재결에 대하여 보상금을 증액하고자 불복을 제기하려면 보상금증액을 요구하는 이의신청을 관할 지방토지수용위원회의 재결서를 받은 날부터 30일 이내에 관할 지방토지수용위원회를 거쳐 중앙토지수용위원회에 제기 할 수 있다. 또한 이의신청 없이 바로 소송을 제기하려는 경우에는 관할 토지수용위원회의 재결서를 받은 날부터 60일 내에, 이의신청을 거쳐 그 이의신청에도 불복하여 소송을 제기하려는 경우에는 그 이의신청의 재결서를 받은 날부터 30일 이내에 사업시행자인 부산광역시 금정구청장 乙을 피고로 하여 행정법원에 보상금증감청구소송을 제기할 수 있다. 이 경우 공탁된 보상금을 소송종결시까지 수령할 수 없으며, 토지수용 등 사업진행은 정지되지 아니한다.

2013년도 제2차 법전협주관 모의시험

공 법 제1문

노정년은 2003년 박사학위를 취득하고 2005년 3월부터 사립 한국대학교 음대 성악과에서 교원으로 근무하고 있다. 대학의 연봉만으로는 노부모와 처, 자녀 등 9인의 가족을 부양하기가 몹시 어렵게 되자, 그는 그 대학 성악과에 지원하려는 중 고등학생들을 대상으로 성악 괴외교습에 나섰다.

한국대학교 인사위원회는 2011년 12월 23일 「학원의 설립 운영 및 괴외교습에 관한 법률」 제3조(이하 "이 사건 법률조항" 이라 함)가 대학교원으로 하여금 괴외교습을 금지하고 있음에도 불구하고 노정년이 주 30시간이 넘는 과외교습활동을 하여 현행법을 위반하였을 뿐만 아니라, 그로 인하여 대학강의를 소홀하게 하고 있어 대학교원으로서의 품위를 잃은 부적격자라는 이유로 그의 재임용을 거부하기로 결정하였고, 이에 따라 한국대학교 총장은 2011년 12월 29일 노정년에게 계약기간 만료와 더불어 재임용의사가 더 이상 없음을 통지하였다. 이에 그는 2012년 3월 2일 교원소청심사위원회에 소청심사를 청구하였으나 2012년 4월 5일 기각되었고, 4월 9일 이 결정을 통지받았다.(※위 노정년은 「학원의 설치 운영 및 괴외교습에 관한 법률」 제3조의 교원에 해당함)

1. (1) 노정년은 2012년 7월 9일 서울행정법원에 취소소송을 제기하여 자신의 권리침해를 구제받고자 한다. 누구를 피고로 하여 어떤 행위를 대상으로 취소소송을 제기하여야 하는가?(15점)

(2) 노정년이 위 (1)의 소송을 위한 자료로 사용하기 위하여 한국대학교 총장에게 자신에 대한 재임용 거부를 의결한 2011년 12월 23일자 교원인사위원회 회의록(여기에는 참석자 명단, 참석자별 발언내용이 기재되어 있음)에 대하여 정보공개청구를 한 경우, 한국대학교 총장은 이를 공개하여야 하는가?(15점)

〔참조조문〕

※ 학원의 설립・운영 및 과외학습에 관한 법률

제2조(정의) 이 법에서 사용하는 용어의 뜻은 다음과 같다.
〈개정 2008.3.28, 2011.7.25〉

1. -3. 생략.

4. "과외교습"이란 초등학교·중학교·고등학교 또는 이에 준하는 학교의 학생이나 학교 입학 또는 학력 인정에 관한 검정을 위한 시험 준비생에게 지식·기술·예능을 교습하는 행위를 말한다. 다만, 다음 각 목의 어느 하나에 해당하는 행위는 제외한다.

가. 제1호가목부터 바목까지의 시설에서 그 설치목적에 따라 행하는 교습행위

나. 같은 등록기준지 내의 친족이 하는 교습행위

다. 대통령령으로 정하는 봉사활동에 속하는 교습행위

5.-6. 생략.

제3조(교원의 과외교습 제한) 「초·중등교육법」 제2조, 「고등교육법」 제2조, 그 밖의 법률에 따라 설립된 학교에 소속된 교원(教員)은 과외교습을 하여서는 아니 된다.

제22조(벌칙) ② 제3조를 위반하여 과외교습을 한 자는 1년 이하의 금고 또는 300만원 이하의 벌금에 처한다.

※ 교원지위 향상을 위한 특별법

제7조(교원소청심사위원회의 설치) ① 각급학교 교원의 징계처분과 그 밖에 그 의사에 반하는 불리한 처분(「교육공무원법」 제11조의3제4항 및 「사립학교법」 제53조의2제6항에 따른 교원에 대한 재임용 거부처분을 포함한다. 이하 같다)에 대한 소청심사(訴請審査)를 하기 위하여 교육부에 교원소청심사위원회(이하 "심사위원회"라 한다)를 둔다.

② 심사위원회는 위원장 1명을 포함하여 7명 이상 9명 이내의 위원으로 구성하되 위원장과 대통령령으로 정하는 수의 위원은 상임(常任)으로 한다.

③ 심사위원회의 조직에 관하여 필요한 사항은 대통령령으로 정한다.

제9조(소청심사의 청구 등) ① 교원이 징계처분과 그 밖에 그 의사에 반하는 불리한 처분에 대하여 불복할 때에는 그 처분이 있었던 것을 안 날부터 30일 이내에 심사위원회에 소청심사를 청구할 수 있다. 이 경우에 심사청구인은 변호사를 대리인으로 선임(選任)할 수 있다.

② 본인의 의사에 반하여 파면·해임·면직처분을 하였을 때에는 그 처분에 대한 심사위원회의 최종 결정이 있을 때까지 후임자를 보충 발령하지 못한다. 다만, 제1항의 기간 내에 소청심사청구를 하지 아니한 경우에는 그 기간이 지난 후에 후임자를 보충 발령할 수 있다.

제10조(소청심사 결정) ① 심사위원회는 소청심사청구를 접수한 날부터 60일 이내에 이에 대한 결정을 하여야 한다. 다만, 심사위원회가 불가피하다고 인정하면 그 의결로 30일을 연장할 수 있다.

② 심사위원회의 결정은 처분권자를 기속한다.

③ 제1항에 따른 심사위원회의 결정에 대하여 교원, 「사립학교법」 제2조에 따른 학교법인 또는 사립학교 경영자 등 당사자는 그 결정서를 송달받은 날부터 90일 이내에 「행정소송법」으로 정하는 바에 따라 소송을 제기할 수 있다.

④ 소청심사의 청구·심사 및 결정 등 심사 절차에 관하여 필요한 사항은 대통령령으로 정한다.

※ 교원소청에 관한 규정

제2조(소청심사청구) ① 교원이 징계처분 그 밖에 그 의사에 반하는 불리한 처분(「교육공무원법」 제11조의3제4항 및 「사립학교법」 제53조의2제6항의 규정에 의한 교원에 대한 재임용 거부처분을 포함한다. 이하 "처분"이라 한다)을 받고 「교원지위향상을 위한 특별법」(이하 "법"이라 한다) 제9조제1항의 규정에 의하여 교원소청심사위원회(이하 "심사위원회"라 한다)에 소청심사를 청구하는 때에는 다음 각 호의 사항을 기재

한 소청심사청구서와 그 부본 1부를 심사위원회에 제출하여야 한다.

1. 소청심사를 청구하는 자(이하 "청구인"이라 한다)의 성명·주민등록번호·주소 및 전화번호
2. 청구인의 소속학교명 또는 전 소속학교명과 직위 또는 전 직위
3. 피청구인(소청심사의 대상이 되는 처분의 처분권자를 말하되, 대통령이 처분권자인 경우에는 처분제청권자를 말한다. 이하 같다)
4. 소청심사청구의 대상이 되는 처분의 내용
5. 소청심사청구의 대상이 되는 처분이 있음을 안 날
6. 소청심사청구의 취지
7. 소청심사청구의 이유 및 입증방법

② 청구인이 처분에 대한 사유설명서 또는 인사발령통지서를 받은 경우에는 그 사본 1부를 제1항의 소청심사청구서에 첨부하여야 한다

※ 공공기관의 정보공개에 관한 법률 시행령

제2조(공공기관의 범위) 「공공기관의 정보공개에 관한 법률」(이하 "법"이라 한다) 제2조제3호에서 "그 밖에 대통령령이 정하는 기관"이라 함은 다음 각호의 기관을 말한다.

1. 초·중등교육법 및 고등교육법 그 밖에 다른 법률에 의하여 설치된 각급학교

※ 고등교육법

제2조(학교의 종류) 고등교육을 실시하기 위하여 다음 각 호의 학교를 둔다.

1. 대학
2. 산업대학
3. 교육대학
4. 전문대학
5. 방송대학·통신대학·방송통신대학 및 사이버대학(이하 "원격대학"이라 한다)
6. 기술대학
7. 각종학교

C/O/N/T/E/N/T/S

제1문 김 향 기 〔성신여자대학교 법대 교수〕

Ⅰ. 설문 1의 (1)의 경우(15점)

1. 문제의 소재(1점)

취소소송의 피고와 대상을 묻는 것이므로 제기기간 등 다른 소송요건은 검토대상이 아니다. 즉, 사립대학의 불이익처분에 대한 교원소청심사위원회의 기각재결에 대한 행정소송에서 피고와 소의 대상이 사립 한국대학교 총장과 그의 불이익처분인지 또는 교원소청심사위원회와 그의 기각결정인지가 문제된다.

2. 피고적격(6점)

(1) 취소소송의 피고적격

취소소송은 다른 법률에 특별한 규정이 없는 한 그 처분 등을 행한 행정청이 피고가 된다(행정소송법 제13조 제1항). 여기서 '처분 등을 행한 행정청'이란 소송의 대상인 처분 등을 그의 명의로 행한 행정청을 말한다.

그런데 행정심판의 재결에 대해 취소소송을 제기하는 경우에는 재결자체에 고유한 위법이 있는 경우에 한해 취소소송의 대상이 되는바(행정소송법 제19조 후단), 이 경우 대상적격에 대응하여 피고는 재결청인 행정심판위원회가 된다. 따라서 재결자체에 고유한 위법이 없는 경우라면 원처분주의에 따라 원처분을 다투어야 하고 따라서 피고 또한 원처분청이 된다. 기각재결의 경우에는 원처분을 다투어야 하는 경우가 보통일 것이므로 피고도 원처분청이 된다고 할 것이다.

(2) 사립학교 교원에 대한 소청결정에 대한 피고적격

사립학교 교원이라 하더라도 그 의사에 반하는 불이익처분에 대해서는 교원지위 향상을 위한 특별법 제7조 제1항과 제9조 제1항에 따라 교원소청심사위원회에 소청심사를 청구할 수 있고, 교원소청심사위원회의 결정에 대해 불복이 있는 사립학교 교원이나 사립학교 법인은 같은법 제10조 제3항에 따라 행정소송을 제기할 수 있다. 그런데 사립대학교의 총장은 사법상의 기관이며 행정청이 아니므로 행정소송의 피고가 될 수 없으나 교원소청심사위원회는 교원의 불이익에 대한 불복사항을 심사하기 위하여 교육부에 두는 행정기관인 행정심판위원회이므로 행정소송의 피고가 될 수 있다. 따라서 사립학교 교원이 교원소청심사위원회의 결정에 불복하는 경우에 재결자체에 고유한 위법이 없다 하더라도 교원소청심사위원회의 결정에 의하여 비로소 행정소송의 대상인 처분이 성립하는 것이므로 취소소송의 피

고도 원처분청인 사립대학교 총장이 아니라 교원소청심사위원회가 된다고 할 것이다.

(3) 사안의 경우

사립 한국대학교 총장은 행정청이 아닌 사인에 불과하고 노정년에 대한 교원소청심사위원회의 결정에 의하여 비로소 행정소송의 대상인 처분이 성립하는 것이므로 행정소송법 제19조 후단의 적용의 여지가 없고 이에 대한 취소소송의 피고 또한 처분행정청인 교원소청심사위원회가 된다고 할 것이다.

3. 대상적격(7점)

(1) 취소소송의 대상

취소소송의 대상은 '처분 등'인바(행정소송법 제19조), 여기서 '처분 등'이란 행정청이 행하는 구체적 사실에 관한 법집행으로서의 공권력의 행사 또는 그 거부와 그 밖에 이에 준하는 행정작용 및 행정심판에 대한 재결을 말한다(같은법 제2조 제1항 제1호). 즉, 처분 등이란 행정청의 처분과 행정심판의 재결을 의미한다.

재결의 경우에는 재결자체에 고유한 위법이 있는 경우에 한하며(행정소송법 제19조 후단), 적법한 행정심판청구에 대한 각하재결, 사정재결과 일부기각재결, 복효적 행정행위에 대한 인용재결이나 부적법한 인용재결 등이 그 예에 속한다.

(2) 사립학교 교원에 대한 소청결정에 대한 대상적격

사립학교 교원에 대한 사립대학 총장의 불이익처분은 사법상의 기관에 의한 사법상의 행위이므로 행정소송의 대상인 처분이 아니다. 그런데 사립학교 교원도 교원지위 향상을 위한 특별법 제7조 제1항과 제9조 제1항에 따라 교육부에 두는 교원소청심사위원회에 소청심사를 청구할 수 있고, 이 소청결정에 불복하는 경우에는 같은법 제10조 제3항에 따라 행정소송을 제기할 수 있다. 따라서 사립학교 교원에 대한 소속대학 총장의 불이익처분에 대하여 교원소청심사위원회의 소청결정은 행정소송의 대상이 처분성이 인정된다. 이와 같이 사립대학 총장의 교원에 대한 불이익처분은 소청결정에 의하여 비로소 처분성이 인정되는 것이므로 소청결정 자체에 고유한 위법여부와 관계없이 오로지 교원소청심사위원회의 소청결정만이 행정소송의 대상이 된다.

(3) 사안의 경우

노정년은 사립 한국대학교 총장에 의한 재임용거부에 대하여 교원소청심사위원회에 소청을 제기하여 기각결정을 받았는바, 행정소송법 제19조 후단의 재결자체에 고유한 위법여부와 관계없이 교원지위 향상을 위한 특별법 제10조 제3항에 따라 교원소청심사위원회의 기각결정을 대상으로 취소소송을 제기할 수 있다. 따라서 노정년이 서울행정법원에 취소소송을 제기하는 경우에 소의 대상은 사립 한국대학교 총장의 재임용거부가 아니라 교원소청위원회의 기각결정이다.

4. 사안의 해결(1점)

행정소송의 피고와 대상은 행정청과 행정처분이므로, 노정년은 교원지위향상을 위한 특별법 제10조 제3항에 따라 교원소청심사위원회를 피고로 동위원회의 기각결정을 대상으로 취소소송을 제기하여야 한다.

Ⅱ. 설문 1의 (2)의 경우(15점)

1. 문제의 소재(1점)

소송자료로 사용하기 위한 교원인사위원회 회의록의 공개청구에 대하여 한국대학교 총장이 이에 응해야 하는지는, 공공기관의 정보공개에 관한 법률에 따라 ① 노정년이 정보공개청구권자이고, ② 한국대학총장이 정보공개의무가 있는 공공기관이며, ③ 교원인사위원회 회의록이 비공개대상정보가 아닌지 등이 문제된다.

2. 노정년의 정보공개청구권자 여부(4점)

(1) 정보공개청구권자의 범위

모든 국민은 정보의 공개를 청구할 권리를 가진다(공공기관의 정보공개에 관한 법률 제5조 제1항). 여기서 국민에는 자연인은 물론 법인, 권리능력 없는 사단과 재단 및 시민단체 등도 포함되며(대법원 2004.8.20. 선고 2003두8302 등), 일정한 경우 외국인에게도 정보공개청구가 인정된다(같은법 시행령 제3조). 정보공개의 목적, 규정내용 및 취지에 비추어 보면 정보공개청구의 목적에 특별한 제한이 없고, 국민의 알권리를 보장하고 국정에 대한 국민의 참여와 국정운영의 투명성을 확보하기 위한 필요한 범위 내에서 공공기관의 정보공개가 필요할 것이므로, 오로지 상대방을 괴롭힐 목적으로 정보공개를 구하고 있다는 등의 특별한 사정이 없는 한 정보공개의 청구가 권리남용에 해당한다고 할 수 없다(대법원 2006.8.24. 선고 2004두2783).

(2) 사안의 경우

모든 국민은 공공기관의 정보공개에 관한 법률에 따라 공공기관에 정보공개를 청구할 권리가 있는데, 노정년은 재임용거부 결정의 피해 당사자이고 교원인사위원회의 회의록을 소송자료로 사용하기 위해 필요할 것이므로 당연히 정보공개청구권자에 속한다고 할 것이다.

3. 사립 한국대학교의 정보공개의무주체인 공공기관 여부(2점)

공공기관의 정보공개에 관한 법률에 적용을 받는 공공기관이란 국가기관, 지방자치단체, 정부투자기관관리기본법 제2조의 규정에 의한 정부투자기관 그 밖에 대통령령이 정하는 기관을 말한다(같은법 제2조 제3호). 여기서 대통령령으로 정하는 기관이란 각급학교, 지

방공사·지방공단, 정부산하기관... 등을 말하므로(같은법 시행령 제2조), 사립 한국대학교는 당연히 정보공개의무주체인 공공기관에 속한다.

4. 교원인사위원회 회의록의 비공개대상정보 여부(7점)

(1) 공개대상정보

공공기관이 보유·관리하는 정보는 공공기관의 정보공개에 관한 법률 제9조 제1항에 따라 원칙적으로 공개대상이 되는바, 여기서 '정보'란 공공기관이 직무상 작성 또는 취득하여 관리하고 있는 문서·도면·사진·필름·테이프·슬라이드 및 그 밖에 이에 준하는 매체 등에 기록된 사항을 말한다(같은법 제2조 제1항 제1호).

(2) 비공개대상정보

정보공개청구권행사는 국가·사회적 법익이나 타인의 기본권과 상호 조화될 수 있는 범위 내에서 정당화될 수 있는바, 이러한 범위를 넘어서는 일정한 경우에는 정보를 비공개로 할 수 있다. 공공기관의 정보공개에 관한 법률 제9조 제1항 단서는 다른 법률 또는 법률이 위임한 명령에 의하여 비밀 또는 비공개사항으로 규정된 정보, 국가안전보장·국방·통일·외교관계 등에 관한 사항으로서 공개될 경우 국가의 중대한 이익을 현저히 해할 우려가 있다고 인정되는 정보 등 공개하지 아니할 수 있는 정보를 명문화하고 있다.

(3) 비공개정보의 판단기준 및 비공개사유의 입증

비공개정보는 비밀정보 또는 공개금지정보를 뜻하는 것이 아니므로 당해 정보의 공개로 달성될 수 있는 공익 및 사익과 비공개로 하여야 할 공익 및 사익을 종합적으로 비교·교량하여 구체적인 사안에 따라 개별적으로 공개여부를 결정해야 한다. 따라서 비공개사유에 해당하지 않는 한 이를 공개하여야 하고, 구체적인 경우에 정보공개를 거부하기 위해서는, 대상이 된 정보의 내용을 구체적으로 확인·검토하여 어느 부분이 어떤 법익 또는 기본권과 충돌되어 공공기관의 정보공개에 관한 법률 제9조 제 몇 호에 정한 비공개사유에 해당하는지를 주장·입증하여야 한다(대법원 2007.2.8. 선고 2006두4899 등).

(4) 사안의 경우

노정년에 대한 재임용거부를 의결한 교원인사위원회 회의록은 사립 한국대학교가 직무상 작성·관리하는 문서이므로 원칙적으로 정보공개법상의 공개대상의 정보라 할 수 있다. 그런데 이 회의록에는 참석자의 명단과 참석자별 발언내용이 기재되어 있어, 같은법 제9조 제1항 단서에서 정한 비공개대상정보 중 제6호에서 정한 "당해 정보에 포함되어 있는 이름·주민등록번호 등 개인에 관한 사항으로서 공개될 경우 개인의 사생활의 비밀 또는 자유를 침해할 우려가 있다고 인정되는 정보"에 해당할 수 있는지 문제될 수 있다. 그러나 노정년은 소송을 위한 자료로 사용하기 위하여 공개청구를 하는 것이므로 같은호 다목 "공공기관이 작성하거나 취득한 정보로서 공개하는 것이 공익 또는 개인의 권리구제를 위하여 필요하다고 인정되는 정보"에 해당된다고 할 수 있고, 참석자의 명단이나 그의 발언내용은 사생활의 내용이 아니라 공적 활동내용이라 할 것이어서 공익과 사익 또는 사익 상호간의 비교형량할 문제도 아니라고 볼 수 있다. 또한 그 공개거부를 하기 위해서는 구체적으로 어느 부분이 어떤 법익 또는 기본권과 충돌되어 같은법 제9조 제 몇 호에 정한 비공개사유에 해당하는지를 주장・입증해야 하는데, 사립 한국대학교 총장은 이러한 비공개사유의 입증도 확인할 수 없으므로 공개거부대상이라 할 수 없다.

따라서 한국대학교 총장은 노정년이 공개청구를 한 교원인사위원회 회의록을 공개하여야 한다.

5. 사안의 해결(1점)

노정년은 공공기관의 정보공개에 관한 법률 제5조 제1항에 따라 정보공개청구권이 있고, 한국대학교는 같은법 제2조 제3호에 따라 정보공개의무주체인 공공기관이며, 교원인사위원회 회의록은 같은법 제9조 제1항 제6호 다목에 따라 비공개대상정보가 아니다. 따라서 노정년의 교원인사위원회 회의록의 공개청구에 대하여 사립 한국대학교 총장은 이를 공개하여야 한다.

2013년도 제2차 법전협주관 모의시험

공 법 제2문

甲은 A시(市)로부터 도시공원 내에 있는 A시 소유의 시설물에 대하여 「공유재산 및 물품관리법」 (이하 '공유재산법' 이라 한다.) 제20조 제1항에 근거하여 공유재산 사용허가를 받아 그 시설물에서 매점을 운영하고 있다. 그런데 위 도시공원을 이용하는 시민들의 수가 증가하면서 매점의 공간이 부족하게 되자 甲은 위 허가받은 시설물(이하 '이 사건 건축물' 이라 한다)의 외부형태를 무단으로 대폭적으로 변경하였다.

이에 A시장은 甲에게 "2013. 5.14.내에 이 사건 건축물의 변경된 부분을 철거하라. 이를 행하지 아니할 때에는 건축법 제80조에 따라 1,000,000원의 이행강제금을 부과할 예정이다." 라는 내용의 시정명령 및 이행강제금 부과계고 문서를 송달한 다음, 2013.5.15. 甲에게 1,000,000원의 이행강제금을 부과하였다. 그럼에도 甲이 여전히 시정하지 아니 하자 A시장은 '사용허가를 받은 행정재산의 원상을 A시장의 승인없이 변경하였다' 는 이유로 甲에 대하여 고유재산법 제25조 제1항 제3호를 근거로 하여 사전통지 및 서면에 의한 의견제출 절차를 거쳐 위 사용허가를 취소하였다. 이어서 A시장은 "(1) 2013. 6.30. 내에 도시공원 내에 있는 A시 소유의 시설물(이 사건 건축물)로부터 퇴거하고 그 내부 시설 및 상품을 반출하라. (2) 2013.7.31. 내에 이 사건 건축물의 변경된 부분을 철거하라. (3) 이상을 이행하지 아니할 때에는 대집행할 것임을 알림" . 이라는 내용의 계고장을 발송하여 2013. 6. 18. 甲 이 이를 수령하였다.

1. 이행강제금 부과처분과 관련하여,

(1) A시장이 甲의 이 사건 건축물의 변경된 부분에 대한 철거의무를 이행시키기 위하여 행정대집행의 방법에 의하지 않고 이행강제금을 부과한 것은 적법한가?(10점)

(2) A시장이 하나의 문서에서 시정명령과 이행강제금 부과계고를 같이 한 것은 적법한가?

2. 공유재산의 사용허가취소와 관련하여,

(1) 甲은 A시 소유의 시설물에서 매점을 운영하는 것이나 사인(私人)소유의 다른 시설물에서 매점을 운영하는 것이나 모두 오르지 甲 개인의 영리활동이라는 사적 이익을 도모하기 위한 것이므로, A시장이 甲에게 한 사용허가 취소의 법적 성실은 '민법상 임대차계약의 해제' 로 보아야 한다고 주장한다. 위 주장의 당부에 대해 논평하시오. (20점)

(2) A시장의 甲에 대한 사용허가취소는 적법한가?(10점)

3. 대집행 계고와 관련하여

A시장의 甲에 대한 대집행 계고는 적법한가 ?(20점)

〔참조조문〕

※ 공유재산 및 물품관리법

제20조(사용・수익허가) ① 지방자치단체의 장은 행정재산에 대하여 그 목적 또는 용도에 장애가 되지 아니하는 범위에서 사용 또는 수익을 허가할 수 있다.

⑤ 제1항에 따라 사용·수익의 허가를 받은 자는 허가기간이 끝나거나 제25조에 따라 사용·수익허가가 취소된 경우에는 그 행정재산을 원상대로 반환하여야 한다. 다만, 지방자치단체의 장이 미리 원상의 변경을 승인한 경우에는 변경된 상태로 반환할 수 있다.

제25조(사용・수익허가의 취소) ① 지방자치단체의 장은 제20조제1항에 따라 행정재산의 사용·수익허가를 받은 자가 다음 각 호의 어느 하나에 해당하면 그 허가를 취소할 수 있다.

1. 사용·수익의 허가를 받은 행정재산을 제20조제3항을 위반하여 다른 사람에게 사용·수익하게 한 경우
2. 해당 행정재산의 관리를 게을리하였거나 그 사용 목적에 위배되게 사용한 경우
3. 지방자치단체의 장의 승인 없이 사용·수익의 허가를 받은 행정재산의 원상을 변경한 경우
4. 거짓 진술, 거짓 증명서류의 제출, 그 밖의 부정한 방법으로 그 허가를 받은 사실이 발견된 경우
5. 제22조 제2항에 따른 납부기한까지 사용료를 내지 아니한 경우

② 지방자치단체의 장은 사용·수익을 허가한 행정재산을 국가나 지방자치단체가 직접 공용 또는 공공용으로 사용하기 위하여 필요로 하게 된 경우에는 그 허가를 취소할 수 있다

26조(청문) 지방자치단체의 장은 제25조제1항에 따라 행정재산의 사용·수익허가를 취소하려면 청문을 하여야 한다

※건축법

제2조(정의) ① 이 법에서 사용하는 용어의 뜻은 다음과 같다.

1.-7.생략

8. "건축"이란 건축물을 신축·증축·개축·재축(再築)하거나 건축물을 이전하는 것을 말한다.

9. "대수선"이란 건축물의 기둥, 보, 내력벽, 주계단 등의 구조나 외부 형태를 수선·변경하거나 증설하는 것으로서 대통령령으로 정하는 것을 말한다.

10. "리모델링"이란 건축물의 노후화를 억제하거나 기능 향상 등을 위하여 대수선하거나 일부 증축하는 행위를 말한다.

11.-19. 생략

② 생략

제11조(건축허가) ① 건축물을 건축하거나 대수선하려는 자는 특별자치도지사 또는 시장·군수·구청장의 허가를 받아야 한다. 다만, 21층 이상의 건축물 등 대통령령으로 정하는 용도 및 규모의 건축물을 특별시나 광역시에 건축하려면 특별시장이나 광역시장의 허가를 받아야 한다.

② -⑩ 생략

제79조(위반 건축물 등에 대한 조치 등) ① 허가권자는 대지나 건축물이 이 법 또는 이 법에 따른 명령이나 처분에 위반되면 이 법에 따른 허가 또는 승인을 취소하거나 그 건축물의 건축주·공사시공자·현장관리인·소유자·관리자 또는 점유자(이하 "건축주등"이라 한다)에게 공사의 중지를 명하거나 상당한 기간을 정하여 그 건축물의 철거·개축·증축·수선·용도변경·사용금지·사용제한, 그 밖에 필요한 조치를 명할 수 있다.

② 허가권자는 제1항에 따라 허가나 승인이 취소된 건축물 또는 제1항에 따른 시정명령을 받고 이행하지 아니한 건축물에 대하여는 다른 법령에 따른 영업이나 그 밖의 행위를 허가하지 아니하도록 요청할 수 있다. 다만, 허가권자가 기간을 정하여 그 사용 또는 영업, 그 밖의 행위를 허용한 주택과 대통령령으로 정하는 경우에는 그러하지 아니하다.

③ 제2항에 따른 요청을 받은 자는 특별한 이유가 없으면 요청에 따라야 한다.

제80조(이행강제금) ① 허가권자는 제79조제1항에 따라 시정명령을 받은 후 시정기간 내에 시정명령을 이행하지 아니한 건축주등에 대하여는 그 시정명령의 이행에 필요한 상당한 이행기한을 정하여 그 기한까지 시정명령을 이행하지 아니하면 다음 각 호의 이행강제금을 부과한다. (단서 생략)

1. 건축물이 제55조와 제56조에 따른 건폐율이나 용적률을 초과하여 건축된 경우 또는 허가를 받지 아니하거나 신고를 하지 아니하고 건축된 경우에는 「지방세법」에 따라 해당 건축물에 적용되는 1제곱미터의 시가표준액의 100분의 50에 해당하는 금액에 위반면적을 곱한 금액 이하
2. 건축물이 제1호 외의 위반 건축물에 해당하는 경우에는 「지방세법」에 따라 그 건축물에 적용되는 시가표준액에 해당하는 금액의 100분의 10의 범위에서 위반내용에 따라 대통령령으로 정하는 금액

② 허가권자는 제1항에 따른 이행강제금을 부과하기 전에 제1항에 따른 이행강제금을 부과·징수한다는 뜻을 미리 문서로써 계고(戒告)하여야 한다.

③ 허가권자는 제1항에 따른 이행강제금을 부과하는 경우 금액, 부과 사유, 납부기한, 수납기관, 이의제기 방법 및 이의제기 기관 등을 구체적으로 밝힌 문서로 하여야 한다.

④ 허가권자는 최초의 시정명령이 있었던 날을 기준으로 하여 1년에 2회 이내의 범위에서 그 시정명령이 이행될 때까지 반복하여 제1항에 따른 이행강제금을 부과·징수할 수 있다.(단서 생략)

⑤ 허가권자는 제79조제1항에 따라 시정명령을 받은 자가 이를 이행하면 새로운 이행강제금의 부과를 즉시 중지하되, 이미 부과된 이행강제금은 징수하여야 한다.

⑥ 허가권자는 제3항에 따라 이행강제금 부과처분을 받은 자가 이행강제금을 납부기한까지 내지 아니하면 지방세 체납처분의 예에 따라 징수한다.

▌C/O/N/T/E/N/T/S

제2문 김 향 기

〔성신여자대학교 법대 교수〕

Ⅰ. 설문 1의 해설

1. 설문 1의 (1)의 경우(10점)

(1) 문제의 소재(1점)

법률유보의 원칙상 철거의무이행을 위한 강제수단은 법령에 근거가 있어야 하고, 다수의 강제수단이 있는 경우에도 비례의 원칙상 어떠한 수단이 적정한지 문제된다. 사안의 경우 행정대집행과 이행강제금의 요건을 충족하고 있으며, 비례의 원칙상 어느 수단이 더 적정한지 문제된다.

(2) 甲의 철거의무이행을 강제하기 위한 법적 근거(1점)

도시공원 내의 A시 소유의 시설물에 대한 사용허가의 법적 근거인 공유재산법 제25조 제3호에 따라 甲에 대한 매점의 사용허가를 취소할 수 있다. 또한 위반 건축물에 대하여는

건축법 제79조 제1항에 따라 상당한 기간을 정하여 위법 건축물의 철거 및 그 밖에 필요한 조치를 명할 수 있고, 같은법 제80조 제1항에 따라 시정명령 및 이행강제금을 부과할 수 있도록 규정하고 있다. 그러나 위 건축법 같은 조항에 따른 그 밖에 필요한 조치에는 행정대집행법에 따른 대집행도 포함될 수 있다.

(3) 행정대집행 및 이행강제금부과의 요건충족 여부(3점)

1) 행정대집행과 이행강제금부과의 요건

대집행을 하기 위한 요건으로, 대체적 작위의무의 불이행이 존재해야 하고, 다른 수단으로 그 이행을 확보하기 곤란하고(보충성 내지 비례의 원칙), 그 불이행을 방치함이 심히 공익을 해치는 것으로 인정되어야 한다. 또한 이행강제금의 부과요건은, 행정상의 작위의무 또는 부작위의무를 불이행한 경우에 상당한 기한을 정하여 시정명령을 하고, 그 시정기한 내에 시정을 하지 아니하면 할 수 있다.

2) 사안의 경우

甲의 변경된 부분에 대한 철거의무는 대체적 작위의무에 해당되어 대집행이나 이행강제금의 대상이 될 수 있다. 그런데 대집행은 보충성의 원리에 따라 다른 수단으로 그 이행의 확보가 곤란한 경우에 할 수 있는데, 건축법 제80조 제1항에서 시정명령을 이행하지 아니한 경우에 이행강제금을 부과하도록 한 규정을 두고 있으므로, 이행강제금부과를 우선적으로 고려할 수 있다.

(4) 행정대집행과 이행강제금부과의 비례원칙 적합여부(4점)

1) 비례원칙의 의의와 내용

비례원칙이란 구체적인 행정목적을 실현함에 있어서 그 목적실현과 수단 사이에 합리적인 비례관계가 유지되어야 하는 것을 말한다. 비례의 원칙은, ① 선택한 수단이 그 목적 달성에 적합해야 한다는 적합성의 원칙과, ② 적합한 수단 중에서도 피해를 가능한 한 적게 하는 수단을 선택해야 한다는 필요성의 원칙 및 ③ 목적실현을 위해 필요한 수단 중에서도 공익상 필요의 정도와 상당한 균형을 유지해야 한다는 상당성의 원칙을 요건으로 한다.

2) 사안의 경우

행정대집행이나 이행강제금부과는 甲의 철거의무이행을 위한 적합한 수단들이라 할 수 있다. 그러나 위법을 시정함에 있어서 직접적인 강제집행수단인 행정대집행보다 의무불이행자가 스스로 행할 수 있게 하는 간접적인 강제수단인 이행강제금부과가 甲에게 피해를 보다 적게 주고, 공익상 필요와도 보다 균형이 유지된다고 볼 수 있다. 따라서 이행강제금부과의 방법이 보다 비례의 원칙에 부합한다.

(5) 사안의 해결(1점)

甲의 위법행위에 대해 공유재산법 제25조 제3호에 따라 甲에 대한 매점의 사용허가를 취소할 수도 있으나, 비례의 원칙상 이는 마지막 수단이 되어야 하고 그 대신 행정대집행이나 이행강제금부과의 방법이 있다. 그런데 행정대집행은 다른 수단으로 그 이행이 곤란할 때 할 수 있는 방법이며, 이행강제금부과는 건축법 제80조 제1항에서 명시하고 있을 뿐만 아니라, 이행강제금부과의 방법이 행정대집행이 방법보다 비례의 원칙에도 더 적합하다. 따라서 A시장이 행정대집행의 방법이 아니라 이행강제금을 부과한 것은 적법하다.

2. 설문 1의 (2)의 경우(10점)

(1) 문제의 소재(1점)

시정명령과 이행가제금 부과계고의 결합가능성이 문제된다.

(2) 이행강제금부과의 요건(5점)

이행강제금에 관한 건축법 제80조 제1항에 따르면, 이행강제금의 부과는 ① 먼저 상당한 기간을 정하여 시정명령을 하고, ② 다음 그 시정기간 내에 시정명령을 이행하지 아니하면, 다시 상당한 이행기한을 정하여 그 기한까지 이행하지 아니하면 이행강제금을 부과·징수한다는 뜻을 문서로 계고하고, ③ 계고한 이행기한 까지도 불이행하면 이행강제금을 부과한다. 판례 또한 같은 취지로, "먼저 건축주 등에 대하여 상당한 기간을 정하여 시정명령을 하고, 건축주 등이 그 시정기간 내에 시정명령을 이행하지 아니하면, 다시 그 시정명령의 이행에 필요한 상당한 이행기한을 정하여 그 기한까지 시정명령을 이행할 수 있는 기회를 준 후가 아니면 이행강제금을 부과할 수 없다"(대법원 2010.06.24. 2010두3978)고 판시하고 있다.

(3) 시정명령과 이행강제금 부과계고의 결합가능성(3점)

이행강제금은 행정청의 시정명령 위반행위에 대하여 부과하는 제재이다(대법원 2007.07.13. 2007마637). 또한 위 이행강제금부과의 요건에서 보는 바와 같이 시정명령의 불이행이 존재하여야 이행강제금의 부과계고를 할 수 있는 것이므로 시정명령과 이행강제금 부과계고를 동시에 결합하여 행하는 것은 원칙적으로 인정될 수 없다.

(4) 사안의 경우(1점)

건축법 제80조 제1항에 따르면 시정명령을 이행하지 아니하는 경우에 상당한 이행기한을 정하여 그 기한까지 시정명령을 이행하지 아니하면 이행강제금을 부과하도록 규정하였다.이와 같이 건축법상 이행강제금의 부과계고는 시정명령의 불이행을 전제로 하고 있으므로 시정명령과 동시에 이행강제금의 부과계고를 할 수 없다고 할 것이다. 따라서 A시장이 하나의 문서에서 시정명령과 이행강제금 부과계고를 같이 한 것은 적법하지 아니하다.

Ⅱ. 설문 2의 해설

1. 설문 2의 (1)의 경우(20점)

(1) 문제의 소재(2점)

甲이 도시공원내의 A시 소유의 시설물에서 매점운영을 하는 것은 공유재산법 제20조 제1항에 따른 것인바, 이러한 매점운영의 성질이 무엇인지 문제된다. 또한 그 사용관계가 사법상 사용관계인지 공법상 사용관계인지 그 법적 성질이 문제된다. 이러한 사용관계의 법적 성질에 따라 그 사용허가의 취소가 민법상의 임대차계약의 해제인지의 여부가 결정된다.

(2) 도시공원 내 매점운영의 법률관계(3점)

도시공원은 일반 공중의 이용에 제공되는 공공용물이므로 일반재산이 아닌 행정재산인바, 甲이 매점을 운영하는 근거법인 공유재산법 제20조 제1항에서도 행정재산임을 명시하고 있다. 그런데 甲의 위 매점운영은 위 법률 조항에 의거하여 도시공원의 목적에 위배되지 아니하는 범위에서 사인의 사용을 승인한 것이므로 행정재산의 목적외 사용관계라 할 것이다.

(3) 행정재산의 목적외 사용의 법적 성질(12점)

행정재산은 일반재산과 달리 대부·매각·교환·양여·신탁 등 사권을 설정하지 못하는 것이 원칙이다(국유재산법 제20조 제1항). 그러나 공원 안의 점포개설 등과 같이 행정재산은 그 용도와 목적에 장해가 되지 아니하는 범위에서 그 사용·수익이 예외적으로 허용될 수 있는바, 이 경우 그 사용관계의 법적 성질에 관해 견해가 나뉜다. 즉,

1) 사법상 계약설

이는 행정재산의 목적외 사용·수익의 내용이나 효과는 경제적인 사적 이익에 관한 것이며 관리청과 사인 사이에 상하관계가 존재한다고 볼 수 없어 사법상 계약에 의한 사용이라고 본다.

2) 행정처분설

이는 실정법상 행정재산의 목적외 사용은 허가에 의하도록 하고 있는 동시에 허가의 취소・철회 등을 규정하고 있고 사용료의 징수를 조세체납절차에 의하도록 하고 있는 점에서 행정처분에 의한 것으로 본다.

3) 이원적 법률관계설

행정재산의 목적외 사용관계의 발생・소멸 및 그 사용료징수관계는 공법관계로 보면서, 특수한 공법적 규율이 없는 그 외의 사용관계는 사법관계라고 한다.

4) 판례

판례는 행정처분설을 취하여 강학상 특허에 해당한다고 본다. 즉, "국유재산 등의 관리청이 하는 행정재산의 사용·수익에 대한 허가는 순전히 사경제주체로서 행하는 사법상의 행위가 아니라 관리청이 공권력을 가진 우월적 지위에서 행하는 행정처분으로서 특정인에게 행정재산을 사용할 수 있는 권리를 설정하여 주는 강학상 특허에 해당한다."(대법원 2006.03.09. 선고 2004다31074 등)

5) 사견

행정재산은 그 용도나 목적에 장애가 되지 아니하는 범위 안에서 사용허가를 할 수 있고(국유재산법 제30조 제1항), 사용료를 대통령령이 정하는 요율과 산출방법에 따라 징수하도록 하고 있으며(같은법 제32조 제1항), 일정한 의무위반에 대하여 그 사용 · 수익허가를 취소 · 철회할 수 있게 하고 있다(같은법 제36조 제1항). 따라서 행정재산의 목적외 사용은 공법관계로서 강학상 특허에 해당한다고 할 것이다.

(4) 사안의 경우(3점)

甲은 도시공원 내의 A시의 소유인 매점을 공유재산 및 물품관리법 제20조 제1항에 근거하여 운영하고 있으므로, 甲의 위 매점의 운영은 행정재산의 목적외 사용이라고 할 것이다. 그런데 甲의 위 매점운영의 근거법인 공유재산 및 물품관리법 제20조 제1항에서 행정재산의 사용 · 수익허가를, 같은법 제25조에서 허가취소의 경우와 이 경우 청문절차에 관해 규정하고 있다는 점에서, 비록 甲의 위 매점운영이 개인의 영리활동이라는 사적 이익을 도모하기 위한 것이라 하더라도, A시장의 甲에 대한 위 매점사용허가는 민법상 임대차계약이 아니라 공법상 행정처분인 특허라 할 것이다. 따라서 A시장이 甲에게 한 위 매점의 사용허가취소의 법적 성질은 '민법상 임대차계약의 해제'가 아니라 특허의 취소라 할 것이므로 甲의 주장은 타당하지 아니하다.

2. 설문 2의 (2)의 경우(10점)

(1) 문제의 소재(1점)

A시장의 甲에 대한 사용허가취소는 공유재산법 제25조 제3항에 근거하여 사전통지 등 적법절차를 거쳐 하였으므로 법률유보원칙의 위반이나 절차하자는 없어 보인다. 다만, 그 사용허가의 취소를 법령의 규정에 따랐다 하더라도 조리상의 제한범위를 벗어났는지 문제된다.

(2) 사용허가취소의 법적 성질(2점)

A시장이 甲에게 한 사용허가취소의 사유는 당초의 허가시의 하자가 아니라 사용허가 이후에 발생한 새로운 사정인 사전 승인 없이 시설물을 변경하였다는 점이다. 따라서 이는

법적 성질상 취소의 사유가 아니라 철회의 사유에 해당하므로, 위 사용허가의 취소의 법적 성질은 사용허가의 철회라고 할 것이다.

(3) 철회권의 제한(5점)

1) 이익형량의 기준

부담적 행정행위의 철회는 상대방의 불이익을 제거하는 것이므로 아무런 제한을 받지 않음이 원칙이나, 수익적 행정행위의 경우에 함부로 철회하면 상대방의 신뢰를 해치게 되므로 일정한 제한을 받는다. 즉, 철회사유가 있다하더라도 공익상 필요와 상당한 균형을 유지해야 하며 가능한 시정수단이 없는 경우에 최후의 수단으로 허용되어야 한다는 비례원칙과, 처분의 존속에 대한 신뢰를 보호해야 한다는 신뢰보호원칙에 의해 제한을 받는다.

2) 철회가 제한되는 경우

기득권의 존중, 불가변력이 있는 행정행위, 시간이 경과된 실권의 경우, 포괄적 신분관계설정이나 복효적 행정행위의 경우 등에는 철회가 제한된다.

3) 철회가 제한되지 아니하는 경우

철회의 제한사유가 있는 경우에도, 법령 및 의무위반 등 수익자의 귀책사유가 있거나, 철회를 정당화할 만한 중대한 공익상의 필요가 있는 경우에는 철회가 가능하다.

(4) 사안의 경우(2점)

사안의 경우에 철회가 제한되는 경우에 해당사항은 없고, 甲이 법령을 위반하여 오히려 철회가 제한되지 아니하는 귀책사유가 인정된다. 또한 일정한 이행기한을 정하여 시정명령을 하고 이를 이행하지 아니하자 이행강제금을 부과하였는데도 불구하고 甲은 여전히 시정하지 아니하여 그 사용허가를 취소한 것이므로 비례원칙이나 신뢰보호원칙에 따른 철회의 제한사유도 없다고 할 것이다. 따라서 A시장의 甲에 대한 위 사용허가취소는 적법하다.

Ⅲ. 설문 3의 해설(20점)

1. 문제의 소재(1점)

대집행 계고가 적법하려면 대집행 계고의 요건을 갖추고 있어야 하는바, A시장이 甲에게 한 대집행의 계고가 대집행의 요건을 갖추고 이어 대집행의 계고의 요건을 모두 충족하고 있는지 문제된다.

2. 대집행요건의 충족여부(5점)

(1) 대집행의 의의와 요건

대집행이란 대체적 작위의무를 불이행한 경우에 당해 행정청이 의무자가 행할 행위를 스스로 행하거나, 또는 제3자로 하여금 이를 행하게 하고 그 비용을 의무자로부터 징수함을 말한다. 대집행을 하기 위해서는, ① 법률 또는 법률에 의거한 행정청의 명령에 의한 행위로서 타인이 대신하여 행할 수 있는 대체적 작위의무의 불이행이 있어야 하고, ② 다른 수단으로 그 이행을 확보하기 곤란하고 ③ 그 불이행을 방치함이 심히 공익을 해치는 것으로 인정되는 등 보충성의 원칙이 적용되고 구체적 이익형량에 의해 신중하게 해야 한다.

(2) 사안의 경우

A시장의 甲에게 부과한 의무 중 (1)의 甲에 대한 퇴거명령은 타인이 대신할 수 있는 대체적 작위의무가 아니어서 대집행의 대상이 되지 아니하나, 그 내부시설 및 상품의 반출명령은 대체적 작위의무라 할 수 있고, (2)의 변경된 부분의 철거명령도 대체적 작위의무이므로 대집행의 대상이라 할 것이다. 또한 대집행 이외에 다른 수단이 확보되어 있다거나, 그 불이행을 방치함이 공익을 해치지 않는다는 사정도 없어 보인다. 따라서 甲이 내부시설 및 상품의 반출의무와 변경된 부분의 철거의무를 불이행 하면 대집행의 요건을 충족하게 된다.

3. 대집행 계고요건의 충족여부(7점)

(1) 대집행 계고의 요건

대집행을 하려면 상당한 이행기한을 정하여, 그 때까지 이행하지 아니할 경우에는 대집행을 한다는 뜻을 미리 문서로써 계고하여야 한다(행정대집행법 제3조 제1항). 대집행의 요건은 계고할 때 충족되어야 하며, 상당한 이행기한이란 사회통념상 이행에 필요한 기한을 말한다. 따라서 대집행계고의 요건은, ① 문서로 하여야 하며, ② 상당한 이행기한을 정해야 하고, ③ 이행할 의무의 내용 및 범위를 구체적으로 특정하여야 하며, ④ 계고할 때 대집행의 요건이 이미 충족되어야 한다.

(2) 사안의 경우

A시장은 반출 및 철거해야할 내용과 범위를 구체적으로 특정하여 계고장을 발송하였다고 볼 것이므로, 상당한 이행기한의 여부와 계고시 대집행요건의 충족여부만 문제된다.

甲이 계고장을 2013.6.18.자로 수령하였고, 매점의 내부시설 및 상품반출은 2013.6.30.까지 이므로 12일의 기한이 주어졌으며, 시설물의 외부형태의 변경된 부분의 철거는 2013.7.31.까지 이므로 43일의 기한이 주어졌다. 이들 기한은 사회통념상 이들의 반출 및 철거의무를 이행하는데 충분한 기한이라고 판단된다. 따라서 상당한 기한의 요건은 충족되었다고 할 수 있으나, 대집행계고 시에 이미 대집행의 요건인 대체적 작위의무의 불이행이 존재하는 것은 아니다. 따라서 반출 및 철거를 명한 원처분과 대집행계고를 동시에 할 수 있는지 문제된다.

4. 원처분과 계고의 결합가능성(5점)

대집행요건은 계고를 할 때 이미 충족되어야 하므로 원처분(철거명령 등)과 계고처분을 동시에 결합하여 행하는 것은 원칙적으로 인정될 수 없다. 그러나 의무불이행이 예견되고 의무불이행을 제거해야할 긴급한 필요가 인정되는 경우라든가, 충분한 이행기한이 주어졌다고 판단되는 경우 등 예외적인 경우에는 원처분과 계고를 동시에 할 수 있다(대법원 1992.6.12. 91누13564 등).

사안에서 甲이 내부시설 및 상품을 반출할 수 있는 12일간의 기한이나 변경된 부분을 철거할 43일의 기한은 사회통념상 상당한 이행기한이라고 볼 수 있으므로 예외적으로 원처분과 계고의 결합가능성이 인정된다.

5. 설문의 해결(2점)

甲에 대한 퇴거명령을 제외한 내부시설 및 상품의 반출명령이나 변경된 부분의 철거명령은 대집행의 대상인 대체적 작위의무에 속하고, A시장의 甲에 대한 대집행계고는 문서로 하였으며 대집행의 내용과 범위도 구체적으로 특정하였다. 또한 내부시설 및 상품의 반출기한은 12일이 주어졌고 변경된 부분의 철거기한은 43일이 주어짐으로써 충분한 이행기한이 주어졌다고 볼 수 있으므로, 반출·철거명령과 대집행계고의 결합가능성이 인정된다고 볼 수 있다. 따라서 A시장의 甲에 대한 대집행계고는 그 요건을 모두 충족하여 적법하다.

2012년도 제2회 법전협주관 모의시험
공 법 제1문

제 1 문

甲은 A 대학교 법학전문대학원 졸업예정자로서 2012. 1. 3.부터 실시된 제1회 변호사시험에 응시하여, 2012. 3. 23. 법무부에 의해 합격자로 발표되었다. 甲은 서울 소재 유수 로펌에 지원을 하였으나, 저조한 로스쿨 성적 때문인지, 매 번 불합격통지를 받았다. 변호사시험을 상당히 우수하게 잘 치루었다고 생각한 甲은 만일 자신의 우수한 변호사시험 성적을 로펌에 제시할 수만 있다면 합격할 수도 있다고 생각하고, 2012. 4. 19. 법무부에 자신의 변호사시험 성적을 공개해 줄 것을 요구하였으나, 2012. 4. 25. 법무부는 변호사시험법상 변호사시험 성적은 불합격자를 제외하고는 공개가 금지되어 있다는 이유로 거부하였다.

이에 甲은 변호사시험성적의 비공개의 근거조항인 변호사시험법 제18조 제1항 제1문(이하 "이 사건 법률조항"이라 한다.)은 자신의 행복추구권, 알권리와 직업선택의 자유를 침해할 뿐만 아니라, 사법시험이나, 공인회계사시험 등 다른 국가자격시험의 경우 비공개에 관한 규정을 두고 있지 않는 것과 비교해 볼 때, 변호사시험성적에 대해서만 비공개로 규정하고 있는 것은 자신의 평등권을 침해하는 것이라고 주장하면서 이 사건 법률조항에 대하여 헌법재판소법 제68조 제1항에 따른 헌법소원심판을 청구하기로 하고, 2012. 5. 30. 헌법재판소에 국선대리인선임신청을 하였다. 헌법재판소는 2012. 6. 20. 청구인의 신청을 인용하고 국선대리인으로 변호사 乙을 선임하였으며, 乙은 2012. 7. 29. 헌법소원심판청구서를 헌법재판소에 우편으로 송부하였고, 헌법재판소는 2012. 8. 3. 동 청구서를 접수하였다.

1. 청구인 甲의 헌법소원심판청구가 적법한지 여부를 판단하라.(20점)
2. 변호사시험법 제18조 제1항 제1문은 甲의 어떠한 기본권과 관련되는가?(10점)
3. 변호사시험법 제18조 제1항 제1문이 청구인의 기본권을 침해하는지 여부에 대하여 판단하라.(40점)
4. 다음 사안을 가정하고 물음에 답하라.

법무부장관은 변호사시험관리위원회(이하 '위원회'라 한다.)의 구성과 관련하여, 적절한 인물이 없다는 이유로 변호사시험법 제14조에 위반하여, 위원회 위원 전부를 변호사 또는 변호사 자격이 있는 자로 구성하였다. 이에 제1회 변호사시험에서 불합격한 丙은 자신에 대한 불합격처분취소소송을 제기하면서, 위와 같은 위법한 위원회의 구성을 불합격처분의 취소 사유로 제시하였다. 법원은 이에 대하여 어떤 판단을 할 것인가?(30점)

〔참조조문〕

※ 변호사시험법(2011. 7. 25. 법률 제10923호로 제정되고 시행된 것)

제1조(목적) 이 법은 변호사에게 필요한 직업윤리와 법률지식 등 법률사무를 수행할 수 있는 능력을 검정하기 위한 변호사시험에 관하여 규정함을 목적으로 한다.

제2조(변호사시험 시행의 기본원칙) 변호사시험(이하 "시험"이라 한다)은 「법학전문대학원 설치운영에 관한 법률」에 따른 법학전문대학원(이하 "법학전문대학원"이라 한다)의 교육과정과 유기적으로 연계하여 시행되어야 한다.

제14조(변호사시험 관리위원회의 설치 및 구성)

① 시험을 실시하기 위하여 법무부에 변호사시험 관리위원회(이하 "위원회"라 한다)를 둔다.

② 위원회는 위원장 1명과 부위원장 1명을 포함한 15명의 위원으로 구성하되, 위원장과 부위원장은 위원 중에서 법무부장관이 지명하는 사람으로 한다.

③ 위원은 다음 각 호의 사람으로 한다.

1. 법무부차관
2. 다음 각 목의 어느 하나에 해당하는 사람 중 법무부장관이 위촉하는 사람

가. 법학교수(부교수 이상의 직위에 있는 사람을 말한다. 이하 같다) 5명

나. 법원행정처장이 추천하는 10년 이상의 경력을 가진 판사 2명

다. 10년 이상의 경력을 가진 검사 2명

라. 대한변호사협회장이 추천하는 10년 이상의 경력을 가진 변호사 3명

마. 그 밖에 학식과 덕망이 있는 사람 등 대통령령으로 정하는 사람 2명(법학을 가르치는 전임강사 이상의 직위에 있는 사람 및 변호사 자격을 가진 사람은 제외한다)

④ 위원의 임기는 2년으로 한다. 다만, 법학교수, 판사, 검사의 직위에 있는 사람임을 자격요건으로 하여 위원으로 위촉된 사람은 그 직위를 사임하는 경우에는 임기가 만료되기 전이라도 해촉된 것으로 본다.

⑤ 위원장은 위원회를 대표하고, 위원회의 업무를 총괄한다.

⑥ 위원장이 부득이한 사유로 직무를 수행할 수 없을 때에는 부위원장이 위원장의 직무를 대행한다.

제15조(위원회의 소관 사무) 위원회는 다음 각 호의 사항을 심의한다.

1. 시험문제의 출제 방향 및 기준에 관한 사항
2. 채점기준에 관한 사항
3. 시험합격자의 결정에 관한 사항
4. 시험방법 및 시험시행방법 등의 개선에 관한 사항
5. 그 밖에 시험에 관하여 법무부장관이 회의에 부치는 사항

제18조(시험정보의 비공개)

① 시험의 성적은 시험에 응시한 사람을 포함하여 누구에게도 공개하지 아니한다. 다만, 시험에 불합격한 사람은 시험의 합격자 발표일부터 6개월 내에 법무부장관에게 본인의 성적 공개를 청구할 수 있다.

② 법무부장관은 채점표, 답안지, 그 밖에 공개하면 시험업무의 공정한 수행에 현저한 지장을 줄 수 있는 정보는 공개하지 아니할 수 있다.

C/O/N/T/E/N/T/S

제1문

장 영 수 〔고려대학교 법학전문대학원 교수〕

Ⅰ. 서: 변호사시험의 출제 경향과 사례형 문제의 대비전략

지난 1월에 제1회 변호사시험이 치러졌고, 내년 1월에는 제2회 변호시험이 예정되어 있다. 이를 위해 금년에도 모의시험이 시행되었으며, 이는 작년의 모의시험과는 또 다른 의미를 갖는다고 볼 수 있다. 이미 제1회 변호사시험을 통해 출제의 기본적인 방향과 출제유형 등이 윤곽을 드러냈으며, 이번 모의시험은 그러한 출제의 경향을 크게 변화시키지 않는 가운데 보다 구체적인 질문의 방식 등을 통하여 제2회 변호사시험의 경향을 가늠해 볼 수 있는 기회를 제공하고 있기 때문이다.

물론 출제진의 구성에 따라 정작 제2회 변호사시험의 출제방식은 모의시험과는 달라질 수도 있다. 그러나 아직은 초기단계인 법학전문대학원의 교육 프로그램이나 변호사시험의 의미 등을 고려할 때, 부분적이고 점진적인 변화는 있을지언정 과격한 변화는 예상하기 어렵다. 따라서 이번 모의시험을 정확하게 분석해 보는 것은, 향후의 변호사시험의 준비 내지 이를 위한 공부방법의 선택에 적지 않은 영향을 줄 수 있을 것이다.

이번 모의시험에서도 각 과목에 따라 난이도의 차이는 있었던 것으로 전해지고 있다. 그러나 헌법 사례형 문제의 경우에는 무난한 문제였던 것으로 평가된다. 제1회 변호사시험과 마찬가지로 사법시험 2차 문제를 연상시키는 출제방식이었고, 소재 또한 특별히 까다로운

것은 아니었다. 다만, 사례에 대한 설명 자체가 짧지 않은데다가 문제의 숫자도 늘었기 때문에 답안작성에서 시간과 분량을 적절하게 조절하는 것이 더욱 중요한 요소로 부각되었다는 점에도 주목할 필요가 있을 것이다.

이 사례에서는 4개의 문제를 제시하고 있는데, 1번부터 3번까지의 문제들은 헌법적 쟁점을 다투는 문제이지만, 4번 문제는 행정법 문제이므로 이 해설에서는 제외한다.

Ⅱ. 사안의 소재와 기본적 쟁점

1. 사안의 분석과 쟁점의 정리

이번 모의시험 공법 제1문은 「변호시험성적의 비공개」를 사건으로 구성한 사례로서 다양한 쟁점들을 제시하고 있다. 이 사례에서 제기되는 여러 개별 쟁점들에 들어가기에 앞서 사례 자체를 접하면서 먼저 생각해야 할 관점은 크게 세 가지로 정리될 수 있다.

첫째, 변호사시험 자체의 성격과 기능에 대한 이해가 전제되어야 한다. 특히 변호사시험이 공무원시험과는 달리 공직임용에 관한 시험은 아니라는 점, 그러나 변호사업의 공적 성격을 고려하여 국가시험으로 치러지고 있다는 점이 고려되어야 할 것이다.

둘째, 자신의 성적에 관한 정보의 공개가 어떤 기본권들과 관련되어 있는지, 그리고 이를 구체화하는 법률들은 어떤 것들이 있는지에 대한 지식들이 적절하게 연계되고 활용되어야 할 것이다.

셋째, 사안에서는 헌법재판소법 제68조 제1항에 따른 권리구제형 헌법소원심판이 청구된 것으로 설정되어 있으므로 그 요건과 심판절차 및 결정의 효력에 대한 지식들이 적절하게 활용되어야 한다.

2. 변호사시험의 성격과 기능

사안에서 변호사시험의 성격과 기능은 매우 중요한 의미를 갖는다. 변호사시험의 성격을 어떻게 이해하느냐에 따라서 변호사시험의 성적을 공개할 것인지의 여부 내지 성적 비공개의 정당성 여부에 대한 법적 판단이 달라질 것이기 때문이다.

여기서는 변호사시험이 비록 공무원 임용시험과는 달리 공직임용에 관한 시험이 아니라 변호사 자격의 부여를 위한 시험이지만 그 공적 성격은 매우 크다는 점이 강조될 필요가 있을 것이다. 즉, 변호사시험을 어떻게 운용할 것인지는 변호사의 직무가 갖는 공적 성격에 크게 영향받을 수밖에 없는 것이다.

이러한 점을 고려하는 가운데 법학전문대학원제도 도입의 의미, 법학전문대학원의 설치 및 운영에 대하여 법률에서 직접 정하고, 국가에서 깊이 관여하고 있는 점들의 연장선상에서 변호사시험의 성적 비공개를 평가하여야 할 것이다.

3. 자신에 대한 성적 정보의 공개 요청이 갖는 의미

사안에서 또 한 가지 중요한 요소는 변호사시험의 성적의 일반적 공개가 아닌 자신의 성적에 대한 공개를 요청한 것과 관련하여 자기정보에 관한 법적 보호의 의의와 범위를 검토하여야 한다는 점이다.

현행헌법은 자기정보에 관한 권리를 별도로 명문화하지 않고 있기 때문에 이를 헌법 제17조의 사생활의 비밀과 자유에 의해 보호되는 것으로 볼 것인지, 아니면 헌법 제21조의 언론의 자유에 포함되는 알권리에 의해 보호되는 것으로 볼 것인지부터 문제될 수 있다.

또한 기존의 헌법재판소판례에서 인정되었던 것처럼 자기정보에 대한 공개청구를 법률의 근거 없이도 직접 효력을 갖는 것으로 인정하는 것이 「성적 공개」에 대해서도 인정될 수 있는지의 여부도 문제될 것이다.

4. 헌법소원심판의 제청과 그에 대한 판단

사안에서 甲은 법무부의 성적공개 거부처분을 받은 이후, 변호사시험성적의 비공개의 근거조항인 변호사시험법 제18조 제1항 제1문에 대해서 헌법재판소법 제68조 제1항에 따른 헌법소원심판을 청구하였다. 즉, 위헌소원이 아닌 권리구제형 헌법소원심판을 제청한 것이다.

따라서 본 사안에서는 권리구제형 헌법소원, 그 중에서도 법령소원을 염두에 두고 헌법소원심판의 적법요건 및 청구취지에 대한 헌법재판소의 본안판단을 생각해 보아야 할 것이다. 특히 법령소원의 경우에는 적법요건 중에서도 직접성 요건이 매우 중요한 의미와 비중을 차지하게 되며, 이를 중심으로 답안을 균형 있게 정리하여야 할 것이다.

본안판단과 관련하여서는 앞서 검토되었던 변호사시험의 공적 성격과 甲이 자신의 성적에 대해서 주장할 수 있는 기본권을 동시에 고려하는 가운데 제한의 정당성에 대한 비례성 판단을 내려야 할 것이다. 특히, 내용의 정확성도 중요하지만, 고려되어야 할 법적 기준 내지 요소들을 빠뜨리지 않고 목차 속에 정리하는 것이 무엇보다 중요할 것이다.

Ⅲ. 설문 1: 헌법소원심판의 적법성에 대한 판단 (20점)

1. 헌법소원의 개념과 청구요건

헌법 제68조 제1항에 따른 헌법소원심판은 공권력에 의한 기본권침해로부터 국민의 기본권을 보호하기 위한 헌법소송이다. 이러한 헌법소원심판은 '사인'이 아니라 '공권력'에 의한 기본권 침해만을 대상으로 하며, 공권력에 의한 침해 중에서도 몇 가지 요건을 갖춘 경우에만 심판의 대상으로 인정한다.

현행법상 헌법소원심판의 적법요건으로는 「공권력의 행사 또는 불행사」에 의한 「기본권의 침해」가 「직접성」, 「현재성」, 「자기관련성」을 갖추고, 「심판청구의 보충성」을 충족시키

며, 기타의 절차적 요건(청구기간, 변호사강제주의 등)을 갖추었을 것이 요청된다.

2. 공권력에 의한 기본권의 침해

사안의 경우 甲은 변호사시험성적의 비공개를 규정한 변호사시험법 규정에 의해 자신의 기본권이 침해되었다고 주장하고 있다.

먼저 변호사시험법 규정이 공권력의 행사 또는 불행사에 해당되는지를 살펴보면, 입법권의 행사를 통해 제정되는 법률조항은 공권력의 행사로 인정될 수 있다.

또한 자신이 치른 변호사시험 성적을 공개해 달라는 甲의 주장은 헌법 제17조 사생활의 비밀과 자유, 또는 헌법 제21조에서 도출되는 알권리의 내용으로 볼 수 있으므로 성적의 비공개는 이러한 甲의 기본권에 대한 제한이 된다는 점은 인정될 수 있다.

3. 기본권침해의 직접성, 현재성, 자기관련성

문제되는 공권력과 침해된 기본권 사이에 직접성, 현재성, 자기관련성의 요건이 갖추어져야 하는데, 사안의 경우 적극적 입법에 의한 기본권의 침해로서 직접성요건이 가장 중요한 비중을 갖는다.

직접성 요건이 충족되기 위해서는 별도의 집행행위를 매개함이 없이 법률규정에서 직접 기본권을 제한하여야 하는데, 사안의 경우 법률에서 직접 변호사시험성적의 비공개를 규정하였고, 관리관청인 법무부에서 이를 재량에 따라서 달리 결정할 여지가 없으므로 직접성 요건은 충족되었다.

그밖에 침해의 현재성 및 자기관련성도 甲이 현재, 자신의 기본권 침해를 주장하고 있으므로 충족된 것으로 보인다.

4. 보충성 요건 및 기타의 형식적 요건

법령에 대한 헌법소원의 경우에는 보충성 요건을 별도로 따지지 않는 것이 헌법재판소의 판례이며,[1] 사안의 경우에도 보충성 요건은 특별히 문제되지 않는다.

그밖에 헌법 제68조 제1항에 따른 권리구제형 헌법소원의 경우 청구기간 및 변호사 강제주의의 적용이 문제될 수 있다. 사안의 경우 甲의 헌법소원심판청구의 기산점을 언제로 볼 것인지가 문제될 수 있는데, 법령소원의 경우에도 헌법재판소는 법령의 시행일을 기준으로 하지 않고, 그 법령에 해당하는 사유가 발생하여 기본권의 침해를 받은 경우 그 사유의 발생을 기준으로 한다.[2] 따라서 甲의 경우 청구기간을 준수한 것으로 볼 수 있다.

---

1) 헌재 1993.5.13. 91헌마190 결정: 법령 자체에 대한 헌법소원심판청구의 경우에도 법령 자체에 의한 직접적인 기본권침해 여부가 문제되었을 경우 그 법령의 효력을 직접 다투는 것을 소송물로 하여 일반 법원에 구제를 구할 수 있는 절차는 존재하지 아니하므로 이 경우에는 다른 구제절차를 거칠 것 없이 바로 헌법소원심판을 청구할 수 있다.

2) 헌재 1996.3.28. 93헌마198 결정: 법령에 대한 헌법소원의 청구기간도 기본권을 침해받은 때로부터 기산하여야 할 것이지 기본권을 침해받기도 전에 그 침해가 확실히 예상되는 등 실체적 제요건이 성숙하여 헌법판단

또한 甲이 국선대리인 선임을 신청하고 헌법재판소가 이를 인용하여 국선대리인을 선임함으로써 변호사강제주의의 요건 또한 충족하였다.

Ⅳ. 설문 2: 관련되는 기본권에 대한 검토 (10점)

1. 변호사시험 성적의 비공개가 갖는 의미와 기본권의 경합

사안의 경우 변호사시험의 성적을 공개하지 않은 것과 직접 충돌되는 기본권은 헌법 제17조 사생활의 비밀과 자유에서 도출되는 자기정보통제권 내지 헌법 제21조 언론의 자유에서 도출되는 알권리이지만, 그밖에도 여러 기본권과 관련이 있다.

2. 자기정보통제권 또는 알권리

甲은 자신의 성적을 공개해 달라고 요청하고 있으며, 이는 헌법 제17조 사생활의 비밀과 자유에서 도출되는 자기정보통제권에 해당되는 것으로 볼 수 있다. 그러나 변호사시험의 성적은 개인에 관한 정보이지만, 공적 성격도 갖는다는 점에서 개인의 신상정보와는 다르다는 점을 생각할 때, 헌법 제21조의 언론의 자유에서 도출되는 알권리의 행사로 보는 것이 더 적절할 수 있다.

3. 평등권

변호사시험 성적의 비공개는 유사한 기능을 담당하고 있는 사법시험의 경우에는 성적을 공개하고 있는 것과 비교하여 불합리한 차별이라는 점을 주장할 수 있으며, 이는 평등권의 침해 문제로 연결될 수 있다.

4. 직업의 자유와의 관련성

또한 甲의 경우 변호사시험의 비공개로 인하여 취업에 어려움을 겪고 있다는 점에서 직업의 자유를 주장할 가능성도 있다. 그러나 변호사시험성적의 공개 자체가 직접 취업의 요건이라고 보기 어렵다는 점에서 이러한 주장을 받아들이기는 어려울 것으로 보인다.

5. 행복추구권의 보충적 적용

그밖에 포괄적 기본권으로서 다양한 경우에 적용될 수 있는 행복추구권이 주장될 수 있

에 적합하게 된 때로부터 기산할 것은 아니므로, 법령의 시행과 동시에 기본권침해를 받은 자는 그 법령이 시행된 사실을 안 날로부터 60일 이내에, 그 법령이 시행된 날로부터 180일 이내에 청구하여야 할 것이나, 법령이 시행된 후에 비로소 그 법령에 해당하는 사유가 발생하여 기본권의 침해를 받게 된 경우에는 그 사유가 발생하였음을 안 날로부터 60일 이내에, 그 사유가 발생한 날로부터 180일 이내에 청구하여야 할 것이다. 따라서 종전에 이와 견해를 달리하여 법령에 대한 헌법소원의 청구기간의 기산점에 관하여 기본권의 침해가 확실히 예상되는 때로부터도 청구기간을 기산한다는 취지로 판시한 우리 재판소의 의견은 이를 변경하기로 한다.

는데, 최근의 헌법재판소 판례에서는 행복추구권의 적용에 대해 과거보다 소극적이며, 이를 인정할 경우에도 보충적 적용에 그치고 있다.

Ⅴ. 설문 3: 기본권의 침해여부에 대한 판단 (40점)

1. 사안의 분석과 쟁점의 정리

본 사안에서 기본권의 침해 여부를 판단하기 위해서는 먼저 침해가 문제되는 기본권이 무엇인지를 확인한 후에, 그 기본권의 침해 여부를 판단하여야 한다.

특히 일반적인 기본권침해의 경우에 비례성원칙(과잉금지원칙)에 따른 정당성 판단을 내리지만, 평등권 침해의 경우에는 엄격한 심사를 해야 할 것인지, 아니면 완화된 심사를 해야 하는지에 대해 검토하여야 한다.

그리고 헌법 제37조 제2항에서 요구하는 기본권의 본질내용 침해금지에 대해서도 간단하게 정리하는 것이 필요할 것이다.

2. 자기정보통제권 내지 알 권리에 의한 보호와 그 제한

(1) 변호사시험성적의 성격과 자기정보통제권의 해당여부
(2) 알 권리의 보호범위와 변호사시험성적 공개의 청구
(3) 양 기본권의 관계
(4) 알 권리에 대한 제한의 기준과 한계

본 사안에서 가장 비중이 높게 다루어져야 할 기본권은 자기정보통제권 내지 알권리라고 할 수 있다. 그렇다고 관련되는 내용을 길게 다룰 수는 없기 때문에 핵심적 쟁점을 중심으로 소제목들을 깔끔하게 구성하는 것이 매우 중요하다.

위의 목차는 하나의 예로서 참고할 수 있을 것이며, 표현은 탄력적으로 사용할 수 있을 것이다. 다만, 목차의 논리적 순서 및 내용의 양적 균형에는 많이 신경을 써야 할 것이다.

3. 평등권의 실현구조와 제한

(1) 평등의 개념과 실현구조
(2) 비교집단간 차별의 존재
- 변호사시험과 사법시험 등 다른 국가자격시험 간의 차별
(3) 평등권 제한의 심사기준

본 사안에서 평등권의 문제도 비중 있게 다룰 필요가 있으며, 특히 사법시험과의 비교는 가장 중요한 쟁점 중의 하나라고 할 수 있다. 이를 어떤 논리적 순서로 제한된 분량 안에서

설득력 있게 정리하느냐가 중요하며, 이를 위해 소제목을 적절하게 활용하는 것이 역시 중요하다. 위의 목차 역시 하나의 예로서 참고 될 수 있을 것이다.

4. 기본권제한의 정당성에 대한 검토

(1) 제한되는 기본권의 성격과 제한의 정당성 판단기준
(2) 목적의 정당성 및 방법의 적정성
(3) 침해의 최소성
(4) 법익의 균형성
(5) 본질내용침해금지에 대한 검토

기본권 제한의 정당성에 대한 검토는 비례성원칙을 중심으로 구성되어야 할 것이지만, 그렇다고 비례성원칙만으로 내용을 채우는 것도 바람직하지 않다. 오히려 앞서의 기본권들에 대한 검토를 정당성 판단의 문제로 연결시켜 준 이후에 비례성 판단으로 들어가야 할 것이다.

그리고 비례성 판단 이후에도 본질내용 침해금지에 대해서 간단하게 언급해 두는 편이 빈틈없는 답안이라 할 수 있을 것이다. 위의 목차는 그런 맥락에서 참고할 수 있는 예가 될 수 있을 것이다.

5. 결 론

결론에서는 변호사시험법 제18조 제1항 제1문이 청구인 甲의 기본권에 대한 위헌적인 제한인지의 여부에 대한 판단을 내려야 한다.

앞서의 검토를 통하여 알권리에 의한 보호의 범위는 -비록 자신의 시험성적이지만 변호사시험 자체가 갖고 있는 공적 성격을 고려할 때-「공공기관의 정보공개에 관한 법률」에서 인정되고 있는 범위를 벗어나기 어려우며, 동법 제9조 제5호에 따른 비공개대상정보에 해당되는 것으로서 공개하지 않는데 합리적 이유가 있는 것으로 판단할 수 있을 것이다.

그러나 일반적인 시험과는 다르다는 점, 사법시험의 경우에도 성적을 공개한다는 점 등을 강조하면서 위헌이라는 결론을 내리는 것도 가능하다. 다만, 답안의 전체적 논지가 일관되어 있고, 설득력 있는 논거들이 적절하게 제시되어야 할 것이다.

Ⅵ. 맺 음: 내용의 정확한 파악과 효과적인 답안 디자인의 중요성

이번 모의 변호사시험 공법 사례형 제1문은 비교적 쟁점이 복잡하지 않은 편이라고 할 수 있다. 그러나 어떤 문제라도 그러하듯이 깊이 들어가면 복잡한 쟁점들이 계속 이야기될 수 있다. 그러나 시험답안을 작성하는 가운데 지나치게 깊이 들어가는 것은 오히려 문제를 야기할 수 있다는 점에서 앞에서 설명한 쟁점들의 수준을 넘지 않도록 하는 것이 적절할 것이다.

그러나 같은 내용으로 답안을 구성하더라도 답안의 디자인에 따라서 시각적 효과가 다를 뿐만 아니라 답안의 충실도 또한 다르게 느껴질 수 있다는 점을 유의해야 할 것이다. 단지 그럴 듯하게 답안의 외관을 갖추는 것이 아니라, 내용의 정확한 파악을 기초로 가장 효과적인 목차의 구성, 그리고 각 항목 간에 균형을 유지하는 답안의 작성이 가장 좋은 답안 디자인이라고 할 수 있는 것이다.

평소에 공부할 때 잘 알고 있다고 생각하였던 것들도 정작 답안에 작성하려고 하면 자신이 없어지는 경우가 드물지 않다. 수동적인 공부에 익숙해졌기 때문이다. 그렇기 때문에 평소 공부할 때부터 문장 전체를 외우려 하기보다는 키워드 중심으로 핵심만을 암기한 후에 자기 언어로 그 내용을 설명하는 훈련을 하는 것이 오히려 도움이 된다.

그리고 아무리 강조해도 지나치지 않는다고 할 수 있는 것이 균형 잡힌 답안작성의 중요성이다. 제아무리 잘 아는 내용이라 하더라도 주어진 배점 이상으로 과도한 비중을 두어서 길게 작성할 경우에는 오히려 전체적 균형을 상실함으로 인하여 답안에 대한 인상이 나빠질 수 있다. 전체적인 균형을 유지할 수 있도록 답안을 작성하기 위해서는 평소부터 자신이 아는 내용을 길게 설명할 수도 있지만, 짧게 압축하여 설명할 수도 있도록 준비하는 것이 필요할 것이다.

그리고 답안을 미완성인 상태로 제출하는 것은 절대 피해야 한다. 그 경우에는 아무리 잘 쓴 답안이라 할지라도 과락까지도 우려될 수 있기 때문이다. 항시 시간과 분량을 염두에 두고 균형 잡힌 답안을 작성하도록 하는 것이 무엇보다 중요한 것이다.

2012년도 제2회 법전협주관 모의시험

공 법 제2문

甲회사는 A광역시에서 5년 전부터 시내 남쪽을 시점으로 하고 북쪽을 종점으로 하는 일반시내버스운송사업을 경영하고 있다. 그런데 乙회사가 위 甲회사의 노선구간과 상당부분 겹치는 신규 일반 시내버스운송사업을 목적으로 「여객자동차 운수사업법」에 따라 국토해양부장관에게 동 사업의 면허를 신청하여 면허를 받았다. 甲회사는 乙회사에 대한 면허처분에 대하여 불만이 많다. 그러던 중 유가와 인건비의 지속적인 상승 등을 이유로 한 경제적 적자와 업계의 누적된 불만을 해소한다는 차원에서 甲, 乙 등 시내버스 운송사업자는 「여객자동차 운수사업법」 제8조 제1항에 따라 요금을 정하여 국토해양부장관에게 버스요금변경(인상)에 관한 신청서를 접수하였다.

국토해양부장관은 그 내용을 검토하여 「여객자동차 운수사업법」, 같은 법 시행령 및 시행규칙에 의거한 "기준과 요율에 따른 운임 및 요금"에 비추어 적합하다는 판단에서 甲, 乙회사에 대해 요금인상을 인가하여 주었다.

아래 참조조문을 전제로 다음 질문에 대하여 답하시오.

1. 위 사안에서 국토해양부장관의 乙회사에 대한 시내버스운송사업 면허의 법적 성질을 검토하시오. (20점)
2. (1) 위 사안에서 국토해양부장관이 乙회사의 면허발급신청을 거부하고 이에 대해 乙회사가 취소소송을 제기하여 승소·확정판결을 받았다면, 국토해양부장관은 반드시 乙회사에게 면허를 발급해야 하는가를 검토하시오. (25점)
   (2) 만약 乙회사에 대한 면허처분에 절차상 하자가 있다고 하여 甲회사가 취소소송을 제기하여 승소하고 그 판결이 확정된 경우에는 어떠한가? (10점)
3. (1) 위 사안에서 甲회사는 국토해양부장관을 상대로 乙회사에 대한 면허처분의 취소소송을 제기할 수 있는지를 검토하시오. (15점)
   (2) 만약에 甲회사의 소송 제기가 가능하다면 당해 소송절차에서 乙회사가 취할 수 있는 방법은 무엇이 있는가를 검토하시오. (10점)
4. (1) 위 사안에서 국토해양부장관의 甲, 乙회사에 대한 시내버스 요금인상 인가의 성질을 검토하시오. (10점)
   (2) 이 경우 요금인상에 대하여 소송상 다툴 수 있는 방법은? (10점)

「참조조문」

「여객자동차 운수사업법」

제1조(목적) 이 법은 여객자동차 운수사업에 관한 질서를 확립하고 여객의 원활한 운송과 여객자동차 운수사업의 종합적인 발달을 도모하여 공공복리를 증진하는 것을 목적으로 한다.

제4조(면허 등) ① 여객자동차운송사업을 경영하려는 자는 사업계획을 작성하여 국토해양부령으로 정하는 바에 따라 국토해양부장관의 면허를 받아야 한다. 다만, 대통령령으로 정하는 여객자동차운송사업을 경영하려는 자는 사업계획을 작성하여 국토해양부령으로 정하는 바에 따라 특별시장·광역시장·도지사·특별자치도지사(이하 "시·도지사"라 한다)의 면허를 받거나 시·도지사에게 등록하여야 한다.

② 제1항에 따른 면허나 등록을 하는 경우에는 제3조에 따른 여객자동차운송사업의 종류별로 노선이나 사업구역을 정하여야 한다.

제5조(면허 등의 기준) ① 여객자동차운송사업의 면허기준은 다음 각 호와 같다.

1. 사업계획이 해당 노선이나 사업구역의 수송 수요와 수송력 공급에 적합할 것
2. 최저 면허기준 대수(臺數), 보유 차고 면적, 부대시설, 그 밖에 국토해양부령으로 정하는 기준에 적합할 것
3. 대통령령으로 정하는 여객자동차운송사업인 경우에는 운전 경력, 교통사고 유무, 거주지 등 국토해양부령으로 정하는 기준에 적합할 것

제8조(운임 요금의 인가 등) ① 제4조제1항에 따라 여객자동차운송사업의 면허를 받은 자는 국토해양부장관 또는 시·도지사가 정하는 기준과 요율의 범위에서 운임이나 요금을 정하여 국토해양부장관 또는 시·도지사의 인가를 받아야 한다.

C/O/N/T/E/N/T/S

제2문 성 중 탁 〔경북대학교 법학전문대학원 교수 · 변호사〕

Ⅰ. 설문 1의 모범답안

1. 시내버스운송사업면허의 법적 성질 (20점)

(1) 쟁점정리 (2점)

강학상 특허인지 예외적 승인인지, 단순 허가인지 여부 및 구별문제, 재량행위

(2) 강학상 특허에 해당하는지 여부의 문제 (8점)

1) 허가와 특허 구별

(가) 허가

법령에 의하여 일반적으로 금지되어 있는 행위를 특정의 경우에 특정인에 대하여 해제하는 행정처분이다. 법령상으로는 허가 ·면허 ·인가 등의 용어가 함께 사용되고 있으나, 이들은 단지 국민의 자유활동에 과해졌던 제한을 해제하고 그 자유를 회복시키는 행위일 뿐, 새로이 권리를 설정하는 특허나 다른 행위의 법률적 효과를 보충하는 인가와 구별된다. 다만 특정인에게 허용되는 것이기 때문에 사실상 독점적 이익이 보장되며, 이해에 영향을 미치게 되는 경우가 많으므로 허가과정에는 여러 규제조치가 취해지고 있다. 따라서 허가를 받지 않고 금지된 행위를 하면 대개는 처벌을 받게 되는데, 허가를 받지 않았다는 이유로 그 사법상의 효력이 부인되는 일은 없다. 예를 들어 식품위생법 규정에 따른 허가를 받지 않고 술집을 경영한 자는 동법 위반으로 형벌을 받게 되지만, 그 술집에서 음주한 사람은 무허가영업을 이유로 요금의 지불을 거부하지는 못한다. 현행법상 허가를 요하는 것으로는 여관 ·전당포 ·대중목욕탕 ·음식점 등의 영업허가 외에 의사나 약제사의 면허, 화약류제조의 허가, 집회 ·시위에 관한 허가 등의 다종 다양한 것이 있다.

(나) 특허

특정의 상대방을 위하여 권리를 설정하는 행위(특허기업특허 ·토지수용권설정 ·도로통행료징수권설정 ·광업허가 ·어업면허)와 능력을 설정하는 행위(공법인을 설정하는 행위) 및 포괄적 법률관계 설정행위(특허허가) 등의 설권적 ·형성적 행정행위. 특정의 상대방을 위하여 권리를 설정하는 행위(특허기업특허 ·토지수용권설정 ·도로통행료징수권설정 ·광업허가 ·어업면허)와 능력을 설정하는 행위(공법인을 설정하는 행위) 및 포괄적 법률관계 설정행위(특허허가) 등의 설권적 ·형성적 행정행위. 그 중에서 권리설정행위만을 협의의 특허라 하기도 한다. 실정법상의 용어로는 특허 ·허가 ·면허 ·인가 등과 혼용되고 있다. 특허법에 의한 특허는 행정법학상으로는 확인으로 보는 것이 통설이다.

2) 사안의 경우

강학상 특허에 해당

(3) 재량행위인지 여부 (8점)

1) 기속행위와 재량행위의 구별

(가) 개념

㉮ 기속행위

법규상 구성요건에서 정한 요건이 충족되면 행정청이 반드시 어떠한 행위를 발하거나 발하지 말아야 하는 행위, 법의 기계적인 집행으로서의 행정행위

㉯ 재량행위

행정법규는 법규상 구성요건에서 정한 전제조건이 충족될 때 행정청이 선택할 수 있는 법효과를 다수 설정하고 있는 경우도 적지 않다. 이 때 특정효과의 선택·결정권은 행정청에 부여된 것이 된다. 여기서 행정청에 수권된, 합목적성의 고려하에 이루어지는 선택과 결정의 자유가 재량이고 재량에 따른 행위가 재량행위이다.

(나) 판단기준

법문언설, 요건재량설, 효과재량설, 판단여지설, 종합설 등(대법원 2001.2.29. 선고 98두17593판결)

〔1〕 행정행위가 그 재량성의 유무 및 범위와 관련하여 이른바 기속행위 내지 기속재량행위와 재량행위 내지 자유재량행위로 구분된다고 할 때, 그 구분은 당해 행위의 근거가 된 법규의 체재·형식과 그 문언, 당해 행위가 속하는 행정 분야의 주된 목적과 특성, 당해 행위 자체의 개별적 성질과 유형 등을 모두 고려하여 판단하여야 하고, 이렇게 구분되는 양자에 대한 사법심사는, 전자의 경우 그 법규에 대한 원칙적인 기속성으로 인하여 법원이 사실인정과 관련 법규의 해석·적용을 통하여 일정한 결론을 도출한 후 그 결론에 비추어 행정청이 한 판단의 적법 여부를 독자의 입장에서 판정하는 방식에 의하게 되나, 후자의 경우 행정청의 재량에 기한 공익판단의 여지를 감안하여 법원은 독자의 결론을 도출함이 없이 당해 행위에 재량권의 일탈·남용이 있는지 여부만을 심사하게 되고, 이러한 재량권의 일탈·남용 여부에 대한 심사는 사실오인, 비례·평등의 원칙 위배, 당해 행위의 목적 위반이나 동기의 부정 유무 등을 그 판단 대상으로 한다.

〔2〕 구 도시계획법(2000. 1. 18. 법률 제6243호로 전문 개정되기 전의 것) 제21조와 같은법시행령(1998. 5. 19. 대통령령 제15799호로 개정되기 전의 것) 제20조 제1, 2항 및 같은법시행규칙(1998. 5. 19. 건설교통부령 제133호로 개정되기 전의 것) 제7조 제1항 제6호 (다)목 등의 규정을 살펴보면, 도시의 무질서한 확산을 방지하고 도시주변의 자연환경을 보전하여 도시민의 건전한 생활환경을 확보하기 위하여 지정되는 개발제한구역 내에서는 구역 지정의 목적상 건축물의 건축이나 그 용도변경은 원칙적으로 금지되고, 다

만 구체적인 경우에 위와 같은 구역 지정의 목적에 위배되지 아니할 경우 예외적으로 허가에 의하여 그러한 행위를 할 수 있게 되어 있음이 위와 같은 관련 규정의 체재와 문언상 분명한 한편, 이러한 건축물의 용도변경에 대한 예외적인 허가는 그 상대방에게 수익적인 것에 틀림이 없으므로, 이는 그 법률적 성질이 재량행위 내지 자유재량행위에 속하는 것이라고 할 것이고, 따라서 그 위법 여부에 대한 심사는 재량권 일탈·남용의 유무를 그 대상으로 한다.

〔3〕 구 도시계획법(2000. 1. 18. 법률 제6243호로 전문 개정되기 전의 것)상의 개발제한구역 내에서의 건축물 용도변경에 대한 허가가 가지는 예외적인 허가로서의 성격과 그 재량행위로서의 성격에 비추어 보면, 그 용도변경의 허가는 개발제한구역에 속한다는 것 이외에 다른 공익상의 사유가 있어야만 거부할 수가 있고 그렇지 아니하면 반드시 허가를 하여야만 하는 것이 아니라 그 용도변경이 개발제한구역의 지정 목적과 그 관리에 위배되지 아니한다는 등의 사정이 특별히 인정될 경우에 한하여 그 허가가 가능한 것이고, 또 그에 관한 행정청의 판단이 사실오인, 비례·평등의 원칙 위배, 목적위반 등에 해당하지 아니하면 이를 재량권의 일탈·남용이라고 하여 위법하다고 할 수가 없다.

2) 사안의 경우 : 대법원 2002.6.28.선고 2001두10028판결

〔1〕 구 여객자동차운수사업법시행규칙(1999. 12. 16. 건설교통부령 제223호로 개정되기 전의 것) 제15조 제3항은 "관할관청은 노선여객자동차운송사업의 한정면허를 하는 때에는 다음 각 호의 사항을 공고하는 등 공개적인 방법으로 그 대상자를 선정하여야 한다."고 하면서 각 호의 사항을 정하고 있고, 그 제4항은 "관할관청은 제3항의 규정에 불구하고 면허를 하고자 하는 노선과 연고가 있는 노선운송사업자가 있는 경우에는 그 사업자에게 우선하여 면허하여야 한다. 다만, 서비스의 개선 등 지역주민의 교통편의를 위하여 노선운송사업자에게 면허하는 것이 부적합하다고 인정되는 경우에는 그러하지 아니하다." 고 규정하고 있을 뿐이므로, 관할관청이 연고가 있는 노선운송사업자에 대하여 반드시 먼저 한정면허를 신청할 기회를 주고, 그 신청이 없거나 부적합한 때에 한하여 비로소 공개적인 방법으로 대상자를 선정할 수 있는 것이라고 볼 수는 없다.

〔2〕 마을버스운송사업면허의 허용 여부는 사업구역의 교통수요, 노선결정, 운송업체의 수송능력, 공급능력 등에 관하여 기술적·전문적인 판단을 요하는 분야로서 이에 관한 행정처분은 운수행정을 통한 공익실현과 아울러 합목적성을 추구하기 위하여 보다 구체적 타당성에 적합한 기준에 의하여야 할 것이므로 그 범위 내에서는 법령이 특별히 규정한 바가 없으면 행정청의 재량에 속하는 것이라고 보아야 할 것이고, 마을버스 한정 면허시 확정되는 마을버스 노선을 정함에 있어서도 기존 일반노선버스의 노선과의 중복 허용 정도에 대한 판단도 행정청의 재량에 속한다고 할 것이며, 노선의 중복 정도는 마을버스 노선과 각 일반버스노선을 개별적으로 대비하여 판단하여야 한다.

〔3〕 관할관청이 기존 일반노선버스구간과 일부 중복되는 구간을 운행하는 마을버스에 대하여 한정면허처분을 한 것이 그 노선의 중복 정도, 주민의 불편해소라는 공익 등에 비

추어 재량권의 범위를 일탈하였다고 할 수 없다고 한 사례.

(4) 소결 (2점)

강학상 특허로 재량행위에 해당

Ⅱ. 설문 2의 (1)의 모범답안

1. 거부처분에 대한 취소판결의 기속력 (25점)

(1) 쟁점정리 (2점)

(2) 기속력의 의의 (3점)

행정청에 대하여 처분이 위법이라는 판결의 내용을 존중하여 그 사건에 대하여 판결의 취지에 따라 행동할 의무를 지우는 효력을 말하며, 구속력이라고도 한다. 행정소송법 제30조 제1항은 〔처분 등을 취소하는 확정판결은 그 사건에 관하여 당사자인 행정청과 그 밖의 관계 행정청을 기속한다〕고 규정하고 있다. 기속력의 성질은 일반적으로 판결 자체의 효력은 아니고 취소판결의 효과를 실질적으로 보장하기 위하여 행정소송법이 특히 부여한 특별한 효력으로 보고 있다.

(3) 기속력의 내용 (8점)

반복금지효와 재처분의무(위반한 처분의 효력 무효)

(4) 거부처분이 취소된 경우의 행정청의 대응 (12점)

1) 실체적 하자로 인한 취소의 경우

대판 2001.3.23. 99두5238 - 행정소송법 제30조 제1항에 의하여 인정되는 취소소송에서 처분 등을 취소하는 확정판결의 기속력은 주로 판결의 실효성 확보를 위하여 인정되는 효력으로서 판결의 주문뿐만 아니라 그 전제가 되는 처분 등의 구체적 위법사유에 관한 이유 중의 판단에 대하여도 인정되고, 같은 조 제2항의 규정상 특히 거부처분에 대한 취소판결이 확정된 경우에는 그 처분을 행한 행정청은 판결의 취지에 따라 다시 처분을 하여야 할 의무를 부담하게 되므로, 취소소송에서 소송의 대상이 된 거부처분을 실체법상의 위법사유에 기하여 취소하는 판결이 확정된 경우에는 당해 거부처분을 한 행정청은 원칙적으로 신청을 인용하는 처분을 하여야 하고, 사실심 변론종결 이전의 사유를 내세워 다시 거부처분을 하는 것은 확정판결의 기속력에 저촉되어 허용되지 아니한다.

2) 사실심 변론종결 후의 새로운 사유나 거부처분 후에 개정되어 시행된 법령

기속력의 범위는 처분시까지 존재하던 사유에 대해서만 미치므로 처분시 이후에 생긴 새

로운 사유에는 반복금지효가 적용이 안 된다. 따라서 재처분의무가 있는 경우 처분 이후에 발생한 새로운 사유를 들어 동일한 처분을 해도 상관이 없다. 판례에서는 '사실심 변론종결 이후'라고 표현 하고 있지만 어쨌든 기속력의 시간적 범위는 처분시라고 보는 것이니 처분시점 이후 새로운 사유를 들어 동일한 거부처분을 할 수 있다고 보면 된다.

Ⅲ. 설문 2의 (2)의 모범답안- 절차상 하자로 인한 취소판결의 기속력 (10점)

1. 쟁점정리 (1점)

행소법 제30조 (취소판결등의 기속력) ② 판결에 의하여 취소되는 처분이 당사자의 신청을 거부하는 것을 내용으로 하는 경우에는 그 처분을 행한 행정청은 판결의 취지에 따라 다시 이전의 신청에 대한 처분을 하여야 한다. ③ 제2항의 규정은 신청에 따른 처분이 절차의 위법을 이유로 취소되는 경우에 준용한다.

2. 행정소송법 제30조 제3항의 취지 (6점)

(1) 상대방의 신청에 따른 처분을 그로 인해 불이익을 받게 되는 제3자(경업자, 경원자 소송에서 문제가 됨)가 소송으로 다투었는데 당해 처분이 절차상의 이유로 취소된 경우에 있어서의 행정청의 재처분의무에 관한 것.

(2) 존재의의 : 첫째, 인용처분이 실체법적 위법을 이유로 취소된 경우는 행정청은 그 판결의 취지에 기속되므로 다시 인용처분을 할 수 없다. 둘째, 그러나 절차상의 위법사유로 취소된 경우에는 적법한 절차에 따라 처분을 하여도 다시 원래의 신청이 인용될 소지가 있으므로 신청인에게 재처분의 이익이 있다.

(3) 절차의 위법은 협의의 절차의 위법뿐만 아니라 권한·형식·절차상 위법을 포함해서 널리 실체법상의 위법에 대응하는 의미이다.

3. 판 례 : 대판 2005.1.14. 2003두13045 (3점)

(1) 행정소송법 제30조 제2항의 규정에 의하면 행정청의 거부처분을 취소하는 판결이 확정된 경우에는 그 처분을 행한 행정청이 판결의 취지에 따라 이전의 신청에 대하여 재처분할 의무가 있다고 할 것이나, 그 취소사유가 행정처분의 절차, 방법의 위법으로 인한 것이라면 그 처분 행정청은 그 확정판결의 취지에 따라 그 위법사유를 보완하여 다시 종전의 신청에 대한 거부처분을 할 수 있고, 그러한 처분도 위 조항에 규정된 재처분에 해당한다.

(2) 방송위원회가 중계유선방송사업자에게 한 종합유선방송사업 승인거부처분이 심사의 기준시점을 경원자와 달리하여 평가한 것이 위법이라는 사유로 취소하는 확정판결의 취지에 따라 재처분 무렵을 기준으로 재심사한 결과에 따라 이루어진 재승인거부처분도 행정소송법 제30조 제2항에 규정된 재처분에 해당한다고 한 사례.

Ⅳ. 설문 3의 (1)의 모범답안 – 甲회사의 원고적격문제 (15점)

1. 쟁점정리 (1점)

2. 법률상 이익의 의미 (7점)

(1) 학설

(2) 판례

행정처분의 직접 상대방이 아닌 제3자라 하더라도 당해 행정처분으로 인하여 법률상 보호되는 이익을 침해당한 경우에는 취소소송을 제기하여 그 당부의 판단을 받을 자격이 있으나, 여기에서 말하는 '법률상 보호되는 이익'이란 당해 처분의 근거 법규 및 관련 법규에 의하여 보호되는 개별적 · 직접적 · 구체적 이익이 있는 경우를 말하고, 공익보호의 결과로 국민 일반이 공통적으로 가지는 일반적 · 간접적 · 추상적 이익이 생기는 경우는 포함되지 아니한다(대법원 2006. 3. 16. 선고 2006두330 전원합의체 판결 등 참조).

3. 경업자소송의 경우 (5점)

경업자소송이란 일정한 시장에서 신규집입을 허용하는 면허에 대하여 새로운 경쟁을 부담하게 되는 기존업자가 제기하는 소송을 말한다. 시험에서는 이 경우 원고적격을 인정하는지를 물어보게 되는데, 판례는 ① 강학상 특허나 예외적 승인의 경우(예: 선박운항사업면허, 직행버스정류장설치인가, 노선연장인가)에 원고적격을 긍정하나, ② 강학상 허가의 경우(예: 공중목욕장영업허가, 석유판매업허가, 식품제조업영업허가)에는 반사적 이익에 불과하다고 하여 원고적격을 부정한 바 있다.

경업자는 지금 같은 종류의 일을 하고 있는 사람이고 경원자는 특허(행정법에서 말하는 허가/특허 할 때 특허요)를 받기위해 경쟁하는 사람을 말함. 예를 들면 경업자소송의 예로는 주유소에 거리 제한규정이 있을때 거리제한규정에 위반하여 주유소허가가 났을 때 이웃 주유소 주인이 허가취소소송을 구하는 것.경원자소송의 예로는 가령 제3세대 이동통신사업자를 선정할 때 관계규정에 위반하여 ㄱ사가 사업자로 선정된 경우 그에 대해 선정받지 못한 ㄹ사가 소송을 하는 것... 등을 들 수 있다.

4. 사안의 경우(판례언급 요) (2점)

대법원 1999. 10. 12. 선고 99두6026 판결 【자동차운송사업면허신청서반려처분의취소】〔공99.11.15.〔94〕,2345〕

〔1〕 행정처분의 직접 상대방이 아닌 제3자라 하더라도 당해 행정처분으로 인하여 법률상 보호되는 이익을 침해당한 경우에는 취소소송을 제기하여 그 당부의 판단을 받을 자격이 있는 것이지만, 여기에서 말하는 법률상 보호되는 이익이란 당해 행정처분의 근거 법률에 의하여 보호되는 직접적이고 구체적인 이익을 말하고, 제3자가 당해 행정처분과 관련하

여 간접적이거나 사실적·경제적인 이해관계를 가지는 데 불과한 경우는 여기에 포함되지 아니한다.

〔2〕 면허나 인·허가 등의 수익적 행정처분의 근거가 되는 법률이 해당 업자들 사이의 과당경쟁으로 인한 경영의 불합리를 방지하는 것도 그 목적으로 하고 있는 경우 다른 업자에 대한 면허나 인·허가 등의 수익적 행정처분에 대하여 미리 같은 종류의 면허나 인·허가 등의 수익적 행정처분을 받아 영업을 하고 있는 기존의 업자나, 면허나 인·허가 등의 수익적 행정처분을 신청한 수인이 서로 경쟁관계에 있어서 일방에 대한 면허나 인·허가 등의 행정처분이 타방에 대한 불면허·불인가·불허가 등으로 귀결될 수밖에 없는 경우〔이른바 경원관계(競願關係)에 있는 경우로서 동일 대상지역에 대한 공유수면매립면허나 도로점용허가 혹은 일정지역에 있어서의 영업허가 등에 관하여 거리제한규정이나 업소개수제한규정 등이 있는 경우를 그 예로 들 수 있다.〕에 면허나 인·허가 등의 행정처분을 받지 못한 사람 등은 비록 경업자나 경원자에 대하여 이루어진 면허나 인·허가 등 행정처분의 상대방이 아니라 하더라도 당해 행정처분의 취소를 구할 당사자적격이 있다.

〔3〕 노선버스 한정면허 기준에 관한 구자동차운수사업법시행규칙(1998. 8. 20. 건설교통부령 제147호 여객자동차운수사업법시행규칙으로 전문 개정되기 전의 것)의 규정상 기존의 농어촌버스운송사업계획변경신청을 인가하면 신규의 마을버스운송사업면허를 할 수 없게 되는 경우, 마을버스운송사업면허신청자에게 농어촌버스운송사업계획변경인가처분의 취소를 구할 당사자 적격이 있다고 한 사례.

〔4〕 구자동차운수사업법(1997. 12. 13. 법률 제5448호 여객자동차운수사업법으로 전문 개정되기 전의 것) 제4조의 규정에 의한 자동차운송사업면허나 같은 법 제13조의 규정에 의한 자동차운송사업계획변경인가의 허용 여부는 사업구역의 교통수요, 노선결정, 운송업체의 수송력, 공급능력 등에 관하여 기술적이고 전문적인 판단을 요하는 분야로서 이에 관한 행정처분은 운수행정을 통한 공익실현과 아울러 합목적성을 추구하기 위하여 보다 구체적 타당성에 적합한 기준에 의하여야 할 것이므로 그 범위 내에서는 법령이 특별히 규정한 바가 없으면 행정청의 재량에 속하는 것이라고 보아야 할 것이다.

〔5〕 신규의 마을버스운송사업면허신청반려처분과 기존의 농어촌버스운송사업계획변경인가처분이 재량권의 범위를 일탈·남용한 것이 아니라고 본 사례.

Ⅴ. 설문 3의 (2)의 모범답안– 소송참가제도 (10점)

1. 쟁점정리 (1점)

2. 소송참가제도 (8점)

(1) 소송참가제도의 취지

행정소송법 제16조 소정의 제3자의 소송참가가 허용되기 위하여는 당해 소송의 결과에

따라 제3자의 권리 또는 이익이 침해되어야 하고, 이 때의 이익은 법률상 이익을 말하며 단순한 사실상의 이익이나 경제상의 이익은 포함되지 않는다.

(2) 내용과 참가자격 및 참가의 효과

3. 사안의 경우 (1점)

Ⅵ. 설문 4 (1)의 모범답안- 요금인상 인가의 법적 성질(10점)

1. 쟁점의 정리 (2점)

2. 강학상 인가 (8점)

인가는 제3자의 법률행위를 보충해서 그 법률적인 효력을 완성시켜주는 행정행위를 말한다. 인가를 받아야 할 행위를 인가를 받지 않고 행하면 그 행위는 무효가 된다.

Ⅶ. 설문 4의 (2)의 모범답안- 요금인상에 대한 소송방법 (10점)

1. 기본행위와 인가의 관계 (6점)

인가가 기본행위에 대해서 종속적인 지위를 가진다는 것이다. 따라서 인가가 기본행위의 하자를 치유하는 효력을 가지는 것은 아니다. 그 결과, 기본행위가 무효인 경우에는 인가가 있다고 해서 그것이 유효하게 되는 것은 아니고, 사후에 기본행위가 효력을 상실하면 인가 또한 당연히 효력을 상실한다. 다시 말해, 행정행위의 효력이 그 기본되는 법률행위의 효력에 의존하는 현상이 발생하는바, 이것이 바로 인가가 다른 행정행위와 구별되는 개념적인 징표이다.

2. 소송상 다툴 수 있는 방법 (4점)

(1) 기본행위에 하자가 있는 경우

(2) 인가에 하자가 있는 경우

다른 행정행위가 마치 인가처럼 타인의 유효한 법률행위를 그 요건으로 하는 경우는 있지만, 행정행위의 효력이 그 요건이 되는 법률행위의 효력에 의존하는 경우는 인가가 유일하다. 이러한 논리를 소의 이익에 대해서까지 연장해서, 인가 자체는 적법하고 다만 기본행위에 하자가 있는 경우에는 인가 자체를 항고소송으로 다툴 이익이 없다는 것이 통설, 판례 이다.

판례도 이와 동일한 취지에서, "인가처분 자체에 하자가 있다고 다투는 것이 아니라 기본행위(이 사건에서는 요금인상과정에서의 갑회사와 을회사의 결의과정에서의 담합이나, 결의 내용상 문제 등)에 하자가 있다 하여 그 기본행위의 효력에 관하여 다투는 경우에는 민사쟁송으로서 따로 그 기본행위의 취소 또는 무효확인을 구하는 것은 별론으로 하고, 기본행위의 불성립 또는 무효를 내세워 바로 그에 대한 감독청의 인가처분의 취소를 구하는 것은 특단의 사정이 없는 한 소구할 법률상 이익이 있다고 할 수 없다."고 설시한다.

유력설 : 그러나 인가의 보충적 성격(즉, 인가의 효력이 기본행위의 효력에 의존하는 속성)에서 소의 이익에 관한 그와 같은 특수한 도그마틱을 마치 당연한 것처럼 도출하는 것은 문제가 있다는 생각이다. 그 이유는 다음과 같다. 기본행위에 하자가 있는 경우에 원고는 사인을 상대로 민사소송(이행소송이 원칙일 것이나, 즉시확정의 이익이 있다면 확인소송도 가능할 것이다)을 제기해서 기본행위의 효력을 다툴 수 있다. 그러나 그렇다고 해서 행정청 상대로 항고소송(무효확인소송이 원칙일 것이나, 취소소송을 제기한다면 무효확인을 구하는 취지가 될 것이다)을 제기하여 인가의 효력을 다툴 수 있는 가능성을 원천적으로 봉쇄할 이유는 없다. 민사소송을 제기하는 것이 일반론적으로 권리구제에 더 직접적인 도움이 되는 경우라고 하더라도 항고소송이 당사자에게 주는 이점이 여전히 있을 수 있기 때문이다.

변호사시험

공 법

민사법

형사법

변호사시험

변호사시험 기출문제

민사법
사례형

- 2014년 제3회 변호사시험
- 2013년 제2회 변호사시험
- 2012년 제1회 변호사시험

2014년 제3회 변호사시험

민사법 제3문

동양주식회사(이하, '동양'이라 함)는 자본금 20억 원인 비상장회사이다. 동양의 발행주식총수는 10만주이며, 甲이 4만주, 乙이 3만주, 丙이 2만주, 丁이 1만주를 각각 보유하고 있다. 동양의 이사는 甲, 乙, 丙 3인이고 그중 甲이 대표이사로서 사실상 전권을 행사하고 있다.

동양은 기계부문과 섬유부문의 2개 사업부문으로 구성되어 있는데, 기계부문에서는 의료기계를, 섬유부문에서는 섬유원단을 생산·판매하고 있다. 동양의 연매출액은 100억 원이며, 매출액의 구성은 기계부문이 95억 원, 섬유부문이 5억 원이다. 동양은 각 사업부문별로 '동양기계', '동양섬유'라는 영업표지를 사용하면서 독자적인 영업활동을 하여 왔다. 동양은 기존의 의료기계 생산·판매 이외에도 수입·판매처와 계약을 체결하는 등 의료기계의 수입·판매 분야에도 사업확장을 준비하고 있다.

A주식회사는 동양의 섬유 사업부문에 섬유원사를 공급하여 그 대금으로 5억 원의 채권을 가지고 있다. 그 후 동양은 甲, 乙, 丙 3인의 이사가 모두 참석한 이사회에서 이사 전원의 찬성으로 회사 전체 영업의 일부로서, 실적이 부진한 섬유부문을 B주식회사에 양도하였다. 동양의 섬유부문의 가치는 회사 전체의 영업 가치에서 차지하는 비중이 크지 않고 섬유부문의 영업양도 이후에도 동양의 영업은 크게 축소되거나 변동되지 않았다. B회사는 섬유부문의 영업을 양수한 후 '동양섬유'라는 영업표지를 계속하여 사용하면서 동양의 종전 거래처를 상대로 동일하게 영업을 하고 있다.

그 후 甲은 이사회 승인 없이 동양이 생산하는 동종의 의료기계를 수입·판매하는 C의료기계주식회사를 설립하여 그 대표이사에 취임하였다. 甲은 C회사의 운영자금으로 20억 원이 필요하였고 D은행은 C회사에 대한 대출에 연대보증을 요구하였다. 이를 위하여 甲은 동양의 이사회를 소집하였고, 甲과 乙만이 출석한 이사회에서는 출석이사 전원의 찬성으로 동양의 연대보증을 결의하였다. 乙은 위 이사회에서 甲이 이사회의 승인 없이 C회사를 설립하여 운영하고 있다는 사정을 잘 알고 있었음에도 별다른 이의를 제기하지 아니하였다. D은행은 동양의 이사회 회의록 및 기타 대출 관련 서류를 확인한 후에 동양과 연대보증계약을 체결하고서 C회사에 대하여 20억 원을 대출해 주었다. D은행은 위와 같은 동양의 내부 사정은 전

혀 알지 못하였다.
C회사의 사업이 본격화되면서 그 매출액이 급증하자 이로 인하여 동양의 매출액은 현저히 감소하였고, 동양의 주가는 50% 하락하였다.

1. 동양이 B회사에 대하여 섬유부문을 양도한 행위가 유효한지를 설명하고, A회사는 동양 및 B회사를 상대로 섬유원사 공급대금 5억 원의 지급을 청구할 수 있는지를 설명하시오. (30점)
2. D은행은 동양을 상대로 대여금 20억 원의 지급을 청구할 수 있는가? (30점)
3. 상법상, 甲과 乙은 어떠한 의무를 위반하였으며, 어떠한 책임을 부담하는가? (40점)

C/O/N/T/E/N/T/S

제3문 최 병 규 〔건국대학교 법학전문대학원 교수〕

Ⅰ. 논점의 제시

이번 제3회 변호사시험 민사법 중 상법분야 사례문제에서는 영업양도와 주주총회 특별결의의 문제, 상호를 속용하는 영업양수인의 책임(상법 제42조 적용 내지 유추적용)이 우선 문제가 된다. 그리고 이사회에서 특별이해관계자의 의결권제한이 문제되며, 이사의 자기거래의 유효요건(상법 제398조)이 또한 문제된다. 더 나아가 이사의 선관주의의무, 충실의무, 경업금지의무(상법 제397조), 회사기회유용의 법리(상법 제397조의 2) 문제가 대두된다. 또한 이사의 타이사감시의무의 문제와 이사의 회사에 대한 책임, 이사의 제3자에 대한 책임 등이 문제된다.

Ⅱ. 영업양도유효여부 및 상호속용영수인 책임

회사가 영업의 전부 또는 중요한 일부를 양도할 때에는 주주총회의 특별결의가 있어야 한다(상법 제374조 제1호). 그런데 본 사안의 경우에는 주주총회 특별결의를 거치지 않고 이사회의 결의에 의하여 영업의 양도를 진행하였다. 이러한 행위는 무효라고 보아야 한다. 그런데 상법 제42조와의 관계가 문제된다.

1. 영업양도와 주주총회 특별결의

상법 제374조에 의하면 영업의 전부 또는 중요한 일부의 양도는 주주총회의 특별결의사항으로 되어 있다. 이에 따라 회사가 상법 제41조 이하에서 규정하는 영업양도를 함에 있어서는 주주총회특별결의가 있어야 함은 문제가 없다. 본 사례의 사안의 경우에는 회사의 2개 사업부문 가운데 하나인 섬유부문을 통째로 양도한 것으로서 영업양도에 해당한다. 매출액이 100분의 5정도에만 해당한다 하더라도 마찬가지이다. 그런데 영업자체는 아니지만 중요한 재산을 처분하는 것도 동조항의 적용을 받아 주주총회의 특별결의를 요하는가가 문제된다. 이에 대해서는 형식설(결의불요설), 실질설(결의필요설), 절충설 등이 나누어지고 있다. 그런데 판례는 기본적으로 형식설에 입각하면서도 독특한 절충설의 입장에 있다. 즉 판례는 양도회사의 조직법적 관점에서 사실상 영업양도와 같은 결과를 가져오는 경우에 한하여 특별결의를 요구하므로 기본적으로는 불요설의 입장에 서 있으면서 제374조 제1항 제1호의 적용범위를 확장하고 있다. 그리고 판례가 사실상 영업의 폐지나 중단을 초래하는 경우에 한하여 주주총회의 결의를 요한다고 한 취지는 영업양도나 해산과 같은, 영업의 폐지나 중단을 초래하는 행위는 주주총회의 특별결의가 필요하기 때문이다.

2. 상호속용영업양수인의 책임

(1) 상법 제42조 책임일반론

1) 의의

영업의 양수인은 양도인의 채무를 인수하지 않은 경우에도 상호를 속용하는 한 양도인의 영업상의 채무에 관하여 변제할 책임이 있다(상법 제42조 제 1 항). 민법 일반원칙에 의하면 채무인수를 위해서는 채권자의 승낙이 필요하므로(민법 제454조), 양도된 채무이더라도 채권자가 채무인수를 승낙하지 않는 한 채권자와의 관계에서는 양도인만이 계속하여 채무자로 남는다. 따라서 상법의 이 규정은 영업양도인과 양수인이 법률상 별개의 인격자임에도 불구하고 제 3 자의 외관신뢰를 보호하기 위해서 양수인에게 양도인의 채무를 변제하도록 한 규정이라는 점에서 민법에 대한 특칙이라고 할 수 있다.

영업양도라 함은 영업활동을 위하여 조직화된 재산의 총체(물건·권리·그 밖의 법률관계·사실관계가 포함되며 적극재산 또는 소극재산임을 묻지 않는다)인 영업을 양도하는 것(영업재산양도설)이고, 이러한 유기적 일체로서의 영업재산을 양도하면 양도인의 지위는 양수인에게 인계되어 영업주체의 변경을 가져오게 한다. 이와 같이 영업주체의 변경에도 불구하고 종래의 영업주를 나타내는 명칭이었던 상호를 속용하는 경우 제 3 자가 영업주체의 변경을 인식하는 것은 곤란하다. 그 때문에 제 3 자가 그 영업재산으로부터 변제를 받을 것을 기대하는 것은 거래계의 책임기대의 보호에 기여한다. 또 상호속용은 영업양도의 형태로서 전영업주의 지위와 동일한 지위에 서려고 하는 영업양도계약에 있어서 통상 행하여지는 방법이다. 즉 상호속용에는 영업이 동일하다고 하는 외관 이외에 영업이 승계되어 있다고 하는 외관의 이면성이 인정되는 것이다. 이상의 것으로부터 상법 제42조 제 1항의 취지를 요약한다면 제42조 제1항은 영업양도에 있어서 상호가 속용되는 결과 영업양도의 사실이 없다고 신뢰하였던, 또는 채무인수계약이 행하여진 것이라고 신뢰한 채권자를 보호하는 것이다. 채권자로서는 영업재산을 영업상의 채무에 대한 담보로서 파악하게 된다.

2) 요건

제42조에 따라 양수인이 변제의 책임을 지기 위하여는 A. 영업상의 채권자가 영업에 포함되는 채무로서 변제를 받을 수 있다고 신뢰할 만한 외관(영업주의 동일성, 영업의 계승성이라고 히는 상호속용의 영업양도), B. 그 외관에 대한 채권자의 신뢰, C. 그 외관창출에 대한 영업양수인의 귀책사유 등의 요건을 필요로 한다.

3) 효과

상법 제42조 제1항의 법률효과는 말할 것도 없이 양수인이 그의 전 재산으로 인적 무한책임을 지는 데 있다. 이 책임은 "전소유자의 영업에서 생긴 모든 채무"에 미치며, 따라서 계약상의 채무뿐만 아니라, 예컨대 부당이득상의 채무와 불법행위상의 채무에도 미친다(대법원 1989. 3. 27. 선고 88다카12100 판결). 양수인 외에 양도인도 또한 책임을 부담한다. 왜냐하면 상법 제42조가 양도인에 대해 그의 채무를 면제하고 있지 않기 때문이다. 따라서 연대채무관계가 생긴다. 그러나 양도인에 대한 영업채권자의 청구권은 상법 제45조에 의하여 원칙으로 2년이 경과하면 소멸되므로 그에 의하여 일종의 양도인의 면책이 생긴다.

4) 책임의 배제

상호를 속용하는 영업양수인은 상법 제42조 제1항의 책임을 배제할 수 있다(상법 제42조 제2항). 즉 영업양도 후 지체없이 양수인이 양도인의 채무에 관해 책임이 없다는 뜻을 등기한 경우, 또 등기를 하지 않더라도 양도인 및 양수인이 제3자에 대하여 양수인이 책임을 지지 않는다는 뜻을 통지한 때에는 그 책임을 면한다(상법 제42조 제2항).

5) 양도인 책임소멸

영업의 양수인이 양도인의 채무에 관하여 책임을 지는 경우에 양도인의 책임은 영업양도 또는 상법 제44조의 광고를 한 후 2년 내에 청구를 하지 않은 채권자에 대하여는 2년이 경과한 시점에 소멸한다(제45조). 이것은 영업양도 후에 영업상의 채무에 관하여 지나치게 장기간 책임을 부담시키는 것은 가혹하기 때문이다.

(2) 주주총회특별결의 결여와 상법 제42조 검토필요성

상법 제374조에 의하여 주주총회의 특별결의가 필요한 양업양도를 하면서 주주총회의 특별결의를 거치지 않은 행위에 대해서는 무효라고 하여야 한다. 그렇다면 동양(주)의 채권자인 A(주)는 동양(주)에 대해서만 채권을 주장할 수 있을 것이다. 그런데 영업을 양수한 B(주)가 양수해간 상호를 속용하는 경우이어서 상법 제42조에 의한 양업양수인의 책임을 지는 경우에는 채권자인 A(주)는 동양(주) 뿐만 아니라 B(주)에 대해서도 책임을 주장할 수 있게 된다. 그렇기 때문에 이러한 경우에 영업양수인에게 상법 제42조의 상호속용영업양수인의 책임을 물을 수 있는지 여부를 검토하여야 한다. 본 사안의 경우에는 상호 자체가 아니라 "동양섬유"라는 영업표지를 속용하였는 바, 이 경우에도 상법 제42조의 법리가 (유추)적용될 수 있는지가 관건이다.

(3) 영업표지 속용과 대법원 판례의 태도

속용되는 명칭이 상호 자체가 아닌 옥호(屋號) 또는 영업표지인 때에도 상호속용영업양수인의 책임에 대한 상법 제42조가 유추적용된다는 것이 대법원(대법원 2010. 9. 30. 선고 2010다35138 판결)의 태도이다: "상호를 속용하는 영업양수인의 책임을 정하고 있는 상법 제42조 제1항은, 일반적으로 영업상의 채권자의 채무자에 대한 신용은 채무자의 영업재산에 의하여 실질적으로 담보되어 있는 것이 대부분인데도 실제 영업의 양도가 이루어지면서 채무의 승계가 제외된 경우에는 영업상의 채권자의 채권이 영업재산과 분리되게 되어 채권자를 해치게 되는 일이 일어나므로 영업상의 채권자에게 채권추구의 기회를 상실시키는 것과 같은 영업양도의 방법, 즉 채무를 승계하지 않았음에도 불구하고 상호를 속용함으로써 영업양도의 사실이 대외적으로 판명되기 어려운 방법 또는 영업양도에도 불구하고 채무의 승계가 이루어지지 않은 사실이 대외적으로 판명되기 어려운 방법 등이 채용된 경우에 양수인에게도 변제의 책임을 지우기 위하여 마련된 규정이라고 해석된다(대법원 1989. 12. 26. 선고 88다카10128 판결; 대법원 1998. 4. 14. 선고 96다8826 판결; 대법원 2009. 1. 15. 선고 2007다17123, 17130 판결 등 참조). 따라서 양수인에 의하여 속용되는 명칭이 상호 자체가 아닌 옥호(屋號) 또는 영업표지인 때에도 그것이 영업주체를 나타내는 것으로 사용되는 경우에는 영업상의 채권자가 영업주체의 교체나 채무승계 여부 등을 용이하게 알 수 없다는 점에서 일반적인 상호속용의 경우와 다를 바 없으므로, 양수인은 특별한 사정이 없는 한 상법 제42조 제1항의 유추적용에 의하여 그 채무를 부담한다고 봄이 상당하다. 원심이 같은 취지에서 소외 회사로부터 이 사건 교육시설의 영업을 양도받아 그 명칭인 '서울종합예술원'이라는 명칭을 사용하여 같은 영업을 계속한 피고에 대하여 상법 제42조 제1항의 유추적용에 의한 책임을 인정한 것은 정당하고, 거기에 상고이유에서 주장하는 바와 같은 상호속용 영업양수인의 책임에 관한 법리오해 등의 위법이 있다고 할 수 없다."[3]

3. 설문의 평가

회사가 영업양도를 함에는 상법 제374조에 의하여 주주총회의 특별결의를 거쳐야 한다. 그런데 그를 거치지 않아 영업양도는 무효라고 하여야 한다. 하지만 이러한 영업양도의 유효·무효는 상법 제42조의 상호속용영업양수인의 책임을 묻는 데에 있어서는 영향을 미치지 아니한다고 보아야 한다. 주주총회 특별결의 여부는 외부에서 알 수 없는 상황이고 상법 제42조는 외관신뢰를 보호하는 제도이기 때문이다. 따라서 A(주)의 선의 등 상법 제42조의 그 밖의 요건이 충족된 경우 A(주)는 B(주)에 대하여 섬유원사 공급대금의 지급을 청구할 수 있다.

Ⅲ. 이사의 자기거래제한

사안에서 동양(주)는 C회사에 대출을 해줌에 있어서 동양(주)의 연대보증을 요구하였다. 그런데 이러한 연대보증행위는 동양(주)의 입장에서 보면 이사의 자기거래에 해당한다고 보아야 한다. 자기거래의 규제대상은 직접거래뿐만 아니라 이해관계가 있는 간접거래도 포함이 된다. 이곳에서 이사의 자기거래의 제한의 법리를 살펴보고 설문에 대한 분석을 한다.

---

3) 같은 취지의 대법원 판례: 대법원 2009.1.15. 선고 2007다17123, 17130 판결 - "상호를 속용하는 영업양수인의 책임을 정하고 있는 상법 제42조 제1항의 취지에 비추어 보면, 상호를 속용하는 영업양수인에게 책임을 묻기 위해서는 상호속용의 원인관계가 무엇인지에 관하여 제한을 둘 필요는 없고 상호속용이라는 사실관계가 있으면 충분하다. 따라서 상호의 양도 또는 사용허락이 있는 경우는 물론 그에 관한 합의가 무효 또는 취소된 경우라거나 상호를 무단 사용하는 경우도 상법 제42조 제1항의 상호속용에 포함된다. 나아가 영업양도인이 자기의 상호를 동시에 영업 자체의 명칭 내지 영업 표지로서도 사용하여 왔는데, 영업양수인이 자신의 상호를 그대로 보유·사용하면서 영업양도인의 상호를 자신의 영업 명칭 내지 영업 표지로서 속용하고 있는 경우에는 영업상의 채권자가 영업주체의 교체나 채무승계 여부 등을 용이하게 알 수 없다는 점에서 일반적인 상호속용의 경우와 다를 바 없으므로, 이러한 경우도 상법 제42조 제1항의 상호속용에 포함된다."

1. 이사의 자기거래의 제한(상법 제398조)

(1) 의의

"이사회"의 승인이 없는 한 자기 또는 제3자의 계산으로 회사와 거래할 수 없다(상법 제398조). 자기거래제한위반은 직접적으로 회사의 이익을 해한다. 이는 상법이 이사에게 부과한 특별 법정금지의무이다(통설).

(2) 요건

1) 이사의 자기거래

이사의 거래이어야 하면서 자기거래이어야 한다. 이는 이사가 자기 또는 제3자의 계산으로 회사와 거래하면 인정된다. 이때 거래가 형식적으로는 제3자와 이루어지지만 이사와 회사간 이해충돌 발생가능성 있는 거래(간접거래)가 문제된다. 가령 이사의 채무를 위하여, 회사가 채권자에게 보증을 서게 하는 경우이다. 통설·판례는 이러한 간접거래도 자기거래라고 한다. 회사는 제3자의 악의를 증명해야 무효를 주장할 수 있다. 무색거래는 상관없다(무상증여, 채무의 이행 등). 어음행위도 규제대상이 되는 행위이다.

2) 이사회의 승인없음

위반의 요건으로 이사회의 승인이 없어야 한다. 반대로 유효한 자기거래로 인정되기 위해서는 이사회의 승인이 있어야 한다. 이사는 거래의 요지와 개인적 이해관계, 기타 결의에 영향을 미칠 것으로 예상되는 모든 정보를 이사회에 보고해야 한다. 거래당사자인 이사는 특별이해관계인(상법 제368조 제4항)으로 의결권을 행사하지 못한다(상법 제391조 제3항). 자기거래 승인을 위한 이사회결의는 이사정원의 3분의 2 이상의 승인을 요한다. 그리고 이는 사전승인이어야 한다. 또한 이사의 자기거래 승인시 그 거래의 내용과 절차는 공정하여야 한다(상법 제398조).

(3) 자기거래금지 위반효과

1) 학설 · 판례

(가) 무효설

원칙적으로 무효라고 하는 견해이다. 선의의 제3자는 선의취득이나 무권대리·표현대리의 법리에 의해 보호된다고 한다. 이는 회사의 이익보호에 치중하는 견해이다.

(나) 유효설

그러한 행위도 유효하며, 이사 개인이 회사에 대해 책임을 지는데 불과하다고 한다. 회사는 일반악의의 항변, 권리남용법리에 의해 의무를 면하는 수 있다. 그러나 이는 거래의 안전을 너무 집착한다.

(다) 상대적 무효설

당연무효이지만 회사는 이를 선의의 제3자에게 대항할 수 없다고 한다(다수설, 판례[4]).

(라) 사견

통설인 상대적 무효설이 당사자 사이의 이해를 잘 조정하고 있어 타당하다.

2) 효과

회사만이(이사는 못한다) 무효를 주장할 수 있다. 위반이사는 손해배상책임을 지고(상법 제399조), 이는 이사의 해임사유가 되며, 또 특별배임죄의 책임도 진다(상법 제622조).

2. 설문의 경우

자기거래의 경우 회사 이사회의 승인이 있으면 유효하다. 그런데 특별이해관계자는 의결권이 없다. 그런데 설문에서 甲은 특별이해관계에 있는 이사에 해당한다. 이사회 승인과정에서 甲, 乙만이 참석하여 전원찬성으로 결의하였다. 자기거래의 승인은 재적이사수의 3분의 2가 찬성하여야 가결이 된다. 그런데 설문에서는 그 요건을 채무지 못하였으므로 적법한 이사회의 승인이 없는 것으로 된다. 다만 상대적 무효설에 의하여 선의의 제3자에 대해여는 그 주장을 못하게 된다. 설문에서는 D은행에서 동양(주)의 이사회 회의록 등의 서류를 확인하고 계약을 체결하였다. 따라서 이러한 경우라면 D은행의 악의 중과실을 인정하기는 어려울 것이다. 증명책임은 책임을 지지 않으려는 동양(주)이 부담한다. 만일 D은행의 중대한 과실을 증명한다면 동양(주)는 책임을 지지 않을 수 있다.

3. 甲의 대표권남용 여부

본 사안의 경우에 대표이사 甲의 행위가 대표권 남용이 될 것인지 여부도 검토의 여지는 있다. 즉 대표이사의 대표권의 범위에 속하는 사항이라도 권한의 남용이 있는 경우가 문제이며, 이 문제의 처리와 관련하여 비진의의사표시설, 권리남용설 등 학설대립이 있으며, 그 중 악의의 상대방이 회사에 대하여 권리를 행사하는 것은 권리남용 또는 신의칙의 법리에 기하여 인정되지 않는다는 권리남용설이 타당하다. 그런데 본 사안의 경우에는 D은행이 선의라면 이러한 주장도 동양(주)로서는 하기가 어려울 것이다.

---

4) 대법원 1994.10.11. 선고 94다24626 판결: "회사의 대표이사가 한 이사회의 승인이 없는 자기거래행위는 회사와 이사 간에는 무효이지만 제3자에 대하여는 그 거래의 무효임을 주장하는 회사가 제3자의 악의를 입증하여야 할 것인바(대법원 1978.3.28. 선고 78다4 판결 참조), 소외 이○○에 의한 이 사건 각 수표에의 배서에 대한 이사회의 승인이 없었음을 원고가 알았다고 인정할 아무런 증거가 없다고 하여 이점에 관한 피고의 항변을 배척한 원심판결은 정당하여 여기에 자기거래행위에 관한 법리오해가 있다고 할 수 없으며, 비록 원심판결이 이 점에 관한 설시에 있어 원고가 주장하는 바와 같은 다소의 미흡한 점이 있다고 하더라도 그 결과에 아무런 영향이 없다 할 것이므로, 이로써 이유불비 내지는 이유모순의 위법이 있다고 할 수도 없다."

Ⅳ. 이사의 의무와 그 위반시의 책임

주식회사의 이사는 선관주의의무(상법 제382조 제2항, 민법 제681조), 충실의무(상법 제382조의 3) 등을 부담한다. 법에서 규정하고 있는 이사의 의무로서 중요한 것은 경업금지의무(상법 제397조), 자기거래제한(상법 제398조), 회사사업기회유용금지(상법 제382조의 3) 등이 있다.

1. 이사의 경업금지의무

(1) 의의

이사는 "이사회의 승인"이 없으면 자기 또는 제3자의 계산으로 회사의 영업부류에 속하는 거래를 하거나 동종영업을 목적으로 하는 다른 회사의 무한책임사원이나 이사가 되지 못한다(상법 제397조 제1항). 이를 이사의 겸업금지의무 또는 경업피지의무라고 한다.

이는 상업사용인, 대리상, 무한책임사원의 겸업금지의무와 비교된다. 지위를 통해 알게 된 영업에 관한 기밀이나 지식을 이용하여 회사이익을 해하고 사리취하는 것을 방지하기 위한 것이다. 이는 이사에게 부과된 법정부작위의무라고 해석하는 것이 오늘날 통설이다.

(2) 내용

1) 거래금지의무

자기 또는 제3자의 계산으로 회사의 영업부류에 속하는 거래를 하지 못한다(상법 제397조 제1항 전단). 영업부류에 속하는 거래에는 동종뿐만 아니라 유사한 상품이나 써비스 제공목적 거래도 포함된다. 자기의 명의로 거래하거나 제3자의 대리인·대표자로 거래하면 그것이 비록 제3자의 계산이더라도 경업금지 위반이 된다. 거래가 반드시 계속 반복된다거나 영리적 성격을 가질 필요 없다(반대설 있음).

2) 겸직금지의무

이사는 동종영업을 목적으로 하는 다른 회사의 무한책임사원이나 이사가 되지 못한다(상법 제397조 제1항 후단).

(3) 겸업금지의무위반의 효과

1) 일반효과

이사가 이러한 의무에 위반하여 자기 또는 제3자의 계산으로 회사의 영업부류에 속한 거래를 한 경우에도 그 거래 자체는 유효하다. 그 이유는 이사의 경업피지의무는 이사의 선량한 관리자의 주의의무내지는 충실의무의 일환으로서 회사에 대하여 부담하는 내부적인 의무이기 때문이다. 그러나 금지위반으로 회사에 손해가 발생한 경우에 이사는 회사에 대해 손해를 배상하여야 하며(상법 제399조), 경업피지의무위반은 이사의 해임사유가 된다(상법 제385조 제1항).

2) 개입권(탈취권)

회사는 "이사회의 결의"로 그 이사의 거래가 자기의 계산으로 한 것인 때에는 이를 회사의 계산으로 한 것으로 볼 수 있고 제3자의 계산으로 한 것인 때에는 그 이사에 대하여 이로 인한 이득의 양도를 청구할 수 있는 권리가 있다(상법 제397조 제2항). 개입권은 "형성권"으로 회사의 일방적 의사표시가 이사에게 도달한 때 개입의 효력이 발생한다. 개입통지를 하기 위해서는 이사회의 결의가 있어야 한다. 이 때 해당이사는 특별이해관계인(상법 제368조 제4항 참조, 제391조 제2항)으로 의결권을 행사하지 못한다. 개입권은 1년 내에 행사해야 한다(상법 제397조, 제3항). 개입권행사는 채권적 효력이 있어서 회사는 내부적으로 이사에게 거래로 인한 경제적 효과를 이전해줄 것을 요청할 수 있다.

(4) 설문의 경우

설문에서 甲은 (협의의)경업금지의무(거래금지의무)에 위반하였을 뿐만 아니라 겸직금지의무에도 위반하였다. 이에 회사는 甲에 대하여 손해배상청구를 할 수 있고(상법 제399조) 이사해임청구를 할 수 있다(상법 제385조). 경우에 따라서는 이사회 결의로 개입권도 행사할 수 있다.

2. 회사기회유용금지

(1) 규정 내용

2011년 상법개정시 회사의 사업기회 유용금지제도를 신설하였다(상법 제397조의2 신설). 이사가 직무상 알게 된 회사의 정보를 이용하여 개인적인 이익을 취득하는 행위를 명확히 규제할 필요가 있었다. 이에 이사가 직무를 수행하는 과정에서 알게 된 정보 또는 회사가 수행하고 있거나 수행할 사업과 밀접한 관계가 있는 사업기회를 자기 또는 제3자의 이익을 위하여 이용하여서는 아니 된다. 이 경우 이사회의 승인은 이사 3분의 2 이상의 수로써 하여야 한다. 즉 기회유용을 적법하게 하기 위하여는 이사회에서 이사 3분의 2 이상 찬성으로 승인을 받아야 한다. 또한 이사가 회사의 사업기회를 유용하더라도 회사에 발생한 손해액을 증명하기 어려운 점을 고려하여 개정상법은 사업기회 유용의 경우 '이사 또는 3자가 얻은 이익'을 회사의 손해로 추정하는 조항을 도입하였다(상법 제397조의2 제2항).

(2) 설문의 경우

동양(주)은 기존의 의료기계 생산·판매 이외에도 수입·판매처와 계약을 체결하는 등 의료기계의 수입·판매 분야에도 사업 확장을 준비하고 있었던 상황이다. 그런데 甲이 그러한 내용을 잘 알고 있으면서 같은 사업을 내용을 하는 C회사를 설립하고 그 대표이사에 취임한 행위를 한 것은 회사의 사업기회 유용에 해당할 소지가 있다. 이에 해당할 경우 동양(주)는 甲에 대해 손해배상청구를 할 수 있고 그를 이사에서 해임할 수 있다. 한편 동양(주)는 甲 또는 타인이 그를 통해 얻은 이익이 있으면 그 이익이 동양(주)의 손해로 추정되어 손해배상청구를 할 수 있다.

3. 이사의 회사에 대한 책임

(1) 의의

이사가 법령·정관에 위반한 행위를 하거나, 그 임무를 해태한 때에는 그 이사는 회사에 대해 연대하여 손해를 배상할 책임이 있다(상법 제399조 제1항). 이사회의 결의에 의한 경우에 결의에 찬성한 이사는 모두 이 같은 책임을 진다(상법 제399조 제3항). 이사와 회사의 관계는 준위임관계이므로(상법 제382조 제2항) 선량한 관리자로 사무를 처리하지 않으면 손해배상책임을 지지만 상법은 이사의 책임발생원인을 명백히 하고 책임범위를 확장하기 위해 특칙을 두고 있다.

(2) 책임의 성질

1) 특별법정책임설

일반 채무불이행책임 이외에 상법이 인정한 특별한 법적인 책임이라는 견해이다.

2) 채무불이행 책임설(과실책임설)

이는 원래 이사의 위임계약불이행으로 발생하는 책임으로서 상법에서 책임의 발생요건 및 내용에 관해 특칙을 정한 것이라 한다(판례, 다수설). 이에 의하면 이는 과실책임으로 인정된다. 2011년 상법개정에 의하여 과실책임임을 법조문에서 명확하게 규정하였다.

3) 절충설

법령 또는 정관위반으로 인한 책임은 법정책임이고 임무해태로 인한 책임은 채무불이행책임이라고 보는 견해이다.

(3) 책임발생요건

1) 법령 또는 정관위반

구체적이고 개별적인 규정의 위반을 지칭한다. 이사의 일반의무, 즉 선관의무, 충실의무 혹은 감시의무 등의 위반을 말하는 것은 아니다. 경업금지나 자기거래제한 등의 위반, 부당한 이익배당 등이 위반의 경우에 속한다. 이 때 이사의 고의나 과실이 있어야 하는지가 문제된다. 일설은 경업금지위반의 예처럼 법령위반 자체가 이사에게 고의가 있을 때에만 성립되는 경우를 제외하고는 이사에게 고의나 과실이 있을 필요는 없다고 한다(무과실 책임). 이에 반하여 유력설(다수설이었음)은 과실책임주의가 근대사법의 기본원칙이므로 이사에게 과실이 있어야 발생하는 것이고, 다만 이사의 행위가 법령이나 정관에 위반한 경우 이사는 자기의 무과실을 증명하여야 면책된다고 한다. 그런데 2011년 개정 시에 고의 또는 과실로 라는 요건을 추가하여 이제는 과실책임임이 명백하게 되었다.

2) 임무해태

수임인으로서 선관의무, 충실의무 혹은 감시의무 등 일반의무를 해태한 경우가 임무해태이다. 이사의 구체적 의무내용은 이사와 회사사이의 위임계약의 내용에 따라 달라질 수 있다. 본질적으로 위임계약불이행으로 인한 책임이어서 이사에게 임무해태에 대한 과실이 있어야 발생할 수 있다(민법 제390조).

(4) 책임의 내용

1) 책임의 주체

책임자는 현실적으로 이사의 직무를 집행하는 모든 이사가 된다. 임시이사(상법 제386조 제2항), 이사직무대행자(상법 제407조)나 직무계속이사(상법 제386조 제1항)도 모두 여기에 해당한다.

2) 연대책임

책임질 이사가 수인일 때에는 이들은 연대하여 회사에 대하여 책임진다(상법 제399조 제1항). 감사가 책임을 지는 경우에는 감사도 이사와 연대하여 책임이 있다(상법 제414조 제3항). 그리고 결의에 찬성한 이사는 모두 연대하여 손해배상책임을 진다(상법 제399조 제2항).

3) 책임의 범위

발생한 모든 손해를 상당인과관계의 범위 내에서 배상할 책임이 있다. 이는 일반채무불이행책임으로 10년의 기간이 지나면 시효로 소멸한다. 회사는 경우에 따라 위임계약을 해지할 수 있다.

4) 책임의 면제

이 책임은 총주주의 동의로만 면제할 수 있다(상법 제400조). 이 때 주주총회에서 그 거래를 승인한 것만으로 이사의 책임을 면하는 결의가 있었다고 인정할 수 없다. 이 때의 주주에는 무의결권주식을 가진 주주도 포함한다(총주주). 이사에게 부정행위가 없는 한 주주총회에서 재무제표를 승인한 후 2년 내에 다른 결의가 없으면 회사가 이사의 책임을 해제한 것으로 본다(상법 제450조).

5) 불법행위와의 관계

상법 제399조의 책임과 관계없이 별도로 민법 750조의 불법행위요건을 증명하여 이사에게 불법행위책임을 물을 수도 있다(청구권경합설, 판례). 그러나 상법 제399조 요건증명이 더 쉽고 손해배상액에 큰 차이 없으므로 회사가 실제 그 책임을 물을 실익이 크지 않다.

6) 책임의 추궁

회사가 이사에 대한 책임추궁을 위한 소의 제기여부에 관한 결정은 이사가 아니라 감사가 하는 것이 원칙이다(상법 제394조). 만약 회사가 책임을 추궁하지 않으면 소수주주는 "대표소송"(상법 제403조)을 제기할 수 있고, 나아가 그 이사의 해임청구의 소(상법 제385조 제2항)를 제기할 수 있다. 이사의 해임청구를 위하여는 주주총회에서 해임을 부결한 결의가 있은 날로부터 1월내에 소를 제시하여야 한다. 그런데 주주총회가 유회된 경우에도 부결된 것으로 볼 수 있는지 여부가 문제된다. 주주총회에서 안건이 부결되고 새로운 총회가 개최된 것이 아니고, 주주총회가 유회된 사안에서, 고등법원(서울고법 1992.10.30. 선고 92나24952 판결)은 유회된 것을 부결된 것으로 보았다. 그리고 이에 대하여 대법원(대법원 1993.4.9. 선고 92다53583 판결)은 정당하다고 보았다.[5]

(5) 설문의 경우

설문에서 (대표)이사 甲은 이사회 승인 없이 동양(주)와 동종영업을 목적으로 하는 C(주)를 설립하여 그 대표이사에 취임하여 경업금지의무에 위반하였다.[6] 또한 결과적으로 이사회 승인 없이 간접거래에 해당하는 내용의 연대보증을 하였다. 이러한 이사 甲은 상법 제399조에 의하여 회사에 대하여 손해배상책임을 부담한다. 또한 이와 관련하여 검토할 사항은 다음과 같다.

1) 이사의 감시의무

이사의 감시의무가 인정되는 여부가 문제될 수 있다. 이에 대해 대법원 판례[7]는 "업무담당이사의 업무집행이 위법하다고 의심할 만한 사유가 있음에도 불구하고 평이사가 감시의무를 위반하여 이를 방치한 때에는 이로 말미암은 손해에 대하여 그 책임을 면할 수 없다." 고 하여 긍정설 중 절충설의 입장을 취하고 있고, 통설도 같은 취지이다.

---

5) 대법원 1993.4.9. 선고 92다53583 판결 : "원심판결은 거시증거를 종합하여 피고가 원심피고 회사의 대표이사로서 주주총회의 승인없이 동회사와 동종영업을 목적으로 하는 소외 한국H주식회사(이하 소외 회사라 한다)를 설립하고 소외 회사의 이사 겸 대표이사가 되어 영업을 위하여 공장부지를 매수하는 등의 영업준비작업을 하여 오다가 원고로부터 항의를 받고 소외 회사의 이사 및 대표이사직을 사임하였으나, 소외 회사의 전 주식을 피고의 누이동생의 남편의 동생으로서 콘크리트제품의 생산 및 판매에 전혀 경험이 없는 소외 정○○에게 양도한 사실, 소외 회사는 그 후 공장부지정지공사를 피고가 대표이사인 소외 우림종합건설주식회사에게 도급을 주어 완공시키고, 동회사에게 소외 회사가 생산하는 제품을 납품하고 있는 사실, 원고가 원심피고 회사의 총발행주식의 100분의 5이상을 가지고 있는 주주로서 피고의 이사해임의 건을 상정하여 임시주주총회를 소집하였으나 출석주주가 정족수에 미달하여 임시주주총회가 유회된 사실 등을 인정한 후 피고가 상법 제397조 제1항에 위반하는 중대한 위법행위를 저질렀으며, 원고가 피고에 대한 이사해임의 건을 상정하여 소집한 임시주주총회가 유회되어 그 해임을 부결한 때에 해당한다는 이유로 피고에 대한 이사해임을 구하는 청구를 이유 있다고 판시하였다. 원심판결이 인정한 사실관계를 관계증거에 의하여 검토하여 보면 소론이 지적하는 이사해임사유에 관한 원심의 사실인정은 수긍이 가고 거기에 채증법칙에 위배하여 사실을 오인하였거나 이유불비의 위법이 있다 할 수 없다."

6) 경쟁회사의 이사로 취임하였다가 사임하였어도 상법 제397조 위반에 해당한다: 대법원 1992.4.9 선고, 92다53583 판결; 대법원 1990.11.2 선고, 90마745 판결 - "甲 주식회사의 이사가 주주총회의 승인이 없이 그 회사와 동종영업을 목적으로 하는 乙 회사를 설립하고 乙 회사의 이사 겸 대표이사가 되었다면 설령 乙회사가 영업활동을 개시하기 전에 乙 회사의 이사 및 대표이사직을 사임하였다고 하더라도, 이는 분명히 상법 제397조 제1항 소정의 경업금지의무를 위반한 행위로서 특별한 다른 사정이 없는 한 이사의 해임에 관한 상법 제385조 제2항 소정의 '법령에 위반한 중대한 사실'이 있는 경우에 해당한다."

7) 대법원 2004.12.10. 선고 2002다60467·60474 판결; 대법원 2007.12.13. 선고 2007다60080 판결.

2) 경영판단원칙의 적용 여부

사안에서 甲, 乙의 이사는 경영금지의무 위반과 자기거래금지의무의 위반에 해당하는 행위를 하였다. 이때 이사의 책임에 대해 일종의 면죄부를 주는 경영판단원칙을 적용할 수 있는지도 문제된다. 그런데 우리 대법원은 경영판단원칙을 적용할 수 없다[8]는 입장이다.

3) 이사의 책임제한 가능 여부

본 사례와 관련하여 2011년 상법개정에 의하여 도입된 이사의 책임제한도 적용여부를 검토할 필요는 있다. 회사에 대한 이사의 책임을 고의 또는 중대한 과실로 회사에 손해를 발생시킨 경우를 제외하고는 이사의 최근 1년간의 보수액의 6배(사외이사는 3배) 이내로 제한하고, 이를 초과하는 금액에 대하여는 면제할 수 있도록 한 것이 상법 제400조 제2항이다. 그런데 본 사안의 경우에는 이사가 법령위반행위를 한 것으로서 책임면제의 대상에도 해당되지 않는다.

4. 이사의 제3자에 대한 책임

(1) 의의

이사가 악의 또는 중대한 과실(일반과실제외)로 인하여 그 임무를 해태한 때에는 그 이사는 제3자에 대하여 연대하여 손해를 배상할 책임이 있다(상법 제401조 제1항). 원래 본 사례의 甲과 같은 대표이사 또는 (대표이사를 겸하고 있는) 업무담당이사가 업무집행과 관련한 불법행위로 인하여 제3자에게 손해를 가한 때에는 그 이사와 회사는 연대하여 제3자에 대하여 당연히 불법행위 책임을 진다(상법 제389조, 제210조). 그 외에 이사가 제3자에 대해 직접 책임을 질 이유는 없지만 주식회사는 회사자산만이 유일한 담보이고 그 관리가 이사들의 손에 맡겨져 있어서 상법은 예외적으로 이사들이 직접 제3자에게 일정한 책임을 지도록 한 것이다.

(2) 제3자의 범위에 주주포함여부

상법 제401조의 제3자에 주주도 포함이 되는지가 문제된다. 이에 대하여 직접손해를 입은 주주가 포함되는 것은 분명한데 간접손해를 입은 주주도 포함되는지에 대하여는 의견대립이 있다.

1) 주주제외설

회사가 입은 손해로 인하여 주주가 간접적으로 손해를 받은 경우는 회사가 배상을 받음으로써 주주의 손해는 간접적으로 보상되는 것이기 때문에 이러한 경우의 주주는 제3자의

---

8) 대법원 2007.12.13. 선고 2007다60080 판결: "이사가 임무를 수행함에 있어서 법령을 위반한 행위를 한 때에는 그 행위 자체가 회사에 대하여 채무불이행에 해당하므로, 그로 인하여 회사에 손해가 발생한 이상 손해배상책임을 면할 수 없고, 위와 같은 법령을 위반한 행위에 대하여는 이사가 임무를 수행함에 있어서 선량한 관리자의 주의의무를 위반하여 임무해태로 인한 손해배상책임이 문제되는 경우에 고려될 수 있는 경영판단의 원칙은 적용될 여지가 없다(대법원 2006. 11. 9. 선고 2004다41651, 41668 판결 등 참조)."

범위에 포함되지 않는다고 한다.

2) 주주포함설

직접적인 손해의 경우는 물론이고 간접적인 손해가 있는 경우에도 주주는 제3자의 범위에 포함된다고 하는 견해이다.

3) 판례

판례에 의하면 대표이사가 회사재산을 횡령하여 회사재산이 감소함으로써 회사가 손해를 입고 결과적으로 주주의 경제적 이익이 침해되는 경우와 같은 간접손해는 상법 제401조 제1항의 손해에 속하지 않아 주주는 이 법조항에 의하여 손해배상을 청구할 수 없다는 입장이어서(대법원 1993.1.26 선고 91다36093 판결) 결과적으로 간접손해의 경우 주주제외설의 견해에 속한다고 평가할 수 있다. 하지만 이사의 위법한 행위(횡령)에 더하여 허위공시까지 이루어져 주주가 피해를 입었다면 상당인과관계가 있고 손해를 특정할 수 있는 바, 상법 제401조의 적용이 가능하다는 것이 판례의 태도[9]이다.

4) 사견

상법 제401조의 취지가 다른 상법상의 구제수단이 없는 경우에만 이 규정을 적용하여 구제받도록 하려는 취지는 아니라고 보여지므로 설령 주주대표소송의 방법으로 권리주장을 할 수 있는 경우는 있다 하더라도 그 요건이 소수주주권으로 되어 있는 등 엄격하기 때문에 간접손해의 경우에도 제401조에 의거하여 주주가 이사로부터 손해를 보상받도록 하는 주주포함설이 타당하다.[10] 다만 채권자는 직접 자신에게 손해배상을 청구할 수 있지만 주주의 경우에는 간접손해의 경우 보상액을 회사에 제공할 것을 요청할 수 있다.

(3) 책임의 성질

1) 법정책임설

상법 제401조의 책임은 거래의 안전, 특히 회사채권자를 보호하기 위해 정책적 고려하에 상법이 특별히 이사에게 부과한 법정책임이라 한다(통설).

2) 불법행위책임설

이사가 제3자에게 책임질 이유는 불법행위 밖에 없고 따라서 이사의 제3자에 대한 책임은 불법행위책임이라 한다.

---

9) 대법원 2012.12.13. 선고 2010다77743 판결: "회사의 재산을 횡령한 이사가 악의 또는 중대한 과실로 부실공시를 하여 재무구조의 악화 사실이 증권시장에 알려지지 아니함으로써 회사 발행주식의 주가가 정상주가보다 높게 형성되고, 주식매수인이 그러한 사실을 알지 못한 채 주식을 취득하였다가 그 후 그 사실이 증권시장에 공표되어 주가가 하락한 경우에는, 주주는 이사의 부실공시로 인하여 정상주가보다 높은 가격에 주식을 매수하였다가 주가가 하락함으로써 직접 손해를 입은 것이므로, 이사에 대하여 상법 제401조 제1항에 의하여 손해배상을 청구할 수 있다."

10) 이 문제에 대한 최근 논의로는 김순석, "이사의 제3자에 대한 손해배상책임과 주주의 간접손해," 「최근 주요상사판례의 쟁점」, 한국상사법학회 동계학술대회자료집, 2014.2.14., 27쪽 아래 참조.

이 때 민법의 일반 불법행위책임과의 관계가 문제되는데 다음의 주장이 있다.

(가) 불법행위특칙설

상법 제401조는 민법 제750조에 대한 특칙으로서 복잡한 회사의 사무를 신속히 처리하지 않으면 안되는 이사의 책임을 감경하기 위하여 민법의 불법행위처럼 행위자의 과실을 요건으로 하지 않고 이사의 "중과실"을 요건으로 한 것이라고 주장한다.

(나) 특별불법행위설

상법 제401조의 책임은 민법 제750조의 책임과는 별개의 독립된 불법행위책임으로서 양자는 청구권경합관계에 있다고 한다. 이는 법정책임설과 별 차이가 없고 다만 시효 등의 문제에서 약간 차이 있을 뿐이다.

3) 사견

이사의 제3자에 대한 책임은 제3자에 대한 직접의 불법행위책임과는 구별하여야 하므로 불법행위책임으로 구성하는 견해는 무리이다. 결국 이는 제3자 보호를 위하여 특별히 인정한 것으로 보는 법정책임설이 타당하다.

(4) 책임발생요건

1) 이사의 임무해태

임무해태란 "회사에 대한" 임무해태를 의미한다. 따라서 예컨대 어떤 당연히 하여야 할 급부를 회사의 이익을 위하여 하지 않은 것은 임무해태가 되지 않는다. 임무는 이사로서의 기본의무 뿐만 아니라 법률이나 정관이 정한 특정한 의무도 당연히 포함된다. 그러나 민법상 불법행위책임과는 달리 이사의 "행위의 위법성" 까지는 요구되지 않는다.

2) 악의나 중과실

이사가 임무해태가 되는 것을 알면서 임무를 해태했을 때가 악의이고, 몰랐지만 중대한 과실로 임무해태하면 중과실이 된다. 이는 제3자가 증명해야 한다.

3) 손해의 발생

제3자에게 손해가 발생해야 한다. 제3자는 주로 회사의 채권자이겠지만 위에서 본 바와 같이 주주나 주식인수인도 포함된다고 보아야 한다.

(5) 책임의 내용

책임의 주체는 이사이다. 직무계속이사(상법 제386조 제1항), 임시이사(상법 제386조 제2항), 이사직무대행자(상법 제407조) 등도 모두 이러한 책임을 부담한다. 업무해태와 상당인과관계가 있는 범위 내에서 제3자의 모든 손해를 배상해야 한다. 이러한 책임에 대하여는 10년의 소멸시효기간이 적용된다. 본조의 책임과 민법상 불법행위책임은 청구권경합관계에 있고(법정책임설·통설) 따라서 제3자는 민법상의 불법행위요건을 증명하여 불법행위에 기한 손해배상을 청구할 수 있다.[11)]

(6) 설문의 경우

설문의 경우 甲은 대표이사로서 상법 제398조 제3항, 제210조에 의하여 제3자에 대하여 책임을 져야한다. 그리고 甲과 乙은 또한 상법 제401조에 의하여 외부 채권자에 대하여 책임을 부담한다. 주주에 대한 책임은 직접손해인지 간접손해인지 경우를 나누어 보아야 한다.

5. 민법상 불법행위책임

이사 甲과 乙은 고의 또는 과실로 인한 위법행위를 한 것으로서 회사에 대해 민법 제750조에 의한 불법행위책임도 부담한다. 이 책임과 상법상 다른 책임과의 관계는 청구권 경합관계에 있다.

6. 이사의 해임사유

이사가 경업금지의무를 위반한 행위를 한 경우에는 이사의 해임에 관한 상법 제385조 제2항 소정의 법령에 위반한 중대한 사실이 있는 경우에 해당하여 이사의 해임사유로도 된다.[12]

Ⅴ. 결 론

1. 설문에 대한 해답

동양(주)이 B회사에 대하여 섬유부문을 양도한 행위는 영업양도로서 주주총회의 특별결의를 거쳐야 하는데, 그를 거치지 않았으므로 무효이다. 하지만 동양(주)에 대하여 채권을 가지고 있는 A회사는 섬유부문을 양수한 B회사에 대하여 섬유원사 공급대금 5억원의 지급을 청구할 수 있으며, 그 법적 근거는 상호를 속용하는 영업양수인의 책임(상법 제42조의 유추적용)이 된다.

동양(주)의 연대보증과 관련하여서는 甲이 간접거래로서 자기거래 위반행위를 하였는지가 문제된다. 그런데 그 자기거래 허용요건이 되는 이사회 승인은 특별이해관계자의 의결권은 제외하고 하여야 한다. 그런데 본 사안의 설문의 경우에는 특별이해관계자를 빼고는

11) 한편 상상회사의 경우, 금융투자업자는 자본시장법 제47조 제1항 또는 제3항(설명의무 관련)을 위반한 경우 이로 인하여 발생한 일반투자자의 손해를 배상할 책임이 있다(자본시장법 제48조 제1항). 그리고 금융투자업자는 법령·약관·집합투자규약·투자설명서(자본시장법 제123조 제1항에 따른 투자설명서를 말한다)에 위반하는 행위를 하거나 그 업무를 소홀히 하여 투자자에게 손해를 발생시킨 경우에는 그 손해를 배상할 책임이 있다. 다만, 배상의 책임을 질 금융투자업자가 자본시장법 제37조 제2항, 제44조, 제45조, 제71조 또는 제85조를 위반한 경우(투자매매업 또는 투자중개업과 집합투자업을 함께 영위함에 따라 발생하는 이해상충과 관련된 경우에 한한다)로서 그 금융투자업자가 상당한 주의를 하였음을 증명하거나 투자자가 금융투자상품의 매매, 그 밖의 거래를 할 때에 그 사실을 안 경우에는 배상의 책임을 지지 아니한다(자본시장법 제64조 제1항).

12) 대법원 1992.4.9 선고, 92다53583 판결; 대법원 1990.11.2 선고, 90마745 판결.

이사회가결요건을 갖추지 못하여 결과적으로 이사회결의 없이 자기거래 행위가 이루어져 이사의 자기거래제한 위반이 된다. 그 법적효과로 상대적 무효의 법리가 타당하며, 그것이 통설·판례의 태도이다. 따라서 D은행이 선의인한 동양(주)은 연대보증에 대한 책임을 져야하고, D은행은 동양(주)을 상대로 대여금 20억원의 지급을 청구할 수 있다. 설문의 경우에는 D은행이 대출시 동양(주)의 이사회 회의록 및 기타 대출서류를 확인한 것으로 보아 D은행이 선의로 인정될 가능성이 높다. D은행의 악의 또는 중대한 과실에 대하여는 동양(주)이 증명책임을 부담한다.

(대표)이사 甲과 乙은 이사의 선관주의의무, 충실의무를 위반하였다. 구체적으로는 甲은 경업금지의무위반의 행위, 자기거래위반의 행위를 하였다. 乙은 甲에 대한 감시의무 등을 위반하였다. 이에 대하여 甲과 乙은 상법 제399조에 의하여 회사에 대하여 손해배상책임을 부담한다. 또한 외부의 제3자에 대하여는 상법 제401조에 의하여 책임을 질 수 있다. 이 경우는 채권자의 경우와 주주의 경우를 나누어 보아야 한다. 또한 직접손해인지 간접손해인지를 구분하여 판단하여야 한다. 甲과 乙은 또한 민법 제750조에 의한 불법행위 책임을 부담하며, 이 책임과 상법상의 책임은 청구권경합관계에 있다. 또한 고의 또는 중대한 과실에 의한 이사의 의무위반의 경우에는 이사의 해임사유가 된다(상법 제385조).

2. 출제전망

제1회 변호사시험에서는 주주총회의 부존재, 상법 제39조의 부실등기의 책임, 표현대표이사, 업무집행지시자등의 책임, 이사의 책임의 논점이 출제되었다. 제2회 변호사시험 상법 문제에서는 주식에 관한 내용이 주가 되었었다. 즉 타인명의의 주식인수의 문제, 주주명부의 효력, 가장납입의 효력, 신주의 제3자 배정, 주주의 의결권대리행사제한 등 문제를 다루어 출제하였다. 그리고 납입상계허용의 문제, 현물출자의 검사생략 부분은 2011년 개정상법의 내용을 묻는 문제이었다. 그리고 2014년 1월에 출제된 제3회 변호사시험에서는 상호속용영업양수인의 책임, 주주총회특별결의, 이사회에서의 특별이해관계자의 의결권제한의 문제, 이사의 자기거래제한, 이사의 경업금지의무, 회사기회유용의 법리의 문제, 이사의 타 이사 감시의무, 이사의 회사에 대한 책임, 이사의 제3자에 대한 책임의 논점이 출제되었다. 이와 같이 변호사시험에서는 회사법에서의 전형적인 논점에서 출제하면서도 상법총칙·상행위의 논점을 가미하여 출제하고 있다. 이러한 경향은 앞으로도 계속될 것이므로 특히 회사법상 전형적으로 출제되는 내용은 숙지하고 있어야 한다. 다만 주된 내용은 회사법 분야에서 출제되더라도 상법총칙·상행위 분야뿐만 아니라 어음·수표와 연계한 문제도 출제될 가능성이 있으므로 그에 대비하여야 한다.

법률가가 되기 위한 수험생활은 고난할 것이지만 역경을 이겨내야만 큰 사람이 될 수 있다는 생각으로 극복하여야 한다. 주변에 있는 남의 장점을 보고 긍정적으로 생활하는 자세, 빙그레 웃으면서 훈훈한 마음으로 하루하루의 날들을 맞이하면서 살아야 한다. 수험준비생들은 바람이 불어도 기품을 잃지 않는 대나무가 되어야 한다. 아프면서 자라는 나무는 옹이가 아름다운 법이다. 우리는 인생이라는 무대에서 삶을 연기로 보여주고 있는 것이며 앞으로 변호사시험 준비생으로서 당신의 인생점수는 당신이 메겨가는 것이다.

2013년 제2회 변호사시험

민사법 제1문

제 1 문

공통된 기초사실

○ A 주식회사(대표이사 B)는 2009. 1. 3. 乙의 대리인임을 자처하는 甲으로부터 乙 소유의 X 부동산을 대금 7억 원에 매수하면서, 계약금 1억 원은 계약 당일 지급하고, 중도금 3억 원은 2009. 3. 15. 乙의 거래은행 계좌로 송금하는 방법으로 지급하며, 잔금 3억 원은 2009. 3. 31. 乙로부터 X 부동산에 관한 소유권이전등기 소요서류를 교부받음과 동시에 지급하되, 잔대금 지급기일까지 그 대금을 지급하지 못하면 위 매매계약이 자동적으로 해제된다고 약정한 후(이하 '이 사건 매매계약'이라 함), 같은 날 甲에게 계약금 1억 원을 지급하였다.

제 1 문 의 1

추가된 사실관계

○ 甲은 乙의 사촌 동생으로서 乙의 주거지에 자주 내왕하는 사이였는데, 乙의 건강이 악화되어 관리가 소홀한 틈을 타 평소 乙의 거실 서랍장에 보관되어 있던 乙의 인장을 임의로 꺼내어 위임장을 위조한 후 그 인감증명서를 발급받는 한편 평소 위치를 보아 둔 X 부동산의 등기권리증을 들고 나와 A 주식회사 대표이사 B에게 제시하면서 乙의 승낙 없이 이 사건 매매계약을 체결한 것이었다.

○ 乙은 2009. 3. 15. A 주식회사로부터 자신의 거래 계좌로 3억 원을 송금받자 이를 이상히 여기고 평소 의심스러운 행동을 보이던 甲을 추궁한 끝에, 甲이 乙의 승낙 없이 A 주식회사에게 X 부동산을 매도하고 계약금 1억 원을 착복하였으며 그 중도금으로 3억 원이 위와 같이 입금되었다는 사정을 알게 되었다. 그러나 乙은 평소 甲에 대하여 1억 원 가량의 채무를 부담하고 있었던 터라 甲과 사이에서 이 사건 매매계약을 그대로 유지하고 甲에게는 더 이상의 책임을 추

궁하지 않기로 합의하였으며, 그 무렵 甲은 이를 B에게 통지하여 주었다.

○ 乙은 2008. 11.경 丙으로부터 1억 5,000만 원을 차용하면서 그 담보로 丙에게 X 부동산에 관하여 저당권(이하 '이 사건 저당권'이라 함)을 설정하고 그 등기를 마쳐준 바 있는데, 丙은 2008. 12.경 丁에게 위 대여금 채권을 양도하고 이를 乙에게 통지하는 한편 이 사건 저당권을 양도하고 같은 날 丁에게 이 사건 저당권 이전의 부기등기를 마쳐 주었다.

소송의 경과

○ A 주식회사는 2012. 10.경 乙·丁을 상대로 이 사건 소송을 제기하여, ① 乙에 대하여는 甲이 乙을 적법하게 대리하여 이 사건 매매계약을 체결한 것이라고 주장하면서 X 부동산에 관하여 이 사건 매매계약을 원인으로 한 소유권이전등기를 구하고, ② 丁에 대하여는 乙이 丁에게 이 사건 저당권에 의한 피담보채무를 전액 변제하였다고 주장하면서 이 사건 매매계약에 기한 소유권이전등기청구권 보전을 위하여 乙을 대위하여 소유권에 기한 방해배제로서 X 부동산에 관하여 마쳐진 이 사건 저당권 설정등기 및 이 사건 저당권 이전 부기등기의 각 말소등기를 구하였다.

○ 제1회 변론기일에서 A 주식회사는 이 사건 매매계약서를 증거로 제출하였는데, 乙은 이 사건 매매계약서 중 매도인란에 기재된 乙 이름 옆에 날인된 인영이 자신의 인장에 의한 것임은 맞으나 자신은 이를 날인한 사실이 없다고 다투었고, A 주식회사는 乙의 사촌동생인 甲이 乙을 대신하여 날인한 것이라고 주장하였으며, 乙은 甲이 이를 날인하였다는 A 주식회사의 주장을 이익으로 원용하였다.

문 제

1. 乙에 대한 소유권이전등기청구 관련,

가. 이 사건 매매계약서의 형식적 증거력이 인정될 수 있는지 여부를 그 논거와 함께 서술하시오. (10점)

나. 양쪽 당사자의 주장·입증이 위 〈소송의 경과〉와 같다면, 법원은 표현대리의 성립 여부에 대하여도 판단하여야 하는지 여부를 그 논거와 함께 서술하시오. (10점)

다. A 주식회사가 이 사건 매매계약의 효력이 乙에게 미친다고 주장하는 근거로서, 주위적으로 표현대리(민법 제126조)를, 예비적으로 추인을 내세우는 경우, 위 각 주장이 받아들여질 수 있는지 여부를 그 논거와 함께 서술하시오. (20점)

라. 乙이 설령 이 사건 매매계약의 효력이 자신에게 미친다고 하더라도 A 주식회사가 잔금을 지급하지 아니한 채 잔금지급기일이 지났으므로 이 사건 매매계

약은 해제 의사표시가 담긴 이 사건 준비서면의 송달로써 자동으로 해제되었다고도 항변하였다면, 乙의 이 부분 주장이 받아들여질 수 있는지 여부를 그 논거와 함께 서술하시오. (10점)

2. 丁에 대한 각 말소등기청구 관련(아래 각 문항에서 대위의 요건은 모두 갖추어진 것으로 가정한다),

가. 만일 丁이 소재불명으로 판명되어 소장 기타 소송서류 일체가 공시송달의 방법으로 송달되고 변론기일에도 불출석하였으며, A 주식회사가 이 사건 저당권의 피담보채무 변제에 관하여는 별다른 입증자료를 제출하지 아니하였을 경우, 위 각 청구에 대한 결론〔각하, 청구전부인용, 청구일부인용(일부 인용되는 경우 그 구체적인 금액 또는 내용을 기재할 것), 청구기각〕을 그 논거와 함께 서술하시오. (20점)

나. 만일 丁이 제1회 변론기일에 출석하여 저당권의 피담보채권 중 2,000만 원이 변제되지 아니한 채 남아 있다고 주장하였고, 심리 결과 그것이 사실로 인정된 경우, 위 각 청구에 대한 결론〔각하, 청구전부인용, 청구일부인용(일부 인용되는 경우 그 구체적인 금액 또는 내용을 기재할 것), 청구기각〕을 그 논거와 함께 서술하시오. (20점)

제 1 문 의 2

추가된 사실관계

○ 한편, A 주식회사 대표이사 B는 이 사건 매매계약의 중도금을 지급하기 위하여 C에게 돈을 빌려줄 것을 부탁하였고, 이에 C는 연대보증인 2인을 구해 오면 1억 원을 빌려주겠다고 하였다.

○ B는 우선 당시 A 주식회사의 이사로 있던 D에게 위와 같은 사정을 설명하고 연대보증을 허락받았고, 다른 한 명의 연대보증인은 연대보증의 의미나 효과에 대해서 전혀 알지 못하는 등록된 지적장애인인 자신의 조카 E(남, 38세)에게 부탁하였다. C는 B, D, E를 직접 만나서 2009. 3. 1.경 D와 E의 연대보증 아래 A 주식회사에게 1억 원을 변제기 2010. 3. 1. 이율 월 2%로 정하여 대여하였고, 계약 체결 당시 B는 E가 조카여서 연대보증을 해 주는 것이라 설명하여, C는 E의 지적장애 상태를 알지 못한 채 위 계약을 체결하였다.

○ A 주식회사 대표이사 B는 위 차용금 채무의 변제기가 다가오자 C를 찾아가 몇 개월만 더 변제기를 연장해 달라고 부탁하여, 2010. 2. 1. C와 사이에서 위 채무의 변제기를 2010. 10. 1.까지 연장하기로 합의하였다.

○ 한편, D는 2010. 1. 10. A 주식회사의 이사직을 사임한 후 퇴직하였고, 그 직후인 2010. 1. 12. C에게 A 주식회사 이사직을 사임하였으므로 위 연대보증계약을 해지한다고 내용증명우편으로 통보하여, 위 통보가 2010. 1. 18. C에게 도달되었다.

소송의 경과

- C는 A 주식회사 측에 위 대여금의 지급을 촉구하였으나 지급받지 못하자 C1 변호사에게 소송을 의뢰하였고, C1은 C의 소송대리인이 되어 2012. 8. 1. D 및 E를 상대로 연대보증채무의 이행을 구하는 소송을 제기하였다.
- D는 C의 소장을 송달받은 후 변호사 D1을 소송대리인으로 선임하면서 ① 일체의 소송행위, ② 반소의 제기 및 응소, 상소의 제기 및 취하, ③ 소의 취하, 화해, 청구의 포기 및 인낙 등의 권한을 위임하였다.
- E는 2012. 11. 3. 금치산선고를 받았는데, 아버지 E1이 후견인으로 선임된 후 친족회 동의를 얻어 E의 법정대리인으로서 C의 본소에 대하여 답변하는 한편, 반소로서 위 연대보증채무(C가 E에게 청구한 본소청구 금액 전부)가 존재하지 아니한다는 내용의 채무부존재확인의 소를 제기하였다.

문 제

1. D의 소송대리인 D1은 'D는 회사의 이사 지위에서 부득이하게 연대보증을 선 것이어서 이사 사임 직후 위 연대보증계약을 해지한 이상 연대보증채무를 부담하는 것은 부당하며, 나아가 연대보증인의 동의 없이 주채무의 기한을 연장한 이상 그 후에 확정된 대출금 채무를 연대보증인에게 청구하는 것은 부당하다'는 취지로 주장하였다. 위 각 주장이 받아들여질 수 있는지 여부를 논거와 함께 서술하시오(보증인 보호를 위한 특별법은 고려하지 말 것). (10점)

2. 만약 위 소송에서 피고 D가 소송계속 중 상속인으로 처와 아들 1명을 남기고 사망하였으나, 법원이 이를 알지 못한 채 피고를 D로 표시한 판결을 선고하였고, 그 판결문이 소송대리인 D1에게 송달되었다면 위 판결의 효력이 상속인들에게 미치는지 여부와 상소기간이 진행되는지 여부를 각 논거와 함께 서술하시오. (20점)

3. E 측은 본소에 대한 항변 및 반소청구원인으로 C와 E 사이의 연대보증계약은 주위적으로 폭리행위여서 무효라고 주장하고, 예비적으로 의사무능력자의 행위여서 무효라고 주장하였다. E 측의 위 각 주장이 받아들여질 수 있는지 여부를 논거와 함께 서술하고, C의 본소와 E의 반소의 각 결론〔각하, 청구전부인용, 청구일부인용(일부 인용되는 경우 그 구체적인 금액 또는 내용을 기재할 것), 청구기각〕을 그 논거와 함께 서술하시오. (30점)

민사법

C/O/N/T/E/N/T/S

제1문

김 태 관 〔동아대학교 법학전문대학원 교수 · 변호사〕

Ⅰ. 들어가며

최근 제2회 변호사시험이 실시되었다. 출제된 문제에 대한 총평을 하자면, 법적 쟁점이 명시적 또는 묵시적으로 제시된 형태의 무난한 문제가 출제가 된 것으로 보인다. 다만, 일부 쟁점의 경우는 수험생으로서 찾아내기 용이하지 않았을 것으로 생각되지만, 이는 일부에 그치고 있어서 수험생이 느끼는 전체적인 난이도는 생각보다 어려웠을 것으로는 생각되지 않는다.

수험생으로서는 답안의 작성시 설문에 제시된 쟁점의 의미를 충분히 숙지한 다음, 그 사실관계와 법리를 기초로 하여 관련 판례와 학설을 중심으로 법적 판단을 하고, 이를 통해 결론을 이끌어 내는 방식의 서술이 필요할 것으로 생각되고, 충실히 학업에 매진한 경우에는 무난한 점수를 얻을 수 있을 것으로 생각한다. 나아가, 수험생들이 앞으로 변호사로서의 업무를 충실히 수행해 나가기 위해서는 법학전문대학원의 교육과정에서 그간 배웠던 것 외에 변호사시험의 합격 후에도 본인이 관심을 갖는 분야 뿐만 아니라 기본법 분야에 대한 충분한 학습과 꾸준한 연구가 필요하리라 생각한다.

수험생들이 3년간의 법학전문대학원의 과정에서 쏟은 노력에 결실이 있기를 바란다. 마지막으로, 필자가 제시하는 사례형 1문의 해설은 사례형 문제 출제자의 의도나 채점기준과 상관없이 본인의 판단과 주관에 의해 서술된 것이므로, 실제 답안의 채점기준과 다를 수 있다. 하나의 참고자료로 사용하기 바란다.

Ⅱ. 제1문의 1

1. 설문 1의 가에 대하여

가. 설문의 요지와 쟁점

설문 1의 가의 요지는 A 주식회사(이하 "원고"라고 한다)가 乙 소유의 X부동산에 관하여 乙(이하 "피고 乙"이라 한다)을 대리한 甲과의 2009. 1. 3.자 매매계약을 원인으로 한 소유권이전등기청구소송에서 청구원인사실을 뒷받침하기 위해 제출한 매매계약서에 대해 피고 乙은 이 사건 매매계약서 중 매도인란에 기재된 乙 이름 옆에 날인된 인영이 자신의 인장에 의한 것임은 맞으나 자신은 이를 날인한 사실이 없다고 다투었고, 원고는 피고 乙의 사촌동생인 甲이 피고 乙을 대신하여 날인한 것이라고 주장하였으며, 피고 乙은 甲이 이를 날인하였다는 원고의 주장을 이익으로 원용한 바, 이 사건 매매계약서의 형식적 증거력이 인정될 수 있는지 여부와 그 논거를 묻고 있다. 즉, 본 설문에서 묻고자 하는 쟁점은 소유권이전등기청구소송에서 핵심적인 증거인 이 사건 매매계약서의 진정성립의 인정과 그 번복에 관한 것이다.

나. 설문의 해결

설문에서 묻고 있는 이 사건 매매계약서의 형식적 증거력이란 매매계약서라는 처분문서인 사문서의 진정성립을 말하는데, 문서의 진정성립이란 민사소송에서 처분문서를 비롯한 각종문서를 증거로서 법원에 제출하는 자(거증자, 입증자)가 그 문서의 작성자라고 주장하는 특정인의 의사에 의하여 그 문서가 작성되었다는 것을 말한다. 이 경우 문서제출자의 상대방이 문서의 진정성립에 관하여 다투고 나오면, 문서제출자는 그 문서의 진정성립에 관하여 증명하여야 한다(민사소송법 제357조). 이때 그 문서에 있는 본인 또는 대리인의 서명 · 날인 · 무인이 진정한 것임을 증명한 때에는 그 문서는 진정한 것으로 추정을 받는다(민사소송법 제358조). 그러나 대법원은 그 문서에 날인된 작성명의인의 인영이 그 사람의 인장에 의한 것임이 인정되면 일단 그 사람의 의사에 의하여 날인된 것이라는 사실상의 추정을 받게 되고, 이러한 추정이 성립되면 그 문서전체의 진정성립까지도 추정하고 있다(대법원 1995.06.30. 선고 94다41324 판결 등 다수, 이른바 2단계의 추정이라고 한다).

설문에서는 피고 乙은 자신의 날인사실은 부인하고 있지만, 이 사건 매매계약서의 매도인란에 날인된 乙의 인영이 자신의 것임을 인정하고 있기 때문에 소위 "인영의 동일성"을 인정하고 있으므로, 일응 이 사건 매매계약서는 피고 乙의 의사에 의하여 날인된 것이라는 사실상의 추정을 받게 되고, 이러한 추정을 기초로 이 사건 매매계약서의 진정성립은 추정된다. 다만, 원고가 피고 乙의 사촌동생인 甲이 피고 乙을 대신하여 날인한 것, 즉 "타인의 날인사실"을 주장하고, 이를 피고 乙이 이익으로 원용하고 있다. 따라서 "인영의 동일성"을 기초로 한 2단계의 추정이 "타인의 날인사실"이 인정되는 경우에 번복이 되는 것인지, 아니면 더 나아가 2단계의 추정을 번복하기 위해 피고 乙이 "타인의 날인사실" 외에 "타인의 날인행위가 정당한 권원에 기하지 않은 사실"까지 인정되어야 하는 것인지 여부가 문제된다.

이에 관하여 종래 대법원은 본인이 제3자가 본인인장을 도용 · 모용하였다고 주장하고, 제3자가 본인인장을 직접 날인하였음이 인정되는 경우 본인은 "제3자의 날인사실"에 추가하여 "그 날인이 본인의 의사에 반한다는 사실"까지도 입증하여야만 2단계의 추정이 깨어진다고 판시[1]하다가, 그 후 판례는 날인진정의 추정을 깨뜨리는 반증의 내용에서 "그 날인이 본인의 의사에 반하여 이루졌다는 사실"을 제외하여 그 결과 인영의 동일성이 인정되더라도 "그 날인행위가 타인에 의하여 이루어졌다는 점"만으로 바로 2단계의 추정이 깨어지는 것으로 판시하고 있다.[2]

따라서 인영의 동일성이 인정된다고 하더라도, 타인의 날인사실이 인정되는 이상 2단계의 추정은 번복되었다고 보아야 한다.

2. 설문 1의 나에 대하여

가. 설문의 요지와 쟁점

---

1) 종래 대법원은 『(2단의 추정이 되는 경우), 문서가 위조된 것임을 주장하는 자는 적극적으로 그 인영이 명의인의 의사에 반하여 날인된 것임을 입증할 필요가 있다』(대법원 1982.8.24. 81다684 판결, 1986.2.11. 선고 85다카1009 판결)거나 『(2단의 추정이 되는 경우), 작성명의인의 인장이 도용, 위조된 것이라고 항변하는 경우에는 다른 특별한 사정이 없는 한 그 날인행위도 작성명의인이 한 것으로 추정되므로, 작성명의인측에서 그것이 도용된 것이라는 점에 관하여 입증하여야 한다』(대법원 1976.7.27. 선고 76다1394 판결, 1987.12.22. 선고 87다카707 판결)고 판시하였다.

2) 『피고명의의 배서란에 찍힌 피고명의의 인영이 피고의 인장에 의한 것임을 피고가 인정하고 있으므로 그 배서부분이 진정한 것으로 추정되기는 하지만, 그 인영이 작성명의인인 피고 이외의 사람이 날인한 것으로 밝혀질 때에는 위와 같은 추정은 깨어지는 것이므로, 이와 같은 경우에는 이 사건 어음을 증거로 제출한 원고가 작성명의인인 피고로부터 날인을 할 권한을 위임받은 사람이 날인을 한 사실까지 입증하여야만 그 배서부분이 진정한 것임이 증명되는 것이다』(대법원 1993.8.24. 선고 93다4151 전원합의체판결 등 다수)라고 판시하고 있다.

본 설문은 원고의 피고 乙에 대한 소유권이전등기청구소송에서 원고는 甲이 피고 乙을 적법하게 대리하여 이 사건 매매계약을 체결한 것이라고 주장하고(유권대리), 피고 乙은 乙의 날인사실을 부인하고 있는 경우, 원고가 주장하지 않은 표현대리의 성립여부에 대해 법원이 판단을 하여야 하는 것인지 여부와 그 근거를 묻고 있다. 즉, 본 설문의 쟁점은 원고가 甲이 피고 乙의 대리인이므로 그가 행한 매매계약의 효과가 피고 乙에게 귀속되어야 한다는 주장만을 할뿐 표현대리의 주장을 명백히 행하지 않는 경우 변론주의와의 관계에서 법원은 이를 어떻게 취급할 것인지 여부이다.

나. 설문의 해결

주요사실과 그에 대한 증거의 수집·제출 책임을 당사자에게 일임하고 당사자가 수집·제출한 소송자료만을 기초로 하여 재판하는 변론주의와의 관계상 이 사건 매매계약이 적법한 대리인에 의하여 이루어 진 것이냐 아니면 민법의 표현대리인에 의하여 이루어진 것인지 여부에 대한 각 주요사실은 원·피고에 의하여 변론에서 주장되지 아니하면 판결의 기초로 삼을 수 없는 것이다.[3] 이 사건 소송에서의 주요사실 즉 적법한 대리인에 의하여 이 사건 매매계약이 체결되었다는 사실 또는 민법 소정의 표현대리에 관한 요건사실에 관한 주장은 원·피고 누구에 의하여 주장되든 상관이 없으나(주장공통의 원칙), 반드시 변론에서 진술되어야 하고, 변론에서 진술되지 아니하는 한 법원이 증인의 증언 기타 증거자료상에 나타난 사실에 의하여 이를 알고 있다 하더라도 재판의 자료로 삼을 수 없다. 주요사실에 관하여 변론에서 어느 정도의 당사자 진술이 있어야 그 주요사실에 관한 주장이 있는 것으로 볼 수 있는가는 구체적 소송행위 해석의 문제에 귀착된다고 할 것이나, 유권대리의 주장과 표현대리의 주장은 각 별개의 주요사실이기 때문에 어떤 방법으로든 변론에서 따로 주장되어야 할 것이고, 유권대리의 주장속에 표현대리의 주장이 포함된다고 해석하는 것은 부당하다. 특히 유사한 사안에서 대법원[4]은 「변론에서 당사자가 주장한 주요사실만이 심판의 대상이 되는 것으로서 여기에서 주요사실이라 함은 법률효과를 발생시키는 실체법상의 구성요건 해당사실을 말하는 것인바, 대리권에 기한 대리의 경우나 표현대리의 경우나 모두 제3자가 행한 대리행위의 효과가 본인에게 귀속된다는 점에서는 차이가 없으나 유권대리에 있어서는 본인이 대리인에게 수여한 대리권의 효력에 의하여 위와 같은 법률효과가 발생하는 반면 표현대리에 있어서는 대리권이 없음에도 불구하고 법률이 특히 거래상대방 보호와 거래안전 유지를 위하여 본래 무효인 무권대리행위의 효과를 본인에게 미치게 한 것으로서 표현대리가 성립된다고 하여 무권대리의 성질이 유권대리로 전환되는 것은 아니므로, 양자의 구성요건 해당사실 즉 주요사실은 서로 다르다고 볼 수 밖에 없다. 그러므로 유권대리에 관한 주장 가운데 무권대리에 속하는 표현대리의 주장이 포함되어 있다고 볼 수

3) 만약 유권대리와 표현대리에 관한 것이 간접사실에 불과하다면, 원·피고간의 매매계약 체결사실의 주장이 있는 한 적법한 대리인에 의하여 이루어진 것이냐 표현대리인에 의하여 이루어진 것인지에 관한 점에 관하여는 당사자의 변론에서 주장여부를 불문하고 증거에 의하여 법원이 이를 인정할 수 있을 것이다.

4) 대법원 1983.12.13. 선고 83다카1489 전원합의체 판결.

없으며, 따로이 표현대리에 관한 주장이 없는 한 법원은 나아가 표현대리의 성립여부를 심리판단할 필요가 없다고 할 것이다」고 판시하고 있다. 그러나 변론주의를 기계적, 형식적으로 관철시킨다면 당사자의 소송능력의 불평등, 불완전으로 승소할 사안인데도 패소 당하는 폐단을 막을 수 없다. 이러한 측면에서 원고의 주장은 제3자의 행위에 의한 효과를 본인에게 귀속시키고자 함에 있다고 보고, 그것이 유권대리에 의하건 표현대리에 의하건 목적만 달성되면 된다는 입장이라면, 그리고 유권대리의 요건을 주장 · 입증하는 소송절차에서 표현대리의 요건이 주장 · 입증된 결과가 생긴 때에도, 원고가 표현대리를 명백히 주장하여 그 요건사실을 입증하지 않았다고 하여 법원은 표현대리에 관하여 판단할 의무가 있다고 할 수 있다는 견해가 없지 않지만, 변론주의의 폐단을 방지하기 위하여서는 당사자가 변론에서 주장한 사실이 불명, 모순, 불완전하거나, 법률요건사실의 일부를 빠뜨렸을 경우 법원은 이를 보충하기 위하여 석명권 행사를 하거나,5) 이례적인 것이지만 사건의 타당한 해결을 위해 변론에서 당사자의 명시적인 주장이 없어도 자기신청의 증인신문사항에 기재한 사실,6) 이익으로 원용한 감정서나 서증에 기재된 사실7)에 대하여 간접적인 주장이 있는 것으로 해석하는 방법에 의해서도 충분하다고 생각한다.

따라서 법원은 당사자들이 주장하지 아니한 표현대리에 대해서까지 그 성립여부를 판단할 필요는 없다.

3. 설문 1의 다에 대하여

가. 설문의 요지와 쟁점

원고가 이 사건 매매계약의 효력이 피고 乙에게 미친다고 주장하는 근거로서, 주위적으로 표현대리(민법 제126조)를, 예비적으로 추인을 내세우는 경우, 위 각 주장이 받아들여질 수 있는지 여부와 그 논거를 묻고 있다. 즉, 표현대리와 무권대리의 추인의 성립 여부에 관한 것이다.

나. 설문의 해결

(1) 민법 제126조의 표현대리 주장에 대하여

이 사건에 문제되는 민법 제126조에서 말하는 권한을 넘은 표현대리는 현재에 대리권을 가진 자가 그 권한을 넘은 경우에 성립하는 것이지, 현재에 아무런 대리권도 가지지 아니한 자가 본인을 위하여 한 어떤 대리행위가 과거에 이미 가졌던 대리권을 넘은 경우에까지 성립하는 것은 아니라고 할 것이고,8) 표현대리의 효과를 주장하려면 상대방이 자칭 대리

5) 대법원 1968.7.24 선고 68다977 판결; 대법원 1963.7.25. 선고 63다289 판결; 대법원 1982.4.13 선고 81다1045 판결 등.
6) 대법원 1969.8.26 선고 69다78 판결.
7) 대법원 1972.1.30 선고 71다2502 판결; 대법원 1980.12.9 선고 80다2432 판결.
8) 대법원 1973.7.30. 선고 72다1631 판결, 대법원 1979.3.27. 선고 79다234 판결 등.

인에게 대리권이 있다고 믿고 그와 같이 믿는 데 정당한 이유[9]가 있을 것을 요건으로 하는 것이다.[10]

그런데, 甲은 피고 乙의 사촌 동생으로서 피고 乙의 주거지에 자주 내왕하는 사이였는데, 피고 乙의 건강이 악화되어 관리가 소홀한 틈을 타 평소 피고 乙의 거실 서랍장에 보관되어 있던 乙의 인장을 임의로 꺼내어 위임장을 위조한 후 그 인감증명서를 발급받는 한편 평소 위치를 보아 둔 X 부동산의 등기권리증을 들고 나와 원고의 대표이사 B에게 제시하면서 피고 乙의 승낙 없이 이 사건 매매계약을 체결한 것이다.

따라서 위 사실과 법리를 종합해 보면, 甲은 피고 乙로부터 어떠한 기본대리권을 수여받은 바 없이 무단으로 피고 乙의 인장을 사용해 위임장을 위조하고, 등기권리증을 절취하여 사용하였기 때문에 원고의 민법 제126조 소정의 표현대리가 성립한다는 주장은 이유 없다.

민사법

(2) 무권대리의 추인 주장에 대하여

대법원은 무권대리의 추인에 관하여 「무권대리행위는 그 효력이 불확정 상태에 있다가 본인의 추인 유무에 따라 본인에 대한 효력발생 여부가 결정되는 것인바, 그 추인은 무권대리행위가 있음을 알고 그 행위의 효과를 자기에게 귀속시키도록 하는 단독행위로서, 그 의사표시에 특별한 방식이 요구되는 것은 아니므로 명시적인 방법만이 아니라 묵시적인 방법으로도 할 수 있고, 무권대리인이나 무권대리행위의 상대방에 대하여도 할 수 있다」라고 판시하고,[11] 「여기 상대방이라 함은 무권대리행위의 직접 상대당사자 뿐만이 아니라 그 무권대리행위로 인한 권리 또는 법률관계의 승계인도 포함된다고 해석된다」고 판시[12]하고 있다.

본 설문에서 피고 乙은 2009. 3. 15. 원고로부터 자신의 거래 계좌로 3억 원을 송금받자 이를 이상히 여기고 평소 의심스러운 행동을 보이던 甲을 추궁한 끝에, 甲이 피고 乙의 승낙 없이 원고에게 X 부동산을 매도하고 계약금 1억 원을 착복하였으며 그 중도금으로 3억 원이 위와 같이 입금되었다는 사정을 알게 되었으나 피고 乙은 평소 甲에 대하여 1억 원 가량의 채무를 부담하고 있었던 터라 甲과 사이에서 이 사건 매매계약을 그대로 유지하고 甲에게는 더 이상의 책임을 추궁하지 않기로 합의하였으며, 그 무렵 甲은 이를 원고의 대표이사 B에게 통지[13]하여 준 사실이 인정되는 바, 위와 같은 피고 乙과 甲 사이의 이

---

9) 대리인임을 자칭하는 자가 본인으로부터 부동산 매도에 관한 위임장, 그 소유권이전등기에 필요한 서류와 인감도장을 모두 소지한 채 이를 상대방에게 제시하며 위 부동산을 처분할 대리권이 있음을 표명하고 나섰다면 일응 위 상대방으로서는 대리인을 자칭하는 자에게 본인을 대리하여 부동산을 매도할 권한이 있다고 믿을 만한 정당한 이유가 있었다 할 것이다(대법원 1978. 3. 28. 선고 78다282, 283 판결, 대법원 1987. 5. 26. 선고 86다카1821 판결 등 참조).

10) 대법원 2009.11.12. 선고 2009다46828 판결.

11) 대법원 2009.11.12. 선고 2009다46828 판결.

12) 대법원 1981.4.14. 선고 80다2314 판결.

13) 민법 제132조는 본인이 무권대리인에게 무권대리행위를 추인한 경우에 상대방이 이를 알지 못하는 동안에는 본인은 상대방에게 추인의 효과를 주장하지 못한다는 취지이므로 상대방은 그때까지 민법 제134조에 의한 철회를 할 수 있고, 또 무권대리인에의 추인이 있었음을 주장할 수도 있다(대법원 1981.4.14. 선고 80다2314 판결).

사건 매매계약의 유지합의는 묵시적 추인으로 볼 수 있으며, 위와 같은 추인은 무권대리인에 대해서도 할 수 있다고 할 것이므로, 원고의 추인에 의한 주장은 이유 있다.

4. 설문 1의 라에 대하여

가. 설문의 요지와 쟁점

본 설문은 피고 乙이 설령 이 사건 매매계약의 효력이 자신에게 미친다고 하더라도 원고가 잔금을 지급하지 아니한 채 잔금지급기일이 지났으므로 이 사건 매매계약은 해제 의사표시가 담긴 이 사건 준비서면의 송달로써 자동으로 해제되었다고도 항변할 경우, 피고 乙의 자동해제주장이 정당한 것인지 여부와 그 논거를 묻고 있다. 즉, 이 사건 매매계약에서 잔금지급과 관련하여 잔금 3억 원은 2009. 3. 31. 乙로부터 X 부동산에 관한 소유권이전등기 소요서류를 교부받음과 동시에 지급하되, 잔대금 지급기일까지 그 대금을 지급하지 못하면 위 매매계약이 자동적으로 해제된다는 조항을 두고 있고, 원고가 그 잔금지급기한을 도과한 경우에 이 사건 매매계약이 자동해제가 되는지 여부이다.

나. 설문의 해결

대법원은 매매계약에서 매매대금지급에 관한 자동해제조항의 해석과 관련하여 중도금의 지급기한도과에 따른 자동해제 조항(매수인이 중도금을 그 약정기일에 지급하지 아니하면 매매계약이 자동해제되는 것으로 약정한 경우)의 효력에 대해서는 매수인이 약정한 대로 중도금을 지급하지 아니하면 그 불이행 자체로서 그 일자에 자동적으로 해제된 것으로 보아야 한다고 판시하고 있는 반면,[14] 잔금의 지급기한도과에 따른 자동해제조항(매수인이 잔금지급기일까지 그 잔금을 지급하지 못하면 그 계약이 자동적으로 해제된다는 취지의 약정이 있는 경우)의 효력에 대해서는 특별한 사정[15]이 없는 한 매수인의 잔금지급의무와 매도인의 소유권이전등기의무는 동시이행의 관계에 있으므로 매도인이 잔금지급기일에 소유권이전등기에 필요한 서류를 준비하여 매수인에게 알리는 등 이행의 제공을 하여 매수인으로 하여금 이행지체에 빠지게 하였을 때에 비로소 자동적으로 매매계약이 해제된다고 보아야 하고 매수인이 그 약정기한을 도과하였더라도 이행지체에 빠진 것이 아니라면 잔금미지급으로 계약이 자동해제된 것으로 볼 수 없다고 한다.[16]

---

14) 대법원 1992.8.18. 선고 92다5928 판결; 대법원 1991.8.13. 선고 91다13717 판결; 대법원 1988.12.20. 선고 88다카132 판결; 대법원 1980.2.12. 선고 79다2035 판결; 대법원 1971.12.14. 선고 71다2014 판결 등. 이는 매매계약에서 매수인의 중도금지급의무는 매도인의 소유권이전의무와의 관계에서 매수인의 선이행의 무임을 전제로 하는 것으로 보인다.

15) 매도인이 소유권이전등기서류를 제공하여 이행지체의 요건을 갖추었는지 여부를 묻지 않고 매수인의 잔금지급기일도과사실 자체만으로 계약을 실효시키기로 특약을 하였다고 볼 특별한 사정이 있는 경우에는 매수인이 잔금지급기일까지 잔금을 지급하지 아니한 사실만으로 매매계약이 자동실효되었다고 판단한 사례도 있다. 대법원 1994.9.9. 선고 94다8600 판결 등.

16) 대법원 1994.9.9. 선고 94다8600 판결; 대법원 1993.12.28. 선고 93다777 판결; 대법원 1992.10.27. 선고 91다32022 판결; 대법원 1992.7.24. 선고 91다15614 판결; 대법원 1989.7.25. 선고 88다카28891 판결; 대법원 1979.10.30. 선고 79다661 판결 등.

본 설문의 경우도 이 사건 자동해지조항이 매수인의 잔금지급기일도과사실 자체만으로 계약을 실효시키기로 특약을 하였다고 볼 특별한 사정이 있는 경우가 아닌 한 매수인의 잔금지급의무와 매도인의 소유권이전등기의무는 동시이행의 관계에 있으므로, 매도인인 피고 乙이 잔금지급기일에 소유권이전등기에 필요한 서류를 준비하여 매수인인 원고에게 이행의 제공을 하여 매수인으로 하여금 이행지체에 빠지게 하였음을 입증하여야 하는 바, 이를 뒷받침할 만한 증거가 없는 이 사건에서 피고의 자동해제주장은 이유가 없다.

5. 설문 2의 가에 대하여

가. 설문의 요지와 쟁점

원고가 피고 丁에 대하여 피고 乙이 피고 丁에게 이 사건 저당권에 의한 피담보채무를 전액 변제하였다고 주장하면서 이 사건 매매계약에 기한 소유권이전등기청구권 보전을 위하여 피고 乙을 대위하여 소유권에 기한 방해배제로서 X 부동산에 관하여 마쳐진 이 사건 저당권 설정등기 및 이 사건 저당권 이전 부기등기의 각 말소등기를 구하는 소송을 제기하였는데, 피고 丁이 소재불명으로 판명되어 소장 기타 소송서류 일체가 공시송달의 방법으로 송달되고 변론기일에도 불출석하였으며, 원고가 이 사건 저당권의 피담보채무 변제에 관하여는 별다른 입증자료를 제출하지 아니하였을 경우, 저당권설정등기와 그 부기등기의 말소청구에 대한 결론과 그 논거를 묻고 있다. 즉, 본 설문의 쟁점은 공시송달재판과 의제자백의 성립여부 및 저당권이전의 부기등기가 말소등기소송으로 적법한 것인지 여부라고 할 것이다.

나. 설문의 해결

(1) 저당권이전의 부기등기에 대한 말소청구에 대하여

대법원은 「근저당권의 양도에 의한 부기등기는 기존의 근저당권설정등기에 의한 권리의 승계를 등기부상 명시하는 것뿐으로 그 등기에 의하여 새로운 권리가 생기는 것이 아닌 만큼 근저당권설정등기의 말소등기청구는 양수인만을 상대로 하면 족하고, 양도인은 그 말소등기청구에 있어서 피고적격이 없는 것이고, 또한 근저당권 이전의 부기등기는 기존의 주등기인 근저당권설정등기에 종속되어 주등기와 일체를 이루는 것이어서 피담보채무가 소멸된 경우 또는 근저당권설정등기가 당초 원인무효인 경우 주등기인 근저당권설정등기의 말소만 구하면 되고 위 부기등기는 별도로 말소를 구하지 않더라도 주등기의 말소에 따라 직권으로 말소되는 것이다.」고 판시하고 있다.[17] 즉, 저당권이 양도된 경우 저당권설정계약에 무효 또는 취소사유가 있어 저당권등기의 말소를 구하려면 '저당권설정자는 현재의 부기등기 명의자를 피고로 하여 주등기인 저당권설정등기를 말소대상으로 하여야 하고, 특별한 사정[18]이 없는 한 부기등기를 말소대상으로 하여서 안된다'는 것이 대법원의 확고

17) 대법원 1995.5.26. 선고 95다7550 판결.

한 입장이다.

따라서 저당권설정등기에 기초한 피고 丁 명의의 저당권이전의 부기등기의 말소를 별도로 구할 소의 이익은 인정되지 않는다 할 것이므로,[19] 원고의 부기등기에 대한 말소청구는 부적하여 각하되어야 한다.

(2) 저당권설정등기에 대한 말소청구에 대하여

본 설문은 원고가 피고 丁의 소재불명을 이유로 공시송달로 재판을 진행하였으며, 피고 丁그의 불출석상태로 진행한 재판에서 원고는 저당권설정등기의 말소원인으로 피담보채무의 소멸을 주장하고 있으나, 이를 뒷받침할 만한 증거가 없는 경우에 법원이 원고 승소판결을 선고할 수 있는지 여부가 문제되는데, 원고가 증거 없이 승소판결을 받기 위해서는 원고의 주장 자체가 법원의 사실인정을 제한할 수 있어야 한다. 즉, 피고 丁의 불출석에 의한 공시송달재판에서 의제자백이 인정되는지 여부가 문제된다.

민사소송법은 의제자백에 관하여 제150조 제1항에서 「당사자가 변론에서 상대방이 주장하는 사실을 명백히 다투지 아니한 때에는 그 사실을 자백한 것으로 본다. 다만, 변론 전체의 취지로 보아 그 사실에 대하여 다툰 것으로 인정되는 경우에는 그러하지 아니하다.」, 제3항에서 「당사자가 변론기일에 출석하지 아니하는 경우에는 제1항의 규정을 준용한다. 다만, 공시송달의 방법으로 기일통지서를 송달받은 당사자가 출석하지 아니한 경우에는 그러하지 아니하다.」라고 규정하고 있다. 즉, 당사자가 변론 또는 변론준비기일에 출석하지 아니한 경우에는 상대방의 주장사실을 자백한 것으로 본다(민사소송법 제150조 제3항). 다만 그 당사자가 공시송달에 의하지 아니한 적법한 송달을 받았어야 하고(동법 제150조 제3항 단서), 답변서·준비서면으로도 다투지 않아야 한다(동법 제148조 제3항). 출석하였으나 아예 변론하지 아니한 경우도 마찬가지이다. 여기서 의제자백이 인정되는 중요한 요건 중의 하나가 공시송달에 의하지 아니한 적법한 기일통지를 받지 아니하고도 출석하지 아니하였어야 한다(민사소송법 제150조 제3항 단서)는 점이다. 이는 공시송달에 의한 기일통지를 받은 경우에는 상대방이 다툴 기회가 보장되었다고 할 수 없기 때문이다. 공시송달에 의하여 절차가 진행되는 경우에는 자백간주의 효과가 없으므로, 원고는 피고가 출석하지 아니하였더라도 주장사실을 증명하여야 한다.

따라서 원고가 피고 丁 명의의 저당권설정등기를 말소하기 위해서는 피담보채무의 변제사실을 입증하여야 하는 바, 이를 입증할 자료가 없는 이상 원고의 저당권설정등기 말소청구는 기각되어야 한다.

---

18) 근저당권이전의 부기등기가 기존의 주등기인 근저당권설정등기에 종속되어 주등기와 일체를 이룬 경우에는 부기등기만의 말소를 따로 인정할 아무런 실익이 없지만, 근저당권의 이전원인만이 무효로 되거나 취소 또는 해제된 경우, 즉 근저당권의 주등기 자체는 유효한 것을 전제로 이와는 별도로 근저당권이전의 부기등기에 한하여 무효사유가 있다는 이유로 부기등기만의 효력을 다투는 경우에는 그 부기등기의 말소를 소구할 필요가 있으므로 예외적으로 소의 이익이 있다(대법원 2005. 6. 10. 선고 2002다15412,15429 판결).

19) 대법원 2009.7.9. 선고 2009다21386 판결.

6. 설문 2의 나에 대하여

가. 설문의 요지와 쟁점

원고의 피고 丁만에 대한 저당권설정등기 및 그 부기등기의 말소청구소송에서 피고 丁이 제1회 변론기일에 출석하여 저당권의 피담보채권 중 2,000만 원이 변제되지 아니한 채 남아 있다고 주장하고, 심리 결과 그것이 사실로 인정된 경우, 원고의 위 각 청구에 대한 결론과 그 논거를 묻고 있다. 즉, 본 설문의 쟁점은 설문 2의 가에서 살펴 본 부기등기의 말소청구에 대한 소의 이익 여부와 피고 乙이 피고 丁에게 이 사건 저당권에 의한 피담보채무의 전액 변제를 전제로 저당권설정등기의 말소를 주장하는 원고와 피담보채권 중 2,000만 원이 변제되지 않았음을 주장하는 피고 丁 간에 피담보채무액수에 대한 다툼이 있었으나, 피고 丁의 주장대로 일부 채무액이 잔존사실이 인정된 경우에 법원이 원고의 청구를 전부 기각할 것인지, 아니면 일부 승소판결을 선고하여야 하는지 여부이다.

나. 설문의 해결

(1) 저당권이전의 부기등기에 대한 말소청구에 대하여

피담보채무액수의 다툼과 상관없이 원고가 저당권설정등기에 기초한 피고 丁 명의의 저당권이전의 부기등기의 말소를 별도로 구할 소의 이익은 인정되지 않는다 할 것이므로,[20] 원고의 부기등기에 대한 말소청구는 부적하여 각하되어야 한다.

(2) 저당권설정등기에 대한 말소청구에 대하여

장래의 이행의 소는 채권이 이행기에 이르거나 조건이 성취된 경우에 채무자가 임의이행을 거부하는 때에 대비할 목적으로, 변론종결시를 표준으로 하여 이행기가 장래에 도래하는 이행청구권을 주장하여 미리 그 이행을 구하는 이행의 소로서 민사소송법 제229조에 의하여 인정된다. 기한부청구권만이 아니라 정지조건부청구권 혹은 장래 발생할 청구권이라도 변론종결 당시 이미 그 기초관계가 성립되어 있을 때는 장래의 이행의 소의 대상이 될 수 있다. 부동산에 관하여 저당권 또는 근저당권이 설정된 경우 채무자는 자신의 채무를 먼저 변제하여야만 비로소 그 가등기의 말소를 구할 수 있는 것이다. 즉 저당채무자는 자신의 피담보채무를 먼저 변제하여야만(선이행) 그 담보목적의 소멸을 이유로 하여 말소등기청구를 할 수 있으므로, 그 채무의 변제 없이 무조건 또는 변제와 동시이행으로 등기의 말소를 구하는 것이 인용될 수 없음은 학설, 판례상 의문이 없다. 그러나 피담보채무의 선이행이 있어야 말소등기청구권이 발생하는 저당채무에 있어서 '미리 청구할 필요'라는 권리보호의 요건[21]만 인정된다면 장래이행의 청구가 허용된다는 것이 통설 및 판례의 입장

---

20) 대법원 2009.7.9. 선고 2009다21386 판결.

21) 장래의 이행을 청구하는 소는 '미리 그 청구할 필요'가 있는 경우에 한하여 제기할 수 있다(민사소송법 제229조). 즉 '미리 청구할 필요'는 장래의 이행의 소에 특유한 소의 이익(권리보호의 요건)으로서 이것이 없으면 장래이행의 소는 부적법하여 각하되어야 한다.

이다. 어떠한 경우에 그러한 필요가 있는가는 이행의무의 성질이나 의무자의 태도를 고려하여 개별적으로 판정할 것이지만, 예컨대 "이행의무자가 미리 이행을 하지 않겠다는 명시적의사표시를 한 경우는 물론, 이행의무의 존재(이행기나 조건도 포함)를 다투는 등 이행의무자의 태도로 보아 이행기에 이르러 즉시 이행을 기대할 수 없다는 결론을 얻을 수 있는 경우" 등에는 미리 청구할 필요를 인정하고 있다. 즉, 판례는 담보채무자가 피담보채무 전액을 변제하였다고 주장하면서 담보목적등기의 무조건의 말소를 구하였으나 잔존채무가 있는 것으로 밝혀진 경우, 담보채무자의 위 청구 중에는 확정된 잔존채무를 변제한 다음 위 등기의 말소를 구한다는 취지까지 포함되어 있는 것으로 해석하고, 이에 대하여 심리판단하여야 한다고 판시하고 있다. 대표적인 판례를 보면 「원고가 피담보채무 전액을 변제하였다고 주장하면서 근저당권설정등기에 대한 말소등기절차의 이행을 청구하였으나 그 원리금의 계산 등에 관한 다툼 등으로 인하여 변제액이 채무 전액을 소멸시키는데 미치지 못하고 잔존채무가 있는 것으로 밝혀진 경우에는 특별한 사정이 없는 한 원고의 청구 중에는 확정된 잔존채무를 변제하고 그 다음에 위 등기의 말소를 구한다는 취지도 포함되어 있는 것으로 해석함이 상당하고, 이는 장래 이행의 소로서 미리 청구할 이익도 인정된다고 할 것이다. 따라서 원심으로서는 이 사건 근저당권설정등기의 피담보채무 중 잔존원금 및 지연손해금의 액수를 심리·확정한 다음, 그 변제를 조건으로 이 사건 근저당권설정등기의 말소를 명하였어야 한다고 할 것이다」라고 판시하고 있다.[22)]

따라서 원고의 피고 丁에 대한 저당권설정등기 말소청구에 대해, 법원은 잔존피담보채무인 2,000만원의 변제를 조건으로 피고 丁 명의의 저당권설정등기의 말소를 명하여야 한다.

Ⅲ. 제1문의 2

1. 설문 1에 대하여

가. 설문의 요지와 쟁점

본 설문은 A 주식회사에게 자금을 대여한 C(이하 "원고"라 한다)가 A 주식회사의 이사 겸 연대보증인인 피고 D를 상대로 한 연대보증채무청구소송에서 피고 D는 "D는 A 주식회사의 이사 지위에서 부득이하게 연대보증을 선 것이어서 이사 사임 직후 위 연대보증계약을 해지한 이상 연대보증채무를 부담하는 것은 부당하며, 나아가 연대보증인의 동의 없이 주채무의 기한을 연장한 이상 그 후에 확정된 대출금 채무를 연대보증인에게 청구하는 것은 부당하다"는 취지의 주장을 하고 있는 바, 그 주장의 당부와 논거를 묻고 있다. 즉, 피고 D가 이사의 지위에서 체결한 연대보증계약을 해지할 수 있는지, 나아가 연대보증인인 D의

22) 대법원 2008.4.10. 선고 2007다83694 판결.

동의 없이 주채무의 기한을 연장한 경우 그 보증계약이 연장된 주채무를 보증하는지 여부가 쟁점이 된다.

나. 설문의 해결

(1) 이사의 사임에 따른 연대보증계약의 해지 여부에 대하여

대법원은 「회사의 임원이나 직원의 지위에 있기 때문에 회사의 요구로 부득이 회사와 제3자 사이의 계속적 거래로 인한 회사의 채무에 대하여 보증인이 된 자가 그 후 회사로부터 퇴사하여 임원이나 직원의 지위를 떠난 때에는 보증계약성립 당시의 사정에 현저한 변경이 생긴 경우에 해당하므로 사정변경을 이유로 보증계약을 해지할 수 있다」고 판시하지만,[23] 「회사의 이사가 채무액과 변제기가 특정되어 있는 회사 채무에 대하여 보증계약을 체결한 경우에는 계속적 보증이나 포괄근보증과는 달리 이사직 사임이라는 사정변경을 이유로 이사가 일방적으로 그 보증계약을 해지할 수는 없다」고 판시하고 있는 바,[24] 본 설문에서의 주채무는 대여원금 1억 원, 변제기 2010. 3. 1., 이율 월 2%로 정해져 있어 채무액과 변제기가 특정된 회사 채무에 대한 연대보증으로 볼 수 있으므로, 계속적 보증을 전제로 한 피고 D의 연대보증계약 해지주장은 이유가 없다.

(2) 대출기한연장에 따른 면책주장에 대하여

대법원은 「대출금 채무에 대한 개별보증에 있어서, 보증인이 대위변제한 후 채무자에 대해 갖는 구상청구권을 연대보증한 것 역시 그 보증 당시 채무가 특정되어 있는 확정채무에 대하여 보증을 한 것이어서 이를 계속적 보증이라고 볼 수 없고, 따라서 채무가 특정되어 있는 확정채무에 대한 연대보증인으로서는 피보증채무의 이행기를 연장해 주었느냐의 여부에 상관없이 그 연대보증채무를 부담한다」고 판시하고,[25][26] 「보증계약 체결 후 채권자가 보증인의 승낙 없이 주채무자에 대하여 변제기를 연장하여 준 경우, 그것이 반드시 보증인의 책임을 가중하는 것이라고는 할 수 없으므로 원칙적으로 보증채무에 대하여도 그 효력이 미친다」[27]고 판시하고 있다.[28]

따라서 확정채무에 대한 연대보증계약에서 주채무자에 대한 변제를 연장해 준 경우에 원칙적으로 보증채무에도 그 효력이 미치는 이상 피고 D의 주장은 이유가 없다.

---

23) 대법원 1990.2.27.선고 89다카1381 판결.

24) 대법원 1998. 7. 24.선고 97다35276 판결.

25) 대법원 1996. 3. 8.선고 95다51533 판결.

26) 주채무가 동일성을 유지하면서 변경된 경우에 한하여 보증채무도 그에 따라서 변경되는 것이고, 따라서 주채무자가 更改로 인하여 다른 채무를 지게 된 때에는 주채무를 담보하였던 보증채무는 그 다른 채무에 미치지 않는다(대법원 1972.4.25. 선고 71다2105 판결).

27) 계속적 거래관계의 기간을 연장한 경우에 보증기간은 오로지 보증인과 채권자간의 보증계약에 의하여 정해지는 것이므로, 보증계약에 의하여 보증기간이 정해져 있는 경우에는 채권자와 주채무자 사이에 그들간의 거래계약기간이 연장되어도 다른 사정이 없으면 보증인을 구속할 수 없고, 따라서 원래의 보증기간 경과 후 발생한 채무에 대하여 보증인이 책임을 부담하지 않는다(대법원 1974.11.26. 선고 74다310 판결).

28) 대법원 1996. 2. 23. 선고 95다49141 판결.

민사법

2. 설문 2에 대하여

가. 설문의 요지와 쟁점

원고와 피고 D 간의 소송계속 중 피고 D가 상속인으로 처와 아들 1명을 남기고 사망하였으나, 법원이 이를 알지 못한 채 피고를 D로 표시한 판결을 선고하였고, 그 판결문이 피고 D의 소송대리인 D1에게 송달되었다면 위 판결의 효력이 상속인들에게 미치는지 여부와 상소기간이 진행되는지 여부와 논거를 묻고 있다.

나. 설문의 해결

(1) 피고 D명의 판결이 그 상속인들에게 효력이 있는지 여부

소송 계속 중 당사자가 사망하면 당사자의 지위는 법률상 당연히 상속인에게 승계된다는 것이 통설[29]·판례이다. 즉 상속인이 포괄승계하는 피상속인의 법적 지위 가운데에는 실체법적 지위뿐만 아니라 소송법적 지위, 곧 소송당사자의 지위도 포함된다는 것이다.

한편, 민사소송법 제238조에 따라 소송대리인이 있어 소송절차가 중단되지 않는 경우에도 상속인은 소송절차를 수계할 수 있으나,[30] 당사자가 사망하였으나 그를 위한 소송대리인이 있어 소송절차가 중단되지 아니한 경우에, 상속인이 밝혀진 때에는 상속인을 새로운 당사자로 표시할 것이지만, 상속인이 누구인지 모를 때에는 망인을 그대로 당사자로 표시하여도 무방하며, 판결의 효력은 여전히 당사자 지위를 당연승계한 상속인들 전원에 대하여 미친다.[31]

(2) 상소기간이 진행되는지 여부

대법원은 「망인의 소송대리인에게 상소제기에 관한 특별수권이 부여되어 있는 경우에는, 그에게 판결이 송달되더라도 소송절차가 중단되지 아니하고 상소기간은 진행하는 것이므로 상소제기 없이 상소기간이 지나가면 그 판결은 확정되는 것이지만, 한편 망인의 소송대리인이나 상속인 또는 상대방 당사자에 의하여 적법하게 상소가 제기되면 그 판결이 확정되지 않는 것 또한 당연하다」고 판시하고 있는 바,[32] 망 피고 D의 소송대리인에게 "상소의 제기"에 관한 특별수권이 부여 되어 있는 이상 판결문이 소송대리인에게 송달되더라도 상소기간은 진행된다.

---

29) 이에 대하여 당연승계부정설은, 형식적 당사자를 취하는 오늘날에 있어서는 상속의 경우에도 상속인이 소송(訴訟)을 수계(受繼)하거나 수계를 위해 소환됨으로써 당사자 표시가 상속인으로 변경되어야만 그 때 비로소 상속인이 당사자가 되는 것으로 보아야 하고, 그 효과는 피상속인의 사망 당시로 소급한다고 한다. 그리고 실체법에서 권리자가 바뀌는 것은 소송에서는 당사자로 될 자가 변경되어야 할 사유가 되는 것일 뿐 그로 인하여 당연히 당사자가 변경된다고 할 수는 없다고 한다. 호문혁, "민사소송에서 당사자 사망으로 인한 당사자 변경에 관한 연구", 21세기 한국민사법학의 과제와 전망: 심당 송상현 교수, 화갑기념 논문집(2002), 553 이하.

30) 대법원 1972.10.31. 선고 72다1271 판결, 대법원 2008.4.10. 선고 2007다28598 판결.

31) 대법원 1992.11.5.자 91마342 결정, 대법원 1995.9.26. 선고 94다54160 판결, 대법원 1996.2.9. 선고 94다61649 판결.

32) 대법원 2010.12.23. 선고 2007다22859 판결.

3. 설문 3에 대하여

가. 설문의 요지와 쟁점

원고의 피고 E를 상대로 한 연대보증채무이행의 본소청구에 대해, 피고 E는 2012. 11. 3. 금치산선고를 받은 후, 피고 E의 아버지 E1이 후견인으로 선임된 후 친족회 동의를 얻어 피고 E의 법정대리인으로서 C의 본소에 대하여 답변을 하면서, 반소로서 위 연대보증채무가 존재하지 아니한다는 내용의 채무부존재확인의 소를 제기하였는데, 본소에 대한 항변과 반소청구원인으로 주위적으로 원고와 피고 E 사이의 연대보증계약은 폭리행위여서 무효라고 주장하고, 예비적으로 의사무능력자의 행위여서 무효라고 주장한다.

민사법

나. 설문의 해결

(1) 본소에 대한 판단

우선, 피고 E의 폭리행위에 관한 주위적 주장에 대하여 살펴본다. 대법원은 민법 제104조의 적용요건과 관련하여 「민법 제104조가 규정하는 현저히 공정을 잃은 법률행위라 함은 자기의 급부에 비하여 현저하게 균형을 잃은 반대급부를 하게 하여 부당한 재산적 이익을 얻는 행위를 의미하는 것이므로 기부행위와 같이 아무런 대가관계 없이 당사자 일방이 상대방에게 일방적인 급부를 하는 법률행위는 그 공정성 여부를 운위할 수 있는 성질의 법률행위가 아니다」[33]라고 하여 반대급부를 수반하지 않는 증여행위 등에 대해서 민법 제104조의 적용을 부인하고 있는 바, 본 설문에서 문제되는 연대보증계약의 경우도 아무런 대가관계 없이 당사자 일방이 상대방에게 일방적인 채무를 부담하기로 하는 법률행위로서 그 공정성 여부를 논의할 수 있는 성질의 법률행위가 아니라고 보아야 한다.[34]

따라서 피고 E의 폭리행위의 주장은 이유가 없다.

나아가, 피고 E의 의사무능력에 관한 예비적 주장을 살펴본다. 「의사무능력이란 자기의 행위의 의미나 결과를 정상적인 인식과 예기력으로 합리적으로 판단할 수 있는 정신적 능력 내지는 지능을 가지고 있지 못한 경우를 의미하는 것으로서 의사무능력자가 한 행위에 대하여는 아무런 법률적 효과가 인정되지 아니하여 그 법률행위는 무효가 되며, 의사무능력 여부의 판단은 그 의사표시를 할 당시의 정신적 발달의 정도, 법률행위 당시의 정신상태, 대상이 되는 법률행위의 내용, 성질, 결과 등에 따라 개별적·구체적으로 판정되는 것으로서 한정치산선고나 금치산선고를 받았는지 여부와는 반드시 일치하지 않는다」[35]고 할 것인 바, 본 설문에서 피고 E가 연대보증계약을 체결할 당시 금치산선고를 받은 바는 없지만, 피고 E가 연대보증의 의미나 효과에 대해서 전혀 알지 못하는 등록된 지적장애인이라는 점에 비추어 보면, 피고 E의 의사무능력을 인정할 수 있다. 따라서 피고 E의 의사

33) 대법원 1993.3.23. 선고 92다52238 판결.
34) 서울지법 1999.11.12. 선고 98가합102307 판결.
35) 제주지법 1998.11.14. 선고 98나680 판결 : 상고기각.

무능력의 주장은 이유 있다.

그러므로 원고의 피고 E에 대한 본소청구는 이유 없어 기각되어야 한다.

(2) 반소청구에 대한 판단

한편, 피고 E의 원고에 대한 반소청구가 적법하기 위해서는 반소에서 연대보증채무의 이행을 구하고 있는 본소에서의 방어방법 이상의 것을 주장할 것을 요하는 바, 피고 E의 반소청구의 내용은 본소청구의 기각을 구하는 이상의 이미를 가지고 있지 아니하므로, 반소의 이익이 없다.

따라서 피고 E의 원고에 대한 반소청구는 부적법하여 각하되어야 한다.

2013년 제2회 변호사시험
민사법 제2문

민
사
법

제 2 문

공통된 사실관계

○ 甲과 甲의 동생인 A는 2010. 9.경 甲이 제공한 매수자금으로 A를 매수인, B를 매도인으로 하여 B 소유의 X 부동산에 대한 매매계약을 체결하고 A 명의로 소유권이전등기를 경료하기로 하는 명의신탁약정을 체결하였다.

○ A와 B는 2010. 10. 12. X 부동산에 관한 매매계약을 체결하고 A 명의로 소유권이전등기를 마쳤다. B는 甲과 A 사이의 명의신탁약정에 대하여는 전혀 알지 못하였다.

○ 甲은 A가 X 부동산을 매수한 이래 현재까지 X 부동산을 무상으로 사무실로 사용하고 있으며, 2010. 12.경 X 부동산을 개량하기 위하여 5,000만 원 상당의 유익비를 지출하였다.

○ 한편, A는 2011. 6. 3. C로부터 금 2억 원을 변제기 2012. 6. 3.로 정하여 차용하면서 甲이 모르게 X 부동산에 C 명의로 근저당권(채권최고액 2억 5,000만 원)을 설정해 주었다.

제 2 문 의 1

사실관계 및 소송의 경과

○ A가 변제기에 C에게 채무를 변제하지 못하자 C는 근저당권을 실행하였고, 乙은 경매절차에서 2012. 7. 14. 매각대금을 완납하고 2012. 8. 1. 그 소유권이전등기를 경료하였다.

○ 그 후 乙은 X 부동산의 소유자로서 甲을 상대로 '피고는 원고에게 X 부동산을 인도하고,부당이득반환 또는 불법점유로 인한 손해배상으로 2010. 10. 12.부터 X 부동산의 인도완료일까지 월 200만 원의 비율에 의한 금원을 지급하라'는 내용의 소를 제기하였고, 이 소장부본은 2012. 8. 14. 甲에게 도달하였다.

○ 乙의 청구에 대해서 甲은 다음과 같은 주장을 하였다.

① X 부동산의 실제 소유자는 甲 자신이므로 A가 甲의 동의 없이 C에게 설정해 준 근저당권은 실체법상 무효이고, 무효인 근저당권의 실행을 통한 경매절차에서 매각대금을 완납한 乙은 X 부동산의 소유자가 아니다.

② 설령 乙이 X 부동산의 소유자라도, 甲은 A에 대하여 X 부동산의 매수자금 상당의 부당이득반환청구권이 있고, X 부동산을 개량하기 위하여 유익비 5,000만 원을 지출하였으므로 민법 제611조 제2항에 따라 유익비상환청구권을 가

지기 때문에 A로부터 매수자금과 유익비를 반환받을 때까지 X 부동산을 인도할 수 없다.

③ 또한 甲은 乙의 금원지급청구와 관련하여, 甲 자신이 X 부동산의 소유자로서 X 부동산을 적법하게 점유하여 사용·수익하고 있으므로 부당이득반환청구 또는 불법점유를 원인으로 한 손해배상청구에 응할 수 없다.

④ 설령 乙이 X 부동산의 소유자라도, 甲은 유치권자로서 X 부동산을 사무실로 사용하고 있으며 이는 유치물의 보존에 필요한 사용이므로 부당이득반환 또는 불법점유를 원인으로 한 손해배상청구에 응할 수 없다.

○ 乙은 甲의 항변에 대해서, 甲과 A 사이의 명의신탁약정은 무효이고, X 부동산의 매수자금 상당의 부당이득반환청구권에 기하여 유치권이 성립하지 않으며, 유익비는 A에게 반환을 청구할 수 있을 뿐이므로 유익비상환청구권에 기하여도 유치권이 성립하지 않는다고 주장한다.

○ 법원의 심리 결과, 甲의 유익비 지출로 인하여 X 부동산의 가치가 5,000만 원 정도 증대되어 현존하고 있는 사실과 2010. 10. 12.부터 현재까지 X 부동산의 임료가 월 100만 원임이 인정되었다.

문 제

甲에 대한 乙의 청구에 대한 결론[각하, 청구전부인용, 청구일부인용(일부 인용되는 경우 그 구체적인 금액 또는 내용을 기재할 것), 청구기각]을 그 논거와 함께 서술하시오. (40점)

제 2 문 의 2

변형된 사실관계

○ A는 2011. 8. 1. 자신의 사업 자금을 조달하기 위하여, 丁으로부터 2억 원을 빌렸다.

○ 그러나, A의 사업은 경기침체로 인하여 더 어려워졌고, 결국, 평소 A의 재무상황을 잘 파악하고 있는 丙에게 "내가 급히 사업자금이 필요하여 나의 유일한 재산인 X 부동산을 급하게 매각해야 하니까, 매수해달라."라고 요청하여, 이를 승낙한 丙에게 2011. 9. 1. X 부동산을 당시 시가인 5억 원에 매도하고, 같은 날 丙은 자기 명의로 소유권이전등기까지 마쳤다.

○ 2012. 6. 3. 丙은 X 부동산에 이미 설정되어 있던 근저당권의 피담보채무 전액 2억 원을 C에게 변제하고 근저당권을 말소하였다.

○ 그 이후, 丙은 2012. 7. 1. A가 D 은행으로부터 1억 원을 대출받을 때 X 부동산을 담보로 제공하고 D 은행 명의로 채권최고액 1억 5,000만 원의 근저당권설정등기를 경료했다.

○ 丁은 A가 X 부동산을 丙에게 매도한 사실을 2012. 9. 15.에 비로소 알게 되었고, 2012. 10. 1. 丙을 상대로 '1. 피고와 소외 A 사이에 X 부동산에 관하여 2011. 9. 1.에 체결된 매매계약을 2억 원의 범위 내에서 취소한다. 2. 피

고는 원고에게 2억 원 및 이에 대하여 판결 확정 다음날부터 다 갚는 날까지 연 5%의 비율에 의한 돈을 지급하라.'라는 소를 제기하였다.

○ 丁의 청구에 대해서 丙은 ① 丙이 X 부동산의 소유권을 취득한 날부터 1년이 경과한 후 丁이 소를 제기하였으므로 丁의 청구는 부적법하고, ② X 부동산을 시가 5억 원에 매매하였기 때문에 A의 책임재산에 변동이 없으므로 사해행위가 성립할 수 없으며, ③ 丙이 아직 등기부상 소유자이므로 원물반환을 청구할 수 있을 뿐이며 가액반환을 청구할 수는 없고, ④ 설사 백보를 양보하여 사해행위가 성립하더라도, C에게 이미 설정된 근저당권의 채권최고액 2억 5,000만 원 및 丙이 D 은행에 대하여 물상보증인으로서 설정한 근저당권의 채권최고액 1억 5,000만 원을 모두 공제한 후 가액배상을 해야 한다고 항변한다.

○ 법원의 심리 결과, A는 2011. 9. 1.부터 변론종결 시까지 채무초과상태였다. 또한, 2012년 부동산경기 침체 때문에 변론종결 당시 X 부동산의 시가는 3억 5,000만 원이며, C의 피담보채권액은 2억 원으로 근저당권 설정 당시부터 丙이 변제할 때까지 변동이 없다고 밝혀졌다.

문 제

丙에 대한 丁의 청구에 대한 결론〔각하, 청구전부인용, 청구일부인용(일부 인용되는 경우 그 구체적인 금액 또는 내용을 기재할 것), 청구기각〕을 그 논거와 함께 서술하시오. (30점)

제 2 문 의 3

변형된 사실관계

○ A는 X 부동산을 戊에게 매도하고 인도하였으며, 戊는 X 부동산을 다시 己에게 매도하고 인도하였다. A, 戊, 己 전원은 X 부동산의 소유권이전등기를 A의 명의에서 바로 己의 명의로 하기로 합의하였다. 그 후 A와 戊는 둘 사이의 매매대금을 인상하기로 약정하였다.

문 제

1. 己가 戊의 A에 대한 소유권이전등기청구권을 대위행사하였다. 이 경우에 戊의 A에 대한 소유권이전등기청구권은 A, 戊, 己 3인의 합의에 의하여 이미 소멸하였다는 이유로 A가 己의 청구를 거절할 수 있는가? (15점)
2. 己가 A에게 소유권이전등기의 이행을 청구할 당시 戊가 A에게 인상된 매매대금을 아직 지급하지 않았다면 A는 이를 이유로 己의 청구를 거절할 수 있는가? (15점)

▮ C/O/N/T/E/N/T/S

제2문의 1 오 지 용

〔충북대학교 법학전문대학원 교수・변호사〕

Ⅰ. 문제의 소재

매도인이 선의인 계약명의신탁관계의 명의수탁자가 명의신탁자 모르게 설정하였던 근저당권의 실행으로 인해 경매절차에서 부동산을 취득한 자가 부동산을 무상으로 사용하고 있는 명의신탁자를 상대로 부동산의 인도를 구할 수 있는지 여부, 부동산의 취득자가 부동산을 무상으로 사용하고 있는 명의신탁자를 상대로 부당이득금반환 청구 또는 불법점유를 원인으로 한 손해배상청구를 하는 경우에 인정 될 수 있는지 여부 및 그 인정의 범위가 문제될 수 있고, 명의신탁자가 명의수탁자에 대해 부동산에 대한 매수자금 상당의 부당이득금 반환청구권과 유익비상환청구권이 있음을 기초로 한 유치권의 성립을 주장하며 그 부동산의 인도를 구하는 자에게 부동산의 인도를 거절할 수 있을 것인지 여부가 문제된다.

Ⅱ. 기초적 법률관계

1. 계약명의신탁관계

부동산에 관한 소유권 기타 물권을 보유한 자 또는 사실상 취득하거나 취득하려고 하는 자가 타인과의 사이에서 대내적으로는 실권리자가 부동산에 관한 물권을 보유하거나 보유하기로 하고 그에 관한 등기는 그 타인의 명의로 하기로 하는 약정(부동산실권리자명의등기에관한 법률 제2조 제1호), 즉 명의신탁약정은 무효이지만(같은 법 제4조 제1항) 부동산에 관한 물권을 취득하기 위한 계약에서 명의수탁자가 그 일방 당사자가 되고 그 타방당사자는 명의신탁약정이 있다는 사실을 알지 못한 경우에는 수탁자 명의의 물권변동은 유효하다(같은 법 제4조 제2항 단서).

본 사안의 경우 X부동산에 관하여 甲과 A 사이에 甲을 명의신탁자, A를 명의수탁자로 하는 계약명의신탁약정을 하였는바, 비록 甲과 A 사이의 명의신탁약정이 무효라고 하더라도 X부동산의 매도인인 B가 선의이므로 명의수탁자인 A가 이 건 X부동산의 소유권을 취득한다.

2. 소유관계

매도인이 선의인 계약명의신탁관계의 명의수탁자로부터 부동산을 취득한 자는 명의신탁약정의 무효에도 불구하고 완전한 소유권을 취득하게 되고, 경매절차에서 부동산을 취득하는 경우 그 부동산의 소유권은 매수인이 매각대금을 다 낸 때에 취득하게 된다(민사집행법 제135조).

본 사안의 경우 명의수탁자인 A가 X부동산의 완전한 소유자이므로 A가 설정한 근저당권의 실행으로 인해 진행된 경매절차에서 乙이 2012.7.14. 매각대금을 완납하였으므로 乙은 2012.7.14. X부동산에 대한 소유권을 취득한다.

3. 유치권성립

타인의 물건 또는 유가증권을 적법하게 점유한 자는 그 물건이나 유가증권에 관하여 생긴 채권이 변제기에 있는 경우에는 변제를 받을 때까지 그 물건 또는 유가증권을 유치할 권리가 있는데 이러한 권리를 유치권이라고 한다(민법 제320조). 유치권이 성립하기 위해서는 채권이 유치권의 목적물에 관하여 생긴 것이어야 하는바, 채권과 유치권의 목적물 사이에 견련관계가 있어야 한다.

본 사안의 경우 甲은 X부동산을 A로부터 묵시적 사용대차 약정에 따라 무상으로 사용하면서 2010.12.경 X부동산을 개량하기 위하여 5,000만원 상당의 유익비를 지출하였고, 물건의 점유자가 물건에 필요비 또는 유익비를 지출한 경우에 그 비용상환청구권과 목적물 사이에는 견련관계가 인정되므로 甲은 자신이 X부동산에 관하여 지출한 유익비 5,000만원의 변제를 받을 때까지 X부동산을 유치할 권리가 있다.

Ⅲ. 부동산인도청구

1. 물권적 청구

乙은 X부동산의 소유자로서 甲에 대해 소유권에 기한 부동산인도청구를 할 수 있다. 즉 甲이 X부동산에 관하여 A와 사이에 계약명의신탁약정을 하였고 그 부동산을 무상으로 사용하기로 하는 내용의 묵시적 약정, 즉 묵시적 사용대차약정을 하였던 것이므로 甲의 X부동산에 대한 점유가 A에 대해서는 권원 있는 점유라고 할 것이지만 현재의 X부동산 소유자인 乙에 대해서는 무단점유를 하고 있는 것이므로 乙은 甲에 대해 X부동산의 인도를 청구할 수 있다.

2. 상환급부

甲이 A와 X부동산에 관하여 묵시적 사용대차약정을 한 후 그 약정에 따른 점유를 하면서 X부동산에 관하여 5,000만원 상당의 유익비를 지출하였다면 甲은 X부동산에 관하여 유치권을 취득하였으므로 乙의 X부동산에 관한 인도청구에 대하여 유치권자로서 위 5,000만원을 변제받을 때까지 X부동산을 유치할 권리가 있다. 따라서 乙의 X부동산 인도청구에 대하여 甲이 유치권을 행사하여 위 부동산의 인도를 거절한 경우 乙의 부동산인도청구는 기각되어야 할 것이나 판례는 이 경우 상환급부판결을 하고 있다(대법원 2011.12.13. 선고 2009다5162 판결; 대법원 1969.11.25. 선고 69다1592 판결).

한편 甲은 A에 대한 X부동산 매수자금 상당의 부당이득금반환채권에 기한 유치권 주장을 하면서 그 변제시까지 X부동산의 인도를 거절하고 있는데 위 부당이득금반환채권에 기한 유치권은 성립되지 아니하므로 위 유치권을 이유로 하여 부동산의 인도를 거절할 수는 없는 것이다. 계약명의신탁의 경우 매도인이 선의라면 명의수탁자가 부동산에 관하여 완전한 소유권을 취득하게 되고, 명의신탁자는 명의수탁자에 대하여 명의수탁자에게 제공한 부동산 매수자금 상당의 부당이득금반환채권을 갖게 된다(대법원 2009.3.26. 선고 2008다34828 판결; 대법원 2007.6.14. 선고 2007다17284 판결). 그런데 명의신탁자의 이러한 부당이득금반환채권은 부동산 자체로부터 발생한 채권이 아닐 뿐만 아니라 소유권 등에 기한 부동산의 반환청구권과 동일한 법률관계나 사실관계로부터 발생한 채권이라고 보기도 어렵고, 결국 민법 제320조 제1항에서 정한 유치권 성립요건으로서의 목적물과 채권 사이의 견련관계를 인정할 수 없게 되므로(대법원 2009.3.26. 선고 2008다34828 판결) 명의신탁자의 부동산 매수자금 상당의 부당이득반환채권에 기한 유치권은 성립하지 않는다. 따라서 甲은 A에 대한 X부동산 매수자금 상당의 부당이득반환채권에 기한 유치권을 이유로 X부동산의 인도를 거절하지 못한다.

Ⅳ. 손해배상청구또는 부당이득반환청구

1. 손해배상청구

유치권자는 채권의 변제를 받을 때까지 목적물을 유치할 수 있으므로 목적물의 인도를 거절한 채 점유를 계속할 수 있는 권리가 있다. 따라서 유치권자의 목적물에 대한 점유는 무단점유라고 할 수 없으므로 목적물의 소유자가 유치권자에 대해 무단점유를 기초로 한 민법 제750조 소정의 불법행위책임을 물을 수 없는 것이다.

본 사안의 경우 X부동산에 관하여 유익비를 지출하여 X부동산에 대한 유치권자가 된 甲은 자신이 지출한 유익비를 변제받을 때까지 X부동산의 인도를 거절한 채 점유를 계속할 수 있는 권리를 갖고 있으므로 소유자인 乙에 대해 불법행위에 기한 손해배상채무를 부담하지 아니 한다. 따라서 乙의 甲에 대한 불법행위를 원인으로 한 손해배상청구는 인정되지 아니 한다.

2. 부당이득반환청구

유치권은 목적물을 사용할 수 있는 권리가 아니므로 유치물을 사용함으로써 얻게 되는 이익에 대해서는 이를 부당이득으로 반환하여야 한다.

본 사안의 경우 甲의 X부동산에 관한 소유권이 A에게 있는 동안의 X부동산에 관한 사용은 묵시적 사용대차약정에 따른 적법한 사용이었으므로 X부동산의 사용이익을 취할 수 있는 권한이 있지만, X부동산에 관한 소유권이 乙에게 귀속하는 2012.7.14.부터는 X부동산에 관하여 유치권자로서 점유할 권리는 있지만 사용할 권리가 있는 것은 아니므로 그 사용으로 인한 이득은 소유자인 乙에게 반환하여야 한다.

한편, 선의의 점유자는 점유물의 과실을 취득하지만(민법 제201조 제1항), 선의의 점유자라도 본권에 관한 소에 패소한 때에는 그 소가 제기된 때로부터 악의의 점유자로 보게 되어(민법 제197조 제2항), 수취한 과실을 반환하여야 한다(민법 제201조 제2항).

본 사안의 경우 甲의 X부동산에 대한 점유는 X부동산의 소유자인 A와의 묵시적 사용대차약정에 따른 점유였으므로 점유개시 당시에는 점유할 권원에 따른 선의의 점유라고 할 수 있지만, 乙이 X부동산의 소유자로서 X부동산의 선의의 점유자인 甲을 상대로 소유권에 기한 부동산 인도청구 및 부동산의 사용이익에 대한 부당이득반환청구 소송을 제기한 것이고, 그 각 청구가 이유 있으므로 甲은 본 건 사안의 소가 제기된 때로부터 악의의 점유자로 보게 되는바, 甲은 본 건 사안의 소가 제기되기 전까지의 X부동산에 대한 사용이익은 반환할 의무가 없지만 본 건 사안의 소가 제기된 때부터는 X부동산에 대한 사용이익을 乙에게 반환하여야 한다. 따라서 甲은 乙에게 본 건 사안의 소제기 시부터 X부동산의 인도 시까지 X부동산의 월임료 상당액인 월 100만원의 비율에 의한 부당이득금을 반환할 의무가 있다.

Ⅴ. 결 어

甲에 대한 乙의 청구는 일부인용 되어야 한다. 즉 乙의 甲에 대한 X부동산의 인도청구에 대해서는 甲이 X부동산에 관하여 지출한 유익비의 반환과 상환으로 甲의 인도의무가 인정되어야 하고(일부인용), 부당이득반환 또는 불법점유로 인한 손해배상으로 2010.10.12.부터 X부동산의 인도완료일까지 월 200만원의 비율에 의한 금원을 지급하라는 취지의 청구에 대해서는 본 건 사안의 소제기 시부터 X부동산의 인도완료 시까지 월 100만원의 비율에 의한 甲의 부당이득금반환의무가 인정(일부인용)되어야 한다.

I C/O/N/T/E/N/T/S

제2문의 2 **오 지 용**

〔충북대학교 법학전문대학원 교수·변호사〕

Ⅰ. 문제의 소재

채무자가 채권자를 해함을 알고 재산권을 목적으로 한 법률행위를 한 때에는 채권자는 그 취소 및 원상회복을 법원에 청구할 수 있는데, 사해행위취소 및 원상회복을 구하는 소송의 경우 채무자의 유일한 재산을 매각하는 행위가 사해행위에 해당하는지 여부 및 채권자취소권행사에 있어 제척기간의 기산점인 '채권자가 취소원인을 안 날'의 의미를 어떻게 볼 것인지, 그리고 사해행위취소에 따른 원상회복의 범위가 문제 된다.

Ⅱ. 본안전 항변

채권자취소권은 채권자가 취소원인을 안 날로부터 1년, 법률행위가 있은 날로부터 5년 내에 행사하여야 하는데(민법 제 406조 제2항), 1년의 제척기간의 기산점이 되는 '채권자가 취소원인을 안 날'이라 함은 단순히 채무자의 법률행위가 있었다는 사실을 아는 것만으로는 부족하고 채무자가 채권자를 해함을 알면서 법률행위를 한 사실을 채권자가 안 때를 의미한다고 할 것이다.

본 건 사안의 경우 A와 丙사이에 X부동산에 관한 매매계약이 체결된 것은 2011.9.1.이고, 丁이 그러한 매매계약이 있었던 것을 안 날이 2012.9.15.이며, 丁이 丙을 상대로 사해행위취소소송을 제기한 것이 2012.10.1.이므로 본 건 사안의 소제기일인 2012.10.1.은 X부동산에 관하여 채무자 A와 수익자 丙사이에 매매계약이 있은 날로부터 5년이 경과되지 아니하였고, 채권자 丁이 그러한 매매계약이 있었던 것을 안 날로부터 1년이 경과되지 아니하였다. 따라서 丁의 丙에 대한 본 건의 사해행위취소소송은 제소기간이 도과되지 아니하였으므로 적법하다고 할 것인바, 제소기간 도과를 이유로 한 丙의 본안전 항변은 이유 없다고 할 것이다.

Ⅲ. 사해행위취소

1. 피보전채권

채권자취소권이 성립하려면 채권자가 보전하여야 할 채권이 있어야 하고 그 피보전채권은 사해행위가 있기 전에 발생한 것이어야 한다.

본 건 사안의 경우 丁이 채무자인 A에게 2억원을 대여하였던 것이 2011.8.1.이고 A가 유일한 재산인 X부동산을 丙에게 매도한 것이 2011.9.1.이므로 丁의 피보전채권은 사해행위가 있기 전에 발생한 것이다.

2. 사해행위

채권자취소권이 성립하려면 채무자가 채권자를 해함을 알고 재산권을 목적으로 한 법률행위를 하는 사해행위가 있어야 하는데, 여기서의 사해행위는 채무자의 법률행위로 말미암아 채무자의 적극재산이 소극재산인 채무의 총액보다 적어지는 채무초과 내지 무자력 상태를 야기하는 것을 의미한다.

본 건 사안의 경우 A는 자신의 유일한 재산인 X부동산을 丙에게 매각하였는바, 유일한 재산인 부동산을 소비하기 쉬운 금전으로 바꾸는 행위는 특별한 사정이 없는 한 채권자에 대한 사해행위라고 할 것이므로 A의 丙에 대한 X부동산의 매각행위는 丁에 대한 사해행위라고 할 것이다.

3. 사해행위취소

채권자는 채무자의 사해행위에 대해 이를 취소할 수 있는바, 본 건 사안의 경우 丁은 A의 채권자로서 채무자인 A가 채권자인 丁을 해함을 알고 X부동산에 관하여 2011.9.1. 丙과 체결한 부동산 매매계약은 사해행위취소의 대상이 된다고 할 것이다.

Ⅳ. 원상회복

1. 가액배상

채권자취소권이 행사되면 수익자는 원칙적으로 원상회복으로서 사해행위의 목적물을 채무자에게 반환하여야 하며 원물반환이 불가능하거나 현저히 곤란한 때에 한하여 원상회복의무의 이행으로서 목적물의 가액 상당을 배상하여야 한다(대법원 2010.2.25. 선고 2007다28819,28826 판결; 대법원 2009.6.11. 선고 2007다4004 판결). 그리고 저당권이 설정되어 있는 부동산이 사해행위로 이전된 경우에 그 사해행위는 부동산의 가액에서 저당권의 피담보채권액을 공제한 잔액의 범위 내에서만 성립한다고 보아야 하고, 사해행위 후 변제 등에 의하여 저당권설정등기가 말소된 경우, 사해행위를 취소하여 그 부동산 자체의 회복을 명하

는 것은 당초 일반 채권자들의 공동담보로 되어 있지 아니하던 부분까지 회복을 명하는 것이 되어 공평에 반하는 결과가 되므로, 그 부동산의 가액에서 저당권의 피담보채무액을 공제한 잔액의 한도에서 사해행위를 취소하고 그 가액의 배상을 구할 수 있을 뿐이다(대법원 2002.11.8. 선고 2002다41589 판결, 대법원 2007.5.31. 선고 2006다18242 판결).

본 건 사안의 경우 수익자인 丙은 X부동산에 이미 설정되어 있던 근저당권의 피담보채무액 전액인 2억원을 변제하고 근저당권을 말소하였는바, 丙에게 X부동산 자체의 회복을 명하는 것은 당초 일반 채권자들의 공동담보로 되어 있지 아니하던 부분까지 회복을 명하는 것이 되어 부당하므로 丁은 丙에게 가액배상을 구하여야 할 것이다.

2. 가액배상의 범위

채무자의 사해행위로 인하여 저당권이 설정되어 있는 부동산을 취득한 수익자가 피담보채무액을 변제하고 저당권을 말소한 경우 채권자는 부동산의 가액에서 저당권의 피담보채무액을 공제한 잔액의 한도에서 사해행위를 취소하고 그 가액의 배상을 구할 수 있을 뿐인데, 여기서의 부동산의 가액은 사실심 변론종결시의 부동산 가액을 의미한다(대법원 1999.9.7. 선고 98다41490 판결). 한편, 수익자가 그 부동산에 저당권을 설정한 경우라면 그 피담보채권액은 공제되지 아니 한다.

본 건 사안의 경우 변론종결 당시의 X부동산 시가는 3억 5,000만원이고 수익자인 丙이 피담보채무 전액인 2억원을 변제하고 X부동산에 설정되었던 근저당권을 말소하였으므로 수익자인 丙은 채권자취소권을 행사한 丁에게 위 부동산의 가액인 3억 5000만원에서 丙이 변제한 피담보채무액 2억원을 공제한 나머지 1억 5,000만원을 가액배상으로 지급할 의무를 부담한다고 할 것이다.

V. 결 어

丙에 대한 丁의 본 건 사안의 청구에 대해, X부동산에 관하여 A와 丙 사이에 2011.9.1. 체결된 부동산 매매계약은 1억 5,000만원의 범위 내에서 취소하고, 丙은 丁에게 1억 5,000만원 및 이에 대하여 판결확정 익일부터 완제일까지 연 5%의 비율에 의한 금원을 지급하라는 취지의 일부인용판결이 내려질 것이다.

▌C/O/N/T/E/N/T/S

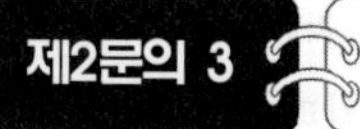

오 지 용 〔충북대학교 법학전문대학원 교수・변호사〕

Ⅰ. 문제의 소재

최초의 양도인과 중간 양도인, 그리고 양수인 사이의 3자간 중간생략등기의 합의가 있는 경우 기존의 각 소유권이전등기청구권이 소멸하는지 여부, 중간생략등기의 합의가 있는 경우 그 합의가 각 당사자 사이의 법률관계에 영향을 미치게 되는 것인지 여부가 문제된다.

Ⅱ. 중간생략등기의 합의

중간생략등기는 부동산물권이 최초의 양도인으로부터 중간 취득자를 거쳐 최후의 양수인에게 순차 이전되어야 할 경우에 중간 취득자에의 등기를 생략한 채 최초의 양도인에게서 최후의 양수인에게로 직접 등기하는 것을 중간생략등기라고 하는데, 이는 부동산등기특별조치법 위반이지만 그 규정이 효력규정이 아니라 단속규정이므로 중간생략등기에 관한 3자간의 합의가 있다면 그 사법상의 효력이 부인되지는 않는다.

본 건 사안의 경우 X부동산을 A가 戊에게, 戊는 다시 己에게 매도하고 인도하면서 A, 戊, 己 전원이 X부동산의 소유권이전등기를 A명의에서 바로 己의 명의로 하기로 하였으므로 A, 戊, 己 3자간의 합의에 따른 중간생략등기의 합의는 유효하고, 따라서 己는 A에게 X부동산에 관한 소유권이전등기청구권을 갖게 된다.

Ⅲ. 개별 등기청구권의 존속여부

중간생략등기의 합의가 있었다 하더라도 이러한 합의는 중간등기를 생략하여도 당사자 사이에 이의가 없겠고 또 그 등기의 효력에 영향을 미치지 않겠다는 의미가 있을 뿐이지 그러한 합의가 있었다 하여 중간매수인의 소유권이전등기청구권이 소멸된다거나 첫 매도인의 그 매수인에 대한 소유권이전등기의무가 소멸되는 것은 아니라 할 것이다(대법원 1991.12.13. 선고 91다18316 판결).

본 건 사안의 경우 X부동산에 관하여 A, 戊, 己 3자간 중간생략등기의 합의가 있었다고 하더라도 X부동산에 관하여 戊의 A에 대한 소유권이전등기청구권, 己의 戊에 대한 소유권이전등기청구권은 소멸하는 것이 아니므로 己는 X부동산에 관하여 戊에 대한 소유권이전등기청구권자로서 戊의 A에 대한 소유권이전등기청구권을 대위행사 할 수 있다.

Ⅳ. 매매대금청구 제한여부

중간생략등기의 합의란 부동산이 전전 매도된 경우 각 매매계약이 유효하게 성립함을 전제로 그 이행의 편의상 최초의 매도인으로부터 최종의 매수인 앞으로 소유권이전등기를 경료하기로 한다는 당사자 사이의 합의에 불과할 뿐이므로, 이러한 합의가 있다고 하여 최초의 매도인이 자신이 당사자가 된 매매계약상의 매수인인 중간자에 대하여 갖고 있는 매매대금청구권의 행사가 제한되는 것은 아니다. 따라서 최초 매도인과 중간 매수인, 중간 매수인과 최종 매수인 사이에 순차로 매매계약이 체결되고 이들 간에 중간생략등기의 합의가 있은 후에 최초 매도인과 중간 매수인 간에 매매대금을 인상하는 약정이 체결된 경우, 최초 매도인은 인상된 매매대금이 지급되지 않았음을 이유로 최종 매수인 명의로의 소유권이전등기의무의 이행을 거절할 수 있는 것이다(대법원 2005.4.29. 선고 2003다66431 판결).

본 건 사안의 경우 X부동산에 관하여 A, 戊, 己 3자간 중간생략등기의 합의가 있었다고 하더라도 A와 戊 사이에 매매대금을 인상하는 약정이 체결된 경우에 戊가 약정된 인상분의 매매대금을 A에게 지급하지 아니 하였다면 A는 이를 이유로 己 명의로의 소유권이전등기의무의 이행을 거절할 수 있다.

Ⅴ. 결 어

X부동산에 관하여 A, 戊, 己 3자간 중간생략등기의 합의가 있었다고 하더라도 X부동산에 관하여 己는 戊에 대한 소유권이전등기청구권을 피보전채권으로 하여 戊의 A에 대한 소유권이전등기청구권을 대위행사할 수 있고, A는 戊가 인상된 매매대금을 지급하지 않았음을 이유로 己 명의로의 소유권이전등기의무의 이행을 거절할 수 있다.

2013년 제2회 변호사시험
민사법 제3문

제 3 문

스마트폰 부품의 제조와 판매를 업으로 하는 비상장회사인 X주식회사는 자본금이 2억 5천만 원이며 주주명부에는 동 회사의 발행주식총수 중 A가 50%, B가 30%, C가 10%, D가 10%를 각각 보유하는 것으로 기재되어 있다. 다만, D는 X주식회사의 주주명부에 주주로 기재되어 있지만 실제로는 E가 D의 승낙을 얻어 D의 명의를 차용한 것이다. A의 추천으로 甲과 乙이 이사로 선임되었으며, 그중 甲이 대표이사를 맡고 있다. 나머지 1명의 이사는 B가 추천한 사람이다.

X주식회사는 신기술 도입에 필요한 자금을 조달하기 위하여 신주를 발행하기로 하고, 이사회 결의로 기존 주주들의 지분율에 비례하여 신주를 배정하고 기존 주주 전원이 신주인수대금을 전액 납입함에 따라 자본금을 3억 원으로 변경하는 등기를 마쳤다(이하 '제1차 신주발행'이라고 함). 그런데, 제1차 신주발행 당시 A는 대표이사 甲과 공모하여 丙으로부터 금전을 차용하여 납입하고 자본금 변경등기 후 곧바로 이를 인출하여 丙에게 변제하였으며, 이러한 사실이 전혀 알려지지 않은 상태에서 제1차 신주발행 직후에 개최된 주주총회에서 A와 B, 그리고 C의 의결권 행사를 대리하는 C의 배우자 F가 출석하고 출석주주 전원이 甲의 대표이사 재선임 결의에 찬성함으로써 甲이 대표이사직을 계속 유지하게 되었다.

그 후 X주식회사가 스마트폰 부품 제조분야에서 선도적인 지위를 차지함에 따라 X주식회사에 투자하기를 희망하거나 X주식회사의 경영권을 탐내는 기업이 많이 생겨났다. 이에 대표이사 甲은 이사 및 감사 전원에게 이사회 소집을 통지하고, 이에 따라 개최된 이사회에서 신주를 발행하여 甲에게 우호적인 Y주식회사에 그 전부를 배정하기로 결의하였다. Y주식회사는 신주인수대금 중 일부는 현금으로 납입하고 나머지는 시가 3천만 원 상당의 공장부지를 X주식회사에 양도하되 검사인의 검사절차는 거치지 않았으며, X주식회사는 자본금을 3억 5천만 원으로 변경하는 등기를 마쳤다(이하 '제2차 신주발행'이라고 함). X주식회사는 제2차 신주발행 당시 공장의 증축과 노후된 시설의 교체를 위하여 자금이 필요하였으나 금융기관으로부터의 차입 등을 통한 자금조달이 불가능한 상태는 아니었다.

X주식회사의 정관에서 관련 규정을 발췌하면 아래와 같다.

〔정 관〕

제8조(주식의 종류) 이 회사가 발행할 주식은 기명식 보통주식으로 한다.

제10조(신주인수권) ① 이 회사의 주주는 신주발행에 있어서 그가 소유한 주식수에 비례하여 신주의 배정을 받을 권리를 가진다.

② 제1항의 규정에 불구하고 긴급한 자금의 조달을 위하여 국내외 금융기관이나 투자자에게 신주를 발행하거나 기술도입의 필요상 제휴회사에게 신주를 발행하는 경우에는 주주 이외의 자에게 이사회의 결의로 신주를 배정할 수 있다.

제26조(의결권의 대리행사) ① 주주는 대리인으로 하여금 그 의결권을 행사하게 할 수 있다.

② 제1항의 대리인은 이 회사의 주주에 한하며, 주주총회 개시 전에 그 대리권을 증명하는 서면(위임장)을 제출하여야 한다.

제33조(대표이사의 선임) 이 회사의 대표이사는 주주총회의 결의에 의하여 선임한다.

1. X주식회사는 E의 명의차용 사실을 알고 있음에도 불구하고 제1차 신주발행에서 D에게 신주를 배정한 경우, 그러한 신주배정은 적법한가? (20점)

2. B가 제1차 신주발행에서 X주식회사의 수락 하에 자신의 신주인수대금 중 일부를 X주식회사에 대한 어음금채권 1천만 원으로 납입하고 나머지는 현금으로 납입한 경우, 그러한 납입은 유효한가? (10점)

3. 제1차 신주발행 직후에 개최된 주주총회에서 甲을 대표이사로 재선임한 결의는 유효한가? (35점)

4. A가 제2차 신주발행의 효력을 다투고자 한다면 그 방법과 이유는 무엇인가? (35점)

제3문 최 병 규 〔건국대학교 법학전문대학원 교수〕

▌C/O/N/T/E/N/T/S

Ⅰ. 문제의 제기

제2회 변호사시험 상법문제는 주식에 관한 내용이 주가 된 것으로서 타인명의의 주식인수의 문제, 주주명부의 효력, 가장납입의 효력, 신주의 제3자배정, 주주의 의결권대리행사제한 등 문제를 다루어 출제하였다. 그리고 납입상계허용의 문제, 현물출자의 검사생략 부분은 2011년 개정상법의 내용을 묻는 문제이었다.

1번 문제에서는 타인명의로 주식을 인수한 경우 누가 주주가 되는지가 우선 문제된다. 그리고 회사가 명의차용 사실을 분명히 알고 있으면서도 명의자에게 신주를 배정해준 것의 효과가 문제된다. 2번 문제에서는 주금납입상계가 허용되는지, 특히 2011년 상법개정의 내용을 숙지하는 것이 중요하다. 3번 문제는 가장납입의 효력과 그 이후의 주주의 지위 인정여부가 우선 문제된다. 그리고 의결권대리자를 주주로 한정하고 있는 정관의 규정이 유효한지 및 의결권 대리인인 F는 주주가 아니므로, 그 규정에 위반한 경우의 효과를 검토하여야 한다. 4번 문제에서는 주주의 신주인수권을 무시하고 제3자에 신주를 배정한 것의 정당화요건이 문제된다. 주주의 신주인수권을 무시한 경우 신주발행의 하자를 다투는 방법도 고찰하여야 한다. 그리고 현물출자의 검사를 생략한 것이 문제되는지를 2011년 상법 개정과 연계하여 검토하여야 한다.

Ⅱ. 개별논점과 해설

1. 타인명의의 주주명의 등재의 효력

(1) 타인명의의 주식인수

상법 제332조에서는 가설인의 명의나 또는 타인의 승낙 없이 그의 명의로 주식인수의 청약을 한 경우에는 실제로 주식인수의 청약을 한 사람을 주식인수인으로 보고 그에게 납입의무를 지우고 있다(제332조 제1항). 이것은 타인의 명의로 주식인수를 청약하였다가 주식의 배정을 받은 후에 회사와 자기의 형편을 보아 납입 여부를 결정하려는 주식인수청약을 방지하기 위함이다. 따라서 이 때에는 명의의 여하를 불문하고 실제로 주식인수의 청약을 한 사람이 납입책임을 부담함과 동시에 주식인수인이 된다. 이와는 달리 타인의 승낙을 얻어 그의 명의로 주식인수의 청약을 한 경우에 관하여 상법은 실제상의 청약인이 그 타인과 연대하여 납입할 책임이 있다고만 규정할 뿐(제332조 제2항), 누가 주주권을 갖는 주식인수인이 되는가에 관하여는 밝히지 않고 있다. 이 점에 관하여는 명의인인 명의대여자가 주식인수인이 된다는 형식설(명의설·명목설)과 실제상의 청약인인 명의차용자가 주식인수인이 된다는 실질설이 대립하고 있다. 대량적·집단적 처리를 필요로 하는 주식에 관한 법률관계의 형식적·획일적 처리의 요청을 근거로 하는 형식설에도 일리가 있으나, 법률행위의 일반이론 및 제332조 제1항과의 해석상의 균형에서 실제로 법률행위를 하고 주금을 납입한 명의차용자가 주주가 된다고 보는 실질설이 타당하다고 보며, 이것이 다수설(동지: 정동윤·최기원·정찬형, 이설: 손주찬)이고 판례의 입장이다.

(2) 주주명부기재의 추정력

명의개서의 효력은 회사가 이를 수리한 때에 발생한다. 회사가 명의개서의 청구를 수리하고 과실로 주주명부에 이를 기재하지 않았더라도 관계 없다. 기명주식의 취득자의 성명과 주소가 주주명부에 기재(명의개서)되면 그로부터 회사에 대한 관계에서는 주주명부에 주주로 기재된 자가 주주권을 행사할 수 있다. 그리고 기명주식을 양수하여 실질적 권리자가 된 자도 명의개서를 하지 않으면 회사에 대항하지 못한다(제337조 제1항). 그리하여 회사와의 관계에 있어서는 주주명부에 주주로 기재된 자가 그 실질적 권리자임을 증명하지 않고도 주주권을 행사할 수 있다(자격수여적 효력 또는 권리추정력). 그러나 명의개서에는 창설적 효력이 인정되지 않고 단순히 대항력이나 추정력이 인정될 뿐이라는 점은 주의를 요한다. 한편 회사는 주주명부에 기재된 자에게 권리의 행사를 인정하면 그가 진정한 주주가 아니더라도 책임을 면한다(면책적 효력).

대법원 1985.3.26. 선고 84다카2082 판결: <u>회사의 주주명부에 원고가 주주로 등재되어 있다면 원고는 일응 그 회사의 주주로 추정된다 할 것인바</u> 원심이 거시한 갑 제2호증의 11(신주청약서), 제3호증의 1,16) (주주원부 및 명세)의 기재와 다툼이 없는 사실에 의하면 원고는 피고회사에게 동사가 적법히 발행한 7,500주의 신주식의 청약을 하였고, 주주명부상 그 주주로 등재되어 있음이 인정되므로 다른 사정이 없는 한 원고는 위 신주를 인수하여 주금을 납입한 피고회사의 적법한 주주라 할 것임에도 위 사실만으로는 주주가 아니라는 전제아래 증인 정 재완의 증언을 배척하고 달리 그 주금을 납입한 입증이 없다고 원고의 주장을 배척한 것은 필경 주주권을 부인하는 측에 있는 입증책임을 원고에게 전도한 위법이 있다 할 것이다.

대법원 2010.3.11. 선고 2007다51505 판결: 주주명부에 주주로 등재되어 있는 이는 주주로서 주주총회에서 의결권을 행사할 자격이 있다고 추정되므로, 특별한 사정이 없는 한 주주명부상의 주주는 회사에 대한 관계에서 그 주식에 관한 의결권을 적법하게 행사할 수 있다. 따라서 한편 주주명부상의 주주임에도 불구하고 회사에 대한 관계에서 그 주식에 관한 의결권을 적법하게 행사할 수 없다고 인정하기 위하여는, 주주명부상의 주주가 아닌 제3자가 주식인수대금을 납입하였다는 사정만으로는 부족하고, 그 제3자와 주주명부상의 주주 사이의 내부관계, 주식 인수와 주주명부 등재에 관한 경위 및 목적, 주주명부 등재 후 주주로서의 권리행사 내용 등에 비추어, 주주명부상의 주주는 순전히 당해 주식의 인수과정에서 명의만을 대여해 준 것일 뿐 회사에 대한 관계에서 주주명부상의 주주로서 의결권 등 주주로서의 권리를 행사할 권한이 주어지지 아니한 형식상의 주주에 지나지 않는다는 점이 증명되어야 한다.

(3) 실기주의 문제

만일 E가 D로부터 주식을 매수하였음에도 명의개서가 이루어지지 않아 D가 형식상 주주로 되어 있는 경우라면 이는 실기주의 문제가 된다. 즉 신주의 배정일까지 구주의 양수인이 명의개서를 하지 않고 기일을 넘기게 되면 주주명부상의 주주인 구주의 양도인에게 신주가 배정되게 되는데, 이를 실기주라 하여 누구에게 귀속시킬 것인가가 문제된다. 실기주의 경우 배정된 신주는 이론상은 실제 주주에게 귀속시키는 것이 타당하다고 보며 그 법률관계는 부당이득설, 사무관리설, 준사무관리설 등 가운데 준사무관리로 이해하는 것이 타당하다.

주식을 양도하였으나 명의개서를 하지 않은 경우 회사가 양수인을 주주로 인정하는 것이 가능하지도 문제된다. 원래 주식양도 후 주주명부의 명의개서는 회사에 대한 명의개서는 대항요건에 지나지 않는다(상법 제337조). 그런데 명의개서는 아니하였더라도 회사가 실질상 주주의 권리를 인정하여 그에게 주주로서 권리를 행사시킬 수 있는가가 문제된다. 이에 대하여 부정하는 부정설(쌍방적 구속설)은 획일적 처리에 반하고 회사의 자의에 의한 판단의 위험이 있음을 이유로 든다. 반면 긍정설(편면적 구속설)은 그를 인정하는 것이 정의의 관념에 합당하고, 명의개서는 형식적 자격부여에 지나지 않는다는 점을 이유로 드는데, 이 긍정설이 다수설, 판례(대법원 1989.7.11. 선고 89다카5345 판결; 대법원 1989.10.24. 선고 89다카14714 판결; 대법원 2001.5.15. 선고 2001다12973 판결)의 태도이다. 그런데 각 학설이 장단점이 있으며, 결국 가치관의 문제이겠으나 실질적 정의에 부합하는 것으로서 다수설과 판례가 취하고 있는 편면적 구속설이 이론상 더 타당하다고 본다.

우리 법원은 명의개서 실기의 경우 신주인수권은 명의주주에게 귀속된다는 입장을 취하고 있다.

대법원 2010.2.25. 선고 2008다96963,96970 판결: 상법 제461조에 의하여 주식회사가 이사회의 결의로 준비금을 자본에 전입하여 주식을 발행할 경우 또는 상법 제416조에 의하여 주식회사가 주주총회나 이사회의 결의로 신주를 발행할 경우에 발생하는 구체적 신주인수권은 주주의 고유권에 속하는 것이 아니고 위 상법의 규정에 의하여 주주총회나 이사회의 결의에 의하여 발생하는 구체적 권리에 불과하므로 그 신주인수권은 주주권의 이전에 수반되어 이전되지 아니한다. 따라서 회사가 신주를 발행하면서 그 권리의 귀속자를 주주총회나 이사회의 결의에 의한 일정시점에 있어서의 주주명부에 기재된 주주로 한정할 경우 그 신주인수권은 위 일정시점에 있어서의 실질상의 주주인가의 여부와 관계없이 회사에 대하여 법적으로 대항할 수 있는 주주, 즉 주주명부에 기재된 주주에게 귀속된다.

(4) 회사가 알고 있는 경우

대법원 1998.9.8. 선고. 96다45818 판결: 주식회사가 주주명부상의 주주에게 주주총회의 소집을 통지하고 그 주주로 하여금 의결권을 행사하게 하면, 그 주주가 단순히 명의만을 대여한 이른바 형식주주에 불과하여도 그 의결권 행사는 적법하지만, 주식회사가 주주명부상의 주주가 형식주주에 불과하다는 것을 알았거나 중대한 과실로 알지 못하였고 또한 이를 용이하게 증명하여 의결권 행사를 거절할 수 있었음에도 의결권 행사를 용인하거나 의결권을 행사하게 한 경우에는 그 의결권 행사는 위법하게 된다(주주명부상의 주주가 실질주주가 아님을 회사가 알고 있었고 이를 용이하게 증명할 수 있었는데도 위 형식주주에게 소집통지를 하고 의결권을 행사하게 한 잘못이 인정된다는 이유로 그 주주총회결의를 취소할 수 있다고 본 사례).

사례에서처럼 X회사가 E가 D의 명의를 차용한 것을 알고 있으면서 실제 주주가 아닌 형식상 주주인 D에게 신주를 배정한 것은 적법하지 않다고 보아야 한다.

2. 주금납입상계허용

2011년 상법이 개정되기 전의 상법 제334조는 자본충실을 위한 것인데, 오히려 실무에서는 회사에 거액을 대출한 금융기관이 회사를 위해 대출채권을 출자로 전환하려고 하는 경우에 동 규정에 저촉되어 현물출자형식으로 처리하여야 하는 어려움이 있었다. 이에 2011년 4월 14일 상법개정시 동 조항을 삭제하여 회사설립시 주식인수인은 아무런 제한없이 주금납입의무와 회사에 대한 채권을 상계할 수 있도록 하였다. 그리고 신주발행의 경우에는 주식인수인이 회사와 합의하면 상계할 수 있도록 하였다(제421조 제2항). 이에 개정 이후에는 주식회사의 출자전환이 용이해지게 되었다. 본 사례의 경우에 회사가 상계를 허용하였으므로 B가 행한 어음금채권과 주금납입채무를 상계한 것은 유효하다.

3. 주주총회에서 대표이사로 재선임한 것의 문제

(1) 대표이사의 선임

대표이사는 이사회의 구성원인 이사 중에서 선임한다. 대표이사로서의 자격에는 특별한 제한이 없으며 주주일 필요도 없다. 대표이사는 이사회의 구성원의 지위를 겸하므로 의사결정과 집행 자체와의 연결을 확보할 수 있다. 대표이사의 원수는 1인 또는 수인이라도 무방하다. 실제 정관으로서 사장・전무이사・상무이사를 두고, 이들을 대표이사로 하는 경우가 많다. 대표이사가 수인인 때에도 공동대표가 아닌 한 각자가 업무집행과 대표행위를 한다(제389조 제1항). 대표이사는 원칙으로 이사회의 결의에 의하여 선정하지만, 정관으로 주주총회에서 이를 선정할 것을 정할 수 있다(제389조 제1항 단서). 본 사례의 경우에는 이러한 유보조항을 활용하여 정관에서 대표이사를 주주총회에서 선임하도록 하고 있다. 한편 대표이사의 선거결의가 있은 후에 피선임자의 승낙이 있어야 대표이사로서의 지위를 갖는다.

(2) 주금의 가장납입

자본납입의 원칙을 견지하기 위하여 회사의 설립시에 인수가액의 전액을 납입시켜야 하나, 실제로는 납입을 가장하는 일이 적지 않았다. 가장납입은 주금납입으로서의 효력이 없다. 납입의 흠결이 근소한 때에는 발기인의 납입담보책임(제321조 제2항)에 의하여 구제되지만, 그 흠결이 현저한 때에는 설립무효의 원인이 된다고 본다. 이 때에 발기인과 이사는 회사 또는 제 3 자에 대하여 손해배상책임을 지고(제322조, 제399조, 제401조), 나아가 벌칙의 제재가 있다(제628조, 제622조). 가장납입행위는 이사의 해임사유[1]가 된다. 그리고 이 경우에 납입을 취급한 은행은 증명한 납입금액에 대하여 책임을 진다(제318조 제 2 항). 그런데 우리 대법원 판례는 가장납입을 차입금에 의한 체당납입으로 보고, 주주에 대한 주금의 상환청구권을 회사에 부여하고 있다. 2009년 5월 상법개정에 의하여 최저자본금이 없어짐으로써 최저자본금요건을 갖추기 위하여 가장납입이 이루어지는 경우는 줄어들 것이다.

가장납입의 경우는 실질적으로 납입이 있었다고 볼 수 없다는 이유로 무효라고 보는 것이 학설상은 통설이다. 그런데 판례의 태도는 다르다. 즉 이는 실제 금원의 이동에 따른 현실의 납입이 있는 것이고, 발기인 등의 주관적인 의도는 주금납입의 효력을 좌우할 수 없으므로 유효하다고 한다(대법원 1985.1.29 선고, 84다카1823・1824판결 등). 그리고 이 경우 가장납입을 한 주주가 회사설립후 회사가 청구한 주금을 당사자가 납입하지 않았더라도 이는 회사에 대한 채무불이행에 불과할 뿐 주주의 지위는 그대로 있는 것으로 보아야 한다〔대법원 1998. 12. 23. 선고 97다20649 판결: "주식회사를 설립하면서 일시적인 차입금으로 주금납입의 외형을 갖추고 회사 설립절차를 마친 다음 바로 그 납입금을 인출하여 차입금을 변제하는 이른바 가장납입의 경우에도 주금납입의 효력을 부인할 수는 없는 것이므로(대법원 1997. 5. 23. 선고 95다5790 판결 등 참조), 피고 회사 설립 당시 원래 주주들이 주식인수인으로서 주식을 인수하고 가장납입의 형태로 주금을 납입한 이상 그들은 바로 피고 회사의 주주이고, 그 후 그들이 회사가 청구한 주금 상당액을 납입하지 아니하였다고 하더라도 이는 회사 또는 J에 대한 채무불이행에 불과할 뿐 그러한 사유만으로 주주로서의 지위를 상실하게 된다

---

1) 대법원 2010. 9. 30. 선고 2010다35985 판결: 직무에 관한 부정행위 또는 법령이나 정관에 위반한 중대한 사실이 있어 해임되어야 할 이사가 대주주의 옹호로 그 지위에 그대로 머물게 되는 불합리를 시정함으로써 소수주주 등을 보호하기 위한 상법 제385조 제2항의 입법 취지 및 회사 자본의 충실을 기하려는 상법의 취지를 해치는 행위를 단속하기 위한 상법 제628조 제1항의 납입가장죄 등의 입법 취지를 비롯한 위 각 규정의 내용 및 형식 등을 종합하면, 상법 제628조 제1항에 의하여 처벌 대상이 되는 납입 또는 현물출자의 이행을 가장하는 행위는 특별한 다른 사정이 없는 한, 상법 제385조 제2항에 규정된 '그 직무에 관하여 부정행위 또는 법령에 위반한 중대한 사실'이 있는 경우에 해당한다고 보아야 한다.

고는 할 수 없다. 또한 원고들이 피고 회사가 정한 납입일까지 주금 상당액을 납입하지 아니한 채 그로부터 상당 기간이 지난 후 비로소 피고 회사의 주주임을 주장하였다고 하여 신의성실의 원칙에 반한다고도 할 수 없다.")는 것이 판례의 입장이다. 판례에 의하면 가장납입에 의하더라도 주주로서의 지위가 인정되므로 그러한 자에 의한 주주총회에서의 의결권행사는 유효하게 된다. 그에 의하면 본 사례의 경우 대주주 A 등의 의결권행사는 유효하게 된다.

(3) 의결권의 대리행사자 제한과 적법여부

의결권의 대리행사에 문제가 없는지 검토하여야 한다. 사안에서 주주 C를 대리하여 그 처인 F가 의결권을 대리행사하였다. 그런데 회사 정관에서는 의결권 대리자를 주주로 국한하고 있는데 F가 주주인지 여부에 따라서 그 제한적용여부가 달라진다. 그런데 A, B, C, D가 이미 100% 주식을 보유하고 있으므로 F는 주주가 아님을 알 수 있다. 따라서 정관위반의 대리인의 의결권 행사가 있게 된 것이다.

1) 대리행사의 자유

주주는 그의 의결권을 대리인을 통하여 행사할 수 있다(제368조 제 3 항). 따라서 정관으로 의결권의 대리행사를 금지하거나 부당하게 제한할 수 없다.

2) 위임장제출

주주가 대리인에 의하여 의결권을 행사하는 경우에는 대리인은 대리권을 증명하는 서면(위임장)을 총회에 제출하여야 한다(제368조 제 3 항). 하나의 위임장으로 수개의 총회에 대하여 포괄적으로 대리권을 수여하는 것은 허용되지 않는다. 그러나 하나의 총회에 있어서 구체적이고 개별적인 사항에 국한하여 위임할 수 있다는 의미가 아니라, 이 때에는 일정한 사항에 관하여 포괄적으로 위임할 수 있다(동지: 정동윤 · 최기원). 한편 주주는 전에 수여한 의결권의 대리행사를 위한 위임장을 자유로이 철회할 수 있다. 그러나 철회를 위하여는 위임장을 회수하여야 하고, 그렇지 못한 경우에는 그 철회로서 회사에 대항하지 못한다.

3) 대리인의 자격제한

회사는 정관으로 회사와는 아무런 관계가 없거나 회사와 상반되는 이해관계를 갖는 제 3 자의 총회참가를 막기 위하여 대리인의 자격을 제한할 수 있다. 그러나 이러한 대리인의 자격제한으로 사실상 주주의 의결권행사가 곤란하게 되거나 금지되는 결과가 되면 그 제한은 허용되지 않는다.

본 사례의 정관에서는 주주의 의결권대리행사자의 자격을 주주로 국한하고 있다. 그런데 본 사안에서 C의 배우자 F가 주주가 아니기 때문에(A, B, C, D가 이미 주식 100%를 소유한 것으로 되어 있으므로 F는 주주가 아님) 주주 아닌 자의 의결권 대리행사의 효과가 문제된다. 우리 법원은 원칙적으로 대리인의 자격을 주주로 제한하는 것은 유효하다고 보고 있다.

대법원 2009.4.23. 선고 2005다22701,22718 판결: "상법 제368조 제3항의 규정은 주주의 대리인의 자격을 제한할 만한 합리적인 이유가 있는 경우 정관의 규정에 의하여 상당하다고 인정되는 정도의 제한을 가하는 것까지 금지하는 취지는 아니라고 해석되는바,

대리인의 자격을 주주로 한정하는 취지의 주식회사의 정관 규정은 주주총회가 주주 이외의 제3자에 의하여 교란되는 것을 방지하여 회사 이익을 보호하는 취지에서 마련된 것으로서 합리적인 이유에 의한 상당한 정도의 제한이라고 볼 수 있으므로 이를 무효라고 볼 수는 없다. 그런데 위와 같은 정관규정이 있다 하더라도 주주인 국가, 지방공공단체 또는 주식회사 등이 그 소속의 공무원, 직원 또는 피용자 등에게 의결권을 대리행사하도록 하는 때에는 특별한 사정이 없는 한 그들의 의결권 행사에는 주주 내부의 의사결정에 따른 대표자의 의사가 그대로 반영된다고 할 수 있고 이에 따라 주주총회가 교란되어 회사 이익이 침해되는 위험은 없는 반면에, 이들의 대리권 행사를 거부하게 되면 사실상 국가, 지방공공단체 또는 주식회사 등의 의결권 행사의 기회를 박탈하는 것과 같은 부당한 결과를 초래할 수 있으므로, 주주인 국가, 지방공공단체 또는 주식회사 소속의 공무원, 직원 또는 피용자 등이 그 주주를 위한 대리인으로서 의결권을 대리행사하는 것은 허용되어야 하고 이를 가리켜 정관 규정에 위반한 무효의 의결권 대리행사라고 할 수는 없다."

따라서 본 사례에서는 정관에 위반되는 것으로서 주주가 아닌 F가 주주총회결의에 참석하여 결의하였으므로 주주총회결의에 하자가 있다. 주주 아닌 자의 대리권행사부분이 전체 발행주식의 10%에 해당하므로 주주총회결의 부존재사유는 아니고 주주총회결의 취소사유에 해당한다고 보아야 한다.

4. 신주의 제3자배정과 위법한 신주발행을 다투는 방법

(1) 신주의 제3자배정의 정당화요건

우리 법은 자본조달의 기동성을 위하여 수권자본제도를 택하였으므로 신주의 발행은 원칙으로 이사회의 권한에 속한다. 따라서 법률 또는 정관에 위반하거나 불공정한 방법으로 신주를 발행하여 주주, 회사 또는 회사채권자의 이익을 해하는 수가 있다.

1) 의의, 필요성 및 근거

상법은 주주는 그가 가진 주식의 수에 따라서 신주의 배정을 받을 권리가 있다(상법 제418조 제1항)고 하여 법정신주인수권제도를 취하고 있음을 명시하고 있다. 그밖에 상법 제3편 중 "신주의 발행"에 관한 제4절의 규정들은 기본적으로 주주배정방식의 신주발행을 전제로 구성되어 있다. 이러한 입법태도에 비추어 볼 때 우리나라에서 이사의 배정자유는 제한되어 있다. 바로 이 점과 관련하여 우리나라가 원칙으로 삼는 수권자본제도의 본래 취지가 감소되는 것은 아닌지가 문제된다. 그런데 수권자본제도하에서는 신주발행에 관한 사항은 오로지 이사회에 의해서 결정되므로 이 문제에 대하여 법의 특별한 고려가 요청될 수밖에 없다. 수권자본제도의 취지인 회사의 자본조달의 기동성에 중점을 둔다면 원칙으로 주주의 신주인수권이 배제되는 것이 바람직하지만, 수권자본제도하에서는 이사에게 주식발행에 관한 막대한 권한이 부여되므로 기존주주에게 신주인수권을 인정하지 않으면 불공정한 신주발행에 의하여 기존주주의 권리를 해칠 위험이 적지 않으므로 기존주주의 이익보호

에 중점을 두면 주주에게 신주인수권을 부여할 필요가 한층 큰 것이다. 따라서 우리 상법이 수권자본제도를 취하면서도 제418조 제1항에서 주주의 신주인수권을 인정한 것은 신주인수권이 갖는 주주이익보호장치로서의 기능을 수용함으로써 일견 회사이익보호에 충실한 미국법과 주주이익보호에 충실한 독입법을 조화시킨 것이라고 이해해야 할 것이다.

2) 요건

① 정관의 규정

상법 제418조 제2항에 따르면 신주인수권배제의 형식적 요건은 정관상의 근거규정이 있어야 한다. 그리고 그 경우에도 신기술의 도입, 재무구조의 개선 등 회사의 경영목적 달성을 위하여 필요한 경우에 한하여 신주의 제3자 배정을 허용하고 있다. 상법상 신주인수권배제의 형식적 요건과 관련해서는 정관상의 신주인수권배제에 관한 규정의 방식이 문제된다.

본 사안의 경우 정관 제10조 제2항에서 "제1항의 규정에 불구하고 긴급한 자금의 조달을 위하여 국내외 금융기관이나 투자자에게 신주를 발행하거나 기술도입의 필요상 제휴회사에게 신주를 발행하는 경우에는 주주 이외의 자에게 이사회의 결의로 신주를 배정할 수 있다."고 규정하는 정관규정 그 자체는 상법 제418조 제2항과 관련하여 문제는 되지 않는다고 보아야 한다.

② 이사회 결의

회사가 신주를 발행하기 위하여는 원칙적으로 이사회의 결의가 있어야 한다(상법 제416조, 제418조). 그런데 제3자 배정의 실질요건을 갖추지 못한 이사회 결의는 하자가 있는 것이 된다.

3) 경영권방어목적의 제3자 배정의 유효여부

경영권방어목적의 신주의 제3자 배정의 효력과 관련하여 신주의 제3자 배정도 그 내용이 객관성과 합리성에 의하여 뒷받침 되어야 할 것으로 보고 있다. 즉 신주의 제3자 배정은 실질적 정당화요건을 충족하여야 한다: ① 신주인수권을 배제함으로써 달성하려는 목적이 회사에 이익이 되어야 한다. ② 신주인수권배제가 회사이익상 필요해야 하고 적합해야 한다. ③ 목적달성을 위해 행해진 신주인수권배제에 대한 회사이익과 그로 인해 주주가 입는 손해 사이에 비교형량이 이루어져야 한다. 즉 목적과 수단 간에 비례성이 존재해야 한다. 이를 회사이익공식이라 한다. 그리고 경영권방어목적의 신주의 제3자 배정에 대해 판례는 무효라고 보고 있다.

대법원 2009.1.30. 선고 2008다50776 판결: 상법 제418조 제1항, 제2항의 규정은 주식회사가 신주를 발행하면서 주주 아닌 제3자에게 신주를 배정할 경우 기존 주주에게 보유 주식의 가치 하락이나 회사에 대한 지배권 상실 등 불이익을 끼칠 우려가 있다는 점을 감안하여, 신주를 발행할 경우 원칙적으로 기존 주주에게 이를 배정하고 제3자에 대한 신주배정은 정관이 정한 바에 따라서만 가능하도록 하면서, 그 사유도 신기술의 도입이나 재무구조 개선 등 기업 경영의 필요상 부득이한 예외적인 경우로 제한함으로써 기존 주주의 신주인수권에 대한 보호를 강화하고자 하는 데 그 취지가 있다. 따라서 주식회사가 신주를 발행함에 있어 신기술의 도입, 재무구조의 개선 등 회사의 경영상 목적을 달성하기 위하여 필요한 범위 안에서 정관이 정한 사유가 없는데도, 회사의 경영권 분쟁이 현실화된 상황에서 경영진의 경영권이나 지배권 방어라는 목적을 달성하기 위하여 제3자에게 신주를 배정하는 것은 상법 제418조 제2항을 위반하여 주주의 신주인수권을 침해하는 것이다.

4) 제3자배정의 경우 통지의무

위법하게 신주를 제3자에게 배정하는 경우에는 신주발행유지청구(제424조) 및 신주발행무효의 소(제429조)의 원인이 될 수 있다. 또한 경우에 따라 제3자는 통모인수인으로서의 책임(제424조의 2)을 질 수도 있을 것이다. 이들 권리구제제도 가운데 신주발행유지청구제도는 가처분을 병행하지 않는 한 회사를 강제할 수 없는 바, 이를 위해서는 제3자배정에 관한 정보를 주주들이 신주발행 전에 알 수 있어야 한다. 2011년 개정상법에서는 주주 이외의 자에게 신주를 배정하는 경우 신주발행사항에 대하여 사전공시의무를 부과하였다. 즉 그 경우에는 납입기일의 2주전에 신주의 종류・수・발행가액(또는 그 산정기준)・납입기일・모집방법 등을 공고하거나 주주에게 통지하도록 하였다(제418조 제4항). 이러한 통지의무가, 위법한 신주의 제3자배정에 대처함에 있어서 실질적으로 중요한 기능을 수행할 것으로 본다.

5) 사안의 검토

본 사안의 경우 X주식회사는 제2차 신주발행 당시 공장의 증축과 노후된 시설의 교체를 위하여 자금이 필요하였으나 금융기관으로부터의 차입 등을 통한 자금조달이 불가능한 상태는 아니었으므로, 신주의 제3자 배정의 정당화 요건가운데 실질적 요건을 충족하지 못하므로 Y주식회사에 대한 신주배정은 무효라고 보아야 한다.

(2) 신주발행의 위법・불공정에 대한 구제조치

상법은 법률 또는 정관에 위반하거나 불공정한 신주의 발행에 대하여 사전에 이를 예방하는 조치로써 주주의 신주발행유지청구권(제424조)을, 사후에 그로 인한 부당한 결과를 바로잡는 조치로서 신주발행무효의 소제도(제429조 아래)를 두고 있다.[2] 한편 본 사안의 경우에는 이사회 결의의 하자문제도 검토를 요한다.

1) 이사회 결의의 하자

본 사례에서는 신주를 제3자에게 배정할 하등의 정당성 요건이 갖추어지지 않았음에도

---

2) 대법원 2004.8.20. 선고 2003다20060 판결: 상법 제429조는 신주발행의 무효는 주주·이사 또는 감사에 한하여 신주를 발행한 날로부터 6월 내에 소만으로 이를 주장할 수 있다고 규정하고 있으므로, 설령 이사회나 주주총회의 신주발행 결의에 취소 또는 무효의 하자가 있다고 하더라도 그 하자가 극히 중대하여 신주발행이 존재하지 아니하는 정도에 이르는 등의 특별한 사정이 없는 한 신주발행의 효력이 발생한 후에는 신주발행무효의 소에 의하여서만 다툴 수 있다(대법원 1989. 7. 25. 선고 87다카2316 판결 참조).

제3자에게 배정하는 결의를 이사회에서 하였다. 이사회의 결의에 절차 또는 내용의 하자가 있는 경우에는 주주총회의 결의에서와 같은 특별한 소제도가 인정되지 않기 때문에 일반원칙에 의하여 당연 무효라고 본다. 따라서 이해관계인은 누구든지, 언제든지 그리고 어떠한 방법에 의해서든지 그 무효를 주장할 수 있으며, 필요한 때에는 결의무효확인의 소를 제기할 수 있다.

2) 신주발행유지청구권

① 의의

회사가 법령 또는 정관에 위반하거나 현저하게 불공정한 방법에 의하여 신주를 발행함으로써 주주가 불이익을 받을 염려가 있는 경우에도 주주가 회사에 대하여 신주발행의 유지를 청구할 수 있다(제424조). 이 제도는 이사의 위법행위유지청구권과 함께 미국의 금지명령(injunction)의 제도를 계수한 것이다.

② 청구원인

회사가 법령 또는 정관에 위반하거나 현저하게 불공정한 방법에 의하여 주식을 발행한 때이다. 법령에 위반한 예로는 법정요건을 갖추지 아니한 신주의 할인발행, 회사가 발행할 주식의 총수를 초과하는 신주발행 등이 있다. 또 현저하게 불공정한 방법에 의한 경우의 예로는 회사임원에게 부당하게 많은 신주를 배정하거나, 이사가 자기의 지위를 유지하기 위하여 자기와 같은 파인 특정인에게 부당하게 많은 주식을 배정하는 경우, 소수파 주주를 밀어내기 위한 수단으로 이용하는 경우, 현물출자를 현저히 과대평가한 경우 등을 들 수 있다.

③ 청구권자

위와 같은 법령・정관에 위반하거나 현저히 불공정한 방법에 의한 신주발행으로 불이익을 받을 염려가 있는 주주만이 유지청구를 할 수 있다. 따라서 불이익을 받을 염려가 없는 경우에는 주주의 유지청구권은 인정되지 않는다. 또한 주주 이외의 제 3 자는 그 신주인수권이 무시되어도 손해배상을 청구할 수 있을 뿐이다.

④ 청구시기

유지청구는 사전의 구제수단이므로, 법령 또는 정관에 위반하거나 현저하게 불공정한 방법에 의한 신주발행이 유효한 경우에는 신주발행이 효력을 발생할 때까지, 즉 납입기일까지(제423조 참조) 유지청구를 하여야 하나 위 신주발행이 무효인 경우에는 그 후에 주권의 발행 등도 유지할 수 있다(동지: 정동윤・최기원, 이설: 이철송).

⑤ 청구방법

유지청구의 방법에는 제한이 없다. 따라서 재판 외의 청구도 할 수 있으며, 필요에 따라 회사를 피고로 하여 신주발행유지청구의 소를 제기하고, 그 소를 본안으로 신주발행유지의 가처분을 신청할 수 있다. 이 가처분은 임시의 지위를 정하는 가처분이다(민사집행법 제300조).

⑥ 유지청구를 무시한 신주발행의 효력

주주가 재판 외에서 유지청구를 한 경우에는 이사의 책임이 발생할 뿐 이를 무시한 신주발행은 무효가 아니라고 볼 것이다. 그러나 법원의 유지판결이나 가처분이 있음에도 불구하고 이를 무시하고 신주를 발행한 경우에는 유효설(김용태)도 있으나, 유지청구에 대한 법원의 공권적 판단을 무시한 신주발행은 무효라고 본다(동지: 손주찬·최기원·정동윤).

3) 신주발행무효의 소

① 총설

신주발행에 하자가 있는 때에 민법의 일반원칙에 따라 처리하면 신주발행에 따르는 법률관계의 안정을 해한다. 따라서 종래에는 신주발행이 유효함을 전제로 하여 전개된 각종 법률관계의 안정을 꾀하고 회사를 둘러싼 다수인간의 법률관계를 획일적으로 처리하기 위하여 상법은 신주발행무효의 소의 제도를 두어 신주발행의 무효는 일정한 기간 내에 일정한 자에 한하여 소로써만 주장할 수 있도록 하고, 또 그 판결의 소급효를 부정하였었다(1995년 개정법 이전의 제430조, 제190조). 그러나 1995년 개정법은 주주총회결의의 하자를 다투는 소에 있어서 원고승소시 대세적 효력(제190조 본문)만을 인정하고 불소급효(제190조 단서)는 인정하지 않고 있는바, 이 점은 신주발행무효의 소에서도 마찬가지로 개정되었다. 신주발행무효의 소의 법적 성질은 형성의 소이다.

② 무효원인

신주발행의 무효원인에 관하여 상법상 특별한 규정은 없으나 법령 또는 정관에 위반한 모든 하자가 무효의 원인이 된다고 할 수는 없다. 왜냐하면 신주발행이 효력을 발생하면 그 후 신주는 유통되므로 신주주 또는 제 3 취득자의 이익보호가 요구되기 때문이다. 그리하여 신주발행에 하자가 있더라도 법적 안정을 위하여 그 무효원인은 되도록 좁게 해석할 것이다. 즉 신주발행에 하자가 있더라도 일반적으로는 유지청구의 대상이 되거나(제414조), 이사의 손해배상책임의 발생원인(제399조, 제401조)이 됨에 그치는 것으로 하여 무효의 원인은 될 수 있는 한 좁게 해석하는 것[3]이 타당하다.

③ 무효의 소와 그 절차

신주발행의 무효는 소에 의하여만 주장할 수 있다. 또 제소권자도 주주, 이사 또는 감사에 한정되고, 제소기간도 신주를 발행한 날로부터 6월 내로 제한되어 있다(제429조). 여기

---

3) 대법원 2009.1.30. 선고 2008다50776 판결: 주식회사가 신주를 발행함에 있어 신기술의 도입, 재무구조의 개선 등 회사의 경영상 목적을 달성하기 위하여 필요한 범위 안에서 정관이 정한 사유가 없는데도, 회사의 경영권 분쟁이 현실화된 상황에서 경영진의 경영권이나 지배권 방어라는 목적을 달성하기 위하여 제3자에게 신주를 배정하는 것은 상법 제418조 제2항을 위반하여 주주의 신주인수권을 침해하는 것이다. 신주발행을 사후에 무효로 하는 경우 거래의 안전과 법적 안정성을 해할 우려가 큰 점을 고려할 때 신주발행무효의 소에서 그 무효원인은 가급적 엄격하게 해석하여야 한다. 그러나 신주발행에 법령이나 정관의 위반이 있고 그것이 주식회사의 본질 또는 회사법의 기본원칙에 반하거나 기존 주주들의 이익과 회사의 경영권 내지 지배권에 중대한 영향을 미치는 경우로서 주식에 관련된 거래의 안전, 주주 기타 이해관계인의 이익 등을 고려하더라도 도저히 묵과할 수 없는 정도라고 평가되는 경우에는 그 신주의 발행을 무효라고 보지 않을 수 없다.

에서 신주를 발행한 날이라 함은 신주발행의 효력이 발생하는 날인 납입기일의 익일을 말한다. 이 소의 피고는 회사이다.

신주발행무효의 소의 전속관할(제186조), 소제기의 공고(제187조), 소의 병합심리(제188조), 하자의 보완 등 청구의 기각(제189조), 패소원고의 책임(제191조), 무효의 등기(제192조) 등은 설립무효의 소의 경우와 같고(제430조), 제소주주의 담보제공의무(제377조)는 주주총회결의취소의 소의 경우와 같다(제430조).

④ 무효판결의 효력

신주발행의 무효판결의 효력은 법률관계의 획일적 처리를 위해 당사자 이외의 제 3 자에 대하여도 미친다(대세적 효력)(제430조, 제190조 본문). 그러나 1995년 개정법 이전에는 제190조 전체를 준용하는 것으로 하여 종래 신주발행의 무효판결의 효력이 장래에 대해서만 미치는 것으로 해석할 수밖에 없었으나(제190조 단서 준용), 1995년 개정법은 제430조에서 제190조 본문만을 준용하고 있으므로 판결의 소급효를 인정하였다. 다만 신주발행무효의 판결이 확정된 때에는 발행된 신주는 장래에 대하여만 그 효력을 잃는다(제431조 제1항).

⑤ 무효판결 후의 조치

신주발행무효의 판결이 확정되면, 회사는 지체없이 신주실효의 뜻과 3월 이상의 일정한 기간 내에 신주의 주권을 회사에 제출할 것을 공고하고, 주주명부에 기재된 주주와 채권자에 대하여 각별로 그 통지를 하여야 한다(제431조 제2항). 또 회사는 신주의 주주에 대하여 그 납입한 금액을(현물출자인 경우에는 그 평가액을) 반환하여야 한다(제432조 제1항). 반환청구에 응하여야 할 시기는 신주발행무효의 판결이 확정된 날로부터 6개월이 경과한 때라고 할 것이다(비송사건절차법 제88조 참조). 신주의 납입기일과 신주발행무효판결의 확정시까지의 사이에 회사의 재산상태에 변동이 있어서 납입금액을 그대로 반환하는 것이 현저하게 부당한 때에는 법원은 회사 또는 주주의 청구에 의하여 반환할 금액의 증감을 명할 수 있다(제432조 제 2 항). 또 신주주가 반환받을 금액에 대하여 질권자는 물상대위권을 갖는다(제432조 제3항, 제339조, 제340조). 그리고 무효판결의 확정에 의하여 신주는 무효가 되고 그만큼 회사의 발행주식총수와 자본액이 감소되므로, 이에 대한 변경등기를 하여야 한다(제317조 제2항 제2호·제3호, 제3항, 제183조).

(3) 현물출자 검사 생략의 문제

2011년 4월 14일 상법개정시에 현물출자의 규제완화조치를 취하였다(제299조 제2항, 제422조 제2항). 즉 회사설립시 현물출자에 대한 검사와 관련하여 일정금액 이하이거나 회사의 자본충실을 해하지 아니할 경우에는 그 검사절차를 적용하지 아니하도록 하였다(제299조 제2항). 또한 일정규모 이하의 현물출자 또는 현물출자의 대상물의 가액이 회사의 자본충실을 해할 염려가 없는 경우에는 현물출자의 검사를 면제하였다(제422조 제2항). 즉 상법 제422조 제2항 제1호에 의하면 상법 제416조 제4호의 현물출자의 목적인 재산의 가액이 자본금의 5분의 1을 초과하지 아니하고 대통령령으로 정한 금액(5000만원, 상법시행령 제14조

제1항)을 초과하지 아니하는 경우에는 현물출자의 검사를 생략하여도 된다.

본 사례의 경우에는 자본금이 3억 5000만원인데 현물출자의 대상은 3천만원이어서 자본금의 5분의 1에 미치지 아니하면서, 5000만원 이하이어야 한다는 요건도 충족한다. 따라서 개정상법에 의하면 이러한 경우에는 현물출자의 검사를 생략하여도 무방하다.

Ⅲ. 결 론

이번 변호사시험 상법문제에서는 학설・판례에서 쟁점이 되고 있는 내용을 최근 법개정 내용과도 연계하여 출제하였음을 알 수 있다. 특히 해당분야에서 중요한 판례의 태도를 숙지하고 있는 것이 사례해결을 위하여 중요함을 알 수 있다.

먼저 상법 제332조의 해석과 관련하여 타인의 명의를 차용하여 주금을 납입한 경우 실질적으로 주식을 인수한 명의차용인이 주주라고 보는 실질설이 타당하다. 원래 주주명부에 기재된 주주에게 신주인수권이 인정되지만 회사가 명의차용 사실을 알고 있음에도 불구하고 형식주주에게 신주를 배정하는 것은 적법하지 않다고 보아야 한다.

제2문과 관련하여, 주금납입채무를 회사의 승낙을 얻어 어음금채권과 상계를 한 것은 2011년 개정상법에 의하면 그러한 납입은 유효하다고 하여야 한다. 은행과 같은 채권자의 출자전환을 허용한다는 취지에서 개정상법에서 회사가 승낙하는 그러한 납입상계는 유효하다고 하였기 때문이다.

제3문과 관련하여, 가장납입을 한 경우 그 납입은 유효하다는 판례의 입장에 의하면 가장납입후의 주주의 의결권행사는 유효하다고 보아야 한다. 의결권대리행사자의 자격을 주주로 제한하는 정관규정은 유효하다는 것이 판례의 입장이다. 그런데 사안에서는 주주 아닌 F가 10%에 해당하는 의결권을 행사하였으므로 주주총회결의는 일단 유효하되 하자가 있으며, 이는 주주총회결의의 취소사유에 해당한다고 할 것이다.

제4문관 관련하여, 신주의 제3자배정의 요건을 갖추지 못하였음에도 불구하고 이사회결의를 거쳐 제3자에게 배정한 경우 이러한 제3자배정은 무효라 할 것이다. 이사회결의가 하자가 있는 것이 된다. 그리고 행위가 아직 종료되지 않은 경우 신주발행 유지청구권을 행사할 수 있고 종료된 이후라면 신주발행무효의 소로 다툴 수 있다. 현물출자 검사의 생략과 관련하여서는, 본 사례의 경우에는 회사의 자본금이 3억 5000만원인데 현물출자의 대상은 3천만원이어서 자본금의 5분의 1에 미치지 아니하면서, 5000만원 이하이어야 한다는 요건도 충족한다. 따라서 2011년 개정된 상법에 의하면 이러한 경우에는 현물출자의 검사를 생략하여도 무방하다.

2012년 제1회 변호사시험

민사법 제1문

甲(주소지: 서울 성동구)은 2009. 3. 1. 乙(주소지: 서울 강남구)로부터 서울 강남구 소재 대한빌딩 중 1, 2층을 임대보증금 1억 원, 월 차임 400만 원, 임대차기간 2년으로 약정하여 임차하였다. 그리고 위 임대차계약서 말미에 "본 임대차와 관련하여 甲과 乙 사이에 소송할 필요가 생길 때에는 서울중앙지방법원을 관할법원으로 한다."라는 특약을 하였다. 甲은 乙에게 위 임대보증금 1억 원을 지급한 후 위 건물에서 '육고기뷔페'라는 상호로 음식점을 경영하고 있다. 甲은 도축업자인 丙(주소지: 서울 노원구)에게서 돼지고기를 구입하여 왔는데,'육고기뷔페'의 경영악화로 적자가 계속되어 丙에게 돼지고기 구입대금을 제때에 지급하지 못하여 2010. 12.경에는 丙에 대한 외상대금이 1억 원을 넘게 되었다. 이에 丙이 甲에게 위 외상대금을 갚을 것을 여러 차례 독촉하자 甲은 부득이 乙에 대한 위 임대보증금반환채권을 丙에게 2011. 1. 17. 양도하게 되었고, 甲은 2011. 1. 20. 乙에게 내용증명 우편으로 위 채권양도 사실을 통지하여 다음날 乙이 위 내용증명 우편을 직접 수령하였다. 한편, 甲에 대하여 3,000만 원의 대여금채권을 가지고 있는 A는 위 채권을 보전하기 위하여 甲의 乙에 대한 위 임대보증금반환채권에 대하여 채권자를 A로, 채무자를 甲으로, 제3채무자를 乙로 하여 법원에 채권가압류 신청을 하였고 위 신청에 대한 가압류결정이 고지되어 가압류결정 정본이 2011. 1. 22. 제3채무자인 乙에게 송달되었다. 甲과 乙은 2011. 2. 28. 위 임대차기간을 2년 연장하기로 합의(묵시의 갱신은 문제되지 아니하는 것을 전제로 함)하였다. 임대차기간이 연장된 것을 전혀 모르는 丙이 乙에게 임대보증금의 지급을 요구하자 乙은 위 임대차기간이 연장되었음을 이유로 丙에게 임대보증금의 반환을 거절하였다.

※ 각급 법원의 설치와 관할구역에 관한 법률은 〈제1문〉에 첨부된 〔참조조문〕을 기준으로 판단할 것.

1. 乙이 甲과의 위 임대차기간 연장 합의를 이유로 丙에게 임대보증금의 지급을 거절한 것에 관하여 丙은 乙에 대하여 어떠한 법률상 주장을 할 수 있는가? (10점)

2. 丙은 변호사 丁을 찾아가서 임대보증금의 반환을 받는 방법에 대해 자문하였다. 현재 乙은 甲에게서 임대목적물을 인도받지 않았기 때문에 임대보증금을 반환할 수 없다는 입장이고, 甲 역시 자신이 점유 중인 임대목적물을 임의로 乙에게 인도할 생각이 전혀 없다. 변호사 丁으로서는 丙이 실질적으로 위 임대보증금을 반환받을 수 있도록 하려면 누구를 상대로 어떤 소송을 제기해야 한다고 답변하는 것이 적절한가? (이 경우 공동소송의 요건은 충족된 것으로 봄.)(30점)

3. 甲과 乙이 한 위 관할 합의에 관한 특약은 丙에게 효력이 미치는가? (20점)

4. 丙은 변호사 丁이 위 2.에서 답변한 내용에 따라 소송을 제기하기로 하여 그에 따른 소장을 작성한 후, 2011. 6. 10. 위 소장을 서울중앙지방법원에 접수하였고, 그 소장 부본은 2011. 6. 24. 소장에 기재된 피고측에 송달되었다. 한편, 乙은 甲을 상대로 2011. 6. 9. 서울동부지방법원에 甲의 3기 이상 월 차임 연체를 이유로 한 임대차계약의 해지를 청구원인으로 하여 위 건물 1, 2층의 인도를 구하는 소송을 제기하였고, 그 소장 부본은 2011. 6. 28. 甲에게 송달되었다. 丙이 제기한 소와 乙이 제기한 소는 각각 적법한가? (40점)

5. 위 임대보증금반환청구권과 관련하여 A가 받은 채권가압류결정과 丙이 받은 채권양도 중 어느 것이 우선하는가? (10점)

6. 위 임대보증금반환채권을 가압류한 A는 丙이 제기한 위 4.의 소송에서 피고 乙을 보조참가하는 신청을 하였고 이에 대하여 丙은 아무런 이의를 제기하지 아니하여 보조참가는 유효하게 되었다. 丙이 제기한 위 4.의 소송에서 원고 청구에 대한 전부 인용 판결이 선고되었다고 가정하고, 2011. 12. 12. 그 판결 정본이 피고 乙에게, 2011. 12. 14. 피고 보조참가인 A에게 각각 송달되었고, 피고 乙은 기한 내에 항소를 하지 아니하였으며, 피고 보조참가인 A는 2011. 12. 28. 제1심 법원에 항소장을 제출하였다면 위 항소는 효력이 있는가? (10점)

7. 乙은 위 4.의 소송에서 연체차임이 임대보증금에서 공제되어야 한다는 항변을 전혀 하지 아니한 채 소송이 종료된 후, 乙은 甲이 연체한 차임이 5,000만 원이라고 주장하면서 승소가능성을 고려하여 일단 3,000만 원만을 청구하는 것임을 소장 청구원인에서 명시적으로 밝히고 그 지급을 구하는 별도의 소를 甲을 상대로 제기하였다. 이 소송 제1심에서 원고 청구가 전부 기각되어 그 제1심 판결이 그대로 확정된 후 乙이 나머지 2,000만 원 부분에 대하여 甲을 상대로 소를 다시 제기하는 경우, 이 소는 적법한가? (30점)

〔참조조문〕 각급 법원의 설치와 관할구역에 관한 법률

제1조(목적) 이 법은 「법원조직법」 제3조 제3항에 따라 각급 법원의 설치와 관할구역을 정함을 목적으로 한다.

제2조(설치) ① 고등법원, 특허법원, 지방법원, 가정법원, 행정법원과 지방법원의 지원(支院) 및 가정법원의 지원을 별표 1과 같이 설치한다.

② 시법원 또는 군법원(이하 "시·군법원"이라 한다)을 별표 2와 같이 설치한다.

제3조(합의부지원) 지방법원의 지원 및 가정법원의 지원에 합의부를 둔다. 다만, 대법원규칙으로 정하는 지원에는 두지 아니한다.

제4조(관할구역) 각급 법원의 관할구역은 다음 각 호의 구분에 따라 정한다. 다만, 지방법원 또는 그 지원의 관할구역에 시・군법원을 둔 경우 「법원조직법」 제34조 제1항 제1호 및 제2호의 사건에 관하여는 지방법원 또는 그 지원의 관할구역에서 해당 시・군법원의 관할구역을 제외한다.

1. 각 고등법원・지방법원과 그 지원의 관할구역: 별표 3
2. 특허법원의 관할구역: 별표 4
3. 각 가정법원과 그 지원의 관할구역: 별표 5
4. 행정법원의 관할구역: 별표 6
5. 각 시・군법원의 관할구역: 별표 7
6. 항소사건(抗訴事件) 또는 항고사건(抗告事件)을 심판하는 지방법원 본원 합의부 및 지방법원 지원 합의부의 관할구역: 별표 8
7. 행정사건을 심판하는 춘천지방법원 및 춘천지방법원 강릉지원의 관할구역: 별표 9

제5조(행정구역 등의 변경과 관할구역)

① 법원의 관할구역의 기준이 되는 행정구역이 변경된 경우에는 이 법에 따라 법원의 관할구역이 정하여질 때까지 정부와 협의하여 그 변경으로 인한 관할구역을 대법원규칙으로 정할 수 있다.

② 인구 및 사건 수 등의 변동으로 인하여 시·군법원의 관할구역을 조정할 필요가 있다고 인정되는 경우에는 이 법에 따라 관할구역이 정하여질 때까지 그 관할구역의 변경을 대법원규칙으로 정할 수 있다.

〔별표 3〕 고등법원・지방법원과 그 지원의 관할구역 중 일부

고등법원	지방법원	지원	관할구역
서울	서울중앙		서울특별시 종로구・중구・성북구・강남구・서초구・관악구・동작구
	서울동부		서울특별시 성동구・광진구・강동구・송파구
	서울남부		서울특별시 영등포구・강서구・양천구・구로구・금천구
	서울북부		서울특별시 동대문구・중랑구・도봉구・강북구・노원구
	서울서부		서울특별시 서대문구・마포구・은평구・용산구

▌C/O/N/T/E/N/T/S

제1문 오 시 영

〔숭실대학교 법대 교수·변호사〕

Ⅰ. 설문 1

이 문제는 임대보증금반환채권의 양도(2011. 1. 21. 채권양도통지서가 확정일자에 의해 채무자에게 도착) 후 동 임대보증금을 그대로 하여 임대인과 임차인 차이에 임대차계약을 갱신할 수 있는지 여부 및 이 경우 채권양수인에게 임대인이 임대기간의 연장을 이유로 임대차보증금의 반환을 거절할 수 있는지 여부에 대해 묻는 문제라고 할 것이다.

이에 대하여 우리 대법원(대법원 1989.4.25, 선고 88다카4253,4260 판결)은 임대인이 임대차보증금반환청구채권의 양도통지를 받은 후에는 임대인과 임차인 사이에 임대차계약의 갱신이나 계약기간 연장에 관하여 명시적 또는 묵시적 합의가 있더라도 그 합의의 효과는 보증금반환채권의 양수인에 대하여 미칠 수 없다고 판시하고 있다. 따라서 임대인(채무자 乙)은 2011. 1. 21. 임대보증금반환채권이 임차인(채권자 甲)으로부터 도축업자인 丙에게 채권양도되었다는 통지를 확정일자(내용증명)에 의하여 통지받았기 때문에, 그 이후에는 甲과의 사이에서 임대차계약기간을 연장하는 계약을 체결하였다고 하더라도, 이를 근거로 양수인인 丙에게 임대보증금반환을 거절할 수는 없다고 할 것이다.

따라서 丙은 甲과의 사이에서 채권양도계약이 적법하게 체결된 사실, 甲으로부터 乙에게 채권양도사실이 적법하게 확정일자에 의해 통지된 사실을 주장하며, 乙에게 임차보증금반환채권의 지급을 청구할 수 있다고 하겠다(다만 건물명도와의 동시이행의 항변권, 연체된 임대료 및 손해배상금 등이 있으면 이의 공제 등의 문제는 별개의 문제이고, 아래의 다른 문제에서 해결책이 제시될 수 있다고 하겠다).

Ⅱ. 설문 2

이 문제는 임대인과 임차인 사이의 임대보증금반환채권과 목적물의 반환이 동시이행관계에 있음(동시이행의 항변권), 임차인의 임차보증금반환채권을 양도받은 양수인이 임대인 乙을 대위하여 甲에게 이 사건 부동산의 명도를 구하는 채권자대위권을 행사할 수 있는가 여부라고 할 것이다.

채권양수인 丙은 공동피고 乙(임대인)을 상대로 甲에게 지급할 임차보증금반환채권을

자신이 甲으로부터 채권양수받은 자임을 주장, 증명하여 자신에게 직접 지급할 것을 구할 수 있다고 할 것이다. 또한 공동피고 甲에 대하여는 임대차기간이 만료된 시점에서 임대차 관계가 소멸하였고, 임차보증금을 자신에게 양도하였기 때문에 더 이상 乙과의 사이에서 임대차관계의 존속을 주장할 수 없음을 주장, 증명하여, 이 사건 부동산을 임대인인 乙에게 명도할 것을 구하는 채권자대위소송을 제기할 수 있다고 할 것이다.

즉 이 문제에 대한 답안작성방식은, (1) 丙은 甲과 乙 사이에 임대차관계의 존재 및 임차보증금반환채권의 존재에 대한 변론, (2) 甲과 丙 사이의 채권양도계약, 유효한 채권양도통지의 존재에 대한 변론(주장, 증명), (3) 乙은 甲이 아직 이 사건 부동산을 명도하여 주지 않았음을 근거로 임대보증금반환채권과 임대목적물의 반환이 동시이행관계에 있음을 항변, (4) 丙은 乙의 위 동시이행항변권을 배제하기 위하여 甲에 대하여 乙에 대한 임대차기간만료를 근거로 乙에게 이 사건 부동산을 반환할 것을 乙을 채권자대위하여 청구하는 것임을 변론, (5) 丙의 甲과 乙에 대한 이 사건 소송은 단순병합, 통상공동소송에 관한 것임을 간단히 언급하는 방식으로 서술할 것.

Ⅲ. 설문 3

이 문제는 채권(임대차보증금반환채권)에 대한 채권자(임차인 甲)와 채무자(임대인 乙) 사이의 합의관할에 관한 약정이 채권양수인(특정승계인 丙)에게 미치는가 여부에 관한 문제이다. 즉 채권양수인인 丙이 乙을 상대로 임대보증금반환채권을 구하는 소를 甲과 乙 사이의 관할합의약정을 근거로 "서울중앙지방법원"에 제소할 수 있는가 여부이다.

이에 대하여 대법원 판례(대법원 2006.3.2, 자 2005마902)는, 관할의 합의는 소송법상의 행위로서 합의 당사자 및 그 일반승계인을 제외한 제3자에게 그 효력이 미치지 않는 것이 원칙이지만, 관할에 관한 당사자의 합의로 관할이 변경된다는 것을 실체법적으로 보면, 권리행사의 조건으로서 그 권리관계에 불가분적으로 부착된 실체적 이해의 변경이라 할 수 있으므로, 지명채권과 같이 그 권리관계의 내용을 당사자가 자유롭게 정할 수 있는 경우에는, 당해 권리관계의 특정승계인은 그와 같이 변경된 권리관계를 승계한 것이라고 할 것이어서, 관할합의의 효력은 특정승계인에게도 미친다고 하여, 지명채권(임대보증금반환채권은 지명채권에 해당한다)의 채권양수인은 채권양도인과 채무자 사이의 합의관할을 원용할 수 있다는 입장을 취하고 있다. 따라서 그 특약은 丙에게도 유효하다고 하겠다.

이 문제에 대한 서술방식은 (1) 甲과 乙 사이의 관할합의의 존재(관할합의의 의의와 기본적 효력을 간단히 약술), (2) 丙이 甲으로부터 임대보증금반환채권(지명채권)을 양도받은 특정승계인임을 변론, (3) 관할합의의 승계인에 대한 효력에 대한 약술(즉 이 사건 임대보증금반환채권은 지명채권이고, 대법원 판례가 지명채권양도의 경우 특정승계인에게도 그 관할합의의 효력이 인정된다는 점을 밝힐 것), (4) 결론적으로 합의관할의 효력이 미친다는 점을 밝힐 것.

Ⅳ. 설문 4

丙이 서울중앙지방법원에 乙을 상대로 하여 제기한 청구취지는 "1. 피고 乙은 원고에게 금 1억원을 지급하라(지연손해금 등에 대한 청구구분은 설명의 편의를 위해 설명 생략)." 이고, 甲을 상대로 하여 제기한 청구취지는 "2. 피고 甲은 피고 乙에게 이 사건 부동산을 명도하라."이다. 이는 문3에서 보았듯이, 甲과 乙 사이의 관할합의에 근거하여 채권양수인인 丙이 합의관할법원인 서울중앙지방법원에 제기한 것이기 때문에 타당하다.

한편 乙은 甲을 상대로 하여 "피고(甲)는 원고(乙)에게 이 사건 부동산을 명도하라."이다. 이 소송의 관할법원은 피고(甲)의 보통재판적(성동구)을 관할하는 서울동부지방법원에 제기한 것으로 토지관할에 부합한다.

문제는 丙이 甲을 상대로 제기한 "건물명도소송"과 乙이 甲을 상대로 제기한 "건물명도소송"의 "소송물의 동일성(중복소송) 여부"라고 할 것이다. 그런데 丙이 甲을 상대로 乙에게 이 사건 부동산을 명도하라고 구하는 것은 앞서 문제1에서 살펴보았듯이 "채권자대위소송"에 해당한다(토지관할이 달라도 소송물이 같고, 당사자가 같으면 중복소송에 해당된다). 즉 건물명도청구권자인 乙의 권리를 丙이 채권자대위하여 甲에게 행사하는 것으로, 양자의 소송물(건물명도청구권)은 같다고 할 것이므로 중복소송에 해당된다고 하지 않을 수 없다. 즉 대법원 판례(대법원 1992.5.22, 선고 91다41187)는 채권자가 채무자를 대위하여 제3채무자를 상대로 제기한 채권자대위소송이 법원에 계속 중 채무자와 제3채무자 사이에 채권자대위소송과 소송물을 같이하는 내용의 소송이 제기된 경우, 양 소송은 동일소송이므로 후소는 중복제소금지원칙에 위배되어 제기된 부적법한 소송이라 할 것이다라고 하여 중복소송에 해당한다는 입장이다.

그런데 丙이 甲을 상대로 한 채권자대위소송은 2011. 6. 10. 접수되어 피고에게 2011. 6. 24. 송달되었고, 乙이 甲을 상대로 한 명도소송은 2011. 6. 9. 접수되어 피고에게 2011. 6. 28. 접수되었다. 이 경우에 전소와 후소를 판단하는 기준은 "소송계속시점"이라는 것이 위 판례의 입장이다. 소송계속이라 함은 소장 부본이 피고에게 송달된 시점에 성립하는 것이기 때문에 늦게 접수(2011. 6. 10)된 채권자대위소송이 먼저 송달(2011. 6. 24)되었기 때문에 전소가 되고, 먼저 접수(2011. 6. 9)된 乙의 甲에 대한 명도소송은 나중에 송달(2011. 6. 28)되었기 때문에 후소가 된다. 따라서 대법원 판례(대법원 1995.4.14, 선고 94다29256)에 따라 丙이 제기한 채권자대위소송의 계속 중에 채무자(乙)가 청구취지 및 원인을 같이 하는 내용의 명도소송을 제기한 경우 중복소송금지규정에 저촉된다고 할 것이므로, 乙의 甲에 대한 명도청구소송은 중복소송에 해당되므로 부적법각하된다고 할 것이다.

따라서 본 문제의 답안작성방식은 (1) 丙의 채권자대위소송과 乙의 건물명도소송이 소송물의 동일성이 인정되는지 여부 등을 설명, (2) 중복소송의 의의 및 요건 등에 대하여 설명, (3) 제3자적격(채권자대위소송)에 있어서의 전소와 후소의 구별(소송계속 시점을 기준으로 한다는 점을 밝힐 것), (4) 결론으로 설명할 것.

Ⅴ. 설문 5

이 문제는 채권양도의 대항력에 관한 문제인바, A의 채권가압류송달일(2011. 1. 22)과 丙의 채권양도통지일(甲이 통지한 확정일자에 의한 내용증명이 乙에게 도착한 2011. 1. 21) 사이의 대항력, 즉 우선순위에 관한 문제이다.

민법 제451조에 의해 채권가압류의 송달과 내용증명에 의한 채권양도통지는 모두 확정일자에 의한 통지에 해당되지만, 우선권은 채무자에게 먼저 도달한 확정일자에 의한 채권양도가 늦게 송달된 채권가압류보다 우선한다고 할 것이다. 즉 丙의 권리가 우선한다.

답안작성방식은, (1) 채권양도의 대항력, (2) 채권가압류의 보전처분의 효력에 대한 간단한 설명, (3) 채권가압류송달과 내용증명에 의한 채권양도통지가 모두 확정일자에 의한 통지임을 밝히고, (4) 민법 제451조에 의해 丙(甲)의 채권양도가 우선함을 밝힐 것.

Ⅵ. 설문 6

이 문제는, 피참가인의 상소기간 도과 후 참가인의 독자적 상소가 인정되는지 여부이다. 이에 대하여 대법원 판례(대법원 2007.9.6, 선고 2007다41966)는 피고 보조참가인은 참가할 때의 소송의 진행 정도에 따라 피참가인이 할 수 없는 소송행위를 할 수 없으므로, 피고 보조참가인이 상고장을 제출한 경우에 피고 보조참가인에 대하여 판결정본이 송달된 때로부터 기산한다면 상고기간 내의 상고라 하더라도 이미 피참가인인 피고에 대한 관계에 있어서 상고기간이 경과한 것이라면 피고 보조참가인의 상고 역시 상고기간 경과 후의 것이 되어 피고 보조참가인의 상고는 부적법하다고 하여, 피참가인의 상소기간 도과 후에 설령 보조참가인의 상소기간(판결문 송달 후 14일 이내) 내라고 하더라도 보조참가인은 피참가인이 가능한 소송행위 내에서의 소송행위만을 할 수 있다는 이유로 부적법각하될 수밖에 없다는 입장을 취하고 있다.

이 문제에 대한 답안작성방식은, (1) 상소기간의 기산일과 종료일, (2) 보조참가인의 가능한 소송행위의 범위 등에 대한 약술, (3) 피참가인의 상소기간 도과로 인한 상소불가에 대한 보조참가인의 기속, (4) 결론의 방식으로 서술할 것.

Ⅶ. 설문 7

이 문제는 명시적 일부청구의 경우 잔부청구의 별소가 가능한지 여부에 대한 문제이다. 우선 채권양수인과 채무자 乙 사이의 전소에서 채무자 乙은 임차보증금반환채권의 성질이 기한부·조건부반환채권임을 밝히고, 연체된 임차료의 상계항변을 하였으면 5,000만원이 공제될 수 있었을 것임에도 불구하고 이를 주장하지 않음으로써 1억원에 대한 이행판결을 받은 것으로 보인다.

첫 번째 소송에서 패소한 乙은 甲에게 연체된 임차료의 지급을 구하면서 두 번째 소송에서 연체임차료 5,000만원 중 일부청구함을 명시적으로 밝히고 우선 3,000만원에 대한 지급을 구하는 이행의 소를 제기하였다. 그런데 이 소송에서 원고가 전부 패소하였다. 패소원인이 설명되고 있지 않으나, 본 교수의 개인적 견해로는 첫 번째 소송에서의 丙의 임차보증금반환채권 1억원과 두 번째 소송에서의 乙의 임차료지급청구(3000만원) 또는 손해배상청구소송은 별개의 소송물이라 할 것이어서 첫 번째 판결의 기판력의 차단효가 생기지 않는다고 판단된다. 그런데 두 번째 소송에서 원고(乙)가 승소하지 않고 전부 패소하였다는 판결주문에 대하여는 의문이다. 그렇지만, 문제가 5000만원 중 3000만원에 대하여 일부청구임을 명시적으로 밝히고 나머지 2000만원에 대한 추가청구를 제기할 수 있느냐 여부인데, 이에 대하여 대법원 판례(대법원 1985.4.9, 선고 84다552)는 일부청구임을 명시한 소송의 계속 중 유보한 나머지 청구를 별도의 소송으로 제기한 경우 중복제소에 해당되지 않아 허용된다고 하고 있으므로 세 번째 소를 제기하더라도 두 번째 소의 기판력에 저촉되지는 않는다고 할 것이다.

일부 견해는 두 번째 소의 패소원인으로 첫 번째 소의 기판력의 객관적 범위의 실권효에 해당되어 두 번째 소에서 乙이 승소할 수 없었다고 볼 수도 있는데, 이러한 견해에 따르게 되면 세 번째 소 역시 두 번째 소와 마찬가지로 첫 번째 소의 기판력에 저촉된다고 할 것이므로 부적법 각하될 수밖에 없을 것이다. 그런데 문제의 지문에서 두 번 째 소에서 "원고청구가 전부 기각"되었다고 하고 있는바, 이는 두 번째 청구가 첫 번째 판결의 기판력에 저촉되고 있는 것으로 본 것은 아닌 것으로 판단된다(만일 첫 번째 판결의 기판력에 저촉된다고 본다면 청구기각이 아니라 부적법각하되었어야 할 것이기 때문이다).

그렇다면 앞서 살펴본 바와 같이 명시적 일부청구에 대한 잔부청구가 허용된다는 것이 대법원 판례 및 다수학설의 입장이므로 乙의 2000만원에 대한 추가 청구는 허용된다고 하겠다.

본 문제의 답안작성방식은, (1) 첫 번째 판결의 기판력의 확대, (2) 두 번째 소에 있어서의 명시적 일부청구의 허용, (3) 잔부청구의 허용에 대한 판례 및 학설의 입장, (4) 사족으로 본 교수가 논한 기판력의 차단효에 대한 간단한 의문 제시 등의 방식.

민사법

2012년 제1회 변호사시험
민사법 제2문

제 2 문

〈 공통된 기초사실 〉

甲과 乙은 2010. 3. 1. 甲이 乙에게 나대지인 X 토지를 매매대금 3억 원에 매도하되, 계약금 3,000만 원은 계약 당일 지급받고, 중도금 1억 원은 2010. 3. 31.까지 지급받되 미지급 시 그 다음날부터 월 1%의 비율에 의한 지연손해금을 가산하여 지급받으며, 잔대금 1억 7,000만 원은 2010. 9. 30. 소유권이전등기에 필요한 서류의 교부와 동시에 지급받기로 하는 내용의 매매계약(이하 '이 사건 매매계약'이라 한다.)을 체결하고, 그에 따라 같은 날 乙로부터 계약금 3,000만 원을 지급받았다.

추가된 사실관계

○ **甲은 2010. 3. 10. 丙에게 이 사건 매매계약의 내용을 설명하면서 위 중도금 1억 원 및 그에 대한 지연손해금 채권을 양도하였고, 乙은 같은 날 위 채권양도에 대하여 이의를 유보하지 아니한 채 승낙을 하였다.**

○ **한편 乙은 丁에 대한 서울고등법원 2009나22967호 약정금 청구사건의 집행력 있는 조정조서 정본에 기초하여 2010. 4. 20. 서울중앙지방법원 2010타채5036호로 丁의 甲에 대한 1억 5,000만 원의 대여금 채권(변제기는 2010. 2. 28.임)에 대하여 채권압류 및 전부명령을 받았고, 그 명령은 2010. 5. 20. 甲에게 송달되어 그 무렵 확정되었다.**

○ **戊는 乙에 대한 5억 원의 대여금 채권을 보전하기 위하여 2010. 7. 15. 乙의 甲에 대한 X 토지에 관한 위 매매를 원인으로 한 소유권이전등기청구권을 가압류하였고, 그 가압류 결정은 2010. 7. 22. 甲에게 송달되었다.**

소송의 경과

○ 甲과 丙은 2011. 2. 10. 乙을 상대로, '乙은 甲에게 위 잔대금 1억 7,000만 원 및 이에 대한 이 사건 소장부본 송달일 다음날부터 다 갚는 날까지 연 20%의 비율에 의한 소송촉진 등에 관한 특례법에 정해진 지연손해금을, 乙은 丙에게 위 양수금 1억 원 및 이에 대한 2010. 4. 1.부터 이 사건 소장부본 송달일까지는 월 1%의 비율에 의한 약정 지연손해금을, 그 다음날부터 다 갚는 날까지는 연 20%의 비율에 의한 위 특례법상의 지연손해금을 각 지급하라'는 내용의 소를 제기하였다.

○ 그러자 乙은 제1차 변론기일(2011. 6. 20.)에서, 甲으로부터 X 토지에 관한 소유권이전등기를 넘겨받기 전에는 丙의 청구에 응할 의무가 없고, 가사 그렇지 않다 하더라도 乙은 위 전부명령에 의하여 甲에 대하여 1억 5,000만 원의 채권을 취득하였으므로 이를 자동채권으로 하여 丙의 위 양수금 채권과 대등액에서 상계하면 丙의 채권은 소멸하였다고 주장하였다.

○ 이에 대하여 丙은, 중도금의 지급은 잔대금의 지급의무와는 달리 선이행 의무이고, 또한 乙이 위 채권양도에 관하여 이의 유보 없는 승낙을 하였기 때문에 甲에 대한 동시이행의 항변권을 원용할 수 없을 뿐 아니라, 甲에 대한 위 전부금 채권으로 丙의 위 양수금 채권과는 상계할 수 없다고 주장하였다.

○ 乙은 다시, 丙이 이 사건 매매계약의 내용을 알고 있었고, 乙로서는 위 채권양도 당시에는 전부금 채권을 취득하지 아니하였기 때문에 이의 유보 없는 승낙을 하였으나, 그 후 취득한 전부금 채권의 변제기가 수동채권의 변제기보다 먼저 도래할 뿐만 아니라, 현재 양 채권 모두 변제기가 도래하여 상계적상에 있으므로 상계할 수 있다고 반박하였다.

○ 그 후 乙은 甲에게 잔대금 1억 7,000만 원을 지급할 테니 X 토지에 관한 소유권이전등기절차를 이행해 달라고 요구하였으나 甲이 이를 거절하자, 2011. 7. 25. 甲을 피공탁자로 하여 위 잔대금 1억 7,000만 원을 변제공탁한 다음, 같은 날 甲을 상대로 X 토지에 관하여 위 매매를 원인으로 한 소유권이전등기절차의 이행을 구하는 반소를 제기하였다.

○ 甲은 제2차 변론기일(2011. 8. 1.)에서, 戊가 乙의 甲에 대한 위 소유권이전등기청구권에 관하여 가압류하였으므로 乙의 반소청구에 응할 수 없다고 주장하는 한편, 乙에 대한 잔대금지급 청구의 소를 취하하였고, 乙은 甲의 소취하에 대하여 동의하였다.

○ 심리 결과, 위 사실관계의 내용 및 당사자의 주장사실은 모두 사실로 입증되었고, 이 사건과 관련하여 위에서 주장된 내용 이외에는 특별한 주장과 입증이 없는 상태에서 2011. 8. 1. 변론이 종결되고, 2011. 8. 16.이 판결 선고기일로 지정되었다.

문 제

소송의 경과에서 제기된 당사자들의 주장 내용을 토대로, 丙의 乙에 대한 청구 및 乙의 甲에 대한 반소청구에 대한 각 결론〔청구전부인용, 청구일부인용(일부 인용되는 경우 그 구체적인 금액 또는 내용을 기재할 것), 청구기각〕을 그 논거와 함께 서술하시오. (50점)

제 2 문 의 2

〈추가된 사실관계. 다만 제2문의 1에 추가된 사실관계와는 별개임〉

○ 乙은 X 토지의 소유권을 취득한 다음 2011. 3. 20. A와 사이에, A의 비용으로 X 토지 지상에 2층 건물을 신축하되, 그 소유관계는 각 1/2 지분씩 공유하기로 서로 합의하고, 그에 따라 乙과 A가 공동건축주로서 신축을 시작하였다.

○ 그 후 乙은 위 신축건물의 규모와 종류를 외관상 짐작할 수 있을 정도로 공사가 진행된 무렵인 2011. 4. 8. 자신의 동생 B가 C에 대하여 부담하고 있는 매매대금 3억 원(변제기는 2011. 7. 20.임)의 지급채무를 담보하기 위하여 C 명의로 X 토지에 관한 소유권이전등기를 경료해 주기로 상호 합의하였다.

○ 乙은 B가 C에 대한 채무를 변제하지 못하자, 2011. 7. 25. 위 합의에 따라 X 토지에 관하여 C 명의의 소유권이전등기를 경료해 주었고, 그 당시 위 신축건물은 완공되지는 않았으나 2층 건물 공사 대부분이 마무리되고 내장공사만 남아 있었다.

○ A는 2011. 7. 30. 乙과 아무런 상의 없이 일방적으로 D에게 위 신축건물 전체를 월 임료 500만 원으로 약정하여 임대하여 주었다.

문 제

1. C는 2011. 9. 20. 乙과 A를 상대로 위 신축건물의 철거 및 X 토지의 인도를 구하는 소를 제기하였다.
   이 경우 乙과 A가 제기할 수 있는 실체법상 타당한 항변은 무엇인지를 그 논거와 함께 서술하시오(다만 X 토지에 관한 C의 소유권 취득은 정당한 것으로 전제함). (15점)

2. 乙은 2012. 1. 6. D를 상대로 위 신축건물의 인도 및 2011. 7. 30.부터 위 신축건물의 인도완료일까지 건물 임대료(월 500만 원) 상당액의 부당이득반환을 구하는 소를 제기하였다.
   그러자 D는 위 신축건물에 관한 1/2 지분권자인 A로부터 적법하게 임차한 다음 A에게 임료 전액을 지급하였으므로 乙의 청구는 부당하다고 주장하였다.
   위 사실관계의 내용 및 당사자의 주장사실이 모두 사실로 입증되고, 이 사건과 관련하여 다른 주장이 없다면, 乙의 청구에 대한 결론〔청구전부인용, 청구일부인용(일부 인용되는 경우 그 구체적인 금액 또는 내용을 기재할 것), 청구기각〕을 그 논거와 함께 서술하시오. (15점)

제 2 문 의 3

추가된 사실관계

〈※ 다만 제2문의 1, 2에 추가된 사실관계와는 별개임〉

○ 乙은 친구인 E와 각각 매매대금을 1억 5,000만 원씩 부담하여 X 토지를 매수하여 각 1/2 지분씩 공유하되, 매매에 따른 소유권이전등기는 乙 명의로 하기로 상호 합의하였고, 그 합의에 따라 乙이 甲과 이 사건 매매계약을 체결하였다. 그리고 甲은 이 사건 매매계약 체결 당시 위 합의 내용을 알지 못하고 있었다.

○ 그 후 乙은 이 사건 매매계약에 따른 중도금을 지급한 다음 잔대금을 지급하면서 E와 한 위 합의와는 달리 이 사건 매매계약에 따른 등기명의를 자신의 동생인 F 앞으로 넘겨줄 것을 甲에게 요구하였고, 그에 따라 2010. 9. 30. X 토지에 관하여 F의 동의 아래 F 명의의 소유권이전등기가 마쳐졌다.

○ E는 2011. 3. 20. X 토지에 관한 소유권이전등기가 乙이 아닌 F 명의로 마쳐진 사실을 뒤늦게 알게 되었고, 또한 乙이 최근 사업에 실패하여 다른 재산이 없다는 사실도 알게 되었다.

문 제

1. E는 乙과 F에 대하여 어떠한 내용의 청구를 할 수 있는지를 그 논거와 함께 서술하시오. (10점)
2. E는 위 청구권을 보전하기 위하여 누구를 상대로 어떤 내용의 소를 제기할 수 있는지를 그 논거와 함께 서술하시오. (10점)

민사법

제2문의 1 오 시 영

〔숭실대학교 법대 교수 · 변호사〕

이 문제는 첫째, 丙(중도금채권양수인)의 乙(매수인)에 대한 양수채권(중도금채권)의 지급청구와 乙의 상계항변(乙이 자신의 채무자인 정의 甲에 대한 대여금채권을 전부받음으로써 정의 지위에서 甲에 대한 대여금채권으로 상계주장) 중 어느 것이 받아들여질 것인가, 둘째, 乙(매수인)의 매매를 원인으로 한 소유권이전등기청구권(반소)과 甲의 항변(乙의 채권자인 무의 乙의 甲에 대한 소유권이전등기청구권에 대한 가압류) 중 어느 것이 우선하는가, 셋째, 甲의 乙에 대한 잔대금지급청구와 乙의 변제공탁에 따른 甲의 소 취하 및 乙의 동의의 효력 등에 대한 해결을 구하고 있다.

첫째 논점에 대하여 살펴보면,

(1) 丙(원고)이 甲의 乙(피고)에 대한 매매대금(중도금)에 대한 채권양수인으로서 적법

하게 중도금 1억원에 대한 채권양도를 받았는가 여부인데, 乙이 아무런 이의를 유보함이 없이 채권양도를 승낙하였으므로 丙은 적법하게 위 채권을 양도받은 자로서, 채권양수인이 되었다고 하겠다.

(2) 그런데 위 중도금 채권은 변제기가 2010. 3. 31. 임에도 불구하고 이 사건 소가 제기된 2011. 2. 10. 까지 변제되지 않고 있었으므로 甲의 乙에 대한 소유권이전등기의무와 동시이행관계에 놓이게 되었다. 즉 대법원 판례(대법원 1991.3.27. 선고 90다19930)는 중도금 자체는 선이행관계에 있기 때문에 동시이행항변권의 대상인 청구권이 아니지만, 양쪽 채권이 모두 변제기가 도래한 이후에는 양 채권이 변제기가 도래하였음을 이유로 중도금채권도 소유권이전등기청구권과 동시이행관계에 있게 된다고 하고 있다. 따라서 丙의 채권양수인으로서의 중도금지급청구에 대하여 乙은 甲이 소유권이전등기를 해주지 않는다며 동시이행의 항변권을 주장할 수 있다(다만 실제로 이 동시이행의 항변권은 乙이 반소로 소유권이전등기를 구하고 있어 결국 상환이행판결의 대상이 된다 할 것이므로 소송의 결과에는 큰 영향을 미치지 못한다 할 것이다).

(3) 그런데 문제는 乙이 甲에 대한 채권자인 정으로부터 정의 甲에 대한 대여금채권을 전부명령받음으로써 정의 지위를 대신하게 됨에 따라 乙이 甲에 대하여 1억5천만원의 대여금채권자가 됨으로써, 자신의 甲(실제로는 양수인인 丙)에 대한 1억원의 중도금채권을 상계주장하고 있는바, 이 상계주장이 타당한가 여부이다. 이러한 乙의 상계주장에 대하여 丙은 자신이 채권양도를 받고 2010. 3. 10. 에 乙이 아무런 이의를 유보함이 없이 동의하였으므로 이 중도금채권은 丙의 확정채권이 되었기 때문에 乙은 甲에 대해 나중에 취득한 전부금채권(2010. 7. 22. 송달)으로 상계주장할 수 없다고 재항변한다. 만일 丙의 주장처럼 乙의 승낙이 채권양도에 대한 단순승낙이라고 한다면 채권양도 후에 취득한 항변권(상계주장)으로 乙은 丙에게 대항할 수 없다. 그런데 우리 대법원 판례(대법원 2002.3.29, 선고 2000다13887)는 "민법 제451조 제1항이 이의를 보류하지 않은 승낙에 대하여 항변사유를 제한한 취지는 이의를 보류하지 않은 승낙이 이루어진 경우 양수인은 양수한 채권에 아무런 항변권도 부착되지 아니한 것으로 신뢰하는 것이 보통이므로 채무자의 '승낙'이라는 사실에 공신력을 주어 양수인의 신뢰를 보호하고 채권양도나 질권설정과 같은 거래의 안전을 꾀하기 위한 규정이라 할 것이므로, 채권의 양도나 질권의 설정에 대하여 이의를 보류하지 아니하고 승낙을 하였더라도 양수인 또는 질권자가 악의 또는 중과실의 경우에 해당하는 한 채무자의 승낙 당시까지 양도인 또는 질권설정자에 대하여 생긴 사유로써도 양수인 또는 질권자에게 대항할 수 있다."고 하여, 악의의 채권양수인(丙)에 대하여 채무자(乙)는 여전히 항변권을 행사할 수 있다고 판시하고 있다. 그런데 문제의 지문에서 "甲은 2010. 3. 10. 丙에게 이 사건 매매계약의 내용을 설명하면서 위 중도금 1억 원 및 그에 대한 지연손해금 채권을 양도"하였다고 하여, 채권양수인인 丙이 양도받은 채권이 매매대금의 중도금이고, 아직 소유권이전등기가 경료되지 않았다는 사실 등을 모두 인식(악의)하고 있었음을 전제하고 있으므로, 乙이 설령 이의를 유보하지 아니하고 채권양도를 승낙하

였다고 하더라도 乙은 악의의 채권양수인인 丙의 중도금채권청구에 대하여 항변권을 행사할 수 있고, 따라서 정으로부터 전부받은 채권으로 중도금에 대한 상계권을 행사할 수 있다고 할 것이다.

(4) 문제는, 乙의 1억5천만원의 상계항변이 중도금채권(1억원)이 아니라 잔금채권(1억7천만원)에 대하여 행사되어야 하는 것이 아닌가 하는 여부인데, 1억원에 대한 중도금채권의 변제기와 잔대금의 변제기 및 1억5천만원의 전부금채권의 변제기가 모두 도래한 상계적상의 경우에 앞서 살펴본 바와 같이 중도금(1억원)에 대해서도 상계항변이 허용된다고 한다면, 중도금과 잔대금 중 어느 채권에 대하여 상계항변을 행사할 것인지 여부는 상계권을 주장하는 乙의 선택에 의해 결정되는 문제라고 할 것이다. 따라서 乙은 丙에 대한 중도금채권을 상계하는 것을 선택하여 행사할 수 있다 할 것이고, 이 경우 丙은 채권양도계약의 소멸을 근거로 甲에 대하여 부당이득반환청구를 하거나, 乙이 공탁한 1억7천만원에 대한 압류나 가압류 등을 통해 채권보전조치를 취하는 것이 타당할 것이다.

(5) 결론적으로 첫 번째 논점에서 乙의 丙에 대한 상계항변은 인정되므로, 丙의 乙에 대한 청구는 이유 없다 할 것이므로 청구기각된다고 하겠다.

둘째 논점에 대하여 살펴보면, 乙(매수인)의 매매를 원인으로 한 소유권이전등기청구권(반소)과 甲의 항변(乙의 채권자인 무의 乙의 甲에 대한 소유권이전등기청구권에 대한 가압류) 중 어느 것이 우선하는가 여부가 문제가 된다고 하겠다.

(1) 앞서 살펴본 바와 같이 매수인 乙은 잔대금 1억 7천만원을 공탁하였고, 중도금 1억원에 대하여는 정으로부터의 전부금채권 1억 5천만원 중 일부로 상계를 통해 변제와 동일한 효과를 얻었다고 할 것이다. 따라서 매도인 甲은 매매대금을 모두 변제받았으므로 당연히 매수인에게 이 사건 부동산에 대한 소유권이전등기를 경료해 주어야 할 의무가 있다.

(2) 그런데 매수인 乙의 채권자 무가 乙의 甲에 대한 이 사건 부동산에 대한 소유권이전등기청구권을 채권가압류(2010. 7. 22. 乙에게 송달)하였다는 이유로 甲이 이전등기를 거절(항변)할 수 있느냐 여부인데, 이는 거절할 수 없다고 하겠다. 즉 甲은 乙에 대한 소유권이전등기의무가 가압류가 되어 있는 상태에서 乙에게 소유권이전등기를 경료해 주더라도 무의 가압류를 전혀 침해하지 아니한다. 따라서 만일 반소에서 乙이 승소하여 乙에게 소유권이전등기가 경료되었다고 하더라도, 위 가압류는 말소되지 않고, 정은 대여금청구에 대한 집행권원을 취득한 후 소유권이전등기청구권이 실체화된 소유권에 대한 경매를 통한 환가를 통해 대여금채권을 배당받을 수 있을 것이기 때문에 乙의 반소청구는 인용되어야 한다고 하겠다.

셋째 논점은 지문에서 문제로 제시되고 있지 않지만 사족으로 살펴보면, 甲의 乙에 대한 본소청구의 취하에 대하여 乙이 동의하였기 때문에 이 소의 취하는 유효한 소의 취하라고 할 것이다.

C/O/N/T/E/N/T/S

제2문의 2 오 시 영 〔숭실대학교 법대 교수 · 변호사〕

Ⅰ. 설문 1

이 사건 토지는 원래 乙의 소유이다. 그런데 乙이 C에게 소유권이전등기를 경료한 2011. 7. 25. 에는 이 사건 건물은 2층 건물공사가 대부분 마무리되고 내장공사만 남은 상태였다. 대법원 판례에 따르면 건물은 기둥, 주벽, 지붕의 구조를 갖추면 독립된 건물로 인정된다는 것이고, 건물신축의 경우는 건물을 신축한 자가 원시취득한다 할 것이고, 건물에 대한 원시취득의 경우에는 소유권보존등기 여부와는 상관없이 실제 건축주가 소유권을 취득한다고 한다.

그렇다면 소유권을 이전할 당시인 2011. 7. 25. 현재 이 사건 토지 위에는 2층 건물이 완공 단계에 있었다고 할 것이므로, 이 건물은 乙과 A가 공동으로 원시취득하였다고 할 것이므로, 이 경우에는 토지와 건물의 소유자가 동일인이라고 할 수 있을 것이다. 그런데 토지 소유권자와 건물 소유권자가 동일인이었다가 경매 이외의 다른 사유로 소유권자가 다르게 되면서 건물을 철거하기로 합의한 바가 없다면 그 건물에 대하여 관습상의 법정지상권이 성립한다는 것이 대법원 판례의 입장이다. 따라서 토지소유자인 C는 관습상의 법정지상권을 취득한 건물원시취득자에 대하여 이 사건 건물의 철거를 구할 수는 없다고 할 것이다.

그런데 A의 경우에는 토지 소유자가 아니기 때문에 그의 건물지분에 대하여는 관습상의 법정지상권이 성립되지 않는다고 할 것이다. 그러나 대법원 판례(대법원 1991.9.24, 선고 91다9756,9763)는 대지소유자가 건물을 신축하게 한 원인행위자라면 그와 같은 대지사용승낙을 신뢰하여 대지매수인과 건물의 신축에 관한 도급계약을 체결하고 적법하게 건축한 제3자 소유의 견고한 건물을, 그것이 적법하게 준공된 후에 대지에 대한 매수인과의 매매계약이 해제되었음을 이유로 하여 철거를 요구하는 것은, 비록 그것이 대지의 소유권에 기한 것이라고 하더라도 사회적, 경제적 측면에서는 물론이고, 신의성실의 원칙에 비추어서도 용인할 만한 것이 못된다고 하고 있는바, A가 비록 제3자에 해당한다고 하더라도 위 판례에 근거하여 건물의 존속을 보장받을 수 있을 것이라 할 것이다.

Ⅱ. 설문 2

이 사건 건물이 A와 乙의 공동소유이고, 각자의 지분이 2분의 1이라고 한다면, A가 단독으로 D에게 이 사건 건물 전부를 임대한 것은 공유물의 관리행위에 해당한다 할 것으로, 공유자가 관리행위를 하기 위해서는 공유자 과분수의 동의가 있어야 하는데, A의 지분은 2분의 1에 불과할 뿐 과반수에 미치지 못하기 때문에 乙의 지분에 해당하는 임대차계약은 무효라고 할 것이다. 따라서 乙은 무효인 임대차에 근거하여 D를 상대로 이 사건 건물 전부에 대한 명도를 구할 수 있다 할 것이다. 왜냐하면 공유자의 한 사람이 불법점거자에게 명도나 인도를 청구하는 것은 공유물의 보존행위라 할 것이며 공유물의 관리 행위는 공유자의 지분의 과반수로써 결정함이 민법 제265조(구 민법 제252조)의 규정에 의하여 분명하다 할 것이므로 임대차와 같은 관리행위에 있어서 공유자의 지분의 과반수가 되지 못하는 공유자들에 의한 임대계약은 적어도 1/2 지분권자인 원고(乙)에 대하여서는 무효인 계약으로 원고(乙)가 공유자로써 하는 명도청구는 공유물의 보존 행위라 할 것이다(대법원 1962.4.4, 선고 62다1 판결).

또한 乙은 D가 점유를 개시한 2011. 7. 30.부터 이 사건 건물을 명도할 때까지 임료상당의 부당이득금으로 2분의 1지분에 해당하는 매월 250만원을 지급할 의무가 있다 할 것이다.

즉 건물명도부분에 대하여는 원고 乙이 전부승소, 임료상당액의 청구소송에 대하여는 D가 乙에게 2011. 7. 30.부터 명도일까지 월 250만원의 비율에 의한 금원을 지급할 의무가 있다 할 것이다.

C/O/N/T/E/N/T/S

제2문의 3 오 시 영 〔숭실대학교 법대 교수 · 변호사〕

Ⅰ. 설문 1

乙이 매수인의 지위에서 甲과 한 매매계약은, 乙의 지분 2분의 1은 정상적인 매매계약이라 할 수 있고, E의 지분 2분의 1은 계약명의신탁에 해당한다 할 것이다. 그런데 계약명의신탁에 대해 소위 부동산실명법은 매도인이 계약명의신탁사실을 알지 못한 경우에 대하여 그 매매계약은 유효하다고 하였다. 따라서 이 경우의 매매는 매도인 甲, 매수인 乙 사이의 부동산매매계약으로 매도인이 이를 알지 못하고 있었기 때문에 유효하다고 하겠다. 그렇다면 乙만이 이 사건 부동산의 소유권을 단독으로 취득한 것이 되기 때문에 명의신탁자인 E는 이 사건 부동산에 대한 소유권을 취득할 수 없게 되고, 따라서 E가 대신 지급한 1억 5천만원에 대하여 을에게 부당이득반환청구의 이행의 소를 제기할 수 있을 뿐이라 하겠다.

그런데 乙이 계약명의신탁의 방법으로 성립한 매매계약으로 이 사건 부동산에 대한 소유권이전등기청구권을 취득하였음에도 불구하고, 乙이 자신의 동생인 F명의로 소유권이전등기하도록 한 것은 소위 3자간등기명의신탁으로 부동산실명법에 의해 무효라고 할 것이다. 따라서 E는 자신의 부당이득반환채권 1억 5천만원을 반환받기 위하여 진정한 소유권이전등기청구권자인 乙을 채권자대위하여 F를 상대로 명의신탁이 무효임을 원인으로 하여 甲에게 소유권이전등기의 말소청구를 구하고, 甲에게 소유권이 말소될 경우 乙의 甲에 대한 소유권이전등기청구권을 채권가압류함으로써 자신의 부당이득반환채권에 대한 채권보전절차를 밟아, 위 1억 5천만원에 대한 이행의 소에서 승소한 후 그 집행권원에 근거하여 가압류한 소유권이전등기청구권을 경매하여 배당을 받거나, 乙 명의로 소유권이전등기를 경료토록 한 후 그 부동산을 압류하여 경매하여 배당을 받는 방법을 취하면 될 것이다.

Ⅱ. 설문 2

앞 문제에서 살펴본 바와 같이, E는 乙을 상대로 하여 자신이 대신 지급한 매매대금 1억 5천만원에 대하여 계약명의신탁이 무효임을 원인으로 하여 대신 지급해 준 매매대금 1억 5천만원에 대한 부당이득반환청구를 구하는 이행의 소를 제기할 수 있고, F 앞으로 소유권이전등기된 3자간 등기명의신탁이 부동산실명법에 의해 무효임을 주장하며 F를 상대로 하여 甲에게 소유권이전등기를 말소해 줄 것을 구하는 소유권이전등기말소청구의 소를 제기할 수 있고, 甲을 상대로 乙에게 소유권이전등기할 것을 구하는 채권자대위소송을 제기할 수 있고, 이 경우 乙이 자기 명의로 소유권이전등기한 후 이를 제3자에게 임의처분함으로써 또 다시 무자력을 만들어 E의 부당이득반환청구권을 재차 침해하지 못하도록 乙의 甲에 대한 소유권이전등기청구권에 대한 채권가압류절차를 밟아 보전처분을 미리 해 두는 것이 권리확보에 만전을 기하는 것이 될 것이다.

2012년 제1회 변호사시험
민사법 제3문

甲주식회사(이하 '甲회사'라고 함)는 건설업을 정관상의 목적으로 하여 2010. 1. 경 설립된 비상장회사이며 B를 대표이사, C와 D를 이사로 등기하고 있었다.

주주 A는 甲회사가 발행한 전체 주식의 35%를 보유하고 있는데 평소 甲회사에 절대적인 영향력을 행사하며 B에게 업무집행을 지시하는 방법으로 甲회사를 운영하여 왔다. A는 이러한 운영방식에 불편을 느껴 대표이사직에 취임하기로 결심하고, 자신을 대표이사로 선출하여 등기할 것을 B에게 지시하였다. 이에 따라 B는 다른 모든 주주들에게 소집통지를 하지 않고 A만 참석한 주주총회에서 A를 이사로 선임한다는 결의를 거친 후 그러한 내용의 임시주주총회 의사록을 작성하였다. 그후 B는 이사회를 개최함이 없이 A를 대표이사로 선출한다는 취지의 이사회 의사록을 작성하였고, 甲회사의 대표이사를 B에서 A로 변경하는 상업등기를 2010. 9. 1. 경료하였다.

그후부터 A는 대내외적으로 대표이사 사장이라는 직함을 사용하면서 업무를 하였는데, 甲회사의 다른 이사들은 이를 알고도 아무런 이의를 제기하지 않았으며, A는 甲회사의 법인인감을 보관하면서 사용하였다. A는 자신을 대표이사로 믿고 거래해 온 乙주식회사(이하'乙회사'라고 함)와 건설자재의 공급에 관한 계약을 2011. 1. 31. 체결하면서(이하'납품계약'이라고 함) 그 계약서 서명란에 대표이사 직함과 자신의 성명을 기재하고 날인하였다. 납품계약의 주된 내용은 甲회사가 乙회사로부터 건설자재를 2011. 10. 31.까지 납품받으면서 3억 원의 대금을 지급하기로 하되, 계약체결일로부터 1개월 이내에 선급금(先給金)으로 1억 원을 지급하고 건설자재 인도 후 잔금(殘金) 2억 원을 지급하기로 하는 것이었다.

위 납품계약을 체결한 직후 B는 A로의 대표이사 변경 등기를 문제 삼는 다른 주주들의 항의를 받았다. 이에 B가 A를 제외하고 C와 D에게만 이사회 소집통지를 하여 개최된 이사회에서 C를 대표이사로 선출하기로 의결한 후 2011. 2. 말경 C를 대표이사로 등기하였다.

한편 乙회사는 납품계약에 따라 甲회사에 납품할 건설자재를 丙주식회사(이하 '丙회사'라고 함)로부터 구매하고 대금을 지급한 후, 2011. 3. 초순경 납품계약에 따른 선급금 1억 원의 지급을 甲회사에 요청하였다. 그런데 甲회사가 기대했던 공사의 수주가 무산되어 납품계약에 따라 공급받기로 했던 건설자재가 필요 없게 되었고, 이에 C는 위 납품계약의 효력을 인정할 수 없다는 내용의 회신을 하였다.

1. 甲회사의 대표이사로 등기된 A가 적법한 이사로서의 지위를 갖는지 여부를 검토하고, 그에 따라 C를 대표이사로 선임한 甲회사의 이사회 결의가 유효한지 논하시오. (30점)
2. 乙회사가 甲회사에 납품계약이 유효하다고 주장하며 계약 이행을 청구할 수 있는 상법상 근거를 설명하시오. (50점)
3. 乙회사는 甲회사의 납품계약상의 책임이 성립하지 않을 경우를 대비하여, 丙회사로부터 구매한 건설자재의 대금 상당액을 A에게 손해배상청구하고자 한다. 이 경우 A의 법적 책임을 검토하시오. (20점)

▌C/O/N/T/E/N/T/S

제3문 

최 병 규 〔건국대학교 법학전문대학원 교수〕

Ⅰ. 머리말

제1문은 주주총회 결의의 하자가 우선 문제된다. 65%를 소유한 주주에게 통지하지 않은 하자가 결의취소의 사유인지 아니면 부존재 사유인지가 문제된다. 그리고 C를 대표이사로 선임한 것은 이사회 결의의 유효요건이 문제된다. 제2문은 회사에 대한 책임을 묻는 것으로서 상법 제39조의 부실등기의 책임과 표현대표이사의 책임이 문제된다. 제3문은 A 개인에 대한 손해배상청구를 묻는 것으로서 업무집행지시자 등의 책임 가운데 표현이사가 문제되고 또한 무권대리인의 책임과 민법상 불법행위책임이 문제된다. 차례로 살펴본다.

Ⅱ. 제1문(65% 주주에게 통지하지 않은 경우의 효과)

이 설문에서는 35%를 소유한 주주 A에게만 통지하고 주주총회를 소집한 하자가 우선 문제된다. 대다수의 주주에게 통지하지 않은 주주총회의 하자가 결의부존재확인의 소의 대상이 되는지 아니면 결의취소의 소의 대상이 되는지 등이 문제된다.

1. 주주총회결의하자와 결의 부존재확인의 소

주주총회결의의 하자로 인하여 다투는 방법은 결의취소의 소, 부존재확인의 소 및 무효확인의 소가 있다. 그런데 주주총회 결의부존재확인의 소는 절차방법에 결의가 존재한다고 볼 수 없을 정도의 중대한 하자를 이유로 결의의 부존재확인을 구하는 소이다. 결의부존재에는 비결의, 표현결의가 있다. 결의 부존재소의 법적성질에 대한 논란은 구상법이 불소급효를 인정함으로써 발생했었다. 그러나 1995년 개정상법 제380조에서는 190조 본문만을 준용하고 있기 때문에 그러한 견해대립의 의미는 없게 되었고, 소급효를 인정함으로써 확인소송설만이 의미를 갖게 되었다. 확인소송설에 의하면 결의에 무효사유나 부존재사유가 있는 때에는 일반원칙에 의하여 결의는 당연히 무효가 되는 것이고, 따라서 이 訴도 무효인 법률효과의 확인을 구하는 일반 확인의 소라고 한다(판례의 일관된 태도). 그 결과 하자를 반드시 소에 의해 주장할 필요가 없고, 소송밖이나 혹은 소송에서 항변으로 제출할 수도 있다. 확인의 이익만 있으면 제소권자, 제소기간 등에 아무런 제한이 없다. 제소권자에는 아무런 제한없이 누구나 확인의 이익만 있으면 제기할 수 있다. 상대방은 회사이다. 원고승소판결의 경우 그 판결은 대세적 효력을 갖는다(제190조). 결의는 처음부터 효력이 발생하지 않으므로 소급효여부의 문제는 발생하지 않는다(확인소송설, 통설).

우리 대법원은 대부분의 주주에게 통지하지 않고 소집한 주주총회는 결의의 하자 가운데 부존재한 하자가 있는 것으로 본다. 즉 판례는 일부 주주에 대한 소집통지의 흠결은 결의취소의 원인으로 보지만(대법원 1993.10.12. 선고 92다21692 판결 등), 일부 주주에게만 소집통지를 한 것은 결의부존재의 원인에 해당하는 것으로 본다(대법원 1978.11.14. 선고 78다1268 판결). 이러한 판례에 따를 때 만일 어떤 회사의 발행주식총수 50%가 넘는 주식을 소유하고 있는 주주에게 소집통지를 하지 않고 이루어진 주주총회결의는 결의부존재원인에 해당한다고 할 것이다. 본 사안의 경우 65%의 주주에게 통지하지 않고 주주총회를 열었으므로 우리 판례의 태도에 의하면 결의부존재확인의 소의 대상이 된다.

만일 사안의 주주총회결의의 하자를 결의취소의 대상으로 볼 경우 2월의 제소기간이 경과한 것으로 보이므로 더 이상 문제제기를 할 수 없게 되어 A는 이사로서의 지위를 갖게 된다.

2. 이사회 결의

대표이사를 선임함에는 원칙적으로 이사회의 결의를 거쳐야 한다. 이사회는 이사 전원으로 구성되고 그 회의에서의 결의에 의하여 업무집행에 관한 회사의 의사를 결정하며, 이사의 직무집행을 감독하는 필요적 상설기관이다. 기관인 이사회는 상설적 존재이지만, 그 활동은 정기 또는 임시의 회의형식으로 한다. 하지만 1998년 상법개정으로 자본의 총액이 5억원 미만인 소규모회사의 경우 이사의 수가 자율화됨에 따라 이사의 수가 1인뿐이어서 이사회가 존재할 수 없는 회사도 출현하게 되었다(제383조 제1항 단서). 이사회가 회의를 개최하여 그 회의에서 일정한 사항을 결정하게 한 것은 이사회의 광범한 권한에 대응하여 이사 상호간의 공정한 협의에 의하여 타당한 결론에 도달하기 위한 배려이다. 감사는 이사회의 구성원은 아니지만, 1984년 개정법에 의하여 업무 전반에 관한 감사권을 인정받았기 때문에 이사회에 출석하여 의견을 진술할 수 있다(제391조의2 제1항). 따라서 이사회 소집시 감사에게도 통지하여야 한다.

이사회는 원칙으로 각 이사가 소집할 수 있으나 정관 또는 이사회의 결의로 대표이사 또는 이사회 의장과 같이 소집할 이사를 정한 때에는 그 이사만이 이사회를 소집할 수 있다(제390조 제1항). 그런데 소집권을 갖는 이사를 한정한 경우에 다른 이사는 절대적으로 이사회를 소집할 수 없다고 하면 이사회가 대표이사 등의 업무집행을 감독할 수 없다. 따라서 다른 이사는 소집권자에게 언제든지 이사회의 소집을 요구할 수 있으며, 소집권자가 정당한 이유 없이 이를 거절할 경우에는 그 이사가 직접 이사회를 소집할 수 있다(제390조 제2항).

이사회는 필요에 따라 개최되므로 소집권자는 원칙적으로 회의일의 1주간 전에 각 이사 및 감사에 대하여 소집통지를 발송하여야 하며, 이 기간은 정관에 의하여 단축할 수 있다(제390조 제3항). 이사 및 감사 전원의 동의가 있는 때에는 소집절차를 거치지 않고 언제든지 이사회를 개최할 수 있다(제390조 제4항). 소집통지는 이사 및 감사에게 출석의 기회와 준비시간을 주기 위한 것이라고 볼 수 있으므로 비록 일부에 대하여 소집통지를 하지 아니하였더라도 그 전원이 출석하여 이의를 하지 아니한 때, 즉 전원출석이사회는 적법한 이사회로 인정된다. 또한 미리 이사 및 감사 전원의 동의로 정한 정기일에 개회하는 경우에는 소집절차를 요하지 않으며, 이사회가 회의의 속행 또는 연기의 결의를 한 때에도 집행통지를 요하지 않는다(제392조, 제372조). 이사회의 회의에는 업무집행에 관한 여러 가지 사항이 토의될 것이 당연히 예정될 수 있기 때문에 이사회의 소집통지에는 회의의 목적사항을 기재할 필요가 없다고 보아야 한다(제363조 제2항 참조)(이에 반하여 목적사항을 통지하여야 한다는 견해도 존재한다).

그런데 이 사안에서 A는 적법한 이사로 선임된 자가 아니므로 그에게 통지하지 않고 개최한 이사회는 유효하다. 따라서 C를 대표이사로 선임한 것은 적법하다. 만일 주주총회결의의 하자가 취소사유에 해당하여 2월의 제소기간이 지났다면 A는 유효한 이사이므로 그에게 통지하지 않고 열린 이사회는 하자 있는 이사회가 된다. 즉 일부의 이사에게 소집통지를 하지 않고 이사회를 개최하고 한 결의는 무효라고 해석하여야 하는 것이다. 그러한 하자 있는 이사회에서 C를 대표이사로 선임한 것은 무효라고 보아야 한다. 이와같이 이사회의 결의에 절차 또는 내용의 하자가 있는 경우에는 주주총회의 결의에서와 같은 특별한 소제도가 인정되지 않기 때문에 일반원칙에 의하여 당연 무효라고 본다. 따라서 이해관계인은 누구든지, 언제든지 그리고 어떠한 방법에 의해서든지 그 무효를 주장할 수 있으며, 필요한 때에는 결의무효확인의 소를 제기할 수 있다.

Ⅲ. 제2문

회사가 책임을 질 수 있는 것으로는 상법 제39조의 부실등기의 책임과 상법 제395조의 표현대표이사에 의한 회사의 책임이다.

1. 부실등기의 책임

(1) 의의

상법 제39조에 의하면 고의 또는 과실로 인하여 사실과 상위한 사항을 등기한 자는 그 상위를 선의의 제 3 자에게 대항하지 못한다. 이러한 부실등기의 효력을 일반적으로 공신력과 관련하여 설명하는 견해들도 있으나, 상업등기에는 공신력이 없으므로 공시적 효력의 문제로서 다루어져야 할 것이다. 상법 제39조는 이론상 상법 제37조와 마찬가지로 권리외관책임에 관한 규정이다. 왜냐하면 이 규정은 선의의 제 3 자를 보호하기 위하여 권리외관대로의 효력을 인정하고 있기 때문이다. 그러나 상법 제37조와는 달리 상법 제39조는 잘못 등기된 사실에 대한 신뢰를 보호하고 있다. 즉 이 규정에서 문제로 삼는 것은 진정한 법률상태가 공표되지 않았다는 것이 아니라, 그 공표가 처음부터 잘못된 등기에 기인한다는 것이다. 따라서 제 3 자는 공시수단의 "침묵"뿐만 아니라, 잘못된 등기에 따른 "표시"도 신뢰할 수 있다는 의미에서 이것을 등기의 "적극적" 공시력(positive Publizität)이라고 함이 타당하다. 이는 또한 등기관의 하자에 의하건 인쇄소의 잘못에 의하건 간에 상업등기부의 잘못된 등기를 등기의무자가 자신의 책임 있는 사유로 인하여 제거하지 않은 때에도 선의의 제 3 자에 대하여 그 등기에 구속됨을 포함한다고 본다.

(2) 요건

(가) 부실의 등기가 있어야 한다. 즉 사실과 상이한 등기가 있어야 한다. 상법 제39조는 등기할 사항을 전제로 한다. 등기의무는 제37조에서와 마찬가지로 결정된다. 가령 상법상의 상행위나 영리를 목적으로 하지 않는 민법상의 조합으로서의 성질을 갖는 조합에의 입회는 등기할 사항이 아니다.

(나) 회사의 귀책사유(고의, 과실)가 있어야 한다. 진정한 대표이사가 책임있는 사유로 부실등기가 이루어지면 이 요건을 충족한다.[1] 고의나 과실이 있어야만 한다. 순수한 권리

1) 판결1 - 대법원 2004.2.27. 선고 2002다19797 판결: 이사 선임의 주주총회결의에 대한 취소판결이 확정되어 그 결의가 소급하여 무효가 된다고 하더라도 그 선임 결의가 취소되는 대표이사와 거래한 상대방은 상법 제39조의 적용 내지 유추적용에 의하여 보호될 수 있으며, 주식회사의 법인등기의 경우 회사는 대표자를 통하여 등기를 신청하지만 등기신청권자는 회사 자체이므로 취소되는 주주총회결의에 의하여 이사로 선임된 대표이사가 마친 이사 선임 등기는 상법 제39조의 부실등기에 해당된다. 원심판결 이유에 의하면 원심은, 이 사건 주주

외관원칙을 도입하여 귀책사유가 없는 경우에도 책임을 인정한다면 매우 부당한 결과가 초래될 수 있다. 이 점이 제37조와 다르다. 이 점은 법에서 명시적으로 요구하고 있다.

(다) 제3자는 선의이어야 한다. 진정한 상태를 모르는 것이 선의이다. 제37조와 마찬가지로 제3자가 사실과 상이한 등기에 관한 적극적 인식을 갖고 있었을 것도 요구되지 않는다. 등기한 사실이 실제와 사실상 다르면 제3자는 이를 원용할 수 있는 것이다.

(3) 효과

회사가 부실등기의 외관을 신뢰한 제3자에 대하여 책임을 져야한다.

2. 표현대표이사

(1) 의의

이사와 대표이사의 성명은 등기사항이므로 누구라도 등기부를 보면 이사가 대표권을 갖는가의 여부를 쉽게 알 수 있다. 그러나 제 3 자가 거래시마다 등기부를 열람할 수도 없고

총회에서 선임된 이사들에 의하여 대표이사로 선임된 최○○은 당일 법인등기부에 같은 내용의 등기를 함으로써 법인등기부상으로는 그 이후부터 주주총회 취소판결이 확정될 때까지 원고 회사의 대표이사로 등재된 사실, 거래상대방인 노○○은 당시 법인등기부상 원고 회사의 대표이사로 등재된 최○○과 근저당권설정계약을 체결하고 그에 기하여 근저당권설정등기를 경료한 사실, 노○○을 비롯한 피고들은 이 사건 주주총회결의 취소판결이 확정될 때까지는 최○○이 원고 회사의 적법한 대표이사가 아니라는 사정을 전혀 알지 못하였던 사실을 적법하게 인정한 다음, 원고 회사는 상법 제39조의 법리에 따라 원고 회사와 노○○과 체결된 근저당권설정계약과 근저당권설정등기 및 이에 터잡은 모든 거래행위에 대하여 책임을 져야 할 것이므로 원고의 주장은 이유 없다고 판단하였는바, 앞에서 본 법리에 비추어 볼 때 원심의 사실인정과 판단은 정당한 것으로 수긍되고 거기에 상고이유에서 주장하는 바와 같은 부실등기의 요건에 관한 법리를 오해한 위법이 없다. 판결2 - 대법원 2008.7.24. 선고 2006다24100 판결: 등기신청권자 아닌 사람이 주주총회의사록 및 이사회의사록 등을 허위로 작성하여 주주총회결의 및 이사회결의 등의 외관을 만들고 이에 터잡아 대표이사 선임등기를 마친 경우에는, 주주총회의 개최와 결의가 존재는 하지만 무효 또는 취소사유가 있는 경우와는 달리, 그 대표이사 선임에 관한 주식회사 내부의 의사결정은 존재하지 아니하여 등기신청권자인 회사가 그 등기가 이루어지는 데 관여할 수 없었을 것이므로, 달리 회사의 적법한 대표이사가 그 불실등기가 이루어지는 것에 협조·묵인하는 등의 방법으로 관여하였다거나 회사가 그 불실등기의 존재를 알고 있음에도 시정하지 않고 방치하는 등 이를 회사의 고의 또는 과실로 불실등기를 한 것과 동일시할 수 있는 특별한 사정이 없는 한, 회사에 대하여 상법 제39조에 의한 불실등기 책임을 물을 수 없고, 이 경우 위와 같이 허위의 주주총회결의 등의 외관을 만들어 불실등기를 마친 사람이 회사의 상당한 지분을 가진 주주라고 하더라도 그러한 사정만으로는 회사의 고의 또는 과실로 불실등기를 한 것과 동일시할 수는 없다.

판결3 - 대법원 2011.7.28. 선고 2010다70018 판결: 등기신청권자 아닌 자가 주주총회 의사록 및 이사회의사록 등을 허위로 작성하여 주주총회결의 및 이사회결의 등의 외관을 만들고 이에 터잡아 이사 및 대표이사 선임등기를 마친 경우는 물론이고, 그와 같은 허위의 의사록에 선임된 것으로 기재된 이사 및 대표이사가 기존에 적법하게 선임된 이사 및 대표이사를 배제한 채 과반수에 미달하는 일부 주주에 대하여만 소집통지를 보낸 후 주주총회를 개최하여 일부 주주만의 찬성으로 이사 선임결의를 하고, 거기서 선임된 이사들로 구성된 이사회를 개최하여 새로운 대표이사를 선임한 후 대표이사 선임등기를 마친 경우에는, 비록 외형상 주주총회결의 및 이사회결의가 존재한다고 하더라도 그것이 적법하게 선임된 대표이사와 이사들 및 나머지 주주들의 관여가 배제된 채 이루어진 이상 등기신청권자인 회사가 선임등기가 이루어지는 데에 관여한 것으로 볼 수 없고, 달리 회사의 고의·과실로 불실등기를 한 것과 동일시할 수 있는 특별한 사정이 없는 한 회사에 대하여 상법 제39조에 의한 불실등기 책임을 물을 수 없다. 이 경우 위와 같이 허위의 주주총회결의 등의 외관을 만들어 불실등기를 마친 자가 회사의 상당한 지분을 가진 주주라고 하더라도 그러한 사정만으로는 회사의 고의 또는 과실로 불실등기를 한 것과 동일시할 수는 없다.

대표권이 인정될 만한 명칭을 사용하는 이사는 비록 대표이사가 아니더라도 제 3 자는 그를 대표이사로 오해하기 쉽다. 그래서 상법은 등기와는 별개의 법리인 외관주의에 의하여 표현지배인제도와 마찬가지로 거래의 안전을 보호・강화하기 위하여 표현대표이사제도를 두고 있다. 즉 사장, 부사장, 전무, 상무 기타 회사를 대표할 권한이 있는 것으로 인정될 만한 명칭을 사용한 이사의 행위에 대하여는 그 이사가 회사를 대표할 권한이 없는 경우에도 회사는 제 3 자에 대하여 그 책임을 진다(제395조). 표현대표이사제도는 거래의 안전을 보호하기 위한 규정이므로 불법행위와 재판상의 행위에는 적용되지 않는다.

더 나아가 표현대표이사의 상업등기와의 관계도 검토를 요한다. 표현대표이사제도와 상업등기와의 관계에 대하여 우리 대법원은 이차원설의 입장을 취하고 있다. 즉 원래 진정한 대표이사는 등기되어 있지만 표현대표이사제도는 그러한 상업등기여부와는 관계없이 외관을 신뢰한 자를 보호하는 제도로 파악(대법원 1979.2.13. 선고 77다2436 판결)하는 것이다.

(2) 적용요건

(가) 외관의 존재

회사를 대표할 권한이 있는 것으로 인정될 만한 명칭을 사용한 경우에 회사가 책임을 진다. 상법 제395조가 예시하고 있는 사장・부사장・전무・상무 이외에 총재・회장・이사회 총장 등 회사조직상 일반적인 통념에 의하여 회사를 대표할 권한이 있는 것으로 보이는 명칭을 사용할 때에는 외관이 존재한 것으로 된다. 상법 제395조는 표현대표이사가 적어도 이사의 자격을 가지고 있을 것을 전제하고 있다. 그러나 반드시 이사에게만 대표권이 있는 것으로 의제하여야 할 필요성이 없기 때문에 이사의 자격이 없는 회사의 사용인 또는 이사직을 퇴임한 자가 회사를 대표할 권한이 있는 것으로 인정될 만한 명칭을 사용하는 한 표현대표이사의 성립을 인정해야 할 것이다.

(나) 회사의 귀책사유

표현대표이사의 행위에 대하여 회사에게 책임을 인정하기 위해서는 외관의 존재에 대하여 회사에 귀책사유가 있어야 한다. 회사에 귀책사유가 있다고 하기 위해서는 대표권이 있는 것으로 인정될 만한 명칭을 회사가 적극적으로 부여하였거나 그 사용을 허용하였어야 한다. 따라서 행위자가 임의로 그러한 명칭을 사용한 때에는 회사가 책임을 져야 할 이유가 없다. 그렇지만 회사가 그러한 명칭의 사용을 알고 있으면서 그 사용을 저지하지 않고 묵인한 때에는 회사가 책임을 져야 할 것이다.

(다) 외관에 대한 제 3 자의 신뢰

표현대표이사제도는 외관을 신뢰한 제 3 자를 보호하여 거래의 안전을 도모하는 데 그 목적이 있으므로 제 3 자는 행위자에게 대표권이 없음을 알지 못하였어야 한다. 즉 선의이어야 한다. 회사는 제 3 자가 악의임을 입증하여 그 책임을 거절할 수 있음은 당연하고(회사의 입증책임), 행위자에게 대표권이 없음을 알지 못한 데 대하여 중대한 과실이 있는 때에도 제 3 자를 보호할 필요가 없다고 할 것이므로 회사는 책임을 지지 않는다. 여기서 제 3 자란 표현대표이사와의 거래의 직접상대방뿐만 아니라, 그러한 명칭의 표시를 신뢰한 제 3 자 모두를 의미한다.

(3) 효과

위의 요건이 갖추어진 때에는 회사는 표현대표이사의 행위에 대하여 대표권이 있는 대표이사가 한 행위와 마찬가지로 제 3 자에 대하여 책임을 진다. 따라서 회사는 거래행위의 법률효과를 부인하지 못하고, 회사에 대하여 표현대표행위의 효력이 발생하는 결과 그에 따른 권리를 취득하고 의무를 부담한다. 그렇지만 회사가 표현대표이사에 대하여 손해배상을 청구할 수 있음은 당연하다. 어음행위에 있어서는 회사가 제 3 자에 대하여 책임을 지는 외에 표현대표이사도 어음법 제 8 조에 따라 무권대리인으로서 제 3 자에 대한 어음상의 책임을 진다.

(4) 사안의 경우

사안의 경우 乙회사는 甲회사의 A의 행위에 대하여 대표이사로서 상업등기가 되어 있으며 거래시 대표이사 사장의 표현을 사용하는 등의 내용을 신뢰하였을 것이므로 선의로 보인다. 따라서 표현대표이사의 책임을 추궁할 요건을 갖춘 것으로 평가할 수 있다.

Ⅳ. 제3문

제3문에서는 업무집행지시자의 책임과 이사의 제3자에 대한 책임인 상법 제401조가 문제된다.

1. 업무집행지시자 등의 책임

(1) 업무집행지시자 등의 책임의 의의

우리나라의 대규모기업집단은 상당한 주식을 보유한 지배주주가 그룹총괄기구(비서실 또는 기조실)를 통하여 기업집단 전체의 경영권을 실질적으로 행사하여 왔다. 그러나 법규정의 미비로 기업의 부실경영으로 인해 손해를 입은 회사와 소수주주들은 실제로 경영권을 행사한 지배주주에게는 그 책임을 추궁할 수 없었다. 이러한 문제점을 해결하기 위해서 1998년 개정법에서는 업무집행관여자의 책임에 관한 규정(제401조의2)을 신설하여 실질적으로 경영권을 행사한 지배주주에 대해서도 이사와 마찬가지로 책임을 지게 하였다. 법률상의 이사는 아니지만 이사와 마찬가지의 책임을 지는 자로는, 회사에 대한 자신의 영향력을 이용하여 이사에게 업무집행을 지시한 자(제401조의2 제1항 제1호), 이사의 이름으로 직접 업무를 집행한 자(제401조의2 제1항 제2호), 이사가 아니면서 명예회장・회장・

사장·부사장·전무·상무·이사 기타 회사의 업무를 집행할 권한이 있는 것으로 인정될 만한 명칭을 사용하여 회사의 업무를 집행한 자(제401조의2 제1항 제3호) 등이 있다. 이러한 자들은 흔히 사실상의 이사라고 칭해지고 있으나 사실상의 이사는 이사로 선임되어 그 직무를 수행하였으나 그 후 이사선임결의가 취소 또는 무효로 된 자를 의미하는 것으로 의미상 오해의 소지가 있어 부적절하다. 업무집행관여자가 법령 또는 정관에 위반한 행위를 하거나 그 임무를 해태한 경우에는 회사에 대하여 손해배상책임을 지며(제401조의2 제1항, 제399조 제1항), 악의 또는 중대한 과실로 인하여 그 임무를 해태한 경우에는 제 3 자에 대하여 손해배상책임을 진다(제401조의2 제1항, 제401조 제1항). 또는 회사 또는 제 3 자에 대하여 손해를 배상할 책임이 있는 이사는 업무집행관여자에 대하여도 이사의 경우와 마찬가지로 소수주주의 대표소송에 의하여 책임을 추궁할 수 있다(제401조의2 제2항, 제403조).

(2) 유형으로서 표현이사

본 사안의 경우는 A가 회사의 대표이사 사장의 명칭을 사용하여 행위하였으므로 제3호에 해당한다. 즉 업무를 집행할 권한이 있는 것으로 인정될 만한 명칭을 시용하여 회사의 업무를 집행한 자(제401조의2 제1항 제3호)에 해당하는 것이다. 이사가 아니면서 명예회장·회장·사장·부사장·전무·상무·이사 기타 회사의 업무를 집행할 권한이 있는 것으로 인정될 만한 명칭을 시용하여 회사의 업무를 집행한 자는 업무집행관여자에 해당한다. 업무집행권이 있는 것으로 인정될 만한 명칭을 사용하여 이사의 외관을 갖춘 자에 대해서도 이사의 책임을 인정한 것이다. 한편 위에서 나열한 자들은 법 제395조의 표현대표이사에도 해당되는 자들이므로 혼동의 여지가 있으므로 주의하여야 한다. 표현대표이사에 관한 규정이 외관책임으로써 선의의 제 3 자를 보호하기 위하여 표현대표이사의 행위에 대한 회사의 책임을 규정한 것이라면, 반면 위의 업무집행관여자의 규정은 업무집행관여자 자신의 행위에 대하여 회사와 제 3 자에 대한 자신의 책임을 규정한 것이다.

(3) 효과

업무집행관여자는 회사와 제 3 자에 대하여 이사와 동일한 책임을 진다. 즉 업무집행관여자는 법령 또는 정관에 위반한 행위를 하거나 그 임무를 해태한 때에는 회사에 대하여 손해배상책임을 지며(제401조의2, 제399조), 악의 또는 중대한 과실로 인하여 그 임무를 해태한 때에는 제 3 자에 대하여 책임을 진다(제401조의2, 제401조). 한편 발행주식총수의 100분의 1 이상에 해당하는 주식을 가진 주주는 회사에 대하여 이사의 책임을 추궁할 소의 제기를 청구할 수 있다(제401조의2, 제403조). 다만 업무집행 지시자의 책임을 기관책임으로 볼 것인가 불법행위책임으로 볼 것인가의 논란이 있으나 정식 기관의 지위에 있지는 않으므로 불법행위 책임으로 보는 것이 타당하다.

2. 이사의 제3자에 대한 책임

(1) 의의

이사가 악의 또는 중대한 과실로 인하여 그 임무를 해태한 때에는 그 이사는 제 3 자에 대하여 연대하여 손해를 배상할 책임이 있다(제401조 제1항). 이 책임은 제 3 자를 보호하고 이사의 업무집행을 신중하게 하는 기능을 한다.

(2) 책임의 성질

이사가 제 3 자에 대하여 지는 손해배상책임은 이사가 그 업무를 위반한 때에는 회사에 대한 관계에서 책임을 질 뿐이지만, 그 결과 주주 또는 회사채권자 등이 손해를 입는 경우가 많음을 고려하여 상법이 특별히 인정하는 법정책임이다(다수설). 따라서 이사가 회사에 대한 임무위반에 관하여 악의 또는 중과실이 있으면 제 3 자에 대한 권리침해 또는 고의·과실이 없더라도 이 책임이 발생한다. 이사의 임무해태행위가 직접 제 3 자에 대하여 불법행위의 요건을 갖춘 때에는 당연히 불법행위책임과의 경합이 인정된다.

(3) 책임의 내용

상법 제401조에 의한 이사의 손해배상책임은 악의·중과실로 인한 임무해태행위가 있는 경우에 그 임무위반과 상당인과관계가 있는 모든 손해를 배상할 책임이다. 임무해태행위라 함은 선관주의의무, 다른 이사에 대한 감시의무를 위반한 행위 또는 주식청약서·재무제표 등에 허위의 기재를 하거나 허위의 등기·공고를 하는 행위 등을 말한다. 제 3 자가 입은 손해는 회사재산과는 무관하게 발생하는 직접손해뿐만 아니라, 이사의 임무위반에 의하여 회사재산이 감소한 결과 발생하는 간접손해도 포함한다. 제 3 자에는 회사채권자뿐만 아니라 주주도 포함한다(주주포함설). 임무를 위반한 이사가 수인 있는 때에는 연대책임을 지고, 그 임무해태행위가 이사회의 결의에 의한 때에는 그 결의에 찬성한 이사도 동일한 책임을 지며, 결의에 참가한 이사로서 의사록에 이의의 뜻을 기재하지 아니한 이사는 결의에 찬성한 것으로 추정한다(제401조 제2항, 제399조 제2항·제3항). 감사가 책임을 지게 되는 때에는 그 이사와 연대책임을 진다(제414조 제2항).

3. 사안의 경우

사안에서 A는 회사의 대표이사가 아니면서 대표이사 사장이라는 표현을 사용하여 거래를 하였으므로 업무집행지시자 가운데 표현이사에 해당한다. 따라서 상법 제401조의2, 제401조에 의하여 乙회사에 대하여 책임을 부담하여야 한다. 제401조의 책임은 특별한 법정책임으로 파악하여야 하며, 민법상 불범행위책임과는 청구권 경합관계에 있다. 더 나아가 A는 대리권 없이 행위 한 자로서 무권대리인의 책임(민법 제135조) 및 민법상 불법행위 책임(민법 제750조)도 부담한다.

민사법

V. 결 론

35%를 소유한 주주에게만 통지하고 나머지 65%의 주식을 소유한 주주에게는 통지하지 않고 개최한 주주총회는 부존재사유가 된다. 따라서 그러한 하자있는 주주총회의 효과는 부존재하며 이는 확인소송으로 이해되므로 소송 밖에서도 주장이 가능하다. 그리고 필요하다면 물론 주주총회 부존재 확인소송을 제기할 수도 있다. 그러한 하자 있는 주주총회에서 선임된 A는 이사의 지위를 갖지 못한다. 그리하여 이사가 아닌 A를 제외하고 이사회를 개최하여 C를 대표이사로 선임한 행위는 적법하고 따라서 C는 적법한 대표이사가 된다.

A가 실제로는 대표이사가 아님에도 불구하고 대표이사로 등기가 되어 있으며 또 실제 대표이사가 아니면서 회사의 대표이사인 것처럼 행위 한 경우의 회사의 책임과 관련하여 회사는 상법 제39조에 의한 부실등기의 책임을 우선 부담하여야 한다. 더 나아가 상법 제395조의 표현대표이사법리에 의하여 회사가 책임을 부담하여야 한다. 본 사안의 경우에는 부실등기나 표현대표이사의 책임 요건을 충족하는 것으로 볼 수 있다.

이사가 아니면서 회사의 대표이사 사장의 명칭을 사용하여 행위 한 경우 그 행위자 본인에게(A 개인에게) 책임을 지우기 위한 법리로는 상법 제401조의 2 업무집행지시자 등의 책임을 들 수 있다. 그 가운데 표현이사에 해당하여 그는 이사와 동일시 된다. 특히 본 사안처럼 제3자에 대한 책임과 관련하여서는 상법 제401조가 적용된다. 그 밖에 무권대리인의 책임(민법 제135조) 및 민법상 불법행위 책임(민법 제750조)도 부담한다. 이 때 업무집행지시자 등의 책임(표현이사의 책임)으로 인한 청구와 기타의 청구는 청구권경합관계에 있다.

법학전문대학원협의회 주관 모의시험

민사법
사례형

- 2013년 제3차 법전협주관 모의시험
- 2013년 제2차 법전협주관 모의시험
- 2013년 제1차 법전협주관 모의시험
- 2012년 제2회 법전협주관 모의시험

2013년도 제3차 법전협주관 모의시험

민사법 제1문

제 1 문

공통된 사실관계

甲과 A,B는 전매차익을 얻을 목적으로 공동으로 상인인 乙로부터 X토지를 매수하기로 하고 乙과 매매계약을 체결하기 전에 "甲과 A,B는 각자 자금을 출연하여 乙로부터 X토지를 매수하고 출연자금의 비율에 따라 甲은 1/2, A와 B는 1/4지분으로 소유권이전등기를 한다. 甲과 A,B는 각 공유지분을 인정하고 그 지분권을 개별적으로 행사할 수 있다."는 합의를 하였다. 그 후 甲과 A,B는 2005. 3. 1. 공동으로 매수인이 되어 乙로부터 乙 소유인 X토지를 금 5억원에 매수하기로 하는 계약을 체결하고 중도금까지 총4억원을 지급하였는데 그 후 乙은 丙으로부터 금2억원을 차용하면서 X토지에 관하여 丙에게 저당권설정등기를 마쳐주었고 다시 丁과의 사이에 X토지를 금6억원에 매도하기로 하는 계약을 체결하였다.

甲과 A,B(이하 '甲 등' 이라고 한다)가 잔금 지급기일인 2008. 3. 1 그 이행을 제공하였으나 乙이 소유권이전등기를 회피함에 따라 甲 등은 2009. 5. 1 乙을 상대로 X토지에 관하여 위 매매를 원인으로 하는 소유권이전등기청구 소송(이하 '전소'라고 한다)을 제기하였다.

(아래 각 문항의 기재사실의 별도의 제시가 없는 한 상호 무관함)

1. 전소에서 甲 등이 소장에 증거방법으로 2005. 3. 1. 자 매매계약서(갑제1호증)를 첨부, 제출하자 乙은 "甲 등과 乙이 위 매매계약설을 작성한 사실은 있지만 계약이 무효이므로 甲 등의 청구는 기각되어야 한다"는 내용이 기재된 답변서를 제출하고 변론준비기일에 출석하지 아니하였다. 그런데 乙이 제1회 변론기일에 출석하여 "甲 등이 제출한 매매계약서(갑제1호증)는 위조된 것이다"라고 진술하였다면 법원은 매매계약서(갑제1호증)를 甲 등의 청구를 뒷받침할 증거로 쓸 수 있겠는가?(10점)

2. 전소에서 아래와 같은 신청이 있는 경우 법원은 그 신청에 대하여 어떻게 심리 판단하여야 할 것인가?

가. 丙과 丁이 乙의 승소를 돕기 위하여 보조참가신청을 한 경우(12점)

나. 丁이 乙의 승계인임을 주장하면서 참가승계신청을 한 경우(8점)

3. 전소에서 2012. 10. 1. 변론이 종결되고 같은 해 11. 5. 甲 등의 승소 판결이 선고되어 그 판결이 11. 25. 확정되었다. 그런데 丁이 같은 해 9. 25. 乙로부터 X토지를 매수하기로 계약하고 같은 해 10. 5. X토지에 관하여 자신의 명의로 위 매매를 원인으로 하는 소유권이전등기를 마쳤다면 甲 등은 위 확정판결을 집행권원으로 하여 丁을 상대로 X토지에 관한 소유권이전등기를 할 수 있겠는가?(10점)

4. 甲 등이 전소에서 乙의 실제 주거지를 알고 있음에도 불구하고 소장에 허위의 주소를 주민등록지로 기재하고, 乙이 그 주민등록지에 거주하고 있지 않다는 내용의 주민등록말소자 등본을 위조하여 소장에 첨부 제출하면서 공시송달신청을 하였고, 이에 따라 재판장이 공시송달명령을 하여 소송절차를 진행한 결과 법원은 甲 등에 대해 승소판결을 선고하였다. 乙이 취할 수 있는 소송법상 구제방법은 무엇인가?(15점)

5. 甲 등이 전소에서 승소 확정판결을 받아 이를 집행권원으로하여 소유권이전등기를 마치자 乙이 甲 등을 상대로 주위적으로는 “2005. 3. 1. 자 매매계약이 사회질서에 위반된 법률행위(민법 103조)에 해당하므로 甲 등의 소유권이전등기는 원인무효이다”라고 주장하면서 소유권이전등기말소를 구하고, 예비적으로는 위 매매계약이 유효인 경우 매매잔대금 1억원의 지급을 구하는 후소를 제기하였다. 이에 대하여 甲 등이 “乙의 청구는 모두 기판력에 저촉된다”고 주장하였다면 법원은 위와 같은 甲 등의 주장에 관하여 어떻게 판단하여야 할 것인가?(20점)

6. 甲 등이 2013. 5. 1 별소로 “乙과 丙이 통모하여 乙의 유일한 책임재산인 X토지를 허위로 처분한 것으로서 사해행위에 해당한다”고 주장하면서 , 乙과 丙을 상대로 乙과 丙사이의 근저당권설정계약취소를 구하면서 이에 병합하여 乙과 丙을 상대로 원상회복으로서 저당권설정등기의 말소를 구하였다. 법원은 이 소에 대하여 어떻게 심리 판단하여야 할 것인가?(25점)

7. 甲이 2013. 5. 1. 별소로 “丙 명의의 위 저당권설정등기의 피담보채무가 변제에 의해 모두 소멸하였다”고 주장하면서 乙을 대위하여 丙을 상대로 丙 명의 저당권설정등기의 말소를 구하는 소를 제기하였다. 이 소에 대하여 丙은 “이 사건 소는 甲 등이 공동으로만 제기할 수 있는데 甲이 단독으로 제기하였으므로 부

적법하다. 乙에게 충분한 자력이 있는데도 乙의 권리를 대위행사하는 것은 부적법하다. 甲의 乙에 대한 소유권이전등기청구권은 소멸시효의 완성으로 소멸하였다. 위 저당권의 피담보채권은 아직 변제되지 않았으므로 잔액을 지급받기 전까지는 甲의 청구에 응할 수 없다."고 주장하였다. 증거조사 결과 乙은 丙으로부터 2008. 5. 1. 금 2억원을 이자 월1%, 변제기 1년으로 정하여 차용하고 그 원리금채무를 담보하기 위해 위 저당권설정등기를 마쳐 주었는데, 그 후 乙은 위 차용금의 이자를 전혀 지급하지 못하고 있다가 2009. 4. 30. 원금 1억원과 그 때까지 발생한 이자를 모두 갚았고, 2009. 10. 31. 4,600만원을 변제하고, 2010. 4. 30. 금 6,400만원을 지급하려 하였으나 丙이 그 수령을 거절하자 법원에 6,400만원을 변제공탁한 사실이 인정된다. 丙은 이 공탁금을 수령하지 않은 사실을 자인하고 있다. 법원은 이 소에 대하여 어떻게 심리 판단하여야 할 것인가?(50점)

▌C/O/N/T/E/N/T/S

김 태 관 〔동아대학교 법학전문대학원 교수ㆍ변호사〕

Ⅰ. 제1문의 1

1. 설문의 쟁점

설문은 변론준비기일 불출석에 따른 효과와 그에 따른 문서의 진정성립에 관한 자백과 그 철회 여부에 관한 것이다.

2. 변론준비기일 불출석의 효과

乙은 법원에 청구기각을 구하는 취지의 답변서를 제출하였으므로 무변론 판결을 선고할 수 없고, 변론기일을 지정하여야 하는데(민사소송법 제258조), 갑제1호증의 진정성립을 인정하는 진술이 포함된 乙의 답변서가 진술간주 됨으로써 갑제1호증의 진정성립에 대한 자백이 이루어진 것으로 간주된다(민사소송법 제286조, 제148조 제1항). 그러나, 재판상 자백은 주요사실에 대하여 인정되는 것이 원칙이고, 간접사실이나 보조사실에 대하여는 적용되지 않는다. 다만, 서증의 진정성립 여부는 보조사실이지만, 상대방이 이를 인정할 경우 예외적으로 재판상 자백이 성립된 것과 마찬가지로 자백의 구속력을 인정하는 것이 판례의 입장이다.

따라서, 본 설문의 경우 갑제1호증의 진정성립에 관해서는 자백의 구속력에 의해 법원은 이를 증거로 사용할 수 있을 것이다.

3. 제1회 변론기일에서의 자백철회

乙은 제1회 변론기일에서 갑제1호증이 위조된 것이라고 주장하고 있는 바, 이는 서증의 진정성립에 관한 자백을 철회하는 취지의 진술로 볼 수 있다. 그런데 乙의 자백을 철회하기 위해서는 ① 甲 등이 乙의 자백 철회에 동의하거나, ② 乙의 자백이 제3자의 형사상 처벌할 행위에 의하여 이루어졌음을 乙이 주장, 입증하거나, ③ 자백이 진실에 반하고 착오로 인한 것이었다는 점을 乙이 주장・입증하여야 한다(민사소송법 제288조 단서).

따라서 乙이 자백 철회의 요건을 입증하여 갑제1호증의 진정성립에 관한 자백이 적법하게 철회된다면, 갑제1호증의 제출자인 甲 등이 그 진정성립을 증명할 책임을 지게 될 것이나, 乙이 자백 철회의 요건을 입증하지 못할 경우 법원으로서는 갑제1호증의 진정성립을 인정하여야 하므로 이를 증거로 삼을 수 있을 것이다.

Ⅱ. 제1문의 2

1. 설문의 쟁점

설문은 丙과 丁의 법적 지위에 따라 보조참가신청을 허용할 것인지 여부와 丁의 승계참가를 인정할 것인지 여부에 관한 것이다.

2. 丙과 丁이 보조참가신청을 한 경우

가. 보조참가의 요건

소송절차를 현저하게 지연시키는 경우가 아닌 한 소송결과에 이해관계가 있는 제3자는 한 쪽 당사자를 돕기 위하여 법원에 계속중인 소송에 참가할 수 있다(민사소송법 제71조). 설문의 경우 丙과 丁이 소송결과에 이해관계가 있는 자인지 여부가 문제된다.

나. 丙의 보조참가신청의 적법성

丙은 乙에 대한 채권(소유권이전등기청구권)을 가진 자에 불과한 甲 등에 우선하여 저당권설정등기를 취득한 자로서 특별한 사정이 없는 한 甲 등-乙간 소송결과 여하에 따라 어떠한 법적 불이익을 받을 지위에 있지 아니하므로, 소송결과에 법률상 이해관계를 가진 자로 볼 수 없다.

다. 丁의 보조참가신청의 적법성

甲 등-乙 간 소송에서 甲이 승소하여 소유권이전등기를 마칠 경우 乙의 丁에 대한 소유권이전등기 의무는 이행불능 상태에 이르게 되는데, 丁이 제기하는 소유권이전등기청구소송에서 乙이 위와 같은 이행불능의 항변을 한다면 丁은 청구기각 판결을 받게 될 지위에 있으므로, 丁은 甲 등-乙 간 소송결과에 법률상 이해관계가 있는 것으로 볼 수 있다.[1]

라. 설문의 해결

법원은 丙의 보조참가신청에 대하여 각하하고, 丁의 보조참가신청은 소송절차를 현저히 지연시키는 것으로 판단되지 않는 한 허가하여야 할 것이다.

3. 丁이 참가승계신청을 한 경우

가. 참가승계

소송계속 중 소송목적인 권리 의무의 전부나 일부의 승계인이 스스로 소송당사자의 자격으로 참가하는 것을 말한다(민사소송법 제81조). 여기서 소송목적인 권리의무의 승계라 함은 소송물인 권리관계 자체가 제3자에게 특정적으로 승계된 경우 뿐만 아니라 소송물인 권리관계의 목적물건, 즉 계쟁물의 양도를 포함하는데, 민사소송법 제81조의 참가승계인은 제218조의 변론종결 후 승계인에 준하여 취급하여야 하므로[2] 구소송물이론에 입각한 판례에 의할 때, 채권적 청구권에 기한 소송 중 계쟁물을 취득한 자는 승계인에 포함되지 않는다.[3]

---

1) 이에 반해하여 丁의 경우 법률상 이해관계가 존재하지 않는다고 하는 견해도 있다.
2) 통설. 반대로 양자의 범위를 달리 파악하는 견해도 있다.
3) 반면에, 소송물인 권리가 물권적 청구권인가 채권적 청구권인지를 불문하고 등기나 점유의 승계인은 모두 승계

나. 설문의 해결

승계참가신청은 실질적으로 소의 제기에 해당하므로 법원은 참가요건을 직권으로 심리하여 요건흠결이 있는 것으로 판단되면 판결로써 각하하여야 하는 바, 丁은 甲 등-乙 간 의 채권적 청구권에 기한 소송의 계쟁물에 관하여 매매계약을 체결하였을 뿐이므로, 甲 등-乙 간 소송의 소송물(계쟁물)의 승계인으로서 甲 등-乙 간 소송에 당사자로 참가할 이익(승계인 적격)이 없다.

Ⅲ. 제1문의 3

1. 설문의 쟁점

본 설문은 丁이 변론종결 후의 승계인으로서 전소 확정판결의 기판력이 미치는 자에 해당하는지 여부에 관한 것이다.

2. 기판력의 주관적 범위

丁은 전소 변론종결일 이후에 계쟁물인 A부동산의 소유권을 취득한 자인 바, 민사소송법 제218조 제1항에서 규정하는 변론종결 후의 승계인으로서 전소 확정판결의 기판력이 미치는 자에 해당하는지 여부가 문제된다. 승계인의 범위와 관련하여 변론종결 후 당사자로부터 소송물인 실체법상의 권리의무를 승계한 자가 이에 해당함에는 이론이 없으나, 소송물인 권리의무 자체를 승계한 것은 아니나 계쟁물의 양수인이 이에 해당하는지 여부에 대해서 학설은 대립한다. 판례는 전소의 소송물이 채권적 청구권인 경우라면 그 계쟁물의 양수인은 기판력이 미치는 변론종결 후의 승계인에 해당하지 않는 것으로 본다(실질설)[4].

3. 설문의 해결

판례의 태도에 따르면 설문의 경우 전소의 소송물이 채권적 청구권에 불과한 이상 丁에 대하여는 기판력(집행력)이 미치지 않는다고 볼 것이므로, 甲 등은 전소 확정판결을 집행권원으로 하여 丁에 대하여 소유권이전등기를 강제집행할 수 없다.

적격자로 인정하고, 승계인이 상대방 당사자에 대항할 고유의 항변을 가지고 있으면 승계 후의 소송과정에서 주장할 기회를 부여하는 것이 타당하다는 견해도 존재한다.

4) 반면에 등기에 관하여 성립요건주의를 취하고 있는 현행법상 丁은 소유권을 취득하여 甲에게 대항할 수 있는 고유한 방어방법을 갖추고 있으므로 변론종결 후의 승계인에 해당하는 것으로 볼 수 없다는 견해도 있다(형식설).

Ⅳ. 제1문의 4

1. 설문의 쟁점

본 설문은 공시송달에 의한 판결 편취 시 당사자의 소송법상 구제방법에 관한 것이다.

2. 공시송달에 의한 편취판결의 효력

원고가 비록 허위의 주소를 기재하고 공시송달신청 시 위조한 증빙서류를 제출한 경우에 학설은 대립하나, 민사소송법 제451조 제1항 11호가 이를 재심사유로 규정하고 있는 이상 공시송달 명령 및 그에 따른 송달을 무효로 볼 수는 없으므로, 판결정본의 송달은 적법하여 판결은 형식적으로 확정되는 것으로 보아야 한다.5)

3. 소송법상 구제방법

학설은 무효설, 항소설, 상소추후보완・재심설이 있으나, 판례는 피고에 대한 송달이 공시송달로 이루어져 판결정본도 공시송달된 경우 법원은 피고가 책임질 수 없는 사유로 인하여 불변기간인 항소기간을 도과하게 된 경우에 해당하는 것으로 보아 항소의 추후보완을 하거나 민사소송법 제451조 제1항 제11호의 재심사유가 있음을 이유로 재심의 소를 제기를 인정한다. 다만 추후보완에 의한 항소는 판결절차가 공시송달을 통해 진행되었다는 사실을 안 날로부터 2주 이내에 제기하여야 하고, 재심의 소는 민사소송법 제456조 제1항 제3호, 제4호 소정의 제소기간 내에 제기하여야 하는데, 위 제소기간은 불변기간이 아니므로 그 기간을 지난 후에는 추완에 의한 재심의 소제기는 허용되지 않는다.

Ⅴ. 제1문의 5

1. 설문의 쟁점

기판력은 소송물에 관한 일정시점의 판단으로서 일정한 사항에 대하여 일정한 사람을 구속하는 효력을 의미하는 바, 설문의 경우 전소와 후소는 원고와 피고가 바뀌었을 뿐 당사자가 동일하므로, 기판력의 주관적 범위에 저촉되는 바, 이하에서 기판력의 객관적 범위와 시적 범위를 중심으로 검토한다.

---

5) 원고가 피고의 주소를 허위로 기재함으로써 그 주소지에 적법하게 송달된 것처럼 법원을 기망하여 승소판결을 선고받은 경우, 불변기간인 항소기간 개시의 기준이 되는 판결정본 송달은 부적법, 무효이므로 항소기간이 개시되지 않은 것으로 보아, 피고는 언제든지 항소를 제기할 수 있다고 보는 것이 판례의 태도이다(항소설).

2. 후소 청구가 기판력에 저촉되는지 여부

가. 주위적 청구: 소유권이전등기말소청구

전소판결의 기판력은 "甲은 乙에 대하여 전소의 사실심 변론종결일 당시에 X 토지에 관하여 2012. 3. 1. 매매를 원인으로 하는 소유권이전등기청구권을 가지고 있었다"는 점에 미치는 바, 2012. 3. 1.자 매매계약이 사회질서에 위반된 법률행위(민법 제103조)에 해당하므로 甲 등의 소유권이전등기는 원인무효임을 주장하는 후소는 전소에서 확정된 법률관계와 모순되는 법률관계를 소송물로 하고 있어 기판력의 객관적 범위에 저촉된다.

또한, 후소의 청구원인은 전소의 사실심 변론종결일 이전에 존재했고 행사할 수 있었던 방어방법이므로, 기판력의 시적 범위에 저촉된다.

따라서 후소 청구는 전소의 기판력에 저촉된다.

나. 예비적 청구: 잔대금청구

2005. 3. 1. 자 매매계약에 따라 매매잔대금 1억원의 지급을 구하는 후소의 소송물은 전소의 소송물과 다르고, 전소에서 확정된 법률관계가 후소의 소송물인 법률관계와 모순되거나 후소의 선결문제로 되는 경우도 아니므로, 전소의 기판력의 객관적 범위에 저촉되지 않는다.

또한 乙이 전소에서 잔대금채권에 기하여 동시이행의 항변을 하였다 하더라도 그에 대한 법원의 판단은 판결이유에서 판단되는 사항에 불과하므로 기판력이 발생하지 않고, 동시이행의 항변을 하지 않았다 하더라도 잔대금채권은 실체법상 독립한 권리로서 차단효의 적용대상이 아니다. 즉, 잔대금채권이 전소의 사실심 변론종결일 이전에 존재하고 행사할 수 있었다 하더라도 기판력에 의하여 차단되는 권리가 아니므로, 전소의 기판력의 시적 범위에 저촉되지 않는다.

따라서 후소 청구는 전소의 기판력에 저촉되지 않는다.

3. 설문의 해결

기판력 저촉의 효과에 관하여는 모순금지설, 반복금지설의 대립이 있는데, 판례는 모순금지설의 입장으로 평가되고 있는 바, 이에 의하면, 전소에서 패소판결을 선고받은 자가 기판력에 저촉되는 소를 제기한 경우 후소 청구를 기각하여야 한다. 따라서, 법원은 乙의 주위적 청구에 대해서는 기판력에 저촉됨을 이유로 청구기각 판결을 선고하고, 예비적 청구는 기판력에 저촉되지 않으므로 통상의 심리절차에 따라 잔대금채권이 존재하는지 여부를 판단하면 된다.

Ⅵ. 제1문의 6

1. 설문의 쟁점

설문의 경우 乙과 丙을 상대로 한 사해행위취소소송과 원상회복청구소송의 병합제소에 관한 본안전 요건과 본안요건을 검토하여야 한다.

2. 본안전 요건에 관한 판단

가. 공동소송의 적법요건

甲 등이 乙, 丙에 대하여 제기한 사해행위취소 및 원상회복소송은 소의 주관적, 객관적 병합을 전제로 하므로, 민사소송법 제65조 전문, 후문의 요건과 민사소송법 제25조의 요건을 갖출 필요가 있는 바, 甲 등의 주장 자체로 보면 소송의 목적인 권리의무가 공통인 경우에 해당하므로, 소의 주관적, 객관적 요건은 갖추어진 것으로 본다.

나. 乙, 丙을 상대로 한 채권자취소소송의 적법요건

(1) 제척기간 도과의 가능성

甲 등은 매매계약이 이루어진 날(2012. 3. 1.)로부터 1년이 도과된 시점(2013. 5. 1.)에 채권자취소소송을 제기한 바, 법원은 甲이 위 매매계약이 사해행위에 해당함을 안 날로부터 제척기간인 1년 이내에 소를 제기한 것인지 여부를 직권으로 심리하여, 그 기간이 도과된 것으로 판단되면 소를 각하하여야 한다.

(2) 채권자취소소송의 피고적격

채권자취소소송은 수익자 또는 전득자만을 피고로 삼을 수 있으며, 채무자는 피고적격이 없다고 본다. 따라서 피고 乙에 대한 채권자취소소송은 부적법한 것으로 각하하여야 한다.

다. 乙을 상대로 한 근저당권말소등기 청구소송의 적법성

등기의 말소를 구하는 소는 그 등기명의자를 피고로 삼지 않는다면 승소하더라도 이를 집행할 수 없으므로 소의 이익이 있다고 볼 수 없고, 따라서 그 등기명의자만이 피고적격을 가지는 것으로 보는 것이 판례의 태도이다. 판례의 태도에 따른다면 乙을 피고로 하는 근저당권말소등기 청구소송은 피고적격이 흠결된 것으로서 각하하여야 할 것이다.

3. 본안에 대한 판단

가. 丙을 상대로 한 채권자취소청구의 본안에 대한 심리 판단

(1) 채권자취소소송에서 원고는 채권자취소권의 성립요건으로서 ① 채권자가 채무자에 대하여 채권을 가질 것(피보전채권의 존재), ② 채무자가 재산권을 목적으로 하는 법률행

위를 하였을 것, ③ 그 법률행위가 채권자를 해할 것, ④ 채무자의 악의 등을 주장, 입증하여야 한다. 특히, 채권자취소권은 채무자가 채권자를 해함을 알면서 자기의 일반재산을 감소시키는 행위를 한 경우에 그 행위를 취소하여 채무자의 재산을 원상회복시킴으로써 채무자의 책임재산을 보전하는 권리이므로, 특정물채권을 보전하기 위하여 행사하는 것은 허용되지 않는다.

(2) 설문의 경우 甲의 피보전채권은 매매를 원인으로 하는 소유권이전등기청구권으로서 특정물채권에 해당하여, 丙에 대한 채권자취소청구는 본안의 요건을 갖추지 못하였으므로 법원은 청구를 기각하여야 한다.

나. 丙을 상대로 한 근저당권말소등기 청구의 본안요건

丙을 상대로 한 근저당권말소등기 청구는 채권자취소청구가 인용되어 그 판결이 확정됨으로써 2012. 3. 1.자 매매계약이 취소될 것을 본안요건으로 하는 원상회복청구인 바, 위와 같이 丙을 상대로 한 채권자취소청구가 기각되는 이상 근저당권말소등기청구도 인용될 수 없으므로, 법원은 청구를 기각하여야 한다.

Ⅶ. 제1문의 7

1. 설문의 쟁점

설문은 채권자대위소송에서 당자자의 주장과 판단에 관한 것이다.

2. 본안전 요건에 관한 판단

당사자의 주장 중 채권자대위권의 성립요건 중 본안전 요건에 대한 주장을 이하에서 검토하기로 한다.

가. 甲이 피보전권리를 단독으로 행사하는 것이 부적법하다는 주장에 대한 판단

甲과 A, B 사이에서는 전매차익의 취득만을 목적으로 하여 매수인별로 공유지분을 가지고 각자 자유롭게 지분권을 처분하여 대가를 취득할 수 있게 하였으므로, 이들의 관계는 민법상 조합이 아니라 소유권이전등기청구권을 준공유하는 관계이다(대법원 2012. 8. 30. 선고 2010다39918 판결). 또한, 공유물의 보존행위는 단독으로 가능하다.

甲의 피보전권리에 대한 행위는 공유물의 보존행위이므로 과반수 지분권자가 아니더라도 대위행사에 지장이 없다.

따라서 甲은 乙에 대한 위 매매계약에 기한 1/2 지분의 소유권이전등기청구권을 피보전권리로 하여 단독으로 乙의 권리를 대위행사 할 수 있다.

나. 피보전권리의 시효소멸 주장에 대한 판단

상인인 乙의 행위는 상행위로 추정되므로(상법 제47조 제2항) 甲의 乙에 대한 소유권이전등기청구권의 소멸시효는 상사시효 5년이 적용된다. 따라서 소 제기 당시 이미 이행기로부터 5년이 경과하여 소멸시효가 완성되었다.

그러나 채권자대위소송에서 피보전권리에 대해 시효가 완성되었다고 하더라도 제3채무자 丙은 시효의 이익을 직접 받는 자가 아니므로 소멸시효 완성의 주장을 할 수 없다.

다. 채권자대위권의 행사를 위한 무자력요건 불비 주장에 대한 판단

채권자대위권은 채무자의 책임재산을 보전하기 위한 제도이므로 원칙적으로 채무자가 무자력이어야 한다. 그러나 판례는 특정채권의 보전을 위하여 채권자대위권이 행사되는 경우에는 채무자의 무자력은 필요하지 않다는 입장이다.

3. 본안에 관한 판단: 피담보채무의 소멸주장에 대한 판단

乙이 2009. 4. 30.까지의 채무 중 원금 1억 원과 그 때까지의 이자를 모두 지급하였으므로 그 날 현재 남은 채무는 원금 1억 원이다. 2009. 10. 31. 4,600만 원을 변제하였는데 이 변제금은 남은 원금 1억 원에 대한 변제일까지의 지연손해금 600만 원(1억 원×0.01×6월)에 먼저 충당되고 나머지 4,000만 원은 원금에 충당되어 피담보채무는 원금은 6,000만 원 및 이에 대한 2009. 11. 1.부터 완제일까지 월 1%의 비율에 의한 금원이 남는다. 변제공탁일인 2010. 4. 30. 현재 남은 채무는 원금 6,000만 원 및 이에 대한 2009. 11. 1.부터 공탁일까지의 지연손해금 360만 원(6,000만 원×0.01×6)이다.

따라서 乙이 변제공탁한 6,400만 원은 지연손해금 360만 원에 충당되고 나머지가 원금에 충당되어 저당권의 피담보채무는 모두 소멸하였다.

피담보채무가 소멸하면 저당권도 소멸하고, 저당권이 소멸하면, 저당권설정등기는 소유자의 소유권을 방해하는 것이므로 소유자는 소유권에 기한 방해배제청구권의 행사로서 저당권설정등기의 말소를 청구할 수 있다. 그러므로 丙은 저당권설정등기를 말소할 의무가 있다.

4. 결 론: 법원은 원고의 청구를 인용하여야 한다.

2013년도 제3차 법전협주관 모의시험

민사법 제2문

공통된 사실관계

1. 甲은 그 소유의 X토지 위에 상가건물을 건축하여 분양하기로 하고 2009. 7. 30 乙 건설주식회사(이하'乙'이라 함)와 丙건설 주식회사(이하'丙'이라 함) 사이에 甲이 乙과 丙에게 공동으로 상가건물 건축공사를 발주하고 공사대금은 20억원, 준공일은 2010. 9. 30.로 정하여 도급하는 내용의 건축공사도급계약을 체결하였다.
2. 乙과 丙은 공동으로 공사를 수급하여 이행하는 조합을 결성하되(이하 '이 사건 조합')이라 함)乙이 공사의 시행을 비롯한 조합의 모든 업무를 관장하기로 하였다. 丙은 자기 소유의 중기를 출자하고 실제 공사에는 관여하지 않았다.
3. 甲은 위 공사대금 가운데 2009. 8. 30. 공사 착수에 따라 8억원을, 2010. 1. 31. 기초공사 완료에 따라 8억원을 지급하였다.
4. 乙은 공사기간 동안 乙 명의로 자재업체인 丁과 자재공급계약을 맺고(이하'이 사건 자재 공급계약'이라 함) 공사에 필요한 자재의 납품을 받았다. 丁은 약정된 대로 자재를 2010. 2. 28. 모두 乙에게 인도하였고 위 자재는 이 사건 신축공사에 모두 이용되어 건물에 부합되었다. 丁은 자재대금 가운데 4억원을 아직 지급받지 못하였다.
5. 乙은 2010. 9. 30. 상가건물을 완성하여 甲에게 인도하였고, 甲은 같은 날 위 상가건물에 대하여 본인 명의로 소유권보존등기를 경료하였다.
6. 乙은 그 무렵 국내 건설경기 악화로 도산하였다.

(아래 각 설문은 독립적이며 상호 무관함)

1. 丁은 丙에 대하여 미지급 자재대금 4억원을 지급할 것을 청구하였다. 丙은 이 사건 자재공급계약이 乙의 단독 명의로 체결된 것이므로 丙은 자재대금채무에 대하여 아무런 책임이 없다고 주장하였다. 이에 대해 丁은 乙 명의로 체결한 자재공급계약의 효력이 丙에게 미친다고 주장하였다. 각 주장의 타당성과 丁이 丙에게 4억원의 지급을 청구할 수 있는지 검토하시오.(35점)

2. 만약 이 사건 자재공급계약에 "자재공급대금을 모두 지급받을 때까지 인도한 자재의 소유권은 丁에게 있다. 丁은 乙에게 자재의 처분 권한을 부여하지 아니한다"는 특약이 포함되어 있었고, 甲은 이러한 특약 내용을 알고 있었다고 가

정한다면, 丁이 甲에 대하여 미지급 자재대금 4억원 상당액을 부당이득으로 반환청구할 수 있는지 검토하시오.(20점)

추가된 사실관계

1. 丙은 2010. 10. 1. 이 사건 조합에서 탈퇴하였다.
2. 丁은 그 미지급 자재대금을 피보전채권으로, 乙을 채무자로, 甲을 제3채무자로 하여 乙의 甲에 대한 공사 잔대금채권 4억원에 대하여 2010. 11. 1. 가압류결정을 받았고, 가압류결정은 2010. 11. 10. 제3채무자인 甲에게 송달되었다.
3. 甲은 乙로부터 위 건물을 인도받은 이후 그 골조공사에 중요한 하자가 있어 乙에게 하자의 보수를 청구하였으나, 乙은 이미 도산하여 보수 공사를 하지 못하였다. 甲은 2010. 12.1. 1억원을 지출하여 그 하자를 보수하였다.
4. 丁은 위 가압류에 기한 압류 및 전부명령을 받았고 그 명령이 2010. 12. 15. 乙과 甲에게 송달되었다.
5. 丁은 2011.1.1. 甲에 대하여 전부금 청구소송을 제기하였다.

3. 위 전부금 청구소송에서 甲은 위 건물의 하자보수를 위해 1억원을 지출하였으므로 乙에게 동액 상당의 손해배상청구권을 가진다고 주장하였다. 그리고 그 손해배상청구권과 공사 잔대금채권을 상계한다고 주장하였다. 甲주장의 타당성을 검토하시오.(30점)

추가된 사실관계

1. 丙은 2010. 10. 1. 이 사건 조합에서 탈퇴하였다.
2. 乙은 다른 하도급업체인 戊에게 공사 잔대금 중 2억원의 채권을 양도하였고 그 양도통지가 2010. 10. 15. 甲에게 송달되었다. 위 양도통지는 확정일자 있는 증서에 의한 것이 아니었지만, 甲은 2010. 10.30. 戊에게 2억원을 지급하였다.
3. 丁은 미지급 자재대금채권을 집행채권으로, 乙을 채무자로, 甲을 제3채무자로 하여 乙의 甲에 대한 공사 잔대금 채권 4억원에 대하여 압류 및 전부명령을 받았고 그 명령이 2010. 12. 15. 乙과 甲에게 송달되었다.
4. 丁은 2011. 1. 1. 甲에 대하여 전부금 청구소송을 제기하였다.

4. 甲은 공사 잔대금채권 중 2억원은 戊에게 이미 변제함으로써 소멸하였다고 주장하였다. 甲 주장의 타당성을 검토하시오.(15점)

민사법

C/O/N/T/E/N/T/S

제2문

김 태 관 〔동아대학교 법학전문대학원 교수·변호사〕

Ⅰ. 제2문의 1

1. 설문의 쟁점

乙과 자재공급계약을 체결한 丁이 도산한 乙을 대신하여 丙을 상대로 자재공급대금을 청구할 수 있는지 여부를 판단하기 위해서는 乙과 丙의 관계, 乙 명의로 이루어진 계약의 丙에 대한 효력 등의 쟁점을 검토할 필요가 있다.

2. 乙과 丙의 법적 지위

乙과 丙은 공동으로 甲으로부터 상가건물 신축공사를 수급하여 이행하는 조합을 결성하고, 乙이 공사의 시행을 비롯한 조합의 모든 업무를 관장하기로 하였으며, 丙은 자기 소유의 중기를 출자하였다.

따라서 乙은 乙이 조합의 모든 업무를 관장하기로 하였으므로, 민법상 조합의 업무집행조합원, 丙은 시공에 관여하지 않더라도 중기를 출자하였으므로, 조합원에 해당한다고 볼 수 있다.

그러므로, 乙은 업무집행조합원으로서 대리권을 가진다(민법 제709조).

3. 乙 단독명의의 대리행위와 현명주의

가. 조합대리와 현명주의

조합이 제3자와 거래하는 경우에는 전 조합원의 이름으로 하여야 하는 것이 원칙이나, 전 조합원의 이름을 모두 현명할 필요는 없고, 조합의 이름을 드는 것으로 충분하다. 그러나 설문의 자재공급계약은 乙의 단독 명의로 체결된 바, 위와 같은 방식으로도 현명이 된 것으로 볼 수 있는지 문제될 수 있다. 이에 대해 대법원 2009.1.30. 선고 2008다79340 판결은 "상법 제48조가 '상행위의 대리인이 본인을 위한 것임을 표시하지 아니하여도 그 행위는 본인에 대하여 효력이 있다. 그러나 상대방이 본인을 위한 것임을 알지 못한 때에는 대리인에 대하여도 이행의 청구를 할 수 있다.'고 규정하고 있으므로, 조합대리에 있어서도 그 법률행위가 조합에게 상행위가 되는 경우에는 조합을 위한 것임을 표시하지 않았다고 하더라도 그 법률행위의 효력은 본인인 조합원 전원에게 미친다고 보아야 할 것이다"라고 판시한 바 있다.

나. 자재공급계약의 성격과 상행위로 인한 조합채무에 대한 丙의 책임

(1) 자재공급계약의 성격

이 사건 자재공급계약은 건설업을 영위하는 상인인 甲과 乙을 조합원으로 한 조합이, 상행위인 이 사건 도급계약 내지는 이 사건 공사를 이행하기 위하여 丁과 체결한 것으로서 상법 제47조 제1항의 보조적 상행위에 해당한다.

그렇다면 乙이 丁으로부터 이 사건 건축공사에 필요한 자재를 공급받음에 있어 丁에 대하여 조합을 위한 것임을 표시하지 아니하였다고 하더라도 상법 제48조에 따라 그 자재공급계약의 효력은 본인인 조합원 전원에게 미친다고 할 것이므로, 丙은 조합원으로서 乙과 丁 사이의 자재공급계약에 따른 채무를 부담한다고 보아야 할 것이다.

(2) 상행위로 인한 조합채무에 대한 연대책임

조합의 채무는 조합원의 채무로서 특별한 사정이 없는 한 조합채권자는 각 조합원에 대하여 지분의 비율에 따라 또는 균일적으로 변제의 청구를 할 수 있을 뿐이나, 조합채무가 특히 조합원 전원을 위하여 상행위가 되는 행위로 인하여 부담하게 된 것이라면 상법 제57조 제1항을 적용하여 조합원들의 연대책임이 인정된다.

따라서 자재공급계약에 따른 미지급 자재대금은 업무집행조합원인 乙이 조합원 전원을 위하여 상행위가 되는 행위로서 부담하게 된 채무이므로, 조합원인 丙은 위 채무에 대하여 연대책임을 진다.

Ⅱ. 제2문의 2

1. 설문의 쟁점

자재공급계약에서 자재대금완납시까지 소유권을 유보하였고, 甲이 이를 알고 있었던 경우에 丁이 甲을 상대로 자재대금상당의 부당이득반환청구가 가능한지 여부가 쟁점이다.

2. 부당이득반환청구의 근거

丁이 공급한 자재는 부합으로 그 소유권은 甲에게 귀속하고, 민법 제261조에 의해 첨부로 소유권을 취득한 자는 손해를 받은 자에게 부당이득에 관한 규정에 의하여 보상을 청구하여야 한다. 다만, 대법원 2009. 9. 24. 선고 2009다15602 판결은 민법 제261조에서 첨부로 법률규정에 의한 소유권 취득(민법 제256조 내지 제260조)이 인정된 경우에 "손해를 받은 자는 부당이득에 관한 규정에 의하여 보상을 청구할 수 있다"라고 규정하고 있는 바, 이러한 보상청구가 인정되기 위해서는 민법 제261조 자체의 요건만이 아니라, 부당이득 법리에 따른 판단에 의하여 부당이득의 요건이 모두 충족되었음이 인정되어야 한다"고 하고 있다.

3. 소유권유보부 매매와 부합에 의한 부당이득반환청구

매매 목적물에 대한 소유권이 유보된 상태에서 매매가 이루어진 경우에는 대금이 모두 지급될 때까지는 매매 목적물에 대한 소유권이 이전되지 않고 점유의 이전만 있어 매수인이 이를 다시 매도하여 인도하더라도 제3자는 유효하게 소유권을 취득하지 못하므로(대법원 1999. 9. 7. 선고 99다30534 판결 참조), 위와 같은 계약관계에 의한 급부만을 이유로 제3자는 소유자의 반환 청구를 거부할 수 없고, 부합 등의 사유로 제3자가 소유권을 유효하게 취득하였다면 그 가액을 소유자에게 부당이득으로 반환함이 원칙이다.[1]

4. 선의취득의 법리의 유추적용

판례는 매매 목적물에 대한 소유권이 유보된 경우라 하더라도 이를 다시 매수한 제3자의 선의취득이 인정되는 때에는, 그 선의취득이 이익을 보유할 수 있는 법률상 원인이 되므로 제3자는 그러한 반환의무를 부담하지 않는다고 판시하고 있다. 나아가 매도인에 의하여 소유권이 유보된 자재를 매수인이 제3자와 사이의 도급계약에 의하여 제3자 소유의 건물 건축에 사용하여 부합됨에 따라 매도인이 소유권을 상실하는 경우에, 비록 그 자재가 직접 매수인으로부터 제3자에게 교부된 것은 아니지만 도급계약에 따른 이행에 의하여 제3자에게 제공된 것으로서 거래에 의한 동산 양도와 유사한 실질을 가지므로, 그 부합에 의한 보상청구에 대하여도 위에서 본 선의취득에서의 이익보유에 관한 법리가 유추적용된다고 판시하고 있다.

따라서 설문에서 매도인에게 소유권이 유보된 자재가 제3자와 매수인과 사이에 이루어진 도급계약의 이행에 의하여 부합된 경우 보상청구를 거부할 법률상 원인이 있다고 할 수

1) 판례가 계약 당사자 사이에 계약관계가 연결되어 있어서 각각의 급부로 순차로 소유권이 이전된 경우 계약관계에 기한 급부가 법률상의 원인이 되므로 최초의 급부자는 최후의 급부수령자에게 법률상 원인 없이 급부를 수령하였다는 이유로 부당이득반환청구를 할 수 없다(대법원 2003. 12. 26. 선고 2001다46730 판결 참조)고 판시하고 있는 것과는 달리 취급하고 있다.

없으므로, 부당이득반환청구권이 성립한다고 할 수 있다. 그러나, 제3자가 도급계약에 의하여 제공된 자재의 소유권이 유보된 사실에 관하여 과실 없이 알지 못한 경우라면 선의취득의 경우와 마찬가지로 제3자가 그 자재의 귀속으로 인한 이익을 보유할 수 있는 법률상 원인이 있다고 봄이 상당하므로 매도인으로서는 그에 관한 보상청구를 할 수 없다.

5. 설문의 해결

설문에서 甲은 자재의 소유권이 유보된 사실을 알고 있었으므로, 그 자재의 소유권 귀속으로 인한 이익을 보유할 수 있는 법률상 원인이 있다고 볼 수 없다. 丁은 甲에게 미지급 자재대금 상당액을 부당이득으로 반환청구 할 수 있다.

Ⅲ. 제2문의 3

1. 설문의 쟁점

전부금청구소송에서 동시이행관계에 있는 하자보수에 갈음하는 손해배상청구권과 공사잔대금채권 사이에서 수동채권에 대해 압류가 된 경우 상계가 가능한지 여부가 쟁점이라 할 수 있다.

2. 상계의 요건

상계가 가능하기 위해서는 자동채권과 수동채권이 상계적상에 있을 것과 상계의 의사표시가 있을 것을 요건으로 하는 바, 쌍방 채권이 상계가 허용되는 것이어야 한다. 민법 제498조는 상계금지채권의 하나로 수동채권이 지급금지명령을 받은 경우를 들고 있는데, 설문에서와 같이 공사잔금채권에 대해 가압류명령을 받은 후 취득한 손해배상채권이 민법에서 상계가 허용되지 않는 자동채권인지 여부가 문제 된다.

3. 상계가 가능한지 여부

가. 甲의 손해배상청구권 발생

(1) 완성된 목적물에 하자가 있으면 수급인은 담보책임을 진다(민법 제667조). 하자의 보수가 가능하더라도 하자의 보수를 청구하지 않고 곧바로 이에 갈음하는 손해의 배상을 청구할 수 있는지에 대해 견해의 대립이 있지만, 설문에서는 甲이 하자의 보수를 청구하였으나 乙이 이를 이행하지 못하였으므로 어느 학설에 의하더라도 甲이 그 하자로 인한 손해의 배상을 청구할 수 있다고 볼 것이다.

(2) 손해배상의 범위에 관하여, (i)하자가 중요하지 아니하면서 동시에 그 보수에 과다한 비용을 요하는 경우에는 도급인은 하자보수나 하자보수에 갈음하는 손해배상을 청구

할 수 없고 그 하자로 인하여 입은 손해의 배상만을 청구할 수 있는데, 이러한 경우 그 하자로 인하여 입은 통상의 손해는 특별한 사정이 없는 한 수급인이 하자 없이 시공하였을 경우의 목적물의 교환가치와 하자가 있는 현재 상태대로의 교환가치와의 차액이고, (ii) 하자가 중요한 경우에는 그 보수에 갈음하는 즉 실제로 보수에 필요한 비용이 손해배상에 포함된다.

(3) 설문은 '골조공사에 중요한 하자' 가 있는 경우, 甲이 실제로 보수에 지출한 비용 1억원이 손해배상에 포함될 수 있다.

나. 자동채권이 수동채권과 동시이행 관계에 있는 경우

(1) 가압류를 받은 제3채무자의 가압류채무자에 대한 자동채권이 수동채권인 피압류채권과 동시이행의 관계에 있는 경우, 그 자동채권이 가압류 후에 발생한 것이더라도 피압류채권과 상계할 수 있다는 것이 판례이다.[2)]

(2) 또한 도급인의 하자보수청구권 또는 손해배상청구권은 수급인의 보수지급청구권과 동시이행관계에 있다는 것이 판례이다.[3)]

4. 설문의 해결

따라서 甲의 손해배상청구권이라는 자동채권이 가압류 후에 발생하였다 하더라도 도급인의 하자보수청구권 또는 손해배상청구권은 수급인의 보수지급청구권과 동시이행관계에 있으므로, 甲은 손해배상청구권을 자동채권으로 하여 상계할 수 있다.

Ⅳ. 제2문의 4

1. 설문의 쟁점

戊는 민법 제450조 제2항의 지명채권양도의 제3자에 대한 대항요건을 갖추지 않았는데, 甲이 戊에 대한 변제로 가압류채권자인 정에게 대항할 수 있는지가 문제된다.

2. 채권양도에서 제3자에 대한 대항요건의 적용범위

민법 제450조 제2항 소정의 지명채권양도의 제3자에 대한 대항요건은 양도된 채권이 존속하는 동안에 그 채권에 관하여 양수인의 지위와 양립할 수 없는 법률상의 지위를 취득한 제3자가 있는 경우에 적용되는 것이다. 따라서 양도된 채권이 이미 변제 등으로 소멸한 경우에는 그 후에 그 채권에 관한 채권압류 및 추심명령이 송달되더라도 그 채권압류 및 추심명령은 존재하지 아니하는 채권에 대한 것으로서 무효이고, 위와 같은 대항요건의 문제

---

2) 대법원 2001. 3. 27. 선고 2000다43819 판결 등.
3) 대법원 1996. 7. 12. 선고 96다7250,7267 판결 등.

는 발생될 여지가 없다.[4)]

3. 설문의 해결

甲이 확정일자 있는 증서에 의하지 아니한 양도통지를 받고 戊에게 이를 변제하였더라도 그 변제로 채권은 소멸하게 되며, 그 후에 丁이 발부받은 압류 및 전부명령은 乙에게 존재하지 않는 채권에 대한 것으로서 효력이 없다고 보아야 한다.

따라서 甲은 戊에 대한 변제로 가압류채권자 丁에게 대항할 수 있다.

민사법

4) 대법원 2003. 10. 24. 선고 2003다37426 판결.

2013년도 제3차 법전협주관 모의시험

민사법 제3문

A주식회사 (이하 'A회사'라고 한다)는 난방설비업과 전기공사업을 영위하는 회사이고 현재 지배주주인 甲이 발행주식총수 100만주 중 40만주를 소유하고 있다. B주식회사(이하 'B회사'라고 한다)는 A회사에 2012년 10월 1일부터 난방용 보일러를 공급하기로 약정하였고, A회사의 지배주주 甲은 A회사의 보일러 대금지급 채무에 대하여 보증을 하였다.

A회사와 난방설비 공급관계에 있던 C주식회사(이하 'C회사'라고 한다)는 사업확장을 위하여 A회사의 주식을 매수하기로 계획하였다. C회사는 주식취득자금을 조달하기 위하여 은행으로부터 자금을 대출받았는데, A회사가 C회사의 대출채무에 대하여 보증을 하였다. C회사는 이와 같이 조달한 자금으로 甲 소유의 A회사 주식 중 30만주를 매수하였다.

C회사는 A회사의 주식을 취득한 후 A회사의 사업 중 전기공사업 부문을 분할하여 D주식회사 (이하 'D회사'라고 한다)에 합병하기로 하였다. 분할합병계약서에는 아래와 같이 규정하였다.

1. 2013년 3월 14일 현재 재산목록을 기준으로 D회사는 A회사(분할회사)의 영업일부인 전기공사업 부문의 제반 면허, 장비 및 인원, 계약권리 및 하자보수 등의 권리의무를 포괄적으로 승계한다.

2. D회사는 A회사(분할회사)의 채무중에서 출자한 재산에 관한 채무(책임을 포함한다)만을 부담하며, D회사로 이전되지 아니한 A회사의 다른 채무에 대해 연대하여 변제할 책임을 지지 아니한다.

3. 출자한 재산에 관한 채무란 전기공사업의 계속을 위한 상거래 및 이에 준하는 순수 영업관련 채무를 말한다.

A회사는 2013년 3월 20일 분할합병계약서 승인을 안건으로 하는 주주총회를 개최하였다. 이 주주총회에는 C회사(30만주)와 甲(10만주)을 포함하여 총60만주의 주식을 소유한 주주가 출석하였고, 甲의 반대에도 불구하고 C회사와 기타 20

만주 총 50만주의 주식을 가진 주주가 찬성하여 분할합병계약서가 승인되었다.
A회사는 2013년 3월 21일 일간신문에 "A회사는 상법 제530조의9 제2항의 결의절차를 밟아 상법 제530조의9 제1항의 출자재산 이외의 채무에 대하여는 연대책임을 부담하지 않기로 결의하였으므로 회사분할합병에 이의가 있는 채권자는 공고게재일로부터 1개월 이내에 회사에 이의를 제출하라"는 취지의 분할공고를 마쳤으나, 甲에게 개별적 최고를 하지는 아니하였다. 채권자의 이의제기가 없자 2013년 5월 1일 A회사와 D회사는 분할합병에 관한 등기를 마쳤다.
甲은 2013년 7월 1일 A회사에 난방용 보일러를 공급한 B회사에 대한 A회사의 채무를 대위변제하였다.(이상 A회사, B회사, C회사, D회사는 모두 비상장회사이다.)

1. C회사가 甲이 소유하고 있는 A회사의 주식을 취득한 행위는 효력이 있는가?(25점)

2. 甲은 주식매수청구권을 행사할 수 있는가? 그리고 주식매수청구권을 행사한 甲이 분할합병 무효의 소를 제기할 수 있는가?(25점)

3. D회사는 甲의 구상금채권에 대하여 변제할 책임이 있는가?(50점)

▌C/O/N/T/E/N/T/S

제3문

박 인 호 〔전남대학교 법학전문대학원 교수 · 변호사〕

〈문제 1〉 C회사가 甲이 소유하고 있는 A회사의 주식을 취득한 행위는 효력이 있는가?(25점)

Ⅰ. 문제해설

본 사안은 취득이 금지되는 자기주식의 범위와 관련하여 타인의 자금지원에 의한 주식취득의 효력에 관하여 묻기 위한 것으로 보인다. 사안은 C 회사가 A회사의 주식을 취득하기 위해 자금을 대출함에 있어서 A회사가 보증을 한 경우이므로 타인명의로 자기의 계산으로 자기주식을 취득한 것에 해당하는지 여부가 쟁점이 된다. 주식취득의 효력을 판단하기 위해서 우선 취득이 금지되는 자기주식의 범위 및 자기주식 취득행위의 사법상 효력을 살펴야 하므로 본문에서 그 일반적 내용을 설명하고 사안과 관련하여서는 특히 주식취득 자금 마련을 위한 대출에 대해 회사가 보증을 한 경우 자기계산으로 자기주식을 취득한 것으로 볼 수 있는지에 관하여 검토한 후 그 결론을 도출하면 될 것이다.

Ⅱ. 예시답안

1. 쟁 점

C회사의 명의로 A회사 주식을 취득하였더라도 C회사가 주식취득 자금을 대출받음에 있어서 A 회사가 보증을 한 경우 A회사의 계산으로 자기주식을 취득한 것으로 볼 수 있는지 여부가 쟁점이다. 이와 관련하여 우선 자기주식취득 금지의 내용과 그 효력에 관하여 살필 필요가 있다.

2. 취득이 금지되는 자기주식의 취득인지 여부

(1) 취득이 금지되는 자기주식의 의미

자기주식은 회사의 명의와 계산으로 상법 제341조 제1항에 따라 회사에 배당가능이익이 있는 경우 그 이익의 범위 내에서 주주총회의 결의로 매수할 주식의 종류 및 수, 취득가액의 총액 한도, 자기주식을 취득할 수 있는 기간 등을 정하여 자기주식을 취득하거나 제341조의 2에 따라 회사의 합병 또는 다른 회사의 영업전부의 양수, 회사의 권리를 실행함에 있어서 그 목적을 달성하기 위하여 필요한 때, 주주가 주식매수청구권을 행사한 때와 같이 특정한 목적을 위하여 취득하는 등 상법이 정한 방법이나 목적 이외의 경우 또는 특별법으로 허용한 경우 이외에는 자기주식을 취득할 수 없다.

자기주식의 취득은 원칙상 회사 명의로 회사의 계산으로 취득하는 것이 일반적이지만, 비록 제3자 명의로 취득하더라도 회사의 계산으로 취득하는 경우라면 회사의 자본적 기초를 위태롭게 할 우려가 있다는 점에서 자기주식의 취득에 해당되어 금지된다.

(2) 자기주식 취득 금지위반의 효과

자기주식 취득 금지에 위반하여 자기주식을 취득한 경우 그 효력과 관련하여 무효설, 유효설, 부분적 무효설 내지 상대적 무효설로 나뉜다.

1) 무효설

자기주식 취득은 출자의 환급과 동일한 효과를 발생하게 되어 주식회사의 본질적 요청인 자본충실의 원칙을 침해하므로 이를 방지하기 위하여 취득을 금지하는 것이므로 상법 제341조 및 제341조의 2는 강행규정으로 보아야 하고, 따라서 이에 위반하여 자기주식을 취득한 경우에는 상대방(양도인)의 선·악을 불문하고 무효라고 하는 견해이다.

2) 유효설

거래의 안전을 우선하여 자기주식 취득에 관한 상법 제341조 및 제341조의 2 규정을 단속규정으로 보아, 위 규정에 위반하여 자기주식을 취득하더라도 사법상의 효력은 인정되고, 다만 이사의 책임을 추궁할 수 있다고 보는 견해이다.

3) 상대적 무효설

거래의 안전보호를 위하여 선의자에 대하여 무효 주장을 제한하는 견해로서 자기주식 취득의 금지에 위반한 취득행위는 원칙적으로 무효이나, 회사가 타인명의로 취득한 경우에 상대방이 선의이면 대항하지 못한다고 하는 견해와 금지에 위반한 자기주식의 취득은 무효임이 원칙이나 양도인은 선악을 불문하고 언제나 무효를 주장하지 못하고, 회사는 양도인이 선의인 경우 무효를 주장하지 못한다고 하는 견해가 있다.

4) 판례[1]

법률이 명시적으로 자기주식의 취득을 허용하는 경우 또는 무상으로 취득하는 경우와 같이 회사의 자본적 기초를 위태롭게 할 위험이 없는 경우 이외에 회사가 자기의 계산으로 자기주식을 취득하는 것은 당연히 무효라고 하여 무효설과 같은 입장이다.

5) 검토

자본충실의 원칙은 주식회사의 본질적 기초로서 자기주식 취득을 금지한 입법의 취지에 비추어 이를 강행규정으로 보아 이에 위반하여 자기주식을 취득하는 경우 양도인의 선악을 불문하고 무효로 보는 것이 타당하다고 본다.

(3) 자기주식 취득인지 여부(회사의 계산인지 여부)

1) 회사의 계산으로의 의미

자기주식의 취득은 '자기명의'로, '자기의 계산'으로 취득하는 것 이외에 제3자 명의로 취득하더라도 자기의 계산으로 취득하는 경우라면 금지에 위반되는 것으로 본다. 회사의 계산으로 주식을 취득한다는 것은 주식의 취득 자금이 회사의 출연에 의한 것이고 주식취득에 따른 손익이 회사에 귀속되어 회사의 자본적 기초를 위태롭게 할 우려가 있는 경우를 의미한다. 판례[2]도 자기의 계산으로의 의미와 관련하여 주식의 취득자금이 회사의 출연에 의한 것일 것과 손익이 회사에 귀속될 것을 요구하고 있다.

2) 사안의 검토

사안에서는 A회사가 아닌 C회사의 명의로 A회사의 주식취득이 이루어졌지만 C회사의 주식 취득 자금 마련을 위한 대출에 대해 A회사가 보증을 하였으므로, 이러한 자금 지원에 따라 위 주식취득이 A회사의 계산으로 취득한 것으로 볼 수 있는지, 즉 금지되는 자기주식

1) 대법원 1964. 11. 12. 결정 64마719; 대법원 2003. 5. 16. 2001다44109판결 참조
2) 대법원 2003. 5. 16. 판결 2001다44109판결.

의 취득에 해당하는지가 문제된다.

우선 회사의 출연 여부와 관련하여 보면 주식 취득 자금을 대출함에 있어서 보증을 한 것은 우선 A회사가 C회사의 주식취득을 위한 자금을 마련함에 있어서 금융지원을 한 것이므로 이를 회사의 출연에 의한 주식취득으로 볼 수 있을 것이다. 그러나 A회사가 보증채무를 이행하더라도 보증인은 채무자에 대하여 구상금채권을 취득하게 되므로 특별히 보증채무 이행에 따른 구상금채권을 포기하거나 이를 행사할 의사가 없다고 볼만한 사정이 없는 한 주식취득에 따른 손익이 회사에 귀속된다고 보기는 어렵다. 따라서 A회사의 계산으로 주식을 취득한 것은 아니라고 본다.

3. 사안의 해결

C회사가 주식을 취득하기 위해 대출을 받음에 있어서 A회사가 보증을 한 것은 A회사의 출연에 의한 주식 취득으로 볼 수 있다. 그러나 주식취득에 따른 손익이 A회사에 귀속되지 않으므로 주식취득으로 인하여 A회사의 자본적 기초를 위태롭게 할 우려가 있다고 할 수 없으므로 결국 A회사의 계산으로 자기주식을 취득한 것이라고 할 수 없다. 그러므로 C회사가 甲 소유의 A회사 주식을 취득한 행위는 법률상 금지되는 자기주식취득에 해당한다. 따라서 C회사의 甲 소유 주식 매수(취득)는 사법상 유효하다.

〈참고 판례〉

(대법원 2011. 4. 28. 선고2009다23610판결)

〔1〕 상법 제341조는, 회사는 같은 조 각 호에서 정한 경우 외에는 자기의 계산으로 자기의 주식을 취득하지 못한다고 규정하고 있다. 이 규정은 회사가 자기 계산으로 자기의 주식을 취득할 수 있다면 회사의 자본적 기초를 위태롭게 할 우려가 있어 상법 기타의 법률에서 규정하는 예외사유가 없는 한 원칙적으로 이를 금지하기 위한 것으로서, 회사가 직접 자기 주식을 취득하지 아니하고 제3자 명의로 회사 주식을 취득하였을 때 그것이 위 조항에서 금지하는 자기주식의 취득에 해당한다고 보기 위해서는, 주식취득을 위한 자금이 회사의 출연에 의한 것이고 주식취득에 따른 손익이 회사에 귀속되는 경우이어야 한다.

〔2〕 甲 주식회사 이사 등이 乙 주식회사를 설립한 후 甲 회사 최대 주주에게서 乙 회사 명의로 甲 회사 주식을 인수함으로써 乙 회사를 통하여 甲 회사를 지배하게 된 사안에서, 甲 회사가 乙 회사에 선급금을 지급하고, 乙 회사가 주식 인수대금으로 사용할 자금을 대출받을 때 대출원리금 채무를 연대보증하는 방법으로 乙 회사로 하여금 주식 인수대금을 마련할 수 있도록 각종 금융지원을 한 것을 비롯하여 甲 회사 이사 등이 甲 회사의 중요한 영업부문과 재산을 乙 회사에 부당하게 이전하는 방법으로 乙 회사로 하여금 주식취득을 위한 자금을 마련하게 하고 이를 재원으로 위 주식을 취득하게 함으로써 결국 乙 회사를 이용하여 甲 회사를 지배하게 된 사정들만으로는, 乙 회사가 위 주식 인수대금을 마련한 것

이 甲 회사의 출연에 의한 것이라는 점만을 인정할 수 있을 뿐, 甲 회사 이사 등이 설립한 乙 회사의 위 주식취득에 따른 손익이 甲 회사에 귀속된다는 점을 인정할 수 없으므로, 乙 회사의 위 주식취득이 甲 회사의 계산에 의한 주식취득으로서 甲 회사의 자본적 기초를 위태롭게 할 우려가 있는 경우로서 상법 제341조 가 금지하는 자기주식의 취득에 해당한다고 볼 수 없다

〈문제 2〉 甲은 주식매수청구권을 행사할 수 있는가? 그리고 주식매수청구권을 행사한 甲이 분할합병 무효의 소를 제기할 수 있는가?(25점)

Ⅰ. 문제해설

본 문제는 주식매수청구권에 관한 일반적 요건에 관하여 알고 있는지, 특히 사전 반대통지를 하지 않은 주주에게도 주식매수청구권이 인정될 수 있는지에 관해 묻고 있다. 따라서 회사의 분할에 반대하는 주주가 주식매수청구권을 행사하기 위한 요건에 관한 일반적인 내용과 사전반대통지를 하지 않은 주주에게 회사로부터 주주총회 소집 통지 시에 그에 관한 안내를 받지 못한 경우 예외가 인정되는 점을 명시하여 결론을 도출하면 된다. 다음으로 주식매수청구권을 행사한 주주가 분할합병무효의 소를 제기할 수 있는지 여부는 분할합병무효의 소의 원고 적격의 문제이므로 제소권자에 관한 일반적 내용을 설명하되, 특히 주식매수청구권을 행사한 주주의 원고 적격의 문제는 주주의 지위 상실 시기와 관련되는 점에서 이를 검토한 후 결론을 도출하면 된다.

Ⅱ. 예시답안

1. 쟁 점

주식매수청구권의 행사 가부와 관련하여 회사가 총회의 소집통지 시 주식매수청구권 행사의 내용과 방법에 관하여 통지 또는 공고를 하지 않아 주주가 사전 반대 통지를 하지 못한 경우 주식매수청구권을 행사할 수 있는지 여부가 쟁점이다. 다음으로 주식매수청구권을 행사한 주주가 분할합병무효의 소를 제기할 수 있는지 여부와 관련하여 주식매수청구권을 행사한 주주의 지위 및 주주의 지위 상실 시점이 쟁점이 된다.

2. 주식매수청구권의 행사 가부

(1) 주식매수청구권자

주식매수청구권은 주주의 이해관계에 중대한 영향을 미치는 일정한 의안이 주주총회에

서 결의되었을 때 그 결의에 반대한 주주가 회사에 대하여 주식을 매수할 것을 요구할 수 있는 권리이다. 분할합병의 경우에도 분할합병을 승인하는 이사회의 결의가 있는 때에 그 결의에 반대하는 주주는 이를 승인하기 위한 주주총회의 결의 전에 사전반대통지 등 일정한 절차를 거친 경우 주식매수청구권을 행사할 수 있다(제530조의11 제2항, 제522조의3 제1항).

(2) 매수청구권의 행사 절차

1) 사전 반대의 통지

분할합병 결의에 반대하여 주식매수청구권을 행사하려는 주주는 그에 관한 이사회 결의가 있는 때 주주총회 전에 회사에 서면으로 그 결의에 반대하는 의사를 통지해야 한다. 이를 위해 회사는 주주에게 주주총회의 소집을 통지 또는 공고하면서 주식매수청구권의 내용 및 행사 방법을 명시해야 한다(제530조 제2항, 제374조 제2항).

2) 매수청구

회사에 대하여 반대의 통지를 한 주주는 그 총회의 결의일로부터 20일 이내에 주식의 종류와 수를 기재한 서면으로 회사에 대하여 매수를 청구할 수 있다(제374조의2 제2항). 상법은 서면에 의한 사전 반대 통지만을 요건으로 하므로 사전 반대한 주주라면 총회에 참석하여 반대하지 않더라도 주식매수청구권을 행사할 수 있다.

(3) 사안의 해결

사안의 경우 甲이 주주총회 전에 서면으로 이사회의 결의에 반대하는 의사를 통지한 사정은 보이지 않으나 아울러 회사가 주주총회 소집 통지 시에 주식매수청구권의 내용 및 행사 방법에 관하여 명시한 사정도 보이지 않는다. 회사가 이러한 통지를 하지 않은 경우에는 주주가 사전에 반대의 통지를 하는 것이 사실상 곤란하므로 회사의 위 명시가 없는 경우에도 주주가 주식매수청구권을 행사하기 위해서는 사전 반대 통지가 요구되는지가 문제된다.

이에 대하여 판례[3]는 회사가 주주총회의 소집 통지 또는 공고를 누락하거나 통지 공고 시 주식매수청구권의 내용 및 행사 방법을 명시하지 않은 경우 주주가 사전 반대의 통지를 하지 않더라도 주식매수청구를 할 수 있다고 판시한 바 있다. 따라서 판례의 입장에 따르면 갑은 분할합병계약서에 대한 주주총회의 승인을 위한 결의에 출석하여 반대하였음에도 승인이 이루어졌으므로 사전반대의 통지를 하지 않았다고 하더라도 총회 결의일로부터 20일 이내에 주식의 종류와 수를 기재한 서면으로 주식의 매수를 청구할 수 있다고 본다.

3) 대법원 2012. 12. 9. 결정 2012마 11; 원심 서울고법 2011. 12. 9. 2011라1303 참조

3. 분할합병무효의 소의 제기 가부

(1) 분할합병무효의 소의 제소권자 및 절차

분할절차에 하자가 있는 경우 분할무효의 소가 인정되는데, 분할무효의 소는 각 회사의 주주·이사·감사·청산인·파산관재인 또는 분할을 승인하지 아니한 채권자가 제기할 수 있다. 회사의 채권자가 분할무효의 소를 제기하는 경우에는 법원은 회사가 채권자의 악의를 소명하여 담보의 제공을 청구하는 경우 채권자에게 상당한 담보의 제공을 명할 수 있다. 분할무효의 소는 분할등기가 있은 날로부터 6월 이내에 제기하여야 한다.

(2) 분할무효의 원인

분할계획 또는 분할합병계약서의 내용이 강행법규에 위반되거나 현저히 불공정한 경우에 무효사유가 된다. 그리고 분할합병계약서에 대하여 주주총회의 승인을 얻지 아니하거나 결의에 하자가 있는 경우, 채권자보호절차를 거치지 않은 경우와 같이 분할의 절차가 위법한 경우에도 무효사유가 된다.

(3) 주식매수청구권을 행사한 주주의 소 제기 가능 여부

일반적 견해는 분할무효의 소는 주주가 제기할 수 있고, 주식매수청구권을 행사하였다고 하더라도 바로 주주의 지위를 상실하는 것은 아니므로 주주의 지위가 상실되기 이전이면 분할무효의 소를 제기할 수 있고 또한 주식매수청구와 동시에 분할무효의 소를 제기할 수 있다고 본다.

그러므로 주식매수청구권 행사에 따른 주주의 지위 상실 시기가 문제되는데, 이에 관하여 명시적인 규정은 없으나 주주에게 주식매수대금을 지급하는 때에 주식이 회사로 이전되고 기존 주주의 지위가 상실되는 것으로 볼 수 있다. 그렇다면 주식매수청구권을 행사한 주주라도 주식의 매수대금을 지급받기 이전까지는 분할무효의 소를 제기할 수 있다고 본다.

다만, 소를 제기한 후 주식매수대금을 지급받음으로써 주주의 지위를 상실하게 되면 원고 적격을 상실하게 되므로 이러한 경우 분할무효의 소의 각하 사유에 해당될 것으로 본다.

(4) 채권자로서 제소 가능 여부

甲은 A회사의 B회사에 대한 보일러 대금 지급채무에 대하여 보증을 한 후 그 채무를 변제하였으므로 A회사에 대하여 구상금청구권을 가지게 되므로 A회사의 채권자에 해당한다. 따라서 甲이 이의제출을 통하여 분할합병에 대한 승인을 거절하였다면 회사의 채권자로서 분할무효의 소를 제기할 수도 있을 것이다.

(5) 사안의 해결

주식매수청구권을 행사한 甲은 회사로부터 주식매수대금을 지급받기까지는 주주의 지위를 유지하므로 분할합병무효의 소를 제기할 수 있다. 그러나 주식매수대금을 지급받은 이후라면 주주의 지위를 상실하므로 주주의 자격에 기한 소는 제기할 수는 없다고 본다. 다만, 甲은 채권자의 지위도 아울러 가지므로 채권자로서 이의제출을 통해 분할합병에 대한 승인을 거절하였다면 회사 채권자의 지위에서 분할무효의 소 제기가 가능할 것이다.

〈문제 3〉 D회사는 甲의 구상금채권에 대하여 변제할 책임이 있는가?(50점)

Ⅰ. 문제해설

분할합병으로 인한 분할 전 회사의 채무에 대하여 분할 당사 회사는 원칙상 연대책임을 부담하지만 예외적으로 분할채무를 지는 것과 관련하여 그 요건과 절차에 관하여 알고 있는지를 묻기 위한 것이다. 따라서 분할 전 회사의 채무의 범위와 관련하여 구상금 채무가 포함되는지 여부, 분할채무가 인정되기 위한 요건으로서 연대책임 배제가 가능한 채무의 범위에 관하여 검토하고, 다음으로 절차와 관련한 요건으로서 연대채무 배제에 관한 사항이 분할합병계약서에 명시될 것, 주주총회의 승인이 있을 것, 채권자보호절차를 준수할 것에 관하여 판례에서 확인된 법리를 중심으로 검토하면 될 것으로 본다.

Ⅱ. 예시답안

1. 쟁 점

우선 회사의 분할합병의 경우 분할 전 회사의 채무 귀속 관계가 문제되는데, 이와 관련하여 분할합병의 효력이 발생한 후에 비로소 발생한 甲의 구상금 채권이 분할 전 회사의 채무에 포함되는가가 쟁점이 된다. 한편, 분할합병에 의하여 회사를 설립하는 경우에는 설립되는 회사가 분할되는 회사의 채무 중에서 출자한 재산에 관한 채무만을 부담할 것을 정할 수 있는데, 이와 관련하여 甲에 대한 구상금 채무가 출자한 재산에 대한 채무에 해당하는지가 쟁점이 된다. 또한 이러한 분할채무가 유효하기 위한 절차상의 요건으로 분할채무를 정한 분할계획서에 대한 주주총회의 승인, 공고 또는 개별 채권자에 대한 통지 등 채권자보호절차가 유효하게 이행되었는지 여부가 쟁점이 된다.

2. 회사의 분할에 따른 분할 전 회사의 채무 귀속

(1) 연대책임의 대상이 되는 분할 전 회사채무의 범위

회사의 분할합병으로 인하여 설립되는 회사 또는 존속하는 회사는 분할 또는 분할합병전의 회사 채무에 관하여 연대하여 변제할 책임이 있다(제530조의 9 제1항). 여기서 분할

전 회사의 채무란 분할 전에 분할회사에 발생한 채무를 말하고, 분할 후 신설회사가 부담하는 채무는 대상이 아니다. 분할합병의 효력 발생 전에 발생하였으나 분할 또는 분할합병 당시에는 아직 그 변제기가 도래하지 아니한 채무도 연대책임의 대상이 되는 채무가 된다.

한편, 채무가 회사 분할 전 발생하지는 않았지만 그 성립의 기초가 되는 법률관계가 이미 존재하는 경우 분할 전 회사의 채무에 포함되는지가 문제되는데, 이와 관련하여 판례[4]는 회사 분할합병의 효력 발생 전에 아직 발생하지는 아니하였으나 이미 그 성립의 기초가 되는 법률관계가 존재하는 채무도 연대책임의 대상이 되는 채무에 포함된다고 본다.

(2) 사안의 검토(구상금 채무가 연대채무의 대상이 되는 채무인지 여부)

甲의 A회사에 대한 구상금채권이 분할합병의 효력이 발생한 이후에 발생한 것이므로 이러한 채무도 연대책임의 대상이 되는 '분할 전 회사의 채무'에 포함되는지 여부가 문제된다. 구상금 채무는 구상채무의 이행에 의해 비로소 발생하는 것이지만 구상금 채무의 성립의 기초가 되는 보증채무는 분할합병의 효력발생 전에 이미 존재한 것으로 볼 수 있다. 따라서 채권의 성립의 기초가 되는 법률관계가 이미 존재하면 분할 전 회사의 채무에 포함되는 것으로 보는 판례에 따르면 구상금 채무는 분할합병의 효력 발생 이후에 발생하였다고 하더라도 연대책임의 대상이 되는 채무에 포함된다.

〈참고 판례〉

(대법원 2010. 12. 23. 선고 2010다71660판결)

주식회사의 분할 또는 분할합병으로 인하여 설립되는 회사와 존속하는 회사가 회사 채권자에게 연대하여 변제할 책임이 있는 분할 또는 분할합병 전의 회사 채무에는 회사 분할 또는 분할합병의 효력발생 전에 발생하였으나 분할 또는 분할합병 당시에는 아직 그 변제기가 도래하지 아니한 채무도 포함된다고 할 것이고(대법원 2008.2.14.선고 2007다73321 판결 참조),나아가 회사 분할 또는 분할합병의 효력발생 전에 아직 발생하지는 아니하였으나 이미 그 성립의 기초가 되는 법률관계가 발생하여 있는 채무도 포함된다고 할 것이다.

3. 연대책임의 배제

(1) 연대책임의 배제 가능 여부 및 그 대상채무

분할되는 회사가 주주총회의 결의로 분할에 의하여 회사를 설립하는 경우에는 설립되는 회사가 분할 전 회사의 채무 중에서 '출자한 재산'에 관한 채무만을 부담할 것을 정한 경우 설립되는 회사는 분할로 인하여 출자받은 재산에 관한 채무만을 부담하고, 분할되는 회사가 분할 후에 존속하는 때에는 분할로 인하여 설립되는 회사가 부담하지 아니하는 채무만을 부담한다(상법 제530조의 9 제2항).

이때 출자한 재산은 판례[5]에 따르면 분할되는 회사의 특정재산을 의미하는 것이 아니라

---

4) 대법원 2012.5.24. 선고 2012다18861 판결

조직적 일체성을 가진 영업, 즉 특정 영업과 그 영업에 필요한 재산을 의미하는 것이고, 출자한 재산에 관한 채무란 분할 후 지속적으로 영위하고자 하는 영업과 관련하여 발생한 채무를 의미한다. 한편, 판례[6]에 따르면 회사의 분할합병의 경우 분할로 인해 신설된 회사는 출자한 재산에 관한 채무 외의 채무에 대하여는 연대책임을 부담하지 아니할 수 있으나, 출자한 재산에 대한 채무에 관하여는 책임을 면할 수 없다.

(2) 사안의 검토

A회사는 D회사에 전기공사업 부문을 분할하여 이전한 것이므로 조직적 일체성을 가진 영업을 이전한 것으로 볼 수 있다. 이와 같이 A회사가 D회사에 출자한 재산은 전기공사업 부문이므로 출자한 재산에 관한 채무란 전기공사업 부문의 영업과 관련하여 발생한 채무가 될 것이다. 그런데 갑의 난방설비대금 지급에 따른 A회사의 구상금 채무는 난방설비업 부분에서 발생한 채무이므로 D회사에 출자한 재산에 관한 채무에 속하지 않으므로 이러한 채무는 연대책임의 배제가 가능하다고 본다. 따라서 D회사가 A회사의 채무 중에서 '출자한 재산'에 관한 채무만을 부담할 것을 정하고 이에 요구되는 적법한 절차를 거쳤다면 D회사는 난방설비업 부문에서 발생한 구상금 채무에 대하여는 연대책임을 지지 않을 것이다.

4. 연대책임 배제를 위한 절차적 요건

(1) 분할합병계약서에 분할채무의 명시

분할 전 회사의 채무에 대하여 연대책임을 배제하고 분할채무 관계가 인정되기 위해서는 판례[7]에 따르면 분할합병계약서에 분할합병에 따른 출자를 받는 존립 중의 회사가 분할되는 회사의 채무 중에서 출자한 재산에 관한 채무만을 부담한다는 취지가 명시되어 있어야 한다. 단순히 분할합병계약서에 상법 제530조의6 제1항 제6호가 규정하는 '분할되는 회사가 분할합병의 상대방 회사에 이전할 재산과 그 가액'의 사항 등을 기재하여 주주총회의 승인을 얻었다는 사정만으로는 위와 같이 분할책임관계를 형성하기 위한 요건이 충족되었다고 할 수 없다.

(2) 주주총회의 특별결의

연대책임의 배제를 위해서는 분할채무 관계를 명시한 분할합병계약서에 대하여 주주총회의 특별결의에 의한 승인을 얻어야 한다. 이러한 주주총회의 소집의 통지와 공고에는 분할계획 또는 분할합병계약의 요령을 기재하여야 한다(제530조의 3 제4항). 이러한 요건이 충족되었다는 점에 관한 주장·증명책임은 연대책임관계가 아닌 분할채무관계에 있음을 주장하는 측에게 있다. 주주총회의 승인을 얻지 않거나 결의에 하자가 있는 경우 분할합병

5) 대법원 2010.2.25. 선고 2008다74963판결; 대법원 2010.8.19. 선고 2008다92336 판결
6) 대법원 2004. 7. 9. 선고 2004다17191 판결
7) 대법원 2010. 8. 26. 선고 2009다95769판결

은 무효 사유가 인정된다.

(3) 채권자보호절차

단순분할의 경우와 분할합병에 있어서 연대책임을 배제하고자 할 때에는 분할합병 당사회사는 주주총회의 결의가 있은 날로부터 2주내에 채권자에 대하여 분할에 의의가 있으면 1월 이상의 기간 내에 이를 제출할 것을 공고하고, 또 알고 있는 채권자에 대하여 각별로 최고하여야 한다(527조의5 제1항). 다만, 판례[8]는 알고 있는 채권자라고 하더라도 채권자가 분할로 인하여 연대책임이 배제되는 것에 관하여 알고 있는 경우라면 개별 최고를 거치지 아니하더라도 무방하다고 본다.

위 기간 내에 채권자가 이의를 제출하지 아니한 때에는 분할을 승인한 것으로 본다. 그러나 채권자보호절차를 거치지 않은 경우 분할계획 또는 분할합병계약에 책임제한에 관하여 정하더라도 무효가 되고, 따라서 분할합병 당사 회사들은 연대책임을 부담하게 된다.

(4) 사안의 검토

사안의 경우 분할합병계약서에 연대채무의 배제에 관한 명시적 규정이 있고, 이에 대하여 전체 100만주의 주식 중 총 60만주를 가진 주주가 출석하여 총 50만주의 주식을 가진 주주가 찬성하였으므로 주주총회의 특별결의에 의한 유효한 승인이 있었다고 할 것이다. 그리고 채권자의 이의 제출을 위하여 일간 신문에 공고를 하였으므로 일응 채권자보호절차도 거친 것으로 보인다.

그러나 이러한 공고절차를 거쳤다고 하더라도 회사가 알고 있는 채권자에 대해서는 개별적으로 연대책임의 제한에 관하여 알리고 이의를 제출할 것을 최고해야 하는데, A회사는 보증관계로 인하여 甲이 채권자임을 알고 있으므로 甲에게 개별적인 최고절차를 거쳐야 한다. 그런데 사안의 경우 개별적으로 통지한 사정이 보이지 않으므로 적법한 채권자보호절차를 거친 것으로 볼 수 없다.

5. 사안의 해결

알고 있는 채권자에게 개별적 최고를 하지 않은 경우라면 채권자보호절차를 거치지 않은 것이 되는데, A회사는 채권자인 甲에게 개별적 최고를 누락하였으므로 분할 당사회사인 A회사와 D회사에게 분할합병에 따른 분할채무의 효력이 인정될 수 없다. 따라서 제530조의9 제1항에 따라 A회사와 D회사는 분할합병전의 회사 채무에 관하여 연대하여 변제할 책임이 있으므로 D회사는 甲의 구상금채권에 대하여 변제할 책임이 있다[9].

---

8) 대법원 2012. 2. 25. 선고 2008다74963판결

9) 사안의 경우 甲이 주주로서 주주총회의 결의에 참석하여 의결권을 행사하였다는 점에서 의결 과정에서 연대책임이 배제되는 방식으로 회사가 분할되는 것을 충분히 알고 있고, 따라서 불측의 손해를 입을 우려가 없다고 볼 여지도 있다. 그렇다면 채권자가 회사 분할에 관여되어 있는 등 사전에 회사분할에 대한 이의를 포기한 것으로 볼 만한 사정이 있는 경우 개별통지를 하지 않더라도 연대책임이 인정되는 것이 아니라고 한 판례의 입장에 따른다면 이와 결론을 달리하여 D회사가 甲이 불측의 손해를 입을 우려가 없다는 사정을 증명한 경우라면

〈참고판례〉

(대법원 2004. 8. 30.선고 2003다25973판결)

분할되는 회사와 신설회사가 분할 전 회사의 채무에 대하여 연대책임을 지지 않는 경우에는 채무자의 책임재산에 변동이 생기게 되어 채권자의 이해관계에 중대한 영향을 미치므로 채권자의 보호를 위하여 분할되는 회사가 알고 있는 채권자에게 개별적으로 이를 최고하도록 규정하고 있는 것이고, 따라서 분할되는 회사와 신설회사의 채무관계가 분할채무관계로 바뀌는 것은 분할되는 회사가 자신이 알고 있는 채권자에게 개별적인 최고절차를 제대로 거쳤을 것을 요건으로 하는 것이라고 보아야 하며, 만약 그러한 개별적인 최고를 누락한 경우에는 그 채권자에 대하여 분할채무관계의 효력이 발생할 수 없고 원칙으로 돌아가 신설회사와 분할되는 회사가 연대하여 변제할 책임을 지게 되는 것이라고 해석하는 것이 옳다.

(대법원 2010. 2. 25. 선고 2008다74963판결)

분할되는 회사와 신설회사가 분할 전 회사의 채무에 대하여 연대책임을 지지 않는 경우에는 채무자의 책임재산에 변동이 생기게 되어 채권자의 이해관계에 중대한 영향을 미치므로 채권자의 보호를 위하여 분할되는 회사가 알고 있는 채권자에게 개별적으로 이를 최고하고 만약 그러한 개별적인 최고를 누락한 경우에는 그 채권자에 대하여 신설회사와 분할되는 회사가 연대하여 변제할 책임을 지게 된다고 할 것이나, 채권자가 회사 분할에 관여되어 있고, 회사분할을 미리 알고 있는 지위에 있으며, 사전에 회사분할에 대한 이의를 포기하였다고 볼만한 사정이 있는 등 예측하지 못한 손해를 입을 우려가 없다고 인정되는 경우에는 개별적인 최고를 누락하였다고 하여 그 채권자에 대하여 신설회사와 분할되는 회사가 연대하여 변제할 책임이 되살아난다고 할 수 없다.

구상금 채무에 대한 변제책임을 지지 않는다는 식의 결론을 내리더라도 무방할 것으로 보인다.

2013년도 제2차 법전협주관 모의시험

민사법 제3문

A 주식회사는 일반택시운송사업을 영업으로 하는 대한택시주식회사(B 회사), 아파트 건축을 영업으로 하는 한국건설주식회사(C 회사), 커피제조·판매를 영업으로 하는 대한커피주식회사(D 회사), 금융관련 서비스제공을 영업으로 하는 대한금융주식회사(E 회사)를 자회사로 두고 있다. 최근에는 경기부진으로 인하여 C 회사가 영업을 폐지하였고, 대출시장에서의 경쟁과열로 적자에 허덕이게 된 E 회사는 이사들이 장기간 출근하지 않아 회사운영이 제대로 이루어지지 않고 있다. 특히 E 회사의 경우에는 이사 중의 일부가 회사자금을 빼돌려 사적인 용도로 사용한 결과 재산상태가 악화되어 Y에게 채무를 변제하지 못하기까지 하였다. 이와 같은 위기에 직면한 자회사들의 상황을 타개할 목적으로 A 회사는 다음과 같은 구조조정이 이루어지도록 주주로서의 영향력을 행사하였다. 우선 B 회사는 여객자동차운수사업면허를 甲 회사에 양도하기로 하였고, C 회사는 폐지된 영업의 모든 재산을 乙 회사에게 양도하기로 하였다. 또한 D 회사는 X에 대하여 부담하고 있는 영업으로 인한 금전채무를 면탈하기 위해 회사의 영업 전체를 출자하여 丙 주식회사를 설립하였고, E 회사는 총주주의 동의를 얻어 회사자금을 유용한 이사들의 회사에 대한 책임을 면제하는 대신 이사의 수를 절반으로 줄여서 인건비를 축소하기로 하였다.

1. B 회사가 여객자동차운수사업면허를 甲 회사에게 양도하기 위해서는 어떠한 절차를 거쳐야 하는가? (20점)
2. C 회사의 주주인 K가 동 회사의 폐지된 영업의 모든 재산을 양도하는 데 대하여 반대하는 경우 동 회사에 대하여 자신의 주식을 매수할 것을 청구할 수 있는가? (10점)
3. D 회사의 영업을 출자하여 설립된 丙 회사가 상호를 대한커피음료주식회사로 변경하고 여전히 커피제조·판매를 영업으로 하고 있는 경우, X가 D 회사와 丙 회사에 대하여 행사할 수 있는 가능한 구제수단을 모두 제시하고 논하라. (40점)
4. 책임을 면제받은 E 회사의 이사에 대해 채권자 Y는 어떠한 책임을 물을 수 있는지, 그리고 장기간 회사에 출근하지 않은 E 회사의 이사들에 대해 A 회사 발행주식총수의 100분의 3을 보유한 M이 대표소송을 제기하는 것이 적법한지 논하라. (30점)

CONTENTS

A. 문제해설

Ⅰ. B 회사가 여객자동차운수사업면허를 甲 회사에게 양도하기 위해서는 어떠한 절차를 거쳐야 하는가? (20점)

1. 쟁 점
2. 영업양도의 의의
3. 영업용 중요재산양도에 주주총회 특별결의가 필요한지에 관한 학설과 판례
   (1) 불요설(형식설)
   (2) 필요설(실질설)
   (3) 사견
   (4) 판례
4. 사안의 해결

Ⅱ. C 회사의 주주인 K가 동 회사의 폐지된 영업의 모든 재산을 양도하는 데 대하여 반대하는 경우 동 회사에 대하여 자신의 주식을 매수할 것을 청구할 수 있는가? (10점)

1. 쟁 점
2. 영업이 폐지된 상황에서 양도시 주주총회 특별결의 요부
3. 사안의 해결

Ⅲ. D 회사의 영업을 출자하여 설립된 丙 회사가 상호를 대한커피음료주식회사로 변경하고 여전히 커피제조·판매를 영업으로 하고 있는 경우, X가 D 회사와 丙 회사에 대하여 행사할 수 있는 가능한 구제수단에 대해 모두 설명하라. (40점)

1. 丙에 대해 행사 가능한 수단
   (1) 쟁점
   (2) 상법 제42조(상호속용 영업양수인의 책임)의 의의
   (3) 관련 학설
   (4) 관련 판례
   (5) 상호의 동일성 여부
   (6) 사안의 해결
2. D와 丙에 대해 행사가능한 수단
   (1) 쟁점
   (2) 법인격부인론의 의의
   (3) 판례의 태도
   (4) 사안의 해결

Ⅳ. 책임을 면제받은 E 회사의 이사에 대해 채권자 Y는 어떠한 책임을 물을 수 있는지, 그리고 장기간 회사에 출근하지 않은 E 회사의 이사들에 대해 A 회사 발행주식총수의 100분의 3을 보유한 M이 대표소송을 제기하는 것이 적법한지 논하라. (30점)

1. 쟁 점
2. E 회사의 채권자 Y가 제401조에 근거하여 회사자산을 횡령한 이사에게 책임을 추궁할 수 있는지의 여부
3. 이중대표소송의 인정에 관한 학설 및 판례
4. 설문의 해결

B. 출제전망

제3문 최 병 규

(건국대학교 법학전문대학원 교수)

A. 문제해설

이번 변호사시험 모의문제는 회사법을 위주로 하면서도 일부 상법 총칙·상행위 부분을 연결하여 출제하였다.

Ⅰ. B 회사가 여객자동차운수사업면허를 甲 회사에게 양도하기 위해서는 어떠한 절차를 거쳐야 하는가? (20점)

1. 쟁 점

이 문제의 논점은 주식회사에서 영업용 중요재산을 처분하는 경우에도 주주총회 특별결의가 필요한 것인지 여부이다.

2. 영업양도의 의의

영업양도라 함은 일정한 영업목적을 위하여 조직화된 단순한 물건 또는 권리뿐만 아니라, 재산적 가치 있는 사실관계도 포함하는 유기적 조직체로서의 기능적 재산의 이전을 목적으로 하는 처분계약이다. 이를 영업재산양도설이라 한다(다수설). 이 다수설이 영업의 객관적 측면을 중시한 데 비해서 주관적 측면을 중시하여 영업의 존속을 전제로 하는 영업자 지위의 양도라고 보는 견해(영업자 지위양도설)와 절충적 입장에서 영업양도는 양도인이 영업의 양수인으로 하여금 그 영업의 경영자 지위에 취임시키고 그 외에 영업재산을 일괄하여 양도할 것을 약정하는 계약이라고 보는 견해(재산양도 및 경영도입계약 병합설) 등이 주장되고 있다. 경제적으로는 물론 영업활동도 승계하기 때문에 개개의 구성재산의 가치를 단순 가산한 것 이상의 가치가 영업에 인정되어 양도되는 것이다. 그 점에서 소수설은 경제적으로는 영업양도의 본질을 파악하고 있다고 생각할 수 있다. 그러나 법적으로는 영업을 승계한 이상 통상 발생하는 경업금지의무가 의사의 보충해석규정으로서 설정되어 있는 점을 고려해 보면 다수설과 같이 영업재산의 양도리고 해석하는 것이 타당하다. 이 다수설의 입장에 의하면 유기적 일체로서의 기능적 재산을 이전하면 양도인의 지위는 양수인에게 인계된다.

3. 영업용 중요재산양도에 주주총회 특별결의가 필요한지에 관한 학설과 판례

상법 제374조에 의하면 영업의 전부 또는 중요한 일부의 양도는 주주총회의 특별결의사항으로 되어 있다. 이에 따라 회사가 상법 제41조 이하에서 규정하는 영업양도를 함에 있어서는 주주총회특별결의가 있어야 함은 문제가 없다. 그런데 영업자체는 아니지만 중요한 재산을 처분하는 것도 동조항의 적용을 받아 주주총회의 특별결의를 요하는가가 문제된다.

(1) 불요설(형식설)

이는 제374조의 영업양도를 상법 제41조의 영업양도와 동일한 뜻으로 이해하여 영업재산의 이전뿐만 아니라 거래선 등의 사실관계 및 영업활동의 승계가 따르고 나아가 양도회사가 경업금지의무를 지는 경우로 한정하여 해석한다. 그 결과 단순한 영업재산의 전부 또는 중요한 일부의 양도는 그것이 회사의 존립에 관계가 있다 하여도 주주총회의 특별결의가 필요없다고 한다. 그 이론적 근거는 다음과 같다.

① 동일한 법전 중 동일용어는 같은 뜻으로 해석하는 것이 원칙인데, 상법 제374조의 영업양도는 상법총칙에서 규정하고 있는 기성개념으로서 이를 달리 해석할 이유가 없다.

② 상법은 이사회가 포괄적인 업무집행권(상법 제393조 제1항)을 가지고 있음에도 불

구하고 영업양도를 주주총회의 특별결의사항으로 하고 있는 이유는 영업의 전부양도가 있게 되면 회사가 해산할 수밖에 없거나 영업을 계속하더라도 종전의 영업을 계속하는 것은 무리이므로 정관변경을 통해 목적변경을 하고, 본·지점소재지를 변경하는 것이 불가피하여 자동적으로 주주총회의 특별결의를 요하게 되기 때문이다. 그러나 중요재산의 처분은 이러한 결과를 가져오지 않으므로 주주총회의 특별결의를 요할 이유가 없다.

③ 거래의 안전이 무엇보다도 중요한 이유이다. 재산의 중요성여부는 회사의 내적 사정인데 거래의 상대방 또는 제3자의 입장에서 인식하기 어려운 회사의 내부사정에 의해 거래의 효과가 좌우되는 것은 거래의 안전에 비추어 부당하다는 것이다.

(2) 필요설(실질설)

이 설은 중요재산의 처분을 본조의 영업양도에 포함시켜 주주총회의 특별결의를 요한다고 한다. 이때 제시근거는 다음과 같다.

① 법률용어는 법영역이나 법조의 목적에 따라 그 개념이 다를 수 있는 상대성을 갖는 까닭에 불요설이 주장하는 바와 같이 상법 제41조의 영업양도와 상법 제374조의 영업양도를 반드시 동일하게 해석하여야 할 필요성은 없다.

② 불요설에 의할 때에는 회사존립의 기초가 되는 전재산의 처분을 대표이사의 자의에 맡기는 결과가 되어 주주도 모르는 사이에 회사의 전재산의 처분도 가능하게 되므로 주주의 보호나 기업유지의 요청에 어긋나게 된다.

③ 불요설은 거래의 안전을 이유로 들고 있지만 중요재산의 양도와 같은 것은 예외적인 현상으로서 이 경우에는 동적안전 보다도 정적 안전, 바로 양도회사의 보호를 중시하여야 한다.

(3) 사견

사견으로는 기본적으로 필요설이 타당하다고 본다. 그런데 아래의 판례의 태도처럼 기본적으로 불요설을 취하되 회사의 존립의 기초가 되는 중요한 영업용재산인 때에는 주주총회의 특별결의를 요한다는 판례의 태도를 주목할 필요가 있다. 이 경우에 회사의 존립의 기초가 되는 중요한 영업용재산인지 여부는 획일적으로 일률적인 기준을 적용하기보다는 법목적에 비추어 구체적으로 합당한 결과를 내기 위하여 탄력적으로 판단·적용하여야 할 것이다.

(4) 판례

이와 관련하여 대법원판례는 많다.

1) 기본입장

기본적으로 불요설(형식설)의 입장을 표명하고 있다. 즉 사실상의 영업양도와 같은 결과를 가져오는 경우에 한하여 주주총회의 특별결의가 필요하다는 것이다. 상법 제374조 제1항 제1호에서 말하는 영업의 양도는 상법 제41조의 영업양도와 동일한 뜻으로 이해하여

회사의 영업목적을 위하여 조직화되고 유기적 일체로서 기능하는 재산의 전부 또는 중요한 일부를 총체적으로 양도하는 것을 의미하므로 양도회사의 영업활동의 전부 또는 중요한 일부가 양수회사에 승계되어야 한다고 보고 있다(대법원 1994.5.10 선고, 93다47615 판결 등등). 그 결과 단순한 영업재산만의 양도는 설혹 회사의 유일한 재산일지라도 주주총회의 특별결의를 요하지 않는다고 한다(대법원 1988.4.12 선고, 87다카1662 판결〔청수장사건〕).

2) 특수한 경우

그러나 양도한 재산이 회사의 존립의 기초가 되는 중요한 영업용재산인 때에는 판례는 평가가 다르다. 이러한 재산의 양도는 영업의 폐지나 중단을 초래하게 되어 영업의 양도와 다를 바 없으므로 상법 제374조 제1항 제1호가 적용되어 주주총회의 특별결의를 요한다고 한다. 또 회사의 모든 재산을 양도하는 것은 회사의 영업의 전부를 폐지하는 결과를 가져오므로 중요성의 판단이 필요없이 영업의 양도로 보아 주주총회의 특별결의를 요한다고 보고 있다.

3) 판례의 종합

양도회사의 조직법적 관점에서 사실상 영업양도와 같은 결과를 가져오는 경우에 한하여 특별결의를 요구하므로 기본적으로는 불요설의 입장에 서 있으면서 상법 제374조 제1항 제1호의 적용범위를 확장하고 있다. 그리고 판례가 사실상 영업의 폐지나 중단을 초래하는 경우에 한하여 주주총회의 결의를 요한다고 한 취지는 영업양도나 해산과 같은, 영업의 폐지나 중단을 초래하는 행위는 주주총회의 특별결의가 필요하기 때문이다. 따라서 이미 법적 절차를 거쳐 또는 사실상 영업을 폐지한 상태에서는 중요재산을 양도하더라도 주주총회의 결의가 필요없게 된다(대법원 1988.4.12 선고, 87다카1662 판결〔청수장사건〕).

4) 실제 판례의 내용

이 쟁점을 다룬 대표적인 판례를 보면 다음과 같다.

① 대법원 1988.4.12 선고, 87다카1662 판결

상법 제374조 제1호 소정의 영업의 양도란 동법 제1편 제7장의 영업양도를 가리키는 것이므로 영업용 재산의 양도에 있어서는 그 재산이 주식회사의 유일한 재산이거나 중요한 재산이라 하여 그 재산의 양도를 곧 영업의 양도라 할 수는 없지만, 주식회사 존속의 기초가 되는 중요한 재산의 양도는 영업의 폐지 또는 중단을 초래하는 행위로서 이는 영업의 전부 또는 일부 양도의 경우와 다를 바 없으므로 이러한 경우에는 상법 제374조 제1호의 규정을 유추 적용하여 주주총회의 특별결의를 거쳐야 한다.

주식회사가 회사 존속의 기초가 되는 중요한 재산을 처분할 당시에 이미 사실상 영업을 중단하고 있었던 상태라면 그 처분으로 인하여 비로소 영업의 전부 또는 일부가 폐지 또는 중단됨에 이른 것이라고는 할 수 없으므로 이러한 경우에는 주주총회의 특별결의가 없었다 하여 그 처분행위가 무효로 되는 것은 아니다.

② 대법원 1991.1.15 선고, 90다10308 판결

주주총회의 특별결의가 있어야 하는 상법 제374조 제1호 소정의 영업의 전부 또는 중요한 일부의 양도라 함은 일정한 영업목적을 위하여 조직화되고 유기적 일체로서 기능하는 재산의 전부 또는 중요한 일부를 총체적으로 양도하는 것을 의미하는 것으로서 이에는 양수자에 의한 양도회사의 영업적 활동의 전부 또는 중요한 일부의 승계가 수반되어야 하는 것이므로 단순한 영업용 재산의 양도는 이에 해당하지 아니한다고 할 것이나 다만 영업용 재산의 처분으로 말미암아 회사영업의 전부 또는 일부를 양도하거나 폐지하는 것과 같은 결과를 가져오는 경우에는 주주총회의 특별결의가 필요하다(同旨: 대법원 1992.2.14, 91다 36062).

그런데 대법원 2006.6.2. 선고 2004도7112 판결[1]에서는 일반택시운송사업을 하는 회사가 운수사업면허를 양도하는 경우는 회사 영업의 전부 또는 일부를 양도하거나 폐지하는 것과 같은 결과를 가져오는 것이므로 주주총회 특별결의를 요한다고 판시하고 있다.

4. 사안의 해결

위와 같은 판례의 입장에 의할 때, 설문에서 B 회사가 甲 회사에 양도한 여객자동차운수사업면허는 B 회사의 영업용 중요재산이라고 할 수 있으므로 회사 내부적으로 주주총회의 특별결의를 거쳐야 한다.

Ⅱ. C 회사의 주주인 K가 동 회사의 폐지된 영업의 모든 재산을 양도하는 데 대하여 반대하는 경우 동 회사에 대하여 자신의 주식을 매수할 것을 청구할 수 있는가? (10점)

1. 쟁 점

대주주에게 주식매수청구권이 인정되기 위한 전제로서 설문의 재산양도가 영업양도에 해당하는지 여부가 문제된다. 상법 제374조의 2에서는 동법 제374조 상의 영업양도에 반

1) 대법원 2006.6.2. 선고 2004도7112 판결: "공소외 1 회사의 대표이사인 공소외 2가 채권자인 피고인 3· 공소외 6에게 공소외 1 회사의 여객자동차운수사업면허에 관한 권리를 양도한 바 있는데, 이러한 여객자동차운수사업면허의 양도는 일반택시운송사업을 주목적으로 하는 서진운수의 영업의 전부 또는 일부를 양도하거나 폐지하는 것과 같은 결과를 가져오는 것이므로 주주총회의 특별결의가 필요하고 (대법원 1997. 4. 8. 선고 96다54249, 54256 판결, 2004. 7. 8. 선고 2004다13717 판결 등 참조), 이러한 특별결의 없이 한 위와 같은 여객자동차운수사업면허의 양도는 무효라고 할 것이므로, 설령 공소외 2가 피고인 3· 공소외 6에게 공소외 1 회사의 여객자동차운수사업면허에 관한 권리를 양도하였다고 하더라도, 피고인 2로서는 피고인 3· 공소외 6으로부터 여객자동차운수사업면허에 관한 권리를 다시 양수하였음을 내세운 공소외 8 주식회사(이하 ' 공소외 8 회사'라고만 한다)의 여객자동차운수사업면허 명의변경청구에 대하여 주주총회의 결의가 없었다는 사정 등을 내세워 그 청구를 적극적으로 다투었어야 함에도 불구하고 이에 이르지 아니한 채 첫 변론기일에 공소외 8 회사의 청구를 인낙한 사실을 알 수 있는바, 그렇다면 공소외 2의 여객자동차운수사업면허 양도행위와는 별도로 피고인 2의 위와 같은 인낙행위로 말미암아 공소외 1 회사에게 여객자동차운수사업면허를 상실하는 재산상 손해가 발생할 위험이 초래되었다고 할 것이다. 손해의 발생과 관련한 상고이유 제2점의 주장은 받아들일 수 없다."

대하는 주주가 회사에 대해 주식매수를 청구할 수 있음을 규정하고 있다. 따라서 설문에서 주주 K가 C 회사에 대하여 주식매수를 청구하려면 C 회사의 영업재산 양도가 상법 제374조 소정의 주주총회 특별결의를 요하는 영업양도에 해당하여야 한다.

2. 영업이 폐지된 상황에서 양도시 주주총회 특별결의 요부

회사 존속의 기초가 되는 중요한 영업재산의 양도는 사실상 영업양도라는 개념으로 상법 제374조의 적용 대상으로 인정하여 주주총회의 특별결의를 요하는 것이 판례의 입장이다. 다만 이러한 법리는 재산의 처분으로 인하여 영업이 폐지되거나 중단되는 경우에 적용된다는 것이 판례의 입장[2]이다. 즉 판례는 회사 존속의 기초가 되는 중요한 재산이라 할지라도 회사가 재산을 처분할 당시에 이미 법적 절차를 거쳐 영업을 폐지하였거나 사실상 영업이 중단된 상태였다면 그 처분으로 인하여 비로소 영업이 중단된 것이 아니므로 주주총회의 특별결의가 필요 없다고 하고(대법원 1998.3.24. 선고 95다6885 판결) 있다.

3. 사안의 해결

사업이 이미 폐지된 후의 영업재산 양도가 적법하기 위한 요건이 문제되고 있는 상황이므로, 대법원판례에 따르면 C 회사의 영업재산양도에는 주주총회 특별결의가 필요하지 않고, 그 결과 주주 K는 주식매수청구권을 행사할 수 없다고 평가하여야 한다.

Ⅲ. D 회사의 영업을 출자하여 설립된 丙 회사가 상호를 대한커피음료주식회사로 변경하고 여전히 커피제조、판매를 영업으로 하고 있는 경우, X가 D 회사와 丙 회사에 대하여 행사할 수 있는 가능한 구제수단에 대해 모두 설명하라. (40점)

1. 丙에 대해 행사 가능한 수단

丙에 대해 권리행사 수단으로서 상호속용에 따른 영업양수인의 책임이 가능한지가 문제된다.

2) 대법원 1988.4.12. 선고, 87다카1662 판결: "회사가 위와 같은 재산을 처분할 당시에 이미 사실상 영업을 중단하고 있었던 상태라면 그 처분으로 인하여 비로소 영업을 전부 또는일부가폐지 또는 중단됨에 이른 것이라고 할 수 없으므로 이러한 경우에는 주주총회의 특별결의가 없었다 하여 그 처분행위가 무효로 되는 것은 아니다(대법원 1985.6.11 선고, 84다카963 판결 참조). 따라서 원심이 그 증서에 대하여 원고회사는 관광호텔사업을 목적으로 설립되었고 이 사건 토지는 그 호텔의 신축 부지였던 사실과 원고회사의 대표이사이던 소외 권○○이 그 토지를 자신의 개인채무의 담보를 위하여 한○○ 앞으로 이 사건 등기를 할 당시에는 원고회사는 그 전에 이미 그 회사의 사무실로 쓰던 건물이 소유주에게 명도당하여 사무실도 없어지고 이 사건 토지가 개발제한 구역으로 편입되어 그 지상에 신축하려던 관광호텔의 건축허가와 그 신축재원인 A.I.D차관자금사용 승인도 취소됨으로써 사업목적인 관광호텔의 건축이 불가능하게 되어 영업을 더 이상 계속할 수 없게 되었고 그래서 원고회사의 주주 및 이사들은 영업을 중단하기로 하여 흩어져 그 이후 일체의 영업활동을 한 바가 없었던 사실을 확정하고 나서 이와 같은 사정에 비추어 볼 때 원고회사는 위 권○○이 이 사건 토지를 처분할 당시에는 이미 사실상 영업이 폐지된 상태였으므로 그 처분에 즈음하여 주주총회의 특별결의가 없었다 하여 그 처분이 무효로 되는 것이 아니다."

(1) 쟁점

영업을 현물출자한 것이 영업양도에 해당하는지의 여부 및 상호속용에 따른 영업양수인의 책임을 물을 수 있는지의 여부가 문제된다. 상법 제42조 제1항은 영업양수인이 양도인의 상호를 계속 사용하는 경우에는 양도인의 영업으로 인한 제3자의 채권에 대하여 양수인도 변제할 책임이 있다고 규정하고 있다. 따라서 ① D 회사의 영업을 출자하여 丙 회사를 설립한 것이 영업양도에 해당하는지의 여부와 ② D 회사의 채권자 X는 丙 회사에 대해 상법 제42조에 따른 상호속용 양수인의 책임을 물을 수 있는지 여부를 살펴볼 필요가 있다.

(2) 상법 제42조(상호속용 영업양수인의 책임)의 의의

1) 의의

영업의 양수인은 양도인의 채무를 인수하지 않은 경우에도 상호를 속용하는 한 양도인의 영업상의 채무에 관하여 변제할 책임이 있다(상법 제42조 제 1 항). 민법 일반원칙에 의하면 채무인수를 위해서는 채권자의 승낙이 필요하므로(민법 제454조), 양도된 채무이더라도 채권자가 채무인수를 승낙하지 않는 한 채권자와의 관계에서는 양도인만이 계속하여 채무자로 남는다. 따라서 상법의 이 규정은 영업양도인과 양수인이 법률상 별개의 인격자임에도 불구하고 제3자의 외관신뢰를 보호하기 위해서 양수인에게 양도인의 채무를 변제하도록 한 규정이라는 점에서 민법에 대한 특칙이라고 할 수 있다. 영업양도라 함은 영업활동을 위하여 조직화된 재산의 총체(물건·권리·그 밖의 법률관계·사실관계가 포함되며 적극재산 또는 소극재산임을 묻지 않는다)인 영업을 양도하는 것(영업재산양도설)이고, 이러한 유기적 일체로서의 영업재산을 양도하면 양도인의 지위는 양수인에게 인계되어 영업주체의 변경을 가져오게 한다. 이와 같이 영업주체의 변경에도 불구하고 종래의 영업주를 나타내는 명칭이었던 상호를 속용하는 경우 제 3 자가 영업주체의 변경을 인식하는 것은 곤란하다. 그 때문에 제 3 자가 그 영업재산으로부터 변제를 받을 것을 기대하는 것은 거래계의 책임기대의 보호에 기여한다. 또 상호속용은 영업양도의 형태로서 전영업주의 지위와 동일한 지위에 서려고 하는 영업양도계약에 있어서 통상 행하여지는 방법이다. 즉 상호속용에는 영업이 동일하다고 하는 외관 이외에 영업이 승계되어 있다고 하는 외관의 이면성이 인정되는 것이다. 이상의 것으로부터 상법 제42조 제 1 항의 취지를 요약한다면 상법 제42조 제 1 항은 영업양도에 있어서 상호가 속용되는 결과 영업양도의 사실이 없다고 신뢰하였던, 또는 채무인수계약이 행하여진 것이라고 신뢰한 채권자를 보호하는 것이다. 어쨌든 채권자로서는 영업재산을 영업상의 채무에 대한 담보로서 파악하게 된다.

2) 책임의 성립요건

제42조에 따라 양수인이 변제의 책임을 지기 위하여는 ① 영업상의 채권자가 영업에 포함되는 채무로서 변제를 받을 수 있다고 신뢰할 만한 외관(영업주의 동일성, 영업의 계승성이라고 히는 상호속용의 영업양도), ② 그 외관에 대한 채권자의 신뢰, ③ 그 외관창

출에 대한 영업양수인의 귀책사유 등의 요건을 필요로 한다.

3) 효과

상법 제42조 제 1 항의 법률효과는 말할 것도 없이 양수인이 그의 전 재산으로 인적 무한책임을 지는 데 있다. 이 책임은 "전소유자의 영업에서 생긴 모든 채무"에 미치며, 따라서 계약상의 채무뿐만 아니라, 예컨대 부당이득상의 채무와 불법행위상의 채무에도 미친다(대법원 1989. 3. 27. 선고 88다카12100 판결). 양수인 외에 양도인도 또한 책임을 부담한다. 왜냐하면 상법 제42조가 양도인에 대해 그의 채무를 면제하고 있지 않기 때문이다. 따라서 연대채무관계가 생긴다. 그러나 양도인에 대한 영업채권자의 청구권은 상법 제45조에 의하여 원칙으로 2년이 경과하면 소멸되므로 그에 의하여 일종의 양도인의 면책이 생긴다.

4) 책임의 배제

상호를 속용하는 영업양수인은 상법 제42조 제 1 항의 책임을 배제할 수 있다(제42조 제 2 항). 즉 영업양도 후 지체없이 양수인이 양도인의 채무에 관해 책임이 없다는 뜻을 등기한 경우, 또 등기를 하지 않더라도 양도인 및 양수인이 제 3 자에 대하여 양수인이 책임을 지지 않는다는 뜻을 통지한 때에는 그 책임을 면한다(상법 제42조 제 2 항).

(3) 관련 학설

사안에서 D 회사는 기존의 영업을 출자하여 丙 회사를 설립하였는데, 이를 회사설립을 위한 현물출자로 볼 것인지 아니면 영업양도로 볼 것인지에 대해 견해의 대립이 있다.

1) 현물출자설

현물출자설은 D 회사가 丙 회사에게 영업을 양도한 것이 아니라 영업 자체를 현물출자한 것이라고 보는 입장인데, 현물출자는 단체법적 설립행위라는 점에서 채권계약인 영업양도와 개념적으로는 서로 다르다는 점을 근거로 한다. 다만 실제로는 그 외관이 거의 비슷하고 이해관계자에게 미치는 영향도 동일하기 때문에 영업양도에 관한 규정, 특히 상법 제42조 이하의 규정들이 유추적용된다고 본다.

2) 영업양도설

영업양도설은 현물출자는 영업양도에 유사한 것이 아니라 바로 영업양도 그 자체로 보는 입장이다.

(4) 관련 판례

판례는 영업의 현물출자는 영업양도와 유사하므로 영업양도에 관한 규정을 적용해야 한다는 입장이다. 즉 판례는 영업을 출자하여 주식회사를 설립하고 그 상호를 계속 사용하는 경우에는, 영업의 양도는 아니지만 출자의 목적이 된 영업의 개념이 동일하고 법률행위에 의한 영업의 이전이란 점에서 영업의 양도와 유사하며 채권자의 입장에서 볼 때는 외형상의 양도와 출자를 구분하기 어려우므로, 새로 설립된 법인은 상법 제42조 제1항의 규정의 유추적용에 의하여 출자자의 채무를 변제할 책임이 있다고 판시하였다(대법원 1995.8.22. 선고 95다12231 판결[3]).

(5) 상호의 동일성 여부

이와 같이 견해의 대립이 있기는 하지만 현물출자로 보건 영업양도로 보건 제42조가 적용 또는 유추적용된다는 결과는 통일하다. 그리고 나서 남은 문제는 설문에서 丙 회사의 상호인 "대한커피음료주식회사"가 D 회사의 상호인 "대한커피주식회사"를 속용한 것으로 볼 수 있는가 하는 점이다. 상법 제42조의 취지는 영업양도 전후로 동일한 상호를 사용함으로써 종전의 거래상대방이 영업주체의 변동을 깨닫지 못한 경우를 보호하고자 하는 데에 있다. 따라서 학설은 대체로 상법 제42조의 적용대상이 되는 "동일한 상호"는 상법 제23조의 "영업주체를 오인할 만한 상호"보다 협소한 개념으로 보아 엄격히 해석해야 한다고 보고 있다. 그러나 판례는 일관되게 상호의 동일성을 너그럽게 해석하여 영업양도 전후의 상호가 주요 부분에 있어서 동일하면 충분하다고 보고 있다.

(6) 사안의 해결

판례에 따르면 설문의 "대한커피주식회사"와 "대한커피음료주식회사"는 동일한 상호로 볼 여지가 크다. 그렇다면 채권자 X는 D 회사의 출자로 설립된 丙 회사에 대하여 채무변제를 청구할 수 있다. 이 때 채권자 X는 선의이어야 하며, 丙 회사가 책임을 면하려면 X의 악의를 주장·증명하여야 한다.

2. D와 丙에 대해 행사가능한 수단

설문에서 D와 丙에 대해 행사 수단으로서 채무면탈목적의 회사설립을 근거로 한 법인격부인이 가능한지 문제된다.

---

3) 대법원 1995.8.22. 선고 95다12231 판결: "상법 제42조 제1항은 영업양수인이 양도인의 상호를 계속 사용하는 경우에는 양도인의 영업으로 인한 제3자의 채권에 대하여 양수인도 변제할 책임이 있다고 규정하고 있는 바, 영업을 출자하여 주식회사를 설립하고 그 상호를 계속 사용하는 경우에는 영업의 양도는 아니지만 출자의 목적이 된 영업의 개념이 동일하고 법률행위에 의한 영업의 이전이란 점에서 영업의 양도와 유사하며 채권자의 입장에서 볼 때는 외형상의 양도와 출자를 구분하기 어려우므로, 새로 설립된 법인은 상법 제42조 제1항의 규정의 유추적용에 의하여 출자자의 채무를 변제할 책임이 있다고 할 것이다(대법원 1989.3.28. 선고 88다카12100 판결 참조). 원심은 비법인 사업체인 협성산업의 대표이던 소외 정○○가 이 사건 산재사고 발생 후에 위 협성산업의 영업을 현물출자하여 피고 주식회사 협성을 설립하고 그 대표이사가 되었다는 사실을 인정한 다음, 피고 주식회사 협성은 상호를 계속 사용하는 영업양수인의 책임에 관한 상법 제42조 제1항의 규정에 따라 위 정○○의 원고들에 대한 손해배상 채무를 변제할 책임이 있다고 판단하였는 바, 관련 증거들을 기록과 대조하여 검토하여 보면, 원심의 위와 같은 인정과 판단은 정당하고, 원심판결에 논하는 바와 같이 채증법칙을 위반하여 판결에 영향을 미친 사실을 잘못 인정하거나 영업양도에 관한 법리를 오해한 위법이 있다고 볼 수 없으므로, 논지도 이유가 없다."

(1) 쟁점

본 사안에서 丙 회사는 D 회사가 부담하는 채무를 면탈할 목적으로 설립된 것이다. 그렇다면 신설회사 丙의 설립이 회사제도의 남용에 해당함을 이유로 법인격부인론을 적용하여 D 회사 및 丙 회사 모두에게 책임을 물을 수 있는지의 여부가 문제된다.

(2) 법인격부인론의 의의

회사에 부여되어 있는 법인격이 법에 의하여 의도된 목적과는 달리 남용된 경우에 법인격을 부인하고 그 배후에 있는 실체에게 그 법률관계를 귀속시키고자 하는 이론이 있는데, 이것을 법인격부인론이라고 한다. 법인격부인론은 미국에서는 법인격무시론(the doctrine of the disregard of the corporate entity), 독일에서는 실체파악론(Durchgriffslehre)이라는 이름으로 발전되어 온 이론으로서 각 이론은 법인격을 부인할 수 있는 전형적인 사례를 유형화해 놓고 있다. 예를 들어서 독일의 실체파악론에 의하면 회사의 재산이 사원의 개인재산과 분리되어 있지 않은 경우, 법인이라는 법형태를 남용하는 경우, 사원이 자신이 지배하는 회사에 그 회사의 업무목적과 업무범위에 상응하는 자기자본을 제공하지 않은 경우, 자신의 이익을 위하여 자신의 지배적 지위를 이용하여 타인에게 영향력을 행사하는 경우에 회사의 법인격을 부인하고 그 배후에 있는 실체(예를 들면 지배주주, 모회사 등)에게 책임을 물을 수 있다고 한다. 이러한 법인격부인론은 특정한 행위가 형식상 회사의 명의로 이루어 졌지만 그 법률효과를 회사에 귀속시키는 것이 정의와 형평의 관념에 반하고 법률상 용납될 수 없는 부당한 결과를 가져올 경우에 회사의 법인격을 부인하고 그 실체를 파악하여 회사의 사실상의 지배사원에게 책임을 지우는 제도이다. 이를 법인격무시이론, 법인격투시이론이라 한다. 법인격부인론은 회사의 존재를 전면 부인하는 것이 아니고, 그 법인으로서의 존재를 인정하면서 특정한 사안에 대해 회사라는 외피를 벗겨 그 배후의 실체를 파악하여 그 사안에 적합한 법률적 해석을 꾀하는 이론이다. 甲회사의 존재를 인정하면서 A가 출자한 회사재산으로 부터 乙이 직접 변제를 받을 수 있게 되는 바, 이는 甲회사의 재산과 A의 재산은 동일시 되기 때문이다. 그러나 회사제도의 법적 성격상 이 이론은 엄격히 적용해야 한다. 회사기관의 제3자에 대한 책임제도(가령 상법 제401조)가 회사의 실질상 운영자에게 책임을 묻는 제도임에 반해 법인격부인론은 회사의 실질상 소유・지배자(오너)에게 책임을 묻는 제도이다. 19세기 후반 영미에서 판례를 통해 형성발전되었고 독일법계에서도 법인실체파악이론으로서 학설과 판례를 통해 오랫동안 논의되어 왔다. 그러나 세계적으로 통일된 원리나 원칙은 없고 각국의 법률문화나 생활습성에 따라 다른 범위에서 적용된다.

(3) 판례의 태도

기존회사의 채무를 면탈할 목적으로 새로운 회사를 설립한 경우를 일반적으로 사해설립이라고 한다. 신설회사가 합명회사, 합자회사, 유한회사, 유한책임회사인 경우 기존회사의 채권자는 사해설립취소의 소를 제기할 수 있으나(상법 제185조, 제269조, 제287조의6, 제552조 제2항), 주식회사의 경우에는 이러한 사해설립취소의 소가 인정되지 않고 오직 상법 제328조의 설립무효의 소만 인정된다. 그러나 채무면탈을 위한 설립이라는 사정은 설립무효사유에는 해당하지 않는데, 이 경우 판례는 법인격부인을 인정하고 있다. 즉 기존회사가 채무를 면탈할 목적으로 기업의 형태·내용이 실질적으로 동일한 신설회사를 설립하였다면, 신설회사의 설립은 기존회사의 채무면탈이라는 위법한 목적달성을 위하여 회사제도를 남용한 것이므로, 기존회사의 채권자에 대하여 위 두 회사가 별개의 법인격을 갖고 있음을 주장하는 것은 신의성실의 원칙상 허용될 수 없다 할 것이어서 기존회사의 채권자는 위 두 회사 어느 쪽에 대하여서도 채무의 이행을 청구할 수 있다는 것이 판례의 입장이다(대법원 2004.11.12. 선고 2002다66892 판결[4]). 이 때 기존회사의 채무를 면탈할 의도로 신설회사를 설립한 것인지 여부는 기존회사의 폐업당시 경영상태나 자산상황, 신설회사의 설립시점, 기존회사에서 신설회사로 유용된 자산의 유무와 그 정도, 기존회사에서 신설회사로 이전된 자산이 있는 경우 그 정당한 대가가 지급되었는지 여부 등 제반 사정을 종합적으로 고려하여 판단하여야 한다(대법원 2008.8.21. 선고 2006다24438 판결).

(4) 사안의 해결

본 사안에서 결국 채권자 X는 D 회사가 채무면탈목적으로 丙 회사를 설립했음을 증명하여 두 회사 모두에게 채무의 이행을 구할 수 있을 것이다.

4) 대법원 2004. 11. 12. 선고 2002다66892 판결: "기존회사가 채무를 면탈할 목적으로 기업의 형태·내용이 실질적으로 동일한 신설회사를 설립하였다면, 신설회사의 설립은 기존회사의 채무면탈이라는 위법한 목적달성을 위하여 회사제도를 남용한 것이므로, 기존회사의 채권자에 대하여 위 두 회사가 별개의 법인격을 갖고 있음을 주장하는 것은 신의성실의 원칙상 허용될 수 없다 할 것이어서 기존회사의 채권자는 위 두 회사 어느 쪽에 대하여서도 채무의 이행을 청구할 수 있다고 볼 것이다(대법원 1995. 5. 12. 선고 93다44531 판결, 2001. 1. 19. 선고 97다21604 판결 참조). 원심판결 이유에 의하면, 원심은 제1심판결을 일부 인용하여 그 판시 사실을 각 인정한 다음, 피고 회사는 소외 주식회사 안건사(이하 '안건사'라 한다)와 상호, 상징, 영업목적, 주소, 해외제휴업체 등이 동일하거나 비슷한 점, 안건사와 일부 다른 피고 회사의 주요 이사진이나 주주 대부분이 안건사의 지배주주로서 대표이사였던 안○○의 친·인척이거나 안건사에서 안○○의 직원이었던 점, 피고 회사는 대외적으로 영업 등을 하면서 안건사와 동일한 회사인 양 홍보하였으며, 위 안○○과 피고 회사의 대표이사인 김○○도 안건사에서의 직책대로 활동한 점, 그에 따라 피고 회사가 외부에서 안건사와 동일한 회사로 인식된 채로 공사 등을 수주한 점, 피고 회사 내부적으로도 여전히 안○○이 회장으로서 역할을 수행하고 있는 것으로 보이는 점, 이 사건 제1심판결로 피고 회사가 안건사의 채무를 부담하게 되는 상황이 되자 이번에는 안○○의 아들 등이 주식회사 뮤텍코리아를 설립하여 피고 회사와 관련된 공사를 수주한 점 제반 사정에 비추어 보면, 피고 회사는 안건사에 비해 직원 수 등 그 규모는 줄어들었으나 안건사와 실질적으로 동일한 회사로서 안건사의 채무를 면탈할 목적으로 안건사와 별개의 새로운 회사를 설립하는 형식만 갖춘 것이라 할 것이어서 피고 회사가 원고들에 대하여 안건사와 별개의 법인격임을 내세워 그 책임을 부정하는 것은 신의성실의 원칙에 반하거나 법인격을 남용하는 것으로서 허용될 수 없다 할 것이..다."

Ⅳ. 책임을 면제받은 E 회사의 이사에 대해 채권자 Y는 어떠한 책임을 물을 수 있는지, 그리고 장기간 회사에 출근하지 않은 E 회사의 이사들에 대해 A 회사 발행주식총수의 100분의 3을 보유한 M이 대표소송을 제기하는 것이 적법한지 논하라. (30점)

1. 쟁 점

본 문제에서의 논점은 이사책임면제를 허용하는 상법 제400조에 의해 상법 제399조 상의 회사에 대한 책임뿐만 아니라 상법 제401조 상의 제3자에 대한 책임도 면제되는가의 여부 및 이중대표소송이 허용되는가의 여부이다.

E 회사의 재산을 사적으로 유용한 이사는 회사에 손해를 끼쳤으므로 상법 제399조에 따라 회사에 손해배상책임이 있다. 이 상황에서 E 회사가 상법 제400조 제1항에 따라 총주주의 동의로 관련 이사의 책임을 면제하였더라도, 상법 제401조에 따른 제3자에 대한 책임은 여전히 남는지 문제된다. 그리고 또 E 회사의 소수주주는 상법 제403조 이하의 대표소송을 제기할 수 있는 것은 분명하지만, E 회사의 모회사인 A 회사의 주식의 100분의 3을 가지고 있는 소수주주인 M이 자회사 E 회사의 이사를 상대로 대표소송을 제기할 수 있는가, 즉 이중대표소송이 가능한지 문제된다. 특히 이중대표소송문제는 최근 법무부가 기업지배구조개선의 측면에서 도입을 논의하고 있어서 첨예한 쟁점으로 되고 있다.

2. E 회사의 채권자 Y가 제401조에 근거하여 회사자산을 횡령한 이사에게 책임을 추궁할 수 있는지의 여부

이사의 책임을 면제하는 상법 제400조 제1항의 적용범위는 상법 제399조상의 회사에 대한 책임으로만 국한된다. 그 결과 Y는 상법 제401조의 요건이 충족되면 횡령이사에게 손해배상책임을 물을 수 있다. 회사자금을 유용한 이사의 행위로 인해 E 회사의 재산상태가 악화되는 손해가 발생하였고, 이로 인해 제3자에 해당하는 채권자 Y는 결국 변제를 받지 못하게 되는 간접손해를 입었다. 간접손해란 이사의 임무해태에 의해 회사가 손해를 입음으로 인해 다시 제3자가 입은 손해를 가리킨다. 가령 이사가 임무해태를 함으로써 회사재산을 감소시켜 회사채권자의 채권회수를 어렵게 한 경우를 들 수 있다. 통설에 따르면 이러한 간접손해도 상법 제401조에서 말하는 손해에 포함되므로, E 회사로부터 변제를 받지 못한 채권자 Y는 상법 제401조에 따른 손해배상책임을 횡령이사에게 물을 수 있다. 이와 관련하여 우리 대법원은 대표이사가 회사재산을 횡령하여 회사재산이 감소함으로써 회사가 손해를 입고 주주의 경제적 이익이 침해되는 손해는 상법 제401조에서 말하는 손해의 개념에 포함되지 않는다는 입장을 취하고 있다(대법원 1993.1.26. 선고 91다36093 판결[5]).

---

5) 대법원 1993.1.26. 선고 91다36093 판결:"주식회사의 주주가 대표이사의 악의 또는 중대한 과실로 인한 임무해태행위로 직접 손해를 입은 경우에는 이사와 회사에 대하여 상법 제401조, 제389조제3항, 제210조에 의

3. 이중대표소송의 인정에 관한 학설 및 판례

설문에서는 A회사의 주식총수의 100분의 3%를 보유한 주주 M이 자회사인 E회사의 이사에 대하여 책임추궁(대표소송)을 하는 것이 가능한지를 묻고 있다. 이러한 경우에 모회사의 소수주주도, 자회사의 이사의 행위로 인해 자회사가 입은 손해의 일부를 부담하고 있다는 것을 고려하여 이중대표소송을 인정할 필요가 있다는 주장이 일부 존재한다. 그리고 2013년 법무부가 이중대표소송을 입법적으로 도입하려는 움직임을 보이자 재계가 반발하는 등 첨예하게 다투어지고 있는 논점으로 되고 있는 상황이다. 그러나 우리 판례는 대표소송의 원고적격을 책임추궁을 당하는 이사가 속한 회사의 주주로 한정함으로써 이중대표소송을 부정하고 있다. 즉 어느 한 회사가 다른 회사의 주식의 전부 또는 대부분을 소유하여 양자 간에 지배종속관계에 있고, 종속회사가 그 이사 등의 부정행위에 의하여 손해를 입었다고 하더라도, 지배회사와 종속회사는 상법상 별개의 법인격을 가진 회사이고, 대표소송의 제소자격은 책임추궁을 당하여야 하는 이사가 속한 당해 회사의 주주로 한정되어 있으므로, 종속회사의 주주가 아닌 지배회사의 주주는 상법 제403조, 제415조에 의하여 종속회사의 이사 등에 대하여 책임을 추궁하는 이른바 이중대표소송을 제기할 수 없다는 것임(대법원 2004.9.23. 선고 2003다49221 판결,[6]; 대법원 2003. 10. 24. 선고 2003다29661 판결[7]).

하여 손해배상을 청구할 수 있으나, 대표이사가 회사재산을 횡령하여 회사재산이 감소함으로써 회사가 손해를 입고 결과적으로 주주의 경제적 이익이 침해되는 손해와 같은 간접적인 손해는 상법 제401조 제1항에서 말하는 손해의 개념에 포함되지 아니하므로 이에 대하여는 위 법조항에 의한 손해배상을 청구할 수 없고, 이와 같은 법리는 주주가 중소기업창업지원법상의 중소기업창업투자회사라고 하여도 다를 바 없다."

6) 대법원 2004. 9. 23. 선고 2003다49221 판결: "상법 제403조 제1항, 제3항은 발행주식의 총수의 100분의 1 이상에 해당하는 주식을 가진 주주는 회사에 대하여 이사의 책임을 추궁할 소의 제기를 청구할 수 있고, 회사가 이 청구를 받은 날로부터 30일 내에 소를 제기하지 아니한 때에는 위 주주는 즉시 회사를 위하여 소를 제기할 수 있다고 규정하고 있고, 이 규정은 상법 제415조에 의하여 감사에 준용되는바, 어느 한 회사가 다른 회사의 주식의 전부 또는 대부분을 소유하여 양자 간에 지배종속관계에 있고, 종속회사가 그 이사 등의 부정행위에 의하여 손해를 입었다고 하더라도, 지배회사와 종속회사는 상법상 별개의 법인격을 가진 회사이고, 대표소송의 제소자격은 책임추궁을 당하여야 하는 이사가 속한 당해 회사의 주주로 한정되어 있으므로, 종속회사의 주주가 아닌 지배회사의 주주는 상법 제403조, 제415조에 의하여 종속회사의 이사 등에 대하여 책임을 추궁하는 이른바 이중대표소송을 제기할 수 없다고 할 것이어서, 소외 3 회사의 주주의 지위에서 소외 1 회사의 대표이사인 피고 1에 대하여 책임 추궁을 구하는 원고의 이 부분 소는 원고 적격이 흠결되었다고 할 것이다. 그럼에도 불구하고, 원심은 이중대표소송이 가능함을 전제로 원고 적격을 인정하였으니, 이 부분에 관한 원심판결에는 주주의 대표소송에 있어서의 원고 적격에 관한 법리를 오해하여 판결에 영향을 미친 위법이 있다고 할 것이므로 더 나아가 본안에 관하여 판단할 필요 없이 그대로 유지될 수 없다."

7) 대법원 2003. 10. 24. 선고 2003다29661 판결: "주식회사의 주주가 이사의 악의 또는 중대한 과실로 인한 임무해태행위로 직접 손해를 입은 경우에는 이사에 대하여 상법 제401조에 의하여 손해배상을 청구할 수 있으나, 이사가 회사재산을 횡령하여 회사재산이 감소함으로써 회사가 손해를 입고 결과적으로 주주의 경제적 이익이 침해되는 손해와 같은 간접적인 손해는 상법 제401조 제1항에서 말하는 손해의 개념에 포함되지 아니하므로 이에 대하여는 위 법조항에 의한 손해배상을 청구할 수 없다(대법원 1993. 1. 26. 선고 91다36093 판결 참조). 같은 취지에서 원심이, 가사 부산건설회관의 이사인 피고가 대출금을 횡령하여 부산건설회관의 재산을 감소시킴으로써 주주임을 전제로 하는 원고의 경제적 이익이 결과적으로 침해되는 손해를 입혔다 하더라도 이는 간접적인 손해에 불과하므로 원고로서는 손해배상을 구할 수 없다고 판단한 조치는 정당하고, 거기에 상법 제401조 소정의 이사의 책임에 관한 법리를 오해한 위법이 있다고 할 수 없다."

4. 설문의 해결

총주주의 동의가 있었더라도 이는 이사의 제3자에 대한 책임까지 면제한 것으로 아니므로 E 회사의 자금을 유용한 이사들은 Y에 대해 손해배상책임을 부담할 수 있다고 보아야 한다. 그리고 이중대표소송을 허용하지 않는 현재의 대법원 판례의 입장에 따르면 M은 대표소송을 제기할 수 없다는 결과가 된다.

B. 출제전망

변호사시험에서 민사법 중 상사법분야에서는 회사법을 위주로 출제되는 경향은 유지될 것이다. 하지만 이번 모의문제처럼 회사법을 주로 하면서도 일부분은 상법총칙·상행위법 분야를 연계하거나, 더 나아가 어음·수표법, 보험법 분야에까지 연결하여 출제하는 방향으로 전개될 것이다. 이번 모의문제처럼 영역이 겹쳐서 문제가 될 소지가 있는 것으로는 가령 명의대여자의 책임, 영업양도분야, 상호분야, 이사의 경업금지의무와 지배인 등, 상법상의 다른 분야에서의 경업금지의무의 관계, 표현대표이사와 표현지배인, 회사의 어음수표 발행행위와 자기거래의 문제 등을 들 수 있다. 이와 같이 주제에 따라서는 상호 연결된 문제가 출제될 가능성이 높으므로 평소 그에 대비하는 자세가 필요하다.

2013년도 제1차 법전협주관 모의시험

민사법 제3문

제 3 문

A와 B는 2010년 3월 15일 내비게이션 제조·판매업을 목적으로 하는 甲 주식회사(비상장회사이며, 자본금과 기업가치는 각 100억 원임)를 설립하였고, 동 회사의 현행 정관에는 주식을 양도할 시에는 이사회 승인을 요하는 규정과 이사회의 결의로 일정한 날을 정하여 중간배당을 할 수 있다는 규정을 두고 있다. 또한 甲회사는 현재 내비게이션에 필요한 소프트웨어 개발을 영업으로 하는 丙 주식회사(비상장회사이며, 자본금과 기업가치는 각 5억 원임)의 발행주식총수의 97%를 소유하고 있다. 甲 회사의 주식은 A가 40%, B가 20%를 소유하고 있으며, 나머지는 기타 10인의 주주들이 소유하고 있다. 甲 회사의 이사회는 상근이사인 A, B, C와 비상근이사인 2인으로 구성되어 있으며, A는 대표이사로, A의 동생인 D는 감사로 각 선임되어 필요한 등기절차를 모두 경료하였다.

2012년 4월 16일 A와 D는 내비게이션 제품을 생산 및 판매하는 것을 주된 업으로 하는 乙주식회사(비상장회사임)를 개인적으로 설립하고, A는 乙 회사의 대표이사, D는 乙회사의 이사로 선임된 후, D는 乙회사의 공장부지를 전국 각지에서 물색하고, A는 거래처를 확보하기 위하여 종전 甲 회사의 거래처와 협상을 진행하였다. 그러던 중 A와 D가 乙 회사를 설립한 사실을 우연히 인지하게 된 B는 A와 D에 대하여 강력한 항의를 하였고, 이에 A는 乙회사의 이사 및 대표이사직을 사임하면서 A 자신이 가지고 있던 乙 회사의 지분 전부를 내비게이션 제품의 생산 및 판매에 전혀 경험이 없는 자신의 동생의 배우자인 E에게 양도하였다. 또한 A는 甲회사의 대표이사 직도 사임하면서 甲회사에 대한 자신의 지분 전부를 E에게 양도하고 경영일선에서 물러났고, 甲회사는 B를 대표이사로 선임하여 필요한 등기절차를 모두 경료하였다. E가 A로부터 주식을 양수함에 있어서 이사회의 승인절차는 거치지 않았지만 甲회사에게 주주가 A로부터 자신으로 변경되었다고 구두로 통지를 하였다.

B는 대표이사로 취임한 후 A와 D가 乙회사의 영업을 준비하느라 甲회사에 제대로 출근도 하지 않았을 뿐만 아니라, 중요한 몇몇 대형 거래처와 납품기일을 여러 차례 준수하지 못하여 甲회사가 다액의 위약금을 부담하게 된 사실을 알게 되었다. 이에 B는 이사회를 개최하고 A의 이사해임의 건 및 D의 감사해임의 건을 상정하여 2013년 6월 10일 임시주주총회를 소집하였으나 총회소집일에 B 이외의 다른 주주들이 주주총회에 출석하지 않아 임시주주총회가 유회되었다.

1. E는 甲 회사의 중간배당금을 수령할 자격이 있는가?(20점)
2. 2013년 6월 28일 현재 甲 회사의 의결권 있는 주식 2%를 각각 소유하고 있

민사법

는 주주 F와 G는 공동으로 법원에 대하여 A와 D를 이사직과 감사직으로부터 각 해임하여 줄 것을 청구하고자 한다. 이에 대하여 검토하라. (40점)

3. 丙 회사가 발행한 주식총수 2%를 가진 주주인 H는 긴급하게 자금이 필요하다. H가 단독으로 자신의 목적을 달성할 수 있는 상법상 방법을 제시하고 논하라. (10점)
4. 甲회사가 내비게이션 제조와 관련하여 지속적인 성장을 목표로 하여 丙 회사를 합병하고자 하는 경우 상법상 가능한 방법을 제시하고 논하라. (30점)

※상법 이외의 특별법은 논외로 한다.

C/O/N/T/E/N/T/S

〈제3-1문〉
I. 논점의 정리
II. 주식양도의 자유와 그 제한
  1. 주식양도와 정관에 의한 양도의 제한
  2. 정관에 의한 주식양도의 제한과 위반의 효력
  (1) 정관에 의한 주식양도의 제한
  (2) 주식양도승인의 방법
  (3) 이사회의 승인을 얻지 않은 주식양도의 효력
III. 명의개서미필주주의 지위
  1. 주주명부의 효력
  (1) 주주명부의 의의
  (2) 주주명부의 효력: 주주명부는 다음 세 가지의 효력을 가진다.
  2. 주주명부 명의개서미필주주의 지위
IV. 사안에의 적용 및 결론

〈제3-2문〉
I. 논점의 정리
II. 소수주주에 의한 이사 또는 감사 해임의 소
  1. 이사 또는 감사해임의 소의 의의
  2. 이사 또는 감사해임의 소의 요건
  (1) 직무에 관한 부정행위 또는 법령이나 정관에 위반한 중대한 사실의 존재
  (2) 주주총회에서의 해임부결
  3. 이사 또는 감사해임의 소의 절차
  (1) 원고적격
  (2) 제소기간
  (3) 피고적격
III. 이사의 경업금지의무
  1. 이사의 경업금지의무
  2. 경업의 인정범위
IV. 사안에의 적용 및 결론
  1. 이사 A에 대한 이사해임청구의 당부
  2. 감사 D에 대한 감사해임청구의 당부

〈제3-3문〉
I. 논점의 정리
II. 소수주주의 매수청구권
  1. 의의
  2. 법적 성질과 당사자 및 행사시기
  3. 행사효과
  (1) 매수의무
  (2) 주식매수가액의 결정:
  (3) 주식이전시기
III. 사안에의 적용 및 결론

〈제3-4문〉
I. 논점의 정리
II. 합병 개관
  1. 합병의 의의
  2. 합병의 종류
  (1) 흡수합병
  (2) 신설합병
  3. 합병절차
III. 간이합병과 소규모합병
  1. 간이합병
  2. 소규모합병
  3. 간이합병과 소규모합병의 차이
IV. 사안에의 적용
  1. 간이합병
  2. 소규모합병
V. 결 론

제3문 안 강 현

〔연세대학교 법학전문대학원 교수 · 변호사〕

<제3-1문>

I. 논점의 정리

甲회사의 정관규정에 따른 이사회의 승인 없이 A로부터 甲회사의 주식을 양수한 E가 甲회사로부터 중간배당금을 수령할 자격이 있는지 여부는 E가 甲회사의 주주로서의 지위를 보유하는지 여부에 달려 있는데 이를 위해서는 A의 E에 대한 주식양도의 효력 유무에 대한 판단이 선행되어야 한다.

II. 주식양도의 자유와 그 제한

1. 주식양도와 정관에 의한 양도의 제한

상법 제355조 제1항은 주식양도자유의 원칙을 천명함과 아울러 소규모·비공개 주식회사(비상장회사)의 경우에는 주주 상호간의 인적 관련을 존중하여 주식의 양도에 이사회의 승인을 받도록 하는 제한을 허용함과 동시에 기존주주의 투하자금의 회수를 보장하는 방안을 마련하고 있다.

2. 정관에 의한 주식양도의 제한과 위반의 효력

(1) 정관에 의한 주식양도의 제한

주식회사가 주주의 주식양도를 제한하기 위하여는 사전에 정관에 이사회의 승인을 얻어야 한다는 제한을 두어야 한다. 승인기관은 반드시 이사회이어야 하고, 전면적인 금지는 허용되지 않는다. 이러한 양도제한은 주식청약서와 주권에 기재하고 등기를 통하여 공시하여야 한다. 양도를 제한할 수 있는 주식은 성질상 기명주식에 한하고, 무기명주식은 보유하는 주권을 회사에 공탁하고 주주권을 행사할 수 있으므로 양도의 제한이 무의미하다.

(2) 주식양도승인의 방법

주식의 양도에 이사회의 승인을 요하는 정관규정이 있는 경우 그 승인청구는 양도인인 주주(제335조의2)나 양수인(제335조의7) 어느 일방당사자에 의하여도 이루어질 수 있으나 승인청구는 반드시 서면으로 하여야 하고 구두에 의한 승인청구는 그 효력이 인정되지 않는다.

(3) 이사회의 승인을 얻지 않은 주식양도의 효력

이사회의 승인을 얻지 않은 주식의 양도는 회사에 대하여 효력이 없다(제335조 제2항). 즉, 양도당사자 사이에만 효력이 있을 뿐이고, 대표이사(또는 대표집행임원)가 이를 승인하더라도 역시 효력이 없다.

<참고판결> 대법원 2008. 7. 10. 선고 2007다14193 판결 【위약금】

주식의 양도를 제한하는 방법으로서 이사회의 승인을 요하도록 정관에 정할 수 있다는 상법 제335조 제1항 단서의 취지에 비추어 볼 때, 주주들 사이에서 주식의 양도를 일부 제한하는 내용의 약정을 한 경우, 그 약정은 주주의 투하자본회수의 가능성을 전면적으로 부정하는 것이 아니고, 공서양속에 반하지 않는다면 당사자 사이에서는 원칙적으로 유효하다고 할 것이다(대법원 2000. 9. 26. 선고 99다48429 판결 참조).

III. 명의개서미필주주의 지위

1. 주주명부의 효력

(1) 주주명부의 의의

주주명부는 주주 및 주권에 관한 사항을 명백히 하기 위하여 상법에 의하여 작성이 요구되는 장부이다. 주식양수인의 성명과 주소를 주주명부에 기재하는 것을 명의개서라고 한다.

(2) 주주명부의 효력

주주명부는 다음 세 가지의 효력을 가진다.

1) 대항력

기명주식의 양수인은 주주명부에 명의개서를 할 때까지 회사에 대하여 자신이 주주라는 것을 주장할 수 없는데 이를 주주명부의 대항력이라고 한다. 그러나 회사가 명의개서를 하지 않은 주식양수인을 주주로 인정하는 것은 무방하다.

〈참고판결〉 대법원 2001. 5. 15. 선고 2001다12973 판결 【주주총회결의부존재확인】

상법 제337조 제1항의 규정은 기명주식의 취득자가 주주명부상의 주주명의를 개서하지 아니하면 스스로 회사에 대하여 주주권을 주장할 수 없다는 의미이고, 명의개서를 하지 아니한 실질상의 주주를 회사측에서 주주로 인정하는 것은 무방하다.

2) 추정력(자격수여적 효력)

기명주식의 양수인이 주주명부에 명의개서를 한 이후에는 주주로 추정되어 자신이 주주라는 것을 증명하지 않고도 주주권을 행사할 수 있는데 이를 주주명부의 추정력이라고 한다.

3) 면책력

회사가 주주명부에 기재된 자를 주주로서 취급하면 그가 설령 진정한 주주가 아닌 경우에도 회사는 악의 또는 중과실이 없는 한 책임을 면하는데 이를 주주명부의 면책력이라고 한다.

2. 주주명부 명의개서미필주주의 지위

기명주식의 경우 주식양수인이 그 주주권을 행사하기 위해서는 명의개서를 이행하여야 하는 것이 원칙이고 예외적으로 회사가 명의개서를 하지 않은 실질상의 주주를 주주로 인정하는 것은 무방하다. 그러나 여기서의 실질상의 주주는 명의개서 이전 단계에서 아무런 문제가 없는 경우이어야 하는 것이지 정관상 주식양도제한이 있음에도 불구하고 이사회의 승인을 얻지 않은 상태에서 주식을 양수한 자는 이에 해당되지 않는다.

Ⅳ. 사안에의 적용 및 결론

먼저 甲회사의 주식은 정관에 의하여 양도가 제한되므로 기명주식임을 전제한다. 상법 제462조의3 제1항의 중간배당은 회사의 주주에 대하여 하는 이익배당이므로 이 중간배당금을 적법하게 수령하기 위해서는 주주의 자격이 전제되어야 한다. 사안의 경우 E는 A로부터 甲회사의 주식을 양수하였으나 정관에 의한 이사회의 승인을 얻지 않았으므로 그 주식양도양수는 甲회사에 대하여 효력이 없다. 또한 주식양수를 유효로 하기 위하여 주식양수인인 E도 승인청구를 할 수 있으나 이는 서면에 의하여야 하므로 E의 구두통지는 승인청구가 되지 못한다. 한편 甲회사측에서도 이사회의 승인이 없어 회사에 대하여 효력이 없는 주식양도에 따른 양수인인 E를 주주로서 인정할 수도 없다. 따라서 E는 물론 甲회사 어느 쪽도 E의 주주로서의 지위를 주장 또는 인정할 수 없으므로 결국 E는 중간배당금을 수령할 자격이 없다.

<제3-2문>

Ⅰ. 논점의 정리

주주 F와 G 공동으로 하는 이사 A 및 감사 D의 해임청구에 관한 법적 검토에 있어서 이사해임의 소(제385조 제2항, 제415조)의 제기권자와 해임사유 및 제소기간을 중심으로 살펴보기로 한다.

II. 소수주주에 의한 이사 또는 감사 해임의 소

1. 이사 또는 감사해임의 소의 의의

이사 또는 감사해임의 소는 이사 또는 감사가 그 직무에 관하여 부정행위 또는 법령이나 정관에 위반한 중대한 사실이 있음에도 불구하고 주주총회에서 그 해임을 부결한 경우 소수주주권자, 즉 발행주식총수의 100분의 3 이상에 해당하는 주식을 가진 주주가 법원에 대하여 그 이사 또는 감사의 해임을 청구할 수 있는 소송상의 권리이다. 상법은 제385조 제2항에 이사해임의 소를 규정하고 감사에 관하여는 제415조에서 이를 준용하고 있다.

2. 이사 또는 감사해임의 소의 요건

(1) 직무에 관한 부정행위 또는 법령이나 정관에 위반한 중대한 사실의 존재

부정행위는 이사 또는 감사가 그 의무에 위반하여 회사에 손해를 발생시킨 고의행위, 예컨대 회사재산의 사적 소비 등을 말한다. 이사 또는 감사의 직무수행 그 자체만이 아니라 직무수행에 직접 또는 간접적으로 관련이 되는 경우를 포함한다. 법령 또는 정관에 위반한 중대한 사실이 있는 경우는 선관의무(제382조 제2항, 민법 제681조)나 충실의무(제382조의3) 위반, 이사회의 승인 없는 이사의 경업행위(제397조)나 회사의 기회유용(제397조의2) 또는 회사와의 거래(제398조) 등이 이에 해당한다. 부정행위 또는 법령이나 정관위반을 요하므로 단순한 임무해태는 사유가 되지 않는다. 이러한 사유는 이사의 재임 중에 있으면 족하고 반드시 해임청구시에 존재할 필요는 없다. 감사는 업무집행을 하지 않으므로 경업피지의무나 자기거래금지의무를 부담하지 않는 점에서 사유에 차이가 있다.

(2) 주주총회에서의 해임부결

주주총회가 이사 또는 감사의 해임을 부결하였음을 요한다. 이 부결에는 해임의 의안을 부결하는 결의가 적극적으로 성립한 경우에 한하지 않고, 해임을 가결하지 아니한 모든 경우를 포함한다. 따라서 정족수 부족으로 유회되어 의안이 상정되지 않은 경우도 이에 해당한다(대법원 1993. 4. 9. 선고 92다53583 판결).

3. 이사 또는 감사해임의 소의 절차

(1) 원고적격

이 소는 형성의 소이므로 원고적격은 법률의 규정에 따라 정하여지는데 법문상 발행주식총수의 100분의 3 이상에 해당하는 주식을 가진 주주가 원고적격을 가진다. 어느 주주 단독으로 이 요건을 갖추지 못하는 경우 2인 이상의 자가 공동원고가 되어 요건을 구비할 수 있다.

(2) 제소기간

주주총회에서 이사 또는 감사 해임의 결의가 부결된 날로부터 1월내에 소를 제기하여야 한다.

(3) 피고적격

이사 또는 감사해임의 소의 피고는 해당 이사 또는 감사 및 회사가 공동피고로 된다. 이사 또는 감사는 현재 그 직에 있어야 하고, 퇴임한 경우에는 소의 이익이 없다.

〈참고 판결〉 서울지방법원 서부지원 1998. 6. 12. 선고 97가합11348 판결 【이사해임 】

상법 제385조 제2항 소정의 주주의 이사해임청구소송은 이사가 직무집행에 관한 부정행위 기타 위 법조에서 정한 사유가 있음에도 불구하고 주주총회에서 해임을 부결하여 여전히 그 지위에 머무르게 하는 것은 부당하므로 소수주주권자에게 법원에 대하여 해임청구를 인정하는 것이기 때문에 그 소송의 목적은 현재 이사의 지위에 있는 자의 지위를 그 잔여임기 동안 박탈하는 것 자체에 있는 것이므로 해임되어야 할 자가 현재 이사의 지위에 있는 경우에만 소의 이익을 갖는다.

〈참고 판결〉 대법원 1996. 10. 11. 선고 96다24309 판결 【결의부존재확인】

이사가 임원 개임의 주주총회 결의에 의하여 임기 만료 전에 이사직에서 해임당하고 후임 이사의 선임이 있었다 하더라도 그 후에 새로 개최된 유효한 주주총회 결의에 의하여 후임 이사가 선임되어 선임등기까지 마쳐진 경우라면, 그 새로운 주주총회의 결의가 무권리자에 의하여 소집된 총회라는 하자 이외의 다른 절차상, 내용상의 하자로 인하여 부존재 또는 무효임이 인정되거나 그 결의가 취소되는 등의 특별한 사정이 없는 한, 당초의 이사개임 결의가 무효라 할지라도 이에 대한 부존재나 무효확인을 구하는 것은 과거의 법률관계 내지 권리관계의 확인을 구하는 것에 귀착되어 확인의 소로서의 권리보호요건을 결여한 것으로 보아야 한다.

III. 이사의 경업금지의무

1. 이사의 경업금지의무

주식회사의 이사는 이사회의 승인 없이 자기 또는 제3자의 계산으로 회사의 영업부류에 속하는 거래를 하거나 동종영업을 목적으로 하는 다른 회사의 무한책임사원이나 이사가 되지 못한다(제397조 제1항).

2. 경업의 인정범위

이사의 경업금지의무 중에서 특정지위취임금지의무(제397조 제1항 후단)에서 동종영업을 목적으로 하는 다른 회사는 성립중의 회사만을 의미하는 것이 아니라 영업의 준비작업을 추진하고 있는 설립중의 회사도 포함이 되며, 동종영업을 목적으로 하는 다른 회사의 이사나 대표이사로서 영업준비작업을 해온 이상 영업활동 개시 전에 그 직을 사임하였다고 하더라도 위 의무위반을 구성하게 된다(대법원 1993. 4. 9. 선고 92다53583 판결).

IV. 사안에의 적용 및 결론

1. 이사 A에 대한 이사해임청구의 당부

甲회사의 이사 A는 甲회사와 동종영업체인 乙회사의 대표이사로 취임하여 乙회사의 영업준비를 위하여 甲회사에 제대로 출근도 하지 않고 대형거래처의 납품기일을 수차례 어김으로써 甲회사에게 다액의 위약금을 부담하게 한 행위는 상법 제397조 제1항 후단의 경업금지의무 중 특정지위취임금지위반행위인 동시에 선관주의의무위반행위로서 법령에 위반한 중대한 사실에 해당되므로 A의 이사해임청구의 사유가 된다.

2. 감사 D에 대한 감사해임청구의 당부

甲회사의 감사 D 또한 乙회사의 이사로 취임하여 A와 마찬가지의 행태를 보인 한편 감사의 경우 업무집행을 담당하지 않기 때문에 경업금지의무는 부담하지 않으므로 감사 D의 행위를 경업금지의무위반으로 볼 수는 없다. 감사 D의 선관주의의무위반은 감사해임사유에 해당될 수 있고, 그 행위로 인하여 甲회사에 손해를 끼친 경우 甲회사는 감사 D에 대하여 손해배상책임(제414조 제1항)을 물을 수 있다.

<제3-3문>

I. 논점의 정리

주주 H의 자금확보방안으로서의 소수주주의 매수청구권(제360조의25)을 검토한다.

II. 소수주주의 매수청구권

1. 의 의

소수주주의 매수청구권은 주식회사의 발행주식총수의 100분의 95 이상을 자기의 계산으로 보유하고 있는 주주(지배주주)가 있는 회사의 다른 주주(소수주주)가 지배주주에게 그 보유주식의 매수를 청구할 수 있는 권리이다(제360조의25 제1항). 이는 소수주주의 출자회수를 위한 제도로서 2011년 상법개정시 도입한 제도이다.

2. 법적 성질과 당사자 및 행사시기

이 권리는 형성권(제360조의25 제2항)이다. 주식매수청구권자(소수주주)는 회사의 발행주식총수의 100분의 95 이상을 보유하는 지배주주가 있는 회사의 소수주주이고, 주식매수청구의 상대방(지배주주)은 회사의 발행주식총수의 100분의 95 이상을 자기의 계산으로 보유하고 있는 주주이고, 이 권리는 언제든지 행사 가능하다(제360조의25 제1항).

3. 행사효과

(1) 매수의무

소수주주가 이 권리를 행사하면 지배주주는 그 주식을 매수할 의무를 부담한다(제360조의25 제2항).

(2) 주식매수가액의 결정

그 가액은 협의에 의하나 협의가 이루어지지 않은 경우에는 법원에 그 가액의 결정을 청구할 수 있다(제360조의25 제3항 내지 제5항).

(3) 주식이전시기

지배주주가 매매가액을 소수주주에게 지급한 때(제360조의26 제1항) 또는 소수주주가 수령을 거부할 경우에는 공탁한 날(제360조의26 제2항)에 이전된 것으로 본다.

III. 사안에의 적용 및 결론

甲회사는 丙회사의 주식 97%를 소유하고 있으므로 지배주주이고, 따라서 주주 H는 지배주주인 甲회사에 대하여 상법 제360조의25에 따라 주식매수청구권을 행사함으로써 자금을 마련할 수 있을 것이다.

<제3-4문>

I. 논점의 정리

甲회사가 丙회사를 효율적으로 합병하는 방법에 관련하여 간이합병(제527조의2)과 소규모합병(제527조의3)에 대하여 살펴보기로 한다.

II. 합병 개관

1. 합병의 의의

합병은 2개 이상의 회사가 상법의 규정에 따라 계약에 의하여 청산절차를 거치지 않고 한 회사로 되는 것으로 이에 따라 회사의 전부 또는 일부가 해산하며 청산절차에 의하지 아니하고 회사재산이 포괄적으로 신설회사 또는 존속회사에 이전되는 효과를 발생하게 하는 회사법상의 법률요건이다. 기업유지이념에 근거하여 인정되며, 그 법적 성질은 일반적으로 인격합일로 파악한다.

2. 합병의 종류

(1) 흡수합병

2개 이상의 합병당사회사 중 하나의 회사만이 존속하고 나머지 회사는 모두 소멸하여 존속회사가 소멸회사(들)의 권리·의무를 포괄적으로 승계하고 사원을 수용하는 방법이다. 이 사안의 경우와 같은 흡수합병의 경우 일정한 요건이 구비된 경우에는 통상의 합병절차보다 간소한 방법으로 합병할 수 있도록 하는 제도를 두고 있는데 이에는 간이합병과 소규모합병이 있다.

(2) 신설합병

당사회사 전부가 소멸하고, 이들에 의하여 신설된 회사가 소멸회사의 권리·의무를 포괄적으로 승계하고 사원을 수용하는 방법이다.

3. 합병절차

주식회사간의 합병에는 대내적으로는 합병당사회사 모두 합병계약에 대하여 주주총회의 특별결의를 얻어야 하고, 대외적으로는 채권자보호절차를 거친 후 합병등기 및 공시하여야 한다.

III. 간이합병과 소규모합병

1. 간이합병

합병으로 인해 소멸하는 회사의 총주주의 동의가 있거나 그 회사의 발행주식총수의 100분의 90 이상을 합병 후 존속하는 회사가 소유하고 있는 때에는 합병으로 인하여 소멸하는 회사의 주주총회의 승인은 이를 이사회의 승인으로 갈음할 수 있는데 이를 간이합병이라고 한다.

2. 소규모합병

합병 후 존속하는 회사가 합병으로 인하여 발행하는 신주의 총수가 그 회사 발행주식 총수의 100분의 10을 초과하지 아니하는 때(만약 합병으로 인하여 소멸하는 회사의 주주에게 지급할 금액을 정한 경우 그 금액이 존속하는 회사의 최종대차대조표상으로 현존하는 순자산액의 100분의 5를 초과하지 아니하는 때)에는 존속하는 회사의 주주총회의 승인은 이를 이사회의 승인으로 갈음할 수 있는데 이를 소규모합병이라 한다.

3. 간이합병과 소규모합병의 차이

일반적인 흡수합병에 있어서는 합병당사회사 모두의 주주총회의 승인을 얻어야 하나 간이합병과 소규모합병의 경우에는 일부당사회사의 이사회의 승인으로 주주총회의 승인을 대신할 수 있는데 간이합병의 경우에는 소멸회사, 소규모합병의 경우에는 존속회사의 주주총회의 승인을 요하지 않는다. 소규모합병의 존속회사의 주주에게는 합병반대주주의 주식매수청구권이 인정되지 않는다.

IV. 사안에의 적용

1. 간이합병

이 사안의 경우 甲회사가 병회사 발행주식총수의 97%를 소유하여 간이합병의 100분의 90 이상의 요건을 충족하고 있으므로 병회사의 이사회 승인으로 합병할 수 있다. 이 경우에는 합병반대주주가 있는 경우 매수청구권이 문제될 수 있다.

2. 소규모합병

이 사안의 경우 甲회사의 자본금과 기업가치는 각 100억원인 한편 병회사의 자본금과 기업가치는 각 5억원이라고 하므로 甲회사가 병회사를 흡수합병할 경우 병회사의 주주들에게 발행하는 신주의 총수가 甲회사의 발행주식총수의 100분의 10을 초과하지 않고, 주주들에게 금전으로 합병대가를 지급할 경우 손자산액의 100분의 5를 초과하지 않을 것으로 보이므로 甲회사의 주주총회의 승인은 이사회의 승인으로 갈음할 수 있고, 이 경우 甲회사의 합병반대주주에게는 주식매수청구권이 인정되지 않는다(제527조의3 제5항).

V. 결 론

甲회사가 丙회사를 흡수합병함에 있어서 간이합병과 소규모합병 양자를 활용할 수 있으나 甲회사의 주주총회를 소집할 필요가 없이 이사회의 승인으로 갈음할 수 있는 점과 甲회사의 합병반대주주에게 주식매수청구권이 인정되지 않는 점에 비추어 볼 때 소규모합병이 간이합병보다 좀 더 효율적인 방법으로 보인다.

2012년도 제2회 법전협주관 모의시험

민사법 제1문

제 1 문

민사법

공통된 사실관계

甲, 乙, 丙은 2011. 10. 10. 의류 수입 판매를 목적으로 하는 X조합을 만들기로 하였다. 이를 위하여 乙과 丙은 3억 원씩을 현금으로 출자하고, 甲은 시가 3억 원 상당의 평택시 청북면 어연리 A토지 220㎡ 및 그 지상의 창고건물(이하 'A토지' 및 '창고건물'이라 한다)을 출자하면서 甲, 乙, 丙명의로 합유등기를 마친 후, 의류회사 근무 경험이 있는 甲을 업무집행조합원으로 선임하였다.

한편 A토지상의 기존 창고건물이 낡아 의류창고 용도로 사용하기에 부적합하였기 때문에 甲, 乙, 丙은 A토지와 인접한 B토지를 매수하여 A, B토지상에 새로이 창고건물을 지어 사용하기로 하고, 甲이 B토지 소유자인 Y종중의 대표 己를 찾아가 그 토지를 자신들에게 팔 것을 제의하였다. 그 무렵 채무변제 독촉에 시달리던 己는 종중총회를 개최하지도 아니한 채 임의로 B부동산을 매도한다는 내용의 종중총회 회의록을 만들어 甲에게 제시하면서 Y종중을 대표하여 2011. 12. 20. 甲과 B토지를 대금 1억 원에 매도하기로 하는 매매계약을 체결하고 甲, 乙, 丙명의로 소유권이전등기를 넘겨주었다. 그리고 己는 그 매매대금을 자신의 채무변제에 사용하였다.

한편 甲이 현물 출자한 A토지와 창고건물은 甲이 부(父) 丁으로부터 2004. 6. 1. 상속을 받은 것인데, 丁이 1985. 8. 1. 창고건물을 신축할 당시 A토지와 인접한 戊소유의 C토지의 경계를 70㎡ 가량 침범하여(이하 경계를 침범한 위 70㎡ 부분을 'ⓒ부분 토지'라 한다) A토지와 ⓒ부분 토지상에 창고건물을 지어 사용해 왔고, 이를 모르는 甲은 丁의 사망 후 이를 상속받아 같은 형태로 계속 점유해 온 것이었다.

새로이 창고건물을 지으려는 과정에서 甲과 戊가 기존 창고건물의 부지 중 70㎡가 戊소유 ⓒ부분 토지 위에 있어 문제가 있음을 확인하였다.

1. 조합 소유 창고건물 일부분이 ⓒ토지 부분 위에 있음을 알게 된 戊가 'ⓒ부분 토지'의 인도를 청구하는 소를 제기하려고 한다. 戊는 누구를 당사자로 하여 소를 제기할 수 있는지 모두 검토하고, 공동소송이 되는 경우 그 소송의 종류에

대하여 논하시오. (30점)

2. 戊가 제기한 ⓒ부분 토지 인도청구소송에서 상대방인 甲측이 자신들에게 소유권 이전등기청구권이 있음을 주장하면서 내세울 수 있는 항변사항으로 주장할 수 있는 요건사실에 대하여 논하고, 甲의 주장에 대하여 당신이 戊의 변호사라면 어떠한 반론을 제기하여 甲의 청구를 저지할 수 있는지 논하시오. (20점)
3. Y종중의 종중원들은 己가 종중 소유 토지를 임의로 매도한 사실을 알고, 己를 대표에서 해임한 후 새로이 대표자를 선임하여 B토지의 매수자인 甲측을 상대로 매매계약이 무효임을 주장하면서 그 소유권이전등기말소청구의 소를 제기한다면, 누가 원고가 되어 어떠한 법리상의 근거를 들어 무효를 주장할 수 있는지 논하시오. 이에 대하여 甲측이 적법한 종중 대표자인 己로부터 종중총회 회의록까지 확인하고 B토지를 매수하였음을 이유로 위 계약이 유효함을 주장할 경우 그 주장의 당부에 관하여 논하시오. (30점)
4. 위 사안에서 결국 B토지에 관한 매매계약이 무효로 되어 이로 인해 甲측이 손해를 입었다면, 甲측은 누구를 상대로 어떠한 손해배상책임을 물을 수 있는지 논하시오.(20점)

추가된 사실관계

甲, 乙, 丙은 위 X조합을 X주식회사(이하 'X회사'라 한다)로 전환하기로 하고 자신들이 운영하던 조합재산 일체를 현물출자 하기로 약정하고, 정관을 작성하면서 모두 발기인이 되었다. 발기인 대표 甲은 먼저 창립사무소로 사용할 사무실을 Z회사로부터 월 200만원에 임차하였다.

丙은 3억 원으로 평가되는 자기 소유의 D토지를 추가로 현물출자 하되, 현물출자에 따른 번잡함을 피하기 위하여 X회사가 성립된 후 X회사와 丙사이의 매매계약에 의한 부동산소유권이전등기의 방법으로 현물출자를 완성하기로 약정하였다. X회사의 정관에는 변태설립사항에 관한 내용이 기재되어 있지 않았다. X회사는 적법하게 설립등기를 경료하였으나, 그 이후에 丙이 갑작스레 사망하였고, D토지의 가격은 1.5배 이상 폭등하였다.

5. X회사는 아직 임차료를 지급하고 있지 않다. Z회사는 X회사에게 임차료를 청구할 수 있는가? (15점)
6. X회사는 丙의 상속인인 庚(경)에게 X회사와 丙과의 약정을 원인으로 하는 부동산소유권이전등기를 요구하였으나, 庚은 위 부동산매매계약은 정관에 기재되지 아니한 재산인수로서 무효라고 주장한다. 庚의 주장의 타당성을 검토하시오.(15점)
7. X회사가 설립 이후 주주총회를 열어 위 부동산의 매입을 추인할 수 있는지 여부와 사후설립으로 인정될 수 있는 가능성에 대하여 설명하시오.(20점)

▌C/O/N/T/E/N/T/S

제1문

윤 석 찬 〔부산대학교 법학전문대학원 교수〕

Ⅰ. 총 평

예상대로 민사법 사례문제가 실체법인 민법과 절차법인 민소법의 융합의 형태로 출제되었고, 추가사실관계를 들어 자연스럽게 상법 사례문제와도 연결되어 출제된 점에서 앞으로도 이처럼 민법, 민소법, 상법의 법리가 융합된 문제의 출제형식은 유지되리라 보인다. 특히 설문에 대한 모범답안의 내용도 주요한 판례 태도의 숙지를 전제로 한다는 점에서 결국 판례를 통한 사례해결능력을 배양해야 할 것이다.

Ⅱ. 사실관계요약

사실관계를 요약하면 다음과 같다.

1. 2011년 10월 10일, 甲, 乙, 丙은 X 조합을 결성을 결의
2. 乙과 丙은 3억원씩 현금출자
3. 甲은 시가 3억 상당의 A토지 및 창고건물을 출자하면서 甲, 乙, 丙 명의로 합유등기 경료
4. 甲을 업무집행조합원으로 선임
5. 甲, 乙, 丙은 창고건물을 대체하여 A토지와 인접한 B토지를 매수하여 A, B 토지상에 새로이 창고건물을 짓기로 결의
6. 甲이 B토지 소유자 Y종중의 대표 己에게 매도제의
7. 己는 종중총회 개최하지도 아니한 채, 임의로 B부동산을 매도한다는 종중총회 회의록 작성

6. 2011년 12월 20일, 己는 甲과 B토지를 대금 1억원에 매도하기로 하는 매매계약을 체결
7. 甲, 乙, 丙 명의로 소유권이전등기 경료, 己는 그 매매대금으로 자신의 채무변제에 사용
8. 甲이 현물출자한 A토지와 창고건물은 甲이 자신의 父인 丁으로부터 2004년 6월 1일

상속받은 것인데, 丁이 1985년 8월 1일 창고건물을 신축할 당시 A토지와 인정한 무소유의 C 토지의 경계를 70미터 제곱 침범하여(침범한 70미터 제곱부분을 C부분 토지라 한다)A토지와 C부분 토지 위에 창고건물을 지어 사용해 왔고, 이를 모르는 甲은 丁의 사망 후 이를 상속받아 계속점유

9. 새로이 창고건물을 건축하려는 과정에서 甲과 戊가 기존 창고건물의 부지 중 70미터 제곱이 戊소유 C부분 토지 위에 있어 문제가 있음을 확인하였다.

Ⅲ. 각 설문에 대한 해설

1. 설문 1

설문 1을 살펴보면 조합소유 창고건물의 일부가 戊 소유 토지를 침범하였기에, 戊는 침범된 "C부분 토지"의 인도를 청구하는 소를 제기하려고 한다는 것이다. 戊는 누구를 당사자로 소를 제기할 수 있는지 모두 검토하고, 공동소송이 되는 경우 그 소송의 종류를 논하라고 하여 30점이 배점되어 있다. 따라서 설문은 크게 두 가지 과제를 부여하는 바, 첫째는 戊의 소제기에 있어 당사자를 누구로 할 것인지, 둘째는 이를 공동소송으로 할 경우에 그 소송의 종류를 언급하라는 것이다. 따라서 수험생은 두 가지 과제를 모두 놓치지 말고 적절히 기술해야 한다.

(1) 첫째, 누구를 당사자로 소제기가 가능한지의 검토에 있어 우선 당장 조합을 피고로 한 소제기를 생각할 수도 있다. 그러나 조합은 당사자능력이 없다. 왜냐하면 권리능력자만이 소송당사자가 될 수 있기 때문이다. 그러나 예외적으로 민소법 제52조는 비법인사단, 비법인 재단에 대표자 혹은 관리인이 있으면 소송당사자가 될 수 있다고 규정하고 있다. 이는 소송편의상 법인격없는 자에게도 소송법상의 법인격이 인정된 것이다. 동규정은 명문규정으로 비법인 사단과 비법인 재단을 규정하고 있다. 그러나 이를 조합에까지 유추적용이 불가하다. 우리 판례(대판 1991.6.25, 88다카6358)에 따르더라도 조합의 당사자능력이 부정된다.(10점)

법리적으로도 조합은 조합원 사이의 계약관계이며, 조합원의 개성을 초월한 독립된 고유의 목적을 가진 단체라고 인정할 실질이 없고, 민법이 비법인사단의 소유관계를 총유라고 규정하였고, 민법상 조합의 소유관계는 합유라고 하여 양자를 구별하고 있기에 조합은 비법인 사단과는 달리 당사자능력이 인정될 수 없다. 그러므로 조합원 전원을 공동피고로 하여 고유필수적 공동소송을 제기해야 한다. 특히 민법상 조합의 재산은 합유이고, 합유물의 관리처분권은 합유자 전원(조합원 전원)에 귀속되므로(민법 제272조, 민법 제273조) 이에 관한 소송수행권도 모두가 공동으로 행사하여야 한다. 그러므로 조합원 전원을 공동피고로 하는 고유필수적 공동소송으로 가능하다. 또한 총유물(비법인사단)의 관리처분권도 구성원 전원에 귀속하므로(민법 제276조) 그 구성원 모두가 당사자로서 필수적 공동소송이 된다.(10점)

(2) 甲이 업무집행조합원으로 선임되었고, 이러한 업무집행조합원은 자기의 이름으로 조합재산을 관리하고, 대외적 업무를 집행할 권한을 수여받은 것이므로, 조합재산에 관한 소송에 있어 조합원으로부터 임의적 소송신탁(임의적 소송담당)을 받아 자기이름으로 소송을 수행할 수 있다(대판 1984.2.14, 83다카1815).(10점)

(3) 고유필수적 공동소송에서 공동소송을 단순화하고 신속한 권리구제를 위하여 한 사람을 선정하여 그 사람에게 소송수행권을 수여하고, 모두를 위하여 소송당사자로서 소송을 수행하는 민소법 제53조의 선정당사자제도가 있다. 따라서 甲, 乙, 丙 중에서 선정당사자가 있다면 (물론 甲, 乙, 중 가운데서 선출되어 그 중 한 사람이 대신하여 소송당사자가 된다) 선정당사자를 피고로 하여 소송을 제기할 수 있다 (가점 5점). 참고로 선정당사자는 대리인이 아니고 소송당사자로서 일체의 소송행위를 할 수 있기에, 소송상 화해, 청구의 포기, 인낙을 할 권한도 있다.

(4) 甲이 업무집행조합원으로서 민법 제709조의 대리권이 있고, 여기에는 소송대리권도 포함되기에 업무집행조합원을 법률상 대리인, 법률상 소송대리인으로 보아 소를 제기할 가능성도 있다. 그러나 민소법 87조 해석상 불가하다. 그래서 상법상 지배인(상법 제11조 제1항), 주식회사 대표이사(상법 제389조 제3항에 의한 상법 제209조의 준용)와 같이 명문규정이 있는 경우에만 인정된다는 것이다.

2. 설문 2

설문 2을 살펴보면, 戊가 제기한 C부분 토지 인도청구소송에서 상대방인 甲측이 오히려 자신들에게 소유권이전등기청구권이 있음을 주장하면서 내세울 수 있는 항변사항으로 주장 할 수 있는 요건사실에 대하여 논하는 과제에 10점이 배점되어 있고, 이러한 甲의 주장에 대하여 당신이 무의 변호사라면 어떠한 반론을 제기하여 甲의 청구를 저지할 수 있는지를 기술하는데 10점이 배점되어 있다.

(1) 戊의 청구에 대한 甲측의 반박이기에 항변사유를 기술하는 것이다. 점유취득시효완성의 항변을 할 수 있다. 우리 민법 제245조 제1항에 의하면 20년간 소유의 의사로 평온, 공연하게 부동산을 점유하는 자는 등기함으로써 그 소유권을 취득한다고 규정하고 있다. 甲측은 C토지에 대하여 민법 제245조 제1항에 기한 점유취득시효가 완성되면 소유자 戊에 대하여 이전등기청구권을 가지고, C토지에 대하여 인도를 거부할 정당한 권원을 가진다.

점유취득시효의 다른 요건사실로서 소유의 의사로, 평온 및 공연히, 점유한 것은 민법 제197조에 기하여 모두 추정되므로 점유취득시효를 주장하는 자는 이러한 사실에 대한 입증책임을 부담치 않는다. 나아가 주장책임도 없다. 따라서 피고 甲측은 점유취득시효를 주장하기 위해서는 C 부동산을 20년간 점유한 사실만을 주장하고 입증하면 된다.

이때 甲측은 민법 제199조의 점유승계를 주장하여 자기의 점유만을 주장하거나, 자기의 점유와 전 점유자의 점유를 아울러 주장할 수 있는 선택권이 있다. 그래서 소위 점유의 분리 혹은 병합이 인정된다. 이러한 경우에도 점유의 개시시기를 전점유자의 점유기간 중의 임의시점을 택하여 주장할 수 없다. 甲이 자신의 점유만을 주장하면 점유개시시점이 2004년 6월 1일부터가 된다. 따라서 20년간의 점유가 인정될 수 없다. 따라서 甲은 점유승계를 주장하여 전 점유자인 父 丁의 점유개시시점인 1985년 8월 1일부터의 점유와 자신의 점유인 2004년 6월 1일부터의 점유를 모두 주장해야 한다. 그리하여 점유기간은 20년이 넘게 된다.(10점)

물론 우리 판례(대판 2004.9.24, 2004다27273)는 점유권의 상속(점유권의 이전, 민법 제193)에 민법 제199조의 적용을 부정하여 점유의 분리 혹은 병합을 불인정한다. 그리하여 상속인 甲이 새로운 권원에 의하여 자기 고유의 점유를 시작하지 않는 한 피상속인의 점유를 떠나 자기만의 점유를 주장할 수 없다고 한다.

(2) 결국 戊는 민법 제199조에 기한 피고 甲측의 점유승계의 주장과 항변에 대하여 전점유자인 피상속인의 점유의 성질 및 그 하자도 그대로 승계됨을 주장할 수 있다. 우리 판례입장대로라면 여기에는 민법 제193조의 적용사안이기에 상속에 의한 점유권의 이전에 피고 甲측은 자신만의 점유를 주장할 수 없기에 戊는 甲측에게 타주점유임을 재항변할 수 있다. 전점유자인 丁의 점유가 악의의 무단점유로서 타주점유이기에 甲의 점유는 상속에 의하여 점유권을 취득한 경우 상속인은 새로운 권원에 의하여 자기 고유의 점유를 개시하지 아니한 피상속인의 점유를 떠나 자신만의 점유를 주장할 수 없기 때문이다.(대판 1995.2.10, 94다22651). (10점)

3. 설문 3

설문 3을 살펴보면, Y종중의 종중원들은 기가 종중 소유 B토지를 임의로 매도한 사실을 알고, 기를 대표에서 해임한 후 새로이 종중대표자를 선임하여 B토지의 매수자인 甲을 상대로 매매계약이 무효임을 주장하면서 그 소유권 이전등기 말소청구의 소를 제기한다면, 누가 원고가 되어, 어떠한 법적근거에서 무효를 주장할 수 있는지라는 두 가지 질문에 답하는 것에 15점이 부여되어 있고, 이에 대하여 甲측이 적법한 종중 대표자인 기로부터 종중 총회 회의록까지 확인하고 B토지를 매수하였음을 이유로 그 계약이 유효함을 주장할 경우에 그 주장의 당부에 관한 것을 기술하는 것에 15점이 부여된다.

(1) 종중은 법인격없는 사단이기에 민소법 제52조에 기하여 Y종중이 원고가 되어 소를 제기할 수 있다. 물론 Y종중의 종중구성원 전원이 원고가 되어 소를 제기할 수도 있다. (5

점). 다음으로 무효주장의 논거를 살펴보면 종중의 재산은 종중의 총유이고, 총유인 종중재산의 처분은 종중규약이 있는 경우에는 종중규약에 따라, 규약에 특별한 정함이 없는 경우에는 종중총회의 결의에 의하여 가능하다는 것이 우리 판례의 입장이다.(대판 2000.10.27. 2000다22881)

따라서 비록 종중대표자 기에 의한 종중재산의 처분이라 하더라도, 이것이 종중규약에 따른 절차나, 종중총회의 결의없이 이루어진다면 그러한 종중재산의 처분은 무효가 된다(대판 2000.10.27. 2000다22881). Y종중은 이러한 점에 근거하여 그 종중소유 B토지의 매매계약의 무효를 주장할 수 있다.(10점)

(2) 설문의 사안처럼 종중대표자 기가 종중규약 내지 종중총회의 결의가 없음에도 종중재산 B토지를 매매하여 처분한 경우에 甲측이 B토지 매매계약의 유효를 주장하려면 민법 제126조의 권한유월의 표현대리에 근거할 것이다. 많은 학생들이 이처럼 권한유월의 표현대리가 성립한다는 취지로 기술하였다. 그러나 우리 판례(대판 2003.7.11. 2001다73626)에 따르면 이러한 사안에 민법 제126조에 의한 표현대리의 규정을 준용할 여지가 없다고 한다. 왜냐하면 종중대표자가 총회의 결의를 거쳐야 하는 총유에 속하는 재산의 처분에 관하여는 총회의 결의를 거치지 아니하고는 이를 대리하여 결정할 권한이 없다는 것이다.(15점)

4. 설문 4

설문 4를 살펴보면, 결국 B토지에 관한 매매계약이 무효가 되어 甲측이 손해를 입었다면, 甲측이 Y종중을 상대로 어떠한 책임을 추궁할 수 있는지에 관하여 20점이 배점되어 있다.

(1) 이는 비법인 사단 대표자 己의 직무행위와 관련한 불법행위책임의 성부에 관한 문제로 볼 수 있다. 종중과 같은 민법상의 비법인 사단에도 법인격을 전제로 한 규정이외에는 민법의 법인에 관한 규정이 준용되기에 기가 종중의 대표자로서 그 직무와 관련하여 임의로 종중재산을 처분함으로써 제3자에게 손해를 주었다면 민법 제35조가 유추적용되어 종중의 불법행위책임이 인정된다.(10점)

왜냐하면 여기서의 직무에 관한 행위는 외형상 직무수행행위라고 볼 수 있는 행위뿐만 아니라, 직무행위와 사회관념상 견련성을 가지는 행위를 포함한다고 볼 수 있다. 따라서 己의 종중재산의 임의처분행위는 직무에 관한 행위로 볼 수 있다. (10점).

(2) 이외에도 甲측은 불법행위의 당사자인 종중대표자 기에게 민법 제750조에 기한 불법행위책임도 물을 수 있다. (5점 가점)

5. 설문 5

여기서부터는 사실관계가 추가되는데,

① 甲, 乙, 丙은 X조합을 X주식회사로 전환하기로 결의,

② 자신들의 조합재산 일체를 현물출자하기로 약정,

③ 정관작성하면서 모두 발기인이 됨.

④ 발기인 대표 甲은 먼저 창립사무소로 사용할 사무실을 乙회사로부터 월 200만원에 임차

⑤ 丙은 3억원으로 평가되는 자신 소유의 D토지를 추가로 현물출자 하되, 현물출자에 따른 번잡을 회피하고자 X 회사가 성립된 후 X 회사와 丙 사이의 매매계약에 의한 부동산 소유권 이전등기의 방법으로 현물출자 완성하기로 약정

⑥ 그러나 X 회사의 정관에는 변태설립사항에 관한 내용이 기재되어 있지 않음 (설립비용 및 현물출자는 변태설립사항, 즉 정관의 상대적 기재사항으로서 정관에 기재되어야 하고, 정관에 기재되어야 효력이 있고, 기재되지 않으면 현물출자를 하지 못한다.)

⑦ 이후 X 회사는 적법하게 설립등기를 경료하였으나, 그 이후에 丙이 급사하였고, D토지의 가격은 1.5배 이상 폭등

설문 5를 살펴보면, X 회사가 아직 임차료를 지급하지 않고 있다. 乙회사는 X회사에게 임차를 청구할 수 있는지 여부에 관한 검토에 15점이 배점되어 있다.

(1) 창립사무실의 임료의 법적성질을 우선 답해야 한다. 창립사무실의 임료는 X회사가 부담할 설립비용으로 상법 제290조 제4호의 회사설립시의 변태설립사항이다. 참고로 변태설립사항에는 상법 제290조 제1호의 발기인의 특별이익, 제2호 현물출자, 제3호 재산인수, 제4호 설립비용이 있다. 이 모두 정관의 상대적 기재사항으로서 상법 제290조에 의하면 정관에 기재하여야 효력이 있다. 그리하여 정관에 기재된 설립비용은 회사가 자본금으로 부담하는 것이 원칙이다.

(2) 사안에서는 정관에 기재되지 않았다. 그럼에도 만약 발기인에 의해서 설립비용이 지출되었다면 발기인은 회사에 대하여 구상할 수 없고, 발기인 자신이 부담한다. 그리고 만약 정관에 설립비용을 기재하였다 하더라도 그 기재액을 초과하여 지출한 설립비용은 발기인 자신의 부담으로서 발기인은 회사에 대하여 부당이득 혹은 사무관리의 법리에 기해서도 구상할 수 없다는 것이 통설이다. 그런데 사안의 경우에는 발기인도 아직 임차료를 지급하지 않은 경우이기에, 乙회사는 일단 X회사에 임차료의 지급을 청구할 수 있고, X회사는 乙회사에 먼저 지급하고 발기인에게 구상할 수 있다. 이를 소위 회사전액부담설이라 하는데, 제3자 보호면에서 가장 타당하다. 우리 판례(1994.3.28, 93마1916)에 따르더라도 설립비용은 발기인이 설립중의 회사의 기관으로서 회사설립을 위해서 지출한 비용으로서 원래 회사성립 후에는 회사가 부담해야 한다고 판시하고 있다.

6. 설문 6

설문 6을 살펴보면 X 회사는 丙의 상속인인 경에게 X 회사와 丙과의 약정을 원인으로 부동산소유권 이전등기를 요구하였으나, 경은 위 부동산매매계약은 정관에 기재되지 아니한 재산인수로서 무효라고 주장한다. 이러한 경의 주장의 타당성의 검토가 부여된 과제이고, 여기에 15점의 배점이 부여되어 있다.

우리 판례(대판 1994.5.13, 94다323)도 상기의 사안과 같이 "현물출자를 하기로 한 발기인(丙)이 현물출자에 따른 번잡함을 피하기 위하여 회사의 성립 후 회사와 현물출자자 사이에 매매계약에 의한 방법에 의하여 현물출자를 완성하기로 약정하였다면, 그 약정은 그대로 상법 제290조 제3호의 재산인수에 해당하여, 이를 정관에 기재하지 않고 한 경우는 무효라 판시하였다. 사안에서도 X 회사와 丙 사이의 상기 약정의 법적성질은 현물출자가 아닌 상법 제290조 제3호가 규정하고 있는 재산인수에 해당한다. 게다가 정관에 기재되지 않은 재산인수이다. 그러므로 무효가 된다. 따라서 경의 주장은 타당하다.

7. 설문 7

설문 7을 살펴보면 X 회사가 설립된 이후에 주주총회를 열어 위 부동산의 매입을 추인할 수 있는지 여부에 10점이, 아울러 사후설립으로 인정될 수 있는 가능성의 유무판단에 10점이 배점되어 있다.

(1) 전자는 성립 후의 회사가 정관에 기재하지 않은 무효인 재산인수에 대한 추인가능성 여부에 관한 것이다. 긍정설과 부정설이 대립되나, 다수설은 부정설로서 추인을 인정하게 되면 상법 제290조 제3호의 취지를 무의미하게 하여 재산인수의 탈법행위를 인정하는 것이 되기에 비록 주주총회의 특별결의가 있는 경우에도 절대적 무효라 한다. 그리하여 추인할 수 없고, 추인하여도 무효라 본다.

(2) 사후설립이란 회사가 성립된 후 가까운 시기에 회사의 성립 전부터 존재하는 것으로서 영업을 위하여 계속 사용하여야 할 재산을 취득하는 계약을 말한다. 사후설립의 요건에 관해서 상법 제375조가 규정하고 있다. 상법 제375조에 따르면 회사가 성립 후 2년 내에 그 성립 전부터 존재하는 재산으로서 영업을 위하여 계속하여 사용하여야 할 것을 자본금의 100분의 5 이상에 해당하는 대가로 취득하는 계약을 하는 경우에는 주주총회의 특별결의를 얻도록 하고 있다. 이는 회사성립후의 계약이라는 점에서 회사성립전의 계약인 재산인수와 구별된다. 사안에서 상법 제290조 제3호의 재산인수에 해당하는 현물출자는 동시에 상법 제375조가 규정하는 사후설립에 해당하고, 이에 주주총회의 특별결의에 의한 추인이 있다면 (물론 상법 제375조의 요건이 충족된다면) 회사는 유효하게 위 현물출자로 인한 부동산의 소유권을 취득한다(대판 1992.9.14, 91다33087).

민사법

2012년도 제2회 법전협주관 모의시험

민사법 제2문

공통된 기초사실

甲은 다세대주택을 건축하여 분양할 목적으로 2010. 3. 15. 乙은행으로부터 상환일을 2011. 3. 14.로 하여 주택건축자금 4억 원을 대출받으면서, 자신의 유일한 재산인 시가 2억 원 상당의 X 토지에 근저당권을 설정하였다. 이와 동시에 乙은행은 甲의 사업동료인 A와의 사이에 A가 甲의 대출금채무를 연대보증하기로 하는 계약을 체결하였다. 위 건축공사 개시 후 甲에게 건축자재를 공급하던 丙은 자재가격의 상승으로 사업에 어려움을 겪게 되자 2010. 7. 15. 乙은행으로부터 2011. 7. 14.을 상환일로하여 3억 원을 대출받았다. 甲은 위 공사가 진척되면서 다세대주택의 분양을 진행한 결과 2011. 3. 5. 준공검사를 완료할 때까지 8세대 중 6세대가 분양되었는바, 그 분양대금 12억 원으로 자신의 채무변제 및 인부들의 급여와 자재대금을 지불하였으나 여전히 丙에 대한 자재대금 2억 원은 지급하지 못하였다. 甲은 미분양된 2세대 중 하나인 Y 주택에 대하여는 2011. 9. 20. 자신의 친구인 丁에게 당시의 시가인 2억 원에 매각하기로 하는 계약을 체결하면서, 계약 당일 1,500만 원을 계약금으로 수령하였고, 2011. 10. 25. 잔금의 지급과 동시에 소유권이전등기서류를 교부하기로 약정하였다.

〔아래의 각 문항은 독립된 사항임〕

1. 甲이 2011. 10. 25. Y 주택의 소유권이전등기에 필요한 서류를 丁에게 제공하였으나, 丁이 중 과세 회피를 빌미로 그 수령을 거절하고 있다면, 甲은 이를 이유로 위 매매계약을 해제할 수 있는가?(15점)
2. 甲과 丙이 2011. 7. 25. 미분양된 나머지 1세대인 시가 2억 원 상당의 Z 주택을 甲의 丙에 대한 위 자재대금채무의 변제에 갈음하여 丙에게 그 소유권을 이전해 주기로 합의하고 그 합의에 따라 丙명의로 Z 주택에 관하여 소유권이전등기를 마쳐주었다. 이에 대하여 乙이 甲에 대한 대여금채권을 보전하기 위하

여 Z 주택의 소유명의를 甲에게 회복시키기 위한 소송을 제기하고자 한다면 乙은 누구를 상대로 소를 제기하여야 하는가? 이 소가 인용되기 위하여 乙의 甲에 대한 대여금채권 및 甲이 丙의 자재대금채권에 갈음하여 Z 주택의 소유권을 이전한 행위에 관하여 乙이 주장하여야 하는 사실은 무엇인가?(25점)

3. 丁이 2011. 10. 25. 잔금을 지급하고 甲으로부터 Y 주택에 대한 소유권이전등기를 경료한 경우, 乙과 丙이 甲에 대한 위 각 채권을 보전하기 위하여 Y 주택의 소유명의를 甲에게 회복시키기 위한 소를 제기하면서, 甲과 丁사이의 Y 주택에 대한 매매계약과 관련하여 어떠한 법리를 주장하는 것이 유리한가? 만일 丙이 무자력 상태에 빠져 있음에도 Y 주택의 소유명의를 회복하기 위한 위 소송을 제기하지 않고 있는 경우, 乙이 대신하여 이 소를 제기할 수 있는가?(20점)
4. 丁이 甲에게 2011. 10. 25. 매수자금을 마련하지 못하였으니 먼저 Y주택에 대한 소유권이전등기를 넘겨주면 이를 담보로 대출을 받아 1주일 내에 잔금을 모두 지급하겠다고 하였다. 그런데 丁이 甲으로부터 등기서류를 교부받아 자신의 명의로 소유권이전등기를 경료하였고, 甲이 2주일 내에 잔금 1억 8,500만 원을 지급할 것을 최고하였음에도 丁이 지급하지 않고 있다면, 甲은 丁의 채무불이행을 원인으로 위 매매계약을 해제하고 丁명의의 소유권이전등기말소를 청구할 수 있는가? 甲이 2011. 11. 15. 위 매매계약을 해제하였음에도 丁이 등기부상의 소유권이 자신에게 있다는 이유로 2011. 11. 17. Y 주택을 戊에게 매각하고 소유권이전등기를 경료하였다면, 甲은 위 매매계약의 해제에 근거하여 戊를 상대로 소유권이전등기말소를 청구할 수 있는가?(20점)
5. 甲이 丁에 대하여 Y 주택의 매매대금 중 잔금 1억 8,500만 원의 지급을 최고하였으나 丁이 그 대금을 지급하지 않고 있는데도 甲이 丁을 상대로 하여 더 이상의 조치를 취하지 않았다.
   이에 乙이 甲을 대위하여 丁을 상대로 2012. 4. 2. 위 중도금 및 잔금 1억 8,500만 원의 지급을 구하는 소를 제기하였다. 그런데, 그 후 甲이 丁을 상대로 하여 2012. 5. 1. 위 중도금 및 잔금 1억 8,500만 원의 지급을 구하는 소를 제기하였다면 법원은 甲이 제기한 위 소에 대하여 어떻게 판단하여야 하는지 그 논거를 들어 설명하시오. (20점)

▌C/O/N/T/E/N/T/S

민사법

제2문 윤 석 찬 〔부산대학교 법학전문대학원 교수〕

I. 사실관계 요약

사실관계를 요약하면 다음과 같다.

① 甲은 다세대주택을 건축 및 분양하기 위하여 2010년 3월 15일 을 은행으로부터 상환일을 2011년 3월 14일로 하여 4억원 대출받고, 자신의 유일한 재산 시가 2억 상당의 X 토지에 근저당권을 설정해 주었다.

② 乙 은행은 甲의 사업동료인 A와의 사이에 A가 甲의 대출금채무를 연대보증하기로 하는 계약을 체결하였다.

③ 위 건축공사 개시되자 甲에게 건축자재를 공급하던 丙은 자재가격의 상승으로 사업에 어려움을 2010년 7월 15일 을 은행으로부터 2011년 7월 14일을 상환일로 3억원을 대출받았다.

④ 甲은 위 공사가 진척되면서 다세대주택의 분양을 진행한 결과, 2011년 3월 5일 준공검사를 완료할 때까지 8세대 중 6세대가 분양되었는바, 그 분양대금 12억 원으로 자신의 채무변제 및 인부들의 급여와 자재대금을 지불하였으나, 여전히 丙에 대한 자재대금 2억원은 지급하지 못하였다.

⑤ 甲은 미분양된 2세대 중 하나인 Y주택에 대하여는 2011년 9월 20일 자신의 친구인 丁에게 당시의 시가인 2억원에 매각하기로 하는 계약을 체결하면서, 계약당일 1500만원을 계약금으로 수령하였고, 2011년 10월 25일 잔금의 지급과 동시에 소유권이전등기서류를 교부하기로 약정하였다.

Ⅱ. 각 설문에 대한 해설

1. 설문 1

설문 1을 살펴보면, 甲이 2011년 10월 25일 Y주택의 소유권이전등기에 필요한 서류를 丁에게 제공하였으나, 丁이 중과세 회피를 빌미로 그 수령을 거절하고 있다면, 甲은 이를 이유로 위 매매계약을 해제할 수 있는가라는 쟁점에 15점이 배점되었다.

丁은 Y주택의 매매계약에서 채권자의 지위에 있다. 채권자로서 채무자인 甲의 채무이행을 거절하고 있기에 이는 채권자지체에 해당한다. 그렇다면 수험생은 여기서 채권자지체가 성립하는지에 관하여 성립요건을 검토하여야 할 것이다. 여기에 5점이 배점된다. 여기에는 채권자의 협력 혹은 수령의 필요, 채무자의 이행제공, 채권자의 수령거절, 채권자의 귀책사유 여부 등이 검토되어야 하는데, 채권자의 귀책사유의 요부는 결국 채권자지체의 법적 성질이 법정책임인지 아니면 채무불이행책임인지에 따라 달라지기에 각각 나누어서 기술되어야 할 것이다. 그리하여 채권자지체가 성립한다면 채권자지체의 효과에 관해서는 우리 민법 제401조 내지 403조가 규정하고 있다. 설문은 이외에도 채권자지체의 효과로서 채무자에게 계약해제권이 인정되는지 여부에 관한 것이다. 물론 이 역시 채권자지체의 법적 성질에 따라 결정된다. 따라서 우리나라의 다수설인 채무불이행책임설에 따르면 甲은 상기의 매매계약을 해제할 수 있고, 아울러 손해배상도 청구할 수 있다고 보인다. 반면에 소위 법정책임설에 따르면 甲은 민법 제401조 내지 403조에 규정된 권리만 주장할 수 있으며, 해제권의 행사는 불가하다.(10점)

2. 설문 2

설문 2을 살펴보면, 甲과 丙이 2011년 7월 25일 미분양된 시가 2억 상당의 Z주택을 甲의 丙에 대한 위 자재대금채무의 변제에 갈음하여 丙에게 그 소유권을 이전해 주기로 합의하고, 그 합의에 따라 丙명의로 Z주택에 관하여 소유권이전등기를 마쳐주었다. 이에 대하여 乙이 甲에 대한 대여금채권을 보전하기 위하여 Z주택의 소유명의를 甲에게 회복시키기 위한 소송을 제기하고자 한다면 乙은 누구를 상대로 소를 제기해야 하는가라는 쟁점과 이 소가 인용되기 위하여 乙의 甲에 대한 대여금채권 및 甲이 丙의 자재대금채권에 갈음하여 Z주택의 소유권을 이전한 행위에 관하여 乙이 주장하여야 하는 사실은 무엇인가라는 두 가지의 쟁점에 25점이 부과되어 있다.

(1) 채권자취소 소송에서 피고적격에 관한 질문이고, 아울러 乙의 채권자취소권 행사의 요건검토에 관한 것이다. 소의 상대방은 채무자는 아니고, 악의의 수익자 또는 전득자가 소의 상대방이 된다. 현행민법 제 406조 제1항 명문규정과 판례의 태도를 보더라도 상기와 같이 소위 병합설을 취하기 때문에 취소와 원상회복을 채무자가 아닌 수익자에게 청구할 수 있는 것이다. 사안에서도 전득자는 존재치 않고, 수익자로서 丙이 존재한다. 乙은 수익자인 丙을 상대로 채무자 甲의 사해행위를 취소하고, 원물반환을 구할 수 있다. 취소의 효과와 관련하여서는 우리 판례와 다수설은 소위 상대적 효력설을 취하여, 취소에 의하여 채권자와 수익자 사이에서만 취소의 효과가 발생하고, 채무자와 수익자 사이의 법률관계는 그대로 유효하다고 본다. 따라서 부동산처분이 사해행위가 되어 취소되면 등기명의가 채무자의 명의로 회복되더라도 이는 채무자의 소유로 되는 것이 아니며, 다만 채권자만은 이를 채무자의 재산으로 다루어 강제집행을 할 수 있다는 것이다. 그리고 강제집행을 하고 남은 재산은 수익자에게 복귀시켜야지 채무자에게 지급해서는 아니 된다. 손실을 입은 수익자는 채무자 사이의 유효한 매매계약이 있기에 채무자에게 매매대금의 반환을 청구할 수 없으며, 다만 손실된 부분에 대해서는 부당이득반환만을 청구할 수 있게 된다.(10점)

(2) 그렇다면 乙의 채권자취소권의 인용여부에 관해서는 채권자취소권의 요건을 검토해야 한다. 먼저 피보전채권이 존재해야 한다. 사안에서 乙의 甲에 대한 대출금채권이 금전채권으로서 채권자취소권의 전형적인 피보전채권이 된다. 만약 특정채권이었다면 우리 판례(대판 1999.4.27. 98다56690)는 이를 부정하고 있다. 그런데 문제는 사안과 같이 이미 저당권 등의 물적담보가 설정되어 있는 경우에도 가능한지가 검토되어야 한다. 왜냐하면 물적담보가 설정된 경우에는 채권자에게 우선변제권이 인정되기 때문에 채권자취소권의 피보전채권이 될 수 없기 때문이다.

그러나 예외적으로 보전채권의 채권액이 담보물의 가격이나 채권최고액을 초과하는 경우에는 가능하다. 왜냐하면 채권자에게 우선변제권이 확보되어 있는 범위내에서 채무자의 처분행위가 채권자를 해하지 않기 때문에 채권자취소권을 행사할 수 없기 때문이다. 우리 판례(대판 2002.11.8.2002다41589)도 "당해 채무액이 그 부동산의 가액 및 채권최고액을 초과하는 경우에는 그 담보물로부터 우선변제 받을 액을 공제한 나머지 채권액에 대하여만 채권자취소권이 인정된다고 할 것이며, 피보전채권의 존재와 그 범위는 채권자취소권 행사의 한 요건에 해당된다고 할 것이므로 이 경우 채권자취소권을 행사하는 채권자로서는 그 담보권의 존재에도 불구하고 자신이 주장하는 피보전채권이 그 우선변제권 범위밖에 있다는 점을 주장하고 입증해야 한다"고 판시하고 있다.

사인에서처럼 乙의 甲에 대한 대출금채권은 4억원이고, 甲이 저당권을 설정한 X 토지의 시가는 2억원 이기에 2억원에 대한 피보전채권이 성립한다. 여기에는 인적담보인 연대 보증인 A가 있다하더라도 채권자에게 우선변제권이 인정되지 않으므로 채권자취소권의 피보전채권이 될 수 있다. (15점)

또 다른 요건으로 피보전채권이 사해행위 이전에 미리 발생해야 한다. 사안에서는 甲의 대 출을 통한 금전채무의 발생은 사해행위라 볼 수 있는 대물변제 이전에 이루어진 것이기에 그 요건이 충족된다. 다음의 요건으로는 사해행위가 존재해야 한다. 甲이 丙에게 자재대금에 갈음하여 Z주택의 소유권을 이전한 행위가 사해행위인지를 살펴보아야 한다. 일반적으로 변제는 채무초과상태에서 하더라도 사해행위가 되지 아니한다. 대물변제도 채무자가 상당한 가격으로 평가하여 대물변제를 한 것은 사해행위가 아니다. 그러나 우리 판례(대판 2007.7.12. 2007다18218)에 따르면 채무자가 "채무초과 상태"에서 "유일한 부동산"乙 특정채권자에게 대물변제하는 것은 특별한 사정이 없는 한 사해행위가 된다고 본다. 사안에서도 乙에 대하여 담보액을 제외한 2억과 丙에 대한 자재대금채무 2억원 그리고 지연이자 등의 총 4억원 이상의 채무를 부담하는 甲이 그의 책임재산으로는 Y주택 2억원과 Z주택 2억원의 상태에서 Z주택을 대물변제하는 것이다. 이로 인하여 적극재산 2억원이 감소되었지만, 소극재산 2억 정도도 감소되게 된다. 그러나 결국은 소극재산은 2억원 이상이고, 적극재산은 2억원이므로 채무초과의 상태인 것이다. 그러므로 판례의 태도와 같이 채무자 甲이 자신의 채무초과상태에서 丙에게 대물변제 한 것이므로 사해행위에 해당하게 된다.

특히 甲이 Y주택을 매각하는 계약을 체결하였을 때는 상기의 대물변제한 이후이다. 따라서 대물변제행위의 무자력을 고려할 때에는 매각계약이 체결되기 이전이기에 더 이상 상세히 검토할 여지가 없다. 다만 가정적으로 살펴보아서 만약 대물변제 이전에 매각행위를 하였고, 아직 소유권이전등기를 해 주지 아니하여 소유권이 甲에게 남아 있다고 하더라도, 우리 판례(대판 2006.2.10., 2004다2564)는 "채무자의 소극재산은 실질적으로 변제의무를 지는 채무"를 기준으로 하여야 한다고 하여, 甲은 정에 대하여는 사실상 대금 2억원에 대하여 2억의 가치의 Y주택의 소유권이전의무라는 채무를 부담하기에 소극재산으로 볼 수 있다. 그렇다면 甲은 丙에게 Z주택을 대물변제하기 이전에 Y주택을 매각하는 행위는 채무자가 책임재산을 감속시키는 행위를 함으로써 공동담보의 부족상태를 유발 또는 심화시키는 경우에 해당하고 한다.

3. 설문 3

설문 3을 살펴보면, 丁이 2011년 10월 25일 잔금을 지급하고 甲으로부터 Y주택에 대한 소유권이전등기를 경료한 경우 을과 丙이 甲에 대한 위 각 채권을 보전하기 위하여 Y주택의 소유명의를 甲에게 회복시키기 위한 소를 제기하면서, 甲과 정 사이의 Y주택에 대한 매매계약과 관련하여 어떠한 법리를 주장하는 것이 유리한지 여부에 10점이 배점되었고, 아울러 甲이 무자력 상태에 빠져 있음에도 丙이 Y주택의 소유명의를 회복하기 위한 위 소송을 제기하지 않고 있는 경우, 乙이 대신하여 이 소를 제기할 수 있는가에 10점이 배점되었다.

(1) 乙과 丙의 채권자취소권 주장이 있다. 그 성립요건을 살펴보면 乙의 피보전채권으로는 근저당권이 설정된 2억을 제외한 나머지 2억원이고, 丙의 피보전채권은 자재대금 2억원이다. 이러한 피보전채권은 모두 사해행위 이전에 발생한 것이다. 또한 甲의 정에 대한 Y 주택의 매매에 기한 소유권양도가 사해행위인지가 검토되어야 한다. 학설은 다양한데, 상당한 가격으로 매각한 경우에는 매매로 인해서 재산이 금전으로 전환되었을 뿐이고 책임재산의 감소가 없었기에 사해행위가 아니라는 견해가 있고, 유일한 재산의 매각인 때에는 언제나 사해행위가 된다는 견해도 있다. 우리 판례(대판 1966.10.4, 66다1535)의 입장에 따르면 채무자가 채무 있음을 알면서 자기의 유일한 재산인 부동산을 매각하여 소비하기 쉬운 금전으로 바꾸는 행위는 그 매각이 일부채권자에 대한 정당한 변제에 충당하기 위하여 상당한 가격으로 이루어졌다든가 하는 특별한 사정이 없는 한 항상 채권자에 대하여 사해행위가 된다는 입장이다. 아울러 이때 채무자의 사해의사는 추정되고, 수익자의 악의도 추정된다.(10점)

(2) 질문의 요지는 채무자 甲이 무자력임에도 채권자 丙이 채권자취소소송을 제기하지 않는 경우에 乙이 대신하여 소를 제기할 수 있는지 여부에 관한 것이다. 乙의 입장에서는

丙이 채무자이고 채무자가 자신의 채권상의 권리를 행사치 않는 경우에 그 권리를 채권자대위권에 기하여 행사할 수 있는지 여부이다. 여기서 乙의 채무자 丙이 구체적으로 자신의 권리를 불행사하는 것이 채권자취소소송인 것이다. 다시 말해서 채권자취소권의 대위권 문제인 것이다. 우리 판례(대판 1968.1.23, 67다2440)는 채권자취소권도 채권자대위권의 객체가 된다는 입장이다.(5점)

乙의 채권자대위권 행사요건을 검토해 보면 채권자대위권의 피보전채권은 乙의 丙에 대한 대출금채권으로서 금전채권인 것이다. 우리 판례에 따르면 이처럼 채권자 乙이 자신의 금전채권을 보전하기 위해서 채무자 乙의 제3자에 대한 권리를 대위행사하는 경우에는 원칙적으로 乙의 채무자인 丙의 무자력 요건이 요구된다(대판 1969.11.25, 69다1665). 설문에서도 丙의 무자력임을 가정하여 설시되고 있기에 요건이 충족된다. 아울러 채무자 乙의 권리불행사 요건도 설문에서 충족되기에 채권자대위권의 행사가 가능하다.(5점)

4. 설문 4

설문 4을 살펴보면, 丁이 甲에게 2011년 10월 25일 매수자금을 마련하지 못하고 먼저 Y주택의 소유권이전등기를 해주면 이를 담보로 대출받아 잔금을 지급하겠다고 제안하여 甲은 경료해 주었는데 이후 甲의 잔금에 대한 최고에도 불구하고 정은 지급치 않았다. 이에 甲은 정의 채무불이행을 이유로 매매계약을 해제하고 정명의의 소유권이전등기말소를 청구할 수 있는지 여부에 관한 쟁점에 10점이 부여되었고, 甲이 2011년 11월 17일 Y주택을 무에게 매각하고 소유권이전등기를 경료하였다면, 甲은 위 매매계약의 해제에 근거하여 무를 상대로 소유권이전등기말소를 청구할 수 있는지 여부에 10점이 부여되었다.

(1) 채무불이행의 효과로서 법정해제권이 인정된다. 다만 이는 이행지체에 기한 해제이므로 민법 제544조가 그 근거조항이다. 동조항에 의하면 甲은 정에게 해제권을 행사하기 전에 그 이행을 최고하여야 하고, 그 기간내에 이행하지 아니할 때에 비로소 계약을 해제할 수 있다. 해제의 효과에 관하여 우리 판례(대판 2008.2.14, 2006다37892, 대판 1977.5.24, 75다1394)는 소위 직접효과설 중 물권적 효과설로서 계약이 해제되면 그 계약의 이행으로 변동이 생겼던 물권은 당연히 그 계약이 없었던 원상태로 복귀한다. 따라서 해제로 인한 원상회복청구로서 등기말소청구권은 소멸시효에 걸리지 않는다. 왜냐하면 여기서의 등기말소청구권은 소유권에 기한 물권적 청구권이기 때문이다.(10점)

(2) 해제의 효과로서 우리 판례의 입장인 직접효과설로서의 물권적 효과설에 의하면 제3자가 보호받지 못하게 된다. 그리하여 우리 민법 제548조는 제3자의 권리를 해하지 못한다고 하여 제3자를 보호한다. 여기서의 제3자의 범위의 해석에 있어 우리 판례(대판 1982.11.23, 81다카1110)는 "매매계약 해제이전에 제3자에게 소유권이전등기가 경료된 경우"로 한정하여 해제 전에 새로운 이해관계를 가졌을 뿐만 아니라 등기, 인도 등으로 완전한 권리를 취득한 자"를 말한다. 물론 여기서의 제3자는 해제전에 완전한 권리를 취득한

자이므로 선의일 수 밖에 없을 것이다. 그런데 이후 등장한 우리 판례(대판 1996.11.15, 94다35343)는 "해제 후 말소등기 전에 선의의 제3자"에 까지 확대하여 보호한다. 따라서 이러한 경우에는 매도인은 소유권에 기하여 제3자 명의의 소유권이전등기의 말소를 청구할 수 없게 된다. 따라서 사안을 보면 비록 무가 해제 이후에 소유권이전등기를 경료하였지만, 해제에 기한 정 명의의 말소등기전에 선의로 취득하여 등기가 경료되었기에 甲은 무에게 대항하지 못하게 된다. 물론 여기서의 선의에 대한 입증책임은 계약해제를 하는 자가 제3자의 악의를 입증해야 한다는 것이 또한 우리 판례(대판 2005.6.9, 2005다6341)의 입장이다. (10점)

5. 설문 5

설문 5을 살펴보면, 甲이 丁에게 Y주택의 매매대금 중 잔금 1억 8500만원의 지급을 최고하였으나, 丁이 그 대금을 지급하지 않고 있는데도, 甲이 丁을 상대로 하여 더 이상의 조치를 취하지 않았다. 이에 乙이 甲을 대위하여 丁을 상대로 2012년 4월 2일 위 중도금 및 잔금 1억 8,500만원의 지급을 구하는 소를 제기하였다. 그런데 그 후 甲이 丁을 상대로 하여 2012년 5월 1일 위 중도금 및 잔금 1억 8, 500만원의 지급을 구하는 소를 제기하였다면 법원은 甲이 제기한 위 소에 대하여 어떻게 판단하여야 하는지 그 논거를 들어 기술해야 한다. 이에 20점이라는 다소 하나의 쟁점에 대하여 많은 점수가 배점되었다.

이는 채권자 甲이 대위소송을 제기하였는데 그럼에도 불구하고 채무자가 동일한 청구취지와 청구원인으로 소를 제기한 것으로서 소위 중복소제기에 해당하는지 여부가 그 쟁점이다. 다수설은 중복소제기로 본다. 우리 판례(대판 1974.1.29, 73다351)도 동일하게 이러한 경우에 설령 채무자 甲이 대위소송이 제기된 사실을 알았는지 여부를 불문하고 중복소제기로 파악하고 있다. 그러므로 법원은 甲이 제기한 소를 각하해야 한다.(20점)

2012년도 제2회 법전협주관 모의시험

민사법 제3문

X주식회사의 대표이사 A는 이사회결의를 거쳐 2011. 7. 29. 오전 11:00에 임시주주총회를 소집한다는 통지서를 발송하였다가 자신에게 적대적인 주주들이 은밀히 세력을 규합하고 있다는 정보를 입수하고 시간을 벌기 위하여 임시주주총회 소집을 철회하기로 계획하였다. 이에 A는 이사들에게 회의의 목적사항을 알리지도 아니한 채 이사회를 소집하면서 자신을 적대시하는 이사이면서 2대주주인 B에게는 소집통지를 하지 아니하였다. 2011. 7. 25. B를 제외한 나머지 이사들이 참석한 이사회에서 임시주주총회 소집을 철회하기로 하는 내용의 결의를 하였다. A는 총회 개최장소 출입문에 총회 소집이 철회되었다는 취지의 공고문을 부착하게 하고, 이사회에 참석하지 않은 주주들에게는 퀵서비스를 이용하여 총회 소집이 철회되었다는 내용의 소집철회통지서를 보내는 한편, 전보와 SNS문자서비스를 이용하여 같은 취지의 통지를 하였다. 주주 B는 이사회의 목적사항을 통지하지도 아니하였고, 대표이사에게 적대적인 이사에게 소집통지를 결하였으며, 이 사건의 이사회와 같이 주주의 의결권행사를 현저하게 곤란하게 하는 내용의 이사회 결의는 무효라고 주장하면서, 자신에게 동조하는 주주들을 규합하여 2011. 7. 29. 오전 11:00에 본래 임시총회를 개최하기로 했던 장소에 나와 임시주주총회의 개회를 선언하고 소외 C를 의장으로 선출하여 이 사건 임시주주총회를 강행하였다. 이 회의에서 A가 이사에서 해임되고 소외 C 등이 이사로 선임되었다. A는 2011. 7. 29. 오전 11:00에 개최한 회의를 주도한 B와 X주식회사를 공동피고로 주주총회결의 부존재확인의 소를 제기하였다. B는 2011. 7. 29. 오전 11:00에 개최된 임시주주총회결의가 설사 부존재하다고 하더라도 B측의 우호지분이 발행주식 총수의 55%에 이르고, 2011. 10. 1. 적법하게 개최된 임시주주총회에서 2011. 7. 29. 총회를 추인하였으므로 하자가 없다고 다툰다.

다음 물음에 답하시오.

1. 2011. 7. 25. 개최된 이사회는 적법한가?(20점)
2. 본래 2011. 7. 29. 개최될 임시주주총회는 적법하게 철회되었는가?(30점)
3. 2011. 7. 29. 오전 11:00에 개최한 임시주주총회의 결의는 효력이 있는가?(20점)
4. A가 제기한 위 소는 적법한 소인가?(15점)
5. 부존재인 주주총회결의를 사후에 추인한 경우 그 효력을 논의하시오.(15점)

▎C/O/N/T/E/N/T/S

제3문

최 병 규 〔건국대학교 법학전문대학원 교수〕

Ⅰ. 서

이번 변호사시험 모의시험에서는 회사법에서 주주총회와 이사회 결의의 하자와 그 관련 쟁점을 묻는 문제가 출제되었다. 배경에 존재하는 비교적 최신의 판례를 파악하고 있는 것이 문제해결을 위하여 중요한 경우이었다.

Ⅱ. 관련 판례

본 사례를 해결하기 위해서는 특히 다음의 판례를 이해하고 있는지 여부가 중요하다.

〈대법원 2011.6.24. 선고 2009다35033 판결〉

- 주식회사 대표이사가 이사회결의를 거쳐 주주들에게 임시주주총회 소집통지서를 발송하였다가 다시 이를 철회하기로 하는 이사회결의를 거친 후 총회 개최장소 출입문에 총회 소집이 철회되었다는 취지의 공고문을 부착하고, 이사회에 참석하지 않은 주주들에게는 퀵서비스를 이용하여 총회 소집이 철회되었다는 내용의 소집철회통지서를 보내는 한편, 전보와 휴대전화(직접 통화 또는 메시지 녹음)로도 같은 취지의 통지를 한 사안에서, 임시주주총회 소집을 철회하기로 하는 이사회결의를 거친 후 주주들에게 소집통지와 같은 방법인 서면에 의한 소집철회통지를 한 이상 임시주주총회 소집이 적법하게 철회되었다고 본 원심판단을 정당하다.
- 소유와 경영의 분리를 원칙으로 하는 주식회사에서 주주는 주주총회 결의를 통하여 회사 경영을 담당할 이사의 선임과 해임 및 회사의 합병, 분할, 영업양도 등 법률과 정관이 정한 회사의 기초 내지는 영업조직에 중대한 변화를 초래하는 사항에 관한 의사결정을 하기 때문에, 이사가 주주의 의결권행사를 불가능하게 하거나 현저히 곤란하게 하는 것은 주식회사 제도의 본질적 기능을 해하는 것으로서 허용되지 아니하고, 그러한 것을 내용으로 하는 이사회결의는 무효로 보아야 한다.
- 주식회사 대표이사 甲이 자신이 乙에게 교부하였던 주식에 대하여 甲 측과 경영권 분쟁

중인 乙 측의 의결권행사를 허용하는 가처분결정이 내려진 것을 알지 못한 채 이사회결의를 거쳐 임시주주총회를 소집하였다가 나중에 이를 알고 가처분결정에 대하여 이의절차로 불복할 시간을 벌기 위해 일단 임시주주총회 소집을 철회하기로 계획한 후 이사회를 소집하여 결국 임시주주총회 소집을 철회하기로 하는 내용의 이사회결의가 이루어진 사안에서, 乙 측은 발행주식총수의 100분의 3 이상에 해당하는 주식을 가진 주주로서 구 상법(2009.5.28. 법률 제9746호로 개정되기 전의 것) 제366조에 따라 임시주주총회 소집을 청구할 수 있고 소집절차를 밟지 않는 경우 법원의 허가를 얻어 임시주주총회를 소집할 수 있었던 점 등에 비추어 볼 때, 임시주주총회 소집을 철회하기로 하는 이사회결의로 乙 측의 의결권행사가 불가능하거나 현저히 곤란하게 된다고 볼 수 없으므로 위 이사회결의가 주식회사 제도의 본질적 기능을 해하는 것으로서 무효가 되기에 이르렀다고 보기 어렵다.

- 이사회 소집통지를 할 때에는, 회사의 정관에 이사들에게 회의의 목적사항을 함께 통지하도록 정하고 있거나 회의의 목적사항을 함께 통지하지 아니하면 이사회에서의 심의·의결에 현저한 지장을 초래하는 등의 특별한 사정이 없는 한, 주주총회 소집통지의 경우와 달리 회의의 목적사항을 함께 통지할 필요는 없다.
- 무효행위를 추인한 때에는 달리 소급효를 인정하는 법률규정이 없는 한 새로운 법률행위를 한 것으로 보아야 할 것이고, 이는 무효인 결의를 사후에 적법하게 추인하는 경우에도 마찬가지라 할 것이다(대법원 1995.4.11. 선고 94다53419 판결 참조). 위와 같은 법리에 비추어 볼 때, 이 사건 2005.7.29.자 임시주주총회결의가 부존재하고 이 사건 2005.7.29.자 이사회결의가 무효인 이상, 위 임시주주총회결의와 이사회결의가 사후에 추인하는 결의들을 통하여 소급적으로 유효하게 될 수는 없다. 따라서 원심이 이에 관한 판단을 하지 아니하였다 하더라도, 위 임시주주총회결의가 부존재하고 위 이사회결의가 무효라고 본 원심 판단의 결론은 정당하다. 원심판결에는 상고이유에서 주장하는 바와 같이 추인에 관한 법리를 오해하여 심리를 다하지 아니함으로써 판결에 영향을 미친 위법이 없다.

Ⅲ. 개별문제 해설

1. 2011. 7. 25. 개최된 이사회는 적법한가?(20점)

이사회는 이사 전원으로 구성되고 그 회의에서의 결의에 의하여 업무집행에 관한 회사의 의사를 결정하며, 이사의 직무집행을 감독하는 필요적 상설기관이다. 이사회는 필요에 따라 개최되므로 소집권자는 원칙적으로 회의일의 1주간 전에 각 이사 및 감사에 대하여 소집통지를 발송하여야 하며, 이 기간은 정관에 의하여 단축할 수 있다(제390조 제 3 항). 이사 및 감사 전원의 동의가 있는 때에는 소집절차를 거치지 않고 언제든지 이사회를 개최할 수 있다(제390조 제 4 항). 소집통지는 이사 및 감사에게 출석의 기회와 준비시간을 주기 위한 것이라고 볼 수 있으므로 비록 일부에 대하여 소집통지를 하지 아니하였더라도 그 전원이 출석하여 이의를 하지 아니한 때, 즉 전원출석이사회는 적법한 이사회로 인정된다. 또한 미리 이사 및 감사 전원의 동의로 정한 정기일에 개회하는 경우에는 소집절차를 요하지 않으며, 이사회가 회의의 속행 또는 연기의 결의를 한 때에도 통지를 요하지 않는다(제392조, 제372조).

회의의 목적사항을 통지하지 아니한 이사회 소집통지가 적법한지가 문제된다. 그런데 이사회의 회의에는 업무집행에 관한 여러 가지 사항이 토의될 것이 당연히 예정될 수 있기 때문에 이사회의 소집통지에는 회의의 목적사항을 기재할 필요가 없다(제363조 제2항 참조)(동지: 정동윤. 이에 반하여 목적사항을 통지하여야 한다는 견해는 최기원). 이는 주주총회 소집의 경우와 다르다. 주주총회 소집의 통지 또는 공고에는 회의의 목적사항을 기재하여야 한다(제363조 제2항 · 제3항). 이 목적사항을 의안 · 의제 · 의사일정이라고도 하며, 주주총회 결의사항이 무엇인가를 주주가 알 수 있을 정도로 기재하면 된다(예컨대 임원의 선임 등). 특히 중요한 주주총회 의안(정관변경 · 자본감소 · 합병 · 영업의 양도 등)에 대하여는 그 요령도 기재하여야 한다(제433조 제2항, 제438조 제2항, 제522조 제2항).

이러한 점에서 이사회 소집통지를 할 때에는 회사의 정관에 이사들에게 회의의 목적사항을 같이 통지하도록 규정하고 있거나 회의의 목적사항을 함께 통지하지 않으면 이사회에서의 심의 · 의결에 현저한 지장을 초래하는 등의 특별한 사정이 없는 한, 주주총회 소집통지의 경우와 달리 회의의 목적사항을 함께 통지할 필요는 없다. 한편 주주의 의결권 행사를 불가능하게 하거나 현저히 곤란하게 하는 것을 내용으로 하는 이사회 결의는 무효이다. 그렇지만 본 설문의 사건에서는 임시주주총회의 소집을 철회하기로 하는 이사회결의로 B측의 의결권 행사가 현저하게 곤란하거나 불가능하게 된다고 볼 수 없으므로 이사건에서의 이사회 결의를 무효로 보기는 어렵다.

2. 본래 2011. 7. 29. 개최될 임시주주총회는 적법하게 철회되었는가?(30점)

주주총회 소집통지의 철회와 관련하여 총회소집의 통지 · 공고가 행하여진 후라도 소집을 철회하거나 회의의 목적사항의 일부를 철회할 수 있고, 또 총회의 회의일을 늦추거나(소집의 연기) 시간을 변경할 수 있다. 그러나 이 경우에도 이사회의 결의를 거쳐 대표이사가 그 뜻을 그 소집에서와 같은 방법으로 통지 · 공고하고, 그 통지는 앞서 통지된 회의일보다 먼저 도달되어야 한다(동지: 최기원 · 정동윤 · 손주찬).

〈대법원 2009.3.26. 선고 2007도8195 판결〉

주주총회 소집의 통지 공고가 행하여진 후 소집을 철회하거나 연기하기 위해서는 소집의 경우에 준하여 이사회의 결의를 거쳐 대표이사가 그 뜻을 그 소집에서와 같은 방법으로 통지 공고하여야 한다고 봄이 상당하다. 그런데 공소외 재단법인이 이 사건 주식을 증여받

아 취득함에 있어 이사회의 의결을 요하지 않는다고 할 것이므로 이 사건 주식은 공소외 재단법인에 귀속되었다 할 것이어서 피고인 2 등에 의한 위 주주총회 연기 요청은 적법한 주주에 의한 것으로 보기 어렵다. 또한 원심이 인정한 위와 같은 사실관계에 의하더라도, 이미 서면에 의한 우편통지의 방법으로 소집통지가 행하여진 주주총회에 대하여 주주총회 소집일로부터 불과 3일 전에 이사회가 주주총회 연기를 결정한 후 소집 통지와 같은 서면에 의한 우편통지 방법이 아니라 휴대폰 문자메시지를 발송하는 방법으로 각 주주들에게 통지하고 일간신문 및 주주총회 장소에 그 연기를 공고하였을 뿐이므로, 이러한 주주총회의 연기는 적법한 절차에 의한 것으로 볼 수 없어 위 주주총회가 적법하게 연기되었다고 할 수 없다.

〈대법원 2011.6.24. 선고 2009다35033 판결〉

원심이 인용한 제1심판결의 이유에 의하면, 원심은, 원고 회사의 대표이사인 소외 1이 2005.7.14. 이사회를 소집하여 원고 회사의 임시주주총회를 2005.7.29. 오전 11:00에 소집하기로 하는 내용의 이사회결의가 이루어진 후, 같은 날 주주들에게 그 임시주주총회 소집통지서를 발송한 사실, 그러나 소외 1은 2005. 7. 29.자로 예정된 임시주주총회의 소집을 철회하기로 계획한 후, 2005.7.28. 16:00에 이사회를 소집하여 2005.7.29.자 임시주주총회의 소집을 철회하기로 하는 내용의 이사회결의가 이루어지자마자 임시주주총회가 개최될 장소의 출입문에 2005.7.29.자 임시주주총회가 이사회결의로 철회되었다는 취지의 공고문을 부착하고, 이사회에 참석하지 않은 주주들(소외 2, 3, 4)에게는 퀵서비스를 이용하여 2005.7.29. 11:00 개최 예정이었던 임시주주총회가 이사회결의로 그 소집이 철회되었다는 내용의 소집철회통지서를 보내는 한편 전보와 휴대전화(직접 통화 또는 메시지 녹음)를 이용하여 같은 취지의 통지를 한 사실을 인정한 다음, 이 사건 2005.7.29.자 임시주주총회가 적법하게 철회되었다고 판단하였다. 원심이 인정한 사실관계에 비추어 볼 때, 이 사건 2005. 7. 29.자 임시주주총회의 소집을 철회하기로 하는 이사회결의를 거친 후, 소집통지와 같은 방법인 서면에 의한 소집철회통지를 한 이상, 위 임시주주총회의 소집이 적법하게 철회되었다고 볼 수 있으므로, 같은 취지의 원심 판단은 정당하다.

따라서 본 설문의 사안의 경우 이사회 결의를 거친후 총회 개최장소 출입문에 총회 소집이 철회되었다는 취지의 공고문을 부착하게 하고, 이사회에 참석하지 않은 주주들에게는 퀵서비스를 이용하여 총회 소집이 철회되었다는 내용의 소집철회통지서를 보내는 한편, 전보와 SNS문자서비스를 이용하여 같은 취지의 통지를 하였으므로 주주총회 소집은 적법하게 철회되었다고 평가할 수 있다.

3. 2011. 7. 29. 오전 11:00에 개최한 임시주주총회의 결의는 효력이 있는가?(20점)

주주총회는 이사회의 결정에 의해 대표이사가 소집한다(제362조). 정관에서 대표이사가 아닌 자를 소집권자로 정할 수도 있다. 소집권한 없는 자에 의한 주주총회에서의 결의는 원칙으로 부존재한 것으로 본다.

〈대법원 1993.10.12 선고, 92다28235,28242 판결〉

대표이사가 1987. 2. 26. 10:00 회사 사무실에서 임시주주총회를 개최한다는 통지를 하였으나 주주총회 당일 16:00경 소란으로 인하여 사회자가 주주 총회의 산회선언을 하였는데 그 후 주주 3인이 별도의 장소에 모여 결의를 한 것이라면, 위 주주 3인이 과반수를 훨씬 넘는 주식을 가진 주주라고 하더라도 나머지 일부 소수 주주들에게는 그 회의의 참석과 토의, 의결권행사의 기회를 전혀 배제하고 나아가 볍률상 규정된 주주총회 소집절차를 무시한 채 의견을 같이 하는 일부 주주들만 모여서 한 결의를 법률상 유효한 주주총회의 결의라고 볼 수는 없다.

〈대법원 1995.6.29 선고, 94다22071 판결〉

"주주총회 결의가 외형상 주주총회로 소집·개최된 회의에서 이루어진 것이 아니라 이미 회사에서 퇴직하여 경영에서 완전히 물러난 종전 대표이사가 주주도 아닌 자들을 다방에 불러 모아놓고 의사록을 작성하여 총회결의의 외관을 현출시킨데 지나지 않는다면, 이에 대한 주주총회결의 부존재확인판결은 상법 제380조에 규정된 결의부존재에 포함되지 않으며, 위 결의부존재는 판결확정 전에 생긴 회사와 제3자의 권리·의무에 대하여도 영향을 미친다."

본 사안의 설문의 경우 앞에서 보았듯이 임시주주총회의 소집이 적법하게 철회된 이상 대표이사도 아닌 B가 강행한 임시주주총회는 결국 이사회 결의도 없이 소집권한 없는 자에 의하여 소집된 것으로서 총회결의가 존재한다고 볼 수 없을 정도로 그 하자가 중대하다고 평가하여야 한다.

4. A가 제기한 위 소는 적법한 소인가?(15점)

주주총회 결의의 하자를 다투는 경우로서 단체의 대표자지위에 대하여 다툴 때 누구를 피고로 하여야 하는지가 문제된다.

〈대법원 1982.9.14. 선고 80다2425 전원합의체 판결〉

주주총회결의부존재확인의 소송은 일응 외형적으로는 존재하는 것같이 보이는 주주총회결의가 그 성립과정에 있어서의 흠결이 중대하고도 명백하기 때문에 그 결의자체가 존재하는 것으로 볼 수 없을 때에 법률상 유효한 결의로서 존재하지 아니한다는 것의 확인을 소구하는 것으로서 주주총회결의 무효확인의 소송과는 주주총회결의가 법률상 유효한 결의로서는 존재하지 않는다는 것의 확정을 구하는 것을 목적으로 한다는 점에서 공통의 성질의 가진다 할 것이므로 주주총회결의부존재확인의 소송에는 그 결의무효확인의 소송에 관한 상법 제380조의 규정이 준용된다 할 것이므로 그 결의부존재확인판결의 효력은 제3자에게 미치고 그 부존재확인소송에 있어서 피고가 될 수 있는 자도 회사로 한정된다.

이러한 법리에 비추어 볼 때 A가 B 개인을 피고로 하여 제기한 주주총회결의 부존재확인의 소는 부적법한 것이 된다. 주주총회결의 부존재확인의 소의 피고선정과 관련하여서는 회사를 상대로 하여야 한다.

5. 부존재인 주주총회결의를 사후에 추인한 경우 그 효력을 논의하시오.(15점)

부존재인 주주총회결의를 사후에 추인한다면 그 효력이 어떻게 되는지가 문제된다. 특히 그 소급효를 인정할 수 있는지가 문제이다.

〈대법원 2011.6.24. 선고 2009다35033 판결〉

무효행위를 추인한 때에는 달리 소급효를 인정하는 법률규정이 없는 한 새로운 법률행위를 한 것으로 보아야 할 것이고, 이는 무효인 결의를 사후에 적법하게 추인하는 경우에도 마찬가지라 할 것이다(대법원 1995.4.11. 선고 94다53419 판결 참조). 위와 같은 법리에 비추어 볼 때, 이 사건 2005.7.29.자 임시주주총회결의가 부존재하고 이 사건 2005.7.29.자 이사회결의가 무효인 이상, 위 임시주주총회결의와 이사회결의가 사후에 추인하는 결의들을 통하여 소급적으로 유효하게 될 수는 없다. 따라서 원심이 이에 관한 판단을 하지 아니하였다 하더라도, 위 임시주주총회결의가 부존재하고 위 이사회결의가 무효라고 본 원심 판단의 결론은 정당하다. 원심판결에는 상고이유에서 주장하는 바와 같이 추인에 관한 법리를 오해하여 심리를 다하지 아니함으로써 판결에 영향을 미친 위법이 없다.

결국 무효행위를 추인한 때에는 달리 소급효를 인정하는 법률규정이 없는 한(민법 제139조 참조) 새로운 법률행위를 한 것으로 보아야 한다. 그리고 이 점은 무효인 주주총회결의를 사후에 적법하게 추인하는 경우에도 마찬가지로 보아야 한다. 이 점은 주주총회 결의 부존재 확인의 소의 경우에 준용할 수 있다.

Ⅳ. 결 론

이번 변호사시험 모의시험은 이사회 결의와 주주총회 결의를 연계하여 그 소집통지의 내용과 철회, 의결 내지는 결의에 하자가 있는 경우 다투는 방법 및 부존재의 주주총회결의의 추인에 관하여 출제한 것이다. 그리고 기본적인 판례를 염두에 두고 출제한 것임을 알 수 있다. 이러한 경향은 앞으로 실제로 변호사시험에서도 회사법 내에서 여러 부분을 연계한 문제가 출제될 수 있고 다 나아가 회사법과 상법 총칙・상행위, 어음수표 영역을 연계한 출제로 확대 될 수 있음을 임시하는 것이기도 하다. 예비법조인의 길을 걷고 있는 로스쿨 과정생, 변호사시험 준비학생은 현재 속에서 자신의 존재의미를 찾고 있는 영원한 젊음이다. 로스쿨학생은 장래의 법조인으로서의 품위와 긍지를 가지고 하루하루를 살아야 한다. 로스쿨 수업과정생은 이치와 일이 다른 것이 아님을 동료들에게 몸소 보이면서 겸허하게 생활하여야 한다. 고난과 시련 속에서도 로스쿨 학생들의 삶은 계속되어야 한다. 로스쿨 법학교과과정의 스터디는 바로 기술이고 생활 앞의 시이다. 어려운 환경에 맞설 수 있는 위엄에 대한 가르침이기도 한 것이다. 로스쿨 학생들에게는 다른 한 측면에서는 건강이 중요하다. 그리고 무엇보다도 장차의 법조인으로서 뿌리가 튼튼하려면 아픔과 시련을 견뎌낼 수 있어야 한다.

변호사시험

공 법
민사법
형사법

변호사시험

변호사시험 기출문제

형사법
사례형

- 2014년 제3회 변호사시험
- 2013년 제2회 변호사시험
- 2012년 제1회 변호사시험

2014년 제3회 변호사시험
형사법 제1문

제 1 문

甲은 도박장을 직접 운영하기로 마음먹고, 단속에 대비하여 마침 직장을 잃고 놀고 있던 사촌동생 乙에게 '도박장 영업을 도와주어 용돈도 벌고, 도박장이 적발되면 내가 도망가더라도 네가 사장이라고 진술을 해달라' 고 제의하였고, 乙은 甲의 제의를 승낙하였다. 甲은 생활정보지에 광고하여 도박장에서 일할 종업원들을 채용하였다. 甲은 乙을 사장으로 위장하기 위하여 甲의 자금으로 乙로 하여금 직접 사무실을 임차하도록 하였다.

2013. 10.1. 저녁 甲은 평소 알고 있던 丙 등 도박꾼들을 속칭 '대포폰' 으로 연락하여 사무실로 불러 '포커' 도박을 하도록 하고 자릿값으로 한 판에 판돈에서 10%을 떼어 내었고, 乙은 창문으로 망을 보았다. 丙은 도박자금이 떨어지자 옆에서 구경하고 있던 丁에게 사실은 면제할 의사가 없었지만 높은 이자를 약속하고 도박자금을 빌려달라고 하였고, 丁은 丙이 상습도박 전과가 있음을 알면서도 丙에게 도박자금으로 300만 원을 빌려주었다.

근처 주민의 신고로 경찰관 P 등이 출동하여 乙, 丙, 丁은 현장에서 도박 등의 혐의로 현행범인 체포되었고, 甲과 다른 도박꾼들은 도망쳤다. 乙은 경찰서에서 자신이 도박장 주인이라고 하면서 도박장 등의 운영 경위, 자금출처, 점포의 임대차계약 경위, 종업원 채용 등에 관하여 구체적으로 거짓말을 하였고, 조사를 받은 후 체포된 다른 사람들과 함께 석방되었다.

단속 3일 후 甲이 경찰관 P에게 전화하여 불구속 수사를 조건으로 자수 의사를 밝혀오자 경찰관 P는 일단 외부에서 만나 이야기하자고 하였다. 다음 날 경찰관 P는 경찰서 밖 다방에서 甲을만나 범죄사실의 요지, 체포의 이유와 변호인선임권을 고지하고 변명의 기회를 준 후 甲을 긴급체포하려 하였다.그러자 甲은 '자수하려는 사람을 체포하는 법이 어디에 있느냐' 고 따지며 경찰관 P의 가슴을 밀쳐 바닥에 넘어뜨렸고, P는 넘어지면서 손가락이 골절되었다.

1. 甲, 乙, 丙, 丁의 죄책은?(60점)
2. 甲과 乙은 2013. 12.2. 위 범죄사실로 서울중앙지방법원에 불구속 기소되었고, 형사 7단독 재판부에 배당되어 제1회 공판기일이 2014.1.3.로 지정되었

형사법

다. 수사검사는 2013.12.26. 서울중앙지방법원 영장전담판사로부터 압수수색영장을 발부받아 甲의 집에서 영엉장부를 압수한 후, 그 영업장부와 압수조서를 공판기일에 증거로 제출하였다.위 영업장부와 압수조서는 증거능력이 인정되는가?(20점)

3. 丙과 丁은 도박 등으로 각 벌금 300만 원의 약식명령을 발령받았지만, 丙은 정식재판을 청구하면서 폭력행위등처벌에관한법률위반(집단 흉기 등 상해)로 서울중앙지방법원에서 재판 중인 자신의 사건과 병합심리를 요구하여 두 사건은 병합되었다.

(1) 검사는 丙에 대한 도박을 상습도박으로 그 죄명과 적용법조, 범죄사실을 변경하는 공소장 변경을 하고자 한다. 그 가부와 논거는?(5점)

(2) 위 (1)에서 공소장 변경이 가능하다는 전제 하에, 丙에 대한 변경된 상습도박 등 사건의 계속 중에 검사는 丙의 013. 6. 6. 포커도박 사실을 발견하고 도박으로 같은 법원에 추가기소하였고, 이 사건은 위 상습도박 등 사건에 병합되었다. 이 경우 추가기소에 대하여 법원이 취할 조치는?(7점)

(3) 위 300만 원의 약식명령을 발령한 판사가 위 정식재판청구로 병합된 제1심 사건의 재판을 담당한 경우, 항소이유가 되는가?(8점)

C/O/N/T/E/N/T/S

제1문 김 태 계 〔경상대학교 법대 교수 · 변호사〕

Ⅰ. 甲, 乙, 丙, 丁의 죄책

1. 문제의 제기

설문을 보면, 甲과 乙은 영리목적으로 도박장을 개장하고, 丙은 도박장에서 도박을 하였으며 丁은 丙에게 도박자금을 빌려주었다. 甲·乙·丙·丁이 도박과 관련한 개별구성요건에 해당하는 것과는 별개로 설문에서는 도박장의 실질적인 주인인 甲이 긴급체포되는 과정에서 경찰관 P의 손가락을 골절시킨 행위에 대해 정당방위가 성립하는가가 문제된다. 한편 사촌동생인 乙은 명목상 사장으로서 자신이 도박장 주인으로 행세하면서 수사기관에 허위진술을 한 부분이 위계에 의한 공무집행방해죄가 성립하는가 및 丙이 丁으로부터 도박자금을 빌리는 과정에서 丙에게 사기죄가 성립하는가가 주요쟁점이 될 것이다.

2. 甲의 죄책

(1) 도박개장죄의 성립여부

우리 형법 제247조는 영리목적으로 도박장을 개장한 자를 도박개장죄로 처벌한다. 본죄는 도박죄의 예비 또는 방조의 성격을 가지고 있지만, 인간의 사행성을 조장·촉진하여 영리를 취한다는 점에서 도박죄보다 가중하여 처벌하고 있다. 설문에서 甲은 도박장에서 일할 종업원을 채용하고, 자금을 투입하여 사촌동생인 乙로 하여금 도박장을 임대하게 하였으며, 대포폰을 사용하여 丙 등 도박꾼들을 도박장으로 불러들여 도박을 하게 한 후, 자릿값으로 판돈의 10%를 받는 등, 영리목적으로 도박장을 개장한 도박장의 실질적인 주인으로서 도박개장죄의 정범이라 할 것이다.

(2) 공무집행방해죄 및 폭행치상죄의 정당방위 성립여부

설문을 보면, 甲은 乙·丙·丁이 현장에서 체포되는 과정에서 도망친 후, 경찰관 P에게 자수의사를 밝히고 약속장소에서 P를 만났다. 하지만 경찰관 P는 甲에게 범죄사실의 요지와 체포이유 및 변호인 선임권을 고지하고 변명의 기회를 준 후 긴급체포하려 하였고, 甲이 저항하면서 P의 가슴을 밀쳐 P의 손가락이 부러지는 상해를 입혔다. 甲은 경찰관 P의 공무집행을 폭행의 수단으로 방해하는 과정에서 P에게 상해를 입혔으므로, 甲의 소위는 형법 제136조 제1항의 공무집행방해죄 및 형법 제262조의 폭행치상죄의 구성요건에 해당한다. 양죄는 범죄성립을 조각하는 사유가 없는 한, 상상적 경합으로 처리된다.

공무집행방해죄에 있어 명문의 규정은 없지만, 우리 학설과 판례는 직무집행의 적법성을 불문의 구성요건으로 인정하고 있다. 따라서 적법하지 않은 공무집행에 대한 저항행위에

형사법

대해서는 정당방위가 성립하여 공무집행방해죄가 인정되지 않는다. 설문의 경우 甲의 소위가 정당방위가 되기 위해서는 경찰관 P의 긴급체포가 적법하지 않은 공무집행이라는 점이 인정되어야 한다. 일반적으로 긴급체포는 중대한 범죄를 범하였다고 의심할만한 상당한 이유가 있는 피의자를 수사기관이 법관의 체포영장을 발부받지 않고 체포하는 것을 말한다. 긴급체포는 영장없이 피의자를 체포하는 것으로 그 요건이 엄격하다. 피의자가 사형 무기 또는 장기 3년이상의 징역이나 금고에 해당하는 죄를 범한 경우(범죄의 중대성)에 피의자가 죄적을 인멸할 염려가 있거나 도주우려가 있음에도(체포 필요성) 체포영장을 발부받을 수 없는 긴급한 상황(긴급성)에서만 인정된다. 설문을 보면 먼저 甲의 혐의인 도박개장죄는 법정형이 3년 이하의 징역으로 긴급체포가 가능한 중대범죄라고 할 수 없으며, 이미 자수의사를 밝힌 상황이므로 체포의 필요성도 인정되지 않는다. 따라서 경찰관 P의 甲에 대한 긴급체포는 법령이 정한 요건을 구비하지 못한 위법한 직무집행으로써 불법체포가 되며, 甲이 체포과정에서 경찰관 P의 가슴을 밀친 행위는 불법한 체포에 대해 자신의 위험을 방위할 상당한 행위로써 정당방위가 성립된다고 할 것이다. 甲의 소위는 공무집행방해 및 폭행치상죄의 위법성이 조각되는 행위이다.

3. 乙의 죄책

甲의 사촌동생인 乙은 甲의 제안을 승낙하고 소위 명목상의 사장으로서 甲의 자금으로 사무실을 임차하는 등 정범인 甲의 도박개장죄에 적극 가공한 점이 인정된다. 따라서 乙의 가공행위는 도박개장죄의 단순 방조범을 넘어 도박개장의 실행행위에 대하여 분업적 행위실행에 의하여 전체계획을 지배하다는 기능적 행위지배가 있었다 할 것이므로 乙의 행위는 도박개장죄의 공동정범이 성립한다 할 것이다. 한편 도박이 진행되는 동안 乙이 망을 본 행위가 도박죄의 방조범에 해당하는가 하는 점이 문제된다. 도박개장죄는 도박방조의 성격을 포함한다는 점에서 도박개장죄의 공동정범이 성립하는 자에 대해서는 도박죄의 방조범은 별도로 성립하지 않는 것으로 보는 것이 타당하다.

문제는 乙이 甲과 약속한대로 도박장의 주인으로 행세하면서 수사기관에 허위 진술을 한 부분이다. 乙이 수사기관에 대해 허위진술을 한 행위가 위계로써 공무원의 직무집행을 방해한 경우에 해당하여 형법 제137조의 위계에 의한 공무집행방해죄에 해당하는가 하는 점이 문제된다. 이에 대해 판례는 수사기관이 범죄사건을 수사함에 있어서는 피의자나 피의자로 자처하는 자 또는 참고인의 진술여하에 불구하고 피의자를 확정하고 그 피의사실을 인정할만한 객관적인 제반증거를 수집·조사하여야 할 의무가 있다고 함으로써 위계에 의한 공무집행방해죄의 성립을 부정한다. 따라서 乙에 대해 도박개장죄의 공동정범이 성립하는 것과는 별개로 위계에 의한 공무집행방해죄는 성립하지 않는다.

4. 丙과 丁의 죄책

(1) 丙의 죄책

丙은 상습도박전과가 있는 자로써 甲의 도박장에서 도박을 하였고, 도박자금이 떨어지자 자금을 빌려 도박을 할 정도로 도박의 습벽을 인정할 수 있으므로 형법 제246조 제2항의 상습도박죄가 인정된다.

한편 丙은 도박자금이 떨어지자 변제의사 없이 丁에게서 도박자금 300만원을 빌렸고, 丁은 그 자금이 도박에 쓰일 것을 알면서도 빌려주었다. 먼저 애초에 변제의사 없이 도박자금을 빌렸다는 점에서 丙이 丁에게서 돈을 빌린 소위는 기망행위에 해당한다. 丁의 처분행위가 있었고 丙의 취득행위가 있었으므로 정황상 형법 제347조 제1항의 사기죄가 성립하는 데는 문제가 없어 보인다.

문제는 해당 자금에 대해 기망행위자인 丙과 피해자인 丁 모두 도박자금으로 사용될 것임을 알았다는 점이다. 도박자금은 법질서의 보호를 받지 못하는 불법한 재산이므로 법률적 재산개념설이나 법률적·경제적 재산개념설에 따르면 형법이 보호해야할 금원에 해당하지 않으므로 사기죄가 성립하지 않는다고 할 것이다. 그러나 판례는 재산죄의 재산개념에 있어 경제적 재산개념설을 취하고 있으므로 불법한 금원이라 하더라도 재산죄의 성립을 인정한다. 재산개념에 있어서는 형법 독자적인 견지에서 파악해야 할 것이므로 불법재산에 대해서도 재산죄가 성립한다고 보면, 丙에 대해 사기죄가 성립한다고 할 것이다.

(2) 丁의 죄책

설문을 보면 丁이 도박에 직접 가담한 정황은 보이지 않는다. 하지만 도박에 쓰일 것을 알고 있음에도 불구하고 丙에게 도박자금을 빌려주었다는 점에서 도박죄의 방조범이 성립한다고 할 것이다.

5. 소 결

甲과 乙은 도박개장죄의공동정범의 죄책을 부담하고, 丙은 상습도박죄 및 사기죄가 성립하며 양 죄는 실체적 경합의 관계에 있다. 丁은 도박죄의 방조범의 죄책을 진다.

Ⅱ. 공소제기 후의 강제수사

1. 문제의 제기

설문을 보면, 甲과 乙의 공소사실에 대해 수사검사는 2013년 12월 2일에 공소를 제기하였고, 제1회 공판기일인 2014년 1월 3일 이전인 2013년 12월 26일에 법원으로부터 압수수색영장을 발부 받아 甲의 집에서 영업장부를 압수하였다. 이처럼 공소제기 후에 강제수사가 행해진 경우에 해당 절차에 의하여 수집된 증거의 증거능력을 인정할 수 있을 것인가가 문제된다.

2. 공소제기 후 강제수사에 의해 수집된 증거의 증거능력

먼저 학설을 보면, 수사기관은 공소제기 후에도 제1회 공판기일전에 한하여 압수수색검증을 할 수 있고, 그에 따라 수집된 증거의 증거능력도 인정된다는 입장과 공소제기 후에는 제1회공판기일 전후를 불문하고 수사기관에 의한 압수수색은 원칙적으로 허용될 수 없다는 입장으로 대립된다. 전자의 입장은 수사기관의 압수수색검증에 대해서는 영장청구의 시기에 제한이 없고, 압수수색검증은 피고인의 방어권 활동에 영향을 미치지 않는다는 점을 근거로 든다. 그러나 공소제기 후에는 강제처분권한이 수소법원으로 이전되고, 현행법도 수사절차상의 대물적 강제처분과 공판절차상의 대물적 강제처분을 구별하고 있으며, 수사검사가 공소제기 후 제1회 공판기일 이전에 압수수색검증을 해야 할 긴급한 사정이 있는 경우에는 증거보전청구를 통해 목적을 달성할 수 있다는 점에서 공소제기 후의 강제수사는 원칙적으로 허용될 수 없다는 부정설이 타당하다고 생각한다.

우리 판례도 검사가 공소제기 후 법 제215조에 따라 수소법원 이외의 지방법원 판사에게 청구하여 발부받은 영장에 의하여 압수·수색을 하였다면, 그와 같이 수집된 증거는 기본적 인권보장을 위해 마련된 적법한 절차에 따르지 않은 것으로서 원칙적으로 유죄의 증거로 삼을 수 없다고 하여 부정설의 입장에 있다. 수소법원의 판사가 영장을 발부했다면 수소법원의 직권에 의한 압수수색과 다를 바 없으므로 해당 절차가 위법하다고 할 수는 없지만, 수소법원 이외의 지방법원 판사가 발부한 영장에 의해 공소제기 후 압수수색이 행해졌다면 부정설의 견지에서 위법하다는 취지로 해석된다.

설문을 보면, 수사검사는 공소제기 후에 수소법원인 서울중앙지방법원의 영장전담판사로부터 발부받은 영장에 의해 압수수색을 행하였으므로 해당 절차는 위법하다고 할 수 없고, 甲의 집에서 압수한 영업장부와 압수조서는 공판기일에 증거로 사용할 수 있다고 할 것이다.

Ⅲ. 약식명령 후 정식재판이 청구된 丙의 도박사건에 대한 제 문제

1. 문제의 제기

「설문 3」은 丙이 도박죄로 300만원의 약식명령을 받고 정식재판을 청구하면서, 자신의 다른 사건과 병합되면서 발생하는 쟁점들을 다루고 있다. 먼저 검사가 약식명령을 발령받은 도박죄보다 법정형이 중한 상습도박죄로 죄명과 적용법조 및 범죄사실을 변경하는 공소장변경이 가능한가의 문제, 丙에 대해 다른 도박사실을 발견하고 상습도박죄 외에 도박죄로 추가기소가 가능한가의 문제, 마지막으로 약식명령을 발령한 판사가 정식재판청구로 병합된 사건의 재판관이 될 수 있는가의 문제이다.

2. 공소장 변경의 가부 및 논거

피고인이 약식명령에 대해 정식재판을 청구한 경우에 검사가 약식명령의 죄명보다 무거운 죄명 및 적용법조로 공소장변경하는 것이 불이익변경금지원칙에 반하지 않는가 하는 것이 문제된다. 설문을 보면 丙의 도박혐의에 대해 법원은 300만원의 약식명령을 발령하였지만, 丙이 정식재판을 청구하면서 서울중앙지방법원에서 재판중인 丙의 다른 사건(폭처법상의 집단 흉기 등 상해)과 병합심리를 요구하였고, 사건은 병합되었다.

검사가 공소장 변경을 통해 도박을 보다 중한 상습도박으로 변경하더라도 법원이 약식명령에 부과된 300만원의 벌금보다 중한 형을 선고하지 않는 한, 중한 죄로 공소장을 변경하는 것만으로는 불이익변경금지의 원칙에 반한다고 할 수 없다. 우리 판례도 불이익변경금지의 원칙은 피고인이 약식명령에 불복하여 정식재판을 청구한 사건에서 약식명령의 주문에서 정한 형보다 중한 형을 선고할 수 없다는 것이므로, 그 죄명이나 적용법조가 약식명령의 경우보다 불이익하게 변경되었다고 하더라도 선고한 형이 약식명령과 같거나 약식명령보다 가벼운 경우에는 불이익변경금지의 원칙에 위배된 조치라고 할 수 없다고 하고 있다. 또한 판례는 피고인이 약식명령에 대하여 정식재판을 청구한 사건에서 다른 사건을 병합심리한 후 경합범으로 처단하면서 약식명령의 형량보다 중한 형을 선고한 것은 불이익변경금지의 원칙에 해당하지 않는다고 하는데, 설문의 경우 폭처법의 법정형에 벌금형이 없으므로 경합범 가중으로 약식명령의 형보다 중한 형을 선고받게 될 가능성이 있다 하더라도 판례에 의하면 공소장 변경이 불가능한 것은 아니다.

3. 추가기소에 대한 법원의 조치

丙에 대한 사건 계속 중 검사가 새로운 범죄사실을 발견하고 법원에 추가기소를 하는 경우에 법원이 어떤 조치를 하여야 하는가 문제이다. 즉 상습도박으로 공소장이 변경된 상태에서 도박사건을 추가 기소할 수 있느냐의 문제이다. 설문에서 상습도박으로 공소장이 변경된 범죄사실은 丙이 2013. 10. 1. 저녁 상습으로 '포커'도박을 하였다는 사실이고, 검사가 추가기소한 공소사실은 丙이 2013. 6. 6. '포커'도박을 하였다는 사실이다. 상습범이란 행위자가 범죄습벽에 의해 행해지는 범죄로 동종의 여러 개의 행위가 반복해서 행해지지만 단일한 의사경향에 의한 행위로 여러 개의 행위를 포괄하여 하나의 범죄만이 성립하는 경우를 말한다. 이러한 사실로 미루어 볼 때 공소장이 변경된 범죄와 추가 기소된 범죄사실은 그 범행의 태양이나 습벽 등이 동일하고 시간적으로 근접하고 있어 두 사건은 포괄하여 일죄에 해당한다고 하여야 할 것이다.

그렇다면 검사는 2013. 6. 6.의 범죄사실은 이미 공소장 변경된 공소사실과 포괄일죄에 해당하므로 추가 기소대상이 아니라 공소장 변경대상이라고 할 것이므로, 법원은 검사의 추가공소사실에 대하여는 형사소송법 제327조 제3호를 적용하여 공소기각의 판결을 선고하여야 한다.

4. 약식명령의 재판관이 정식재판의 재판관이 된 경우 제척여부

우리 형사소송법 제17조 제7호는 법관이 사건에 관하여 전심재판에 관여한 때를 제척사유로 규정하고 있다. 이는 법관의 예단이나 편견의 위험성을 배제하여 공정한 재판을 실현하려는 취지로 약식명령의 재판관이 정식재판의 제1심사건의 재판을 담당하는 것이 본 조에 해당하는가가 문제된다. 판례는 약식절차와 정식재판인 제1심 공판절차는 동일한 심급 내에서 서로 절차만 달리할 뿐이므로, 약식명령이 제1심 공판절차의 전심재판에 해당하는 것은 아니라고 하여 약식명령을 발부한 법관이 정식재판의 제1심판결에 관여하였다고 하여 제척의 원인이 된다고 할 수 없다는 입장이다.

일부 학설에 따르면 예단의 가능성을 배제할 수 없어 제척의 원인이 된다는 입장도 있지만, 형소법이 전심재판에 한정해서 제척원인을 규정하고 있다는 점에서 판례의 입장이 타당한 것으로 생각된다. 따라서 항소이유가 될 수 없다고 할 것이다.

2014년 제3회 변호사시험
형사법 제2문

甲은 친구 乙의 사기범행에 이용될 사정을 알면서도 乙의 부탁으로 자신의 명의로 예금통장을 만들어 乙에게 양도하였고, 乙이 A를 기망하여 A가 甲의 계좌로 1,000만 원을 송금하자 甲은 소지 중이던 현금카드로 그중 500만 원을 인출하여 소비하였다. 乙이 甲에게 전화하여 자신 몰래 돈을 인출한 데 대해 항의하자 甲은 그 돈은 통장을 만들어 준 대가라고 우겼다. 이에 화가 난 乙은 甲을 살해할 의사로 甲의 집으로 가 집 주변에 휘발유를 뿌리고 불을 질렀으나, 갑자기 치솟는 불길에 당황하여 甲에게 전화해 집 밖으로 빠져 나오게 하였고, 甲은 간신히 목숨을 건질 수 있었다.

甲은 乙이 자신을 살해하려고 한 사실에 상심한 나머지 술을 마시고 혈중알코올농도 0.25%의 만취상태에서 승용차를 운전하여 乙의 집으로 가다가 보행신호에 따라 횡단보도를 걸어가고 있는 B를 승용차로 치어 B가 중상을 입고 도로 위에 쓰러졌다. 甲은 사고신고를 받고 긴급출동한 경찰관 P에 의해 사고현장에서 체포되었고, B는 사고 직후 구급차에 실려 병원으로 후송되던 중 구급차가 교차로에서 신호를 무시하고 지나가는 트럭과 부딪혀 전복되는 바람에 그 충격으로 사망하고 말았다.

경찰의 수사를 피해 도피 중이던 乙은 경찰관인 친구 C에게 전화를 걸어 자신에 대한 수사상황을 알아봐 달라고 부탁하였고, C는 甲이 체포된 사실 및 甲 명의의 예금계좌에 대한 계좌추적 등의 수사상황을 乙에게 알려 주었다. 한편, 甲의 진술을 통해 乙의 범행을 인지한 경찰관 P는 乙이 은신하고 있는 호텔로 가서 호텔 종업원의 협조로 乙의 방 안에 들어가 甲 등 타인 명의의 예금통장 십여 개와 乙이 투약한 것으로 의심되는 필로폰을 입수한 후, 호텔에 잠복하고 있다가 외출 후 호텔로 돌아오는 乙을 긴급체포하였다.

1. 甲, 乙의 죄책은?(60점)
2. 경찰관 P가 乙에 대하여 한 긴급체포와 예금통장 및 필로폰 압수는 적법한가?(15점)
3. 검사 S는 甲의 교통사고 현장을 목격한 일본인 J에게 참고인조사를 위해 출석을 요구하였으나 J는 불응하면서 일본으로 출국하려 하고 있다. 이 경우 검사

S가 J의 진술을 확보하기 위해 취할 수 있는 조치는?(10점)

4. 검사 S가 검찰수사관 T의 참여 하에 甲과 乙에 대해 피의자신문을 실시하고 甲과 乙의 진술을 영상녹화하였는데, 乙은 공판정에서 자신에 대한 피의자신문조서의 진정성립을 부인하고 있다. 이 경우 법원은 乙의 진술을 녹화한 영상녹화물, 검찰수사관 T의 증언 그리고 사기범행 가담을 시인하는 甲의법정진술을 乙에 대한 유죄의 증거로 사용 할 수 있는가?(15점)

C/O/N/T/E/N/T/S

제2문 김 태 계 〔경상대학교 법대 교수 · 변호사〕

Ⅰ. 甲, 乙의 죄책

1. 甲의 죄책

(1) 문제의 제기

설문에 甲은 친구 乙의 사기범행에 이용될 사정을 알면서도 차명계좌를 만들어 양도하였으므로 먼저 사기죄의 방조범성립이 문제된다. 다음으로 甲은 소지하고 있던 현금카드로 乙이 사기로 취득한 금원의 일부를 인출하여 소비하였는데, 차명계좌통장 명의인의 예금인출행위가 횡령인지, 아니면 장물취득인지, 또는 사기나 절도가 성립하는지가 문제될 수 있다. 마지막으로 甲은 만취상태로 운전하다가 B를 치었지만, B가 현장에서 사망하지 않고 구급차에 실려 가던 중 우연한 사고가 개입하여 사망한 경우에 그 사망에 대한 결과에 책임을 지는지가 문제된다.

(2) 사기죄의 방조범 성립여부

설문에 의하면 甲은 친구 乙의 사기범행에 이용될 사정을 알면서도 乙의 부탁으로 자신의 명의로 예금통장을 만들어 乙에게 양도하였다. 우리 판례는 설문과 비슷한 사건에서 사기에 이용될 사정을 알면서 차명계좌를 개설해주는 행위에 대해 사기죄의 방조범 성립을 긍정하고 있다.

(3) 차명계좌통장 명의인의 예금인출행위의 죄책

설문을 보면, 차명계좌 명의인 甲은 친구인 乙이 사기범행을 통해 취득한 1천만원 중 500만원을 인출하여 임의로 소비하였다. 이 경우 甲의 죄책을 묻기 전에 형법의 재산죄가 불법한 금원도 보호해야하는가 하는 점을 확인할 필요가 있다. 재산죄의 재산개념의 본질과 관련해서는 법률적 재산개념설과 법률적·경제적 재산개념설, 경제적 재산개념설의 학설대립이 있다. 불법재산이 사법상의 보호를 받지 못하는 것과는 별개로 재산개념을 형법 독자적 견지에서 판단하는 것이 타당하므로 불법한 재산이라 하더라도 형법적 보호가치가 없다고 할 수 없다. 따라서 판례의 입장처럼 경제적 재산개념설에 입각하여 불법한 금원도 재산죄의 객체가 된다고 할 것이다.

편취금에 대한 재산죄 성립이 가능하다는 전제하에 먼저 甲의 예금인출행위가 乙이나 은행을 기망한 것으로 사기죄가 성립하는가가 문제된다. 甲의 예금인출행위가 乙의 신뢰를 배신한 행위인 것은 분명하지만, 자신 명의의 통장에서 예금을 인출한 것만으로 乙을 기망한 것으로 볼 수 없으며, 설사 甲의 기망을 인정한다하더라도 乙이 착오에 빠져 처분행위를 한 사실은 없으므로 乙에 대한 사기죄는 성립하지 않는다. 다음으로 은행에 대해 사기죄가 성립할 수 있는가와 관련하여 우리 판례는 수취인이 은행에 대하여 예금반환을 청구함에 따라 은행이 수취인에게 그 예금을 지급하는 행위는 예금계약의 성립 및 예금채권의 취득에 따른 것으로서 은행이 착오에 빠져 처분행위를 한 것으로 볼 수 없다고 하여 은행을 피해자로 한 사기죄는 성립할 수 없다고 한 점으로 미루어 보아 은행에 대한 사기죄도 성립할 수 없다고 할 것이다.

다음으로 甲이 장물취득죄의 죄책을 부담할 것인가가 문제된다. 장물 취득은 본범이 획득한 장물에 대해 점유를 이전받음으로써 그 장물에 대하여 사실상의 처분권을 획득하는 것을 말한다. 그러나 설문을 보면 편취금이 본범인 乙에게 귀속되는 과정이 없고, 甲이 피해자 A로부터 자신의 예금계좌로 송금받아 직접 취득한 것으로 볼 수 있으므로 장물 취득에 해당한다고 볼 수 없다. 우리 판례의 입장이기도 하다.

아울러 甲은 점유자인 자신의 예금계좌에서 금원을 인출한 것이므로, 점유자의 의사에 반한 재물취득을 인정할 수 없다. 따라서 절도죄도 성립하지 않는다.

마지막으로 예금통장 명의인은 통장에 입금된 금원에 대하여 법률상 처분할 수 있는 자

의 지위에 있으므로 횡령죄의 주체가 된다고 할 수 있다. 설문을 보면 乙이 편취하여 취득한 을 소유의 금원을 甲이 임의로 소비한 것이므로, 타인소유 자기점유의 금원을 취득한 것으로 형법 제355조 제1항의 횡령죄의 죄책을 부담한다고 할 것이다. 한편 계좌에 임금된 1천만 원은 피해자인 A의 의사에 기하여 입금된 금원이므로 피해자의 점유를 벗어난 점유이탈물로는 볼 수 없어 점유이탈물횡령죄가 성립할 수는 없다.

(4) 특가법상의 위험운전치사죄의 성립여부

甲은 만취상태에서 음주운전을 하다가 B를 치어 중상을 입혔다. 특정범죄가중처벌등에 관한 특례법 제5조의 11은 음주 또는 약물의 영향으로 정상적인 운전이 곤란한 상태에서 자동차를 운전하여 사람을 상해에 이르게 하거나 사망에 이르게 한 경우에는 처벌하는 규정을 두고 있다. 하지만 설문을 보면 B는 사고 당시에는 살아있다가 구급차에 실려가던 중 구급차가 전복되는 충격으로 사망에 이르게 되었다. 이처럼 우연한 사고가 결합되어 사망의 결과가 발생한 경우 甲에게 위험운전치상죄가 아닌 위험운전치사죄의 책임을 물을 수 있는가 하는 점, 즉 인과관계의 판단이 문제된다.

행위와 결과 사이의 인과관계판단에 있어 학설의 다수입장과 판례는 상반된 태도를 취하고 있다. 학설의 다수 입장은 인과관계의 존부판단과 상당성 판단을 구별하고 있는데, 일상적 경험법칙에 따라 그러한 행위가 있었다면 결과가 발생했을 것이라는 사실상의 연관관계가 있으면 일단 인과관계가 존재하는 것으로 보지만, 그 결과를 행위자에게 귀속시키기 위해서는 별도의 규범적 척도에 따라 상당성판단을 거칠 것을 주문한다. 합법칙적 조건설과 객관적 귀속이론을 취하고 있는 이러한 학설의 입장에 따르면 설문의 경우 일상경험법칙상 甲의 위험운전행위와 B의 사망사이에 인과관계는 존재한다고 할 수 있지만, 구급차가 전복될 것을 행위자가 예견하였다고 볼 수는 없으므로 결과 귀속을 부정할 수 밖에 없을 것이다.

한편 판례는 사회생활상의 일반경험법칙에 비추어 일정한 행위로부터 일정한 결과가 발생하는 것이 상당하다고 평가할 수 있는 경우에는 형법상의 인과관계를 인정한다. 우리 판례는 이에 따라 행위자의 행위가 결과발생의 유일한 원인이거나 직접적인 원인일 필요는 없다고 하여 의사의 과오나 행위자의 실수가 개입된 경우에도 통상적으로 예견가능한 결과로 보아 인과관계를 인정하고 있다. 판례의 상당성판단이 실제로 명확한 기준이 되지 못한다는 비판이 있고, 비유형적 인과관계를 광범위하게 인정하고 있다 하더라도, 설문과 같은 구급차 전복 사고를 보행자 교통사고 후 발생하는 2차 사고처럼 통상 예견가능한 범주의 사고로 보기는 어렵다 할 수 있다. 따라서 상당인과관계설 또한 인과관계를 인정하기는 어렵다 할 것이다.

결론적으로 甲에 대해서는 특가법 제5조의 11 전단의 위험운전치상죄의 성립은 별론으로 하고 치사죄의 책임을 물을 수는 없다.

2. 乙의 죄책

(1) 문제의 제기

乙이 A를 기망하여 금원을 편취한 행위에 대한 사기죄 성립여부와 함께 친구인 甲을 죽이기 위해 甲의 집에 불을 지른 소위에 대해서는 현주건조물방화치사죄의 성립이 문제된다. 다만 불길에 당황하여 甲의 목숨을 구한 소위에 대해 자의성을 인정하여 현주건조물방화치사죄의 중지범이 성립할 수 있는가 하는 점이 주요 쟁점이다.

(2) A에 대한 사기죄 성립여부

설문에 乙은 A를 기망하여 1000만원의 금원을 甲 명의의 계좌로 송금받은 사실이 있다. 乙의 기망행위와 A의 착오에 따른 처분행위에 따라 乙이 재산상의 이익을 취득한 것으로 보이므로 형법 제347조 제1항의 사기죄 성립을 인정할 수 있을 것이다.

(3) 현주건조물방화치사죄에 대한 중지미수의 자의성 인정 여부

우리 형법 제164조 제2항은 현주건조물방화죄를 범하여 사람을 사망에 이르게 한 자를 처벌하는 규정을 두고 있다. 이와 같은 현주건조물방화치사죄는 결과적 가중범으로써 중한 결과에 과실이 있는 경우뿐만 아니라 설문처럼 고의로 사람을 살해하기 위한 경우에도 성립하는 부진정결과적 가중범이다. 이는 현주건조물방화치사죄와 살인죄의 법정형 차이에서 오는 불균형을 감안한 해석론으로, 우리 판례도 고의로 사람을 살해하기 위해 사람이 주거로 사용하는 집에 불을 지른 경우에 현주건조물방화치사죄의 성립을 인정하고 있다. 문제는 乙이 치솟는 불길에 놀라 甲을 전화로 불러낸 것이 결과실현에 장애가 되는 요소인지, 아니면 乙이 자의로 결과실현을 방지한 것인지가 문제된다. 자의성이 인정되면 우리 형법 제26조에 따라 형을 필요적으로 감면하는 반면에, 자의성이 부정되면 장애미수가 인정되어 임의적 감경만이 가능하다.

자의성 판단과 관련하여 당황하거나 놀랐다는 내심의 의사에 자의성을 인정할 수 있을 것인가에 대해 학설과 판례가 대립한다. 먼저 행위자의 내부적 동기로 인해 범죄가 완성되지 않은 경우에 중지미수 성립을 인정하는 내부적 동기설과 자의성을 자율적 동기로 이해하는 자율적 동기설의 관점에서는 설문의 경우 자의성을 인정할 수 있을 것이다. 반면에 내심의 의사라도 윤리적 동기의 경우에 한정하여 자의성을 긍정하는 윤리적 동기설의 관점에서는 불길에 놀라는 정도는 자의성이 부정된다고 할 것이다. 한편 프랑크의 공식을 취하고 있는 일부 학설의 경우 단순한 놀람이라면 할 수 있음에도 원하지 않아서 중지한 경우에 해당하므로 자의성을 긍정하지만, 극도의 놀람이라면 하려고 해도 할 수가 없어서 중지한 경우이므로 자의성을 부정한다. 판례는 사회통념설의 관점에서 치솟는 불길에 놀라 불을 끈 경우, 일반 사회통념상 범죄를 완수함에 있어 장애가 되는 사정에 해당한다고 보아 중지미수의 자의성 성립을 부정하고 있다. 판례의 입장에 의하면 설문의 경우 乙에게는 현주건조물방화치사죄의 장애미수가 성립한다고 할 수 있다.

형사법

3. 소 결

乙에 대해서는 A에 대한 사기죄와 甲에 대한 현주건조물방화치사죄의 장애미수범이 성립하고 양자는 실체적 경합의 관계에 있다. 한편 甲에 대해서는 乙의 사기를 방조했다는 점에서 사기죄의 방조범과 횡령죄 및 특가법상의 위험운전치상죄의 죄책을 부담하고 각 죄는 실체적 경합의 관계에 있다.

Ⅱ. 경찰관 P의 강제처분에 대한 적법성 여부

1. 문제의 제기

경찰관 P는 도피중인 乙이 은신하고 있는 호텔방에 들어가 甲 등 타인 명의의 통장과 乙이 투약한 것으로 의심되는 필로폰을 압수한 후, 잠복하고 있다가 호텔로 돌아오는 乙을 긴급체포하였다. 乙에 대한 긴급체포가 요건을 구비했는가와 체포현장에서의 영장 없는 압수수색이 적법성 요건을 구비했는가가 문제된다.

2. 乙에 대한 긴급체포의 적법성 여부

긴급체포는 중대한 죄를 범하였다고 의심할만한 상당한 이유가 있는 피의자를 수사기관이 법관의 체포영장을 발부받지 않고 체포하는 것을 말한다. 긴급체포는 영장 없이 피의자를 체포하는 것으로 그 요건이 엄격하다. 피의자가 사형·무기 또는 장기 3년 이상의 징역이나 금고에 해당하는 죄를 범한 경우(범죄의 중대성)에 피의자가 죄적을 인멸할 염려가 있거나 도주우려가 있음에도(체포 필요성) 체포영장을 발부받을 수 없는 긴급한 상황(긴급성)에서만 인정된다. 설문을 보면 乙은 사기 및 현주건조물방화치사죄의 혐의를 받고 있으므로 긴급체포가 가능한 중대범죄에 해당한다. 또한 거주지가 아닌 호텔에 은신하고 있어 도주의 우려나 죄적인멸의 우려가 있다는 점을 감안하면 영장을 발부받을 시간적 여유가 없었다면, 乙에 대한 긴급체포는 적법하다고 할 것이다.

3. 압수수색의 적법성 여부

설문을 보면 경찰관 P는 압수수색영장 없이 乙이 은신하고 있는 호텔을 수색하여 타인 명의의 예금통장과 乙이 투약한 것으로 의심되는 필로폰을 압수하였다. 우리 형소법 제216조 제1항 제2호는 체포현장에서 필요한 경우에 영장 없이 압수수색할 수 있다고 규정하고 있다. 이 규정은 체포자의 안전과 증거의 산일(散逸)을 방지하기 위한 것으로 특히 체포와의 시간적 접착성이 적법성 판단의 핵심이 된다. 학설에 따르면 압수수색이 체포행위에 시간적으로 접착되어 있으면 족하며 체포전후를 불문한다는 체포접착설과 압수수색 당시에 피의자가 현장에 있을 것을 요한다는 현장설, 피의자가 수색장소에 현재하고 체포에 착수해야 한다는 체포착수설, 피의자가 현실적으로 체포되었을 것을 요한다는 체포설이 대립한다.

설문을 보면 긴급체포 전에 압수수색이 이루어졌으므로 체포접착설을 제외한 다른 학설의 경우에는 불법한 압수수색이 된다고 할 것이다. 체포현장에서의 압수수색의 취지를 감안하면 피의자의 부재중에 하는 압수 수색은 체포에 수반되는 긴급행위라 할 수 없다. 더구나 필로폰과 같이 범죄사실과 무관한 별건의 증거물에 대해서는 피의자에게 임의제출을 구하거나 별도로 영장을 발부받아 압수해야 하므로 적법하지 않다고 할 것이다.

4. 소 결

설문을 보면, 乙에 대해서는 긴급체포의 요건을 구비하였으므로 피의사실의 요지, 체포이유 및 변호인선임권이 있음을 말하고 변명의 기회를 준 후 긴급체포할 수 있다. 그러나 체포 이전에 은신처에서 이루어진 압수수색은 체포현장에서 긴급히 이루어진 압수수색이라고 볼 수 없으므로 부적법하다고 할 것이며, 범죄사실과 무관한 별건의 증거를 영장 없이 압수한 것도 적법하다고 할 수 없다.

Ⅲ. 출석에 불응하는 참고인의 진술을 확보하기 위한 조치

1. 문제의 제기

검사 S가 甲의 교통사고 현장을 목격한 일본인 J의 참고인 조사를 위해 출석을 요구하였으나, J가 불응하면서 출국하려고 하고 있다. 참고인은 출석이나 진술을 강제할 수 없기 때문에 실체진실의 발견을 위해 수사기관의 입장에서 J의 진술을 확보할 수 있는 법적절차가 문제된다.

2. 증거보전청구 및 증인신문청구

우리 형소법 제184조는 수소법원이 공판정에서 정상적으로 증거를 조사할 때까지 기다릴 경우 그 증거의 사용이 불가능하거나 현저히 곤란하게 될 염려가 있는 경우 검사, 피고인, 피의자 또는 변호인의 청구에 의하여 판사가 미리 증거를 조사하여 그 결과를 보전하는 제도를 두고 있다. 이러한 증거보전청구는 공정한 재판을 실현하기 위하여 둔 것으로, 설문의 경우 일본인 J의 출국으로 J의 진술을 확보하지 못할 가능성이 있으므로 증거보전의 필요성이 인정된다. 따라서 검사S는 제1회 공판기일전에 한하여 법원에 증거보전청구를 하여 진술을 확보할 수 있다.

한편 우리 형소법 제221조의 2는 참고인이 수사기관의 출석요구에 응하지 않거나 진술을 거부하는 경우에 검사가 제1회 공판기일전까지 참고인에 대하여 증인신문을 청구하여 그 진술증거를 수집·보전하는 제도를 마련하고 있다. 이는 오직 검사만이 청구할 수 있는

것으로 실체진실발견에 그 취지가 있다. 설문의 경우 甲의 피의사실이 외부적·객관적으로 존재하고, J의 현장목격은 범죄수사에 없어서는 안 될 사실이라고 할 수 있으므로 검사S는 제1회 공판기일전까지 J의 증인신문을 법원에 청구할 수 있다.

Ⅳ. 증거의 증거능력 인정 여부

1. 문제의 제기

우리 형소법 제312조 제1항은 검사작성의 피의자신문조서의 경우에 적법절차와 방식에 따라 작성된 것으로서 조서의 기재내용과 진술내용이 일치한다는 피고인의 확인진술이 있고, 진술이 특히 신뢰할 수 있는 상태에서 행해졌다는 정황이 있다면 증거능력을 인정한다. 그러나 설문에서 乙이 공판정에서 자신에 대한 피의자신문조서의 진정성립을 부정하고 있으므로 원칙적으로 전문증거인 피신조서의 증거능력은 부정된다. 이 경우 乙의 진술을 녹화한 영상녹화물, 신문당시 입회한 검찰수사관 T의 증언, 공범자 甲의 법정진술을 乙에 대한 유죄의 증거로 할 수 있는가가 문제된다.

2. 乙의 진술을 녹화한 영상녹화물의 증거능력

수사기관이 피의자 신문과정에서 그 진술을 영상녹화한 경우, 해당 영상녹화물은 법정에서 유죄의 증거로 사용할 수 없다. 우리 형소법 제318조의 2 제2항은 영상녹화물을 피고인이나 참고인의 기억환기용으로만 사용하도록 그 용도를 엄격히 제한하고 있기 때문이다. 만일 이러한 영상녹화물을 본증이나 독립된 증거로 사용할 수 있다면 공판중심주의가 퇴색될 가능성이 있기 때문이다. 다만 형소법 제312조 제2항에 따르면 피고인이 법정에서 피신조서의 진정성립을 부정하는 경우에 해당 영상녹화물을 진정성립의 객관적인 증명수단으로는 사용할 수 있다.

3. 검찰수사관 T의 증언의 증거능력

우리 판례는 사법경찰관 작성의 피신조서에 대해 피고인이 내용을 부인하는 경우에 피고인을 조사한 경찰관이 공판정에서 증인으로 나와 증언하더라도 해당 피신조서의 증거능력은 인정되지 않는다고 한다. 이는 검사작성의 피신조서의 경우에도 마찬가지여서 조사자인 사법경찰관 T의 증언이 검사작성 피신조서의 성립의 진정을 인정하는 객관적인 방법으로 기능할 수는 없다.

한편 우리 형소법 제316조 제1항은 조사자증언제도를 두고 있는데, 이에 따르면 공소제기전에 피고인을 피의자로 조사하였거나 조사에 참여하였던 자가 수사과정의 진술에 관하여 증언할 경우 특신상태가 증명된 경우에 해당 진술에 대한 증거능력을 인정하고 있다. 검찰수사관 T의 증언은 乙이 검사 S로부터 피의자로 조사받을 당시에 참여한 자로서의 증언으로 특단의 사정이 없는 한 검사실에서의 조사는 특신상태가 인정된다할 것이므로 형소법 제316조 제1항에 의하여 증거능력이 있다할 것이다.

4. 공범자 甲의 법정진술의 증거능력

판례는 공범인 공동피고인은 당해 소송절차에서 피고인의 지위에 있으므로 다른 공동피고인에 대한 공소사실에 관하여는 증인적격을 인정하지 않지만, 심리를 분리하는 등 소송절차가 분리되어 피고인의 지위에서 벗어나면 증인적격을 인정할 수 있다. 한편 판례는 선서 없이 행하여진 공동피고인의 법정진술에 대해서는 상대방 피고인의 반대신문권이 보장되어 있으므로 이를 유죄의 증거로 사용할 수 있다고 한다.

설문의 경우 甲과 乙이 공동피고인으로서 절차가 계속 중인 것으로 보이므로 甲은 乙 사건에 대해서는 증인적격이 부정된다. 그러나 甲이 증인선서 없이 임의로 법정에서 진술한 경우라면 乙의 반대신문권이 보장되어 있으므로 이를 乙에 대한 유죄의 증거로 사용할 수 있다.

5. 소 결

乙의 진술을 녹화한 영상녹화물은 검사작성 피신조서의 진정성립을 증명하는 수단이나 乙의 기억을 환기하는 용도로는 사용할 수 있으나 乙에 대한 유죄의 증거로는 사용할 수 없지만, 검찰수사관 T의 증언은조사관증언제도에 의하여 乙에 대한 유죄의 증거로 사용할 수 있고, 또한 甲이 법정에서 선서 없이 한 증언도 乙에 대한 유죄의 증거로 할 수 있다.

2013년 제2회 변호사시험

형사법 제1문

(1) 甲은 같은 동네에 혼자 사는 A가 평소 집안 장롱에 많은 금품을 보관한다는 사실을 알고 학교 후배인 乙, 丙에게 A의 집에 들어가 이를 훔쳐서 나누어 갖기로 제안하고 乙, 丙은 이에 동의했다. 甲은 A의 평소 출퇴근 시간을 관찰한 결과 A가 오전 9시에 출근하여 오후 7시에 귀가하는 것을 알게 되었다. 범행 당일 정오 무렵 甲은 乙, 丙에게 전화로 관찰 결과를 알려준 뒤 자신은 동네 사람들에게 얼굴이 알려져 있으니 현장에는 가지 않겠다고 양해를 구하였다. 乙과 丙은 甲의 전화를 받은 직후 A의 집 앞에서 만나 함께 담장을 넘어 A의 집에 들어가 장롱에 보관된 자기앞수표 백만 원권 3장을 가지고 나와 甲의 사무실에서 한 장씩 나누어 가졌다. 甲은 위 수표를 애인 丁에게 맡겼는데 丁은 이를 보관하던 중 甲의 승낙을 받지 않고 생활비로 소비하였다.

(2) A는 자기 집에 들어와 자기앞수표를 훔쳐 간 사람이 같은 동네에 사는 甲과 그의 학교 후배 乙, 丙이라는 사실을 확인하고 甲, 乙, 丙을 관할 경찰서에 고소하였다. 사법경찰관 P는 丙이 사촌동생이므로 甲, 乙, 丙에 대하여 불구속 수사를 건의하였으나 검사는 모두 구속 수사하도록 지휘하였다. P는 검사의 수사지휘를 받은 직후 사촌동생인 丙에게 전화를 하여 빨리 도망가도록 종용하였다. 甲, 乙만이 체포된 것을 수상하게 여긴 검사는 P의 범죄사실을 인지하고 수사한 결과 P를 직무유기죄로 불구속 기소하였다. 법원은 P에 대한 공소사실을 심리하던 중 P의 공소사실은 범인도피죄에 해당된다고 판단하였으나, 검사에게 공소장 변경을 요구하지 않고 P에게 징역 6월을 선고하였다. P와 검사는 이에 불복하여 각각 항소하였다.

(3) 한편, P에 대한 직무유기 피고사건에 대한 공판이 진행되던 중 P는 유죄판결이 확정되면 파면될 것이 두려워 사촌동생 丙에게 자신이 도망가라고 전화한 사실이 없다고 증언하도록 시켰다. 재판장은 丙이 P의 친척이라는 사실을 간과하고 증언거부권을 고지하지 않은 상태에서 증언을 하도록 하였다. 丙은 증

인선서 후 "경찰에서 수사를 받던 중 P와 단 한 번도 전화통화를 한 사실이 없다."라고 거짓으로 증언하였다.

1. 사례 (1)에서 甲, 乙, 丙, 丁의 죄책은? (35점)
2. 사례 (3)에서 P와 丙의 죄책은? (25점)
3. 사례 (1)에서 甲, 乙, 丙이 공범으로 병합기소되어 재판을 받던 중 검사는 甲을 乙, 丙에 대한 증인으로 신문하려고 한다. 법원은 甲을 증인으로 신문할 수 있는가? 甲이 乙, 丙의 사건에 대한 증인으로 소환된 경우, 甲은 증언을 거부할 수 있는가? (15점)
4. 사례 (2)에서 법원이 검사에게 P에 대한 공소장 변경을 요구하지 않고 유죄판결한 것은 적법한가? (10점)
5. 사례 (2)에서 검사는 P를 범인도피죄로 다시 기소할 수 있는가? (15점)

▌C/O/N/T/E/N/T/S

제1문 김 태 계 〔경상대학교 법대 교수 · 변호사〕

Ⅰ. 설문 1 : 甲, 乙, 丙, 丁의 죄책

1. 문제의 제기

먼저 甲, 乙, 丙이 공모하여 A의 집에 들어가 금품을 절취한 부분을 살펴보면, 형법 제319조 제1항의 주거침입죄와 형법 제331조 제2항의 특수절도 중 합동절도가 성립할 수

있다. 특히 乙과 丙은 현장에서 절도와 주거침입을 함께 했지만, 甲의 경우에는 현장에 없었을 뿐만 아니라 주거침입에 대해서는 실행행위의 분담도 없었다는 점에서 주거침입 및 특수절도의 공동정범이 성립할 수 있는지가 문제된다.

다음으로 丁의 경우에는 甲으로부터 보관을 위탁받은 장물(백만원권 수표 1장)을 임의로 소비하였다는 점에서 형법 제362조 제1항의 장물보관죄 및 형법 제355조 제1항의 횡령죄의 성립이 문제된다.

2. 甲, 乙, 丙의 죄책

(1) 주거침입죄의 성립여부

甲, 乙, 丙은 A의 집에 들어가 금품을 훔치기로 공모하고, 실제로 甲을 제외한 乙과 丙이 A의 집에 침입하였다. 사례에서는 乙과 丙이 A의 집에 침입하여 금품을 절취한 시점이 정오무렵이므로 야간이라는 시간적 상황이 필요한 형법 제330조의 야간주거침입절도죄는 문제되지 않는다. 결국 실행행위를 나누어 주거침입행위와 절취행위를 구분하여 살펴볼 수 밖에 없는데, 乙과 丙에 대해서는 주거침입죄가 성립하는데 이론이 있을 수 없다.

한편 甲은 전체범행계획을 수립하고 A의 동태를 관찰하는 등 범죄의 핵심역할을 수행하였지만 주거침입의 실행행위를 분담하지 않았다. 그럼에도 불구하고 甲에 대해 주거침입죄의 공동정범을 인정할 수 있을 것인가가 문제된다. 이는 실행행위를 분담하지 않은 공모자에게 공동정범의 성립을 인정할 수 있는가의 문제, 즉 공모공동정범의 성립여부에 관한 문제이다.

우리 학계의 일반적인 입장은 공모공동정범의 성립을 부정한다(공모공동정범부정설). 부정설에 따르면 실행행위를 분담하지 아니한 공모자를 실행행위에 나아간 공모자와 동일하게 처벌하는 것은 행위책임의 원칙에 반하고, 공동정범의 성립에 실행행위의 분담을 요건으로 하는 형법 제30조에도 반한다고 한다. 또한 공모공동정범은 협의의 공범과의 구별이 모호할 뿐만 아니라, 우리 형법이 배후의 공범자를 무겁게 처벌하는 형법 제34조 제2항을 두고 있으므로 공모공동정범을 인정할 필요가 없다고 한다.

반면에 판례는 공모에 의하여 수인 간에 공동의사주체가 형성되어 범죄의 실행행위가 있으면 실행행위를 분담하지 않았다고 하더라도 정범의 죄책을 면할 수 없다고 한다.

결국 통설에 의하면 甲에 대해서는 주거침입죄가 성립할 수 없지만, 판례에 의하면 甲은 乙, 丙과 함께 주거침입죄의 공동정범으로 처벌된다.

(2) 합동절도의 성립여부

甲, 乙, 丙은 2인 이상이 합동하여 타인의 재물을 절취한 경우에 해당하므로, 형법 제331조 제2항의 특수절도 중 합동절도에 해당한다. 합동절도는 공동정범의 형태로 범한 경우보다 형벌이 가중되는데, 합동범의 본질에 대해서는 가중적 공동정범설, 공모공동정범설 및 현장설의 학설대립이 있다.

가중적 공동정범설은 합동범의 본질을 총칙상의 공동정범과 동일하게 보지만 형사정책적 견지에서 가중처벌되는 것으로 보는 입장이고, 공모공동정범설은 공모공동정범이론이 실제 적용되는 경우를 합동범의 경우로 보는 입장이다. 두 학설 모두 합동범의 성립에 공동정범의 성립에 요구되는 요건이상의 객관적 요건을 요구하지는 않으므로 甲, 乙, 丙 모두 합동절도의 공동정범의 성립을 인정할 수 있다.

하지만 우리 통설과 판례는 합동의 의미를 공동의 의미보다 좁게 이해하여 현장에서의 시간적 · 장소적 협동이 필요한 것으로 이해한다(현장설). 현장설의 입장을 충실히 관철하면 乙과 丙은 합동절도의 공동정범이 성립한다고 볼 수 있지만, 甲은 현장에서의 실행행위의 분담을 인정할 수 없으므로 단순절도죄의 공동정범의 성립을 인정하여야 한다. 하지만 우리 판례는 3인 이상의 범인이 합동절도를 공모한 후 2인 이상의 범인이 현장에서 합동한 경우에는 현장에서 절도의 실행행위를 분담하지 않은 자에 대해서도 합동절도의 공동정범의 성립을 인정하고 있으므로, 甲에 대해서도 합동절도의 공동정범이 인정된다고 할 것이다.

3. 丁의 죄책

丁이 甲으로부터 보관을 위탁받은 수표에 대해 장물인 정을 알고 있었다면, 丁에 대해 장물보관죄의 성립을 인정할 수 있다. 문제는 보관중인 장물을 丁이 임의로 소비한 경우에 횡령죄의 성립을 인정할 수 있을 것인가 하는 점이다. 이는 소위 불법원인급여물에 대한 횡령죄 성립 여부에 관한 문제이다.

먼저 보관을 위탁받은 물건이 불법원인급여물인 경우에 수탁자는 보관물을 반환할 법률상의 의무가 없으며 소유권도 수탁자에게 귀속된다는 점에서 횡령죄의 성립을 부정하는 입장이 있다(횡령죄 성립 부정설). 반면에 형법독자적 견지에서 불법원인급여물을 임의 처분하는 수탁자에게도 본인과의 신임관계의 위배가 존재한다는 점에서 횡령죄의 성립을 인정하는 입장도 있다(횡령죄 성립 긍정설). 우리 판례는 원칙적으로 불법원인급여물에 대한 횡령죄의 성립을 부정한다.

따라서 횡령죄 성립 부정설에 의하면 장물인 정을 알고 있었다는 전제하에 丁에 대해서는 장물보관죄만이 성립하지만, 횡령죄 성립 긍정설에 의하면 장물보관죄 외에 횡령죄가 성립하고 양자는 실체적 경합범이 된다.

4. 소 결

결론적으로 판례에 의하면 甲, 乙, 丙은 주거침입죄의 공동정범이면서 합동절도의 공동정범이 성립하고 양자는 실체적 경합범이 된다. 다만 공모공동정범의 성립을 부정하는 입장과 합동범에 있어 현장설을 철저하게 관철하고자 하는 입장에 의하면 甲에 대해서는 주거침입죄가 성립할 수 없고, 합동절도의 공동정범이 아닌 단순절도의 공동정범이 성립할 수 있을 뿐이다.

한편 판례에 의하면 丁은 장물인 정을 알고 있었다는 전제하에 장물보관죄가 성립하고, 이를 임의소비 한 경우에는 횡령죄도 성립한다. 양자는 실체적 경합범의 관계에 있다. 다만 불법원인급여물에 대한 횡령죄성립을 부정하는 입장에 의하면 정에 대해서는 장물보관죄만이 성립할 수 있다.

Ⅱ. 설문 2 : P와 丙의 죄책

1. 문제제기

사례 (3)은 사법경찰관 P가 자신의 형사 사건에 대해 사촌동생 丙으로 하여금 법정에서 허위의 진술을 하도록 교사한 사례이다. 해당 사례의 경우 사법경찰관 P에게는 위증교사죄가 성립할 수 있는가가 문제되고, 사촌동생 丙의 경우에는 형사소송법 제148조에 따라 증언거부권이 있음에도 이를 고지받지 못하고 증언을 한 것이 위증죄의 성립에 영향을 미치는가가 문제된다. 공범은 정범에 종속하여 성립하기 때문에 먼저 정범인 丙의 위증죄 성립 여부를 살펴본다.

2. 丙의 죄책

丙은 피고인 P와 친족관계에 있으므로 형소법 제148조에 따라 증언거부권이 있고, 형소법 제160조에 따라 재판장은 丙을 신문하기 전에 증언거부권이 있음을 고지하여야 한다. 증언거부권은 증인의 권리일 뿐 의무는 아니므로 丙은 자신의 권리를 포기하고 증언할 수 있으며, 이 경우 허위의 진술을 한 경우에는 위증죄가 성립한다는데 학설과 판례가 일치한다.

하지만 사례의 경우에는 丙이 자신의 권리를 고지받지 못한 상태에서 증언을 한 경우이므로 이 경우에 위증죄가 성립하는가가 문제된다. 종래 대법원 판례는 선서한 증인의 경우에는 증언거부권의 고지여부와 무관하게 위증죄가 성립한다는 입장이었다. 하지만 최근 대법원은 전원합의체 판결을 통해 이러한 입장을 변경하였다. 전원합의체 판결은 증인보호에 사실상 장애가 초래되었다고 볼 수 있는 경우에는 위증죄가 성립할 수 없다고 하면서 그 사유의 하나로 증언거부권의 불고지를 제시하고 있다. 따라서 변경된 판례에 의하면 丙에게는 위증죄가 성립하지 않는다.

3. P의 죄책

丙에 대해 위증죄의 성립을 인정하는 종전 판례의 입장에 의하면 P의 경우에 위증교사죄가 성립할 수 있는가를 살펴볼 필요가 있다.

일반적으로 형사피고인에 대해서는 자신의 범죄사실과 관련하여 법정에서 진실을 말할 것을 기대할 수 없다. 이러한 기대불가능성의 관점에서 피고인이 타인을 교사하여 위증하게 하는 것과 피고인 자신이 허위의 진술을 하는 것은 차이가 없고, 자기 비호의 연장선상에서 위증교사죄의 성립을 부정하여야 한다는 입장이 있다. 반면에 우리 판례는 형사피고인이 위증을 교사하는 것은 피고인의 방어권 남용에 해당하는 것으로 보아 위증교사죄의 성립을 인정한다.

하지만 최근 전원합의체 판례에 따르면 사례의 경우 丙에 대해 위증죄의 성립을 인정할 수 없으므로 공범종속성설의 관점에서 P에게도 위증교사죄의 성립을 인정할 수 없다.

4. 소 결

증언거부권을 고지 받지 못한 채 증언을 한 자가 허위의 진술을 한 경우에 종전판례는 위증죄의 성립을 인정하였다. 따라서 종전 판례에 의하면 丙에게 위증죄가 성립하고 P에 대해서는 위증교사죄의 성립여부를 살펴볼 필요가 있다. 학설은 기대불가능성의 관점에서 자기 사건에 대한 위증교사죄의 성립을 인정할 수 없다는 입장과 방어권 남용으로 위증교사죄의 성립을 인정할 수 있다는 입장으로 나뉘는데, 판례는 후자의 입장에 있다.

그러나 최근 대법원 전원합의체 판례는 증언거부권을 고지받지 못한 채 증언을 한 자에 대해서는 증인보호에 사실상의 장애가 초래된 경우로써 위증죄의 성립을 부정한다. 따라서 丙은 위증죄가 성립하지 않고, P 또한 위증교사죄의 성립이 부정된다고 할 것이다.

Ⅲ. 설문 3 : 甲의 증인적격 여부 및 증언거부권 인정 여부

1. 문제제기

설문은 먼저 공범인 乙, 丙과 병합기소되어 재판을 받고 있는 甲을 乙, 丙의 사건에 대해 증인으로 신문할 수 있는가를 묻고 있다. 또한 甲이 증인으로 소환된 경우 증언을 거부할 수 있는가도 묻고 있다. 설문은 공범인 공동피고인이 증인적격을 가지는지의 여부 및 증인으로 소환된 경우 증언을 거부할 수 있는가에 관한 문제이다.

2. 甲의 증인적격 인정 여부

공동피고인의 진술은 다른 피고인의 사건에 관하여는 제3자의 진술이 되지만, 자기 사건의 진술에 대해서는 피고인의 진술이기도 하다는 점에서 공동피고인의 증인적격을 인정할 수 있는가가 문제된다.

학설은 공동피고인은 다른 피고인과의 관계에서 제3자이므로 병합심리 중에 있는 공동피고인도 증인으로 신문할 수 있다는 증인적격 긍정설, 공동피고인은 모두 진술거부권을 갖고 있기 때문에 변론을 분리하지 않는 한 증인적격이 인정되지 않는다는 증인적격 부정설 및 공범인 공동피고인은 증인적격이 없으나 공범 아닌 공동피고인이나 공동피고인 아닌 공범의 경우에는 증인적격이 인정된다는 절충설로 나뉘어 있다. 우리 판례는 절충적인 입장에 있는데, 이에 따르면 공범인 공동피고인의 경우에는 실질적으로 범죄사실이 동일하여 자신의 범죄사실의 진술이 되므로 증인적격을 인정할 수 없다고 한다.

학설에 따라 사례를 살펴보면 증인적격 긍정설의 관점에서는 甲을 증인으로 신문할 수 있지만, 증인적격 부정설 및 판례인 절충설의 입장에서는 증인적격이 부정된다고 할 것이다.

3. 甲의 증언거부권 인정여부

증언거부권은 증언의무가 인정되는 증인의 권리라는 점에서 증인적격이 부정되는 자에 대해서는 증언거부권을 논할 필요가 없다. 따라서 본 설문의 경우에 甲에게 증언거부권을 인정할 수 있는지 여부를 확인하기 위해서는 당연한 전제로 甲에 대해 증인적격을 인정할 수 있어야 한다. 결국 증인적격 긍정설의 관점에서 문제를 해결해야 하며, 부정설이나 절충설의 관점에서는 변론이 분리되어 甲이 증인적격을 가진다는 것을 전제해야만 문제에 접근할 수 있다.

결론적으로 甲이 증인으로서의 자격을 가진다고 하더라도 형소법 제148조에 따라 형사상 자기에게 불리한 진술을 거부할 권리도 가지기 때문에 변론의 분리 여부 및 학설의 입장 차에도 불구하고 甲은 증언(진술)을 거부할 수 있다고 할 것이다.

Ⅳ. 설문 4. 법원의 공소장변경요구의 법적 성격

1. 문제제기

형소법 제298조 제2항에 따라 법원은 심리경과에 비추어 상당하다고 인정할 경우 검사에게 공소사실 또는 적용법조의 추가·변경을 요구할 수 있다. 문제는 법원의 공소장변경요구가 법원의 의무인가 아니면 재량인가 하는 점이다. 그 법적성격에 따라 P에 대한 법원판결의 적법여부가 나뉘어진다. 특히 범인도피죄의 경우에는 형법 제151조 제2항에 따라 친족간에 특례가 적용되어 P에 대해서는 무죄판결도 가능하므로 그 적법여부가 더욱 중요한 의미를 가진다.

2. P에 대한 법원판결의 적법여부

법원의 공소장 변경요구에 대해서는 형소법 제298조 제2항의 문리해석에 입각해 의무로 파악하는 입장(의무설)과 공소사실의 변경은 검사의 권한에 속하는 것이므로 법원이 적극적으로 공소장변경을 요구할 의무는 없다는 입장(재량설), 그리고 원칙적으로 공소장변경 요구는 법원의 재량이지만 공소장변경 요구를 하지 않고 판결하는 것이 현저히 정의에 반하는 경우에 한해 법원의 의무가 된다는 입장(예외적 의무설)으로 나뉘어 있다. 판례는 재량설의 관점에서 법원이 검사에게 공소장변경을 요구하지 않고 판결했다고 해서 위법하다고 할 수 없다고 한다.

각 학설의 관점에서 사례를 보면, 의무설의 관점에서는 법원이 검사에 대해 범인도피죄로 공소장변경을 요구하지 않고 직무유기죄로 판단한 것에 대해 심리미진의 위법이 있다고 할 수 있지만, 판례와 같은 재량설에 따르면 설문의 경우 법원의 판단은 적법한 것으로 이해된다. 한편 친족이라고 하지만 사법경찰관이 범인을 도피시켰다는 점에서 P에 대해 무죄판결이 가능한 범인도피죄로 공소장을 변경하지 않은 법원의 판단이 현저히 정의에 반한다고도 볼 수 없다. 따라서 예외적 의무설의 관점에서도 법원의 판단이 위법하다고 할 수 없을 것이다.

결론적으로 설문의 경우 의무설에 한해 법원의 판단이 위법하다고 할 수 있으며, 재량설 및 예외적 의무설의 관점에서는 적법한 판결이라고 할 것이다.

Ⅴ. 설문 5 : 공소사실의 동일성 판단에 따른 재기소 가능여부

1. 문제제기

설문의 경우 P에 대해서는 이미 직무유기죄로 공판이 진행 중인 상황에서 다른 공소사실이 추가된 정황이 없음에도 범인도피죄로 재기소가 가능한지를 묻고 있다. 일반적으로 공소사실이 동일한 경우에는 공소장변경은 가능하지만, 추가기소나 재기소는 인정되지 않는다. 반면에 공소사실이 동일하지 않다면 재기소가 가능하다고 할 것이다. 설문의 경우 공소사실의 동일성여부를 판단함으로써 문제를 해결할 수 있을 것이다.

2. P에 대한 범인도피죄 재기소 여부

공소사실의 동일성여부의 판단기준에 대해서는 학설이 대립된다. 먼저 공소사실의 기초가 되는 사회적 사실관계가 기본적인 점에 있어 동일한가에 따라 동일성여부를 판단하는 기본적 사실동일설, 원칙적으로 기본적사실동일설에 입각하되 규범적 요소도 아울러 판단하는 수정된 기본적 사실동일설, 죄질의 동일여부를 기준으로 판단하는 죄질동일설, 비교되는 두 사실이 구성요건적으로 상당히 부합되는 경우에 동일성을 인정하는 구성요건공통설, 범죄행위의 동일성여부에 따라 동일성을 판단하는 범죄행위동일설 등의 학설대립이 있다. 우리 판례는 원칙적으로 기본적 사실동일설에 입각하면서도 최근 동일성 판단에 규범적 요소를 고려함으로써 수정설의 입장에 있다고 할 것이다.

각 학설에 따라 P의 재기소 여부를 살펴보면, 먼저 기본적 사실동일설은 중요한 사실관계가 동일하면 공소사실의 동일성을 인정하기 때문에 사례의 경우 공소사실의 동일성을 인정할 수 있고, 결국 범인도피죄의 재기소는 인정되지 않는다고 할 것이다. 그리고 범죄행위동일설은 기본적 사실동일설에 포섭되므로 결론은 동일하다. 그러나 죄질동일설에 따르면 직무유기죄와 범인도피죄는 그 죄명을 달리하므로 공소사실의 동일성을 인정할 수 없고, 구성요건공통설은 양죄의 구성요건이 공통되는 부분이 없어 공소사실의 동일성을 인정할 수 없으므로 두 학설의 경우 재기소가 가능하다고 할 것이다. 한편 수정된 기본적 사실동일설의 관점에서는 보호법익이라는 규범적 요소를 고려해야 하는데, 직무유기죄와 범인도피죄 모두 보호법익이 국가의 기능이라는 점에서 동일하다고 할 것이므로 공소사실의 동일성이 인정되고 재기소는 불가능하다고 할 것이다.

2013년 제2회 변호사시험

형사법 제2문

제 2 문

甲은 친구인 乙로부터 "丙이 송년회라도 하자며 술을 사겠다고 하니 같이 가자."라는 전화를 받고, 자신의 승용차에 乙을 태우고 약 5킬로미터 가량 떨어진 노원역 교차로 부근으로 가서 丙을 만났다. 그러자 丙은,"사실 돈이 없다. 취객을 상대로 돈을 훔쳐 술 먹자."라고 제의하였다. 甲은 농담을 하는 줄 알았으나, 乙과 丙이 그동안 몇 차례 취객을 상대로 절취행각을 한 사실을 알게 되었다. 甲은"나는 그렇게까지 해서 술 마실 생각이 없다."라고 거절하자, 乙과 丙은"그럼 너는 승용차에 그냥 있어라."하고 떠났다.

乙과 丙은 마침 길바닥에 가방을 떨어뜨린 채 2~3미터 전방에서 구토하고 있는 취객을 발견하고, 乙은 그 취객을 발로 차 하수구로 넘어지게 하고 丙은 길에 떨어져 있던 가방에서 돈을 꺼냈다. 이를 지켜보던 사법경찰관 P1과 P2가 다가와 乙과 丙을 현행범으로 체포하려 하자 이 두 사람이 甲이 있는 승용차로 도망가다가 붙잡혔다. 경찰관들은 승용차 운전석에 있던 甲도 체포하여 신원을 조회한 결과 甲이 자동차 운전면허 정지기간 중인 자임을 알게 되었다.

당시 P1과 P2는 강절도범특별검거지시가 있어 순찰하다가 그 취객을 발견하고도 구호조치를 하지 않은 채 잠복근무 중, 乙과 丙이 범행하는 것을 기다렸다가 때마침 체포한 것이었다. 甲과 乙은 경찰에서 "우리들은 골프장을 건설하기 위해 수십억 원이 넘는 임야를 소유하고 있는데 왜 그런 짓을 하겠느냐."라고 하면서 등기부와 매매가격 10억 원의 매매계약서를 제시하였고, 丙은 "떨어진 지갑을 주웠을 뿐이다."라고 변명하였다.

이에 P1은 임야의 매수 과정을 확인하기 위해 매도인 丁을 불러 조사한 결과, 丁의 이름으로 명의 신탁된 A의 임야를 甲과 乙에게 매도한 사실을 확인하고, 丁으로부터 매도 경위에 관한 자술서를 제출받았다. 계속해서 丁은, 甲과 乙이 자신을 설득하면서'고위공직자 A가 부정 축재한 사실을 들어서 잘 알고 있다. 고소하지 못하도록 알아서 처리하겠다'고 말한 취지의 3자 간 대화를 녹음한 녹음테이프를

형
사
법

제출하였다.
뒤늦게 매도 사실을 안 A가 丁을 고소하려 하자, 甲은 A에게 휴대전화로 "고소를 포기해라. 부정 축재한 사실을 폭로할 수도 있다."라는 문자메시지를 수회 반복하여 발송하였다. A는 이에 대해 별로 개의치 않았으나, 丁이 다칠 것을 염려하여 고소를 하지 않았다. 甲과 乙은 공판정에 제출된 녹음테이프에 관하여 "우리들은 녹음에 동의한 적도 없고, 성립의 진정도 부정한다."라고 진술하자, 丁은"내가 직접 녹음한 그 테이프가 맞다. 그러나 위 임야는 원래 내 땅이었다."라고 범행을 부인하면서 A를 증인신청하였다.
한편, 증인 A는 경찰에서 한 1차 진술과는 달리 "그 땅은 내 땅이 아니고, 丁의 땅이다."라고 허위의 진술을 하였다. 그러자 검사는 A를 불러 재번복하는 취지의 2차 진술조서를 작성하였다.

1. 甲, 丙, 丁의 형사책임을 논하라.(부동산 관련 특별법 위반의 점은 제외함) (55점)
2. 甲에 대한 범행을 입증하기 위해 검찰이 제출한 녹음테이프, 丁이 작성한 자술서, A에 대한 검사 작성의 2차 진술조서의 증거능력을 논하라. (20점)
3. 1심에서 丁에 대한 단순횡령죄로 기소하여 단독 재판부에서 유죄판결을 받은 후 항소심인 지방법원 합의부에서 재판 도중 검사는 특정경제범죄가중처벌법 위반(횡령)으로 공소장 변경신청을 하였다. 그 이후의 법원의 조치 내용은 무엇인가? (10점)
4. 피고인 甲, 乙, 丙의 변호인은 "이 건 체포는 함정수사이다."라고 주장하면서 경찰관 P1을 증인으로 조사하여 달라고 신청하자 법원은 기각하였다. 변호인 주장의 당부와 법원의 기각결정에 대한 불복방법은 무엇인가? (15점)

▌C/O/N/T/E/N/T/S

제2문

김 태 계 〔경상대학교 법대 교수 · 변호사〕

Ⅰ. 설문 1 : 甲, 丙, 丁의 죄책

1. 甲의 죄책

(1) 문제제기

甲은 乙, 丙과 공모하여 취객의 돈을 훔치려 한 사실이 없으므로 이 점에 대한 부분은 문제될 것이 없다. 설문을 보면 甲은 자동차 운전면허정지기간 중에 운전을 한 사실과 부동산명의수탁자의 횡령행위에 가공하여 수탁부동산을 취득한 사실 및 명의신탁자인 A를 협박한 사실이 있다. 먼저 운전면허정지기간 중 운전을 한 경우에는 도로교통법 제43조 위반의 무면허운전죄의 성립을 긍정하는데는 문제가 없다. 다만 甲은 부동산명의수탁자 정이 신탁자 A의 동의를 받지 않고 부동산을 처분한 행위에 가공했다는 점에서 비신분자인 甲에게 신분범의 공범성립을 인정할 수 있을 것인가가 문제된다. 이는 형법 제33조의 해석에 관한 문제로, 이 문제는 정에 대해 배임죄나 횡령죄와 같은 신분범이 성립한다는 것을 전제로 한다. 또한 甲이 A를 협박한 부분의 경우에는 실제 A가 공포심을 가지지 않았다는 점에서 협박죄의 기수범이 성립한다고 할 것인지 아니면 미수범이 성립한다고 볼 것인지가 문제된다.

(2) 형법 제33조의 해석에 의한 甲의 신분범 성립 여부

설문을 보면 甲은 乙과 함께 부동산명의수탁자인 丁을 설득하여 임야를 매수한 사실이 있다.

우리 형법 제33조는 본문에서 신분관계로 인하여 성립될 범죄에 가공한 행위는 신분관계 없는 자에게도 신분범의 공동정범, 교사범, 방조범의 성립을 인정하도록 규정하고 있다. 본문의 해석과 관련해서 학설은 진정신분범의 성립과 과형에 관한 규정으로 불법신분의 연대성을 규정한 것으로 보는 입장과 신분범 일반의 성립에 관한 규정으로 보는 입장 등의 대립이 있다. 판례는 후자의 입장에 있지만, 어느 학설에 의하더라도 甲에 대해 신분범의 공범이 성립한다는데 이견은 없다. 따라서 사례의 甲에게는 정이 횡령죄가 성립-이 부분은 丁의 죄책과 관련하여 살펴본다-한다는 것을 전제로 횡령죄의 교사범의 성립을 인정할 수 있을 것이다.

(3) A에 대한 협박죄의 성립여부

甲은 A가 丁을 고소하려는 것을 막기 위해 A를 협박한 정황이 있다. 협박이란 상대방으로 하여금 공포심을 일으키게 할 의사로 해악을 가할 것을 고지하는 행위로써 설문에 나타난 甲의 행위는 상대방의 의사결정의 자유를 제한할 정도의 협박이라고 할 수 있다. 문제는 A의 丁에 대한 고소취하가 현실로 공포심을 가졌기 때문이 아니라 丁을 불쌍히 여겼기 때문이라는 점이다. 종래 판례는 협박죄를 침해범으로 파악하면서 상대방이 현실적으로 공포심을 가지지 않은 경우에는 미수범의 성립을 인정했었다. 하지만 최근 대법원은 해악의 의미를 상대방이 인식한 이상 상대방이 현실로 공포심을 가졌는지 여부와는 상관없이 협박죄의 기수범이 성립하는 것으로 견해를 변경하였다. 이러한 판례의 입장은 협박죄를 위험범으로 파악하는 것으로 이에 따르면 甲은 협박죄의 기수범이 성립할 것이다.

2. 丙의 죄책

(1) 문제제기

丙은 乙과 함께 취객의 돈을 절취하기로 공모하였지만, 乙이 취객에 대해 폭행을 행사함으로써 결과적으로는 강도의 결과를 발생하게 하였다. 설문의 경우는 공모한 행위와 乙의 행위로 인한 결과발생이 모두 재산죄라는 점에서 죄질이 다르다고는 할 수 없지만, 행위의 결과가 공모에 비해 양적으로 초과되는 경우에 해당한다. 이 때 丙의 착오를 무시하고 丙에게 강도죄(형법 제334조 제2항의 특수강도죄 중의 합동강도)의 공동정범의 죄책을 지울 수 있는가가 문제된다.

(2) 丙에 대한 강도죄 성립 인정여부

乙의 초과행위에 대한 丙의 착오를 형법적으로 무시할 수 있다면 丙과 乙은 형법 제334조 제2항의 특수강도 중 합동강도의 죄책을 부담하게 되고, 그렇지 않다면 丙은 절취의 부분에 대한 책임만 부담한다.

원칙적으로 공동정범의 공모와 실제실행행위를 비교하여 가담자 일방의 행위가 양적으로 초과한 경우에는 공모한 내용과 중첩되는 부분에 대해서만 각 가담자의 공동정범이 인정되므로 설문의 경우 乙에게 강도죄가 성립하는 것과 별도로 丙에 대해서는 강도죄의 성립을 인정할 수 없다.

문제는 丙이 취객의 가방을 취득한 부분에 대한 형법적 평가인데, 가방에 대해 취객의 배타적 점유가 미치는가에 따라 절도 또는 점유이탈물횡령이 문제될 수 있다. 형법상의 점유는 점유의사를 가진 자에 의한 사실상의 지배를 의미하지만, 점유의사는 현실적 지배의사가 아닌 잠재적 지배의사만으로 충분하고 사실상의 지배의 의미도 반드시 재물을 소지할 것을 요구하는 것이 아니라 사회통념에 따라 규범적으로 판단할 수 있다. 따라서 사례처럼 취객이 2~3미터 전방에 떨어뜨린 가방은 취객의 배타적 점유가 인정되는 물건으로 보아야 하며, 점유를 이탈한 물건으로 볼 것은 아니다.

따라서 丙이 취객의 물건을 취거한 소위는 절취에 해당하며 공모한 내용과 중첩되는 부분에서 乙과 丙이 현장에서 시간적·장소적 협동을 통해 범행을 같이 했다는 점을 고려하면 (현장설) 丙에 대해서는 형법 제331조 제2항의 합동절도죄의 성립을 인정할 수 있을 것이다.

형사법

3. 丁의 죄책

(1) 문제제기

丁은 A로부터 임야를 명의신탁받아 관리하고 있는 명의수탁자이다. 丁이 A의 동의없이 임야를 임의처분하는 경우에 丁에 대해 신임관계위배를 이유로 하는 범죄, 즉 횡령죄 및 배임죄의 성립을 인정할 수 있는가가 문제된다. 한편 사례를 보면 丁이 명의수탁자가 된 정황은 나타나 있지 않다. A와의 명의신탁약정에 따라 수탁자가 된 것인지 아니면 중간생략등기형 명의신탁이나 계약명의신탁의 과정을 거친 것인지가 불분명한데, 각각의 경우에 횡령죄 및 배임죄의 성립에 차이가 있다.

(2) 丁에 대한 배임죄 또는 횡령죄의 성립여부

먼저 丁과 A가 양자 간에 명의신탁약정을 맺고 A가 등기를 정에게 이전한 경우(소위 2자간 명의신탁), 부동산명의수탁자 丁은 A와 명의상의 위탁관계가 존재하므로 재물을 보관하는 보관자로서의 신분을 가진다. 또한 丁은 A와의 명의신탁계약에 따라 임야 관리 사무를 담당하는 사무처리자로서의 신분도 가진다. 결국 丁이 임야를 임의로 처분한 경우 횡령죄가 성립할 것인가 아니면 배임죄가 성립할 것인가는 행위객체인 임야의 소유권이 누구에게 귀속하는가에 따라 결정된다고 할 것이다. 이를 살펴보면 횡령죄의 성립에는 타인의 재물을 보관하는 보관자의 신분을 요구하기 때문에 丁에 대해 횡령죄가 성립하기 위해서는 임야가 A의 소유여야 한다. 만약 임야의 소유권이 丁에게 있다면 횡령죄는 성립할 수 없고

배임죄가 성립한다고 할 것이다. 한편 소유권이 누구에게 귀속하는가는 부동산실권리자명의등기에 관한 법률(이하 부동산실명법이라 함)을 통해 확인할 수 있다. 부동산실명법 제4조는 명의신탁약정은 물론 명의신탁약정에 따라 행하여진 부동산물권변동도 무효라고 보는데, 2자간 명의신탁의 경우에는 부동산실명법에 따라 A와 丁의 명의신탁약정은 물론이고 A에게서 丁으로의 부동산물권변동도 무효로 되므로 해당 임야의 소유권은 A에게 있다고 할 것이다. 결국 丁이 A의 동의 없이 임야를 임의처분하는 소위는 타인의 재물을 보관하는 자의 횡령행위로 평가되므로 설문의 경우 丁에 대해서는 횡령죄가 성립한다고 할 것이다. 우리 판례의 입장이다.

한편 판례는 부동산에 관하여 신탁자와 수탁자가 명의신탁약정을 맺고 신탁자가 매매계약의 당사자가 되어 매도인과 매매계약을 체결하되 다만 등기를 매도인으로부터 수탁자 앞으로 직접 이전하는 방법으로 명의신탁을 한 경우(소위 3자간 명의신탁 중 중간생략등기형 명의신탁)에 명의수탁자가 부동산을 임의처분하였다면 횡령죄가 성립하는 것으로 본다. 즉 丁이 명의수탁자가 된 배경이 이와 같은 중간생략등기의 형태를 취한 경우라면 임야의 처분행위는 횡령행위가 되는 것이다. 하지만 판례는 3자간 명의신탁 중 계약명의신탁의 경우라면 丁에 대해 타인의 사무를 처리하는 자도 타인의 재물을 보관하는 자의 지위도 없다고 보아 횡령죄와 배임죄의 성립을 부정한다.

이에 반해 3사간 명의신탁의 경우, 부동산의 원권리자가 악의인 경우와 선의인 경우를 나누어 횡령죄와 배임죄의 성립을 긍정하는 학설도 있다. 이 학설에 의하면 먼저 원권리자가 악의인 경우에는 부동산실명법에 따라 물권변동이 무효로 되므로 소유권이 원권리자에게 그대로 남게 되고, 수탁자의 임의처분행위는 횡령행위를 구성한다. 반면 선의인 경우에는 부동산실명법 제4조 제1항과 제2항 단서가 적용되어 부동산물권변동이 유효로 되고 소유권이 명의수탁자에게 이전되므로 횡령죄가 성립할 수 없고 경우에 따라 배임죄가 성립할 수 있을 뿐이다.

4. 소 결

甲은 먼저 도로교통법 제43조 위반의 무면허운전죄가 성립하고, 처분의사 없는 丁으로하여금 설득을 통해 횡령의 범죄의사를 창설했다는 점에서 횡령죄의 교사범이 성립한다. 또한 판례에 따르면 비록 A로 하여금 현실적인 공포심을 가지게 하지는 못했지만 丁을 고소하려는 A를 협박하고, A가 그 의미를 인식하였으므로 협박죄의 기수범이 성립한다. 각각의 범죄는 실체적 경합관계에 있다.

丙은 乙과 함께 합동절도를 공모했지만, 乙이 폭행을 행사함으로써 강도죄의 성립여부가 문제되었다. 공동정범의 양적초과실행의 경우 초과실행하지 않은 가담자는 공모한 부분과 실행행위가 중첩되는 부분에 대해서만 책임을 진다는 점에서 丙에 대해서는 합동절도죄가 성립된다고 할 것이다.

한편 명의수탁자 丁에 대해서는 丁이 명의수탁자가 된 배경을 2자간 명의신탁과 3자간 명의신탁으로 나누고 부동실명법에 따라 각각 그 소유권 귀속관계를 밝혀 횡령죄 및 배임죄의 성립여부를 확인하여야 한다. 우리 판례는 사례의 경우 2자간 명의신탁 및 3자간 명의신탁 중 중간생략등기형 명의신탁의 경우에는 丁에 대해 횡령죄 성립을 긍정하지만. 계약명의신탁의 경우에는 횡령죄 뿐만 아니라 배임죄 성립도 부정한다.

Ⅱ. 설문 2 : 녹음테이프, 자술서, 검사가 작성한 증인의 진술조서에 대한 증거능력

1. 문제제기

甲의 범행을 입증하기 위해 검찰은 甲, 乙, 丁의 대화가 녹음된 녹음테이프를 증거로 제출하였다. 녹음테이프는 사람의 진술을 녹음한 것으로 진술내용의 진실성이 증명의 대상이 되므로 진술증거라 할 수 있고, 재생시 상대방의 반대신문권이 보장되지 않으므로 전문법칙이 적용된다는 데는 이견이 없다. 문제는 피고인 아닌 자인 丁이 피고인인 甲과의 대화를 비밀리에 녹음했지만, 甲이 해당 녹음테이프의 증거사용에 동의하지 않는 경우에 전문법칙의 예외를 인정하여 증거능력을 인정할 수 있을 것인가 하는 점이다.

한편 丁이 임야매도와 관련하여 작성한 자술서는 甲의 사건에 대해서는 피고인 아닌 자에 의해 작성된 진술서라고 할 수 있다. 진술서 또한 진술증거로서 그 서류의 신빙성이 의심되고, 반대신문권이 보장되지 않는다는 점에서 전문법칙이 적용되는데, 丁의 진술서에 대해서 전문법칙의 예외를 인정하여 증거능력을 인정할 수 있을 것인가가 문제된다.

마지막으로 증인A에 대해 검사가 작성한 진술조서의 증거능력이 문제된다. 일반적으로 수사기관이 수사과정 중에 참고인을 대상으로 작성한 조서는 형소법 제312조 제4항에 따라 증거능력을 인정할 수 있지만, 사례의 경우에는 A가 경찰에서 참고인자격으로 진술한 내용과 다른 내용을 공판정에서 증언하였고, 이에 검찰이 공판절차가 진행중인 상황에서 증인A를 불러 재번복하는 취지의 진술조서를 작성했다는 점에서 해당 조서의 증거능력이 문제된다.

2. 사례의 해결

(1) 丁이 비밀리에 녹음한 녹음테이프의 증거능력

해당 녹음테이프의 경우에 甲의 동의를 얻지 않았다고 하더라도 대화당사자인 丁에 의해 녹음된 것이므로 통신비밀보호법 제3조 위반은 아니다. 따라서 甲이 자신의 동의를 구하지 않고 녹음되었다고 주장하더라도 그것만으로는 해당 증거의 증거능력을 부정할 수 없다.

한편 진술녹음의 증거능력에 관해서는 전문법칙이 적용된다는 데 이견이 없지만, 학설은 형소법 제313조를 적용하자는 입장과 원진술의 성격에 따라 형소법 제311조 내지 제313조를 적용하자는 입장으로 나뉘어 있다.

사례의 경우는 작성주체가 수사기관도 아니고 수사과정에서 작성된 것도 아니므로 어느

형사법

학설에 의하더라도 형소법 제313조가 적용된다고 할 것이다. 특히 피고인 甲이 해당 녹음테이프의 진정성립을 부정하더라도 제313조 단서에 따라 작성자인 정의 진술에 의해 성립의 진정이 증명되고 특신상태가 인정된다면 해당 녹음테이프를 증거로 사용할 수 있다고 할 것이다.

따라서 사례의 경우에는 위와 같은 요건을 충족시킨다는 전제하에 해당 녹음테이프의 증거능력을 인정할 수 있으며 우리 판례의 입장도 마찬가지이다.

(2) 丁이 작성한 진술서의 증거능력

사례에서 丁은 임야매도경위에 관한 진술서를 작성하였는데, 해당 진술서는 사법경찰관 P1이 丁을 조사하는 과정에서 丁이 임의로 작성한 것이라 할 수 있다. 일반적으로 수사과정이외에서 작성된 진술서의 경우에는 제313조가 적용되지만, 수사과정에서 작성된 진술서의 경우에는 312조 제5항이 적용되므로 수사기관 및 조사대상자에 따라 312조 제1항부터 4항의 규정이 준용된다.

丁의 진술서는 사법경찰관이 피고인 아닌 丁을 대상으로 수사과정에서 작성된 것이므로 수사기관작성의 참고인진술조서에 관한 규정인 제312조 제4항을 적용해야 할 것이다. 이에 따라 해당 진술서의 증거능력을 인정하기 위해서는 적법절차와 방식에 따라 작성된 것으로서 성립의 진정이 丁의 공판정에서의 진술에 의해 증명되고, 甲이나 甲의 변호인에게 반대신문권의 기회가 보장되어야 하며, 특신상태하에 작성된 것이라는 증명이 있어야 한다.

(3) 증인 A의 진술조서에 대한 증거능력

우리 판례는 공판준비 또는 공판기일에서 이미 증언을 마친 증인을 검찰이 다시 불러 증언내용을 번복시키는 방식으로 작성된 진술조서에 대해서는 피고인이 증거사용에 동의하지 않는 한 증거능력이 없다는 입장이다. 판례는 원진술자인 증인이 다시 법정에 출석하여 해당 조서의 성립의 진정을 인정하고 피고인측에 반대신문권의 기회가 부여되었다고 하더라도 해당 조서의 증거능력을 부정하는 결론은 변함없다고 한다. 이에 반해 일부 학설은 수사기관이 증인을 소환하여 작성한 조서는 공판중심주의에 반하여 작성된 위법수집증거로서 피고인이 증거사용에 동의한다고 하더라도 절대적으로 증거능력을 부정해야 한다는 입장도 있다.

판례에 따르면 증인 A의 진술조서는 甲이 증거사용에 동의하지 않는 한 증거능력이 부정된다고 할 것이며, 학설의 경우에는 위법수집증거로서 형소법 제308조의 2에 따라 甲의 증거동의유무와는 상관없이 절대적으로 증거능력이 부정된다고 할 것이다.

Ⅲ. 설문 3 : 공소장변경의 필요성 및 항소심에서의 공소장 변경

1. 문제제기

형소법 제298조 제1항에 따라 검사는 공소사실의 동일성을 해하지 않는 범위 안에서 법원의 허가를 얻어 공소장에 기재된 공소사실 또는 적용법조를 추가·철회·변경할 수 있다. 공소장 변경은 피고인의 방어권보장과 형벌권의 적정한 실현을 위한 것으로 사실관계의 변화 없이 적용법조가 추가 변경되는 경우에도 가능한지, 또 항소심에서도 가능한지가 문제된다.

2. 사례에서의 공소장변경 가능여부

사례는 1심에서 형법 제355조 제1항의 단순횡령으로 유죄판결이 선고되고, 항소심 공판이 진행 중인 상황에서 검사가 특정경제범죄가중처벌등에 관한 법률(이하 특경가법) 제3조 위반의 횡령으로 공소장 변경을 신청한 경우이다. 원칙적으로 공소사실에 대한 추가나 변경은 없지만, 공소사실에 대한 적용법조가 누락되거나 오류가 있어 적용법조만을 추가하거나 공소장에 기재된 적용법조와 다른 법조를 적용하는 경우에는 공소장변경을 요하지 않는다. 그러나 적용법조간의 차이가 일반법과 특별법의 관계에 있고, 그 형에 차이가 나는 경우에는 공소사실의 변경없이 적용법조만을 변경하는 경우라 하더라도 공소장을 변경해야 한다는 것이 판례의 입장이다. 따라서 사례의 경우처럼 형법상의 단순횡령죄보다 법정형이 중하게 규정된 특경가법을 적용하는 경우에는 공소장변경이 필요하다고 할 것이다.

문제는 항소심에서도 공소장변경이 가능한가 하는 점인데 이에 대해서 학설은 항소심은 사후심이므로 공소장 변경이 허용되지 않는다는 입장과 항소심은 속심의 성격을 가지는 것으로 항소심의 사후심적 구조는 소송경제를 위한 제한에 불과하다는 점에서 공소장변경을 인정하는 입장으로 나뉜다. 우리 판례는 후자의 입장에서 항소심에서도 공소장변경이 가능하다고 본다.

따라서 판례에 의하면 사례의 경우 검사의 공소장변경신청이 있으면 법원은 신속히 그 사유를 피고인 또는 변호인에게 고지하고(형소법 제298조 제3항), 결정으로 이를 허가하여야 한다. 이 경우 법원의 허가는 의무이다.

Ⅳ. 설문 4. 함정수사의 허용여부 및 증거신청을 기각하는 결정에 대한 불복방법

1. 문제제기

사례에서 사법경찰관 P1과 P2는 순찰 중 취객을 발견하고도 구호조치를 취하지 않은 채 잠복하고 있다가 취객의 가방을 절취하는 甲 등을 체포하였다. 이에 甲 등의 변호인은 함정수사를 주장하고 있다. 함정수사란 수사기관이나 그 의뢰를 받은 자가 신분을 숨긴 채

형사법

로 시민에게 범죄를 교사하거나 방조한 후 그 실행을 기다려 범인을 체포하고 필요한 증거를 수집하는 수사방법을 의미한다는 점에서 해당 사례가 함정수사의 형태를 띠는 것을 부정할 수는 없다. 문제는 사례에 나타난 P1과 P2의 소위가 위법한 함정수사인가 하는 점이다. 이에 따라 변호인 주장의 당부가 결정될 것이다.

한편 당사자의 증거신청에 대해 법원은 증거신청방식이 위법하거나 증거능력 없는 증거가 신청되었거나 또는 증거신청기각사유가 존재하는 경우에 기각 결정을 할 수 있다. 사례에서처럼 위법한 함정수사인지 아닌지를 확인하기 위해 甲 등의 변호인은 P1을 증인으로 신청하였지만 위와 같은 사유로 인해 해당 증인신청이 기각될 수 있다. 이 경우 변호인과 피고인이 불복할 수 있는가도 문제된다.

2. 사례해결

(1) 변호인의 함정수사 주장의 당부

위법한 함정수사를 구별하는 기준에 대해서는 학설과 판례가 대립하고 있다. 학설은 피고인의 성향이 아니라 수사기관의 행위가 불법적인 함정을 구성하여 실질적인 위험을 야기하는가를 기준으로 함정의 위법성 유무를 판단하고자 하는 입장(객관설)과 피고인에게 범죄에 대한 경향이 있는가를 기준으로 위법성 유무를 판단하자는 입장(주관설)이 대립한다. 우리 판례는 종래 주관설의 입장에 있다가 최근 함정수사의 위법성은 범죄의 종류와 성질, 유인자의 지위와 역할, 유인의 경위와 방법, 유인에 따른 피유인자의 반응, 피유인자의 처벌 전력 및 유인행위 자체의 위법성 등을 종합적으로 판단하여야 한다고 하여 종합설의 입장에 있다.

각 학설에 따라 해당 사례의 함정수사에 대한 위법성여부를 살펴보면 먼저 객관설의 관점에서는 P1과 P2가 甲 등을 설득하거나 적극적으로 유혹하였다고 볼 수 없는 이상 실질적인 범죄의 위험을 야기하였다고 보기 어렵다. 따라서 P1과 P2의 수사를 위법하다고 할 수 없다. 한편 주관설은 함정수사를 피고인으로 하여금 범의를 유발시키는 범의유발형 함정수사와 단순히 범행의 기회를 제공하는 기회제공형 함정수사로 나누고, 범의유발형 함정수사만을 위법한 것으로 본다. 이에 따르면 P1과 P2는 甲 등으로 하여금 범의를 유발시켰다고 보기 어렵기 때문에 위법한 수사라고 할 수 없게 된다. 판례인 종합설의 관점에서도 순찰 중 취객에 대한 구호조치를 취하지 않고 잠복한 것만으로는 유인행위 자체에 대한 위법성을 인정하기 어렵고, 甲 등이 이전에도 동일한 범행을 범한 전력이 있다는 점에서 위법하다고 할 수 없게 된다.

결론적으로 어느 학설에 의하더라도 P1과 P2의 甲 등에 대한 체포를 위법하다고 할 수 없으며, 위법한 함정수사라는 변호인의 주장은 부당하다고 할 것이다.

(2) 법원의 증인신청기각결정에 대한 불복방법

법원의 증거결정의 법적성질에 대해 판례는 법원의 재량으로 이해한다. 따라서 당사자의 증거신청을 법원이 인용해야할 의무는 없다. 또한 법원의 증거결정 중 기각결정은 판결전 소송절차에 관한 결정이므로 형소법 제296조 제1항의 이의신청이외에 불복할 수 있는 방법은 없다. 다만 판례는 증거결정으로 인해 사실을 오인하여 판결에 영향을 미치게 된 경우에 이를 상소이유로 삼을 수 있다고 한다.

결국 설문처럼 변호인의 증인신청이 기각된 경우에 해당 결정으로 인해 사실의 오인이 발생하지 않은 한 이의신청이외에는 불복방법이 없다고 할 것이다. 물론 이의신청마저도 재판장이 재량으로 기각할 수 있으므로 실질적인 불복방법은 없다고 할 수 있다.

2012년 제1회 변호사시험
형사법 제1문

甲은 2011. 12. 1. 14:00경 서울 서초구 서초동 123에 있는 서초편의점 앞 길에서 그곳을 지나가는 부녀자 A의 핸드백을 열고 신용카드 1장과 현금카드 1장이 들어 있는 손지갑 1개를 꺼내던 순간 이를 눈치챈 A가 "도둑이야."라고 소리치자 위 손지갑을 가지고 그대로 도주하였다. 이에 A는 마침 그곳을 순찰하던 정복 착용의 서초경찰서 서초지구대 소속 경찰관 P1과 함께 甲을 붙잡기 위하여 쫓아갔고, 甲은 이를 피해 계속 도망하다가 대전교도소에서 함께 복역한 적이 있던 乙을 만났다. 甲은 乙에게 사정을 이야기하고 도와달라고 부탁하였고 乙은 이를 승낙하여 甲과 乙은 그곳 길바닥에 있던 깨진 소주병을 한 개씩 들고 甲을 체포하기 위하여 달려드는 경찰관 P1의 얼굴을 찔러 약 4주간의 치료를 요하는 안면부 열상을 가했다. 그런 다음 甲은 도주하였고, 乙은 그곳에서 현행범으로 체포되었다.
2011. 12. 1. 15:00경 甲은 집으로 가는 길에 A의 신용카드를 이용하여 의류가게에서 50만 원 상당의 의류를 구입하고, 부근 신한은행 현금자동지급기에서 A의 현금카드를 이용하여 현금 100만 원을 인출하였다.
위 사건을 수사하던 서초경찰서 소속 경찰관 P2는 2011. 12. 1. 21:00경 甲이 살고 있는 집에서 25미터 정도 떨어진 곳에서 외출하러 나오는 甲을 발견하고 긴급체포하였다. 경찰관 P2는 그 직후 긴급체포한 甲을 그의 집으로 데려가 그의 방 책상 서랍에 있던 A의 신용카드를 압수하였고 그 후 적법하게 그 신용카드에 대한 압수수색영장을 발부받았다. 검사는 甲과 乙을 병합하여 공소를 제기하였다.

1. 위 사안과 관련하여 甲의 죄책을 논하시오. (30점)
2. 위 사안과 관련하여 乙의 죄책을 논하시오. (30점)
3. 甲이 공판 과정에서도 범행 일체를 부인하자 검사는 甲의 주거지에서 압수한 A의 신용카드를 증거물로 제출하였다. 검사가 제출한 그 신용카드의 증거능력 유무 및 그 근거에 대하여 논하시오. (20점)
4. 제1심 법원은 甲에 대하여 현금카드를 사용하여 현금을 인출한 행위에 대하여는 무죄를 선고하고, 나머지 공소사실에 대하여는 모두 유죄로 인정하고 징역 5년을 선고하였다. 검사만 위 무죄 선고 부분에 대하여 항소하였다. 항소심 법원이 검사의 위 항소가 이유있다고 판단하는 경우 항소심의 심판범위 및 조치에 대하여 논하시오. (20점)

▌C/O/N/T/E/N/T/S

형사법

제1문

김 태 명 〔전북대학교 법학전문대학원 교수〕

설문 1 : 甲의 죄책

Ⅰ. 문제의 제기

甲의 죄책과 관련해서는 A의 손지갑을 훔쳐 도주하다가 깨진 소주병으로 자신을 쫓아온 경찰관 P1을 찔러 상해를 입힌 점에 대하여 강도상해·치상죄(형법 제337조) 및 특수공무집행방해치상죄(제144조 제2항)가 성립하는지 그리고 A의 신용카드와 현금카드를 이용하여 의류를 구입하고 현금을 인출한 행위가 각각 사기죄(제347조)·절도죄(제329조) 및 신용카드등부정사용죄(여신전문금융업법 제70조 제1항)가 성립하는지가 문제된다.

Ⅱ. A의 손지갑을 훔쳐 도주하다가 깨진 소주병으로 경찰관 P1을 찔러 상해를 입힌 점

1. 준강도상해·치상죄의 성립여부

강도 또는 준강도가 사람을 상해하거나 상해에 이르게 한 때에는 강도상해·치상죄(제337조)가 성립하는바, 이 사안에서는 먼저 甲이 A의 손지갑을 훔쳐 도주하다가 자신을 체포하기 위해 따라온 경찰관 P1을 깨진 소주병으로 찌른 행위가 강도 내지 준강도에 해당하는지 그리고 그로 인해 P1이 입은 상해가 강도상해·치상죄에서 요구하는 상해에 해당하는지 여부를 검토하여야 한다.

(1) 강도 또는 준강도에 해당하는지 여부

우선 甲이 강도에 해당하는지를 보건대, 이른바 '날치기'와 같이 강제력을 사용하여 재물을 절취하는 경우 그 강제력의 행사가 사회통념상 객관적으로 상대방의 반항을 억압하거나 항거불능케 할 정도의 것이라면 강도죄가 성립할 수 있으나, 이 사안에서 甲은 A의 손지갑을 절취함에 있어 그와 같은 강제력을 행사한 사실이 없으므로 '강도'가 아니라 절도에 해당한다. 다만 절도가 그 기회에 체포면탈, 재물탈환 항거, 죄적인멸의 목적으로 폭행 또는 협박을 가한 경우에는 준강도(제335조)에 해당하는바, 이 사안에서 甲이 준강도에 해당하는지 여부를 검토하여야 한다.

먼저 甲은 길을 지나가던 A의 핸드백에서 손지갑을 꺼내 도주하였는 바, 甲이 '절도'에 해당한다는 점에 대해서는 의문의 여지가 없다. '절도의 기회'란 절도범인과 피해자측이 절도의 현장에 있는 경우나 절도에 잇달아 또는 절도의 시간·장소에 접착하여 피해자측이 범인을 체포할 수 있는 상황, 범인이 죄적인멸에 나올 가능성이 높은 상황에 있는 경우를 말하는바, 이 사안에서 甲이 깨진 소주병으로 P1을 찌른 것은 절도의 피해자 A와 경찰관 P1의 추적을 받던 중이었다는 점에서 '절도의 기회'였음이 인정되고, 나아가서 소주병으로 P1을 찌른 것은 체포를 면탈할 목적이었음도 인정된다. 그리고 강도죄와의 균형상 준강도죄에 있어서 폭행 또는 협박의 정도는 사람의 반항을 억압할 수 있는 정도이어야 하는바, 이 사안에서 甲이 깨진 소주병 A의 얼굴을 찌른 행위는 사람의 반항을 억압할 수 있을 정도임이 분명하다. 따라서 이 사안에서 甲은 준강도에 해당한다.

(2) 강도상해 · 치상죄의 상해에 해당하는지 여부

강도 또는 준강도가 사람을 상해하거나 상해에 이르게 한 경우에는 강도상해·치상죄가 성립한다. 이 사안에서 甲은 경찰관 P1을 깨진 소주병으로 얼굴을 찔러 전치 4주간의 안면부열상을 가하였는바, 깨진 소주병으로 얼굴을 찌름에 있어서는 상해의 고의가 있다고 해야 한다. 한편 강도상해죄가 성립하기 위해서는 상해가 피해자의 신체의 건강상태가 불량하게 변경되고 생활기능에 장애가 초래될 정도의 것이어야 하는바, 이 사안에서 피해자 P1이 입은 전치 4주간의 안면부열상은 (준)강도상해죄에서 요구되는 정도의 상해임이 분명하다.

결론적으로 甲이 A의 손지갑을 꺼내 도주하다고 자신을 체포하기 위해 따라온 P1의 얼굴을 깨진 소주병으로 찔러 전치 4주간의 안면부열상을 입힌 행위에 대해서는 강도상해죄(제337조)가 성립한다.

2. 특수공무집행방해치상죄의 성립여부

단체 또는 다중의 위력을 보이거나 위험한 물건을 휴대하여 공무집행방해죄(제136조)를 범하여 공무원을 상해에 이르게 한 때에는 특수공무집행방해치상죄가 성립하는바, 먼저 甲의 행위가 공무집행방해죄를 범한 경우에 해당하는지를 검토한 다음 위험한 물건을 휴대한 경우에 해당하는지 그리고 그로 인해 공무원을 상해에 이르게 한 경우에 해당하는지를 검토한다.

(1) 공무집행방해죄를 범한 경우에 해당하는지 여부

甲의 행위가 공무집행방해죄(제136조)에 해당하기 위해서는 공무원의 직무집행이 적법하여야 하므로, 이 사안에서 P1의 체포가 적법한 공무집행인지를 검토하여야 한다.

현행범인은 누구든지 영장없이 체포할 수 있다(제212조). 현행범인란 범죄의 실행 중이거나 실행의 즉후인 자 또는 현행형범인으로 간주되는 자로서, 여기서 '범죄의 실행 즉후'란 범죄의 실행행위를 종료한 직후의 범인이라는 것이 체포하는 자의 입장에서 볼 때 명백한 경우를 말한다. 이 사안에서 甲이 경찰관 P1을 깨진 소주병으로 찌른 시점은 甲이 A의 손지갑을 절취하여 도주하자 마침 그곳을 순찰하던 경찰관 P1이 甲을 체포하기 위하여 추격하던 중이었으므로, 甲은 절도의 현행범인임이 분명하고 따라서 P1의 체포행위는 현행범인 체포로서 적법한 직무집행이고 하겠다(현행범체포의 절차에 관한 요건을 준수하였는지의 여부는 위 사례에 적시되어 있지 않으나, 절차에 관한 요건은 갖추어진 것으로 전제한다). 한편 공무집행방해죄는 직무를 집행하는 공무원에 대하여 폭행 또는 협박을 함으로써 성립하고 현실적으로 공무집행이 방해죄는 결과의 발생을 요하지 아니하는바, 이 사안에서 甲은 도주하고 乙만이 체포되었다고 하더라도 甲의 행위가 공무집행방해에 해당한다는 점에 대해서는 아무런 영향이 없다.

(2) 특수공무집행방해치상죄의 성립여부

그리고 단체 또는 다중의 위력을 보이거나 위험한 물건을 휴대하여 공무집행방해죄를 범한 경우에는 특수공무집행방해(제144조 제1항)에 해당하는바, 이 사안에서 甲은 경찰관 P1의 얼굴을 깨진 소주병으로 찔렀으므로 甲의 행위는 특수공무집행방해죄에 해당한다. 그리고 甲은 특수공무집행방해죄를 범하여 공무원에게 상해를 입혔는바, 특수공무방해치상죄는 예견가능한 결과를 예견하지 못한 경우뿐만 아니라 그 결과를 예견하거나 고의가 있는 경우까지도 포함하는 이른바 부진정결과적가중범이므로, 본 사안에서 甲이 자신을 체포하려고 하는 경찰관 P1의 얼굴을 깨진 소주병으로 찔러 전치 4주의 안면부열상을 입힌

점에 대해서는 특수공무집행방해치상죄(제144조 제2항)가 성립한다.

3. 소 결

위에서 살펴본 바와 같이 甲이 A의 손지갑을 훔쳐 도주하다가 깨진 소주병으로 자신을 쫓아 온 경찰관 P1을 찔러 상해를 입힌 점에 대하여 강도상해·치상죄(형법 제337조)와 특수공무집행방해치상죄(제144조 제2항)가 성립하고, 양 죄는 하나의 행위에 의한 것으로 상상적 경합(제40조)의 관계에 있다.

Ⅲ. A의 신용카드 · 현금카드를 사용하여 물품을 구입하고 현금을 인출한 점

이 사안에서 甲은 A의 손지갑을 절취하여 그 안에 들어 있는 A의 신용카드를 이용하여 의류가게에서 50만원상당의 의류를 구입하고, A의 현금카드를 이용하여 부근 현금자동지급기에서 100만원을 인출한 점에 대하여는 사기죄(제347조), 절도죄(제329조) 및 신용카드등부정사용죄(여신전문금융업법 제70조 제1항)의 성립여부가 문제된다.

1. A의 신용카드를 이용하여 의류가게에서 의류를 구입한 점

사람을 기망하여 재물 또는 재산상의 이익을 취득한 때에는 사기죄(제347조)가 성립하는바, 甲이 A로부터 절취한 A 신용카드를 이용하여 의류가게(신용카드가맹점)에서 50만원 상당의 의류를 구입하는 행위에 대해서는 신용카드에 대한 절취행위와는 별도로 신용카드 가맹점에 대한 사기죄가 별도로 성립한다.

2. A의 현금카드를 이용하여 현금자동지급기에서 현금을 인출한 점

타인의 재물을 절취한 때에는 절도죄(제329조)가 성립하는바, 甲이 A로부터 절취한 현금카드를 현금자동인출기에 넣고 현금을 인출하는 행위에 대해서는 현금자동인출기 관리자의 의사에 반하여 그의 지배를 배제하고 그 현금을 자기의 지배하에 옮겨 놓는 것이 되므로 현금카드에 대한 절취행위와는 별도의 절도죄가 성립한다.

3. 신용카드등부정사용죄의 성립여부

분실하거나 도난당한 신용카드나 직불카드를 사용한 경우에는 여신전문금융업법상 신용카드등부정사용죄(제70조 제1항 제2호)가 성립한다. 이 사안에서 甲은 A로부터 절취한 A의 신용카드를 이용하여 의류가게에서 의류를 구입하였는바, 이는 여신전문금융업법상의 신용카드부정사용죄에 해당한다.한편 이 사안에 적시되어 있지 않으나 만약 甲이 A의 신용카드를 사용함에 있어서 A명의의 매출전표에 서명하여 의류가게 주인 또는 종업원에게 교부하였다면 이는 사문서위조 및 동행사의 구성요건에 해당하나, 이들 죄는 신용카드부정사용죄에 흡수되므로 별도로 논하지 아니한다.

그리고 여신전문금융업법상 '부정사용'이라 함은 위조·변조 또는 도난·분실된 신용카드나 직불카드를 진정한 카드로서 신용카드나 직불카드의 본래의 용법에 따라 사용하는 경우를 말하는 바, 절취한 현금카드를 현금자동지급기에 넣고 비밀번호 등을 입력하여 A의 예금을 인출한 행위는 여신전문금융업법상 신용카드 또는 직불카드의 부정사용에 해당하지 않으므로 인출한 현금에 대한 절도죄 이외에 별도의 범죄가 성립하지 않는다.

4. 소 결

위에서 살펴본 바와 같이 甲이 A의 신용카드와 현금카드를 사용하여 물품을 구입하고 현금을 인출한 점에 대해서는 각각 사기죄(제347조), 절도죄(제329조)가 성립하고, 특히 A의 신용카드를 사용하여 물건을 구입한 점에 대해서는 신용카드부정사용죄(여신전문금융업법 제70조 제1항)가 성립한다. 그리고 사기죄와 신용카드부정사용죄는 본질적으로 실행행위가 동일하므로 상상적 경합(제40조)의 관계에 있다고 보아야 한다(판례는 실체적 경합관계에 있다고 본다).

Ⅳ. 결 론

이상에서 살펴본 바와 같이 甲이 A의 손지갑을 훔쳐 도주하다가 깨진 소주병으로 자신을 쫓아 온 경찰관 P1을 찔러 상해를 입힌 점에 대하여는 준강도상해·치상죄(형법 제337조)와 특수공무집행방해치상죄(제144조 제2항)가 성립하고 양죄는 상상적 경합(제40조)의 관계에 있다. 그리고 甲이 A의 신용카드로 의류를 구입하고 다시 현금카드를 이용하여 현금을 인출한 점에 대해서는 사기죄(제347조), 절도죄(제329조) 및 신용카드부정사용죄(여신전문금융업법 제70조 제1항 제2호)가 성립하고, 이 중 사기죄와 신용카드부정사용죄는 상상적 경합의 관계에 있다.

설문 2 : 乙의 죄책

Ⅰ. 문제의 제기

乙의 죄책과 관련해서는 우선 〈설문 1〉에서 살펴보았다시피 길바닥에 있던 깨진 소주병을 한 개를 들고 甲을 체포하기 위해 달려드는 경찰관 P1의 얼굴을 찔러 전치 4주의 안면부열상을 입힌 행위가 특수공무집행방해치상죄(제144조 제2항)에 해당한다는 점에 대해서는 별다른 문제가 없다. 다만 그러한 행위가 절도의 현행범인 甲과 함께 이루어졌다는 점에서 乙은 강도상해죄(제337조)의 공동정범의 죄책을 지는지 또는 특수공무집행방해치상죄의 죄책만을 지는지가 문제된다.

형사법

Ⅱ. 승계적 공동정범에 있어서 후행자(乙)의 책임범위

1. 견해의 대립

이 사안에서 甲은 A로부터 손가방을 절취한 후 피해자 A와 경찰관 P1로부터 추격을 당하던 도중 그러한 사정을 乙에게 이야기하고 도움을 요청하였고 乙은 이를 승낙하고 甲과 함께 깨진 소주병을 한 개씩 들고 그것으로 甲을 체포하려는 P1의 얼굴을 찔러 상해를 가하였다. 이처럼 사전모의 없이 타인이 범죄를 범하던 도중 가담하여 공동의 의사연락 하에 그 이후의 범죄를 실행하는 경우를 이를 '승계적 공동정범'이라고 하는데, 승계적 공동정범에 있어서 후행자의 책임범위에 대해서는 견해가 대립하고 있다.

우선 후행자가 선행자와 양해 하에 선행사실을 인용한 이상 가담 이전에 선행자가 행한 부분에 대해서도 공동정범을 인정해야 한다는 견해(적극설)가 주장된다. 그러나 타인의 실행행위 도중에 공동정범으로 범행에 가담한 자는 비록 그가 그 범행에 가담할 때에 이미 이루어진 종전의 범행을 알았다 하더라도 자신이 가담하기 이전 타인이 행한 부분은 '공동으로 범한 죄'라고 볼 수 없으므로, 그 가담 이후의 범행에 대하여만 공동정범으로 책임을 진다고 보는 것이 타당하다(소극설).

2. 이 사안에서 乙의 책임범위

이 사안에서 비록 乙은 甲으로부터 사정을 듣고 자신을 도와 달라는 甲의 부탁을 승낙하여 甲과 함께 깨진 소주병을 들고 경찰관 P1의 얼굴을 찔러 상해를 가하였다고 하더라도 乙은 자신이 가담한 이후의 부분, 즉 甲과 함께 깨진 소주병을 들고 경찰관 P1의 얼굴을 찔러 상해를 가한 점에 대해서만 공동정범으로서의 죄책을 진다.

일부 견해는 준강도상해죄를 준강도라는 신분관계로 인하여 성립하는 신분범으로 이해하여 신분관계없는 자가 신분관계로 인하여 성립될 범죄에 가공한 때에는 신분관계없는 자에 대해서도 공동정범(제30조), 교사범(제31조) 및 종범(제32조)의 성립을 인정하고 있는 제33조를 적용하여, 준강도의 신분이 없는 자라도 준강도의 범행에 가담한 경우에는 강도상해죄가 성립한다고 주장하기도 한다. 그러나 준강도죄 내지 준강도상해죄는 신분범이 아니라 절도와 폭행·협박 또는 준강도와 상해의 결합범으로 보는 것이 타당하고, 이와 같은 결합범에 있어서 공동정범이 성립하기 위해서는 결합범을 구성하는 개개의 행위 전체에 대하여 공동정범의 관계가 인정되어야 한다고 보아야 한다.

이 사안에서 乙은 甲과 공동으로 깨진 소주병을 들고 경찰관 P1의 얼굴을 찔러 상해를 가하였는바, 앞에서 서술한 바와 같이 이에 대해서는특수공무집행방해치상죄(제144조 제2항)가 성립한다.

Ⅲ. 결 론

한편「폭력행위 등 처벌에 관한 법률(이하 폭처법이라 한다)」상 흉기 기타 위험한 물건을 휴대하여 상해죄를 범한 경우에는 집단·흉기등 상해죄(제3조 제1항)가 성립하는바 본죄와 특수공무집행방해치상죄(제144조 제2항)의 관계가 문제된다.

부진정결과적가중범에서 고의로 중한 결과를 발생하게 한 행위에 대하여 결과적가중범에 정한 형보다 더 무겁게 처벌하는 규정이 있는 경우에는 중한 결과의 고의범과 결과적가중범은 상상적 경합관계에 있지만, 더 무겁게 처벌하는 규정이 없는 경우에는 결과적가중범이 고의범에 대하여 특별관계에 있으므로 결과적가중범만 성립하고 중한 결과의 고의범에 대하여는 별도로 죄를 구성하지 않는다(대법원 2008.11.27. 선고 2008도7311 판결).

이 사안에서 중한 결과의 고의범인 폭처법상 집단·흉기등 상해죄의 법정형(3년 이상의 유기징역)은 결과적 가중범인 특수공무집행방해치상죄의 법정형(3년 이상의 유기징역)보다 중하지 않은 바, 이 사안에서 乙 이 위험한 물건을 휴대하고 공무원을 폭행하여 상해를 입힌 점에 대해서는 특수공무집행방해치상죄만 성립할 뿐 이와는 별도로 폭력행위 등 처벌에 관한 법률 위반(집단·흉기 등 상해)죄를 구성하지 않는다.

형사법

설문 3 : 영장없이 압수한 신용카드의 증거능력 유무와 그 근거

Ⅰ. 문제의 제기

이 사안에서 경찰관 P2는 범행 다음 날 甲이 살고 있는 집에서 25m 정도 떨어진 곳에서 외출하려고 나온 甲을 발견하고 긴급체포한 후 甲을 그의 집으로 데려가 그의 방 책상서랍에 있는 신용카드를 압수하고 압수수색영장을 발부받았다. 〈설문 3〉에서는 검사가 甲이 공판과정에서 범행일체를 부인하자 A의 신용카드를 증거물로 제출하였는바, 검사가 제출한 위 신용카드의 증거능력의 유무 및 그 근거를 묻고 있다.

Ⅱ. 피의자를 긴급체포한 후 영장없이 압수한 증거물의 증거능력

수사기관은 증거물 또는 몰수할 것으로 사료하는 물건은 압수할 수 있는바(제219조, 제106조), 이 사안에서 신용카드는 강도상해·치상죄(형법 제337조), 사기죄(제347조) 및 신용카드부정사용죄(여신전문금융업법 제70조 제1항 제2호)의 증거물로서 압수할 수 있는 물건에 해당한다. 다만 적법한 절차에 의하지 아니하고 수집한 증거는 증거로 할 수 없는바(제308조의2), 이 사안에서 신용카드가 적법한 절차에 의하여 수집한 증거인지가 문제된다.

형사소송법상 검사 또는 사법경찰관이 피의자를 긴급체포하는 경우에 필요한 때에는 영

장없이 체포현장에서 압수·수색할 수 있으나(제216조 제1항), 압수한 물건을 계속 압수할 필요가 있는 경우에는 지체없이 압수수색영장을 청구하여야 하고(제217조 제2항), 청구한 압수수색영장을 발부받지 못한 때에는 압수한 물건을 즉시 반환하여야 하며(같은 조제3항), 이에 위반하여 수집한 증거의 증거능력이 인정되지 않는다. 이 사안에서는 경찰관 P2가 압수한 신용카드에 대하여 사후적으로 적법하게 압수수색영장이 발부되었는바, 이하에서는 신용카드의 증거능력과 관련해서는 긴급체포의 절차가 적법한지 그리고 영장없는 압수의 절차가 적법한지를 검토한다.

1. 긴급체포의 적법성

검사 또는 사법경찰관은 피의자가 사형, 무기 또는 장기 3년 이상의 징역이나 금고에 해당하는 죄를 범하였다고 의심할만한 상당한 이유가 있고, 피의자가 증거를 인멸할 염려가 있거나 도망하거나 도망할 우려가 있는 때에 해당하는 경우에 긴급을 요하여 체포영장을 받을 수 없는 때에는 그 사유를 알리고 영장없이 피의자를 체포할 수 있다(제200조의3 제1항). 여기서 긴급을 요한다고 함은 피의자를 우연히 발견한 경우 등과 같이 체포영장을 받을 시간적 여유가 없는 때를 말한다(같은 조 제1항).

위에서 살펴본 바와 같이 이 사안에서 甲은 강도상해·치상죄(형법 제337조), 특수공무집행방해치상죄(제144조 제2항), 사기죄(제347조), 절도죄(제329조) 및 신용카드부정사용죄(여신전문금융업법 제70조 제1항 제2호)를 범하였는바 이는 모두 사형, 무기 또는 장기 3년 이상의 징역이나 금고에 해당한다. 그리고 경찰관 P2는 범행 다음 날 甲이 살고 있는 집에서 25m 정도 떨어진 곳에서 외출하러 나오는 甲을 발견하고 긴급체포하였는바, 이는 체포영장을 받을 시간적 여유가 없는 때에 해당한다.

한편 피의자를 체포함에 있어서는 피의사실의 요지, 체포의 이유와 변호인을 선임할 수 있음을 말하고 변명할 기회를 주는 등(제200조의5) 절차적 요건을 갖추어야 하는데, 이 사안에서 긴급체포의 절차가 적시되어 있지 않으나 긴급체포의 절차는 적법하다고 전제한다.

2. 긴급체포 후 영장없는 압수의 적법성

검사 또는 사법경찰관은 긴급체포된 자(형사소송법 제200조의3)가 소유, 소지 또는 보관하는 물건에 대하여 긴급히 압수할 필요가 있는 경우에는 체포한 때로부터 24시간 이내에 영장없이 압수·수색·검증을 할 수 있다(제207조 제1항). 이 경우 긴급을 요한다고 함은 압수대상물을 우연히 발견한 경우 등과 같이 법관으로부터 압수·수색·검증영장을 발부받을 시간적 여유가 없는 때를 의미한다(제200조의3 제1항).

이 사안에서 경찰관 P2는 甲을 긴급체포한 직후 그의 집으로 데려가 그의 방 책상 서랍에 있는 A의 신용카드를 압수하였는바, 신용카드의 압수는 체포한 때로부터 24시간 이내일 뿐만 아니라 압수수색영장을 발부받을 시간적 여유가 없는 때에 해당한다. 또한 검사 또는 사법경찰관은 압수한 물건을 계속 압수할 필요가 있는 경우에는 지체없이 압수·수색·검증영장을 청구하여 하고(제217조 제2항) 압수·수색·검증영장을 발부받지 못한 경우에는 압수한 물건을 즉시 반환하어야 하는데(제217조 제3항), 이 사안에서 적법하게 압수수색영장을 발부받았으므로 이 점은 문제되지 않는다.

Ⅲ. 결 론

이 사안에서 경찰관 P2가 甲을 긴급체포한 것은 긴급체포로서의 요건을 갖추고 있고, 甲을 긴급체포한 후 그의 집에 데리고 가서 영장없이 신용카드를 압수한 것 또한 영장없는 압수·수색의 요건을 갖춘 적법한 수사이다. 따라서 이 사안에서 신용카드는 적법한 절차에 의하여 수집한 증거로서 증거능력이 있다고 본다.

설문 4 : 항소심의 심판범위와 조치

Ⅰ. 문제의 제기

수개의 사건이 병합심판된 경우 그 재판의 일부에 대하여도 상소할 수 있는데(제342조 제1항), 이 사안에서 甲이 A의 현금카드를 사용하여 현금을 인출한 행위는 절도죄에 해당하고 나머지 범죄와는 실체적 경합의 관계에 있으므로 〈설문 4〉에서와 같이 현금카드를 사용하여 현금을 인출한 행위에 대해서는 무죄가 그리고 나머지 공소사실에 대해서는 유죄가 선고된 경우 검사 또는 피고인은 무죄 또는 유죄부분에 대해서만 항소를 할 수 있다.

한편 상소심의 심판범위는 상소를 제기한 범위에만 미치므로, 검사 또는 피고인이 재판의 일부만을 상소한 경우 상소가 없는 부분의 재판은 확정되고 상소심은 일부상소된 부분에 한하여 심판하는 것이 원칙이다. 이에 따르면 이 사안에서 항소심은 검사가 항소한 무죄부분만을 파기하고 다시 판결을 하여 그에 대하여 별개의 형을 선고하여야 한다. 그러나 이것은 피고인이나 검사가 모두 항소하여 유죄부분 및 무죄부분이 모두 확정되지 않는 상황에서, 항소심이 검사의 항소를 이유있다고 판단하여 형법 제37조 전단의 경합범 관계에 있는 피고인의 모든 죄에 대하여 형법 제38조 제1항 제1호를 적용하여 하나의 형을 선고하는 경우와 비교하여 볼 때 현저하게 불리한 결과가 된다.

〈설문 4〉에서는 제1심 법원이 절도 공소사실에 대해서는 유죄를 그리고 그와 실체적 경합의 관계에 있는 나머지 공소사실에 대해서는 무죄를 선고하였는데 검사만이 무죄부분에 대하여 항소하고 항소심에서 검사의 항소가 이유있다고 판단하여 제1심판결을 파기할 경우, 피고인의 이익을 위하여 경합범 관계에 있는 수개의 범죄사실 전부를 파기하여 하나의 형을 선고해야 하는가 또는 피고인이 항소하지 아니한 유죄부분은 확정된 것으로 보고 무죄부분만을 파기하고 별개의 형을 선고해야 하는가가 문제된다.

형사법

Ⅱ. 견해의 대립

1. 전부파기설

이 견해는 재판의 일부에 대한 상소는 그와 불가분의 관계에 있는 부분에 대해서도 효력이 미치므로 검사만이 무죄부분을 항소하였더라도 항소하지 아니한 유죄부분에 대해서도 항소가 있는 것으로 볼 수 있고(제342조 제2항), 무죄부분만을 파기하여 항소심에서 다시 형을 정하는 경우에는 피고인에게 과형상 불이익을 초래할 수 있다는 이유로 검사가 무죄부분만을 상소한 경우에도 항소심은 유죄부분까지 전부를 파기해야 한다고 주장한다. 이 견해에 따르면 이 사안에서 항소심은 무죄부분 뿐만 아니라 유죄부분까지 그 전부를 파기하고, 甲이 범한 수개의 죄에 대하여 형법 제38조 제1항 제1호를 적용하여 하나의 형을 선고할 수 있다.

2. 일부파기설

이 견해는 피고인과 검사가 상소하지 아니한 유죄부분은 상소기간이 지남으로써 확정되고 상소심에 계속된 사건은 무죄부분에 대한 공소뿐이라는 이유로 상고심에서 파기할 때에는 무죄부분만을 파기할 수밖에 없다고 본다. 이 견해에 따르면 이 사안에서 항소심은 확정된 유죄부분에 대해서는 판단할 수 없고 일부상소된 무죄부분에 대해서만 다시 심판하여야 한다. 다만 이 경우 항소심은 그 죄와 판결이 확정된 죄를 동시에 판결할 경우와 형평을 고려하여 그 죄에 대하여 형을 선고하고 이 경우 그 형을 감경 또는 면제할 수 있다(형법 제39조 제1항).

Ⅲ. 결 론

이 사안과 같이 경합범의 관계에 있는 공소사실 중 일부에 대하여 유죄, 일부에 대하여 무죄가 선고되어 무죄부분에 대하여만 검사가 항소를 제기한 경우 유죄부분은 상소기간이 지남으로써 확정된다. 따라서 이 사안에서 항소심은 무죄부분에 대해서만 심판할 수 있고, 검사의 항소가 이유있다고 판단되는 경우 항소심은 무죄부분만을 파기하고 그에 대하여 별개의 형을 선고해야 한다.

유죄부분과 무죄부분을 모두 파기하고 하나의 형을 선고하는 경우에 비하여 무죄부분만을 파기하고 그에 대해서 별개의 형을 선고하는 경우에는 피고인에게 과형상 불이익이 초래될 여지가 없지 않으나, 형법은 경합범관계에 있는 수개의 범죄사실의 일부에 대하여 확정판결이 있는 경우 나머지 죄에 대하여 판결을 선고할 때에는 이들을 동시에 판결할 경우와 형평을 고려하여야 하고 또한 형을 감경 또는 면제까지 할 수 있도록 하고 있으므로(제39조 제1항) 항소된 부분만을 파기하고 그 부분에 대해서만 별도의 형을 선고한다고 하여 반드시 피고인에게 불이익한 결과가 초래된다고는 할 수 없다.

따라서 이 사안에서 항소심은 검사의 항소가 이유있다고 판단되는 경우 검사가 항소한 무죄부분만을 파기하고 별도로 형을 선고하여야 하고, 검사 및 피고인이 항소하지 않음으로서 확정된 유죄부분을 함께 파기하여 하나의 형을 선고할 수 없다고 할 것이다.

2012년 제1회 변호사시험
형사법 제2문

고소인 甲은 서초경찰서에 '피고소인 乙은 고소인에게 상해보험금이라도 타서 빌려준 돈을 갚으라고 하면서 고소인의 쇄골을 골절해서 4주간의 상해를 입혔다. 그런데 뜻대로 안 되니까 이제는 돈을 갚으라고 협박하고 있다.'는 내용으로 고소하였다.

이를 접수한 사법경찰관 P1은 법원으로부터 영장을 받아 사채업자 乙의 사무실을 압수·수색하였다. 그 결과 甲 명의의 전세계약서, 소비대차계약서, 상해보험증권과 乙 소유의 비망록, 회사 영업장부 등을 압수하였다. 압수한 자료를 검토하던 사법경찰관 P1은 乙에게 "보험금을 청구했느냐?"라고 묻자, "교통사고를 가장해서 보험금을 청구해 보려고 했는데, 甲이 차마 더 이상 못하겠다고 해서 포기했다. 甲이 스스로 보험에 가입하였고, 甲이 승낙하여 상해를 입힌 것이다." "오히려 내가 피해자다. 甲에게 돈을 빌려 주었는데 담보로 받은 전세계약서가 위조되었다."고 주장하였다.

대질과정에서 甲은 전세계약서의 보증금란에 기재된 2,000만 원을 5,000만 원으로 고쳐 위조한 것은 사실이라고 자백하였다. 그리고 甲은, 乙이 '돈을 갚지 않으면 아들을 등교 길에 유괴할 수도 있다.'는 등으로 협박한 전화 통화내용을 직접 녹음한 테이프와 乙이 보낸 핸드폰 메시지를 촬영한 사진 20매를 증거로 제출하였다.

P1은 乙에게 소주라도 한잔하자면서 경찰서 주변 식당으로 乙을 데리고 가 비망록에 '구청직원 접대' 부분을 지적하면서, "접대를 한 구청직원이 누구이고, 왜 접대를 한 것이냐? 앞으로 내가 잘 챙겨 주겠다."는 등으로 설득을 하였다. 당시 진술거부권의 고지는 없었다.

더 이상 버틸 수 없다고 생각한 乙은 "사실은 사건 브로커 丙에게 3,000만 원을 주어 구청직원에게 대부업에 대한 행정단속 등에 편의를 봐 달라는 부탁을 하고 돈을 전달하게 했는데, 돈을 주었는지는 모르겠다."고 진술하였다. 경찰서로 복귀한 후 P1은 乙에 대한 피의자신문조서를 작성하고, 돈을 건네 준 丙을 소환하여 조사하였다. 丙은 "乙에게서 3,000만 원을 받아 丁에게 전액 전달하였다."고 자백하였다. 이에 P1은 구청직원 丁을 소환하여 조사하였는데 丁은 범행 일체를 부인하였다.

검찰에서 甲, 乙과 丙은 경찰에서 한 진술과 같이 모두 자백하였으나, 丁은 일관되게 "친구인 丙으로부터 청탁을 받은 적은 있으나 돈은 결코 받지 않았다."고 주장하였다. 검찰에서의 피의자 신문과정에서는 진술거부권이 적법하게 고지되었고, 변호인이 참여한 상태에서 조사가 이루어졌다.

제1회 공판기일에 피고인 甲은 자백하였으나, 乙과 丙은 검찰진술을 번복하면서 검사가 작성한피의자신문조서의 진정 성립을 부정하였고, 丁은 일관되게 범행을 부인하였다.

1. 甲과 乙의 형사책임을 논하시오. (35점)
2. 丙과 丁의 형사책임을 논하시오. 이 경우 丁에게 뇌물이 전액 전달된 것임을 전제로 한다. (15점)
3. 다음의 각 증거들에 대한 증거능력을 부여하기 위한 요건은 무엇인가? (35점)
   (1) P1이 압수한 비망록
   (2) 乙이 부동의 한 甲이 제출한 녹음테이프와 핸드폰 메시지를 촬영한 사진
   (3) 진술을 번복하는 乙에 대한 검사 작성의 피의자신문조서
4. 丙의 변호인은 乙의 자백이 위법하게 수집한 것으로 증거능력이 없다고 주장한다. 경찰과 검찰에서 한 자백을 각각 나누어 그 주장의 당부를 논하시오. (15점)

형사법

| C/O/N/T/E/N/T/S

제2문 김 태 명 〔전북대학교 법학전문대학원 교수〕

설문 1 : 甲과 乙의 형사책임

Ⅰ. 문제의 제기

먼저 甲의 형사책임과 관련해서는 전세계약서의 보증금액을 고쳐 위조하였다는 점에서 사문서위조·변조죄(형법 제231조) 및 동행사죄(제234조)의 성립여부가 그리고 교통사고를 가장하여 보험금을 청구하려고 하였다는 점에서 사기죄(제347조)의 성립여부가 문제되고 이 밖에 乙을 고소하고 乙과의 전화통화내용을 녹음한 점과 관련해서는 무고죄(제156조) 및 통신비밀보호법위반죄의 성립여부가 문제된다. 그리고 乙의 죄책과 관련해서는 비록 甲의 승낙을 받기는 하였지만 보험금을 목적으로 그의 쇄골을 골절하였다는 점에서 상해죄(제257조)의 성립여부가, 돈을 갚으라고 위협하였다는 점에서 공갈죄(제350조)의 성립여부가 그리고 브로커 丙에게 부탁하여 행정단속에 대한 편의를 봐달라고 부탁하면서 구청직원 丁에게 돈을 전달했다는 점에서 제3자뇌물교부죄(제133조 제2항)의 성립여부가 문제된다.

Ⅱ. 甲의 죄책

1. 사문서위조·변조죄 및 동행사죄의 성립여부

행사할 목적으로 권리, 의무 또는 사실증명에 관한 타인의 문서를 위조 또는 변조한 때에는 사문서위조·변조죄(형법 제231조)가 성립한다. 여기서 권리·의무 또는 사실증명에 관한 문서란 권리의무의 발생·변경·소멸에 관한 사항이 기재된 것 또는 권리·의무에 관한 문서 이외의 문서로서 거래상 중요한 사실을 증명하는 문서를 말하는바, 이 사안에서 전세계약서가 이에 해당한다는 점에 대해서는 의문의 여지가 없다. 또한 사문서위조·변조죄 및 동행사죄의 객체는 타인의 문서이어야 하는바, 전세계약서에는 임차인(이 사안에서 甲)뿐만 아니라 임대인의 성명도 기재되므로 타인의 문서에 해당한다.

그리고 위조란 작성권한없는 자가 타인명의를 모용하여 문서를 작성하는 것을 말하고 변조란 권한없는 자가 이미 진정하게 성립된 타인명의의 문서내용에 변경을 가하는 것을 말하는바, 이 사안에서 甲은 "전세계약서의 보증금란에 기재된 2,000만원을 5,000만원으로 고쳐 위조하였다"고 진술하고 있으나 이는 '위조'가 아니라 '변조'에 해당한다. 문서의 내용에 변경을 가한 경우라도 기존문서와 동일성을 해하는 정도에 이른 때에는 변조가 아니라 위조에 해당하나, 전세계약서의 보증금란에 기재된 금액을 변경하였다고 하여 기존문서와 동일성을 해하는 정도에 이른 것으로는 볼 수는 없다.

그리고 위조·변조된 타인의 문서를 행사한 때에는 동행사죄(형법 제234조)가 성립하는바여기서 '행사'란 위조 또는 변조된 문서를 진정한 문서인 것처럼 사용하는 것으로서 甲이 乙로부터 돈을 빌리면서 담보로 변조된 전세계약서를 준 행위에 대해서는 변조사문서행사죄가 성립한다.

2. 사기죄의 성립여부

사람을 기망하여 재물의 교부를 받거나 재산상이 이익을 취득한 경우에는 사기죄(제347조)가 성립하는바, 고의적으로 보험사고를 유발하거나 허위 신고하여 보험금을 사취하는 보험사기에 대해서도 사기죄가 성립한다. 다만 이 사안에서 甲은 보험금을 청구하려다가 포기하였다는 점에서 보험사기의 미수에 해당하는지가 문제된다.

미수가 성립하기 위해서는 최소한 범죄의 실행에 착수하여 실행행위를 종료하지 못하거나 결과가 발생하지 않은 경우이어야 하는바(제25조), 사기죄에서는 사기의 고의로 기망행위를 개시한 때 실행의 착수가 인정되고 보험사기의 경우에는 보험회사에 보험금을 청구한 때 실행의 착수가 인정된다. 그런데 이 사안에서는 보험금을 청구하기 위하여 교통사고를 가장하여 乙로 하여금 자신에게 상해를 입히게 하는 행위만 있었을 뿐 보험금의 청구가 없으므로 보험사기의 실행의 착수가 인정되지 아니한다. 그리고 사기죄에서는 예비·음모에 대한 처벌규정이 없으므로 보험사기와 관련해서는 사기죄의 미수는 물론 예비·음모의 죄책도 지지 않는다.

3. 통신비밀보호법 위반 및 무고죄의 성립여부

이 사안에서 甲은 乙과의 전화통화를 몰래 녹음하였는바, 통신비밀보호법의 위반여부가 문제된다. 통신비밀보호법상 전기통신을 감청하거나 공개되지 아니한 타인간의 대화를 녹음해서는 안 되며(제3조 제1항) 이를 위반한 때에는 형사처벌의 대상이 된다. 그러나 통신비밀보호법 제3조 제1항이 금지하고 있는 것은 제3자가 당사자의 동의를 받지 않고 전기통신을 감청하거나 대화를 녹음하는 행위인바, 이 사안과 같이 전화통화의 당사자 일방이 상대방과의 통화내용을 녹음하는 것은 처벌의 대상이 아니다(대법원 2008.10.23. 선고 2008도1237 판결). 따라서 이 사안에서 甲에 대해서는 통신비밀보호법위반죄의 죄책을 물을 수 없다.

그리고 이 사안에서 甲은 乙이 보험금을 타서라도 돈을 갚으라고 하면서 자신에게 상해를 입히고 돈을 갚으라고 협박하고 있다는 내용으로 고소를 하였는바, 무고죄(제156조)의 성립여부가 문제된다. 무고죄가 성립하기 위해서는 타인으로 하여금 형사처분 또는 징계처분을 받게 할 목적으로 공무원에 대하여 허위의 사실을 신고하여야 하는바, 범죄성립을 조각하는 사유를 숨기고 구성요건에 해당하는 사실만을 신고하는 것도 허위신고에 해당한다(대법원 1998.3.24.선고 97도2956판결). 이 사안에서 甲은 乙이 자신에게 상해를 입히

도록 승낙하였다는 사실은 신고하지 않았으나 아래에서 보는 바와 같이 보험사기의 목적으로 피해자의 승낙을 얻어 상해를 한 경우에는 위법성이 조각되지 않을 뿐만 아니라, 乙이 자신에게 상해를 입히고 돈을 갚으라고 협박을 한 것은 사실이므로 전체적으로 볼 때 甲의 신고내용을 허위라고 할 수 없다. 따라서 이 사안에서 甲에 대해서 무고죄의 죄책을 물을 수 없다고 하겠다.

4. 소 결

이 사안에서 甲은 전세계약서의 보증금액을 고치고 이를 乙에게 담보로 제공하였다는 점에서 사문서위조·변조죄(형법 제231조) 및 동행사죄(제234조)의 죄책을 진다. 그러나 교통사고를 가장하여 보험금을 청구하려고만 하였을 뿐 실제 청구를 한 것은 아니라는 점에서 사기죄(제347조)의 죄책은 지지 않고, 乙을 상해 및 공갈의 혐의로 고소를 하였으나 허위사실을 신고한 것은 아니라는 점에서 무고죄(제156조)의 죄책은 지지 않으며, 몰래 乙과의 전화통화내용을 녹음하였으나 그것은 통신비밀보호법상의 금지 및 처벌의 대상이 아니라는 점에서 통신비밀보호법위반죄의 죄책은 지지 않는다.

Ⅲ. 乙의 죄책

1. 상해죄의 성립여부

이 사안에서 乙은 보험사기의 목적으로 피해자인 甲의 승낙을 받아 그의 쇄골을 골절하였는바, 상해의 고의 및 상해의 결과를 인정하는 데에는 문제가 없으나 피해자 승낙(제24조)에 의한 행위로서 위법성이 조각되는지가 문제된다.

형법상 사회상규(제20조)는 위법성조각의 일반원리로서의 지위를 가지고 있음을 고려해 볼 때 피해자 승낙으로 위법성이 조각되기 위해서는 개인적 법익을 훼손하는 경우에 법률상 이를 처분할 수 있는 사람의 승낙이어야 할 뿐만 아니라 그 승낙이 윤리적·도덕적으로 사회상규에 반하는 것이 아니어야 한다(대법원 1985.12.10. 선고 85도1892 판결 등 참조). 이 사안에서 乙이교통사고를 가장하여 보험금을 편취할 목적으로 甲에게 상해를 가하였다면 피해자의 승낙이 있었다고 하더라도 이는 위법한 목적에 이용하기 위한 것이므로 위법성이 조각된다고 할 수 없다. 따라서 비록 甲의 승낙을 받았다고 하더라도 乙이 甲에게 쇄골골절상을 입힌 점에 대해서는 상해죄(제257조)의 죄책을 진다.

2. 공갈죄의 성립여부

이 사안에서 乙은 甲에게 "돈을 갚지 않으면 아들을 등굣길에 유괴할 수도 있다."는 등으로 협박을 하였는바 공갈죄(제350조)의 성립여부가 문제된다. 공갈죄에서 공갈이란 재물 또는 재산상의 이익을 취득하기 위하여 폭행 또는 협박으로 외포심을 일으키게 하는 행위를 말하고, 폭행 또는 협박의 정도는 사람의 의사결정과 행동의 자유를 제한하는 정도이어야 한다. 다만 강도죄(제333조)와의 관계에서 사람의 반항을 억압할 정도에 이르러서는 안 된다.

이 사안에서 乙이 甲에게 돈을 갚을 것을 요구하면서 아들을 유괴할 수도 있다고 위협하는 것은 사람의 반항을 억압할 정도는 아니지만 사람의 의사결정과 행동의 자유를 제한하는 정도로서 공갈죄의 협박에 해당한다. 다만 공갈행위로 인하여 재물 또는 재산상의 이익을 취득한 것은 아니므로 이 사안에서 乙은 공갈죄의 미수의 죄책을 진다(제350조, 제352조).

3. 제3자뇌물교부죄의 성립여부

이 사안에서 乙은 브로커 丙에게 부탁하여 행정단속에 대한 편의를 봐달라고 부탁하면서 구청직원 丁에게 돈을 전달했다는 점에서 제3자뇌물교부죄(제133조 제2항)의 성립여부가 문제된다.

뇌물이란 공무원의 직무와 대가관계가 있는 부당한 이익으로서 이 사안에서 구청직원 丁은 공무원이고 또한 그가 담당하는 대부업에 대한 행정단속에서 편의를 봐 달라고 부탁하기 위한 것이라는 점에서 직무관련성도 인정된다. 한편 증뢰에 공할 목적으로 제3자(丙)에게 금품을 교부하면 본죄가 성립하고 제3자가 수뢰할 자에게 금품을 전달하였는가의 여부는 본죄의 성립에 영향을 미치지 아니하는바, 설사 이 사안에서 丙이 丁에게 3,000만원은 전달하지 않았다고 하더라도 乙은 제3자뇌물교부죄(제133조 제2항)의 죄책을 진다.

4. 소 결

이 사안에서 乙은 甲의 쇄골을 골절시켜 상해를 입혔다는 점에서 상해죄(제257조)의 죄책을 지고, 돈을 갚으라고 위협하고 있다는 점에서 공갈죄의 미수(제350조, 제354조)의 죄책을 지며, 브로커 丙에게 부탁하여 행정단속에 대한 편의를 봐달라고 부탁하면서 구청직원 丁에게 돈을 전달했다는 점에서 제3자뇌물교부죄(제133조 제2항)의 죄책을 진다.

설문 2 : 丙과 丁의 형사책임

Ⅰ. 문제의 제기

이 사안에서 브로커 丙에 대해서는 乙로부터 구청직원인 丁에게 대부업에 대한 행정단속 등에 편의를 봐 달라는 부탁을 받고 3,000만원을 받아 이를 丁에게 전달하였다는 점에서 증뢰물전달죄(제133조 제2항)의 성립여부가 문제되고, 공무원 丁에 대해서는 丙을 통해 乙로부터 3,000만원의 뇌물을 전달받았다는 점에서 특정범죄가중처벌 등에 관한 법률(이하 특가법이라 한다)위반죄의 성립여부가 문제된다.

Ⅱ. 丙의 죄책

증뢰에 공할 목적으로 그 정을 알면서 제3자로부터 금품을 교부받은 경우에는 증뢰물전달죄(제133조 제2항)가 성립한다. 제3자가 교부받은 금품을 후에 공무원에게 전달하였는가이 여부는 본죄의 성립에 영향을 미치지 않다. 이 사안에서 丙은 실제로 丁에게 3,000만원을 전달하였는바 증뢰물전달죄(제133조 제2항)가 성립한다는 점은 분명하다.

Ⅲ. 丁의 죄책

丁은 구청직원으로 공무원에 해당하고 丙을 통해 자신의 업무인 대부업에 대한 행정단속 등에 편의를 봐 달라는 부탁을 받고 3,000만원을 수령하였는바, 이는 형법상 수뢰죄(제129조 제1항)에 해당한다. 다만 수수한 뇌물의 가액이 3,000만원이므로 특가법에 의하여 가중처벌되는바, 丁은 특가법 제2조 제1항 제3호 위반죄의 죄책을 진다.

Ⅳ. 결 론

丙은 乙의 부탁을 받고 구청직원인 丁에게 대부업에 대한 행정단속 등에 편의를 봐 달라는 부탁을 하고 3,000만원을 전달하였다는 점에서 증뢰물전달죄(제133조 제2항)의 죄책을 지고, 丁은 丙을 통해 그와 같은 부탁을 받고 乙로부터 3,000만원의 뇌물을 전달받았다는 점에서 특가법 제2조 제1항 제3호 위반죄의 죄책을 진다.

설문 3 : 비망록, 녹음테이프, 사진 및 피의자신문조서의 증거능력

Ⅰ. P1이 압수한 비망록의 증거능력

이 사안에서는 P1이 압수한 乙의 비망록은 사실을 직접 경험한 사람의 공판정에서의 진술, 즉 원본증거가 아니라 이에 갈음하는 서류로서 전문증거에 해당하고, 전문증거의 증거능력이 인정되기 위해서는 형사소송법 제311조 내지 제316조의 요건을 갖추어야 한다.

업무상 필요로 작성된 통상문서(제315조 제2호)는 당연히 증거능력이 인정되나 이 사안에서 乙의 비망록은 통상의 문서가 아니라는 점에서 당연히 증거능력있는 증거라고 할 수는 없고, 피고인이 스스로 사실관계를 기재한 서면이라는 점에서 피고인이 작성한 진술서(제313조 제1항)에 해당한다.

피고인이 작성한 진술서는 피고인이 증거로 할 수 있음에 동의한 때에는 증거로 할 수 있으나(제318조 제1항), 이 사안에서 乙은 법정에서 경찰 및 검찰에서의 진술을 번복하고 있다는 점에 비추어 볼 때 증거동의는 없다고 할 것이다. 다만 피고인이 작성한 진술서는 그것이 피고인의 자필이거나 서명 또는 날인이 있고 공판준비 또는 공판기일에서의 피고인의 진술에 의하여 그 성립의 진정함이 증명되고 그 진술이 특히 신빙할 수 있는 상태 하에서 행하여 진 때에 한하여 피고인의 공판준비 또는 공판기일에서의 진술에 불구하고 증거로 할 수 있다(제313조 제1항 단서). 여기서 '특히 신빙할 수 있는 상태'란 진술내용이나 진술서의 작성에 허위개입의 여지가 없고 진술내용의 신빙성이나 임의성을 담보할 구체적이고 외부적인 정황을 의미하는바, 비망록은 일반적으로 자필에 의해 작성되고 특히 신빙할 수 있는 상태에서 작성된 것이라고 볼 수 있으므로 다른 특별한 사정이 없는 한 이 사안에서 비망록에 대해서는 乙이 진정성립을 부인하는 경우에도 증거능력이 인정된다고 할 것이다.

Ⅱ. 甲의 제출한 녹음테이프 및 핸드폰메시지 촬영사진의 증거능력

1. 녹음테이프의 증거능력

(1) 형사소송법은 적법한 절차에 따르지 아니하고 수집한 증거는 증거로 사용할 수 없다고 하여 위법수집증거배제법칙을 규정하고 있는바(제308조의 2), 우선 이 사안에서는 甲이 乙 몰래 전화통화내용을 녹음한 녹음테이프가 위법수집증거로서 증거능력이 배제되는가를 검토하여야 한다.

통신비밀보호법은 전기통신의 감청 또는 타인간의 대화의 녹음을 금지하고 있다. 그러나 여기서 전기통신의 감청이란 제3자가 전기통신의 당사자인 송신인과 수신인의 동의를 받지 아니하고 전기통신 내용을 녹음하는 등의 행위를 말하고 甲이 몰래 녹음한 내용은 타인간의 대화에 해당하지 않는다. 또한 국민의 사생활 영역에 관계된 모든 증거의 제출이 곧바로 금지되는 것으로 볼 수는 없고 효과적인 형사소추 및 형사소송에서의 진실발견이라는 공익과 개인의 사생활의 보호이익을 비교형량하여 그 허용 여부를 결정해야 하는바(대법원 1997. 9. 30. 선고 97도1230 판결), 이 사안과 같이 공갈, 협박의 피해자인 甲이 그 증거를 수집하려고 그 전화내용을 녹음한 경우 그 녹음테이프가 피고인 모르게 녹음된 것이라 하여 이를 위법하게 수집된 증거라고 할 수는 없다(대법원 1997. 3. 28. 선고 97도240 판결).

(2) 한편 녹음테이프가 증거로 제출된 경우에 증거자료가 되는 것은 녹음테이프 그 자체가 아니라 그에 녹음된 대화내용이고 그 중 피고인 乙의 진술내용은 실질적으로 피고인의 진술을 기재한 서류(제313조 제1항)와 다름이 없다(대법원 2005.12.23. 선고 2005도2945 판결). 따라서 乙이 그 녹음테이프를 증거로 할 수 있음에 동의하지 않은 이상 그 녹음테이프 중 乙의 진술내용을 증거로 사용하기 위해서는 공판준비 또는 공판기일에서 그 작성자인 甲의 진술에 의하여 녹음테이프에 녹음된 乙의 진술내용이 乙이 진술한 대로 녹음된 것임이 증명되고 나아가 그 진술이 특히 신빙할 수 있는 상태 하에서 행하여진 것임이 인정되어야 한다(제313조 제1항 단서).

2. 핸드폰메시지 촬영사진의 증거능력

(1) 전문증거란 사실을 경험한 사람이 직접 법정에 나와 하는 진술이 아니라 이에 갈음하는 대체물인 진술 또는 서류로서 증거능력을 부여받기 위해서는 형사소송법 제311조 내지 제316조의 요건을 갖추어야 한다(제310조의2). 그런데 이 사안과 같이 정보통신망을 통하여 공포심이나 불안감을 유발하는 글을 상대방에게 도달하게 하는 행위를 함으로써 핸드폰에 저장된 문자정보가 그 증거가 되는 경우, 그 문자정보는 범행의 직접적인 수단이고 경험자의 진술에 갈음하는 대체물에 해당하지 않으므로, 형사소송법상 전문법칙이 적용되지 않는다(대법원 2008.11.13. 선고 2006도2556 판결).

다만 이 사안에서 증거로 제출된 것은 메시지가 저장된 핸드폰 자체가 아니라 핸드폰 메시지를 촬영한 사진인 바, 이와 같이 제출된 증거물이 원본이 아니라 그로부터 복사한 사본일 경우에는 복사과정에서 편집되는 등의 인위적 개작 없이 원본의 내용 그대로 복사된 사본임이 입증되어야 하고, 그러한 입증이 없는 경우에는 쉽게 그 증거능력을 인정해서는 안 된다(대법원 2005.12.23. 선고 2005도2945 판결). 따라서 핸드폰 메시지를 촬영한 사진을 증거로 사용하기 위해서는 메시지가 저장된 휴대전화기를 법정에 제출할 수 없거나 그 제출이 곤란한 사정이 있고, 그 사진의 영상이 휴대전화기의 화면에 표시된 문자정보와 정확하게 같다는 사실이 증명되어야 한다(대법원 2008.11.13. 선고 2006도2556 판결).

Ⅲ. 乙에 대한 피의자신문조서의 증거능력

검사가 피고인이 된 피의자의 진술을 기재한 조서는 적법한 절차와 방식에 따라 작성된 것으로서 피고인이 진술한 내용과 동일하게 기재되어 있음이 공판준비 또는 공판기일에서의 피고인의 진술에 의하여 인정되고, 그 조서에 기재된 진술이 특히 신빙할 수 있는 상태하에서 행하여졌음이 증명된 때에는 증거로 할 수 있다(제312조 제1항). 다만 피고인이 그 조서의 성립의 진정을 부인하는 경우에는 그 조서에 기재된 진술이 피고인이 진술한 내용과 동일하게 기재되어 있음이 영상녹화물이나 그 밖의 객관적인 방법에 의하여 증명되고, 그 조서에 기재된 진술이 특히 신빙할 수 있는 상태 하에서 행하여졌음이 증명된 때에 한하여 증거로 할 수 있다(같은 조 제2항).

따라서 이 사안에서 乙은 검사작성 피의자신문조서에 대해 증거동의를 하고 있지 않는바 그 증거능력이 인정되기 위해서는 우선 (1) 그것이 적법한 절차와 방식에 따라 작성된 것이어야 하고, (2) 다음으로 그 조서에 기재된 진술이 피고인이 진술한 내용과 동일하게 기재되어 있음이 영상녹화물이나 그 밖의 객관적인 방법에 의하여 증명되어야 하며, (3) 그 조서에 기재된 진술이 특히 신빙할 수 있는 상태 하에서 행하여졌음이 증명되어야 한다. 여기서 객관적 방법이란 반드시 과학적·기계적 방법에 한정되지 않고 피의자신문에 참여한 변호인에 의해서도 실질적 진정성립을 인정할 수 있다. 그러나 조사자의 증언(제316조)에 의하여 실질적 진정성립을 인정할 수는 없다고 본다.

설문 4 : 乙의 자백이 위법수집증거인지 여부 및 丙의 변호인 주장의 정당성

적법한 절차에 의하지 아니하고 수집한 증거는 증거로 사용할 수 없는 바(제308조의2), 이와 관련하여 경찰 및 검찰단계에서의 乙의 자백의 증거능력을 살펴보면 다음과 같다.

Ⅰ. 경찰단계에서의 乙의 자백의 증거능력

이 사안에서 P1은 乙을 경찰서 주변 식당으로 데리고 가 진술거부권의 고지도 없이 乙을 설득하여 브로커 丙에게 공무원 丁에게 전달해 달라고 하면서 3,000만원을 주었다는 자백진술을 받은 다음 경찰서로 와서 피의자신문조서를 작성하였다. 위법수집증거배제법칙과 관련하여 P1이 乙로부터 자백을 받은 일련의 절차가 적법한지가 문제된다.

피의자신문의 장소는 반드시 경찰관서일 것을 요하는 것은 아니나 신문절차의 적법성을 보장하기 위하여 사법경찰관이 피의자를 신문함에 있어서는 그 전에 진술거부권 등을 고지하여야 하고(제244조의3), 사법경찰리를 참여하게 하여야 하며(제243조), 피의자의 요구가 있는 때에는 정당한 사유가 없는 한 변호인을 참여하게 하여야 한다(제243조의2제1항).그런데 이 사안에서 P1은 乙을 신문함에 있어 진술거부권을 고지하지 않았고 사법경찰리를 참여하게 하지도 않았으며 변호인의 참여권도 보장하지 않았으므로, P1의 자백진술은 적법한 절차에 의하지 아니하고 수집한 증거로서 증거능력이 없다.

이 뿐만 아니라 피고인의 자백이 고문, 폭행, 협박, 신체구속의 부당한 장기화 또는 기망 기타의 방법으로 임의로 진술한 것이 아니라고 의심할 만한 이유가 있는 때에는 이를 유죄의 증거로 하지 못하는 바(제309조), 이 사안에서는 사법경찰관 P의 乙에 대한 피의자신문이 형사소송법의 규정하고 있는 절차에 위반하여 이루어졌다는 점에서 임의로 진술한 것이 아니라고 의심할 만한 이유가 있고 따라서 이를 유죄의 증거로 할 수 없다.

Ⅱ. 검찰단계에서의 乙의 자백의 증거능력

형사소송법상 위법수집증거배제법칙(제308조의2)은 수사기관이 헌법과 형사소송법이 정한 절차에 따르지 아니하고 수집한 1차 증거는 물론 이를 기초로 하여 획득한 2차 증거에도 적용된다. 다만 수사기관의 절차위반이 적법절차의 실질적인 내용을 침해하는 중대한 것이 아니고, 그 증거의 증거능력을 배제하는 것이 적법절차의 원칙과 실체적 진실 규명의 조화를 도모하려는 취지에 반하는 경우에는 예외적으로 그 증거를 증거로 사용할 수 있으므로, 위법하게 수집한 1차 증거를 기초로 하여 수집한 2차 증거라는 이유만으로 증거능력을 부정해서는 안 되고 절차위반의 정도와 경위, 피고인 권리침해의 정도, 절차위반 이후의 상황 등을 종합적으로 고려하여 2차 증거의 증거능력을 판단해야 한다(대법원 2009.3.12. 선고 2008도11437 판결).

이 사안에서 P1은 乙에게 진술거부권을 고지하지 않고 변호인의 참여권을 보장하지 않

형사법

았으나 그것이 乙의 자백을 이끌어내기 위해 의도적으로 행한 것으로는 보이지 않는다는 점, 검찰단계에서는 진술거부권을 고지하고 변호인을 참여하게 하는 등 적법하게 피의자신문이 행해졌다는 점, 검찰에서의 자백은 그와 같은 상황에서 자발적으로 이루어졌다는 점 등을 고려해 볼 때 경찰단계에서의 피의자신문절차가 위법하게 이루어졌다는 것을 이유로 검찰단계에서의 자백의 증거능력을 부정할 수 없다고 본다.

Ⅲ. 결 론

위에서 살펴본 바와 같이 경찰단계에서의 乙의 자백진술은 적법한 절차에 의하지 아니하고 수집한 증거일 뿐만 아니라 임의로 진술한 것이 아니라고 의심할 만한 이유가 있으므로, 경찰단계에서의 乙의 자백의 증거능력이 인정되지 않는다는 丙의 변호인의 주장은 정당하다. 그리고 위법수집증거배제법칙상 원칙적으로 위법하게 수집한 1차 증거를 기초로 획득한 2차 증거도 증거능력이 인정되지 아니하나, 검찰단계에서는 진술거부권을 고지하고 변호인을 참여하게 하는 등 적법한 절차에 의해 피의자신문이 행해졌고 이와 같은 상황에서 乙이 자발적으로 자백하였다는 점 등을 고려해 볼 때 검찰단계에서의 乙의 자백의 증거능력이 없다는 丙의 변호인의 주장은 정당하지 않다고 본다.

끝으로 丙의 변호인이 乙에 대한 위법을 주장할 수 있는가(주장적격)가 문제될 수 있으나, 위법수집증거배제법칙상 수사기관이 피고인이 아닌 자를 상대로 적법한 절차에 따르지 아니하고 수집한 증거는 원칙적으로 피고인에 대해서도 유죄 인정의 증거로 삼을 수 없으므로(대법원 2009. 8. 20. 선고 2008도8213 판결) 위법수집증거로서 증거능력이 인정되지 않는 경찰단계에서의 乙의 자백은 丙에 대한 유죄의 증거로 할 수 없는 바, 이 점에 관한 한 丙의 변호인의 주장도 정당하다고 할 것이다.

법학전문대학원협의회 주관 모의시험

형사법
사례형

- 2013년도 제3차 법전협주관 모의시험
- 2013년도 제2차 법전협주관 모의시험
- 2013년도 제1차 법전협주관 모의시험
- 2012년도 제2회 법전협주관 모의시험

2013년도 제3차 법전협주관 모의시험

형사법 제1문

제 1 문

甲은 맥주를 마시면서 운전을 하던 중 혈중알코올농도 0.05%상태에서 동생 乙을 태운 후 왕복 4차선인 자동차 전용도로상의 2차선을 시속 70km(제한속도 80km)로 운전하고 있었다. 甲은 100m 전방에서 보행자 A가 무단으로 도로를 횡단하고 있는 것을 발견하고 “저놈 봐라!” 하면서 속도를 줄이려 하였다. 하지만 甲은 조수석에 앉아 있던 乙이 “알아서 피할 테니 걱정 말고 그대로 달리자.”라는 말을 하자 이에 동조하여 그대로 달리다가 도로 중간지점에서 멈칫거리는 A를 자신의 차량과 충돌하면서 A를 옆 차선인 1차선으로 튕겨나가게 하였다. 甲은 乙을 쳐다보면서 A를 내버려 두고 도망갈 듯 한 태도를 취하자 乙은 고개를 끄떡이며 이에 동의하여 현장에서 도주하였다. 이 사고로 인해 A는 전치 6주의 상해를 입었다.

사고를 낸 후 서둘러 다음 램프로 빠져나온 甲은 차량에 설치된 블랙박스에 자신의 음주운전과 위 사고 장면이 녹화된 영상부분을 없애기 위해 IT분야의 전문가인 乙에게 블랙박스의 내용을 삭제하도록 부탁하였고, 乙도 甲과 자신의 형사처벌을 피하기 위하여 블랙박스 영상을 지워버렸다. 그 후 甲과 乙은 친구 B를 찾아가 사고 경위를 말하면서 자수할지 말지를 고민하자 B는 “걱정할 것 걱정할 것 없다. 내게 맡겨.” 하면서 범퍼에 묻은 핏자국을 수건으로 닦은 후 사고 자동차를 자신의 차고에 한 달 정도 보관해 주기로 하는 동시에 그 수건과 블랙박스를 자신의 책상 서랍 속에 넣어 두었다. 甲과 乙은 그날 저녁 주점에서 만나 술을 마시던 중 乙이 걱정을 하며 초조해하자 甲이 큰 소리로 “내가 알아서 할 테니, 걱정 말아라. 사람 하나 차로 친 것이 뭐 대수냐.”고 말하였다. 이 말을 엿들은 주점 주인은 경찰에 신고하였고, 이에 甲과 乙은 출동한 경찰관 P에 의하여 적법하게 긴급체포되었다. 경찰관 P는 甲과 乙을 경찰서에서 연행하여 조사하면서 모든 범행사실에 대한 임의의 자백을 받아 이를 적법하게 피의자신문조서에 기재한 후, 긴급체포한 때로부터 12시간이 지난 그날 23:00경 긴급히 증거를 확보하기 위하여 압수 · 수색 영장없이 B의 집으로 가서 집을 지키던 B의 처를 참여시키지 않고 서랍 속에 있던 피 묻은 수건과 블랙박스를 찾아내어 이를 압수하였다.

1. 甲과 乙의 죄책을 논하시오.(60점)
2. 경찰관 P가 B의 집에서 피 묻은 수건과 블랙박스를 압수한 행위의 적법성을 논하시오.(20점)
3. 甲과 乙이 위 범죄로 기소된 후 乙은 병원에 입원하게 되었고, 甲만 공판정에 출석하여 심리를 받았다. 검사가 사법경찰관 작성의 甲과 乙에 대한 피의자신문조서를 증거로 제출하자, 甲은 자신과 乙에 대하여 작성된 피의자신문조서의 내용을 부인하였다. 甲과 乙에 대한 사법경찰관 작성의 각 피의자신문조서를 甲에 대해 유죄의 증거로 사용할 수 있는지를 논하시오.(20점)

C/O/N/T/E/N/T/S

제1문

김 태 명 〔전북대학교 법학전문대학원 교수〕

A. 설문1

Ⅰ. 혈중알코올농도 0.05%의 상태에서 운전을 하다 A를 치어 상해를 입히고 도주한 점

1. 甲의 죄책

(1) 자동차의 교통으로 인하여 업무상과실·중과실치사상죄를 범하고 피해자를 구호하는 등의 조치를 취하지 아니하고 도주한 때에는 특정범죄가중처벌등에 관한 법률(이하 '특가법'이라 한다)상 도주운전죄(제5조의3)가 성립한다.

(2) 자동차전용도로를 운행하는 자동차의 운전자로서는 일반적인 경우에 고속도로를 횡단하는 보행자가 있을 것까지 예견하여 보행자와의 충돌사고를 예방하기 위하여 급정차 등의 조치를 취할 수 있도록 대비하면서 운전할 주의의무가 없다. 다만 자동차전용도로를 무단횡단하는 보행자를 충격하여 사고를 발생시킨 경우라도 운전자가 상당한 거리에서 보행자의 무단횡단을 미리 예상할 수 있는 사정이 있었고, 그에 따라 즉시 감속하거나 급제동하는 등의 조치를 취하였다면 보행자와의 충돌을 피할 수 있었다는 등의 특별한 사정이 인정되는 경우에는 자동차 운전자의 과실을 인정할 수 있다.

(3) 이 사안에서 甲은 무단횡단하는 피해자 A를 치어 상해를 입혔지만 당시 甲은 혈중알코올농도 0.05%의 상태였고 게다가 100m 전방에서 피해자 A를 발견하였음에도 불구하고 속도를 줄이는 등의 조치를 취하지 아니하고 A를 충격하였으므로 업무상과실치상이 인정된다. 또한 A를 친 사실을 인식하였음에도 불구하고 즉시 정차하여 A의 상태를 살피고 A를 병원으로 후송하는 등의 조치를 취하지 아니한 채 현장을 이탈한 사실이 인정된다.

(4)이 사안에서 甲이 자동차전용도로를 운전하던 중 A를 치어 상해를 입히고 도주한 점에 대해서는 특가법상 도주운전죄(제5조의3 제1항 제2호)의 죄책을 진다. 한편 혈중알코올농도 0.05%의 상태에서 운전을 한 점에 대해서는 도로교통법상 음주운전죄(제148조의2 제2항 제3호)을 지고, 양 죄는 실체적 경합관계에 있다.

형사법

2. 乙의 죄책

(1) 특가법상 도주운전죄는 그 주체가 자동차 또는 원동기장치자전거의 운전자로 제한되어 있고 도로교통법상 구호조치의무(제54조 제1항)는 운전자 또는 승무원에게만 부여되어으므로 도주운전죄는 신분관계로 인하여 성립되는 범죄(신분범)이라고 할 수 있다. 따라서 이 사안에서 甲이 운전하는 차량에 동승하고 있던 乙은 본죄의 주체가 될 수 없다.

(2) 다만 신분관계로 인하여 성립될 범죄에 가담한 신분없는 자도 공동정범의 죄책을 지고(제33조), 공동정범은 고의범뿐만 아니라 과실범에 대해서도 적용되므로 동승자인 乙은 관여의 정도에 따라 도주운전죄의 공동정범의 죄책을 질 수 있다. 과실범의 공동정범은 2인 이상의 행위자가 상호의사연락 하에 과실행위를 공동으로 하거나 공동의 목표로 그에 대한 의사연락이 있는 다수인 각자의 과실이 합쳐져서 동일한 사고의 원인이 된 경우에 인정되는데, 이 사안에서 乙은 속도를 줄이려 하는 甲에게 "알아서 피할 테니 걱정 말고 그대로 달리자." 라고만 말하여 甲으로 하여금 속도를 줄이는 등의 조치를 취하지 아니한 채 그대로 달리게 한 것은 공동으로 과실행위를 한 경우에 해당하고, 나아가 乙이 A를 내버려두고 도망갈 듯 한 태도를 취하는 甲에게 고개를 끄덕여 동의를 함으로써 결국 甲이 구호조치를 취하지 아니하고 도주하도록 한 것은 공동으로 구호조치를 취하지 아니한 경우에 해당하다.

(3) 따라서 이 사안에서 乙은 특가법상 도주운전죄(제5조의3 제1항 제2호)의 공동정범의 죄책을 진다.

Ⅱ. 사고 후 甲이 乙에게 부탁하여 乙이 블랙박스 기록을 삭제한 점

1. 乙의 죄책

(1) 이 사안에서 블랙박스에 녹화된 사고장면 영상은 甲과 乙의 음주운전죄 및 도주운전죄의 증거에 해당하는데, 운전자인 甲이 동승자인 乙에게 부탁하여 블랙박스의 기록을 삭제하는 행위가 증거인멸죄(제155조 제1항)에 해당하는지가 문제된다.

(2) 증거인멸죄가 성립하기 위해서는 인멸하는 증거가 타인의 형사사건 또는 징계사건에 관한 것이어야 하고, 자신이 직접 형사처분이나 징계처분을 받게 될 것을 두려워한 나머지 자기의 이익을 위하여 그 증거가 될 자료를 인멸하였다면 그 행위가 동시에 다른 공범자의 형사사건이나 징계사건에 관한 증거를 인멸한 결과가 된다고 하더라도 증거인멸죄로 처벌할 수 없다.

(3) 이 사건에서 乙이 인멸한 블랙박스 영상 중 도주운전의 점은 형인 甲의 형사사건에 관한 것임과 동시에 자신의 형사사건에 관한 것이므로 이를 인멸한 데 대해서는 증거인멸죄의 죄책을 지지 않는다. 그리고 블랙박스 영상 중 음주운전의 점은 자신이 아니라 형 甲의 형사사건에 관한 것이지만, 친족이 본인을 위하여 증거인멸죄를 범한 때에 해당하므로 결국 처벌되지 아니한다(제155조 제4항).

2. 甲의 죄책

(1) 앞에서 지적한 바와 같이 스스로 자기의 형사사건에 관한 증거를 인멸한 때에는 증거인멸죄의 죄책을 지지 않다. 그러나 타인을 교사하여 자기의 형사사건에 관한 증거를 인멸하는 것은 비호권의 남용으로 적법행위에 대한 기대가능성이 없다고 할 수 없기 때문에 증거인멸교사죄(제155조 제1항, 제31조 제1항)의 죄책을 진다.

(2) 다만 앞에서 살펴보았듯이 도주운전죄의 점에 관해 乙은 증거인멸죄의 죄책을 지지 않으므로 甲이 乙을 교사하여 도주운전에 관한 증거를 인멸하도록 한 점에 대해서는 증거인멸교사죄의 죄책을 지지 않는다. 그러나 음주운전죄의 점은 甲의 단독범행으로, 甲이 자신을 위하여 乙로 하여금 증거를 인멸하게 하는 것은 방어권의 남용으로 증거인멸교사죄의 죄책을 진다. 그리고 乙이 형법 제155조 제4항에 의하여 처벌을 받지 아니하는 친족에 해당한다고 하여 달리 볼 것은 아니다.

Ⅲ. 甲과 乙이 B로 하여금 수건과 블랙박스를 보관하도록 한 점

(1) 타인의 형사사건에 관한 증거를 인멸 또는 은닉한 때에는 증거은닉죄가 성립하는바, 이 사안에서 B가 범퍼에 묻은 핏자국을 수건으로 닦아 그 수건을 자신의 책상서랍 속에 넣어 둔 행위는 증거인멸죄(제155조 제1항)를 구성한다. 다만 B의 이와 같은 범행은 甲과 乙의 부탁에 의한 것이 아니라 B 자신이 스스로 한 것이므로 특별한 사정이 없는 한 이 점

에 대해 甲과 乙에게 공범의 죄책을 묻기는 힘들다.

(2) 그러나 B가 보관하도록 한 블랙박스는 甲의 차량에 부착되어 있던 것으로, 甲과 乙이 B에게 사고경위를 말하고 B로 하여금 도주운전과 음주운전의 증거인 수건과 블랙박스를 보관하도록 한 점에 대해서는 증거인멸교사죄(제155조 제1항, 제31조 제1항)의 죄책을 진다.

B. 설문 2

Ⅰ. 문제의 제기

압수 또는 수색은 대물적 강제처분으로, 사법경찰관이 범죄의 수사에 필요한 때에는 검사에게 신청하여 검사의 청구로 지방법원판사가 발부한 영장에 의하여 할 수 있다(제215조). 다만 사법경찰관은 긴급체포의 규정(제200조의3)에 따라 체포된 자가 소유, 소지 또는 보관하는 물건에 대하여 긴급히 압수할 필요가 있는 경우 피의자를 체포한 때로부터 24시간에 한하여 영장없이 압수, 수색 또는 검증을 할 수 있다(제217조 제1항). 이 사안에서 경찰관 P가 B의 집에서 피 묻은 수건과 블랙박스를 압수한 행위가 이 규정에 의한 영장없는 압수·수색의 요건과 절차를 갖추고 있는지가 문제된다.

Ⅱ. 긴급체포시 영장없는 압수 · 수색의 요건과 절차

(1) 긴급체포된 자에 대하여 영장없이 압수, 수색 또는 검증을 할 수 있는 대상은 그 자가 소유, 소지 또는 보관하는 물건으로 제한되고 제3자의 물건은 포함되지 않는다.

(2) 다만 긴급체포된 자에 대해 영장없이 압수·수색을 하더라도 사법경찰관은 참여하지 아니한다는 의사를 표명하거나 급속을 요하는 때를 제외하고는 미리 그 일시와 장소를 피의자 또는 변호인에게 통지하여야 하고(제219조, 제122조), 타인의 주거 내에서 압수·수색을 함에 있어서는 주거주, 간수자 또는 이에 준하는 자를 참여하게 하여야 하며(제219조, 제123조), 도박 기타 풍속을 해하는 행위에 상용된다고 인정하는 장소이거나 여관, 음식점 기타 야간에 공중이 출입할 수 있는 장소가 아닌 한 원칙적으로 야간집행이 허용되지 않는다(제219조, 제125조).

Ⅲ. 사안의 검토

(1) 우선 요건 면에서 이 사안에서 수건은 긴급체포된 자가 아닌 B가 보관하고 있는 B 소유의 물건으로 경찰관 P는 영장없이 이를 압수·수색할 수 없으나, 블랙박스는 甲과 乙로부터 건네받은 것으로 甲 또는 乙의 소유이므로 경찰관 P는 영장없이 이를 압수·수색할 수

있다. 다음으로 절차 면에서 블랙박스에 대한 압수·수색은 긴급체포한 때로부터 24시간 이내의 요건을 충족하였고, B 등에게 압수·수색의 일시와 장소를 통지하지 아니하였으나 긴급히 증거를 확보할 필요가 있다는 점에서 이를 이유로 위법하다고 할 수 없다. 그러나 집을 지키고 있던 B의 처를 참여시키지 아니하였고 나아가 야간집행이 허용되는 장소가 아님에도 불구하고 야간에 집행을 하였다.

(2) 따라서 이 사안에서 B가 보관하는 수건과 블랙박스를 경찰관 P가 영장없이 압수·수색한 것은 위법하다.

C. 설문 3

Ⅰ. 문제의 제기

검사 이외의 수사기관이 작성한 피의자신문조서는 적법한 절차와 방식에 따라 작성된 것으로서 공판준비 또는 공판기일에 그 피의자였던 피고인 또는 변호인이 그 내용을 인정할 때에 한하여 증거로 할 수 있다(제312조 제3항). 이 사안에서 甲과 乙에 대한 피의자신문조서를 甲에 대한 유죄의 증거로 사용할 수 있는지를 살펴보면 다음과 같다.

Ⅱ. 甲에 대한 피의자신문조서를 甲에 대한 유죄의 증거로 사용할 수 있는지 여부

(1) 앞에서 살펴본 바와 같이 검사 이외의 수사기관이 작성한 피의자신문조서를 그 피의자였던 피고인에 대한 유죄의 증거로 사용하기 위해서는 공판정에서 피고인 또는 변호인이 그 내용을 인정하여야 한다.

(2) 이 사안에서 甲은 공판정에서 심리를 받으면서 자신에 대하여 작성된 피의자신문조서의 내용을 부인하였으므로 甲에 대한 사법경찰관작성 피의자신문조서는 甲에 대한 유죄의 증거로 사용할 수 없다.

Ⅲ. 乙에 대한 피의자신문조서를 甲에 대한 유죄의 증거로 사용할 수 있는지 여부

(1) 형사소송법 제312조 제3항은 검사 이외의 수사기관이 작성한 당해 피고인에 대한 피의자신문조서를 유죄의 증거로 하는 경우뿐만 아니라, 검사 이외의 수사기관이 작성한 당해 피고인과 공범관계에 있는 다른 피고인이나 피의자에 대한 피의자신문조서를 당해 피고인에 대한 유죄의 증거로 채택할 경우에도 적용된다. 따라서 당해 피고인과 공범관계에 있는 공동피고인에 대하여 검사 이외의 수사기관이 작성한 피의자신문조서는 그 공동피고인의 법정진술에 의하여 성립의 진정이 인정되더라도 당해 피고인이 공판기일에서 그 조서의 내용을 부인하면 증거능력이 부정된다.

(2) 이 사안에서 甲은 乙에 대한 사법경찰관작성 피의자신문조서에 대해 내용을 부인하였는바, 설사 乙의 법정진술에 의해 성립의 진정이 인정되더라도 이를 甲에 대한 유죄의 증거로 사용할 수 없다.

2013년도 제3차 법전협주관 모의시험
형사법 제2문

甲과 乙은 2012. 3. 12. X은행의 은행원을 위협하여 X은행을 털기로 공모하였다. 이를 위해 乙은 甲에게 X은행의 내부구조를 말해주고 자신이 적법하게 소지하고 있던 사냥용 엽총을 건네주면서, 다만 그 엽총으로 사람의 생명을 해치지는 않기로 甲과 약속했다. 그 날 乙은 자신의 승용차에 甲을 태우고 16:20경 X은행 주변 20m지점에 도착한 후 甲을 내려주고 자신은 모의한 대로 그 자리에서 대기하고 있었다. 甲은 은행 폐점시간이 16:30경 복면을 한 채 총알이 장전된 엽총을 가지고 열려있는 X은행에 들어가 엽총으로 은행 직원들을 위협하면서 은행창구에 있던 현금을 가방에 담고 있었다. 그 때 X은행의 청원경찰 A가 은행 안으로 들어오자 甲은 곧바로 A에게 엽총을 겨누었고 이를 본 A가 황급히 피하다가 X은행의 직원 B와 부딪쳐 B를 넘어지게 하였고, 이로 인하여 B는 전치3주의 상처를 입었다. 甲은 혼란한 틈을 타 X은행을 빠져 나와 乙이 대기하는 장소로 갔으나, 乙은 이미 甲이 X은행에 들어가기 직전에 양심의 가책을 느끼고 도망해 버렸다. 이에 甲은 은행에서 탈취한 현금 5천만원을 가지고 혼자 도망하였다. 甲으 그 현금 5천만원 전부를 신규 개설한 자신의 Y은행 예금계좌에 입금해 두었으나 범행 발각이 두려워 그 현금을 모두 인출하여 친구 丙에게 보관해 달라고 부탁하였고, 丙은 그 사정을 알면서 甲에게서 건네받은 현금을 자신의 예금계좌에 입금한 후 한 달 뒤 모두 인출하여 甲에게 돌려주었다.

경찰관P는 甲을 체포영장에 기하여 체포하여 피의자신문을 마친 후 X은행에서 현장검증을 실시하여 적법하게 검증조서를 작성하였다. 그런데 이 검증조서에는 甲이 현장검증시 행한 자백진술이 함께 기재되어 있었고, 범행재연사진도 첨부되어 있었다. 구속기소된 甲은 공판심리에서 "내가 乙과 함께 X은행에 습격한 것은 맞지만 그것은 모두 乙의 계획에 따른 것이었다."고 진술하였고, 이 진술은 공판조서에 기재되었다. 제1심 법원은 甲에게 유죄판결을 선고하였고, 甲은 항소를 포기하여 재판이 확정되었다. 甲에 대한 재판 확정 후 乙이 검거되어 기소되었다. 제1심 공판절차에서 乙이 甲과 행한 범행을 부인하자 검사는 甲의 자백이 기재된 공판조서를 증거로 제출하였다.

丙은 불구속 기소되었으나 공판정에 불출석하였고, 이에 제1심 법원은 2012.7.16. 적법한 절차에 따라 丙에게 위 사실로 징역 2년을 선고하였고, 丙은 양형부당을 이유로 항소하였다. 제1심 법원은 丙이 항소한 후 소송기록이 아직 제1심 법원에 있을 때인 같은 달 27. 불구속 상태에 있던 丙에게 도주의 위험이 있다고 판단하여 구속영장을 발부하여 丙을 구속하였다.

1. 甲, 乙, 丙의 죄책을 논하시오.(60점)
2. 제1심 공판절차에서 甲이 "현장검증시 검증조서에 기재된 자백진술과 같은 말을 한 적은 있지만 그 말은 사실이 아니다."고 진술한 경우, 검증조서에 기재된 甲의 자백과 범행재연사진의 증거능력을 논하시오.(15점)
3. 甲의 자백이 기재된 공판조서를 乙의 범행을 입증할 증거로 사용할 수 있는지 논하시오.(15점)
4. 丙에게 도주위험이 인정됨을 전제로, 제1심 법원의 丙에 대한 구속의 적법성을 논하시오.(10점)

▌C/O/N/T/E/N/T/S

제2문

김 태 명 (전북대학교 법학전문대학원 교수)

A. 설문 1

Ⅰ. 甲의 죄책

(1) 우선 흉기를 휴대하고 건조물침입죄(제319조)를 범한 때에는 폭력행위등 처벌에 관한 법률(이하 '폭처법'이라 한다)상 집단·흉기등 주거침입죄(제3조 제1항)가 성립하는바, 이 사안에서 甲이 흉기인 엽총을 들고 건조물인 X은행에 침입한 행위는 폭처법상 집단·흉기등 주거침입죄를 구성한다.

(2) 다음으로 강도가 사람을 상해에 이르게 한 때에는 강도치상죄(제337조)가 성립하는바, 여기서 강도란 단순강도(제334조), 특수강도(제334조) 및 준강도(제335조)를 포함한다. 이 사안에서 甲은 엽총을 휴대하고 X은행 안으로 들어가 직원들을 위협하고 은행 창구에 있던 현금 5천만을 가방에 담아 나왔는바, 이는 제334조제2항 전단의 특수강도(이하 '흉기휴대강도'라 한다)에 해당한다. 다만 강도치상죄는 결과적가중범으로서 기본범죄인 강도와 중한 결과인 상해 사이에 인과관계 및 예견가능성이 인정되어야 한다. 이 사안에서는 甲이 직원 B를 직접 폭행 또는 협박하다 상해를 입힌 것이 아니라 엽총으로 청원경찰

A를 위협하자 A가 이를 황급히 피하다가 B와 부딪쳐 B가 상해를 입게 되었는데, 이러한 경우에도 강도치상죄의 죄책을 지는지가 문제된다.

(3) 원칙적으로 실행행위와 결과 사이에 인과관계가 인정되기 위해서는 실행행위가 결과를 발생하게 한 유일한 원인이거나 직접적인 원인이어야만 되는 것은 아니고, 실행행위와 결과 사이에 다른 사실이 개재되어 그 사실이 결과발생의 직접적인 원인이 되었다고 하더라도 그와 같은 사실이 통상 예견할 수 있는 것에 지나지 않는다면 실행행위와 결과 사이에 인과관계가 인정된다. 이 사안에서 甲이 총알이 장전된 엽총을 청원경찰 A에게 겨누었고 A가 이를 황급히 피하다가 그 옆에 있던 B와 부딪쳐 B가 상해를 입은 사실은 통상 예견할 수 있다고 할 것이므로, 甲의 흉기휴대강도와 B의 상해 사이의 인과관계 및 예견가능성이 인정된다.

(5) 이 사안에서 甲은 폭처법상 집단·흉기등 주거침입죄(제3조 제1항)와 강도치상죄(제338조)의 죄책을 지며, 양 죄는 실체적 경합관계에 있다.

Ⅱ. 乙의 죄책

(1) 이 사안에서 乙은 甲과 강도를 모의하고 甲을 자신의 승용차에 태워 X은행 주변 20m 지점에 도착한 후 그 자리에서 대기하고 있다가 甲이 X은행에 들어가기 직전에 양심의 가책을 느끼고 도망하였는바, 乙도 특수강도(제334조 제2항 후단) 내지 강도치상죄(제337조)의 죄책을 지는지가 문제된다.

(2) 제334조 제2항 후단의 '2인 이상이 합동하여'라고 함은 주관적으로는 공모와 객관적으로는 기능적 행위지배에 의한 실행행위의 분담이 있어야 하고 그 실행행위에 있어서는 시간적으로나 장소적으로 협동관계에 있음을 말하는데, 이 사안과 같이 강도를 모의하고 범행현장에서 승용차를 타고 대기하고 있는 사이 다른 공범이 강도를 한 경우에 2인 이상이 합동하여 강도죄를 범한 경우에 해당한다. 다만 공범 중의 1인이 다른 공범이 실행행위에 이르기 전에 그 공모관계에서 이탈한 때에는 그 이후의 다른 공모자의 행위에 대하여는 공범으로서의 책임은 지지 않는데, 이 때 이탈자가 공모에 주도적으로 참여하여 다른 공범의 실행에 영향을 미친 때에는 다른 공범의 범행을 저지하기 위하여 적극적으로 노력하는 등 그 영향력을 제거해야만 공모관계로부터의 이탈이 인정된다.

(3) 특수강도죄(제334조 제2항)는 폭행 또는 협박을 개시함으로써 실행의 착수가 인정되므로, 이 사안에서 공범 甲이 X은행에 들어가기 전에 乙이 도망한 것은 다른 공범의 실행의 착수 전에 이탈한 것으로 인정된다. 그러나 乙은 甲과 강도를 공모하는 과정에서 X은행의 내부구조를 자세히 알려주고 엽총을 건네주었을 뿐만 아니라 범행 당일에는 乙을 자신의 승용차에 태워 은행주변 20m 지점에 도착한 다음 그 자리에 대기하고 있는 등 공모에 주도적으로 참여하였으므로, 공범 甲의 범행을 저지하지 아니하고 도망한 이상 甲의 특수강도에 대한 공범으로서의 죄책을 면할 수 없다.

(4) 또한 다른 공범이 야기한 중한 결과에 대해 예견가능성이 있는 때에는 결과적가중범

의 죄책을 지는데, 이 사안에서 乙은 비록 사람의 생명을 해치지는 않는다는 약속을 받기는 하였지만 자신이 소지하고 있던 엽총을 甲에게 건네주었고 甲은 이를 소지하고 강도의 범행을 실행하였다는 점에서 상해의 결과는 충분히 예견가능하다고 할 것이므로, 乙은 강도치상죄(제337조)의 죄책을 진다.

(5) 한편 이 사안에서 乙은 건조물인 X은행에 침입한 사실이 없으나 甲과 은행강도를 공모하고 甲이 은행 안으로 들어가는 사이 그로부터 20m 정도 떨어진 지점에서 대기를 하고 있었다는 점에서 폭처법상 2인 이상이 공동하여 주거침입죄(제2조 제2항)를 범한 경우에 해당하는지가 문제된다. 여기서 '2인 이상이 공동하여'라고 함은 수인 사이에 공범관계가 존재하는 것을 전제로 수인이 동일 장소에서 동일 기회에 상호 다른 자의 범행을 인식하고 이를 이용하여 범행을 한 경우를 말하는데, 이 사안과 같이 수인이 공모하여 그 중 한명이 직접 주거 안으로 들어가고 다른 공범은 범죄현장에서 망을 보고 있었다면 2인 이상이 공동하여 주거침입죄를 범한 경우에 해당한다고 보아야 한다.

(6) 따라서 이 사안에서 乙은 강도치상죄(제337조) 및 폭처법상 공동주거침입죄(제2조 제2항)의 죄책을 지며, 양 죄는 실체적 경합관계에 있다.

Ⅲ. 丙의 죄책

(1) 장물을 보관한 경우 장물보관죄(제372조)가 성립하는바, 이 사안에서 甲이 X은행에서 탈취한 현금 5천만원을 Y은행 계좌에 입금하였다가 이를 인출하여 丙에게 건네주었는바, 丙이 그 정을 알면서도 甲으로부터 건네받은 현금을 자신의 예금계좌에 입금해 둔 행위가 장물보관죄를 구성하는지가 문제된다.

(2) 장물죄에서 '장물'이란 원칙적으로 재산범죄로 인하여 취득한 물건 그 자체를 말하나, 물인 현금을 금융기관에 예금의 형태로 보관하였다가 이를 반환받기 위하여 동일한 액수의 현금 또는 수표를 인출한 경우에 예금계약의 성질상 그 인출된 현금은 당초의 현금과 물리적인 동일성은 상실되었지만 액수에 의하여 표시되는 금전적 가치에는 아무런 변동이 없으므로 장물로서의 성질은 그대로 유지된다.

(3) 따라서 이 사안에서 甲이 X은행에서 탈취하여 Y은행 계좌에 입금하였다가 다시 인출하여 丙에게 준 5천만원은 장물에 해당하고, 丙이 그 정을 알고 건네받아 자신의 예금계좌에 입금해 두었다고 다시 인출하여 甲에게 되돌려 준 점에 대해서는 장물보관죄(제372조)의 죄책을 진다.

B. 설문 2

(1) 수사기관이 검증의 결과를 기재한 조서(검증조서)는 적법한 절차와 방식에 따라 작성된 것으로서 공판준비 또는 공판기일에서 작성자의 진술에 따라 그 성립의 진정함이 증명된 때에는 증거로 할 수 있다(제312조 제6항). 따라서 이 사안에서 경찰관 P가 작성한

검증조서는 P가 공판정에 출석하여 그 성립의 진정을 인정하는 진술을 한 경우 증거로 사용할 수 있다. 다만 이 사안과 같이 검증조서에 기재 또는 첨부되어 있는 현장검증시 甲이 행한 자백진술과 이를 재연하는 범행재연사진에 대해서까지 경찰관 P의 진술에 따라 성립의 진정이 증명된 때에는 증거로 할 수 있는가에 대해서는 논란이 있다.

(2) 검사 이외의 수사기관이 작성한 피의자신문조서는 그 피의자였던 피고인이나 변호인이 그 내용을 인정할 때에 한하여 증거로 할 수 있는바(제312조 제2항), 피고인이 검사 이외의 수사기관에서 범죄 혐의로 조사받는 과정에서 작성하여 제출한 진술서는 그 형식 여하를 불문하고 당해 수사기관이 작성한 피의자신문조서와 같이 보아야 하고, 피고인이 수사 과정에서 범행을 자백하였다는 검사 아닌 수사기관의 진술이나 같은 내용의 수사보고서 역시 피고인이 공판 과정에서 앞서의 자백의 내용을 부인하는 이상 마찬가지로 보아야 한다. 따라서 사법경찰관이 작성한 검증조서에 피의자이던 피고인이 검사 이외의 수사기관 앞에서 자백한 범행내용을 현장에 따라 진술·재연한 내용이 기재되고 그 재연 과정을 촬영한 사진이 첨부되어 있다면, 그러한 기재나 사진은 피고인이 공판정에서 그 진술내용 및 범행재연의 상황을 모두 부인하는 이상 증거능력이 없다고 보아야 한다.

(3) 이 사안에서 甲은 "현장검증시 검증조서에 기재된 자백진술과 같은 말을 한 적은 있지만 그 말은 사실이 아니다."고 진술하고 있는바, 이처럼 甲이 자백의 내용을 부인하고 있는 이상 甲의 자백진술과 범행재연사진은 증거로 할 수 없다.

C. 설문 3

(1) 공판준비 또는 공판기일에 피고인이나 피고인 아닌 자의 진술을 기재한 조서는 증거로 할 수 있다(제311조). 이러한 공판조서는 법원 또는 법관의 면전에서의 진술을 기재한 조서로서 그 성립이 진정하고 신용성의 정황적 보장도 높기 무조건 증거능력을 인정하고 있는 것이다. 제311조에 의하면 당해 사건의 공판정에서 공동피고인의 진술을 기재한 조서는 당연히 증거능력이 인정되는데, 이 사안과 같이 다른 사건의 공판정에서 공동피고인의 진술을 기재한 조서에 대해서도 제311조가 적용되는가에 대해서는 견해가 대립한다.

(2) 이에 관해서는 다른 사건의 공판조서도 제311조의 대상이 된다고 보는 견해가 주장된다. 그러나 제331조에 증거보전절차(제184조)의 조서와 제1회 공판기일 전의 증인신문절차(제221조의2)에 의한 조서를 별도로 명시하고 있는 점에 비추어볼 때 당해 사건의 조만을 의미하고, 다른 사건의 공판조서는 제315조 제3호의 '기타 특히 신용할만한 정황에 의하여 작성된 문서'로 보는 것이 타당하다.

(3) 이 사안에서 甲이 자기 사건의 공판정에서 한 "내가 乙과 함께 X은행을 습격한 것이 맞[다]"는 진술을 기재한 공판조서는 제315조 제3항에 의해 별도로 기소되어 재판을 받고 있는 乙의 범행을 입증하는 증거로 사용할 수 있다.

D. 설문 4

(1) 형사소송법 제105조는 "소송기록이 원심법원에 있는 상소기간 중 또는 상소 중의 사건에 관한 구속기간의 갱신, 구속의 취소, 보석, 구속의 집행정지와 그 정지의 취소에 관한 결정은 원심법원이 하여야 한다."고 규정하고 있는데 반하여, 그 하위법은 형사소송규칙 제57조제1항은 "상소기간 중 또는 상소 중의 사건에 관한 피고인의 구속, 구속기간갱신, 구속취소, 보석, 보석의 취소, 구속집행정지와 그 정지의 취소의 결정은 소송기록이 상소법원에 도달하기까지는 원심법원이 이를 하여야 한다."고 규정하고 있다.

(2) 이와 관련하여 불구속 상태의 피고인에 대하여 본안재판을 선고한 원심법원은 그 선고 이후에는 피고인을 구속할 권한이 없다고 보아야 하므로 제1심법원의 구속영장 발부는 위법하다는 견해가 있으나, 상소제기 후 소송기록이 상소법원에 도달하지 않고 있는 사이에는 피고인을 구속할 필요가 있는 경우에도 기록이 없는 상소법원에서 구속의 요건이나 필요성 여부에 대한 판단을 하여 피고인을 구속하는 것이 실질적으로 불가능하다는 점 등을 고려하면, 상소기간 중 또는 상소 중의 사건에 관한 피고인의 구속을 소송기록이 상소법원에 도달하기까지는 원심법원이 하도록 규정한 형사소송규칙 제57조 제1항의 규정이 형사소송법 제105조의 규정에 저촉된다고 보기는 어렵다.

(3) 따라서 이 사안에서 피고인(丙)이 항소한 후 소송기록이 제1심 법원에 있는 상태에서 제1심 법원이 피고인(丙)에게 도주의 위험성이 있다고 판단하여 구속을 하는 것이 상위법인 형사소송법에 반하지 않는다고 할 것이다.

2013년도 제2차 법전협주관 모의시험

형사법 제1문

(1) 甲과 乙은 친구 A로부터 각 3천만원을 빌렸으나 약속한 날짜에 돈을 갚지 못했다. 甲은 자기 집에 찾아 온 A가 채무변제를 독촉하자 이를 모면하려고 집에서 차를 몰고 나갔다. 그 순간 A가 甲의 차 앞에 서서 빚을 갚으라고 소리치자 甲은 A가 상처를 입어도 어쩔 수 없다고 생각하면서 차 앞 범퍼로 들이받아 A를 넘어드려 4주의 치료를 요하는 상처를 입혔다.
몇 개월 후 乙과 A는 단 둘이서 등산을 하여 산 중턱 절벽 위 큰 바위에 앉아 휴식을 취하다가 채무변제 문제로 언쟁을 벌이던 중 A가 화를 내면서 갑자기 일어나는 과정에서 미끄러져 절벽 아래에 떨어져 두 다리에 골절상을 입었다. 등산전문가인 乙은 A를 구조하지 않으면 A가 사망할 수 있다는 사실을 알고 있었고, A를 쉽게 구조할 수도 있었으나 이번 기회에 A를 죽이기로 마음먹고 A를 버려둔 채 하산에 버렸다. 그러나 乙은 귀가하던 중 자신의 잘못을 뉘우치고 A를 구조하려 사고현장에 갔으나 A는 이미 사고현장을 지나던 동산객들에 의하여 구조되었다.

(2) 甲은 A와 관련된 자신의 행동에 양심의 가책을 느끼고 술을 마신 후 혈중알콜농도 0.15%의 상태에서 승용차를 운전해 가다가 도로 옆 웅덩이에 빠졌다. 인근 주민은 현장에서 1km 가량 떨어진 병원 응급실에 甲을 후송한 다음 경찰에 신고하였다. 신고를 받고 곧 바로 출동한 경찰관은 응급실에 누워있는 甲의 옷에서 술 냄새가 강하게 나고 있음을 인지하였다.

(3) 乙은 A에 대한 사건으로 경찰의 수사망이 좁혀 오자 자동차를 절취한 후 이를 팔아 도피자금을 마련할 의도로 야간에 인적이 드문 야외주차장에서 절취할 특정 차량의 차종과 차량의 상태 등을 면밀히 물색하면서 손전등과 차량절도 중 발각될 경우를 대비하여 칼을 휴대하고 기회를 엿보며 배회하다가 마침 빈번한 차량절도 사건을 해결하기 위해 인근에서 잠복 중이던 경찰관에게 체포되어 구속영장이 청구되었다. 지방법원 판사는 영장실질심사절차를 거친 후 乙에게 증거인멸의 위험이 없다는 이유로 검사의 구속영장청구를 기각하였다.

1. 사례 (1)에서 甲과 乙의 형사책임을 논하시오. (40점)
2. 사례 (2)에서 경찰관이 甲의 도로교통법위반(음주운전)죄의 증거확보를 위하여 甲의 신체에서 혈액을 적법하게 확보할 수 있는 방법을 설명하시오. (20점)
3. 사례 (3)에서 乙의 형사책임에 관하여 乙에게 가장 불리한 주장과 가장 유리한 주장을 제시하시오. (20점)
4. 사례(3)에서 판사의 구속영장 기각결정에 대한 검사의 불복가능성을 논하시오. (20점)

▌C/O/N/T/E/N/T/S

형사법

제1문 오 경 식 〔국립 강릉원주대 법학과 교수〕

〈설문 1: 甲과 乙의 죄책(40점)〉

Ⅰ. 문제의 제기

사례에서 甲은 A가 상처를 입어도 어쩔 수 없다고 생각하면서 차 앞 범퍼로 들이 받아 4주의 치료를 요하는 상처를 입힌 사건에서 상처를 입어도 어쩔 수 없다는 생각이 상해의 미필적 고의가 성립할 것인지 여부가 문제된다.

乙은 A에 대하여 죽이기로 마음먹고 A를 버려둔 채 하산한 행위를 (부진정)부작위에 의한 살인죄의 고의성립여부가 문제된다.

Ⅱ. 甲의 죄책

1. 의도적 고의인가 미필적 고의인가

甲의 상처를 입어도 어쩔 수 없다는 생각이 의도적 고의에 해당되는지 아니면 미필적 고의에 해당되는지를 살펴보아야 한다. 의도적 고의란 구성요건적 결과발생을 확실하게 의욕하였거나 확실히 예견하고 있는 고의를 말하며, 직접고의, 확정적 고의라고도 한다. 즉 결과발생에 대한 확신 내지 확실한 예견이 있으면 족하고, 결과발생을 희망하는가는 문제되지 않는다.

미필적 고의란 구성요건 결과발생은 확실하게 인식하지 못했으나 그 발생의 가능성을 부정하기 않고 행위한 경우로 결과발생에 대한 확실한 의욕이 확정되지 않고 그 가능성을 예견만 하는 고의로 불확정적 고의이다.

甲의 행위는 상처를 입어도 어쩔 수 없다고 생각하면서 차 앞 범퍼로 상처를 입혔으므로 상해죄의 미필적 고의가 인정되어 상해죄 기수가 성립된다.

2. 미필적 고의인가, 인식 있는 고의인가

甲이 상처를 입어도 어쩔 수 없다고 생각한 것은 결과발생의 가능성을 인식하고 있다는 점은 인정된다. 그러나 고의의 본질에 관한 인식설과 의사설에서 전자는 개연성설과 가능설에서, 후자는 의사설의 입장에서, 인식설과 의사설의 절충설의 입장에서는 감수설, 회피설 및 신중설이 있다.

(1) 개연성설

개연성설은 결과발생에 대하여 개연성이 있다고 인식한 때에는 미필적 고의이며, 단순한 가능성 정도의 인식이 있는 때에는 인식있는 과실로 본다. 문제점으로는 고의와 과실은 그 본질에 차이가 있으며, 개연성과 단순한 가능성을 구별할 수 있는 기준이 없다는 비판이 있다. 설문에 의하면 甲은 상해죄의 미필적 고의가 성립된다.

(2) 가능성설

결과발생이 구체적으로 가능하다고 인식하여 결과가 발생하면 미필적 고의이며, 전혀 가능성이 없다고 부인한 때에만 과실이 된다는 입장이다. 법익침해의 가능성만 인식하면 미필적 고의가 성립된다. 설문에 의하면 甲은 결과발생가능성을 인식했기 때문에 미필적 고의가 성립된다.

(3) 인용설

결과발생의 가능성을 인식하고 그 실현을 부인하지 않고 내심으로 용인한 때에는 미필적 고의가 성립되며, 결과발생의 가능성은 인식하였으나 이를 내심으로 거부하거나 기술과 방법 등으로 고려할 때 결과발생을 부인한 경우 인식 있는 과실이 된다. 통설과 판례의 입장이다. 설문에 의하면 甲은 결과발생가능성을 인식하였으며 상처를 입어도 어쩔 수 없다고 생각한 것은 결과를 용인한 것으로 미필적 고의가 성립된다.

(4) 감수설

결과발생의 가능성을 인식하면서 그 실현을 감수하려는 의사가 있거나 그 실현을 묵인하고 이를 받아들이는 결의가 있으면 미필적 고의가 성립되며, 감수의사가 없거나 결과가 발생하지 않는다는 신뢰가 있을 경우 인식 있는 과실이 된다는 입장이다. 설문에 의하면 甲은 상처를 입어도 어쩔 수 없다고 생각하였으므로 미필적 고의가 성립된다.

(5) 소론

甲의 행위는 상해에 대한 미필적 고의가 성립된다는 것이 일치된 견해이며, 상해죄가 성립된다.

Ⅲ. 乙의 책임

1. A의 살인죄에 대한 부진정부작위범의 성립요건

(1) 객관적 구성요건

1) 행위의 가능성

乙은 A를 구할 수 있었음에도 구조하지 않았으므로 乙에게 결과발생(사망)을 방지할 개

별적 작위가능성이 있다. 부작위범의 구성요건해당성 판단 이전에 일반인이 법이 요구하는 작위를 할 수 있는 행위가능성이 있어야 한다.

2) 乙의 보증인적 지위 인정여부

부진정부작위범에서 보증인 지위의 발생근거에 관한 형식설과 기능설과 대법원의 입장이 있다. 형식설은 보증인지위와 보증의무의 실질적 내용보다 그 발생근거가 되는 원인을 중심으로 법령, 법률행위, 선행행위의 세가지 유형에 의하여 보증인지위와 보증의무가 발생한다는 견해이며, 대법원 판례의 입장(대판 1992.2.11, 91도2951)이다.

형식설은 형법적 의무를 형법 이외의 민법적 의무까지 확대하여 이를 형법에 적용하는 이유와 근거가 명백하지 않으며, 형법상의 법적 의무가 윤리화되어 보증인지위와 보증의무의 내용·한계를 확정할 수 없고 처벌의 범위가 확대된다는 비판을 받는다.

기능설은 보증인적 지위와 보증의무의 내용을 법익보호라는 실질적 기준에 한정하여 법익보호를 위한 보호의무와 보호법익에 대한 위협원인을 감독해야 할 안전의무로 제한한다. 기능설은 보증인적 지위와 보증의무의 내용 및 한계를 명백히 하여 작위와 부작위의 동치성을 인정하는데에 의미가 있으므로 형식설 보다 그 내용이 명확하고 제한적이다. 그러나 보호의무와 안전의무의 발생근거를 전혀 고려하지 않고 법익보호라는 실질적 기준만을 제시하므로 그 발생근거가 불명하여 해석에 의하여 그 범위가 확대될 가능성이 있다.

3) 행위의 동가치성 인정여부

동가치성이 인정되기 위해서는 보증인적 지위뿐만 아니라 그 부작위에 의한 범죄수행이 작위에 의한 범죄수행 내지 행위태양과 구성요건적으로 동일하다고 평가될 수 있어야 한다. 설문에서 살인죄의 행위에는 특수한 행위태양이 요구되지 않으므로 을의 부작위는 작위와 동가치성이 인정되어 살인의 실행행위로 인정된다.

(2) 주관적 구성요건

부진정부작위범은 작위범과 마찬가지로 원칙적으로 금지규범의 객관적 구성요건요소를 인식·인용하는 고의가 있어야 한다. 乙은 A에 대한 살인의 확정적 고의가 인정된다.

2. 부진정부작위범에 의한 살인죄의 (중지)미수 인정 여부

(1) 자의성판단

乙이 자신의 잘못을 뇌우치고 구조하러 간 행위에 살인미수에 대한 자의성을 인정할 수 있는지 여부가 문제된다. 중지미수의 자의성 판단 기준에 관한 학설로는 객관설, 주관설, 절충설, 프랑크공식, 동기설, 규범설로 해석상 나누어진다. 판례의 태도는 절충설의 입장으로 자의에 의한 중지 중에서도 일반사회통념상 장애에 의한 미수라고 보여지는 경우를 제외한 것을 중지미수로 해석되며 절충설의 입장이다. 설문의 경우 乙의 살인미수에 대한 자의성이 인정된다.

(2) 중지와 결과방지간의 인과관계

설문의 경우 타인이 결과발생을 방지한 것을 乙의 결과발생 방지로 볼 수 있는지 여부가 문제된다. 중지미수의 결과발생의 방지는 타인의 도움을 받는 경우도 포함된다. 이는 행위자에 의한 결과발생의 방지와 동일시 할 수 있으며, 객관적으로 결과발생을 방지하는데 상당한 행위일 것을 요한다.

乙은 직접 A를 구조한 것이 아니고, A는 우연히 등산객에 의하여 구조된 것이므로 결과발생방지를 위해 乙의 행위는 인정되지 않는다. 따라서 부진정부작위에 의한 살인죄의 중지미수는 부정된다.

Ⅳ. 사안의 해결

설문의 경우 甲의 행위는 상해에 대한 미필적 고의가 성립되어 상해죄의 기수가 인정되며, 乙은 부진정부작위범에 의한 살인죄의 장애미수로 인정된다.

〈설문 2: 경찰관의 적법한 채증방법(20점)〉

Ⅰ. 서 론

경찰관이 도로교통법위반(음주운전)죄의 증거확보를 위해 甲의 신체에서 혈액을 적법하게 확보할 수 있는 경우는 채혈에 동의한 경우와 검증영장에 의한 경우, 검증·감청처분허가장에 의한 경우, 압수수색영장에 의한 경우와 기타 형소법 제216조 제3항에 의한 무영장 혈액압수 등이 있다.

Ⅱ. 채혈에 동의한 경우

甲이 채혈에 동의한 경우 그 동의에 따라 의료인의 자격이 있는 자에게 혈액을 채취하게 할 수 있다.

Ⅲ. 강제채혈을 하는 경우(채혈에 동의하지 않은 경우)

1. 검증에 의한 혈액확보

혈액은 체내를 순환하여 생체를 유지하는 인체의 구성요소라는 점에서 압수나 수색의 대상이 될 수 없으므로 음주운전의 수사를 위한 혈액채취는 법원의 검증에 의하여야 한다는 견해이다. 피의자가 음주로 인한 의식불명의 상태에 빠져있어 호흡조사에 의한 음주측정이

불가능하고, 혈액채취에 대한 사전 동의를 받을 수 없을 뿐 아니라 법원으로부터 감정처분허가장이나 사전압수영장을 발부받을 시간적 여유도 없는 긴급한 상황이 있는 경우에는, 피의자의 신체나 옷에서 술냄새가 강하게 나는 등 범죄 정황이 현저해 준현행범인으로서 요건이 갖춰져 있고 사회통념상 교통사고 발생 직후라고 볼 수 있는 시간이라면, 사고 현장으로부터 곧 바로 후송된 병원 응급실 등의 장소는 형소법 제216조 제3항의 범죄장소에 준한다고 보아야 하고, 검사 또는 사법경찰관은 피의자의 혈중알콜농도 등 증거의 수집을 위해 의료인의 자격이 있는 자에게 혈액을 채취하게 한 후 영장없이 압수할 수 있지만 형소법 제216조 제3항 단서, 형소법 규칙 제58조, 제107조 제1항 제3호에 따라 사후에 지체없이 압수 사유 등을 기재한 영장을 법원에 청구해 발부받아야 한다(대판 2012.11.15, 2011도15258).

2. 검증·감정처분장에 의한 혈액확보

강제채혈은 검증의 성질을 지닌 처분으로 혈액은 체내를 순환하며 생체를 유지하는 인체의 구성요소라는 점에서 압수나 수색의 대상에 포함시키는 데는 어려움이 있고, 채혈에서는 전문가의 지식이나 경험을 필요로 한다는 것은 조건을 부가하면 족한 것이 아니라 법원으로부터 감정처분허가장을 받아 감정에 필요한 처분으로 혈액을 확보할 수 있다.

3. 사건 압수수색영장에 의한 혈액확보

형사소송법 제219조, 제106조 제1항에 정한 사전압수영장에 의한 압수의 방법으로 혈액을 확보할 수 있다. 이러한 압수의 방법에 의하는 경우 혈액의 취득을 위하여 피의자의 신체로부터 혈액을 채취하는 행위는 그 혈액의 압수를 위한 것으로서 형소법 제219조, 제120조 제1항에 정한 압수영장의 집행에 있어 필요한 처분에 해당된다.

〈설문 3: 乙의 형사책임에 대한 가장 불리한 주장과 가장 유리한 주장(20점)〉

Ⅰ. 乙에게 가장 불리한 논증

乙이 흉기휴대 사실을 인식하고 있었고, 범행현장에서 발각될 경우를 대비하여 칼인 흉기를 사용할 목적을 가지고 있으므로 흉기휴대에 의한 특수절도죄의 미수가 성립한다. 만약 절도죄의 실행의 착수를 인정하지 않는다면, 행위자에게 준강도의 고의가 있었으므로 강도예비죄(형법 제343조)가 성립되어 처벌가능하다.

Ⅱ. 乙에게 가장 유리한 논증

乙의 물색행위는 훔친 차량을 눈으로 단지 물색하는 단계에 머물고 있었기 때문에 아직 예비단계라고 보는 것이 옳고, 따라서 특수절도죄의 실행의 착수를 인정할 수 없다.

강도예비죄는 강도할 목적이 있어야 하고, 준강도의 목적이 있는 경우에는 성립할 수 없다. 판례도 강도예비·음모죄가 성립하기 위해서는 예비·음모 행위자에게 미필적으로라도 강도를 할 목적이 있음이 인정되어야 하고 그에 이르지 않고 단순히 준강도할 목적이 있음에 그치는 경우에는 강도예비·음모죄로 처벌할 수 없다고 판시하고 있다(대판 2006.9.14, 2004도6432). 따라서 乙은 무죄이다.

〈설문 4: 판사의 구속영장 기각에 대한 검사의 불복가능성(20점)〉

Ⅰ. 문제제기

판사의 구속영장 기각결정에 대한 검사의 불복에 대하여는 항고나 준항고의 가능성에 대하여 살펴볼 수 있다.

Ⅱ. 학설의 입장

1. 불복허용설

형소법 제420조가 규정하는 법원의 결정에는 수임판사의 재판고 포함되므로 항고 가능하다. 대법원에 재항고의 길을 열어 일정한 구속기준을 축적할 수 있고, 결과적으로 피의자의 인권보장에 기여할 수 있다.

영장재판담당 판사는 형소법 제416조 제1항의 재판장에 해당하므로 준항고가 허용된다.

2. 불복불허설

피의자에게는 구속적부심사청구권이 보장되어 있고, 검사의 경우에는 영장재청구를 할 수 있기 때문에 별도의 불복제도를 인정할 필요가 없다.

영장재판에 대한 불복을 허용하면 피의자의 지위가 불안하게 될 우려가 있다.

Ⅲ. 판례의 입장

판례는 불복불허설의 입장이다. 형사소송법 제402조, 제403조에서 말하는 법원은 형사소송법상의 수소법원만을 가리키므로, 같은 법 제205조 제1항 소정의 구속기간의 연장을 허가하지 아니하는 지방법원 판사의 결정에 대하여는 같은 법 제402조, 제403조가 정하는 항고의 방법으로는 불복할 수 없고, 나아가 그 지방법원 판사는 수소법원으로서의 재판장 또는 수명법관도 아니므로 그가 한 재판은 형사소송법 제416조가 정하는 준항고의

형사법

대상이 되지도 않는다(대결 1997.6.16, 자91모1).

Ⅳ. 검토 및 결론

구속영장 기각결정에 대한 검사의 불복가능성에 대해 학설에서는 불복허용설과 불복불허설이 나누어지나 우리나라 대법원은 검사의 구속영장 기각결정에 대하여 불복을 허용하지 않는다.

2013년도 제2차 법전협주관 모의시험

형사법 제2문

제 2 문

(1) 주식회사 X의 대표이사인 甲은 X회사의 적자가 늘어나고 향후 상장폐지가 될 가능성이 높아지자 수익 창출을 위한 새로운 사업의 도입이 필요하다고 판단하던 중 마침 고향 선배가 대표이사인 주식회사 Y의 인수를 추진하였다. 甲은 인수에 필요한 내부보유자금이 거의 없고 이사회의 적법한 결의도 없음에도 불구하고 회사를 살리기 위해서는 Y회사의 인수가 시급하다고 보고 X회사 명의로 Y회사의 주식을 적정가액인 5억원 보다 훨씬 고가인 12억원에 매입하였다. Y회사의 인수로 X회사가 심각한 자금난에 빠지자, 甲은 해외로 도피하기 위하여 X회사로부터 위임받아 사실상 지배·관리권과 대외적 처분권을 갖고 있던 4억원 상당의 X회사 소유의 별장을 매수인에게 처분하기로 하고 계약금으로 4천만원을 받았다. 그러나 甲의 행각이 X회사의 법무팀장 A에게 발각되어 결국 별장을 매수인에게 인도하지 못하였고, 甲은 X회사로부터 해고되고 말았다. 이에 앙심을 품은 甲은 친구 乙을 찾아가 야구방망이 등으로 A를 패달라고 부탁하였다. 甲의 부탁을 승낙한 乙은 며칠 뒤 23:00경 A의 집 문 옆에서 A를 기다리던 중, 모자를 눌러쓰고 귀가하던 중 A의 동생 B를 A로 잘못 알고 소지하고 있던 야구방망이로 B의 등을 내리쳤으나, 사건현장을 지나가던 동네주민 C와 얼굴이 마주치지 황급히 도망하였고, B는 乙의 구타로 전치 3주의 상처를 입었다.

(2) B에 대한 사건을 수사하던 경찰관은 C가 목격자라는 정보를 입수하고 C의 소재를 탐문하였으나 C는 외국 이민을 떠나 소재불명으로 밝혀졌다. 그 대신 경찰관은 C의 동생 D가 "사건발생 직후 C로부터 들은 내용을 직접 작성한 노트를 임의제출 받았다. 이 노트에는 사건발생 직후 형(C)이 황급히 집에 와서 "내가(C) 현장을 목격했는데, 범인의 왼쪽 눈 밑에 큰 사마귀가 있었다.' 고 말했다."는 내용이 기재되어 있었다. 경찰관은 범인의 인상착의에 부합하는 乙을 조사한 결과 乙로부터 "甲이 시켜서 범행을 했다" 는 자백을 받았다. 이에 경찰관은 甲에게 피의자 신분으로 출석할 것을 요구하였으나 甲은 3번이나 출석을 미룬 후에 경찰에 자신출석하였다. 경찰관은 2시간 동안 甲을 조사하여 甲의 혐의를 인지하였다. 그러나 조사과정에서 자신의 변명이 받아들여지지 않음을 느낀 甲이 화를 내면서 귀가하려 하자, 경찰관은 甲을 귀가시

키면 증거인멸이 우려된다고 판단하고 甲에게 미란다원칙을 고지한 후 긴급체포하였다.

1. 사례 (1)에서 甲과 乙의 죄책을 논하시오. (60점)
2. 사례 (2)에서 乙이 D의 자필노트를 증거로 함에 부동의하자 증인 D가 자신이 작성한 노트의 내용에 대해 성립의 진정을 인정한 경우 D의 자필노트의 증거능력을 논하시오. (20점)
3. 사례 (2)에서 甲에 대한 긴급체포의 적법성을 논하시오. (20점)

C/O/N/T/E/N/T/S

제2문

오 경 식 〔국립 강릉원주대 법학과 교수〕

〈설문1: 사례 (1)에서 甲과 乙의 죄책을 논하시오. (60점)〉

Ⅰ. 甲의 Y회사 인수행위

특별경제범죄가중처벌법 제3조의 업무상 배임죄의 성립여부를 검토해야 한다. 또한 甲의 행위가 경영판단의 법칙(2002도4299)이나 모험거래의 이론에 해당될 것인가 여부를 살펴본다.

업무상 배임죄는 타인의 사무를 처리하는 자이며 배임죄의 범죄구성적 신분에 업무상 임무에 위배하는 자라는 형벌가중적 신분이 부가된 부진정신분범이다. 경영판단의 특성을 고려하여 도입을 반대하는 견해와 부정하는 견해가 나누어져 있으며, 경영판단의 원칙을 도입할 경우 경영판단을 행하는 경영진이라는 3중의 신분을 인정하는 결과가 된다. 문제는 3중의 신분을 인정할 정도로 경영판단을 행하는 경영자의 범위가 명확하지 않다. 그러나 대표이사인 甲의 경영자 신분은 인정된다.

Ⅱ. 甲의 별장 판매계약 행위

1. 문제제기

별장 즉 부동산을 매도하기로 계약하고, 계약금만 받은 행위가 업무상 횡령죄의 기수인지 미수인지에 대해서 살펴보아야 한다.

2. 업무상 횡령죄의 구성요건

甲은 X회사로부터 위임받아 별장에 대한 사실상 관리·지배권 및 대외적 처분권까지 갖고 있는 자로서 X회사의 별장에 대한 보관자에 해당된다(판례의 입장, 대판 2010.1.28, 2009도1884). 따라서 甲은 별장을 팔아서 해외도피에 사용할 목적이 있으므로 횡령의 고의는 인정된다.

사기죄가 인정될 수 있을 것인가 여부에 대해 검토해야 한다. 별장을 처분하고 계약금까지 받았으므로 기망행위를 인정할 수 없으므로 사기죄는 성립되지 않는다.

3. 업무상 횡령죄의 기수시기

횡령죄의 기수시기에 대해서는 표현설과 실현설 등의 학설이 있다. 횡령죄를 위험범으로 볼 것인가 침해범으로 볼 것인가에 따라 전자는 표현설의 입장, 후자는 실현설의 입장이다. 판례의 입장은 원칙적으로 위험범의 입장이지만, 최근 부동산 횡령의 경우 침해범의 입장을 위하여 횡령죄의 미수를 인정하고 있다. 즉 횡령죄는 소유권 등 본권이 침해된 위험성이 있으면 그 침해의 결과가 발생하지 않더라도 성립하는 위험범인데, 여기서 위험범이라는 것은 횡령죄가 개인적 법익침해를 전제로 하는 재산범죄의 일종임을 감안할 때 단순히 사회 일반에 대한 막연한 추상적 위험이 발생하는 것만으로는 부족하고 소유자의 본권 침해에 대한 구체적 위험이 발생하는 수준에 이를 것을 요하기 때문에 이러한 단계에 있지 않은 경우 횡령죄의 미수범의 책임을 진다.

결론적으로 표현설에 의하면 甲은 업무상 횡령죄의 기수, 실현설과 판례의 입장에 의하면 업무상 횡령죄의 미수가 된다.

Ⅲ. 甲과 乙의 A와 B에 대한 행위

1. 乙의 죄책: B에 대한 폭처법 제3조 위반죄 성부

乙의 착오는 객체의 착오에 있어서 구체적 사실의 착오에 해당되며 이 경우 발생한 사실에 대하 고의가 인정된다.

폭처법 제3조의 위험한 물건의 개념과 알루미늄 야구방망이가 위험한 물건에 해당한다. 따라서 乙의 폭처법 제3조 위반죄에 해당된다.

2. 甲의 죄책: 폭처법 제3조 위반죄의 교사범 성부

(1) 문제제기

甲이 乙의 범행에 대한 공동정범인 교사범인지에 대해 살펴보아야 한다. 공동정범은 2인 이상이 주관적으로 실행행위를 공동으로 하려는 공동실행의 의사가 있어야 하고, 객관적으로 공동으로 실행하는 공동의 실행행위가 있어야 한다. 교사범은 타인으로 하여금 죄를 범하도록 하는 교사자의 교사행위가 있고, 교사에 의하여 피교사자가 범죄실행의 결의를 해야 하며, 이 결의에 의하여 피교사자가 범죄를 실행하여야 한다. 이 과정에서 乙은 착오를 일으켜 범행을 했다. 이에 대한 내용을 살펴보아야 한다.

(2) 甲이 공동정범인지 교사범인지 여부

정범과 공범의 구별기준에 관하여는 주관설과 객관설, 행위지배설 등으로 나누어 진다. 주관설은 행위자의 주관적 의사를 기준으로 의사설, 이익설이 있으며, 객관설은 형식적 객관설과 실질적 객관설이 있으며, 행위지배설은 목적적 행위지배설, 기능적 행위지배설 등이 있다.

설문의 경우 통설과 판례의 태도인 행위지배설에 의할 경우 사태의 진행을 장악한 乙은 정범(피교사자)이고, 乙에게 범행결의를 불러일으킨 甲은 교사범에 해당된다.

(3) 피교사자의 실행행위에 대한 착오

방법의 착오설에서 피교사자인 정범의 객체의 착오는 교사자에게 방법의 착오가 된다는 견해이며, 객체의 착오설에서 피교사자인 정범이 객체의 착오를 일으킨 경우 그것은 교사자에게도 일어날 수 있는 착오이므로 피교사자의 객체의 착오를 교사자에게도 귀속시켜야 한다는 입장이다. 또한 인과관계 착오설에서 피교사자인 정범의 객체의 착오에서 인과과정의 착오사례를 해결하는 공식을 적용하거나, 객관적 귀속을 전제로 고의귀속을 인정하는 견해이다.

방법의 착오설에서 이 경우 구체적 부합벌을 취하면 甲에게는 A에 대한 폭처법 제3조 위반죄의 미수범(폭처법 제6조)과 B에 대한 과실치상죄의 상상적 경합범이 성립하고, 법정적 부합설을 취할 경우 甲에게 B에 대한 폭처법 제3조 위반죄의 교사범이 성립된다.

객체의 착오설에서 이 경우 甲에게는 B에 대한 폭처법 제3조 위반죄의 교사범이 성립된다. 결론적으로 甲은 폭처법 제3조 위반죄의 교사범이 성립되며 乙은 폭처법 제3조 위반죄가 성립된다.

Ⅳ. 죄수 및 경합

甲의 Y회사 인수행위는 경영판단의 원칙을 부정할 경우 업무상 배임죄 성립이 되나 경영판단의 원칙을 긍정할 경우 업무상배임죄를 인정할 수 없으며, 甲의 별장 판매계약 행위는 표현설에 의할 경우 업무상 횡령죄의 기수범, 실현설 및 판례의 입장에 의할 경우 업무상 횡령죄의 미수에 해당되며, B에 대한 폭처법 제3조 위반죄의 교사범에 해당회며 각 행위는 실질적 경합범에 해당된다.

乙의 A에 대한 폭행치상행위는 객체의 착오에 해당되나 폭처법 위반죄의 정범에 해당된다.

〈설문 2. 사례 (2)에서 乙이 D의 자필노트를 증거로 함에 부동의하자 증인 D가 자신이 작성한 노트의 내용에 대해 성립의 진정을 인정한 경우 D의 자필노트의 증거능력을 논하시오. (20점)〉

Ⅰ. 문제의 제기

D의 자필노트가 재전문증거인지 여부와 재전문증거의 증거능력에 대하여 살펴보아야 한다. 전문법칙의 예외의 법리에 따라 증거능력이 인정되는 전문증거가 그 내용에서 다시 전문증거를 포함하는 경우 즉 이중의 전문이 되는 경우를 재전문이라 한다. 재전문은 전문진술을 서면에 기재한 경우와 전문진술을 들은 자로부터 전문한 진술이 포함된다.

Ⅱ. 재전문증거의 증거능력 인정요건

재전문증거의 증거능력을 인정할 것인가에 관하여는 부정설과 긍정설이 대립된다. 부정설은 재전문은 이중의 예외이며 그 증거능력을 인정하는 명문의 규정이 없으므로 증거능력을 부정해야 한다고 한다는 입장이다. 이는 오류개입의 가능성이 높고 재전문증거의 증거능력을 인정하는 명문규정의 부존재가 그 논거이다.

긍정설은 법정 외의 진술 하나하나가 전문법칙의 예외의 요구를 충족하는 때에는 증거로 할 수 있다는 입장이다. 재전문증거도 요증사실의 증거로 될 수 있으며, 외국법제에서도 재전문증거의 증거능력을 명문으로 인정하고 있다.

제한적 긍정설은 최초의 원진술자가 내용을 인정하는 경우에 한하여 증거능력을 인정하는 견해와 전문진술이 기재된 서류에 대하여 전문법칙의 예외를 인정할 수 있다는 입장이다.

Ⅲ. 재전문증거의 증거능력에 대한 판례의 입장

판례는 전문진술이 기재된 조서는 형사소송법 제312조 내지 제314조의 규정과 제316조 제2항의 요건을 충족하면 증거능력이 인정되지만, 재전문진술이나 재전문진술을 기재한 조서는 달리 그 증거능력을 인정하는 규정을 두고 있지 아니하므로 피고인이 증거로 하는데 동의하지 아니하는 한 증거능력을 인정할 수 없다고 판시하고 있다.

〈설문 3. 사례 (2)에서 甲에 대한 긴급체포의 적법성을 논하시오. (20점)〉

Ⅰ. 문제의 제기

甲에 대한 긴급체포의 적법성에 대하여는 학설과 판례의 입장에 대해 논의되어야 한다. 긴급체포의 요건을 甲의 상황과 함께 검토해야 할 필요가 있다.

Ⅱ. 학설의 입장

조사를 받기 위해 수사관서에 자진 출석한 피의자를 긴급체포한 경우에 긴급체포는 위법하다는 입장과 자진출석하여 조사를 받는 경우에도 조사과정을 통하여 피의자의 죄가 무겁다고 인식되거나 피의자의 변명이 받아들여지지 않음을 느낀 때에는 조사 후 영장을 청구하는 사이에 도망갈 우려가 있으므로 긴급체포가 가능하다는 입장이 있다.

Ⅲ. 판례의 입장

긴급체포의 요건을 갖추었는지 여부는 체포 당시의 상황을 기초로 판단하여야 하고, 이에 관한 검사나 사법경찰관 등 수사주체의 판단에는 상당한 재량의 여지가 있다고 할 것이나 검사나 사법경찰관이 수사기관에 자진 출석한 사람을 긴급체포의 요건을 갖추지 못하였음에도 실력으로 체포하려고 하였다면 적법한 공무집행이라고 할 수 없다(대판 2006.9.8, 2006도148).

Ⅳ. 검토 및 사례 해결

피의자가 출석하게 된 경위, 출석불응이 있었는지, 조사시간, 수사상황 등 제반 사정을 고려하여(98도785), 조사과정에서 중범죄의 혐의가 인정됨에 따라 구속을 우려하여 귀가를 요구하는 것과 같이 도망 및 증거인멸의 우려가 현저한 경우에는 긴급체포가 가능하다.

본 설문에서 甲은 3차례의 출석요구를 받은 이후에 경찰에 출석하였으며, 경찰관은 2시간 동안의 조사를 통하여 甲의 혐의를 밝혀냈고, 수사기관이 甲을 귀가시킬 경우 증거인멸이 우려된다고 판단했다는 점, 甲에게 미란다원칙을 고지했다는 점 등을 고려하면 긴급체포는 적법하다고 본다.

2013년도 제1차 법전협주관 모의시험

형사법 제1문

제 1 문

A(26세, 女)는 술을 마신 후 택시를 타고 집으로 가다가 잠이 들었고, 목적지에 도착하자 술이 덜 깬 상태로 택시비를 지불하였다. 그러나 택시기사 乙은 택시비를 적게 받았다는 사실을 알고 차에서 내려 A를 따라가면서 불렀으나 대답이 없자 A의 팔을 잡았다. 평소 A를 흠모하여 A의 집 주변을 서성거리던 甲은 A의 팔을 잡은 乙을 성폭행범으로 오인하고 乙을 주먹으로 때렸다. 甲에게 맞은 乙은 이번 기회에 합의금이나 두둑이 받아야겠다는 생각으로 다음 날 평소 친하게 지내던 동네의원의 의사에게 사정을 이야기 하고 부탁하여 허위 내용의 상해진단서를 발급받았고, 이 진단서를 가지고 甲에게 찾아가 "앞길이 창창한 젊은이가 사소한 일로 전과자 되지 말고 합의하자. 돈을 제대로 주지 않으면 고소하겠다." 며 합의금으로 1천만 원을 요구하였다.
甲은 乙이 요구한 돈을 마련하기 위하여 친구 丙과 의논하였고, 丙은 甲에게 甲의 사촌형 C의 돈을 훔쳐서 주라고 교사하였다. 이에 甲은 옆 동네에 사는 사촌형 C의 집에 가서 C의 예금통장을 가지고 나와 현금지급기로 간 다음, 현금지급기로 C명의의 계좌에서 자신 명의의 계좌로 1천만 원을 계좌 이체한 후 제자리에 갖다 놓았다. 일주일 후 이 사실을 알게 된 사촌형 C는 甲을 고소하였다.
甲은 乙에게 1천만 원을 다 주는 것은 아깝다는 생각이 들어 5백만 원만 주었고, 乙은 자신이 요구한 돈을 다 받지 못하자 상해진단서를 첨부하여 甲을 고소하였다.

1. 甲, 乙, 丙의 죄책은?(55점)
2. 제1심 법원의 심리 중 C는 甲에 대하여 고소를 취소하였다. 이 고소취소의 소송법적 효과에 대하여 설명하시오.(15점)
3. 甲이 乙을 주먹으로 때린 행위에 대하여 검사는 폭행치상으로 기소하였고, 제1심법원은 유죄판결을 선고하였다. 이에 甲은 항소하였고 항소심법원은 심리를 통해 甲이 폭행한 사실은 증거에 의하여 명백하지만 乙의 상해부분을 인정하기는 어렵다고 판단하여 폭행죄에 대하여만 유죄로 판단하고자 한다.
   (1) 이 경우 항소심 법원은 검사에게 공소장변경을 요구하여야 하는가?(10점)
   (2) 만약 항소심에서 乙이 고소를 취소한 경우, 항소심 법원은 검사의 공소장변경 신청 없이 폭행죄만을 인정하여 유죄판결을 선고할 수 있는가?(20점)

▌C/O/N/T/E/N/T/S

제1문 김 태 계 〔경상대학교 법대 교수 · 변호사〕

형사법

Ⅰ. 설문 1 : 甲, 乙, 丙의 죄책

1. 문제의 제기

사례에서 甲이 乙을 성폭행범으로 오인하고 폭행을 행사한 부분은 정당방위상황에 대한 착오, 즉 위법성조각사유의 전제사실(이하 위전착)에 관한 착오에 해당한다. 위전착의 법적평가는 학설에 따라 착오에 대한 회피가능성유무를 기준으로 책임을 조각할 것인가 아니면 고의범의 성립을 부정하고 과실범의 성립을 인정할 것인가가 문제된다. 그리고 사례를 보면 甲은 합의금을 마련하기 위해 사촌형 C의 예금통장을 몰래 가져다가 계좌이체하고 제자리에 돌려놓았다. 친족상도례에 따라 사촌형의 고소가 있으면 甲은 절도죄로 처벌받을 수 있는데, 문제는 절도죄가 재물죄라는 점에서 계좌이체행위를 현금에 대한 절취행위로 보기는 힘들다는 점이다. 결국 타인의 통장에서 자신의 계좌로 예금을 이체하고 통장을 제자리에 돌려놓은 행위가 예금통장에 대한 사용절도인가 아니면 처벌가능한 절도인가 하는 점을 확인해야 할 것이다. 또한 예금통장을 이용하여 자신의 명의로 1천만원을 계좌이체한 부분은 컴퓨터사용사기죄에 해당하는 데 절도죄와의 죄수가 문제된다. 한편 乙은 친하게 지내던 의사에게 부탁해 허위내용의 상해진단서를 교부받고, 이를 가지고 甲에게 거액의 합의금을 요구한 사실이 있다. 먼저 전자의 경우에는 의사의 허위진단서 작성죄에 신분없는 乙이 가공한 경우로써 신분범의 공범성립여부가 문제된다. 그리고 후자의 경우에는 허

위의 상해진단서를 가지고 합의금을 주지 않으면 고소하겠다고 한 부분에 대한 공갈죄 및 사기죄의 성립여부가 문제된다. 한편 乙이 허위의 상해진단서를 첨부하여 甲을 고소한 것이 무고죄나 허위진단서행사죄에 해당하는지도 살펴볼 필요가 있다.

마지막으로 丙은 甲에게 절도를 교사한 자로써 절도죄의 교사범이 성립할 것인가가 문제된다.

2. 甲, 乙, 丙의 죄책

(1) 위전착의 해결

위전착에 대해서는 고의설, 엄격책임설, 제한책임설에 따라 그 법적 평가가 나뉜다. 먼저 위법성의 인식의 체계적 지위를 고의의 성립요소로 보는 고의설의 관점에서는 위전착도 위법성의 인식이 결여된 것으로 보아 고의범의 성립을 부정하고, 과실범의 성립가능성만을 인정한다. 반면에 위법성의 인식을 고의와 구별되는 책임요소로 이해하는 책임설 중 엄격책임설에 의하면, 위전착은 착오에 대한 회피가능성이 있으면 고의범이 성립하고, 회피가능성이 없다면 책임이 조각되는 것으로 본다. 반면에 책임설 중 제한책임설에 따르면 착오를 회피할 수 있었다 하더라도 위전착의 경우는 고의범으로서 심정반가치가 부정되어 법효과면에서 과실범으로 처벌된다는 입장이다. 판례는 기본적으로 엄격책임설의 관점에 있다.

사례의 경우 고의설과 제한책임설에 따르면 甲에 대해서는 폭행죄의 고의범의 성립이 부정되고 과실범으로 처벌할 수 있지만, 과실폭행죄의 처벌규정이 없으므로 불가벌이라 할 것이다. 반면에 엄격책임설의 관점에 따르면 착오의 회피가능성에 따라 폭행죄가 성립할 수 있는데, 사례의 경우 甲은 자기 아닌 제3자의 침해를 방위하기 위한 행위로써 상황을 신중하게 확인할 여지가 있었음에도 이를 다하지 않았기 때문에 착오에 대한 회피가능성이 충분히 있었다고 볼 수 있고, 따라서 폭행죄가 성립한다고 할 것이다.

제한책임설은 위전착을 불법단계에서는 고의범으로 평가하다가 책임단계에서 과실범으로 평가하므로 체계모순적이라 할 것이다. 따라서 엄격책임설의 관점에서 甲에게 폭행죄가 성립한다고 할 것이다.

(2) 예금통장에 대한 절도죄 및 컴퓨터 사용사기죄의 성립여부

甲이 사촌형 C의 예금통장을 가져다가 자신의 계좌로 이체한 행위는 현금을 인출한 경우가 아니기 때문에 현금(예금)에 대해서는 재물죄인 절도죄를 인정할 수 없다. 문제는 예금통장에 대한 절도죄가 성립하는가 하는 점이다. 특히 사례처럼 예금통장을 사용하고 제자리에 돌려놓은 경우에는 불가벌인 사용절도에 해당하는가가 문제된다.

절도죄가 성립하기 위해서는 불법영득의 의사가 필요한 데, 이 때 영득의사의 대상을 물체에 한정할 것인가 아니면 가치도 포함할 것인가에 대한 학설대립이 있다. 영득의사의 대상을 물체로 이해하는 물체설의 입장과 달리 가치설이나 종합설에 의하면 재물에 화체되어 있는 경제적 가치도 영득의사의 대상이 되는 것으로 이해한다. 판례와 통설은 종합설의 입장에 있는데, 재물의 가치를 단순한 사용가치가 아니라 기능가치로 이해하는 한 영득의사의 대상을 물체 외에 가치도 포함하는 것으로 이해하는 종합설이 타당하다고 할 것이다.

사례의 경우 예금통장에서 현금 1천만 원을 계좌 이체한 것은 예금통장의 기능가치인 현금인출기능의 현저한 감소를 초래한 것이라 할 것이다. 따라서 갑에 대해서는 예금통장에 대한 사용절도를 인정할 수 없고 절도죄의 성립을 긍정하여야 할 것이다. 또한 甲은 절취한 예금통장을 이용하여 권한 없이 현금지급기에서 C의 예금계좌 정보를 입력하여 자신의 명의의 계좌로 1천만 원을 이체하였으므로 재산상의 이득을 취득하였으므로 컴퓨터사용사기죄의 죄책도 진다. 다만 예금통장의 절취의 점과 컴퓨터사용사기의 점은 보호법익과 행위태양이 다르다 할 것이므로 양죄는 실체적 경합관계에 있다할 것이다.

한편 丙은 甲에 대해 절도를 교사한 사실이 있다. 甲이 사촌인 C의 통장을 절취한 점에 대하여 C의 고소가 있으므로 甲에 대하여 절도죄로 공소제기할 수 있다. 친족상도례의 친족관계는 일반적으로 인적처벌조각사유로 이해되기 때문에 친족관계 있는 자에게만 적용된다. 따라서 만약 1심판결전에 사촌형 C의 고소가 취소되어 甲이 처벌받지 않더라도 그와 별개로 丙은 공범종속정도에 대한 학계의 어떤 입장에 의하더라도 절도죄의 교사범의 책임을 부담한다고 할 것이다.

(3) 진정신분범에 있어 비신분자가 신분자에게 가공한 경우에 신분범의 인정여부

허위진단서 작성죄는 의사라는 신분을 가진 자만이 범할 수 있는 진정신분범이다. 따라서 의사가 허위진단서작성죄에 해당하는 것과는 별개로 허위진단서작성을 교사한 乙의 행위에 대해 진정신분범의 교사범이 성립하는가가 문제된다. 우리 형법 제33조는 신분관계로 인하여 성립될 범죄에 가공한 행위는 신분관계 없는 자에게도 공동정범, 교사범, 방조범의 성립을 인정하고, 단서에서 신분관계로 인하여 형의 경중이 있는 경우에는 중한 형으로 벌하지 아니한다고 하고 있다. 제33조 본문의 '신분관계로 인하여 성립될 범죄'에 부진정신분범을 포함하는가에 대해서는 학설이 대립된다. 어느 학설에 의하더라도 진정신분범의 경우에는 제33조 본문이 적용되기 때문에 乙은 허위진단서작성죄의 교사범이 성립한다.

(4) 허위의 상해진단서를 이용한 乙의 행위

乙은 허위의 상해진단서를 가지고 甲에게 합의를 종용하면서 합의해주지 않으면 고소하겠다고 하였다. 통상적인 고소권행사를 상대방에게 표시하는 것은 해악의 고지로 보기 어렵다는 것이 판례의 입장이지만, 목적과 수단의 관계에서 허위의 상해진단서를 가지고 고소하겠다고 하는 것은 일반적인 고소권행사로 볼 수 없다. 따라서 을의 행위는 갑에 대해 형사처벌을 받을 수도 있다는 해악을 고지한 것에 해당하여 협박이 성립하고, 이를 통해 재산상의 이익을 취득하려고 했기 때문에 강도죄나 공갈죄의 성립이 문제된다. 사례의 경우 협박의 정도가 상대방의 반항을 불가능하게 하거나 현저히 곤란하게 할 정도는 아니기 때문에 공갈죄가 성립한다고 할 것이다. 아울러 상해진단서가 허위로 작성된 것이므로 기

망의 수단이 공갈과 병행하여 사용된 것으로 볼 수 있다. 이 경우 우리 다수설의 입장에 따르면 어떤 수단이 甲의 의사결정에 영향을 미쳤는가에 따라 각죄의 성립여부를 따져야 하지만, 그 판단이 모호한 경우에는 양죄의 상상적 경합을 인정해야 한다고 한다. 사례의 경우에는 기망의 수단이 갑의 처분행위에 영향을 미친 것인지, 아니면 공갈이 영향을 미친것인지 모호하기 때문에 공갈죄와 사기죄의 상상적 경합이 성립한다고 할 것이다.

한편 乙은 합의금이 충분하지 않다는 이유로 허위진단서를 첨부하여 甲을 고소하였는데, 이것이 무고에 해당하는지도 살펴볼 일이다. 우리 판례에 의하면 신고사실일부에 허위사실이 포함되어 있다하더라도 그 허위부분이 범죄의 성부에 영향을 미치는 중요부분이 아니고 단지 신고한 사실을 과장한 것에 불과한 경우에는 무고죄에 해당하지는 않는다고 보고 있다. 사례의 경우 甲이 乙을 폭행한 것은 사실이고, 이를 폭행치상으로 과장한 것에 불과하므로 무고죄가 성립한다고 볼 수는 없다. 다만 허위의 진단서를 고소장에 첨부하였다는 점에서 허위진단서행사죄에는 해당된다고 할 것이다.

3. 소 결

甲은 乙에 대한 폭행죄와 C의 예금통장에 대한 절도죄 및 컴퓨터사용사기죄가 성립하고 각죄는 실체적 경합범의 관계에 있다. 그리고 乙은 허위진단서 작성죄의 교사범, 동해사죄와 공갈죄 및 사기죄의 상상적 경합범이 성립하고 각각 실체적 경합의 관계에 있다고 할 것이다. 마지막으로 丙에 대해서는 절도죄의 교사범으로 처벌된다고 할 것이다.

Ⅱ. 설문 2 : C의 甲에 대한 고소취소의 효력

1. 문제제기

소송법상 친고죄의 고소에 대해서는 고소불가분의 원칙이 적용된다. 고소불가분의 원칙이란 친고죄에 있어 하나의 범죄 일부분에 대한 고소 또는 그 취소는 그 사건 전부에 대하여 효력이 발생하고, 수인의 공범 중 1인에 대한 고소 또는 그 취소는 다른 공범자에게도 효력이 미친다는 원칙이다. 전자를 객관적 고소불가분의 원칙이라 하고, 후자를 주관적 고소불가분의 원칙이라고 한다. 사례를 보면 1심법원의 심리 중 C가 甲에 대한 고소를 취소하였는데, 사례의 경우처럼 친족상도례가 적용되는 상대적 친고죄의 경우에도 고소불가분의 원칙을 적용할 수 있는가가 문제된다.

2. 상대적 친고죄에 대한 고소불가분의 원칙의 적용여부

친족상도례와 같이 범인과 피해자 사이에 일정한 신분관계가 있는 경우에만 친고죄가 되는 범죄를 상대적 친고죄라고 한다. 우리 판례에 따르면 상대적 친고죄에 있어서는 비신분자에 대한 고소의 효력은 신분관계 있는 공범에게는 미치지 않고, 신분관계 있는 자에 대한 피해자의 고소취소는 비신분자에게는 효력이 없다고 한다. 즉 상대적 친고죄의 경우에는 고소불가분의 원칙이 적용되지 않는 것이다.

우리 형소법 제232조 제1항에 의하면 친고죄의 고소는 제1심판결전까지 취소할 수 있기 때문에 C의 甲에 대한 고소취소는 유효한 소송행위로서 법원은 공소기각판결하여야 한다. 그러나 상대적 친고죄의 경우에는 고소불가분의 원칙이 적용되지 않기 때문에 그 취소의 효력이 비신분자인 丙에 대해서는 미치지 않는다. 따라서 丙은 甲의 처벌여부와 상관없이 절도죄의 교사범으로 처벌받을 수 있다.

Ⅲ. 설문 3 : 제1심법원의 폭행치상판결과 항소심법원의 폭행죄 판단

1. 문제제기

설문은 1심법원이 甲에 대해 폭행치상의 판결을 한 후 甲이 항소하고, 항소심법원이 乙에 대한 상해부분을 인정하기 어렵다고 판단하여 폭행죄로 판단하고자 하는 경우에 항소심법원은 공소장변경 없이도 폭행죄에 대해 유죄 판단을 할 수 있는가를 묻고 있다. 이는 공소장 변경 없이 공소장에 기재된 사실과 다른 사실을 인정할 수 있는가에 대한 문제이다.

한편 설문에서는 항소심에서 피해자 乙의 고소취소가 있는 경우에 乙의 처벌불원의 의사표시가 반의사불벌죄인 폭행죄의 유죄판결에 어떤 영향을 미치는가를 묻고 있다. 반의사불벌죄에 대해서도 고소취소의 제한규정이 준용되는가에 대한 문제이다.

2. 공소장변경의 필요성 판단 기준

검사는 공소제기 후에 공소사실의 동일성이 인정되는 범위에서 법원의 허가를 얻어 공소장에 기재된 공소사실 또는 적용법조를 추가 철회 변경할 수 있다. 이를 공소장변경이라고 하는데, 소송경제의 차원에서 피고인의 방어권보장에 지장을 주지 않는 선에서는 공소장변경없이 공소장에 기재된 공소사실과 다른 사실을 인정할 수도 있을 것이다. 이는 공소장변경의 필요성에 관한 논쟁인데, 그 판단 기준에 대해 우리 판례는 피고인의 방어권 행사에 실질적인 불이익을 초래할 염려가 있느냐를 기준으로 한다. 이러한 기준은 통설인 사실기준설에 의하더라도 마찬가지인데, 그 구체적 판단의 모습은 개별사례에 따라 다르다.

사례의 경우에는 폭행치상을 폭행으로 판단할 때 공소장변경이 필요한가 하는 점이 문제된다. 일반적으로 검사의 공소사실과 법원이 인정하는 범죄사실이 다른 유형에 속하는 경우에는 원칙적으로 공소장변경이 필요하다고 할 것이지만, 공소사실에 비해 법원이 인정하고자 하는 범죄사실이 축소사실인 경우에는 피고인의 방어권보장에 지장이 없기 때문에 공소장변경이 필요없다고 할 것이다. 우리 판례도 폭행치상이나 폭행치사로 공소제기된 경우에 폭행죄의 인정에는 공소장변경이 필요없다는 입장이다.

따라서 우리 판례의 입장에 따르면 항소심 계속중에도 공소장변경은 가능하다고 할 것이지만, 설문의 경우에는 공소장변경 없이도 법원이 폭행죄를 판단할 수 있으므로 검사에게 공소장변경을 요구할 필요가 없다고 할 것이다.

3. 항소심에서의 乙의 고소취소

형소법 제232조 제1항에 따르면 고소취소는 제1심판결전까지만 가능하다. 제1심판결 선고 후에 고소가 취소된 때에는 고소취소의 효력은 없다. 문제는 폭행죄가 친고죄가 아닌 반의사불벌죄라는 점이다. 이에 대해 우리 형소법 제232조 제3항은 반의사불벌죄의 경우에도 처벌을 희망하는 의사표시의 철회가 있으면 고소취소의 제한 규정을 준용한다고 한다. 따라서 항소심계속 중에 乙의 처벌불원의 의사표시는 공소유지 및 소송계속에 영향을 미치지 않는다. 결국 항소심법원은 乙이 고소를 취소하였다 하더라도 검사의 공소장변경 신청 없이 폭행죄로 유죄판결할 수 있다고 할 것이다.

2013년도 제1차 법전협주관 모의시험

형사법 제2문

제 2 문

甲과 乙은 빈집을 골라 고가품을 절취할 것을 공모한 후 주간에 피해자가 거주하는 주택에 이르러 乙은 대문 앞에서 甲과 무전기로 연락을 취하면서 망을 보고 甲은 위 주택의 담을 넘어 들어가 시가 5백만 원 상당의 물품들을 준비한 가방에 담고 있던 중, 마침 피해자가 귀가하는 것을 보고 乙은 甲에게 "빨리 피하라" 고 하면서 이 사실을 알려주었고 이에 당황한 甲은 가방에 담고 있던 물품들을 그대로 둔 채 대문을 열고 나오다가 피해자가 자신의 팔을 붙잡자, 체포를 면탈할 목적으로 팔을 잡고 있던 피해자를 밀치는 등 폭행하여 치료일수 2주를 요하는 상해를 입혔다. 甲과 乙은 특수강도에 의한 치상 및 특수주거침입의 공소사실로 공소가 제기되어 제1심 법원에서 공동피고인으로 재판을 받고 있다.

제1심 법원의 제5회 공판기일의 검사는 ① 乙을甲의범죄사실에 대한 증인으로 신문할 것을 신청하였고, 재판장은 이를 허가하였다. 甲의 사선변호인 A는 이러한 공판진행이 부당하다고 강력하게 항의하였으나 받아들여지지 않자, "이러한 재판에는 참여할 수 없다." 고 하면서 퇴정하였다. 재판장은 甲이 법정에 있는 상황에서 증인으로 출석한 피해자의 충분한 진술이 이루어지지 않을 것이라 판단하여② 甲을 퇴정하도록 한 후 피해자에 대한 증인신문을 진행한 후 당해 심리를 종결하였다.제6회 공판기일에 법원의 공판진행에 불만을 품은 甲과 A가 출석하지 않자, 법원은 ③ 다른 사건으로 재정 중인 B를 국선변호인으로 선정한 후 甲과 A에게 이러한 사실을 통지하였다. 제7회 공판기일에 B와 甲이 출석하였고, 재판장이 乙에 대한 증인신문 결과를 공판조서(증인신문조서)에 의하여 고지한 후 "변경할 점과 이의할 점이 있는가?" 라고 질문하였으나 甲은 진술을 거부하였고 B 또한 별다른 말을 하지 않았다. 제1심 법원은 甲과 乙에게 유죄를 선고하였고, 甲과 乙은 항소하였다.

1. 변호인 A가 甲에 대한 특수강도에 의한 공소사실에 대하여,
(1) 단순강도에 의한 치상이라고 주장하는 경우, 이러한 주장의 논거와 그 주장의 타당성을 판단하시오. (15점)
(2) 강도치상이 아니라 강도치상의 미수라고 주장하는 경우, 이러한 주장의 논거와 그 주장의 타당성을 판단하시오. (25점)

2. 乙의 변호인이 乙의 특수강도에 의한 치상의 공소사실에 대해 항변할 수 있는 내용을 서술하시오. (15점)

3. 항소심에서 甲이 밑줄 친 ①~③ 부분을 위법이라고 주장하는 경우, 각 주장의 논거를 제시하시오. (45점)

C/O/N/T/E/N/T/S

제2문 김 태 계 〔경상대학교 법대 교수 · 변호사〕

Ⅰ. 설문 1 : 甲의 공소사실에 대한 변호인 주장의 타당성 판단

1. 문제제기

甲과 乙은 절도를 공모하여 乙은 망을 보고 甲은 주택의 담을 넘어 들어갔다. 물품을 가방에 담고 있던 甲은 피해자가 귀가한다는 乙의 연락을 받고 나오다가 피해자와 마주치고, 피해자가 자신을 붙잡자 체포면탈의 목적으로 폭행하여 상해를 입혔다. 이처럼 절도가 체포면탈의 목적으로 폭행을 행사한 경우에는 준강도가 성립하는데, 사례의 경우처럼 2인 이상이 합동하여 범행을 한 경우에는 특히 특수강도의 성립이 문제될 수 있다. 그런데 설문(1)을 보면 변호인 A가 단순강도의 성립을 주장하고 있다. 이러한 주장은 합동범의 성립을 부정하는 경우에만 가능하다.

한편 설문 (2)를 보면 변호인 A는 甲의 공소사실에 대해 미수범의 성립을 주장하는데, 이는 결과적 가중범에 대한 미수범이 성립한다는 전제에서 준강도의 미수범의 성립에 대한 학설대립을 통해 해당 주장의 타당성을 찾을 수 있을 것이다.

2. 합동범 성립여부

변호인이 甲의 공소사실에 대해 단순강도에 의한 치상을 주장하는 것은 甲과 乙의 합동범성립을 부정한다는 것이다. 합동범의 성립을 부정하기 위해 변호인은 甲과 乙이 합동범이 아닌 공동정범이라고 주장하든가 아니면 乙이 범행의 부수인물로서 甲의 범행을 조력하는 방조범에 불과하다고 주장할 수 있다.

우리 형법은 공동정범의 공동개념과 합동범의 합동 개념을 구별하여 합동범을 공동정범에 비해 가중처벌하고 있는데, 합동의 의미를 어떻게 이해할 것인가를 살펴보면 해당 주장의 허실을 알 수 있다. 합동의 의미에 대해서는 현장설과 가중적공동정범설, 그리고 공모공동정범설의 대립이 있다. 현장설은 합동을 시간적 장소적 협동의 의미로 이해하고, 현장에서의 실행행위의 분담을 필요로 한다는 것이 우리 통설과 판례의 입장이다. 반면에 가중적 공동정범설은 합동범의 합동을 공동정범의 공동개념과 동일시하지만, 형사정책적 견지에서 합동범을 가중처벌할뿐이라는 입장이다. 그리고 공모공동정범설은 예외적으로 공모공동정범이 실제로 적용되는 경우가 합동범이라는 입장이다.

합동범의 성립범위를 가장 좁게 이해하는 현장설이 타당한데, 사례의 경우처럼 기능적 행위지배의 관점에서 동시간대의 실행행위분담이 있고 범행현장이 집밖과 집안이라는 점에서 장소적 근접성도 인정된다고 보면, 이 경우 변호인이 단순강도죄의 공동정범의 성립을 주장하거나 乙의 방조범 성립을 주장하는 것은 설득력이 부족하다고 할 것이다.

다만 합동의 의미가 공동의 의미를 포함하고 있는 만큼 甲과 乙 사이에 애초에 준강도의 공동정범이 성립하는가 하는 점을 먼저 살펴보면 변호인의 주장이 설득력을 가질 여지가 있다. 판례는 甲과 乙이 절도를 실행하기로 공모한 것에 불과하고, 甲이 폭행협박을 할 것이라는 것을 乙이 예견할 수 없었다면 乙에 대해 준강도의 책임을 물을 수 없다고 본다. 변호인은 이를 근거로 乙이 甲의 폭행을 예견할 수 없었다는 주장을 하여 乙의 준강도 성립을 부정하고, 결국 甲에 대해 합동범으로서의 강도죄 성립을 부정하게 하는 근거로 삼을 수 있을 것이다.

3. 결과적 가중범에 대한 미수범 성립여부

기본범죄로 인해 중한 결과가 발생한 경우를 결과적 가중범이라고 한다. 일반적으로 미수범은 결과가 발생하지 않거나 결과가 발생했더라도 행위와 결과사이에 인과관계가 부정되는 경우에 인정된다는 점에서 결과적 가중범의 경우에는 미수범의 성립을 인정할 수 없는 것이 일반적이다. 그러나 우리 형법조문은 제337조와 제342조에서 강도치상죄에 대한 미수범성립을 긍정하는 조문형식을 취하고 있다. 이에 대해서는 입법상의 실수로 보는 입장과 이를 근거로 미수범의 성립을 긍정하는 입장으로 나뉜다. 우리 다수설과 판례는 전자의 입장을 취하고 있는 반면에, 소수설의 경우에는 기본범죄가 미수에 그친 경우와 기본범죄가 기수에 이른 경우에 결과불법의 차이가 있기 때문에 미수범의 성립을 긍정할 수 있다는 입장이다. 현행형법이 강도치상의 미수를 긍정하고 있고, 기본범죄의 기수와 미수사이

형사법

에 불법의 차이가 있다면 기본범죄가 미수에 그친 경우에는 미수범의 성립을 긍정하는 것이 타당하다고 할 것이다.

문제는 기본범죄인 준강도의 미수범을 어떠한 기준에서 판단할 것인가 하는 점이다. 준강도는 절도와 폭행협박의 결합범 형식을 취하고 있기 때문에 준강도의 미수와 기수의 구별기준에 대해 절취행위를 기준으로 할 것인지 아니면 폭행협박행위를 기준으로 할 것인지에 대해 학설과 판례가 대립한다. 우리 판례는 종전에 폭행협박행위를 기준으로 미수여부를 판단했지만, 절취행위기준설로 판례를 변경하였다. 결합범인 단순강도의 미수를 폭행협박의 미수와 재물강취의 미수 양자를 기준으로 판단하는 만큼, 준강도도 양자를 모두 고려하는 것이 타당할 것이다(종합설). 즉 폭행협박이 상대방의 반항을 억압할 정도가 아니거나 폭행협박이 있었지만 절취행위가 미수인 경우에는 미수범의 성립을 긍정할 수 있을 것이다.

변호인의 강도치상미수의 주장은 타당성이 있다고 할 것이다.

Ⅱ. 설문 2 : 乙의 특수강도치상에 대한 변호인의 항변

1. 문제제기

사례의 경우 폭행협박을 실행하지 않은 乙에게 특수강도치상의 공소사실을 항변할 근거는 우선 앞서 설문 1의 2.에서 살핀 바와 같이 乙에게 甲의 폭행에 대한 예견가능성이 없었음을 주장하는 것이고, 만약에 그것이 부정된다면 상해라는 결과에 대한 예견가능성이 없었음을 주장하는 것이다. 특히 후자는 결과적 가중범의 공동정범의 성립에 관한 문제로 학설과 판례가 첨예하게 대립하는 부분이다.

2. 甲의 폭행행위 및 상해의 결과에 대한 예견가능성의 문제

먼저 변호인은 甲의 폭행행위에 대해 乙이 예견가능성이 없었다는 주장을 할 수 있다. 우리 판례는 절도의 공동정범 중의 1인이 체포면탈의 목적으로 폭행협박을 행사한 경우 다른 공범자에 대해서는 예견가능성을 전제로 준강도의 성립을 긍정한다. 즉 乙에게 甲의 폭행행위에 대한 예견가능성이 없었다면 乙은 애초에 특수강도가 성립하지 않을 수 있다. 이와 달리 일부학설에 의하면 乙이 甲의 폭행행위를 예견할 수 없었다고 하더라도 甲과 乙은 절도를 하기로 공모한 것에 불과하고 강도에 대해서는 의사연락이 없는 만큼 기능적 행위지배를 본질로 하는 공동정범의 성립을 부정해야 한다고 한다. 어느 입장에 의하더라도 乙의 강도죄 성립을 부정할 수 있는 근거가 될 것이다.

만약 변호인의 이러한 주장이 받아들여지지 않는다면 다음으로는 결과인 상해에 대해 乙이 예견할 수 없었음을 주장하면 된다. 이는 결과적가중범의 공동정범 성립에 대한 문제로 귀결되는데, 우리 학설은 결과적 가중범의 공동정범 성립을 부정하면서 공동행위자 각자의 과실(예견가능성을 포함하는 의미)을 개별적으로 판단하여 결과적 가중범의 책임을 지우자는 입장과 각자에게 과실이 있으면 결과적 가중범의 공동정범이 성립한다는 입장으로 나뉜다. 어느 학설에 의하더라도 乙에게 중한 결과에 대한 예견가능성이 있다면 특수강도치상의 책임을 피할 수 없을 것이다.

반면에 우리 판례는 예경가능성을 전제로 결과적 가중범의 공동정범 성립을 긍정하지만, 일부는 예견가능성이 없는 경우에도 결과적 가중범의 공동정범 성립을 인정하기도 한다. 판례의 원칙적인 입장과 학설을 근거로 乙에게는 상해에 대한 예견가능성이 없었음을 주장함으로써 상해에 대한 책임을 부정할 수 있다.

Ⅲ. 설문 3 : 항소심에서의 甲주장의 논거

1. 문제제기

법원의 1심판결에 대해 甲이 항소심에서 위법부당함을 주장하는 경우에 각각의 논거를 제시하는 문제이다. 먼저 ①은 甲과 乙이 특수강도에 의한 치상 및 특수주거침입의 공소사실로 공소제기되어 공동피고인으로 재판을 받고 있는 중에 검사가 공범인 공동피고인 乙을 甲의 범죄사실에 대한 증인으로 신청하였고 이를 재판장이 허가한 부분이다. 이는 공범인 공동피고인의 증인적격에 대한 문제이다. ②는 필요적 변호사건에서 변호인 없는 피고인을 피해자보호차원에서 퇴정시키고 피해자를 증인으로 신문했을 때 이것이 위법한 증인신문인가 하는 점이 문제된다. ③은 국선변호인과 피고가 ②에서 작성된 증인신문조서에 대해 변경할점과 이의할 점에 대한 책문권 포기의사를 명시하지 않은 경우에 증인신문조서의 하자가 치유되는가를 묻고 있다.

2. 공범인 공동피고인의 증인적격의 문제

증인적격이란 증인으로서 선서하고 증언할 수 있는 자격을 말한다. 법관은 누구든지 증인으로서 신문할 수 있지만, 증인적격이 문제되는 경우가 있다. 특히 피고인은 자신의 피고사건에서 증인적격이 부정되는데, 이는 피고인이 당사자로서 제3자임을 요하는 증인이 될 수 없고, 결정적으로 증인의 증언의무가 피고인의 진술거부권과 정면으로 배치되기 때문이다. 문제는 공범인 공동피고인이 다른 공동피고인의 증인으로서 공판정에서 진술할 수 있는가 하는 점이다. 우리 판례는 장물범과 본범처럼 별개의 사실로 기소되어 병합심리중인 공동피고인, 즉 공범 아닌 공동피고인의 경우에는 각자에게 상대방의 범죄사실에 대한 증인적격을 인정하고 있다. 하지만 공범인 공동피고인에 대해서는 각자가 당해소송절차에서 피고인의 지위에 있으므로 다른 공동피고인에 대해 증인적격을 인정할 수 없다고 한다.

따라서 사례의 경우처럼 乙을 甲의 범죄사실에 대한 증인으로 신문하는 것은 위법하다고 할 것이다. 다만 소송절차를 분리하여 甲과 乙을 별도의 소송절차에서 심리하는 경우에는

형사법

甲과 乙은 공동피고인 아닌 공범이 되고, 이러한 경우에는 각자가 상대방 사건에 대한 피고인의 지위에서 벗어난다고 보아 증인적격을 인정할 수 있다. 결론적으로 甲과 乙의 심리가 분리되지 않는 한 해당 증인신문은 위법하다.

3. 변호인과 피고인 없이 진행된 피해자의 증인신문에 대한 위법여부

해당사건은 공소사실이 단기 3년 이상의 징역에 해당하는 사건으로 필요적 국선사건이라 할 수 있다. 사례의 경우는 변호인이 임의퇴정하고 피고인도 피해자보호차원에서 일시 퇴정된 상태에서 재판장이 증인을 신문한 경우로서 해당 증인신문의 효력이 문제된다. 이는 결국 필요적 변호사건의 경우에 변호인 없는 증인신문이 위법한가 하는 문제와 피해자의 2차피해를 막기 위한 피고인의 일시퇴정조치가 피고인의 방어권보장에 지장을 주는가가 쟁점이 될 것이다

먼저 판례는 필요적 변호사건의 공판절차에서 변호인 없이 피해자에 대한 증인신문이 이루어진 경우에는 해당 소송행위를 무효라고 본다. 문제는 사례처럼 변호인이 재판장의 허가없이 임의로 퇴정한 경우에도 해당 증인신문을 무효로 할 수 있는가 하는 점이다. 이에 대해 판례는 필요적 변호사건이라 하더라도 변호인의 임의퇴정을 변호권의 포기로 이해할 수 있다면 형소법 제330조를 유추적용하여 변호인 없이 개정할 수 있다고 한다. 따라서 사례의 경우 변호인 없이 진행된 증인신문이라는 것만으로는 해당 증인신문의 위법을 주장하기에는 부족할 수 있다.

한편 재판장은 증인이 피고인의 면전에서 충분한 진술을 할 수 없다고 인정하는 때에는 피고인을 일시 퇴정하게 하고 증인에게 진술하게 할 수 있다. 특히 판례는 변호인 없는 피고인의 경우에도 피고인을 일시퇴정하게 하고 증인신문을 진행할 수 있다고 본다. 그러나 이런 경우에도 피고인의 반대신문권을 배제하는 것은 허용되지 않는다는 입장이다. 결국 사례의 경우 증인신문은 가능하지만, 甲의 반대신문권이 배제되었다면 해당 증인신문은 위법하다고 할 것이다. 항소심에서 이 점을 주장의 핵심적인 논거로 삼을 필요가 있다.

4. 증인신문조서의 하자치유의 문제

위3에서 甲의 반대신문권이 배제된 채 진행된 피해자의 증인신문은 무효이고, 따라서 신문결과를 기록한 증인신문조서도 위법한 증거로서 증거능력이 부정된다고 할 것이다. 문제는 위와 같은 소송행위하자를 치유할 수 있는가 하는 점이다.

사례를 보면 재판장은 변호인과 피고인에게 이전 공판기일에 작성된 증인신문조서의 이의의점과 변경할 점을 묻고 있다. 이는 책문권의 포기의사를 묻는 것으로 판례에 따르면 이러한 경우 피고인이 명시적으로 책문권을 포기하겠다는 의사가 있으면 하자가 치유되는 것으로 본다. 그러나 사례의 경우에는 피고인 갑이 진술을 거부하고 있으므로 명시적으로 책문권을 포기했다고 보기는 어렵고, 결국 해당 증인신문의 절차위반도 치유된 것으로 볼 수 없다.

2012년도 제2회 법전협주관 모의시험

형사법 제1문

甲은 乙에게 야간에 A의 집에 침입하여 물건을 훔치라고 시키면서, A의 집에 들어갈 때 사용하도록 A의 집 열쇠를 제공하였다. 그러나 乙은 丙과 공모하여 야간에 칼을 휴대하고 A를 강도하기로 하되 사람의 생명이나 신체를 해치지는 않기로 약속하였다. 그러나 丙은 乙이 칼을 휴대하였으므로 A의 생명이나 신체를 해칠 수는 있을 것이라고 생각하였다. 乙과 丙은 A의 집 문이 이미 열려 있어서 甲이 준 열쇠를 사용하지 않고 A의 집에 침입하였다. 丙은 일층에서 물건을 챙기고, 乙은 이층으로 올라가 물건을 물색하는 과정에 자고 있던 A가 일어나려고 하자 당황하여 베개로 A의 머리부분을 누르고 소지한 칼로 복부를 찔렀는데 A가 저항을 멈추고 사지가 축 늘어지자 이미 사망한 것으로 생각하였다. 乙은 A의 지갑과 통장을 챙긴 후 일층으로 내려와 A의 살해사실을 숨긴 채 丙과 함께 훔친 물건을 가지고 그 집을 빠져 나왔다.

이러한 상황을 모른 채 새벽에 집에 돌아온 A의 아들 丁은 A가 침대에서 피를 흘리며 쓰러져 있는 것을 발견하고 병원에 이송하지 않으면 A가 사망할 것이라는 사실을 알았으나, 이 기회에 상속을 받으려고 A를 구조하지 아니한 채 그대로 집에서 나와 버렸다. 그 결과 A는 과다출혈로 사망하였다. 丁이 A를 발견하였을 당시 병원에 옮겼더라면 생명을 구할 수 있는 상황이었다. A가 사망한지 일주일이 지난 후, 丁은 사용하고 갖다놓을 생각으로 집에 있던 A의 인감도장을 동사무소로 가지고 가서 인감증명 위임장을 작성하여 이를 직원에게 제출한 후, 도장을 다시 제자리에 갖다 놓았다. 직원은 A가 이미 사망하였음을 알고 수사기관에 신고하였다.

A살해사건을 수사중이던 경찰관 P는 乙이 범인일 것이라고 생각하고 새벽 3시경 집으로 돌아오는 乙을 긴급체포하였다(체포시 P는 乙에게 필요한 권리 등을 고지하였다). 긴급체포 후 3시간만에 乙은 범행사실을 자백하였고, P는 영장 없이 乙의 집을 수색하여 A의 지갑과 통장 그리고 범행에 사용된 흉기를 발견하여 이를 압수하였고 사후에 이에 관한 영장을 발부받았다.

한편 동사무소 직원의 신고를 받은 경찰관 P는 피의자 丁의 자백을 받고 이를 피의자신문조서에 기재한 후 사건을 검찰에 송치하였고, 검사 K는 丁의 자백을 내용으로 하는 丁에 대한 피의자신문조서를 작성하였다.

1. 甲, 乙, 丙, 丁의 죄책은? (60점)
2. (1) K가 乙을 구속수사하던 중 乙이 자신의 변호인에 대한 접견을 신청하자, K는 수사기밀이 누설될 수 있다는 이유로 이를 거부한다면 이는 적법한가, 그리고 이에 대한 구제책은? (10점)
(2) 접견이 거부된 상태에서 검사 K가 작성한 乙에 대한 피의자신문조서의 증거능력은? (5점)
3. P가 압수한 A의 지갑과 통장 그리고 범행에 사용된 흉기를 乙에 대한 재판에서 증거로 사용할 수 있는가? (15점)
4. 위의 범죄사실에 대하여 丁을 해당 범죄로 기소하여 제1심법원의 공판절차중 피고인 丁이 공판정에서 자백한 경우 P와 K 작성의 피의자신문조서를 이 자백에 대한 보강증거로 인정할 수 있는가? (10점)

C/O/N/T/E/N/T/S

제1문

정 웅 석 [서경대학교 법학과 교수]

Ⅰ. 쟁점의 정리

첫째, 설문 (1)의 甲, 乙, 丙, 丁의 죄책과 관련하여, 정범인 乙의 죄책을 중심으로 검토한 후, 丙, 甲, 丁의 순서대로 죄책을 검토하기로 한다.

둘째, 설문 (2)는 변호인의 접견교통권이 침해된 경우의 적법성 여부 및 이에 대한 구제책 그리고 그 조서의 증거능력이 인정되는지 여부를 묻고 있다.

셋째, 설문 (3)은 P가 압수한 A의 지갑과 통장, 흉기의 증거능력과 관련하여 영장에 의하지 아니한 강제처분의 적법성 및 요급처분의 위법성을 묻고 있다.

넷째, 설문 (4)는 공판정에 대한 자백의 보강증거로 수사상 작성된 조서가 인정될 수 있는지 여부를 묻고 있다. 따라서 이하에서는 이러한 순서에 따라 검토하기로 한다.

Ⅱ. 甲, 乙, 丙, 丁의 죄책

1. 乙의 죄책

(1) 야간주거침입절도죄(형법 제330조)의 성립여부

甲이 乙에게 야간에 A에 침입하여 물건을 훔치라고 시켰으므로 야간주거침입절도죄의 성립여부가 문제되지만, 乙이 특수강도의 고의로 A의 집에 침입하였으므로 큰 고의는 작은 고의를 포함한다는 이론에 따라 야간주거침입절도죄의 고의는 특수강도죄의 고의에 포함된다고 본다.

(2) 특수강도죄(형법 제334조 제1항 및 제2항)의 성립여부

乙은 丙과 공모하여 야간에 칼을 휴대하고 A를 강도하기로 하였으므로(형법 제334조 제1항 및 제2항의 결합) 그 실행의 착수시기에 대하여 견해의 대립이 있다. 즉 강도의 고의가 인정되고 흉기까지 휴대하였음에도 불구하고 폭행 또는 협박이 없어서 특수강도의 실행의 착수를 인정할 수 없다는 것은 부당하다는 전제하에 야간주거침입절도죄와의 구별은 객관적 정황판단을 통하여 충분히 극복될 수 있다는 견해(주거침입시설)와 다른 특수강도죄의 경우와 동일하게 폭행·협박을 개시한 때에 실행의 착수를 인정해야 한다는 폭행·협박시설이 대립하고 있다. 이에 대하여 판례는 「특수강도의 실행의 착수는 강도의 실행행위, 즉 사람의 반항을 억압할 수 있는 정도의 폭행 또는 협박에 나아갈 때에 있다」고 하면서 「강도의 범의로 야간에 칼을 휴대한 채 타인의 주거에 침입하여 집안의 동정을 살피다가 피해자를 발견하고 갑자기 욕정을 일으켜 칼로 협박하여 강간한 경우, 야간에 흉기를 휴대한 채 타인의 주거에 침입하여 집안의 동정을 살피는 것만으로는 특수강도의 실행에 착수한 것이라고 할 수 없다」[1]고 판시하여 폭행·협박시설을 따랐다. 다만 판례는 2인이 특수강도를 범한 사안에서는 「형법 제334조 제1항 소정의 야간주거침입강도죄는 주거침입과 강도의 결합범으로서 시간적으로 주거침입행위가 선행하므로 주거침입을 한 때에 본죄의 실행에 착수한 것으로 볼 것인바, 같은 조 제2항 소정의 흉기휴대·합동강도죄에 있

1) 대판 1991.11.22, 91도2296.

어서도 그 강도행위가 야간에 주거에 침입하여 이루어진 경우에는 주거침입을 한 때에 실행에 착수한 것으로 보는 것이 타당하다」[2]고 하여 주거침입시설을 따르고 있다. 따라서 판례인 주거침입시설에 따르면 乙은 특수강도죄의 실행에 착수하였다고 볼 수 있다.

(3) 강도살인죄(형법 제338조)의 성립여부

강도살인죄란 강도가 사람을 살해한 때에 성립하는 범죄이다. 그런데 사안에서 특수강도죄의 실행에 착수한 乙이 베개로 A의 머리부분을 누르고 소지한 칼로 A의 복부를 찔렀으므로 살인의 고의를 인정할 수 있다. 다만 A가 저항을 멈추고 사지가 축 늘어지자 이미 사망한 것으로 생각는데, 실제는 아직 A가 사망하지 않았으며 丁의 부작위를 통하여 사망하였으므로 인과관계의 착오가 발생하였다. 이러한 인과관계의 착오란 행위자가 인식한 범죄사실과 발생한 범죄사실이 구성요건적으로 일치하지만, 그 구성요건적 결과에 이르는 인과과정이 행위자가 인식했던 인과과정이 다른 경우로서, 학설은 객관적 귀속론의 문제라는 견해와 예견가능성설이 대립하고 있다. 생각건대 행위자의 주관적인 생각과 다르게 진행된 인과과정이 문제되는 경우에 그러한 과정이 비유형적인 인과과정으로 볼 정도가 아니라면 객관적 구성요건해당성은 충족되므로, 乙에게 강도살인죄를 인정하는 것이 타당하다고 본다.

2. 丙의 죄책

(1) 특수강도죄(형법 제334조 제1항 및 제2항)의 성립여부

丙은 乙과 공모하여 야간에 칼을 휴대하고 A를 강도하기로 하였으므로 특수강도죄의 공동정범이 성립한다.

(2) 강도살인죄(형법 제338조)의 성립여부

丙에게 乙이 범한 강도살인죄의 공동정범이 성립하는지 문제된다. 사안에서 乙과 丙이 사람의 생명이나 신체를 해치지는 않기로 약속하였다고 하더라도, 丙은 乙이 칼을 휴대하였으므로 A의 생명이나 신체를 해칠 수는 있을 것이라고 생각하였다는 점에서 살인에 대한 예견가능성은 있었다고 볼 수 있다. 판례도 「강도의 공범자 중 1인이 강도의 기회에 피해자에게 폭행 또는 상해를 가하여 살해한 경우에 다른 공범자는 강도의 수단으로 폭행 또는 상해가 가해지리라는 점에 대하여 상호 인식이 있었다」[3]고 보고 있으며, 따라서 '초과적 범죄실행행위를 전혀 예상하지 못하였다고 보여지지 않는 한' 초과부분에 대한 결과적 가중범을 인정하고 있다.[4] 이러한 판례의 입장에 따르면, 丙에게도 강도살인죄의 공동정범이 인정된다고 보아야 할 것이다.

---

2) 대판 1992.7.28, 92도917.
3) 대판 1989.9.13, 88도1046.
4) 대판 1991.11.12, 91도2156.

3. 甲의 죄책

甲은 야간주거침입절도죄를 시키면서, A의 집에 들어갈 때 사용하도록 A의 집열쇠를 제공하였으므로 甲이 준 열쇠를 사용하지 않고 A의 집에 침입했다고 하더라도 야간주거침입절도죄에 대한 기능적 행위지배가 있었다고 볼 수 있다. 따라서 甲에게 야간주거침입절도죄의 공동정범이 성립한다고 보아야 할 것이다. 왜냐하면 야간주거침입절도죄의 실행의 착수시기에 대하여 주거침입시로 보는데 이설(異說)이 없기 때문이다.

문제는 甲이 야간주거침입절도죄의 고의를 가지고 시켰지만, 乙은 특수강도죄의 고의를 가지고 A의 집에 침입하여 강도살인죄를 범하였으므로 甲에게도 강도살인죄의 공동정범을 인정할 수 있는지 여부이다. 이는 공동정범 상호간에 착오가 있는 경우로서, 본 사안은 공동자가 인식한 사실과 현실로 발생한 사실이 별개의 구성요건에 속하지만 구성요건적 죄질을 같이 하는 경우인 양적 초과에 관한 문제이다. 생각건대 甲과 乙이 야간주거침입절도죄를 공모하였으나 甲이 특수강도를 실행한 경우, 공모의사의 범위 내에서 죄를 인정하는 것이 타당하므로 甲에게는 야간주거침입절도죄(형법 제330조)만 성립한다고 보아야 할 것이다.

4. 丁의 죄책

(1) 부작위에 의한 존속살인죄(형법 제250조 제2항)의 성립여부

A의 아들인 丁은 보증인적 지위가 인정될 뿐만 아니라 책임의 개별화원칙에 따라서 부작위에 의한 존속살인죄가 성립한다고 볼 수 있다. 다만 정범인 乙의 범행을 제지하지 않은 보증인적 지위에 있는 丁의 부작위를 존속살인죄의 정범으로 보아야 할 것인지 아니면 존속살인죄의 방조범으로 보아야 할 것인지 문제된다. 이에 대하여 학설은 고의의 작위범의 범행을 방지할 작위의무를 지는 자가 이를 이행하지 않을 경우에는 정범이 아니라 방조범이 된다는 방조범설, 작위의무의 발생근거에 관하여 기능설에 입각하여 법익에 대한 보호의무를 지는 자는 정범이 되며(예컨대 부모가 자녀에 대한 독살행위를 막지 않은 경우), 위험원에 대한 안전조치의무를 소홀히 한 자에게는 방조범이 된다(미성년자인 자녀나 학생의 범행을 막지 않은부모나 교사)는 작위의무의 종류에 따라 구별하는 구별설(개별화설), 부작위에 의한 정범의 성립을 인정하되, 다만 영득의사와 같은 추가적인 주관적 구성요건요소가 필요한 범죄나 신분범·목적범·자수범 등과 같이 보증인지위 및 보증의무를 초과하는 특별한 주관적 요소를 요구하는 범죄의 경우에만 예외적으로 종범이 인정된다는 정범설 등이 있다. 반면에 판례는 형법상 「방조행위는 정범의 실행행위를 용이하게 하는 직접·간접의 모든 행위를 가리키는 것으로서 작위에 의한 경우 뿐만 아니라 부작위에 의하여도 성립한다」[5]고 판시하면서, 「형법상 부작위범이 인정되기 위하여서는 형법이 금지하

5) 대판 1997.1.24, 96도242; 대판 1985.11.26, 85도1906(은행지점장이 정범인 부하직원들의 범행을 인식하면서도 그들의 은행에 대한 배임행위를 방치하였다면 배임죄의 방조범이 성립된다고 본 사안임).

형사법

고 있는 법익침해의 결과발생을 방지할 법적인 작위의무를 지고 있는 자가 그 의무를 이행함으로써 결과발생을 쉽게 방지할 수 있었음에도 불구하고 이를 방관한 채 그 의무를 이행하지 아니한 경우에, 그 부작위가 작위에 의한 법익침해와 동등한 형법적 가치가 있는 것이어서 그 범죄의 실행행위로 평가될 만한 것이라면, 작위에 의한 실행행위와 동일하게 부작위범으로 처벌할 수 있다」[6]고 하여, 작위에 의한 법익침해와 동등한 형법적 가치가 있는 한 부작위에 의한 종범이 성립한다고 보고 있다. 그런데 사안에서 丁이 A를 발견하였을 당시 병원에 옮겼더라도 생명을 구할 수도 있는 상황이므로 작위에 의한 법익침해와 동등한 형법적 가치를 가지는 실행행위로 평가할 수 있으므로 丁에게는 존속살인죄의 방조범이 성립한다고 보아야 할 것이다.

(2) 강도살인죄(형법 제338조)의 방조범의 성립여부

丁은 상속을 받기 위하여 A를 구조하지 않고 방치하였으므로 강도살인죄의 방조범의 성립여부가 문제된다. 이는 이득과 재산적 처분행위의 필요성과 관련된 문제로서, 재산상 이익의 취득은 폭행·협박에 의하여 상대방의 의사를 억압한 상태에서 이루어지는 것이므로, 외형상 처분행위가 존재하는 경우에도 그것은 의사에 반한 것이기 때문에 법률상 처분행위라고 볼 수 없다는 점에서 피해자의 의사표시 또는 처분행위를 요하지 않는다는 견해가 타당하다고 본다. 다만 이처럼 재산상 이익의 취득에 피해자의 재산적 처분행위가 필요하지 않더라도 애당초 반항이 억압되지 않는 상황하에서도 피해자에게 처분행위를 할 여지가 없는 상황이라면, 본죄를 인정할 수 없다. 왜냐하면 상속순위가 변경된다는 이익을 예견하고 상속의 선순위자를 살해하거나, 상속의 이익을 위하여 피상속인을 살해하더라도 상속의 개시에 의한 재산의 승계는 사람의 사망을 유일한 원인으로 하여 발생하는 것이어서, 그 사이 임의처분이라는 관념을 인정할 여지가 없으므로 재산상 이익으로 볼 수 없기 때문이다. 똑같은 이유로 생명보험금을 노리고 보험수익자(피보험자)가 보험계약자를 살해하더라도 강도살인죄가 되는 것이 아니라 살인죄에 해당할 뿐이다. 판례도 「피고인이 교통사고를 가장하여 피해자들을 살해하고 보험금을 수령하여 자신의 경제적 곤란을 해결하고 신변을 정리하는 한편, 그 범행을 은폐할 목적으로 피해자들을 승용차에 태운 후에 고의로 승용차를 저수지에 추락시켜 피해자들을 사망하게 한 것으로서 살인의 범의가 인정된다」[7]고 보면서 살인죄만을 인정하고 있다.

(3) 사문서위조죄(형법 제231조) 및 동행사죄(동법 제234조)의 성립여부

인감증명 위임장은 권리의무 또는 사실증명에 관한 문서이므로 丁이 인감증명 위임장을 작성하여 이를 동사무소 직원에게 제출한 행위는 사문서 위조죄 및 동행사죄가 성립한다고 보아야 할 것이다. 다만 종래 판례는 공문서에 있어서는 명의인의 실재를 요하지 않으나, 사문서에 있어서는 명의인이 실재해야 하고, 다만 사자명의의 사문서에 있어서는 문서의

6) 대판 1997.3.14, 96도1639.
7) 대판 2001.11.27, 2001도4392.

작성일자가 생존중의 일자로 되어 있는 경우에 한하여 사문서위조죄가 성립한다는 입장이었으나,[8] 최근 대법원이 「문서위조죄는 문서의 진정에 대한 공공의 신용을 그 보호법익으로 하는 것이므로 행사할 목적으로 작성된 문서가 일반으로 하여금 당해 명의인의 권한 내에서 작성된 문서라고 믿게 할 수 있는 정도의 형식과 외관을 갖추고 있으면 문서위조죄가 성립하는 것이고, 위와 같은 요건을 구비한 이상 그 명의인이 실재하지 않는 허무인이거나 또는 문서의 작성일자 전에 이미 사망하였다고 하더라도 그러한 문서 역시 공공의 신용을 해할 위험성이 있으므로 공문서와 사문서를 가리지 아니하고 문서위조죄가 성립한다고 봄이 상당하며 이러한 법리는 법률적, 사회적으로 자연인과 같이 활동하는 법인 또는 단체에도 그대로 적용된다고 할 것이다」[9]라고 판시하여 통설과 동일한 입장을 취하고 있다. 따라서 A가 사망한지 일주일이 지난 후, 인감증명 위임장을 작성하였다고 하더라도 사문서위조죄 및 동행사죄가 성립한다.

(4) 사인등 부정행사죄(형법 제239조 제1항)의 성립여부

丁이 A의 인감도장을 권한없이 사용하였으므로 사인등 부정행사죄가 성립한다. 다만 사문서위조죄가 성립하는 경위에는 사인등 부정행사죄는 이에 흡수된다고 보는 것이 통설이므로 별도로 사인등 부정행사죄는 성립하지 않을 것이다.

형사법

Ⅲ. 설문 (2)의 경우

1. 변호인접견거부의 적법성 및 이에 대한 구제책

(1) 변호인접견거부의 적법성여부

헌법은 체포·구속을 당한 피의자·피고인의 변호인의 조력을 받을 권리를 기본적 인권으로 보장하고 있으므로(동법 제12조 제4항), 변호인과의 자유로운 접견교통권은 헌법상의 요청이다. 이에 따라 현행 형사소송법도 변호인과의 접견교통권을 제한없이 보장하고 있으므로, 접견교통의 신청이 있을 때에는 언제나 허가하지 않으면 안 된다. 판례도 「변호인의 접견교통권은 피의자의 인권보장과 방어준비를 위한 필수불가결한 권리이므로 법령에 의한 제한이 없는 한, 수사기관의 처분은 물론 법원의 결정으로도 이를 제한할 수 없는 것이다」[10]라고 판시한 바 있다. 따라서 사안에서 검사 K가 수사기밀이 누설될 수 있다는 이유로 접견을 거부한 것은 위법하다.

(2) 변호인접견거부시 구제책

乙은 준항고를 할 수 있으며(형사소송법 제417조), 자기의 기본권침해를 이유로 헌법소

---

8) 대판 1992.12.24, 92도2322; 대판 1993.9.28, 93도2143.
9) 대판(전합) 2005.2.24, 2002도18.
10) 대결 1990.2.13, 89모37.

원도 가능하다. 다만 청구인적격과 관련하여 헌법재판소는 「헌법상의 변호인과의 접견교통권은 체포 또는 구속당한 피의자·피고인 자신에만 한정되는 신체적 자유에 관한 기본권이고, 변호인 자신의 구속된 피의자·피고인과의 접견교통권은 헌법상의 권리라고는 말할 수 없으며 단지 형사소송법 제34조에 의하여 비로소 보장되는 권리임이 그친다」[11]고 판시하여 변호사의 접견교통권은 피고인의 접견교통권과 달리 헌법상의 기본권이 아니라 법률상의 공권에 불과하다고 보고 있으므로 변호사는 헌법소원을 제기할 수 없고, 乙이 직접 헌법소원을 제기할 수밖에 없을 것이다. 아울러 국가배상책임도 인정될 수 있을 것이다.

2. 접견이 거부된 상태에서 작성된 피의자신문조서의 증거능력

접견교통권을 침해한 상태에서 얻은 자백이 자백의 임의성법칙(형사소송법 제309조) 내지 위법수집증거배제법칙(동법 제308조의2) 중 어떤 규정에 의하여 증거능력이 배제되는지 문제된다. 이는 자백의 임의성법칙의 근거를 무엇으로 보는가에 따라 달라지는데, 자백의 임의성법칙의 근거에 관해 허위배제설, 인권옹호설, 절충설을 따르는 견해에 의하면 양 법칙은 서로 독자적인 원칙이 되고, 위법배제설을 따르는 견해에 의하면 자백의 임의성법칙은 위법수집증거배제법칙의 특칙이 된다. 따라서 어느 견해에 의하든 위법한 자백의 증거능력은 부인되겠지만, 형사소송법 제309조의 적용을 받는 자백의 범위는 어느 견해를 취하는가에 따라 결론을 달리하게 될 것이다. 생각건대 헌법 제12조 제7항 및 형사소송법 제309조는 자백의 '임의성'에 초점이 맞추어져 있는 반면, 현행 형사소송법 제308조의2는 「적법한 절차에 따르지 아니하고 수집한 증거는 증거로 할 수 없다」라고 규정하여 위법한 '절차'에 초점을 맞추고 있다고 보아야 한다. 이에 따르면 자백에 임의성이 없거나 의심스러운 경우는 제309조에 의하여, 그리고 자백에 임의성이 있다고 하더라도 '절차'에 중대한 위법이 있는 경우에는 다시 제308조의2에 의하여 증거능력이 부정될 것이다. 판례도 「검사작성의 피의자신문조서가 검사에 의하여 피의자에 대한 변호인의 접견이 부당하게 제한되고 있는 동안에 작성된 경우에는 증거능력이 없다」[12]고 판시하고 있다. 따라서 접견이 거부된 상태에서 검사 K가 작성한 乙에 대한 피의자신문조서는 위법수집증거(형사소송법 제308조의2)로서 증거능력이 부정될 것이다.

Ⅳ. P가 압수한 A의 지갑과 통장, 흉기의 증거능력

1. 긴급체포(형사소송법 제200조의3)의 적법성

긴급체포의 요건으로 범죄의 중대성, 체포의 필요성 및 긴급성이 인정되어야 한다. 즉 ㉠ 범죄의 중대성으로 장기 3년 이상의 징역 또는 금고에 해당하는 죄를 범하였다고 의심

11) 헌재결 1991.7.8, 89헌마181.
12) 대판 1990.8.24, 90도1285.

할 만한 상당한 이유가 있어야 하고, ㉡ 체포의 필요성으로 구속사유가 존재해야 하며, ㉢ 체포의 긴급성으로 체포영장을 발부받을 시간적 여유가 없어야 한다(법 제200조의3 제1항). 다만 판례는 긴급체포의 요건을 갖추었는지 여부는 체포 당시의 상황을 기초로 판단하여야 하고, 이에 관한 검사나 사법경찰관 등 수사주체의 판단에는 상당한 재량의 여지가 있다는 입장이다. 또한 긴급체포의 절차로 범죄사실의 요지와 변호인이 선임, 변명의 기회를 주어야 하고(형사소송법 제72조, 200조의5), 즉시 긴급체포서를 작성하여야 하며(동법 제200조의3, 제200조의5), 사법경찰관이 피의자를 체포한 경우에는 즉시 검사의 승인을 얻어야 한다(동법 제200조의3 제2항). 판례도 긴급체포시에 피의자에 대하여 범죄사실의 요지, 체포 또는 구속의 이유와 변호인을 선임할 수 있음을 말하고 변명할 기회를 준 후가 아니면 긴급체포를 할 수 없다고 판시한 바 있다. 그런데 설문의 경우 乙은 강도살인죄(사형 또는 무기징역)의 혐의를 받고 있으며, 체포시 P는 乙에게 필요한 권리 등을 고지하였으므로 적법한 요건 및 절차를 갖추었다고 본다.

2. 영장에 의하지 않은 강제처분(형사소송법 제217조 제1항)의 적법성

긴급체포 후 3시간만에 乙은 범행사실을 자백하였고, P는 영장없이 乙의 집을 수색하여 A의 지갑과 통장 그리고 범행에 사용된 흉기를 발견하여 이를 압수하였는데, 형사소송법 제217조 제1항에 따르면 긴급체포 후 24시간 이내에 한하여 영장없이 수색하여 이를 압수할 수 있다. 그런데 사안에서 구체적으로 시간이 적시되지 않았으므로 문제되지만, 24시간 이내라면 영장없이 수색하여 이를 압수한 것은 적법하며, 사후에 이에 관한 영장을 발부받았으므로 이러한 압수수색영장의 청구가 체포한 때로부터 48시간 이내라면 문제가 없다.

3. 요급처분의 위법성

P의 영장에 의하지 않은 강제처분이 형사소송법 제217조 제1항에 의하여 허용된다고 하더라도, 동법 제220조는 제216조에 한정하여 제123조 제2항의 예외를 인정하고 있으므로 제217조에 따른 압수·수색을 할 때에는 반드시 주거주, 간수자 또는 이에 준하는 자를 참여하게 하여야 한다. 그런데 사안을 볼 때, 이러한 참여자를 참여시키고 압수한 것은 아니므로 위법하게 수집한 증거라고 보아야 할 것이다. 따라서 A의 지갑과 통장 그리고 범행에 사용된 흉기는 위법하게 수집된 증거(형사소송법 제308조의2)로서 증거능력이 인정되지 않는다.

Ⅴ. 피의자신문조서의 자백에 대한 보강증거의 인정여부

형사소송법 제310조는 「피고인의 자백이 그 피고인에게 불이익한 유일의 증거인 때에는 이를 유죄의 증거로 하지 못한다」라고 규정하고 있으며, 헌법 제12조 제7항 후단은 「정식

재판에 있어서 피고인의 자백이 그에게 불리한 유일한 증거일 때에는 이를 유죄의 증거로 삼거나 이를 이유로 처벌할 수 없다」고 규정하여 보강법칙을 헌법상의 원칙으로 삼고 있다. 이는 법관에게 피고인이 임의로 한 증거능력과 신용성이 있는 자백에 의하여 유죄의 심증을 얻게 되었다고 할지라도 그 자백이 다른 증거에 의하여 보강되지 않는 유일한 증거일 때에는 유죄를 인정할 수 없다는 점을 밝힌 것으로 볼 수 있다.

이러한 보강법칙은 피고인의 자백에 관하여 적용된다. 피고인의 자백이란 반드시 피고인이 피고인의 지위에서 한 자백에 한하지 않는다. 피의자의 지위에서 수사기관에 대하여 한 자백이나 참고인 또는 증인으로서 한 자백도 그가 후에 피고인이 되었을 때에는 피고인의 자백이 된다. 판례도 자백을 보강하는 증거는 자백과는 독립된 증거이어야 하므로, 피고인의 자백은 수사기관에서의 진술이든 공판정에서의 자백이든 어느 것이나 독립하여 유죄의 증거로 될 수 없고 위 자백을 합쳐 보아도 그것만으로는 유죄의 판결을 할 수 없다는 입장이다. 이에 따르면 丁의 공판정의 자백에 대하여 P와 K 작성의 피의자신문조서는 이 자백에 대한 보강증거로 인정될 수 없을 것이다.

Ⅵ. 사례의 해결

(1) 甲에게는 야간주거침입절도죄(형법 제330조), 乙과 丙에게는 강도살인죄(동법 제338조), 丁에게는 존속살인죄(동법 제250조 제2항)의 방조범과 사문서위조죄(동법 제231조) 및 동행사죄(동법 제234조)의 경합범이 성립한다.

(2) K가 수사기밀이 누설될 수 있다는 이유로 변호인접견을 거부한 것은 위법하며, 이 경우 乙은 준항고(형사소송법 제417조) 내지 헌법소원 등을 청구할 수 있다. 그리고 접견이 거부된 상태에서 검사 K가 작성한 乙에 대한 피의자신문조서는 위법하게 수집된 증거(동법 제308조의2)로서 증거능력이 인정되지 않는다.

(3) P가 압수한 A의 지갑과 통장, 그리고 범행에 사용된 흉기는 위법하게 수집된 증거(형사소송법 제308조의2)로서 증거능력이 인정되지 않는다.

(4) 丁의 공판정 자백의 보강증거로 P와 K 작성의 피의자신문조서는 인정될 수 없다.

2012년도 제2회 법전협주관 모의시험

형사법 제2문

제 2 문

휴대폰을 생산하는 K전자주식회사의 입사동기생 甲, 乙, 丙은 회사 개발팀에 배치를 받으면서 회사의 영업비밀과 관련한 사항을 회사 밖으로 유출하지 않을 것을 서약하였다. K회사의 경쟁업체 H전자의 상무이사 丁은 甲을 만나 4억을 제시하면서 휴대폰 제조비밀을 입수해 올 것을 제안하였다. 이를 승낙한 甲은 혼자서는 자신이 없어 같은 입사동기인 乙과 丙에게 전화를 걸어 범행을 함께 하여 대가를 분배하자고 권유하였다. 마침 주식폭락으로 돈을 탕진한 乙과 丙은 甲의 계획에 적극 찬동하면서 각자가 해야 할 역할을 분담하는 등 구체적인 범행계획을 세웠다. 다음 날 계획한대로 甲과 丙은 회사의 전 직원이 퇴근한 후 밤 11시에 회사 앞에 도착하였다. 그러나 개발실 책임자인 乙은 개발실 금고의 비밀번호를 甲과 丙의 휴대폰에 문자로 송부한 후 양심의 가책을 느껴 더 이상의 가담행위를 포기하고 현장에 나타나지 않았다. 甲과 丙은 乙을 기다리다가 포기하고 乙없이 결행하기로 마음을 바꾸어 乙이 알려준 비밀번호를 이용하여 금고에 보관되어 있는 메모리카드를 가지고 나왔다. 이들이 개발실을 나오는 순간 경보장치가 작동하였고, 사설경비업체 직원 A와 B가 현장에 출동하였다. A가 甲과 丙의 뒤를 쫓는 사이 B는 회사 안의 상태를 점검하러 들어갔다가 금고문이 열린 것을 사진으로 촬영하고 이 사실을 업무일지에 기록해 두었다.

한편 A는 甲과 丙이 각기 자신의 차량을 타고 도망가는 것을 따라 가다가 丙의 차량 번호를 암기하여 112에 신고하였고, 신고를 받고 출동한 경찰관 C는 K회사로부터 약 5킬로미터 떨어진 곳에서 丙의 차량을 발견하고 근처에 잠복하고 있다가 편의점에서 나와 차를 타려는 丙을 체포하려고 하였다(체포과정에서의 위법은 없는 것으로 함). 그 순간 丙이 편의점에서 사온 소주병으로 C의 얼굴부분을 가격하여 C에게 전치 2주의 상해를 입힌 후 다시 차를 타고 도망을 갔다. 약속한 장소에서 만난 甲과 丙은 메모리카드에 저장된 정보를 甲의 개인용 노트북에 저장한 다음 丁을 불러내어 메모리카드를 현금 4억과 교환하였다.

1. 甲, 乙, 丙, 丁의 죄책은?(특별법위반은 논외로 함) (60점)
2. B가 촬영한 사진과 업무일지가 검사에 의해 증거로 제출된 경우 그 증거능력은? (10점)

3. 甲, 乙, 丙이 모두 체포되어 재판을 받고 있던 중, 丁이 사후에 체포되어 甲등의 피고사건과 병합심리 중에 있다. 법정에서 丁이 자신의 범죄사실을 부인하자 검사가 甲을 증인으로 신청하였다면 이에 대해 재판부는 어떤 결정을 하여야 하는가? (20점)

4. 적법하게 甲을 긴급 체포한 경찰관이 즉시 甲의 집을 수색하여 甲의 노트북을 통째로 압수한 경우 이 압수는 적법한가? (10점)

C/O/N/T/E/N/T/S

제2문

정 웅 석 [서경대학교 법학과 교수]

Ⅰ. 쟁점의 정리

첫째, 설문 (1)과 관련하여 정범인 甲과 丙의 죄책을 먼저 검토한 후, 乙, 丁의 죄책을 검토하기로 한다.

둘째, 설문 (2)와 관련하여 B가 촬영한 사진이 비진술증거에 해당하는지, 업무일지는 업무상 작성된 문서 내지 기타 신용할 만한 정황에 의하여 작성된 문서에 해당하여 증거능력이 인정되는지 문제된다.

셋째, 설문 (3)과 관련하여 공범자 아닌 공동피고인의 증인적격이 인정되는지 문제된다.

넷째, 설문 (4)는 정보매체저장 등의 압수와 관련하여 정보저장매체 자체를 압수할 수 있는지, 형사소송법 제220조의 요급처분에 해당하는지 여부와 관련된 문제이다. 따라서 이하에서는 이러한 순서대로 검토하기로 한다.

Ⅱ. 甲, 乙, 丙, 丁의 죄책

1. 甲과 丙의 죄책

(1) 야간주거침입절도죄(형법 제330조)의 성립여부

甲과 丙이 회사에 근무한다고 하더라도 회사의 전 직원이 퇴근한 후 밤 11시에 개발실에 들어갔으므로 주거침입죄가 성립한다고 보아야 한다. 판례도 「피고인이 피해자인 금남여객자동차주식회사에서 버스차장으로 근무하는 관계로 그 회사의 차고나 사무실에 출입할 수 있다 하더라도 절도의 목적으로 들어간 것이라면 이는 주거권자의 의사에 반한 것으로서 주거침입죄가 성립된다」[1]는 입장이다. 따라서 甲과 丙에게 야간주거침입절도죄가 성립한다고 보아야 할 것이다.

(2) 특수절도죄(형법 제331조 제2항)의 성립여부

특수절도죄 중 합동범은 2인이 합동하여 특수절도죄를 범하는 것을 말하는데, 甲과 丙 2인이 합동하여 금고에 보관되어 있는 메모리카드를 가지고 나왔으므로 甲과 丙에게 특수절도죄가 성립한다. 문제는 야간주거침입절도죄와 합동절도죄의 관계이다. 왜냐하면 흉기휴대 내지 합동절도죄의 구성요건은 야간주거침입절도죄의 야간이라는 행위상황적 요소와 주거침입죄의 요소를 포함하고 있지 않으므로 위와 동일하게 양 구성요건을 법조경합으로 보기는 어렵기 때문이다. 생각건대 야간주거침입절도죄와 흉기휴대 내지 합동절도죄가 모두 단순절도죄에 대한 가중구성요건으로 되어 있으면서도 흉기휴대 내지 합동절도가 더욱 중하게 가중되어 있으며, 야간주거침입절도죄에 대한 직접적인 가중구성요건인 손괴후야간주거침입절도죄와 흉기휴대 내지 합동절도죄가 특수절도의 포괄일죄로 취급된다[2]는 점을 고려하면, 손괴후야간주거침입절도에 흡수・포괄되는 야간주거침입절도와 합동절도가 결합하여 실현될 경우에도 위와 동일하게 특수절도죄의 일죄만을 인정하는 것이 타당하다고 본다.

(3) 준강도죄(형법 제335조)의 성립여부

준강도죄란 절도가 재물의 탈환을 항거하거나 체포를 면탈하거나 죄적을 인멸할 목적으로 폭행 또는 협박을 가함으로써 성립되는 범죄이다. 그런데 사안에서 甲과 丙이 각기 자

1) 대판 1985.2.8, 84도2917; 대판 1979.10.30, 79도1882.
2) 대판 1986.7.8, 86도843.

신의 차량을 타고 도망가는 것을 출동한 경찰관 C가 K회사로부터 5킬로미터 떨어진 곳에서 체포하려고 하자, 丙이 편의점에서 사온 소주병으로 C의 얼굴을 가격하였으므로 준강도죄가 성립하는지 문제된다. 왜냐하면 폭행·협박은 절도의 기회, 즉 폭행·협박과 절취 사이에 시간적·장소적 접근성이 필요하기 때문이다. 그런데 이의 의미와 관련하여, 절도의 실행에 착수한 이후부터 기수 직후까지 사이에 행하여져야 한다는 견해, 절도의 실행의 직후부터 종료전까지 가능하다는 견해, 본죄의 주체는 절도의 기수범에 한한다는 전제하에 폭행·협박은 종료전까지 행해져야 한다는 견해 등이 있으나, 절도죄가 상태범인 점을 고려하면, 절도의 종료 직후와 시간적·장소적 근접성을 인정할 수 있는 한 범죄의 성립을 인정해야 할 것이다. 왜냐하면 준강도죄의 주체는 절도의 기수·미수를 불문하고 가능하다는 점에서 절도의 기수만을 전제로 하는 것은 부당하며, 절도의 종료 이후에도 체포면탈이나 증거인멸의 목적으로 폭행·협박을 하는 것이 가능하기 때문이다. 판례도 「그 폭행 또는 협박은 절도의 실행에 착수하여 그 실행중이거나 그 실행 직후 또는 실행의 범의를 포기한 직후로서 사회통념상 범죄행위가 완료되지 아니하였다고 인정될 만한 단계에서 행하여짐을 요한다」[3]고 하면서도, 「절도범행의 종료 후 얼마되지 아니한 단계이고 안전지대로 이탈하지 못하고 피해자측에 의하여 체포될 가능성이 남아 있는 단계에서 추적당하여 체포되려 하자 구타한 경우에는 절취행위와 그 체포를 면탈하기 위한 구타행위와의 사이에 시간 및 거리상 극히 근접한 관계에 있다 할 것이므로 준강도죄가 성립한다」[4]는 입장이다.

(4) 강도상해죄(형법 제337조)의 성립여부

강도인 丙이 C에게 전치 2주의 상해를 입혔으므로 강도상해죄가 성립한다. 판례도 「절도범이 도주하다가 곧바로 뒤쫓아 온 보안요원에게 붙잡혀 보안사무실로 인도되어 피해자로부터 그 경위를 확인받던 중 체포된 상태를 벗어나기 위해서 피해자에게 폭행을 가하여 상해를 가한 경우, 피고인은 일단 체포되었다고는 하지만 아직 신병확보가 확실하다고 할 수 없는 단계에서 체포된 상태를 면하기 위해서 피해자를 폭행하여 상해를 가한 것이므로 강도상해죄에 해당한다」[5]고 판시하고 있다. 다만 이러한 폭행행위를 가하지 않은 甲에게도 성립하는지 문제되는데, 행위자 상호간에 범죄의 실행을 공모하였다면 다른 공모자가 이미 실행에 착수한 이후에는 공모관계에서 이탈하였다고 하더라도 공동정범의 책임을 면할 수 없다고 보아야 한다. 판례도 이미 실행에 착수한 이후에는 그 공모관계에서 이탈하였다고 하더라도 공동정범의 책임을 면할 수 없는 것이므로 피고인 등이 집 밖에서 금품을 강취할 것을 공모하고 피고인은 집 밖에서 망을 보기로 하였으나, 다른 공모자들이 피해자의 집에 침입한 후 담배를 사기 위해서 망을 보지 않았다고 하더라도, 피고인은 강도상해죄의 공동정범의 죄책을 면할 수가 없다」[6]고 판시하고 있다.

---

3) 대판 1984.9.11, 84도 1398.
4) 대판 1982.7.13, 82도1352; 대판 1988.2.9, 87도2460.
5) 대판 2001.10.23, 2001도4142.
6) 대판 1984.1.31, 83도2941; 대판 2011.1.13, 2010도9927.

(5) 장물죄(형법 제362조)의 성립여부

甲과 丙이 메모리카드를 현금 4억과 교환하였으므로 현금 4억에 대한 장물죄가 성립하는지 문제되는데, 정범에게는 별도로 장물죄가 성립하지 않는다.

(6) 업무방해죄(형법 제314조) 등의 성립여부

업무방해죄란 허위의 사실을 유포하거나 위계 또는 위력으로써 사람의 업무를 방해함으로써 성립하는 범죄를 말한다. 그런데 甲, 乙, 丙은 회사 개발팀에 배치를 받으면서 회사의 영업비밀과 관련된 사항을 회사 밖으로 유출하지 않을 것을 서약하였음에도 불구하고 경쟁업체 H전자 상무이사에게 휴대폰 제조기밀과 관련된 메모리카드를 제공하였으며, 업무방해죄는 업무의 집행 또는 경영을 저해할 우려가 있는 상태를 발생시키면 기수가 되고, 현실적으로 방해의 결과가 생겼을 것을 요하지 않으므로(추상적 위험범) 위계에 의한 업무방해죄가 성립한다고 본다. 다만 업무상 비밀누설죄(형법 제317조)는 의사, 한의사, 치과의사, 약제사, 약종상, 조산사, 변호사, 변리사, 공인회계사, 공증인, 대서업자나 그 직무상 보조자 또는 그 직에 있던 자, 종교의 직에 있는 자, 또는 있던 자로 제한되어 있으므로, 여기에 열거되지 않은 자는 본죄의 직접정범이나 간접정범이 될 수 없다.

2. 乙의 죄책

(1) 업무방해죄(형법 제314조)의 성립여부

위에서 언급한 것처럼 乙에게도 업무방해죄가 성립한다.

(2) 합동절도(형법 제331조 제2항)의 공동정범의 인정여부

乙은 丙과 함께 甲의 계획에 적극 찬동하면서 각자가 해야 할 역할을 분담하는 등 구체적인 범행계획을 세웠을 뿐만 아니라 개발실 금고의 비밀번호를 甲과 丙의 휴대폰에 문자로 송부하였으므로 특수절도죄에 대한 기능적 행위지배가 있었다고 보아야 한다. 다만 양심의 가책을 느껴 더 이상의 가담행위를 포기하고 현장에 나타나지 않았으므로 합동절도의 공동정범이 성립하는지 문제된다. 이에는 합동범은 집단범을 가중처벌하는 데 주목적이 있으므로 공동의사주체설을 공동정범에는 인정할 수 없지만 합동범에는 적용할 수 있다는 공모공동정범설, 합동과 공동은 동일한 개념으로서, 합동범은 그 본질에 있어서는 공동정범이지만 집단범죄의 위험에 대처하기 위하여 형벌만을 가중한 것이라는 가중적 공동정범설 등도 있으나, 통설은 합동은 공동보다 좁은 개념으로서 주관적 요건으로 공모 외에, 객관적 요건으로 현장에서의 실행행위의 분담까지 필요하다고 본다. 즉 합동범은 모두 때와 장소를 같이 하여 상호 협력할 것을 요건으로 하므로 공모공동정범은 물론 현장에서 공동하지 아니한 공동정범도 합동범이 될 수 없다는 입장이다. 다만 기본적으로는 현장설의 관점에서 합동범을 파악하면서도, 합동범은 공동정범의 경우보다 성립요건이 엄격할 뿐 본질에 있어서는 공동정범의 일부에 속하므로 형법총칙상의 공범규정이 합동범에도 적용된다는

현장적 공동정범설도 있다. 이에 대하여 판례는 현장설을 따르면서도, 최근에 「3인 이상의 범인이 합동절도의 범행을 공모한 후 적어도 2인 이상의 범인이 범행현장에서 시간적·장소적으로 협동관계를 이루어 절도의 실행행위를 분담하여 절도범행을 한 경우에는 그 공모에는 참여하였으나 현장에서 절도죄의 실행행위를 직접 분담하지는 아니한 다른 범인에 대하여도 그가 현장에서 절도범행을 실행한 2인 이상의 범인의 행위를 자기 의사의 수단으로 하여 합동절도의 범행을 하였다고 평가할 수 있는 정범성의 표지를 갖추고 있다고 보여지는 한 현장에 가지 않은 범인에 대하여 합동절도의 공동정범의 성립을 부정할 이유가 없다고 할 것이다」[7]라고 판시하여 甲, 乙, 丙을 합동절도의 공동정범으로 처벌하였다. 이러한 판례의 태도는 현장설을 유지하면서 현장설에 따른 시간적·장소적 협동관계가 없는 일부의 공모자에게는 (공모)공동정범의 일반이론을 적용하자는 취지로써 현장에 2인 이상 가야 한다는 점에서 공모공동정범설 및 가중적 공동정범설과 다르다고 볼 수 있다.

(3) 중지미수의 인정여부

乙은 문자로 비밀번호를 송부한 후 양심의 가책을 느껴 더 이상의 가담행위를 포기하고 현장에 나타나지 않았다고 하더라도, 공범에게 중지미수가 성립하기 위해서는 공범 자신의 행위를 중지한 것만으로는 족하지 않고 다른 관여자 전원의 행위를 중지하게 하거나 결과의 발생을 완전히 방지하여야 한다. 따라서 사안에서 乙에게 중지미수는 인정되지 않는다.

3. 丁의 죄책

(1) 절도죄(형법 제329조)의 교사범의 성립여부

丁이 乙을 만나 4억을 제시하면서 휴대폰 제조비밀을 입수해 올 것은 제안한 것은 절도죄의 교사범에 해당한다. 판례도 "너희들이 오토바이를 훔쳐라, 그러면 장물은 내가 사주겠다"고 한 경우는 공동의사가 없으므로 교사범에 불과하다[8]고 보고 있다.

(2) 장물죄(형법 제362조)의 성립여부

丁은 장물인 메모리카드를 현금 4억과 교환하였으므로 메모리카드에 대한 장물죄가 별도로 성립한다.

Ⅲ. B가 촬영한 사진 및 업무일지의 증거능력

1. 현장사진의 증거능력

현장사진이란 범인의 행동에 중점을 두어 범행상황과 그 전후 상황을 촬영한 사진으로서

---

7) 대판(전합) 1998.5.21, 98도321.
8) 대판 1997.9.30, 97도1940.

그 범행을 증명하기 위하여 독립된 증거로 제출된 것을 말한다. 이러한 현장사진의 증거능력에 대하여, 사진의 과학적 특성에 중점을 두어 사진은 렌즈의 체험에 의하여 필름이나 인화지에 남아 있는 과거의 역사적 사실에 대한 흔적이지 사람의 지각에 기한 진술이 아니므로 현장사진은 독립된 비진술증거라고 해석하는 비진술증거설, 진술증거가 사람의 관찰·기억·표현을 통하여 사실을 보고하는 것이라면 사진은 기계의 힘에 의하여 사실을 재현하는 것이라는 점에서 양자는 사실의 보고라는 증거의 기능이 동일하므로 사진은 기록된 전문(recorded hearsay)으로 작성과정에 인위적인 수정의 위험이 있으므로 진술증거로서 전문법칙이 적용된다고 해석하는 진술증거설, 현장사진의 비진술성을 인정하면서도 그 작성과정에 오류가 개입될 위험이 있음을 들어서 증거능력의 제한을 인정하려는 검증조서유추설 등이 있다. 이에 대하여 판례는 「검사가 위 죄에 대한 유죄의 증거로 문자정보가 저장되어 있는 휴대전화기를 법정에 제출하는 경우, 휴대전화기에 저장된 문자정보 그 자체가 범행의 직접적인 수단으로서 증거로 사용될 수 있다. 또한, 검사는 휴대전화기 이용자가 그 문자정보를 읽을 수 있도록 한 휴대전화기의 화면을 촬영한 사진을 증거로 제출할 수도 있는데, 이를 증거로 사용하려면 문자정보가 저장된 휴대전화기를 법정에 제출할 수 없거나 그 제출이 곤란한 사정이 있고, 그 사진의 영상이 휴대전화기의 화면에 표시된 문자정보와 정확하게 같다는 사실이 증명되어야 한다」고 판시하면서, 「형사소송법 제310조의2는 사실을 직접 경험한 사람의 진술이 법정에 직접 제출되어야 하고 이에 갈음하는 대체물인 진술 또는 서류가 제출되어서는 안 된다는 이른바 전문법칙을 선언한 것이다. 그런데 정보통신망을 통하여 공포심이나 불안감을 유발하는 글을 반복적으로 상대방에게 도달하게 하는 행위를 하였다는 공소사실에 대하여 휴대전화기에 저장된 문자정보가 그 증거가 되는 경우, 그 문자정보는 범행의 직접적인 수단이고 경험자의 진술에 갈음하는 대체물에 해당하지 않으므로, 형사소송법 제310조의2에서 정한 전문법칙이 적용되지 않는다」[9]라고 판시하여 비진술증거설을 취하고 있다. 따라서 판례에 따르면, B가 촬영한 현장사진은 비진술증거이므로 증거능력이 인정된다.

형사법

2. 업무일지의 증거능력

형사소송법 제315조는 당연히 증거능력이 인정되는 서류를 규정하고 있는데, B가 작성한 업무일지가 본조 제2호 내지 제3호에 해당한다고 볼 수 있는지 문제된다. 그런데 동조 제2호의 '업무상 필요로 작성한 통상문서'란 일상업무의 과정에서 작성되는 문서로서 업무상의 신용 때문에 정확한 기재를 기대할 수 있고 기계적·반복적 기재로 인하여 허위기재의 우려가 없을 뿐만 아니라, 작성자를 일일이 소환하는 것이 부적당하다는 점에 그 근거가 있으므로 B가 작성한 업무일지도 여기에 해당한다고 볼 수 있다. 그리고 설령 동조 제2

9) 대판 2008.11.13, 2006도2556(구 정보통신망 이용촉진 및 정보보호 등에 관한 법률 제65조 제1항 제3호 위반죄와 관련하여 문자메시지로 전송된 문자정보를 휴대전화기 화면에 띄워 촬영한 사진에 대하여, 피고인이 성립 및 내용의 진정을 부인한다는 이유로 증거능력을 부정한 것은 위법하다고 본 사안임).

호에 해당하지 않는다고 하더라도 동조 제3호의 '기타 특히 신용할 만한 정황아래 작성된 문서'라고 볼 수 있으므로 증거능력이 인정된다고 보아야 할 것이다.

Ⅳ. 공범자 아닌 공동피고인의 증인적격

1. 의 의

증인적격이란 누가 증인이 될 자격이 있는가, 즉 법원이 누구를 증인으로 신문할 수 있는가의 문제를 말한다. 형사소송법 제146조는「법원은 법률에 다른 규정이 없으면 누구든지 증인으로 신문할 수 있다」고 규정하고 있으므로 원칙적으로 누구든지 증인적격이 있다고 할 수 있다.

2. 공동피고인의 증인적격의 인정여부

공동피고인의 증인적격 문제는 공동피고인의 상태에서 변론을 분리하지 아니한 채, 다른 공동피고인에 대한 증인으로 신문할 수 있는가를 말한다. 이에 대하여 공동피고인은 다른 피고인에 대한 관계에서 제3자이지 피고인이 아니며, 당해 소송절차에서 증인신문을 하는 경우에도 공동피고인은 증언거부권(제148조)에 의해서 자기 부죄적 진술을 거부할 수 있으므로 병합심리 중에 있는 공동피고인이라도 변론을 분리하지 않고 증인으로 신문할 수 있다는 긍정설, 사건이 병합심리되고 있는 한 공동피고인이라도 피고인으로서 진술거부권을 가지므로 공동피고인이 공범관계에 있느냐의 여부를 불문하고 변론을 분리하지 않는 한 증인적격이 없으므로 증인으로 신문할 수 없다는 부정설 등이 있으나, 공범자인 공동피고인은 증인적격이 없지만 자기의 피고사건과 실질적인 관련성이 없는 사건에 대하여는 공동피고인이라도 증인으로 신문할 수 있다고 하는 절충설이 타당하다(통설). 이에 대하여 판례는「공범인 공동피고인은 당해 소송절차에서는 피고인의 지위에 있으므로 다른 공동피고인에 대한 공소사실에 관하여 증인이 될 수 없으나, 소송절차가 분리되어 피고인의 지위에서 벗어나게 되면 다른 공동피고인에 대한 공소사실에 관하여 증인이 될 수 있다」[10]거나「피고인의 지위에 있는 공동피고인은 다른 공동피고인에 대한 공소사실에 관하여 증인이 될 수 없으나, 소송절차가 분리되어 피고인의 지위에서 벗어나게 되면 다른 공동피고인에 대한 공소사실에 관하여 증인이 될 수 있고 이는 대향범인 공동피고인의 경우에도 다르지 않다」[11]라고 판시하여, 공범인 공동피고인의 경우는 변론을 분리해야 다른 공동피고인에 대한 증인으로 신문할 수 있지만, 공범이 아닌 공동피고인의 경우는 불분명하여 변론을 분리하지 아니하고도 증인으로 신문할 수 있다는 것인지 명백하지 않는 것 같다.

---

10) 대판 2008.6.26, 2008도3300.
11) 대판 2012.3.29, 2009도11249.

3. 사안의 경우

검사가 甲을 증인으로 신청한 경우, 甲과 丁은 공범자인 공동피고인이 아니므로 재판부는 변론을 분리하지 않은 채, 증인신문절차에 따라 甲을 증인으로 신문하면 족하다고 본다.

V. 노트북 압수의 적법성

1. 문제점

적법하게 甲을 긴급체포한 경찰관이 즉시 甲의 집을 수색하여 甲의 노트북을 통째로 압수한 경우, 첫째, 이러한 압수가 적법한 것인지, 둘째, 형사소송법 제220조의 요급처분에 해당한 것인지 문제된다.

2. 정보저장매체 등의 압수

종래 무형물인 정보저장매체 등이 압수의 대상으로 될 수 있는지 논란이 있었으나, 개정 형사소송법은 법원 또는 수사기관은 압수의 목적물이 컴퓨터용디스크 그 밖에 이와 비슷한 정보저장매체(이하 이 항에서 "정보저장매체등"이라 한다)인 경우에는 기억된 정보의 범위를 정하여 출력하거나 복제하여 제출받아야 하며, 다만, 범위를 정하여 출력 또는 복제하는 방법이 불가능하거나 압수의 목적을 달성하기에 현저히 곤란하다고 인정되는 때에는 정보저장매체 등을 압수할 수 있고(동법 제106조 제3항, 제219조), 이 경우 법원 또는 수사기관은 개인정보 보호법 제2조 제3호에 따른 정보주체에게 해당사실을 지체 없이 알려야 한다(동법 제106조 제4항, 제219조)고 규정하여 출력 또는 복제하는 방법이불가능하거나 압수의 목적을 달성하기에 현저히 곤란하다고 인정되는 경우에 한하여 전자정보의 압수를 인정하고 있다. 판례도 「전자정보에 대한 압수·수색영장의 집행에 있어서는 원칙적으로 영장발부의 사유로 된 혐의사실과 관련된 부분만을 문서 출력물로 수집하거나 수사기관이 휴대한 저장매체에 해당 파일을 복사하는 방식으로 이루어져야 하고, 집행현장의 사정상 위와 같은 방식에 의한 집행이 불가능하거나 현저히 곤란한 부득이한 사정이 존재하더라도 그와 같은 경우에 그 저장매체 자체를 직접 혹은 하드카피나 이미징 등 형태로 수사기관 사무실 등 외부로 반출하여 해당 파일을 압수·수색할 수 있도록 영장에 기재되어 있고 실제 그와 같은 사정이 발생한 때에 한하여 예외적으로 허용될 수 있을 뿐이다」[12]라고 판시하고 있다. 따라서 수사기관이 이러한 사실을 입증하지 못하는 한, 위법하게 수집된 증거(형사소송법 제308조의2)로서 증거능력이 부정된다고 보아야 할 것이다.

---

12) 대판 2012.3.23, 2011도10508.

3. 요급처분의 적법성

위의 요건이 입증되어, 경찰관의 영장에 의하지 않은 강제처분이 형사소송법 제216조 내지 제217조에 의하여 허용된다고 하더라도, 동법 제220조는 제216조에 한정하여 제123조 제2항의 예외를 인정하고 있으므로 제217조에 따른 압수·수색을 할 때에는 반드시 주거주, 간수자 또는 이에 준하는 자를 참여하게 하여야 한다. 따라서 사안에서 적법하게 甲을 긴급체포한 경찰관이 즉시 甲의 집을 수색하여 甲의 노트북을 압수한 경우, 체포현장인 甲의 집에서 압수를 한 것인지(동법 제216조 제1항 제2호), 아니면 甲의 체포장소와 별개로 甲의 집을 압수한 것인지(동법 제217조 제1항) 불분명하지만, 후자의 경우로 본다면 위의 참여자를 참여시킨 채 압수한 것이 아니므로 위법하게 수집한 증거에 해당한다고 보아야 할 것이다. 따라서 노트북의 압수는 위법하게 수집된 증거로서(제308조의2) 증거능력이 인정되지 않는다.

Ⅵ. 사례의 해결

(1) 甲과 丙에게는 강도상해죄(형법 제337조)와 업무방해죄(동법 제314조), 乙에게는 업무방해죄(동법 제314조)와 특수절도죄(동법 제331조 제2항), 丁에게는 절도죄(동법 제329조)의 교사범과 장물죄(동법 제362조)가 각각 성립한다.

(2) B가 촬영한 사진과 업무일지는 증거능력이 인정된다.

(3) 재판부는 변론을 분리하지 않은 채, 증인신문절차에 따라 甲을 증인으로 신문하면 족하다.

(4) 甲의 노트북을 통째로 압수한 것은 위법하게 수집한 증거(형사소송법 제308조의2)로서 증거능력이 인정되지 않는다.

사례형 변호사시험 기출문제집[공법/민사법/형사법]

초 판 인 쇄 2014년 5월 15일
초 판 발 행 2014년 5월 20일

편 저 고시계 편집국 편
발 행 인 **鄭 相 薰**
발 행 처 **考試界社**
서울특별시 관악구 봉천로 472
코업 B/D B1층 고시계사
대 표 817-2400 편집부 817-0367~8
영업부 817-0418~9 팩 스 817-8998
등 록 2001. 4. 10. 제16-2381호

www.gosi-law.com / www.eduall.kr

정가 28,000원 ISBN 978-89-5822-487-7 93360